纳兰容若词传
仓央嘉措诗传

聂小晴　泉凌波　闫晗　———　编著

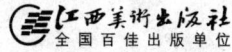

图书在版编目（CIP）数据

纳兰容若词传 仓央嘉措诗传/聂小晴,泉凌波,闫晗编著. --南昌：江西美术出版社,2019.2
ISBN 978-7-5480-6591-3

Ⅰ.①纳… Ⅱ.①聂…②泉…③闫… Ⅲ.①纳兰性德（1655-1685）—生平事迹②纳兰性德（1655-1685）—词(文学)—诗歌欣赏③达赖六世（1683-1706）—生平事迹④达赖六世（1683-1706）—诗歌欣赏 Ⅳ.①K825.6 ②I207.23③B949.92④I207.227.49

中国版本图书馆CIP数据核字（2018）第275936号

出 品 人：	周建森		
企 划：	北京江美长风文化传播有限公司		
责任编辑：	楚天顺 朱鲁巍	策划编辑：	朱鲁巍
责任印刷：	谭 勋	封面设计：	施凌云

纳兰容若词传 仓央嘉措诗传　　聂小晴　泉凌波　闫晗　编著

出 版：	江西美术出版社
社 址：	南昌市子安路66号　邮编：330025
网 址：	http://www.jxfinearts.com
电子信箱：	jxms@jxfinearts.com
电 话：	010-82093785　0791-86566124
发 行：	010-58815874
经 销：	全国新华书店
印 刷：	北京德富泰印务有限公司
版 次：	2019年2月第1版
印 次：	2019年2月第1次印刷
开 本：	889mm×1194mm　1/32
印 张：	22
ＩＳＢＮ：	978-7-5480-6591-3
定 价：	39.80元

本书由江西美术出版社出版。未经出版者书面许可，不得以任何方式抄袭、复制或节录本书的任何部分。
版权所有，侵权必究
本书法律顾问：江西豫章律师事务所　晏辉律师

前言

一个是清朝第一大词人，写尽人生的美丽与哀愁；一个是转世的活佛，却流传下来无数美丽的情诗。他们几乎拥有世间的一切，但唯独没有快乐；他们是"世间最美的情郎"，也是受尽造化捉弄的失意之人。

再多的美赞，也形容不了纳兰容若的绝世芳华；再多的故事，也道不完仓央嘉措的生命传奇；人生若只如初见，三百年来，唯此二人而已……

他们在三百年前感动了无数人，三百年后，他们依然在感动着如今的世人。他们生命短暂却如夏花般绚烂，他们用诗词抒写自己所有的故事。他们向世人展示了另一种完美：彗星般的人生，可以短暂，但绝不黯淡或沉沦。

纳兰容若，号楞伽山人，明珠长子，清朝第一词人。顺治十一年十二月十二日（1655年1月19日）出生于满洲正黄旗。原名成德，因避皇太子胤礽（小名保成）之讳，改名性德。他天生富贵，衣食无忧；他天资颖慧，博通经史，工书法，善丹青，精骑射，十七岁为诸生，十八岁举乡试，二十二岁殿试赐进士出身，后晋身一等侍卫。三十一岁风华正茂之时因伤寒与世长辞。纳兰是多种矛盾的混合体：生为满族人，却痴迷于汉文化；骨子里是个文人，从事的却是武将的行当；身份显贵，心却游离于繁华喧闹之外，"视勋名如糟粕、势利如尘埃"；他是地道的满族八旗子弟，结交的却都是一些年长的汉族落拓文人，"以风雅为性命、朋友为肺腑"；他仕途顺畅，却壮志难酬，孤独失意，受尽了命运的捉弄。他的爱情道路更是崎岖不平，青梅竹马的表妹被选入宫中，自此高墙隔阻，再无相见之期；等他终于能够放开心伤，娶得娇妻，却奈何美梦转眼成空，妻子因难产撒手西去；其红颜知己才女沈宛因为满汉身份的差异，两人也不能长相厮守。纳兰短暂的一生，几乎都在为情所苦。家家争唱纳兰词，而纳兰心事又有几人知？

仓央嘉措，康熙二十二年（1683年）生于西藏南部门隅纳拉山下的一户农奴家庭。1697年，被选定为五世达赖的"转世灵童"。同年10月25日，于拉萨布达拉宫举行坐床典礼，成为六世达赖喇嘛。他虽然身居西藏政教首领的地位，却不能掌握政教大权，实际成了第巴桑结嘉措的傀儡。1705年被废黜，第二年在押解北京的途中，行至青海湖滨时失踪。14年的山野生活，使他有了大量尘世生活经历，及他本人对自然的热爱，激发了他的创作灵感。他不仅没有以教规来约束自己的思想言行，反而根据自己独立的思想意志，写下了许多缠绵的"情歌"。仓央嘉措短暂的人生充满传奇色彩，既有宗教的神圣、政治的诡谲，又有爱情的凄美、命运的无常。他是一个天生的诗人，用精妙动人的诗篇歌咏爱情，赞美生命，涤净灵魂，求索真谛，为后世无数的男女所揣摩和印证。

本书分为"纳兰容若词传"和"仓央嘉措诗传"两部分，分别讲述了纳兰容若和仓央嘉措短暂而绚烂的一生，并以二人诗词中动人的语句，揭示了他们凄美悲情的内心世界。书中精选的诗词均是对二人情感的真实写照，并附有注释、赏析等栏目，从多角度将作品的主题思想、创作背景以及所蕴含的意境、情感全面地展示出来。每一句都动人心魄，每一首都感人肺腑，浸染华贵的悲哀，抒写优美的感伤。一尺华丽，三寸忧伤，拈一朵情花，呷一口墨香，在一首首诗词里邂逅纳兰容若和仓央嘉措。

目录

纳兰容若词传

纳兰容若传记

楔子 4

诞生　谁怜辛苦东阳瘦 6
　　纳兰家世 7
　　"性德"之名的由来 10
　　幼有词才 13

初恋　一生一代一双人 21
　　青梅竹马 22
　　一生一代一双人的原型 29
　　宫墙柳,爱别离 35
　　一次冲动的冒险 45

知己　知君何事泪纵横 53
　　秋水轩唱和 53
　　一见如故 56
　　滔滔天下,知己是谁 67
　　我是人间惆怅客 71
　　爱情词之外的纳兰容若 74
　　世外仙境渌水亭 82
　　好友会聚一堂 88

一生至交顾贞观 95

婚姻　感卿珍重报流莺 103
　　妻子卢氏 104
　　妾室颜氏 115
　　心有灵犀的红颜知己 128

仕途　不是人间富贵花 143
　　随驾北巡 145
　　一次秘密的军事行动 154
　　江南好 157
　　好友曹寅 161

情殇　一片伤心画不成 164
　　爱妻亡故 164
　　悼亡词 173
　　着意佛法 181
　　对爱妻的怀念 184
　　续弦 188

离世　纳兰心事谁人知 195
　　与梁佩兰合作词选 196
　　最后的诗作 199
　　纳兰死因 200

纳兰容若词作赏析

临江仙（点滴芭蕉心欲碎） 212
少年游（算来好景只如斯） 214
荼瓶儿（杨花糁径樱桃落） 217
忆王孙（暗怜双绁郁金香） 219
忆王孙（刺桐花下是儿家） 221
忆王孙（西风一夜剪芭蕉） 224

调笑令(明月)..................................225

河传(春浅)....................................228

蝶恋花(城上清笳城下杵)..................230

虞美人(曲阑深处重相见)..................233

采桑子(土花曾染湘娥黛)..................235

采桑子(严宵拥絮频惊起)..................237

采桑子(嫩烟分染鹅儿柳)..................239

采桑子(拨灯书尽红笺也)..................241

采桑子(明月多情应笑我)..................244

采桑子(凉生露气湘弦润)..................246

菩萨蛮(知君此际情萧索)..................247

忆江南(昏鸦尽)..............................250

忆江南(江南好)..............................252

玉连环影(何处)..............................254

诉衷情(冷落绣衾谁与伴)..................256

如梦令(木叶纷纷归路)......................258

好事近(帘外五更风)........................260

清平乐(烟轻雨小)...........................262

清平乐(凄凄切切)...........................264

清平乐(才听夜雨)...........................267

琵琶仙(碧海年年)...........................269

酒泉子(谢却荼蘼)...........................271

生查子(东风不解愁)........................273

生查子(惆怅彩云飞)........................275

忆秦娥(春深浅)..............................278

御带花(晚秋却胜春天好)..................280

浣溪沙(酒醒香销愁不胜)..................282

摊破浣溪沙(风絮飘残已化萍)............284

摊破浣溪沙(一霎灯前醉不醒)............286

霜天晓角（重来对酒）..289

减字木兰花（烛花摇影）..291

减字木兰花（断魂无据）..293

卜算子（塞草晚才青）..295

雨中花（天外孤帆云外树）..297

鹧鸪天（马上吟成促渡江）..299

鹧鸪天（独背残阳上小楼）..303

鹧鸪天（雁贴寒云次第飞）..305

鹧鸪天（别绪如丝睡不成）..307

鹧鸪天（握手西风泪不干）..309

海棠春（落红片片浑如雾）..311

荷叶杯（知己一人谁是）..313

南歌子（古戍饥乌集）..315

秋千索（药阑携手销魂侣）..317

忆江南（心灰尽）..320

浪淘沙（紫玉拨寒灰）..322

浪淘沙（野店近荒城）..325

浪淘沙（闷自剔残灯）..327

菩萨蛮（梦回酒醒三通鼓）..329

菩萨蛮（窗间桃蕊娇如倦）..331

虞美人（春情只到梨花薄）..333

浣溪沙（一半残阳下小楼）..335

浣溪沙（五字诗中目乍成）..338

浣溪沙（记绾长条欲别难）..340

浣溪沙（杨柳千条送马蹄）..341

鹊桥仙（乞巧楼空）..344

一斛珠（星球映彻）..347

临江仙（长记碧纱窗外语）..350

临江仙（六曲阑干三夜雨）..352

临江仙(飞絮飞花何处是)	355
临江仙(霜冷离鸿惊失伴)	357
红窗月(燕归花谢)	359
蝶恋花(又到绿杨曾折处)	361
蝶恋花(萧瑟兰成看老去)	362
蝶恋花(今古河山无定据)	365
蝶恋花(准拟春来消寂寞)	367
唐多令(丝雨织红茵)	369
青玉案(东风卷地飘榆荚)	371
月上海棠(原头野火烧残碣)	373
月上海棠(重檐淡月浑如水)	375
剪湘云(险韵慵拈)	377
念奴娇(人生能几)	380
念奴娇(绿杨飞絮)	382
念奴娇(无情野火)	384
秋水(谁道破愁须仗酒)	386
水龙吟(人生南北真如梦)	389
齐天乐(阑珊火树鱼龙舞)	391
潇湘雨(长安一夜雨)	393
风流子(平原草枯矣)	396
金缕曲(生怕芳尊满)	398

仓央嘉措诗传

仓央嘉措传记

前身托重任,涅槃秘不宣	404
瑞兆妙示天,六世降凡间	417
替身深宫坐,猜疑暗涌翻	431

菩提根深种，辨物续前缘 444
苍原识俊友，灵心种情苗 458
巴桑寺学经，相思几多情 472
皇帝平叛乱，第巴受斥责 486
门隅恋情断，浪卡子受戒 497
清风关不住，重游到人世 509
不作菩提语，唱彻凡人歌 523
白日达赖佛，入夜浪子客 536
世间安得法，佛卿两不负 550
失却菩提路，绝音青海湖 562

仓央嘉措诗歌赏析

其一 576
其二 578
其三 580
其四 582
其五 584
其六 587
其七 589
其八 591
其九 593
其十 595
其十一 597
其十二 599
其十三 601
其十四 603
其十五 605
其十六 607
其十七 609

其十八 611
其十九 613
其二十 615
其二十一 617
其二十二 619
其二十三 621
其二十四 623
其二十五 625
其二十六 627
其二十七 629
其二十八 631
其二十九 633
其三十 635
其三十一 636
其三十二 638
其三十三 640
其三十四 642
其三十五 644
其三十六 646
其三十七 650
其三十八 652
其三十九 654
其四十 656
其四十一 658
其四十二 660
其四十三 662
其四十四 664
其四十五 666
其四十六 668

其四十七 670
其四十八 671
其四十九 673
其五十 675
其五十一 677
其五十二 679
其五十三 680
其五十四 681
其五十五 683
其五十六 685
其五十七 687

纳兰容若词传

憨予容齋同卦

·纳兰容若传记·

楔子

清顺治十一年，十二月十二日，大雪已经落了好几天，把整座北京城都给笼上了一层银白色的幕帷，千里冰封，连紫禁城金黄色的屋顶也都被雪白的雪给覆盖住了，宫殿变得像是雪塑冰雕一般，褪去了往日的巍峨雄伟，带上了一些别样的晶莹洁白。

覆雪的屋顶蜿蜒着，从紫禁城一直延伸到四周的寻常民居上、花木上，在寂静的夜里勾勒出连绵起伏的曲线。

在这些被大雪覆盖住的屋顶下面，有一处寻常的宅子，和其他官员的宅子相比，并没什么特别之处，一样的青砖青瓦，一样三进三出的四合大院。

昨夜下了一夜的雪，雪珠儿拉拉扯扯连绵不断，直到快天亮的时候，才缓缓停了，雪光透了上来，乍一看，就像是已经天亮了一样。

天际开始有了一些光芒，蓝色琉璃般的曙色渐渐亮了起来，薄薄的，透明的，从雕花的窗棂间像是有生命似的钻到屋里，缝隙间隐隐有着一丝儿清冷之气，带着新雪的气息，缓缓飘散在屋内如春的暖意之中。

屋子里点着红泥火炉，炉中的红炭大部分都已被烧成了灰，只有些火星儿还间或一闪。绸帷低垂，把暖炉带来的暖意都给笼在了金装玉裹之中，一室皆春。

兴许是累了，仆役们要么斜靠在墙壁上，要么就低着头，都抵不住浓浓的睡意，在打着瞌睡。

描金绣纹的罗帐内，明珠夫人——英亲王第五女觉罗氏正沉沉地睡着，秀美的脸庞上还带着重重的憔悴之态，身旁，则躺着她刚出生还不满一天的孩子——纳兰容若。

对全家人来说，这个孩子的降生，代表着满族最显赫的八大姓之一的纳兰氏，有了正式的继承者！

而尚在沉睡中的孩子，完全不知自己已经降生到一个与皇室有千丝万缕关系的天皇贵胄之家，从此富贵荣华，繁花似锦；更不知在今后的岁月中，他的名字，总会与"词"联系在一起，且被后人们赞为"清朝第一词人"。

家家争唱饮水词，纳兰心事几人知？

在他短短的三十一年人生之中，他家世显赫，他仕途亨通，他名满天下；而他更有着爱他的妻子，仰慕他的小妾，还有才貌双全至死不渝的情人，心意相通的朋友。对历朝历代怀才不遇最终郁郁而亡的无数人来说，他已经算得十分的幸运，简直就像是上苍的宠儿，来到这人间，体验一番红尘颠倒、人世沧桑。

也许正因为是如此吧，上苍终究舍不得让自己的宠儿离开太久，只不过匆匆三十年，就再度把他召回到自己的身边，留下一些隐隐约约的传说，在风中耳语着，述说着他与那几位女子缠绵悱恻的爱情，与知己相濡以沫的友情，还有他内心不为人知的痛苦——

不是人间富贵花，却奈何生在富贵家！

他流传至今的349首词，清丽哀婉，仿佛能挑动人心中最深处的那根弦，颤动不已。

人生若只如初见。

王国维有评——

"北宋以来，一人而已！"

诞生　谁怜辛苦东阳瘦

纳兰性德，原名成德，字容若，号楞伽山人，武英殿大学士明珠长子。现存词作349首，刊印为《侧帽集》《饮水词》，后多称《纳兰词》。

其词哀婉清丽，颇有南唐后主遗风。

"桐花万里丹山路，雏凤清于老凤声。"

顺治十一年甲午，农历腊月十二日，纳兰容若降生于京师明珠府邸。

第一次见到纳兰容若这个名字，是在我很小的时候偷偷看梁羽生的武侠小说时。那时年纪小，似是而非，也未必就能把小说给看懂了，可当眼中突然出现"纳兰容若"四个字的时候，不知为何，小小的心弦竟为之轻轻颤动了一下。

也许是因为那四个字组合起来，有种奇妙的、仿佛画一般意境的音节吧？

字简单，并不生僻，一旦组合在了一起，却给人一种美妙的感觉，令人不禁心驰神往。

那有着这样一个美丽名字的少年公子，该是怎样的风度翩翩、宠辱不惊？该是怎样的谦谦君子、温润如玉？

瞻彼淇奥，绿竹猗猗。有匪君子，如切如磋，如琢如磨。

几千年前那些善良的人们，在《卫风·淇奥》中赞道："有匪君子,如琢如磨,如圭如璧",便是对翩翩君子们最恰到好处的描写。

君子当如玉。

君子当翩翩。

君子当是浊世佳公子,来于世,却不被世俗所侵。

而千年前的人们又怎么会预料得到,在千年后,竟有一位出生在冬季大雪纷飞之时的少年,仿佛是那传世的诗篇中走出来的一般,翩翩来到我们的眼前。

纳兰容若,自此,风容尽现,带着他与生俱来的绝世才华,仿佛天际翩然而落的一片新雪,带着清新的气息,缓缓地、缓缓地坠入这尘世间。

那时,他还只是个小名"冬郎"的少年,浑然不知自己今后的命运,注定要在金装玉裹的锦绣堆中惶惶然荒芜了心境,纠缠在理想与现实的隔阂中来回地碰撞,而在与几位女子缠绵悱恻中,终是苦了自己的心,情深不寿。

而那时,他也只是像所有的年轻人那样,在暮春时节,看落花满阶,带着少年天真的眼波流转。

看天下风光,看烟雨江南,看塞外荒烟,夜深千帐灯。

那时,少年不羁。

那时,少年得志。

纳兰家世

有这样一种人,他似乎生来就该被我们所钟爱,小心翼翼地呵护着,不吝于用最美好的词汇去描述着他的形象,去赞美他无与伦比的才华。

仔细想来,纳兰容若不正是如此?

即使他早已辞世几百年,我们依旧乐于用这世上无数美好的形容词,去形容他,去想象着他那短暂的一生。

浊世翩翩佳公子，当是最恰当的描述了。

纳兰容若是满洲正黄旗人，父亲鼎鼎大名，正是康熙年间名噪一时的重臣明珠，官居内阁十三年，"掌仪天下之政"，倒是完完全全当得上"权倾朝野"四个字，只可惜这个长袖善舞的人物，在官场中也免不了经历荣辱兴衰、起起落落，在他晚年的时候，被康熙罢相，一下子从官界的顶峰狠狠摔了下来。

总之这一下摔得够惨，很多关于他的资料就都因此湮没不详了，反正家破人亡那是免不了的。而和他同样鼎鼎大名，只不过是在另一个范围有名的儿子纳兰容若，却因为过世得早，反而避过了眼睁睁看着自己的家在一夕之间从云端跌入谷底的悲剧。

在北京的西郊有一块《明珠及妻觉罗氏诰封碑》，上面记载的，就是这位曾经权倾一时的明珠的仕途经历，从一开始的云麾使，逐步升到太子太傅、英武殿大学士兼礼部尚书，完全称得上是平步青云、扶摇直上，甚至可以说得上是飞黄腾达。

这样一位在官场之中长袖善舞的人物，自然不可能是庸碌之辈。

根据记载，明珠在平定三藩、抗御外敌等重大事件中，都是相当关键的角色，若非最后跌了那狠狠的一跟头，未尝不会继续风光下去。

和电视剧《康熙王朝》中演得稍微有点不一样的是，现实中的明珠，与阿济格的女儿成婚，倒可以说是冒了很大风险的。

阿济格是多尔衮的哥哥，战功赫赫却没什么政治头脑，最后落得个被囚禁的下场，儿女们赐死的赐死，贬为庶人的贬为庶人，这样的姻亲关系，对明珠来说，肯定是不能帮助他在官场中步步高升、一路青云直上的。当然，如人饮水，冷暖自知，以当时明珠一介卑微的小侍卫来说，能"高攀"上阿济格的女儿，到底是怎么想的，也只有明珠自己知道了。

反正在以后的岁月里，两口子还是把日子给过了下去。

在外，明珠在官场中游刃有余；在内，觉罗氏把家操持得妥妥当当，让自己的丈夫毫无后顾之忧。

若是以政治婚姻来说，这样的相处也未尝不是一种美满。

而就在这样的"美满"之下，纳兰容若出生了。

对当时的明珠与觉罗氏来说，他们也完全没有料到，这个出生于寒冬腊月的孩子，未来将会被赞誉为"清朝第一词人"吧？

明珠与纳兰容若，一对父子，同样的大名鼎鼎，却又如此的不同。

一个在官场长袖善舞，一个在词坛游刃有余。

纳兰容若永远也不明白，父亲是怎么在无数人虎视眈眈中一步一步毫不犹豫而又铁腕地攀爬到顶点的位置，一人之下万人之上，在百官之中呼风唤雨的。

就像明珠永远也不可能明白，自己为儿子精心规划的，已经铺设好了的那条通往鲜花与荣誉的道路，为什么儿子却是如此的不情不愿以至于抗拒。

想来想去，只能说，因为他们毕竟是不同的人吧？虽然有着最为亲近的血缘关系，但生长环境不同，成长之后自然也就不同。

这也是古往今来，天下的父母与孩子之间最难解决的一个问题。

没有父母敢说自己百分之百地了解自己的孩子，也鲜有孩子会尝试着主动去了解父母。事实上，对孩子来说，尤其是年纪稍微大一点的，处于青春期的孩子，能够不和父母处处对着干就已经很好了。

当然，可以假想一下纳兰也跳着脚和父母逆反的画面，但我想象不出来，唯一可以确定的是，纳兰容若确确实实选择了一条与他的父亲截然不同的人生道路。

他把他的才华、他的天分在诗词上尽情地发挥了出来，淋漓尽致。

"性德"之名的由来

1655年1月19日,也就是顺治十二年甲午,农历腊月十二日,纳兰容若生于京师明珠府。

那时候,他父亲明珠才二十岁,风华正茂,为这个孩子,取名叫成德。

纳兰成德。

其实纳兰一直都是叫"成德",只是在他二十多岁时为了避皇太子的名讳,才改名叫"性德",也只用了一年而已。

但是在人们约定俗成的观念中,更喜欢叫他"纳兰性德",以至于本名反倒鲜有人知了。

那我们也不妨约定俗成一下,还是用那个人们都十分熟悉的名字来称呼公子吧!

纳兰降生之后,他的父亲明珠就为他起名叫"成德"。

"成德"二字,在古代典籍里面出现的次数不少。

南宋朱熹《论语集注》:"言学者当损有余,补不足,至于成德,则不期然而然矣";《宋史》中也有言:"惟俭可以助廉,惟恕可以成德";《易经》中更说:"君子以成德为行,日可见之行也。"

同样是"成德"两字,意义却各有不同,究竟当时明珠是想到了哪一句才会给儿子起名"成德"的,至今无人知晓,只是"成德"成了纳兰的名字,一直沿用了下来。

但不管是哪句,至少有一点是可以猜到的,明珠是希望自己的孩子长大之后当真如"成德"二字一样,成为一名君子。

天下的父母,都是望子成龙的,从古到今,从皇侯贵族到贩夫走卒。每一个孩子的降生,都会带给父母新的希望,而名字,就是父母给予孩子的第一个祝福,也是期望。

纳兰倒是一点儿也没辜负父亲的好意。

如今说起纳兰,用到最多的句子,就是"浊世翩翩佳公子"。

"公子"常见，古往今来最不缺的大概就是这"公子"了，上到几十岁下到几岁，泛滥的程度大概可堪比现在的"美女帅哥"俩词儿。只要稍微有点人模人样，走上大街，生理性别为男性的，可能都能被叫作"公子"。但是古往今来，够得上这资格的，当真是屈指可数，到了现代，一说起这几个字，人们脑海中条件反射出现的，大概就是纳兰性德这个名字了。

古人的习惯，除了姓名之外，还会给自己起字，所谓"名字"是也。纳兰身为一名汉文化的真正仰慕者，也自然而然地给自己起了字，就是"容若"。所以严格说起来，纳兰名"成德"，字"容若"，只是有时候他也会效法汉人的称谓，以"成"为姓，署名"成容若"，他的汉人朋友们也大多用"成容若"这个名字来称呼他。

不过有一个名字，却算得上是容若父母的专属，那就是他的小名——"冬郎"。

也许是因为出生在冬季的关系，容若的小名唤作"冬郎"。

看着这个名字，让人想起另外一位"冬郎"来。

"冬郎"除了是容若的字之外，也是唐朝诗人韩偓的字，李商隐曾经写过一首七绝赠与韩偓，其中有两句"桐花万里丹山路，雏凤清于老凤声"，便是"雏凤清声"一词的由来。而韩偓是著名的神童，吟诗作文一挥而就，才华横溢，所以说，大概明珠也有把自己儿子比作那神童韩偓的意思吧？

究竟明珠有没有这么认为，那就是天知地知了。

不过最常见的解释，还是因为容若在寒冬腊月出生，所以才起了这么个小名儿。

纳兰容若是满洲正黄旗人，算得上是根正苗红的"八旗子弟"。

在大多数人的观念中，说起"八旗子弟"，大概脑海里浮现出来的第一个画面，就是《唐伯虎点秋香》里面四大才子招摇而过，摇晃着扇子"妞，给爷笑一个！不笑？那爷给你笑一个"的场景，

纳兰容若词传／11

尤其是到了清朝后期，那更几乎等同于纨绔子弟的代名词。

若是纳兰容若也是这般模样，想必也就不会有王国维的"北宋以来，一人而已"的高度评价了。

也许是因为那时候清朝入关不久，一些坏的习气还没沾染上，所以纳兰容若这个"八旗子弟"，表现出更多的是———一种正面的清新的气质。

据说他最早的诗词记载，是在他十岁的时候。

十岁已经能成吟，由此可见明珠夫妇对纳兰容若的教育是很下工夫的，后来更是请来名士大儒顾贞观做纳兰容若的授课师傅，也让容若从此有了一位亦师亦友的忘年之交。

据说有一首词《一斛珠·元夜月蚀》，是他十岁的时候所作。

星球映彻，一夜微退梅梢雪。紫姑待话经年别。窃药心灰，慵把菱花揭。

踏歌才起清钲歇。扇纨仍似秋期洁。天公毕竟风流绝。教看蛾眉，特放些时缺。

如今看来，这首词若说是个十岁孩子写的，词风又未免显得太过成熟了一些，而且用典颇多，从"紫姑""窃药"，到"踏歌"等，颇有些风流之态，十岁的孩子，当真能写得出来这样的词吗？

这确实是一个值得疑惑的问题。

不过，我们的纳兰公子是出了名的自小聪敏，读书过目不忘，也说不定当真有可能写出一首成熟的词来，这首词究竟是不是纳兰十岁时候写的，各有各的说法，但是，在那些言之凿凿说此词为纳兰容若十岁所写的笔记记载中，大多会大肆渲染当年那年仅十岁的稚子是如何出口成吟的。

于是我们就不妨窃喜一下，至少这也算是一种对纳兰容若——冬郎才华的肯定吧！

只不过说起神童，很多人都会想到王安石笔下的《伤仲永》，再有天赋又如何？若得不到学习机会与正确的引导，最终也只能是"泯于众人矣"。

好在身为父母的明珠夫妇,对儿子的教育从来都是毫不放松的,所以我们才能见到纳兰容若那些清丽美妙的词句,而不是哀叹着,惋惜着,伤容若。

幼有词才

冷香萦遍红桥梦,梦觉城笳。月上桃花,雨歇春寒燕子家。
箜篌别后谁能鼓,肠断天涯。暗损韶华,一缕茶烟透碧纱。
(《采桑子》)

如果说纳兰容若一辈子都没经历过一丁点儿的挫折,那就是骗人了。

人生在世,不如意事常八九,帝王尚且有烦恼,更何况寻常人家?

所以天之骄子的纳兰容若,也不可避免地遇到了挫折。

那一次是康熙十二年,癸丑。

纳兰容若十九岁。

十七岁时纳兰容若就入了太学,国子监祭酒徐文元十分赏识他。十八岁,纳兰容若和其他莘莘学子一样,参加了顺天府的乡试,毫无悬念就中了举人。

有时候看到这里总会忍不住想到另外一个著名的"举人"来。

范进考了一辈子的试,生活穷困潦倒,一直考到五十四岁才中了个秀才,后来终于中了举人,竟是欢喜得发疯了,挨了岳丈胡屠夫一巴掌才清醒过来。

虽然是小说家言,不过从有八股文考试起,难道不是有无数个"范进",一辈子就只想着能考取功名,然后全家都鸡犬升天吗?

"太宗皇帝真长策,赚得英雄尽白头。"

自隋唐开始的八股文考试,让古往今来千千万万读书人都一头栽了进去。考了一辈子的试,考到白发苍苍依旧是个童生的人,也不知有多少。连宋代文豪苏洵都曾发出过"莫道登科易,老夫如登天"的感慨,其难度也就可想而知了。

而纳兰容若与那些白头童生们相比,他已经是十分幸运而且出众了。

年仅十八岁就中了举人,在其他人眼中,无疑是该羡慕与嫉妒的。

所以,连老天爷都觉得他太顺利了,该受点挫折,于是纳兰容若在十九岁准备参加会试的时候,突然得了寒疾,结果没能参加那一年的殿试。

自然榜上无名。

在纳兰的一生当中,这大概可以算是他第一个小小的挫折了吧?

他没能参加那次殿试,待病好之后,是后悔呢,还是并不以为意呢?从他淡泊名利的性格上来看,大概有很大的可能是后者。

无论如何,纳兰容若并没有参加这一次的殿试,在其后的两年中,他一边研读一边还主持编撰了一部儒学汇编——《通志堂经解》,更编成了《渌水亭杂识》。

闲暇的时候,他依然继续着自己的诗词。

这一年,他写了几首《采桑子》,各有不同,其中一首,便是:"冷香萦遍红桥梦,梦觉城笳。月上桃花,雨歇春寒燕子家。箜篌别后谁能鼓,肠断天涯。暗损韶华,一缕茶烟透碧纱。"

不知为何,纳兰容若身在北京,可他的词,却总隐隐透着一股江南三月的气息,从他的词里,能看到的是江南的小桥流水、杨柳明月,字里行间流露出来的,是月夜下二十四桥氤氲的蒙蒙水气,婉转而又清新。

也许容若前生是自江南雨巷中翩然走来的少年公子,撑着伞,缓缓走过时光的流转。

在某一天夜里,他刚刚结束了当天的编撰工作,月上中天,府里的其他人早已歇息了,他也吹灭了蜡烛,关上房门,向自己的寝室慢慢走去。

途中,经过蜿蜒曲折的长廊,穿过小巧精致的别院,在扶疏的花木中穿梭而过,分花拂柳间,花木深处,一缕淡淡的、虚无缥缈的香气就在夜色中缓缓地氤氲,一丝儿一丝儿地转进容若鼻里。

那是不知何处飘来的一缕冷香,在这漆黑的深夜中仿佛是从梦境中飘散出来的一样,带着冷冷清清的味道。

那是谁的梦呢?

纳兰容若不由得停下了脚步。

银白色的月亮高高悬挂在夜空中,柔柔的月光洒了下来,给寂静的院子镀上了一层银白色。院子里的花木在月光的照耀下,都像是笼了层银纱一般。

青石板的地面还微微有些湿润,那是不久前才下了一场小雨,润润的。空气中那淡淡的冷香也越发显得清新了,花木也更加青翠。

早晨就盛开了的桃花被雨水打掉了一些,还剩下一些在枝头上,继续颤巍巍地开放着,含羞带怯,在清冷的夜色里带来一丝儿娇俏的意味。月亮高挂在树梢之上,像一只妩媚的眼,静静地看着春雨过后的满树桃花,满庭落芳。

不知什么地方隐隐传来箜篌的乐声,若有若无,和着那股淡淡的冷香,浸着夜的冷清,在清新的空气中慢慢地、婉转地飘散着。

容若凝神听着,细细分辨,却听不出来是哪里传来的乐声。

也许是哪家的女子,在思念着离家的丈夫吧?

那若有若无的箜篌声里,或许寄托的,就是那痴情的女子苦苦等候的相思之情。

箜篌别后谁能鼓,肠断天涯。

纳兰容若静静地听了许久，也在院子里停留了很久。

那箜篌声不知何时缓缓地消失了，夜重新宁静下来。

容若这时才继续往前缓步走去。

走向自己的寝室。

室内，侍女们早已掌了灯，静候着公子回来。

窗边的几案上，一缕茶香幽幽地、婀娜地飘散，绕过几案，从碧青色的窗纱间透了出去，与窗外的夜色融为一体。

有时候我想，纳兰容若十九岁那年因急病而不能参加殿试，对他来说，未尝不是件幸运的事情。至少，他能有几年的时间去做自己喜欢的事情，编撰书籍，吟哦诗词，而不是在官场中渐渐地消磨掉他天生的才华。

可是，这也只是后人的胡乱揣测罢了。

他当时到底是如何想的，如今谁又能说得清楚呢？

那年，容若不过十九岁。

十九岁，以现代人来说，大概还在教室里挥汗如雨，一门心思准备着各项考试的年纪；要不就是在玩着网游，聊着QQ，在网络上消磨着青春。

可容若的十九岁，已经在主持编撰《通志堂经解》与《渌水亭杂识》。

也许以当年的观点来看，十九岁，已经算得上是个成年人了，所以他也相应地承担起了这个年纪应该承担的责任。

编撰着书籍，同时学习着，为几年后的又一次殿试做好准备。

只是，在空闲下来的时候，他心心所念的，还是自己所喜爱的诗词吧。

所以，在这样一个月上中天的夜晚，那一缕幽幽的冷香，那一缕淡淡的乐声，才会让素来"以自然之眼观物，以自然之舌言情"的容若，有感而发，从而写下这首《采桑子》吧？

只是，在他心目中，暗损了韶华的，究竟是什么，如今已经不得而知。

只有那词里清新的气息,在幽静的夜色中飘然而来,让人口角噙香。

桃花羞作无情死,感激东风,吹落娇红,飞入窗间伴懊侬。

谁怜辛苦东阳瘦,也为春慵,不及芙蓉,一片幽情冷处浓。(《采桑子》)

乍一看,这首词就像是一首普普通通的描写桃花的诗词。

不过中国的文人们向来有借物寓情的习惯,我们在从小到大的语文学习中,对课本上出现的古诗词,总是会从字句解释翻译,再到中心思想与作者所要表达的情怀,然后就是一篇完整的关于诗词的翻译。

我们也不妨这样尝试一次。

之前已经说过,这一年,纳兰容若十九岁,刚刚经历了人生中的第一次重大打击。

说他完全没有沮丧,没有失望,那也未免太过于神化纳兰容若了,所以,我想,那个春天,纳兰必然也是有些郁郁寡欢的。

心境的失落,自然也让他目中所见,不可避免地带上些沉抑的色彩。

"桃花羞作无情死。"

在纳兰容若的眼中,桃花并不仅仅是单纯地开在春季的植物而已,他看到的,更多是桃花的多情,桃花的羞涩,桃花的落寞。

已然是活生生的一般。

在中国古代的文学中,桃花常常被用来当作感情的象征。最有名的,当属唐朝诗人崔护的"去年今日此门中,人面桃花相映红。人面不知何处去,桃花依旧笑春风"。

诗里,那位让诗人念念不忘的美丽女子,正如桃花一般,美丽,却也漂泊,不知在何年何月,已经不见了踪影。正如张爱玲笔下那月白色衣衫的女子,在几经漂泊辗转,年老之后回忆起年轻时对门的那位年轻人,会忍不住轻轻地说道:"于千万人之中遇见你所遇见的人,于千万年之中,时间的无涯的荒野里,没有早一步,也没有晚一步,刚巧赶上了,那夜没有别的话可说,唯有轻轻地问一句'噢,你也在这里吗?'"

在不知不觉间,桃花隐隐有了一种悲剧的味道,虽然是美好的象征,却也散发着"人去楼空"的凄凉与惆怅,弥漫着悲凉的伤感。

美丽,却也凄婉。

在容若的笔下,桃花也正如之前无数歌咏它们的诗词一般,带着淡淡的忧伤味道。

花开花落,天道循环,可容若笔下的桃花,却是那么的多情,仿佛有着灵性的精灵一般,眷恋着春天。如此多情的桃花,却也是那么害怕寂寞,在春雨纷飞的季节,羞于如此落寞地死去,跌落枝头,满庭落芳。

《红楼梦》中曾有黛玉葬花,把那满地的落花都细细地扫进绢袋里,然后埋于土中,随岁月化去。在纳兰容若的眼中,那无奈从枝头落下的桃花,心有不甘,却并未随之落入沟渠之中,而是被东风缓缓吹进窗间,与窗前相倚之人陪伴。

于是,纳兰容若笔锋一转,便是"感激东风",让桃花"飞入窗间",来陪伴自己。

那时,纳兰容若心情怎样呢?正如词中所言,"飞入窗间伴懊侬",是懊侬的,烦恼的。

他是贵族公子,少年得志,少年成名,在无数人的眼中,是令人羡慕的,这样的天之骄子,怎么可能还会有烦恼?

但他偏偏很烦恼。

至于他当时在烦恼的,究竟是什么,已无从得知,总之,当他见到被东风吹到窗前的桃花瓣时,却是想到了,这从枝头被吹落的桃花,恰恰是东风送来与自己做伴的、无声的伴侣。

接着,纳兰容若又自叹"谁怜辛苦东阳瘦"。

东阳,指的是南朝时候的美男子沈约,他曾经出任东阳太守,于是世人皆以"东阳"称之。南朝向来有以瘦为美的风尚,再加上沈约是出名的美男子,于是"东阳瘦"竟成为流行的风流之态。而这里纳兰容若用东阳沈约自比,倒也颇为得体。

他与沈约倒是蛮多相似之处,都以才情为世人仰慕。纳兰容若在这里用"东阳瘦"的典故自比如今愁闷孤寂的心态,倒也贴切。

可以想象,当时的纳兰容若,大概是病情还未痊愈,看着窗外繁花似锦春意盎然,自己却只能被困于这病榻之上,心情自然不免有些烦闷,孤寂之下,当然会对这些不请自来的伙伴格外珍惜了。

桃花多情,像是知道了他如今孤寂的心情,于是借东风一程,特地飞入窗前,与人为伴,可落英缤纷,像是在无声地告诉自己,春天即将过去了。

只是,却不及芙蓉,一片幽情冷处浓。

这里的幽情,究竟是指谁的情愫呢?不得而知,只是纳兰容若颇有自比"不及芙蓉"的意思,大概是指"李固芙蓉"的典故。

相传唐代李固落第后在巴蜀遇到一位老妇人,预言他次年会在芙蓉镜下及第科举,第二年李固果真金榜题名,而金榜上恰有"人镜芙蓉"四个字,后来这一典故就被称为"李固芙蓉"。而容若的这句"不及芙蓉,一片幽情冷处浓"大概也是写他在无奈错失殿试机会之后的懊恼之情吧?

但年后,纳兰容若再度参加了殿试,金榜题名。

只不过在当时,纳兰容若开始有些郁闷,所以才会写下"桃花羞作无情死"的句子,更自比东阳,"谁怜辛苦东阳瘦"。

整首词里,有着一股淡淡的懊恼之意,却在字里行间显得清新,而且一如既往的温婉。

纳兰词以小令见长,虽然如今我们都习惯将"诗词"二字连起来说,俨然一个词语,但是在古代,"诗"与"词"的待遇,是大不相同的。

　　写诗，向来被看成是文人立言的正途，大概是因为诗的格律与平仄要求严谨，从而正好符合古代礼教的规范，于是诗才是正途。而填词，向来被"正统人士"看成是小道，没什么地位。也许是因为词本身就是一种比较通俗的艺术形式，是流行在市井酒肆之间的，所以大多数都比较绮丽浮华，笙歌燕舞、花前月下，但撇开那些糟糠之作，好的词却都不约而同地透着股清冷的味道，更不乏雄浑之作，只是因为词这种艺术形式的诞生来自市井之间，所以向来被正统的文人们所看不起。

　　而纳兰容若却偏偏在这"被正统文人看不起"的词上面，大绽光华。

初恋　一生一代一双人

"一生一代一双人，争教两处销魂。相思相望不相亲，天为谁春？"

康熙六年丁未年，纳兰容若十三岁。

也就在这一年的七月，康熙皇帝亲政。

康熙七年，纳兰府迎来了三年一度的选秀，纳喇氏入宫。

纳兰容若是以"清朝第一词人"的称号扬名的。

后人对他也颇多推崇，有赞其为"国初第一词手"的，也有赞他"纳兰小令，丰神炯绝"的，而最多的，还是说其"《饮水词》哀感顽艳，得南唐二主之遗"，尤其是在《词话丛编》中，对纳兰词颇多赞扬。

当然，也有一些批评的声音，陈廷焯的《白雨斋词话》就明确地这样说道："容若《饮水词》，才力不足。合者得五代人凄婉之意。"

想来，也许是因为他的词大多以花前月下的题材为主，所以给人比较小气的感觉，虽然也偶有雄浑之作，不过终究还是显得视野并不很宽阔，也就难怪有后人会说他的词略显局限了。

撇开这些不谈，光是说他的《饮水词》，确确实实清丽美妙，初读，颇有后主的感觉，再读，便是妙不可言。

也因为纳兰词中的那些对感情与心境的细致描写，很多人都不免对这位豪门公子的感情生活有了兴趣。

"八卦"乃是人类的天性，谁都抵抗不住自己的好奇心，所以狗仔队才会有如此旺盛的生命力，堪比"小强"。之所以我们乐于见到八卦，尤其是名人的八卦，火得一塌糊涂，也可以说是因为其在很大程度上满足了观众们的猎奇心理。

而有着"清朝第一词人"美誉的纳兰容若，有着权臣公子身份的纳兰容若，不消说，也会有不少人关注着他的八卦。

从古到今皆然。

青梅竹马

根据记载，纳兰有妻子卢氏，妾颜氏，后来卢氏病故，便续弦官氏，还有著名的江南才女沈宛，这些算是时人笔记上明确记载了的，不过在野史中，不少人言之凿凿地说，其实纳兰还有个心爱的表妹，后来被选进了宫里，劳燕分飞，纳兰一直念念不忘。

纳兰和他这位传闻中的"表妹"，后人研究说，也许这便是《红楼梦》中贾宝玉与林黛玉的原型。

当初乾隆在看过《红楼梦》之后，曾说过这样一句话："此乃明珠家事作也。"明珠家与曹家有着相似的荣衰经历，难免会有人认为，明珠是"贾政"的原型，那么纳兰容若，自然就是"贾宝玉"的原型了。

至于那位传说中的表妹，大概也就因此而"诞生"了吧？

又说，这位表妹才貌双全，与纳兰容若青梅竹马两小无猜，倒是公认的男才女貌，一双璧人。

那时年少的纳兰容若，还有那位美丽的少女，若是就这么一直青梅竹马下去，大概成亲也是顺理成章的事情了。

但是，现实总是残酷的。

如果这位"表妹"当真是存在的，那么按照当时的规矩，凡到选秀女之年,一般是三年一次,家里有十三岁到十五岁少女,而且是嫡亲女孩儿的旗人家庭,都必须先参加选秀,只有落选后,才能自行婚配,这是一种强制性的制度,所有的旗人家庭都不能拒绝。

所以,纳兰容若的表妹就这样被选进了皇宫之中。

以她的家世、相貌、才华,大概落选的可能性也蛮小,而结果一点也没有意外,她果真被选中了,宫门一入深似海,从此萧郎是路人。

纳兰容若当时是什么样的心情,大概能猜得到,总之是念念不忘。据说是为她愁思郁结,无论如何都想再见一面,后来伪装后混进了宫里,终于才与自己的表妹见到最后一面。

当然,这只是传说,并没有任何的史料依据,但纳兰的这桩似是而非真假莫辨的感情,或者说是初恋,在后人的猜想中,逐渐变得朦胧而美丽起来,带着"此事古难全"的遗憾,演绎出无数的版本。

电视剧《康朝秘史》中,钟汉良扮演的纳兰容若,与石小群扮演的表妹惠儿,便是青梅竹马的一对儿,后来惠儿被选进宫里,阴差阳错之下更被选为康熙的妃子,从此两人顿成陌路。而在其他的演绎纳兰容若的电视剧中,不管中间过程如何的不同,结局都是一样的,那才貌双全的少女不得已进了皇宫,从此与情投意合的表哥天各一方,徒留无数遗憾。

夕阳谁唤下楼梯,一握香荑。回头忍笑阶前立,总无语,也依依。

笺书直恁无凭据,休说相思。劝伊好向红窗醉,须莫及,落花时。(《落花时》)

曾有人说过,少年时代的感情是最纯洁的,因为那时双方都还年少,脑中还不曾被世俗的柴米油盐酱醋茶给充斥,才可以全心全意地,在心里装着另外一个人,没有任何目的,只是完完全地想着对方,依赖着对方。

我想,容若与小表妹也该如是吧?

因着家世的关系,两家来往较多,容若与小表妹年纪相仿,自然而然地就很快熟络起来。

郎骑竹马来,绕床弄青梅,同居长干里,两小无嫌猜。

唐代大诗人李白的这首《长干行》,写的可不就是容若与他的小表妹?

不管最后的结局怎么样,至少当时,少男少女们是完全没有想到未来的变数的。

在纳兰容若大概四五岁的时候,他除了读书之外,还多了一样功课,那就是骑射。

满族人入关之后,面对着辽阔的中原,面对着博大精深的中原文化,他们自豪却又自卑着,羡慕的同时却又恐惧着。

自豪的,是这一望无垠的江山社稷终究被他们所统治。

自卑的,是因为很清楚自己可以用刀剑打下江山,却不可能继续用刀剑统治一个高贵的文明。

羡慕的,是绵延几千年包罗万象的中原文化,给他们带来一个全新的视野。

恐惧的,却是害怕自己这少数者最终和历史上无数的异族一样,被中原文明强大的同化能力湮没。

所以,统治者一再强调着"祖宗家训"。

祖祖辈辈都是以骑射讨生活,打下了这片江山,所以八旗子孙们必须保持骑射的传统,不可有丝毫的懈怠。

居安思危。

他们羡慕着却又恐惧着几千年绵延不断的中原文化。

纳兰容若那时候不过是个几岁的孩子,对于"骑射"背后的含义,他未必明白。只不过觉得是在自己喜欢的读书之外,又多了一样功课而已。

他也没觉得自己有什么不同。

当时旗人刚入关没多久，尚且保持着旺盛的斗志，所以八旗的子弟们也都是个个舞刀弄棒、弓马娴熟。所以小纳兰也和其他人一样，在读书之余，还要挤出时间来习武。

或者说，是在习武的空暇，挤出时间来读书。

也许因为父亲明珠是朝廷里难得的几位支持汉文化的人之一，更因为父亲精通汉语，纳兰从小耳濡目染，也对汉文化产生了浓厚的兴趣。

在习武之余，他像海绵一样吸收着一切能够接触到的文化。

在这方面，明珠的开通与赞成，也让纳兰在年复一年中逐渐地文武双全起来，而不是和其他的八旗子弟一样，弓马娴熟，却对汉文化一无所知，甚至连汉语都不大会说。

所以说，纳兰容若后来以词扬名，也并非没有道理。

如今说起他，很多人条件反射地都会想到纳兰的"文"，但事实上，当时的纳兰，是名副其实的文武双全的。

与其他的旗人子弟相比，纳兰容若便显得太优秀了。

文，他享有赞誉；武，他是皇帝身前的御前侍卫，负责保护皇帝的安危，谁能说他武艺不好呢？只是在漫长的学习岁月之中，纳兰渐渐地发现，骑射变成了不得不完成的任务，而读书，才让他真真切切地感觉到快乐。

文武之道一张一弛，在骑射与读书之间，纳兰究竟比较喜欢哪一个，谁也说不清，只是，旗人的武，与汉人的文，就这样奇妙地在纳兰身上，达到了一个最好的融合。

纳兰容若一直都记得，那是一个阳光明媚的午后，自己正和以往一样，在武术师傅的教导下，学习着武术的基础。

蹲马步对一个四五岁的孩子来说，未免太枯燥了，而且是那么的辛苦，换作别家娇贵的小公子，只怕早就受不了号啕大哭起来。

但小小的容若却咬着牙忍耐了下来。

因为他记得父亲曾经严肃地对自己说过，骑射乃是旗人之本，祖辈们靠骑射打下了江山,你身为旗人,怎么可以不习骑射?

马步不知蹲了多久,小纳兰也不禁觉得膝盖开始酸起来,有点支撑不住了,又不敢撒娇不练,正在咬牙苦撑的时候,长长的走廊上,母亲婀娜地走了过来,唤他今天就到此为止,家里来客人了。

纳兰容若连忙去沐浴更衣,跟随母亲去前厅,迎接客人,这时候,他才看到,原来是自己那位久已闻名却一直不曾见过的小表妹,来家做客了。

在电视剧《康朝秘史》上,小表妹的全名叫作"纳喇惠儿",与明珠一个姓氏,都是"纳喇"氏,那我们也不妨就当纳兰的小表妹就是纳喇氏吧。

总之,小小的纳喇惠儿就这样在明珠府里住了下来。

那时候,年幼的小表妹并不知道,自己进京的目的,是为了等她长到花季妙龄的时候,被父母送进宫里去。

在纳兰容若之后,明珠夫妇很久都不曾再有过孩子,所以在当时,小小的纳兰容若是没有弟弟或者妹妹的。也许是因为自己长期都被人当成弟弟一样的照顾,所以对这位小表妹,纳兰容若表现出很大的好奇心来。

而更让他感到惊喜的,是这位年纪比自己还小的妹妹,居然也对汉人的文化颇感兴趣,两个孩子兴趣相投,很快就熟络了起来。

与纳兰容若不一样,小表妹身为女孩儿,堂而皇之地可以不用去学习骑射,所以她能够安安心心地坐在书房内,听着授课先生的讲解,专心地聆听,只不过偶尔,一双黑漆漆亮晶晶的大眼睛,也会悄悄地从窗缝间偷看正在专心习武的表哥。

她也是旗人子孙,自然知道习武骑射是男孩子必须学习的功课,在授课师傅重重的一声咳嗽下,又忙不迭地把目光收了回来,专心在自己眼前的白纸黑字上。

孩子总是在一天天长大。

不知不觉间，幼童变成了少年，容若变得英俊洒脱，器宇不凡，而原本雪娃儿似的小表妹，也出落得亭亭玉立，俨然一朵含苞待放的鲜花一般。

大人们瞧在眼里，都暗自欣慰。

以小表妹的才貌双全，一旦选秀进了宫，再加上娘家的支持，还愁不能在皇宫之中找到立足之地吗？

他们暗地里打着如意算盘，却全然忽略掉了，或者说是刻意忽略掉了少年容若与小表妹之间那淡淡的萌动，只是以为，那不过是两个孩子一起长大的兄妹之情而已。

当时的少年纳兰与小表妹，又哪里会预料到，未来，竟然是如此的残酷。

年少的他们，大概根本就不曾想过以后的事情。

纳兰容若年长了一些，就和其他人一样，列席在八旗战士们的阵营里，和周围无数年纪相仿的年轻人一样，是一位年轻的战士。

这天，少年纳兰从军营里回来，沐浴更衣过后，拜见了父母、姑姑等人，却未见到表妹的身影，有些困惑，又不好明问，只得悻悻然往内堂走去。

走着走着，他突然发现，自己的脚步，竟是在不知不觉中走向表妹居所的方向。

夕阳西下，精致的绣楼掩映在繁花绿树之中，仿佛也带着少女的娇羞，在昏黄的阳光中，镀上了一层淡淡的金色。

也许是心有灵犀，当纳兰容若刚走到楼下，表妹惠儿也正从楼梯上款款地走了下来。

四目相对，皆是一怔，旋即都笑起来。

纳兰容若想问表妹为何之前没在前厅，但怎么想都不知该从何问起。向来机智灵变的他，不禁有些讷讷起来，看着表妹那双明亮的眼睛，更是说不出来了。

少年纳兰再聪明，也猜不透女孩子的心思。

甚至连小表妹自己,也未必说得明白。

她不知道为什么当快到表哥回家时辰的时候,自己会突然开始在意起仪容来,见镜子里的人儿左不顺眼右不顺眼,一会儿觉得头发散乱了,一会儿又觉得早上插的那支簪子与身上的衣裳不搭配,所以,一反常态,并未和往常一样去前厅迎接归家的表哥,而是在自己的闺房内细细地重新梳妆,直到自己满意了,才走出闺房,哪知刚一下楼,却见表哥正在自己的绣楼前踌躇不前。

小表妹本是有些忐忑,可见到表哥迟疑的模样,竟忍不住笑了起来。

见到小表妹忍笑的神情娇憨可爱,纳兰容若越发觉得讷讷起来,想分辩些什么,但你看着我我看着你,竟谁都无话可说,于是便忍不住"扑哧"一声笑出来。

一笑,两位年轻人顿时不复之前的羞涩与尴尬。

惠儿和往常一样走到表哥身边,一双乌溜溜的大眼睛看向纳兰容若,大概是想说些什么吧,最后却是脸微微一红,就径直往前走去。

纳兰容若急忙跟了上去。

两个年轻人也不知低声说了些什么,间或传来一阵银铃似的笑声。

纳兰容若后来写了一首《落花时》,也许是这段无忧无虑的美妙时光在他的记忆里实在印象太深,所以在词中这样写道:"夕阳谁唤下楼梯,一握香荑。回头忍笑阶前立,总无语,也依依。"

写的,分明就是年少时与表妹两小无猜的画面。

从词中我们可以看得出来,当时的少年纳兰与表妹,是如何的情投意合,在他们这一双年轻人的眼中,这世间任何事物都是美好的,当然,还有两位年轻人之间那纯真的感情。

夕阳下,美丽的少女缓缓步下绣楼,细白柔嫩的手就藏在精致的袖子里,有些犹豫,又有些含羞带怯,像是想要朝面前的少年伸去，但因着少女的矜持，迟疑着，但对方却已经伸手握住了少女的香荑。

双方相视而笑，多么美好的画面。

想必纳兰容若也是想过，若是能真的执子之手，说不定就当真可以与子偕老了吧？

可现实的无情，却让他"与子偕老"的美好愿望，从此变成了虚空泡影，只能在自己的笔下，抒发着对这段有始无终的懵懂感情的惋惜。

休说相思。

若相思刻骨，如何才能不说？如何休说？

一生一代一双人的原型

一生一代一双人，争教两处销魂。相思相望不相亲，天为谁春？

浆向蓝桥易乞，药成碧海难奔。若容相访饮牛津，相对忘贫。(《画堂春》)

有多少人最先牢记的纳兰容若词，便是这一句"一生一代一双人"。

很多时候，被感动并不是因为一篇被华丽的辞藻修饰得天花乱坠的文章，也许就只是那么一句话。

简简单单的一句话。

"一生一代一双人"，那是一对天造地设的璧人，天作之合，当不为过。

而纳兰容若笔下的那"一双人"，指的又是谁呢？

既是一双，定是一对恋人，其中一人，毫无怀疑，自然是纳兰容若，另外一人，大概便是少年容若的初恋纳喇氏了。

那时候，纳兰容若也正年少，而惠儿也是位青春年少的美貌少女,两人才貌相当,正是典型的"一生一代一双人"。

对于将来的命运,纳兰容若与惠儿尚未知道,未来会如此残酷地给他们开了这样一个大大的玩笑!

对一对相互倾心的少年恋人来说,那个时候,大概世界上所有的一切,在他们的眼中都是充满了朝气而美丽的吧?没有阴霾,只有灿烂的阳光;没有世俗的侵扰,只有单纯的世界。所以,纳兰容若与纳喇氏,就像全天下所有情窦初开的少年少女一样,带着年轻人特有的单纯,全心全意地,享受着他们的爱情。

都说少年时候的感情是最单纯的,友情如是,爱情何尝不是这样呢?

纳兰容若一直清楚记得,那是一个阳光明媚的午后。

碧空如洗,蓝得仿佛透明一般,阳光从枝蔓间洒了下来,在地面上投出斑驳的光影。

紫藤花的藤蔓下,纳兰容若就那样随意地躺着,也许是读书读累了,他用几本书枕在脑袋下,闭着眼,小憩着。

耳中传来轻轻的脚步声,纳兰容若听出那脚步声是谁,却不睁眼,只是依旧装睡,但脸上抑制不住的笑意却泄露了真相。

果然,那轻柔的脚步声在耳畔停了下来,随之传来的,是少女轻轻的笑声,仿佛清风一般,接着,几朵花瓣就掉到了纳兰容若的脸上,痒痒的。

这下子,纳兰容若再也无法继续装睡,只好睁开眼睛,满脸笑容,看向那正俯身看着自己的少女。

那时候紫藤花正当花期,一串一串,或淡或浓,在阳光下仿佛紫水晶的瀑布一般,而那娇俏的少女就正立于紫藤花瀑之下,一身淡绿色的衣裙,就像是画中的人儿,活生生地站在自己面前。

那天两人聊了一些什么,说过一些什么,早已在记忆里模糊了,只有小表妹婀娜的身影,还有漂亮的面孔上那纯净的笑容,在脑海里深深地烙下了影像,在每当回忆起来的时候,就带着紫藤花的香气涌了上来。

表妹的笑容是那么的清楚，以至于在以后的岁月中，每当回想起来，会清楚到觉得原来回忆也是一种残忍。

当那天，父母、姑姑把自己和表妹都叫了过去的时候，见到满屋子的长辈，还有长辈们脸上那种严肃的神情，纳兰容若心中，就隐隐有了不妙的预感。

与他同样心思的，自然还有惠儿。

也许是属于女性的那种特有的敏感，也可以说是第六感，让惠儿潜意识里觉得，即将发生的事情，会完完全全地、彻彻底底地改变自己未来的命运。

这样的预感让惠儿不禁轻轻咬住了唇，担心地看了看表哥后，便看向了自己的母亲。

果然，长辈们接下来的话，让纳兰容若与惠儿都清楚地明白了一件事，无法回避的一件事。

小表妹已经到了选秀的年纪。

那时候的旗人少女，每一位都会得到一次"选秀"的机会，这是属于旗人少女特有的"福利"。

通过"选秀"，也许就能一夕之间飞上枝头变凤凰，然后全家鸡犬升天。

那时候的明珠，尚未成为康熙最器重的大臣，又因为先祖的关系，对自己在朝廷中的前途，是有些惴惴的。

纳喇明珠的祖父金台什，是叶赫部的贝勒，后来被清朝的开国皇帝努尔哈赤给斩杀。他的儿子尼雅哈、德勒格尔归顺了努尔哈赤。而明珠，正是尼雅哈的第二个儿子。

对于自己的出身，明珠一直担心会影响到自己的仕途，而娶了阿济格的女儿为妻，这对天生就是个政治动物的明珠来说，不能不说是个冒险的选择。

阿济格虽然是努尔哈赤的儿子，又军功赫赫，贵为英亲王，却在残酷的政治斗争中落了下风，最后被收监赐死，家产也被悉数抄没。

大概正因为如此,当时只不过是个小小大内侍卫的明珠,才有机会"高攀"上爱新觉罗氏,成为皇亲国戚之一。

在纳兰容若少年的时候,父亲在朝中的地位虽然正在不断地上升,可并未完全稳固,所以,父亲需要再找一条渠道,来把自己的家族和爱新觉罗家族牢牢地联系在一起,从而达到自己稳固地位的目的,而这样的渠道,莫过于让自己家族的少女成为康熙皇帝的后宫妃子一途。

于是从很早之前,他们就已经安排好了小小的惠儿的命运,如今眼见其已经长成了娇俏美貌的妙龄少女,即使在京城同龄的旗人少女之中,也是出类拔萃的人尖儿,这般的人才,在选秀之中,毫无疑问会胜出。

这时候,纳兰容若与小表妹才第一次清楚地认识到,横在他们之间的,是多么残酷的现实。

家族的利益当然被放置在了第一位,所有的一切,都必须为此让路!

包括两小无猜的爱情!

于是在多年之后,我们看到了这样的一阕词。

一生一代一双人,争教两处销魂。相思相望不相亲,天为谁春?

浆向蓝桥易乞,药成碧海难奔。若容相访饮牛津,相对忘贫。

也许我们还该说,"不是冤家不聚头",这是《红楼梦》中贾母形容林黛玉与贾宝玉的话,如今看来,岂不也正是说的纳兰容若与惠儿?一双天造地设的佳人,却因为残酷的世事而最终有缘无分。

于是,这样天造地设的"一生一代一双人",却是"争教两处销魂"。

心心相印的一对恋人,只能分居两处,互相思念着,如何不销魂?更加残酷的是,两人之间并非是永远的相离,也不是从此天涯海角,连一面都见不到,相反,是近在咫尺。

"相思相望不相亲",这是对一双互相深爱的恋人来说,最残酷的惩罚了吧?

彼此能够相望,彼此相思着,却不能相亲,何等的残忍!

如果当真爱有天意,那么,那灿烂的春光又是为谁而来呢?

怨不得纳兰容若会在上阕词的最后一句,几乎是从自己心底喊出这四个字——

"天为谁春"!

我们仿佛能够看到这样的画面。

当纳兰容若最终与小表妹再度见面的时候,早已是斗转星移,物是人非。

昔日娇羞的少女,已成为皇帝后宫之中的妃嫔,给家族带来了另外一种荣耀。

也许是省亲,也许是因为入宫庆贺,总之,纳兰容若终于再一次见到了自己的表妹,那记忆中的少女。

可是,见到了又如何呢?

四目相对,千言万语,最终只能化为他与她之间深深的凝望。

不敢说,不敢讲,纵有千样相思,万般心事,也只能深深地隐藏在自己的心里,在眼神交汇的瞬间,讲述着自己的心意。

纳兰容若写词,善于用典,在这首词里面也不例外。

这首《画堂春》的下阕中,开首的两句,便是两个典故。

浆向蓝桥易乞,药成碧海难奔。

两个典,一是裴航乞药,二是嫦娥奔月。

裴航乞药是出自唐人笔记里面裴航蓝桥遇仙女云英的故事。

传说裴航为唐长庆间秀才,游鄂渚,梦得诗:"一饮琼浆百感生,玄霜捣尽见云英。蓝桥便是神仙宫,何必崎岖上玉清。"裴航买舟还都路过蓝桥驿,遇见一织麻老妪,航渴甚求饮,妪呼女子云英捧一瓯水浆饮之,甘如玉液。航见云英姿容绝世,因谓欲娶此女,妪告:"昨有神仙与药一刀圭,须玉杵臼捣之。欲娶云英，须以玉杵臼为聘，为捣药百日乃可。"裴航终于找到月宫中玉兔用的玉杵臼，娶了云英，夫妻双双入玉峰，成仙而去。

第二个典故便是大家都耳熟能详的"嫦娥奔月"的故事了。

"药成碧海难奔"这句明显是出自"嫦娥应悔偷灵药，碧海青天夜夜心"。嫦娥偷吃了丈夫后羿从西王母处求来的长生不老药，独自飞升月宫，不老不死的生命换来的是千年的孤寂。当她在月宫之中凝视着人间的时候，不知道有没有后悔过自己当初的选择呢？但为时已晚，只能是碧海青天夜夜心，空对着冷冷清清的月宫，怀念着当初的幸福生活。

也许当年纳兰容若想起被送进宫里的小表妹的同时，还有月宫之中那孤零零的嫦娥吧？

在纳兰容若的眼中，小表妹又何尝不是嫦娥一般的仙子呢？可是，如今却也像那嫦娥一般，独居深宫，冷冷清清，寂寥半生。

如果嫦娥不曾偷吃长生不老药，自然结局又是不同；如果表妹不曾进宫，那么他与她的命运，也将截然不同吧？

"饮牛津"出自《博物志》，当然，这里的"牛津"指的不是名校牛津大学，而是《博物志》上的一篇记载。

天河与海通，有人居海上，年年八月，见浮槎去来不失期。多赍粮乘槎而往。十余日至一处，遥见宫中多织妇，一丈夫牵牛，渚次饮之。其人还至蜀间严君平，曰："某年某日有客星犯牵牛渚"，计年月，正此人到天河时也。

说的，应该是牛郎织女的故事。

"若容相访饮牛津，相对忘贫。"

如果我能像那牛郎一样，不惜排除万难去天上寻找织女，只要两人能够从此在一起，即使是做一对贫困夫妻，也是心满意足的。

回想起来，纳兰容若总会觉得他与小表妹之间，青梅竹马的时间，竟是那么的短暂。

都说缘定三生，也许他们之间这段短暂的欢乐，却正好是用三生三世的缘分兑换而来，来也匆匆，去更匆匆。

《红楼梦》中有一首判词叫作《终生误》,是这样写的:"都道是金玉良缘,俺只念木石前盟。空对着,山中高士晶莹雪;终不忘,世外仙姝寂寞林。叹人间,美中不足今方信:纵然是齐眉举案,到底意难平。"

对纳兰容若来说,他与小表妹的那段感情,又何尝不是如此呢?

那段纯洁的爱情,最终因为现实的无情,而有缘无分,空自叹息着,天为谁春!

宫墙柳,爱别离

风鬟雨鬓,偏是来无准。倦倚玉阑看月晕,容易语低香近。

软风吹遍窗纱,心期便隔天涯。从此伤春伤别,黄昏只对梨花。(《清平乐》)

现在网络文学很发达,小说文章的种类已经不是单纯的几种就能概括了,洋洋洒洒无数,还有专门针对女性读者的小说,其中有一种,叫作"宫斗文"。顾名思义,小说讲的就是后宫之中的各种钩心斗角、尔虞我诈,看一群初进宫的年轻女孩子,最后谁能笑傲众佳丽之上,成为六宫之首。

虽然是小说,夹杂了作者们的想象,但古往今来,后宫之中的生活,从来都是不足为外人道,谁都不觉得那是个美妙的地方。《红楼梦》中贾元春省亲的时候,也搂着贾母与王夫人一干亲戚大哭"当初把我送到那见不得人的去处"。据说某朝皇帝驾崩之后,皇后变成太后,下的第一道命令就是免除了她故乡那些年轻女子当年的选秀活动,由此可见,后宫之中,其实并不如小说中描写的那样美丽。

那里虽然是全天下最富贵的地方,却也是无数年轻女子的坟墓,日复一日把自己的青春白白浪费在皇宫深院之中。

唐诗中有着不少的宫怨诗，李白、王昌龄、顾况、白居易、杜牧、朱庆余、杜荀鹤等众多诗人，笔下都描写过那些宫女们寂寞、无助而又孤苦的哀怨。

"寂寞空庭春欲晚，梨花满地不开门"，这是唐朝诗人刘方平笔下的名句，生动地写出了深宫之中的少女，是如何的寂寞孤苦，青春易逝，再是花容月貌，也只能被湮没在后宫无数的青春少女之中，一年一年，白白蹉跎了岁月，最终只能是"白头宫女在，闲坐说玄宗"。

也许在其他人看来，这些美丽的少女们，一旦进了宫，等待着她们的，将是大富大贵，飞黄腾达，但那看起来美好无比的富贵与地位，却是要她们在几千几万同样年轻貌美的女子中杀出一条血路来，说不定还能"成功"，失败的，要么被深宫给吞噬掉，要么就是白白蹉跎了青春，麻木地看着自己的满头青丝缓缓变成苍苍白发。

纳兰容若的这位表妹，究竟在入宫后是荣幸地成为嫔妃，还是像无数的秀女一样，被吞噬在深深的后宫之中，已经无法得知，唯一可知的便是，当宫门重重关上的同时，也隔断了两位年轻人情投意合的心。

只是隔着一座高高的宫墙，从此形同陌路。

选秀对这位小表妹来说，代表的，却是异常残酷的现实，利刃般无情地切断了她与表哥之间那萌动的情弦。

看着镜子里那漂亮的面孔，双颊上还带着少女特有的红晕，小表妹不知道有没有后悔过，自己不如长得丑一点，蠢笨一点，或许就能避免这样的命运了吧？

一声叹息，是为那从此被宫墙高高圈住不得自由的小表妹，也是为墙外明知是空还苦苦守候，抱着一丝遥不可及希望的少年纳兰容若。

相思刻骨，阻隔在他们之间的，不仅仅是皇宫那巍峨耸立的宫墙，更有自己身后庞大的家族。

司马相如与卓文君成为千古佳话，可他们却不是，他们无法任性，更不能让整个家族来为他们的任性买单。所以，小表妹只能在宫墙内"寂寞空庭春欲晚"，而少年容若则在宫墙外，"伤春伤别，黄昏只对梨花"。

可以猜想，当与自己情投意合的小表妹被送进皇宫之后，少年纳兰是怎么度过那段愁思郁结的日子的。

回想着昔日与小表妹花前月下，情投意合相谈甚欢的日子，如今屋舍依旧，长廊依旧，甚至院子里的玉兰花树也依旧，但早已物是人非，却仿若远隔天涯。

微风缓缓拂过，透过窗纱带来一丝儿一丝儿的凉意。天边，夕阳渐渐落下，偌大的庭院中，一条人影寂寥地站立着，黄昏只对梨花。

这里，纳兰容若用了"梨花"一词，倒是和唐代诗人刘方平笔下的"寂寞空庭春欲晚，梨花满地不开门"中的"梨花"一词，有些异曲同工之妙。

那些深宫之中的妙龄少女们，不管来自天南地北也好，豪门寒户也罢，最终也逃不出"寂寞空庭春欲晚"的命运，空对着"梨花满地不开门"，何其的无辜，何其的悲凉。

于是在无数个夜晚，每当纳兰容若思念起那位咫尺天涯的小表妹时，叹息的，大概便是两人终究有缘无分，错身而过吧？

湿云全压数峰低，影凄迷，望中疑。非雾非烟，神女欲来时。

若问生涯原是梦，除梦里，没人知。（《江城子》）

乍看这首词，就像是一首普普通通的写景词，除了纳兰词一贯的清新之外，并没什么特别的地方。

风雨欲来，天上的云也显得厚重湿漉，朝远处起伏的山峦压了下来，那一层又一层的山峰烟雾缭绕，隐约迷离，仿佛被一层又一层的云雾给包裹住一般。是仙境？梦境？还是人间？远远望去，竟让人有些不禁怀疑，那到底是不是山峰了，或许是传说中的蓬莱吧？所以山峰间才会有着祥云缭绕。

可是，若当真是蓬莱仙境，为何神女却又迟迟不曾出现？

在这里，纳兰借用了宋玉《高唐赋》《神女赋》里神女的典故，意指神女来时云雾缭绕，身影朦胧，叫人见了却看不见神女的真面容，只能暗自揣测。

而这一场经历，难道竟然是梦境吗？

或者说，只能在梦中，才能与自己心目中的"神女"相见了吧？

最后两句，引自唐朝诗人李商隐《无题》中的两句："神女生涯原是梦，小姑居处本无郎。"

或许是纳兰为了表达自己对青梅竹马恋人的怀念之情，所以他在这里引用了李商隐的这两句诗，想说的，大概就是追思往事，尽管曾经有过刻骨铭心的恋情，有过青梅竹马的情投意合，但到头来，终究抵不过现实的无情碾压，那些美好的回忆，不过是做了一场幻梦而已。

于是纳兰也自己问自己，除了在梦里，还有谁知道自己的这番心事，知道自己对那小表妹的思念之情呢！

有时候，他远远望着那巍峨的宫门，宫殿屋顶一层一层逐渐往远处延伸，高低错落，乍一看，何尝不像云雾缭绕的层峦叠嶂？

自己心心思念着的小表妹，就在其中"云深不知处"，竟不知何时才能再见到一面。

现实无情地阻断了他与表妹之间的联系，更像狂风暴雨一般把两人感情的萌芽扼杀在了摇篮之中，即使如此，纳兰也并未就此放弃爱情上的追求。

即使知道这番相思注定是空，也不妨抱着这份感情惆怅终身。

皇宫巍峨，宫殿屋舍高低起伏，而深深的宫闱之中，从古至今，又有多少妙龄少女把自己的青春葬送在了里面。

但即使如此，每一年还是有无数的人前仆后继，妄想着自己能够与众不同，在美女云集的后宫之中杀出一条血路来，然后荣登顶点。

只不过，皇后从来只得一人！要么就是等你死在了这皇宫里，皇帝发个慈悲，追授个名衔算是安慰罢了。

这种东西，却让无数的女人争抢到头破血流。

大概皇帝也就乐于见到这样的局面吧？

不管是男是女，见到异性为了能得到自己的青睐而争夺得你死我活、头破血流，谁都会觉得虚荣心得到了满足。

皇帝是不是人？当然是！

天子天子，上天之子，那还是个人！

而且是个男人！

所以在他看来，后宫三千佳丽，不过是他拥有的财产而已，重要性大概也就和笔墨纸砚等用具差不多，说重要？未必；说不重要？他又在意得很。

无数的美貌少女为了一个男人争夺得要死要活，谁不在意？

拥有天下的权势，拥有天下的荣誉，拥有天下的美人，也就难怪那么多人想当皇帝了。

好色的皇帝，不少。

不过当了这皇帝，要被人说不好色，那也难，毕竟坐拥后宫佳丽三千人，外人眼中，不好色才怪。

那时候年少的纳兰容若，心里有没有这样腹诽过，谁也说不清楚，毕竟按年纪算，只怕刚好是现在人们常说的"叛逆期"，正是开始有了自己主见的时候。

不过当时的康熙皇帝与他乃是同年出生，纳兰多少岁，康熙也就多少岁，所以在某种程度上来说，惠儿还算是幸运的，至少不用红颜伴白发，一树梨花压海棠。

但在纳兰眼中，那高高的巍峨的宫墙，是如此的罪大恶极，生生地阻断了自己与表妹,从此只能一个墙内,一个墙外,徒留遗憾。

彤云久绝飞琼字,人在谁边,人在谁边,今夜玉清眠不眠?
香销被冷残灯灭,静数秋天,静数秋天,又误心期到下弦。
(《采桑子》)

张爱玲曾经这样绝望而且悲凉地说过:"生在这世上,没有一种感情不是千疮百孔的。"

那时候,年轻的纳兰容若,就已经从自己失败的初恋那儿,早早地尝到了这样的滋味儿。

如同金庸笔下的《神雕侠侣》里面情花的滋味。

情之为物,本是如此,入口甘甜,回味苦涩,而且遍身是刺,你就算小心万分,也不免为其所伤。多半因为这花儿有这几般特色,人们才给它取上这个名儿。

那甜美的初恋,和小表妹的两小无猜、青梅竹马,最终还是在现实那巨大而且无情的车轮面前,毫无抵抗能力地被压成了齑粉,然后在时间一遍遍的冲刷下,渐渐变成苍白的印子,最后消失无踪。

曾经那些欢乐的岁月,无忧无虑的过往,在回忆里逐渐变得苦涩起来。

如果还能相见,大概,这份苦涩也会变成甜美了吧?

可是,那道巍峨的宫墙,就像是一道永远无法跨越的鸿沟,深深地隔开了他与自己心爱的少女,再也无法得知对方的任何消息。

她过得是好还是不好?在宫中有没有受到什么委屈?……

种种的担心与思念,最终都变成了宫墙外无可奈何的叹息。

如果能把自己的相思之情尽数写在信笺之上,送到宫中的表妹手里,想必也是好的吧?

只可惜,这不过是纳兰容若一厢情愿的幻想而已。

他一封封写满自己心事的信，最后也只能静静地压在水晶镇纸的下面，永远都无法送出去。

"彤云久绝飞琼字"，这便是纳兰容若此刻心境最好的写照了吧？

《太平广记》中记载过这样一个故事：

唐开成初，进士许瀍游河中，忽得大病，不知人事，亲友数人，环坐守之。至三日，蹶然而起，取笔大书于壁曰："晓入瑶台露气清，坐中唯有许飞琼。尘心未尽俗缘在，十里下山空月明。"书毕复寐。及明日，又惊起，取笔改其第二句曰"天风飞下步虚声"。书讫，兀然如醉，不复寐矣。良久，渐言曰："昨梦到瑶台，有仙女三百余人，皆处大屋。内一人云是许飞琼，遣赋诗。及成，又令改曰：'不欲世间人知有我也。'既毕，甚被赏叹，令诸仙皆和，曰：'君终至此，且归。'若有人导引者，遂得回耳。"

故事讲的是唐朝开成初年，有个叫许瀍的进士在河上游玩的时候，突然得了一场离奇的大病，不省人事，亲友们都十分担心，在身边守着，就这样过了三天，在第三天的时候，许瀍突然站起身来，在墙壁上飞快地写出来一首诗："晓入瑶台露气清，坐中唯有许飞琼。尘心未尽俗缘在，十里下山空月明。"写完之后继续倒头昏睡，和之前一样怎么叫都叫不醒，众位亲友面面相觑，惊愕不已。到了第二天，许瀍又突然站起身来，把墙壁上的第二句改成了"天风飞下步虚声"，这次倒是没有再度倒头继续昏睡，而是像喝醉了一般，也不算清醒，浑浑噩噩的，过了很久才渐渐地能够开口说话。亲友们担心地询问，他就说："我在梦里到了瑶池仙台，那里有三百多位美丽的仙女，都住在一间金碧辉煌的大屋子里面，其中一人，自称许飞琼，问我可能赋诗？等诗写好了，她又说：'不愿意让世人知道我的存在。'让我改掉其中的一句。诗改完之后，很受赞赏，于是其他的仙女又依韵和诗。许飞琼就说：'您就到此结束，先回去吧。'自己就像是被人引导着似的，又回到了人间。只是回想之前的一切，不知是真是假，是梦是幻。"

古代的笔记小说里面，这种遇仙的故事层出不穷，甚至还有仙女与人间的男子结为了夫妻的。而许飞琼所代表的仙女形象，从古至今，都可以说是男性心目中的梦中情人。

所以，在这里，纳兰容若用"许飞琼"的典故来代指自己心爱的恋人，也并不为过。

"彤云"指的是红霞，传说在仙人们居住的地方有着红霞缭绕，这里纳兰容若很明显是用来代指皇宫，而"玉清"应该指的是道教中仙人所住的玉清宫，自然也是代指深宫，没什么疑义。

心爱的表妹身在这冰冷的皇宫内，音讯渺茫。如今，自己因为思念着她而夜不能寐，那皇宫内的人儿，是不是也和自己一样，今夜无眠呢？

大概对双方来说，这都是一个不眠之夜吧！

这巍峨华丽的宫墙之内，在每一个凄清的夜晚，对着镜子里的人影，惠儿只能在夜半无人之时，暗自垂泪，为她还未来得及开花便已经枯萎了的初恋，还为着心中那最深的思念。

镜子里的那张少女的面庞，还是那么的美丽，那么的年轻，只是惠儿很清楚地知道，有些东西，已经永远地从自己的双眸里失去了，变成了内心深处最刻骨铭心的记忆，支撑着她在这步步惊心的皇宫之中，坚持下去，然后在午夜梦回的时候，在她最不经意的时候，悄悄涌上心头，夜不能眠。

"香销被冷残灯灭"，这样的不眠夜，接下来又会有多少呢？在思念里度日如年地等待着秋天，等待着冬天，一年又一年，在光阴的流逝中怀念着自己那份夭折的初恋。

一道高高的宫墙，囚住了多少花样少女的青春，又断绝了多少像纳兰容若一样还未来得及发芽就被扼杀了的爱情。

有时候，我和你之间只有一堵墙的距离，那却是世界上最遥远的距离，永远都无法接近。

欲语心情梦已阑，镜中依约见春山。方悔从前真草草，等闲看。

环佩只应归月下，钿钗何意寄人间。多少滴残红蜡泪，几时干？（《摊破浣溪沙》）

古时候形容女子的眉毛，都是一成不变地形容成"远山"。

这个形容实在是好，常说美女是"眉目如画"，那眼若点漆，一双弯弯的眉毛，又何尝不像那青翠的远山呢？

第一个把女子的眉毛形容为"远山"的人，是刘歆，他在《西京杂记》中这样描写卓文君："文君姣好，眉色如望远山，脸际常若芙蓉，肌肤柔滑如脂。"从此，后来人随之衍生出"眉如远山""眉若春山"等无数的词语，专为形容女子的眉毛。

那第一个被形容为"眉若远山"的卓文君，也算是中国古代鼎鼎大名的奇女子，她慧眼看中司马相如，不惜连夜私奔。两人才貌双全，连"私奔"这码子事情都能给他们弄成一段佳话，倒也算是奇观了。只不过司马相如毕竟还是有些男人的劣根性，日子一长也动起了歪脑筋想要纳妾，气得卓文君一怒之下和他摊牌，"闻君有两意，故来相决绝"——

正室和小三，你只能要一个！别想着什么齐人之福，我才不会和另外一个女人共享丈夫！

卓文君算得上那个时代少见的性情女子，说得出做得到，而且行事风格干脆，绝不拖泥带水，从她毅然和司马相如私奔就看得出来了，她绝对不是那等只会哭哭啼啼怨天尤人的女子，所以她这狠话一放，顿时把司马相如的那点花花肠子都给吓了回去，再不敢提此事，一对夫妻，倒也继续做了下去，恩爱如旧。

而同样和眉毛有关的典故，另外一个便同样是汉代的、鼎鼎大名的"张敞画眉"了。

根据《汉书·张敞传》的记载，京兆尹张敞与妻子十分恩爱，每次妻子化妆的时候，他就亲自为妻子描画眉毛，渐渐流传开来，八卦的结果，就是被当时的皇帝汉宣帝知道了，专门招来张敞询问，张敞回答说："臣闻闺房之内，夫妇之私，有过于画眉者。"汉宣帝当然也没因为这件事责怪张敞。后来，"画眉"的典故，就成为夫妻恩爱、闺房之乐的代名词。

当纳兰容若望向镜子里的时候，看到的，或许便是恋人，那一对弯弯的远山一般的眉毛吧？

梦中，心爱的小表妹正在对着镜子，细细地描画着她那一对好看的眉毛，那身影是如此的熟悉，仿佛从来不曾离开过自己一样。

可是，为何睁开双眼，眼前所见的，只有空荡荡的房间？

难道刚才见到的一切，不过是一场梦境而已吗？

"欲语心情梦已阑。"

人生中，有多少事，是用语言也无法表达的呢？

那时候如果我能够更勇敢一点，能够大胆地说出自己的心意，也许，你就不会被送进皇宫，而我，也不会在每一次醒来的时候莫名地失神了吧？

我们不妨大胆地假设一下，在某天夜里，纳兰容若从睡梦中醒来，对着那静寂无声的镜子，回想着以前那些欢乐的日子。

过去的时光越是欢愉，如今就越发的苦楚。

回忆的滋味，竟然是如此的苦涩难咽！

而在纳兰容若怀着这样的心情写下这阕词的时候，用"春山"这个典故，除了用来形容恋人的美丽之外，是不是言外之意还影射着，那卓文君与司马相如的故事呢？

如果自己当初能够更有勇气一些……

如果对方当初能够更有勇气一些……

是不是他们也能像司马相如与卓文君那样，携手离开，成就另外一段属于他们的佳话？

唐玄宗曾经写过一首婉约的小令《好时光》：

髻偏宜宫样，莲脸嫩，体红香。眉黛不须张敞画，天教入鬓长。

莫倚倾国貌，嫁取个有情郎。彼此当年少，莫负好时光。

画眉之乐，若非有情郎，如何感同身受？所以才要"彼此当年少，莫负好时光"。

只是，纳兰容若与惠儿的好时光，早已随风远去。

当年年少，如此而已。

一次冲动的冒险

相逢不语，一朵芙蓉着秋风。小晕红潮，斜溜鬟心只凤翘。

待将低唤，直为凝情恐人见。欲诉幽怀，转过回阑叩玉钗。（《减字木兰花》）

有一句古话叫作"艺高人胆大"，用来形容那时候的纳兰容若，倒也贴切。

当时纳兰大概还不到二十岁，正是血气方刚的年龄，有着那么一股子冲劲儿，再加上自己本身也会一些武艺，有些时候一冲动，难免会做出些叫人瞠目结舌的事情来。

小表妹被选秀入宫的事情，对纳兰容若来说，不啻晴天霹雳，是一次重重的打击。

原本以为水到渠成的感情，就这样被现实斩杀在摇篮之中，那小小的种子还没来得及生根发芽，就被狂风暴雨连根拔起，徒留无奈与辛酸。

对小表妹来说，大概从她迫不得已入宫的那一刻开始，就已经向自己今后的命运低头了吧？她知道这是无法反抗的，所以，妙龄少女默默接受了这一切，接受了命运的安排。

但纳兰容若，却对这样的安排，发出了他微弱的抗议。

他也不知道当时自己怎会有那么大的胆量，竟然做出那样惊世骇俗的事情来，稍有差池，便是灭族之罪，以至于当事情过后，纳兰每每想起，都不禁汗流浃背。

但那时年少的纳兰容若,终究还是凭着自己的血气方刚,凭着自己的冲劲,做出了那件任性的事情来。

说是任性,也大有孤注一掷义无反顾的意味。

对纳兰容若,或许这便是他短暂的一生中,最初的,也是最后的一次任性吧?

自从小表妹入宫之后,纳兰容若心心念着,相思刻骨,却无计可施。

皇宫大内,哪是说进去就能进去得了的?就算你是权臣之子,也没有例外。

看着巍峨的宫墙,纳兰容若什么法子都想过了,却还是想不出能潜进皇宫的法子来。

就在那一年,宫中有重要人物过世,既然是国丧,皇宫自然也不能免俗,大办法事道场,每日和尚喇嘛,出入宫廷,并无阻拦。

这时,纳兰容若看到每天那些僧人们能够自由进入宫廷,灵机一动,他竟然想出个十分冒险的办法来。

他悄悄地用重金买通一名僧人,换上僧袍,装成一名小僧人,混进了入宫操办法事的僧人队伍之中。

也许是怕被人认出来,他一直低着头,小心地注意着周围的一切。

如今披上了僧袍,纳兰容若一下子有些后怕起来。

私混入宫,一旦被发现,这就是死罪,而且全家人都会受到牵连。退一步说,就算当真混进了宫,那后宫如此庞大,妃嫔宫女那么多,真的能在短时间内找到表妹吗?

再退一步说,就算上天眷顾,自己顺利地找到了表妹,见到之后呢?自己要怎么做?

带她逃出这铁打一般的皇宫?

纳兰容若静静地想着。

他知道自己在用最大的冒险,去追寻一个遥不可及的渺茫希望。

但是从他披上这件僧袍开始,就已经没有退路了。

纳兰不糊涂。他并非不明白这么做的后果,也并非看不清现实。

可纳兰还是不想放弃。

所以,当僧人们的队伍开始缓缓往前行进的时候,纳兰容若没有片刻犹豫,就跟着队伍一路往前走。

因为这些僧人每天都会进出皇宫,守门的侍卫并未怎么留意,验过领头者的进出令牌,再草草扫视了几眼,就放他们进宫,丝毫没有发现,权相明珠之子纳兰容若混在这队僧人之中。

纳兰容若一直都低着头,偷偷地张望,见顺利进了宫门,不禁暗自松了口气。

身后,陈旧笨重的门轴发出"吱嘎"的声音,重重宫门就一层层地打开,然后关上。

那一声又一声的关门声音,让纳兰容若越来越紧张。

他已经步入了深宫——

这个外臣、男人们的禁地!

他猛地睁大了双眼,连忙低下头去。

因为他看见迎面过来了一队巡逻的侍卫。

那些侍卫里面,有不少人,都曾经和纳兰容若一起,在旗营里操练过,彼此都是认识的,如今稍有不慎,纳兰就很有可能被对方认出来!

这令纳兰容若不禁紧张起来,绷紧了浑身的弦,低下头,把自己的面容隐藏在合十的手后。

暗自祈祷着。

上苍如果真的开眼,就请保佑我能够见她一面!

一面就好!上苍,我的要求并不多,仅仅是一面就好!

见到她如今怎样,见到她如今可否安好……

纳兰在心中暗自向上苍乞求着。

纳兰容若就这样满怀心事混在僧人的队伍之中，一起往前走着。

宫殿深邃，长廊迂回曲折，就像是永远也走不到尽头。

纳兰容若并不在乎这队僧人到底会走去哪里，他在乎的，是自己究竟能不能见到表妹一面。

偶尔有宫女从队伍旁边经过，多是踏着小碎步，迅速地离开，根本不敢和外面来的人有任何接触，甚至连看都不敢看向这群僧人。

这时候，纳兰容若发现，这些年轻的宫女，无论环肥燕瘦，都是穿着同样颜色的衣裙，绣着同样的花纹，梳着同样的发髻，甚至连鞋子、手绢都一模一样，青春的面孔上，也同样都带着一种熟练的、经过刻意训练的、弧度恰到好处的微笑，漂亮，优雅，却毫无生气。

纳兰容若不禁担忧起来。

小表妹喜怒哀乐都流于面上，她那样活泼的个性，在这皇宫之中，当真应付得来？

可再是担忧又怎么样呢？走到现在，他依旧不曾发现表妹，甚至连相似的身影都不曾见过。

正当他以为这一次冒险会是徒劳一场的时候，前方长廊的拐弯处，出现了几位宫女的身影，远远地，朝着僧人的方向走了过来。

纳兰容若的心，一下子提到了嗓子眼儿。

因为他看到其中一位宫女的身影，与自己的表妹是那么的相似，却又有些不敢确定。

只是觉得，那婀娜的身影，与记忆中小表妹的身影十分相似。

那究竟是不是小表妹呢？

纳兰容若不禁朝那方张望着。

双方走得越来越近了，纳兰也不由得期待起来，期待着擦肩而过的刹那，可天不遂人愿，那几位宫女在长廊的拐弯处，往另一个方向走去。

纳兰见状顿时有些着急起来。

也许是冥冥之中真有天意，仿佛心有灵犀一般，那女子突然回头看向僧队的方向。

四目相对。

纳兰的一颗心顿时激烈地跳动起来。

即使相隔如此之远，纳兰容若还是认了出来，对方正是自己的小表妹，虽然穿着和其他宫女一般无二的衣裳服色，梳着一模一样的发髻，但那是自己的小表妹！

心心念着的小表妹！

对方似乎也认了出来这位僧人是谁，却不敢有丝毫异样的举动。

她只是迅速把脸转了回去，身子却不由自主地晃了一下，就像是脚下的花盆底没有踩稳一样，微微有些踉跄，步子也拖拉起来，像是很不想离去，却被前后不明所以的同伴挟着，不由自主地继续往前走。

她的背影看起来是那么的凄凉，带着无力抗拒的无可奈何，只是在快要走远的时候，突然抬起手，像是要去扶一扶自己发髻上的玉簪，纤细的手指却轻轻扣了扣，仿佛在告诉纳兰容若，她已经见到了他。

"待将低唤，直为凝情恐人见。"

纳兰容若不是不想开口唤她，但理智及时地阻止了他，告诉他，若是出声，便是灭族之祸！

身为明珠之子的纳兰知道，今日的胆大包天，已经是极限。

而小表妹也知道，一旦自己情绪失控，会是什么样的后果。

他们都很清楚他们没有任性的条件！

最大的限度，只能是四目相对，然后，纳兰容若便目送着对方远去，远远地走进深不见底的后宫深处。

这一场预料之外的见面，只是发生在一瞬间，对这对年轻人来说，代表的却是前半生的告别，与后半生的永诀。

他们已经不可能再有见面的机会。

曾经萌动的美好感情，被现实残酷的狂风暴雨给摧残得一丝儿不留。

过了很多年之后，纳兰容若有时候还是会想起这一次年少轻狂的重逢。

大概是因为过去太久了，纳兰容若竟会觉得，那次惊心动魄的重逢，当真发生过吗？或许只是梦幻一场吧？

但不管是梦幻也好，现实也好，纳兰容若都深深地记得，当时表妹离去的身影，是那么的无可奈何，那么的恋恋不舍。

"欲诉幽怀。"

他们都有满腔的话想要倾诉给对方，但却只能把那些话深深地藏在心里，藏了一天又一天，一年又一年，最终，化成纳兰容若笔下这首《减字木兰花》——

相逢不语，一朵芙蓉著秋雨。小晕红潮，斜溜鬓心只凤翘。

待将低唤，直为凝情恐人见。欲诉幽怀，转过回阑叩玉钗。

年少时候的轻狂与任性，年少时候美好的纯洁的感情，还有那无奈的遗憾，随着岁月的流逝，最后，只在字里行间余下淡淡的、浅浅的哀伤，纪念着当时的错身而过。

第一最好不相见，如此便可不相恋。

第二最好不相知，如此便可不相思。

第三最好不相伴，如此便可不相欠。

第四最好不相惜，如此便可不相忆。

第五最好不相爱，如此便可不相弃。

第六最好不相对，如此便可不相会。

第七最好不相误，如此便可不相负。

第八最好不相许，如此便可不相续。

第九最好不相依，如此便可不相偎。

第十最好不相遇，如此便可不相聚。

但曾相见便相知，相见何如不见时。

安得与君相决绝，免教生死作相思。

从皇宫中平安回来的纳兰容若，回想起自己的这次冲动冒险，也不禁后背上满是冷汗。

他当时只凭着一腔热血就什么也不顾地伪装成僧人混进宫中，只为着追寻那一丝最渺茫的希望！

好在上天终究还是眷顾他的，在他以为自己再也见不到表妹的时候，朝思暮想的恋人便和自己错身而过。

终是见到了一面。

最后一面。

但也是错身而过，他往东，她往西，就像两条交叉线，一次交集之后，便是越行越远，最终相隔天涯。

对于儿子的这次冒天下之大不韪，很难说明珠究竟知道不知道。

如果明珠知道儿子竟然做出这么一件胆大包天的事情来，他们全家人的脑袋就这样在毫不知情的情况下，去鬼门关滚了一回的话，只怕就算父母再淡定，儿子再优秀，一顿暴打都是免不了的！

纳兰容若简直就是在拿全家人的性命赌博！

好在上苍向来是站在他这边的，所以，他赌赢了，安然无恙。

但一颗心还是紧紧系在深宫之内，系在小表妹的身上。

这么多年的感情，怎么可能说放就放？说遗忘就遗忘？

所以在宫中的喜讯传来之后，全家人都为之欢呼雀跃，只有年少的纳兰容若，皱紧了双眉，闷闷不乐。

那喜讯是什么呢？

是才貌双全的惠儿顺利得到了康熙的青睐，成功地从宫女变成了嫔妃。

对明珠来说，这个消息意味着他在朝廷中的权势变得更加稳固,在宫中也有了靠山,这个消息是真真切切的喜讯,所以,全家上上下下,都欢天喜地、张灯结彩的,准备着庆祝。

就在这一片喜庆的气氛中,纳兰容若却颇有些"冠盖满京华,斯人独憔悴"的感觉。

为了家族的利益,牺牲的,是自己与表妹之间最纯真的感情,自己却无法抗拒,无能为力。

这是纳兰容若第一次感觉到来自现实的、不可抵抗的巨大压力,让一直生活在最优裕的环境中、向来一帆风顺的纳兰容若也开始清楚地了解到一件事,那就是当理想与现实发生碰撞的时候,胜利的,从来都是现实!

后来,纳兰容若把自己对表妹的这番遗憾之情写进了词中,便是这首《减字木兰花》:

花丛冷眼,自惜寻春来较晚。知道今生,知道今生那见卿。

天然绝代,不信相思浑不解。若解相思,定与韩凭共一枝。

开篇四字,便是化自唐代元稹的《离思》诗:"取次花丛懒回顾,半缘修道半缘君。"接下来的"自惜寻春来较晚",则是借唐代杜牧的一段情事,来写明自己的后悔之情,如果当初自己能更多一点勇气,能早一点向父母提出想要娶表妹为妻的想法,说不定,后来的一切就不会发生了,又哪里有现在的"惆怅怨芳时"?哪来现在的悔之晚矣?

自己的一片相思之情,现在也只能深深埋在心里,无人能解。

词中弥漫着一股悔恨之意,但是纳兰容若知道,此恨绵绵无绝期,过去了的,已经不能再重来,他从此只能在词里行间表达着自己的后悔、不舍,还有怀念。

用张爱玲的一段话来作最后的总结,却是正好:

传奇里的倾国倾城的人大抵如此。到处都是传奇,可不见得有这么圆满的收场。胡琴依依呀呀拉着,在万盏灯的夜晚,拉过来又拉过去,说不清的苍凉的故事。

知己　知君何事泪纵横

"我是人间惆怅客,知君何事泪纵横。"

康熙十五年(1676年)丙辰。

这一年,纳兰容若认识了他一生之中的知己至交——顾贞观。一首《金缕曲》,"德也狂生耳",纳兰容若词名从此流传天下。

纳兰容若在十九岁那年因为急病而错失殿试机会,在外人看来,究竟是惋惜还是惆怅,仁者见仁智者见智。但事实上,纳兰容若似乎并没有因为这一次的失利而一蹶不振,相反,这几年的空闲,他反倒是能够将自己大部分的心思都花在了所喜爱的诗词上,从而认识了自己一生之中视为至交的好友们。

秋水轩唱和

疏影临书卷。带霜华、高高下下,粉脂都遣。别是幽情嫌妩媚,红烛啼痕休泫。趁皓月、光浮冰茧。恰与花神供写照,任泼来、淡墨无深浅。持素障,夜中展。

残釭掩过看逾显。相对处、芙蓉玉绽,鹤翎银扁。但得白衣时慰藉,一任浮云苍犬。尘土隔、软红偷免。帘幕西风人不寐,恁清光、肯惜鹔鹴典。休便把,落英剪。(《金缕曲》)

就在纳兰容若十七岁这一年,在京师孙承泽的别墅秋水轩,发生了一件声势越来越浩大的文坛盛事——

秋水轩唱和。

秋水轩唱和不光是当时的一大话题事件,也是中国诗词史上的一件盛事。

起因,则是周在浚来到京城拜访世交好友孙承泽,住在孙承泽的秋水轩别墅里面。周在浚也颇擅长填词,有不小的名气,因而周围的一些名流闻听消息,都纷纷前去拜访,"一时名公贤士无日不来,相与饮酒啸咏为乐",颇为热闹。

这天,一名访客曹尔堪见墙壁上写着不少酬唱的诗词,一时心血来潮,便在旁边写了一首《金缕曲》。

哪知他一写,其他来访的文人名士们纷纷响应,用《金缕曲》这个词牌,写出不少词来。

要注意的是,这些唱和的词,每处韵脚都和最初填词的曹尔堪一样,这叫作"步韵",难度十分大,但正因为难度大,所以这些文人名士们纷纷技痒,彼此间也隐隐有了较量的意思。

周在浚、纪映钟、徐倬等词人也都加入了唱和的队伍,接连举行了多次唱和活动,一直持续到了年末。

这场热闹的盛事影响力越来越大,乃至于天南地北的文人骚客们得知消息之后,也纷纷表示要参加,秋水轩唱和波及全国,一时间投书如云。

当时一时兴起写了《金缕曲》的曹尔堪,也完全没有料到,他写这首词,竟然会成为改变整个康熙初年文坛风气的导火索!

在秋水轩唱和之后,"稼轩风"便从京师推往了南北词坛。

参加了秋水轩唱和的词人大多数都是社会上的名流,身份也复杂。有的是朝中新贵,有的是仕途坎坷的失意之人,有的曾经是明朝的旧臣,后来又在清廷出仕,而有的又是坚持着不肯与清廷新朝合作的。他们各怀心事,而词历来是抒发作者情感的载体之一,所以在秋水轩唱和的这些词里面,虽然"词非一题,成非一境",但都表达了作者当时的心境,流露出各自的心声。

后来,周在浚把这些词都集成《秋水轩唱和词》,一共二十六卷,共收录二十六位词人的一百七十六首词,其中,有纳兰容若。

纳兰容若的这首《金缕曲》,便是他参与秋水轩唱和的作品。

这首词的韵脚,分别是"卷、遣、泫、茧、浅、展、显、扁、犬、免、典、剪"。

"疏影临书卷",疏朗的花影高低不齐地映在了半掩的书卷上。开篇,纳兰容若便描写出一幅清幽的画面。

十七岁的少年,已经能写出这样成熟的、风格清丽哀婉的词来,也难怪当时徐文元等大儒都称赞他才气逼人了。

书卷上映着扶疏的花影,月光照在花枝上,仿佛照在洁白的冰茧上一样。把灯光遮掩起来,那花影就更加明显了,莹白色的花瓣仿若白玉一般。

纳兰容若用他一贯清新的字句,写出了这番幽静的画面,字里行间仿佛带着淡淡的清香。

而下阕,他却笔锋一转,写道:"但得白衣时慰藉,一任浮云苍犬。"

白衣,这里是酒的意思。浮云苍犬,则出自唐时诗人杜甫的诗《可叹》:"天上浮云如白衣,须臾改变如苍狗。"

这两句便是说,只要有酒在手,又何必去管世事沧桑变化如何?

其实纳兰容若,在当时所写的词里,已经隐隐地流露出了不愿参入俗世事务的内心意愿。只是那时还年少的纳兰容若,并未完全意识到这一点,而是和全天下的乖孩子一样,默默地、毫无异议地按照父亲的安排,走向那注定铺满鲜花与荣耀的道路。

一见如故

如果对清代的文化史稍微了解一点的人，大概都听过顾贞观的名字。

顾贞观，清代著名的词人，字华峰，号梁汾，著有《弹指词》。

他的名字，很多时候都是和纳兰容若联系在一起，作为纳兰容若一生之中最好的朋友，同时也是在康熙年间词坛上并驾齐驱的人物，两人的关系十分密切。康熙十五年（1676年）的时候，明珠仰慕顾贞观的才气，聘请他做自己儿子纳兰容若的授课师傅。可以这样说，顾贞观与纳兰容若，是半师半友的忘年之交。

顾贞观出生名门望族，他的曾祖父顾宪成，是晚明时期东林党人的领袖，前朝大儒。

说起顾宪成，很多人可能不甚了解，但要是说起他写的名句"风声雨声读书声，声声入耳；家事国事天下事，事事关心"，想必是耳熟能详了。

康熙十年的时候，顾贞观因为受同僚排挤，不得不辞职回家乡去，在临走之际，他愤而写下一首《风流子》，词序中自称"自此不复梦如春明矣"，清清楚楚明明白白写着，反正自己在京城也待不下去，干脆回老家好了！文人的脾气一犯，倒是颇有一派"此处不留爷，自有留爷处"的气势。

不过五年之后，顾贞观再度来到了京城。

他并不是为了自己前途再来京城的，而是为了营救一位好朋友——吴兆骞。

这次，顾贞观在奔走营救好友之际，还得以认识了权相明珠之子——纳兰容若。

很难说顾贞观在得知徐乾学、严绳孙要介绍纳兰容若与自己认识的时候，脑中第一个想到的，究竟是文人间惺惺相惜，还是可以借此营救吴兆骞，当时的顾贞观是初识纳兰容若，而对方，却对他早已闻名已久，心存敬仰。

渌水亭，在徐乾学、严绳孙的相互介绍之后，顾贞观与纳兰容若算是正式见面了。

严绳孙与姜宸英甚至这样对顾贞观说，这位年轻公子，虽然出身豪门，但是颇有古人之风，丝毫不输江湖游侠的侠骨丹心，以诗词会友，谦和清落，浑不似权相豪门的公子，反倒像世外高雅之士。

顾贞观在四处营救吴兆骞无果之际，也曾想到利用纳兰容若，让如今皇帝面前最当红的权臣明珠去求情，想必让吴兆骞重返中原，不过是几句话的工夫，所以，才在徐乾学、严绳孙等人说介绍他们认识的时候，没有丝毫犹豫就答应了。

但是当两人见了面，对着纳兰容若那张纯真的、带着敬仰的面孔，顾贞观却未把吴兆骞之事说出口，那天，他们只是在谈论着诗词，谈论着文学，互为知音。

如同俞伯牙终于遇到了钟子期，顾贞观也终于发现，这位比自己小很大一截的纳兰容若，大概才是自己真正的知音！

相见恨晚。

道别之后，年少的纳兰容若哪里能按捺得住自己的兴奋与激动之情？

他自然不可能保持沉默，满腔的激动必须得找个渠道发泄出来，于是，便在一幅命名为《侧帽投壶图》的画上，写下了这首《金缕曲》，送给了顾贞观。

德也狂生耳。偶然间、缁尘京国，乌衣门第。有酒惟浇赵州土，谁会成生此意。不信道、竟逢知己。青眼高歌俱未老，向尊前、拭尽英雄泪。君不见，月如水。

共君此夜须沈醉。且由他、娥眉谣诼，古今同忌。身世悠悠何足问，冷笑置之而已。寻思起、从头翻悔。一日心期千劫在，后身缘、恐结他生里。然诺重，君须记。

这首词完全不似平时人们印象里纳兰词的清婉哀丽、缠绵悱恻，而是一气呵成，颇有豪气，以至于此词一出，顿时传遍京城，轰动一时，人人争相传颂。

也因为这首词，纳兰容若正式在清代的文学史上留下了属于他的名字。

《词苑丛谈》中曾这样称赞这首《金缕曲》："词旨嵚奇磊落，不啻坡老、稼轩。都下竞相传写，于是教坊歌曲无不知有《侧帽词》者"。言下之意，是把这首词看成不输给苏轼、辛弃疾等豪放派词人的作品了，对纳兰容若此词评价之高，可见一斑。

而顾贞观收到了这幅画，看到了画旁的词，他又是怎么想的呢？

读着这首《金缕曲·赠梁汾》，顾贞观心中，又是欣慰，又是愧疚。

他愧疚的是，一开始，他不过是想借纳兰容若明珠之子的身份，来营救好友吴兆骞，如今纳兰容若全无保留地信任着自己，把自己当作知音，更用这首《金缕曲》来表白自己的心迹，回想起自己并非抱着完全单纯的目的来结识纳兰容若的，顾贞观突然觉得脸上有些火辣辣地烫了起来。

但欣慰的，是自己终于寻到了知音。

人生得一知音足矣！然而，又有多少人能像他这般幸运，寻找到自己的钟子期呢？

我们如今一说起纳兰词，脑子里出现的第一个词语就是"缠绵悱恻"。

确实，长久以来，纳兰容若的词作，给我们留下的印象大多是清雅哀婉的，无论是"一生一代一双人"也好，"人生若只如初见"也好，还是"当时只道是寻常"，那字里行间不输给后主词的清丽，怎么也是和"豪放"或者"狂生"等词语沾不上边儿的。

但在这首让他享誉京城的《金缕曲》中，纳兰容若劈头第一句，便是"德也狂生耳"。

"德"是谁？自然是纳兰容若。

他在与朋友的交往中，都是仿效汉人的习俗，自称"成容若"，俨然是名唤成德，字容若，与汉人的姓氏一样，所以他才会自称"德"。

"德也狂生耳"，纳兰容若这里是说自己其实也是狂放不羁的人，只是因为天意，无可抗拒，才生在了乌衣门第，富贵之家。

开篇，纳兰容若便介绍了自己的一些相关情况，接下来，他在词中很是用了几个典故。

"有酒惟浇赵州土。"出自唐代诗人李贺的《浩歌》："买丝绣作平原君，有酒惟浇赵州土。"意思是说后世既无好养门客士人的赵国公子平原君，惟当买来丝线，绣出平原君的形象来供奉，取酒浇其坟墓，即赵州土，来凭吊。平原君乃是战国时期的"战国四公子"之一，是赵国人，他性喜结交朋友，也是出名的仗义好客之人，大名鼎鼎的自荐的毛遂，也曾是他门下的门客。而纳兰容若是当时权相明珠的长子，出身豪门，身份尊贵，以平原君自比，倒也说得过去。而下一句"谁会成生此意"中，"成生"也是纳兰容若的自指，乃询问其他人，谁能了解我的这一片心意。其实也是在暗指，自己就和平原君一样，并不在意朋友的出身，只要性情相投，自然互为知己，倾盖如故。

而"青眼高歌俱未老"中，"青眼"代表着敬重的意思，出自唐代诗人杜甫的《短歌行·赠王郎司直》："青眼高歌望吾子，眼中之人我老矣。"青眼的典故，来自于昔日魏晋时期的"竹林七贤"中的阮籍，此人出名的放浪形骸，据说能做青白眼，对讨厌的人就翻白眼，对高人雅士就露出眼珠，做青眼，后来人们就用"青眼"来表示对其他人的敬重。当时纳兰容若与顾贞观都还年轻，要是按照现在的年龄划分，顾贞观不到四十岁，纳兰容若二十二岁，一位壮年，一位青年，都正是最风华正茂的时候，所以，纳兰容若才言道"俱未老"，劝慰顾贞观，我们都还不算老，能得到知己，又有多少人能和我们一样幸运呢？

下半阕中的"娥眉谣诼""古今同忌"，则是纳兰容若在清清楚楚地告诉顾贞观，我知道你才学高博，却招来了小人的嫉妒，这种嫉贤妒能的事情，古往今来都是如此，又何必介意呢？

这世上，有人白首相知犹按剑，有人朱门先达笑弹冠，又有人海内存知己，天涯若比邻，更有人倾盖如故，互为知己。

纳兰容若在这首词中毫不掩饰地写出了自己那一腔的澎湃炽热之情，是如此的激烈，都不像他素来的清婉哀怨的风格了。

倒是正应了他开篇的第一句"德也狂生耳"。

他在词中告诉顾贞观，我纳兰容若也不过是一介狂生，只不过生长在京城权贵之家，别把我当成是皇族贵胄，其实我也想像自己所倾慕的平原君那样，与性情相投之人成为朋友，成为知己，不论出身，不论贵贱。但是我这样的心意，又有谁能了解呢？好在终于遇到了梁汾兄你，一见投机，一见如故，不妨今夜就一起痛饮一番，不醉不归吧！我知道梁汾兄才学高博，也知道你以前遇到的那些不公正的待遇，不过世事向来如此，嫉贤妒能，造谣中伤，向来就是那些宵小之徒的卑鄙手段，梁汾兄也没必要放在心上，冷笑置之便好，更何况去徒劳地解释呢？我与你相见如故，结为知音，即使是横遭千劫，友谊也定然会永恒长存的，即使来世，这信义，也定然永远不会忘记。

顾贞观看着这首词，突然间觉得，自己苦苦找寻而不得的知音，如今可不就是天赐一般，突然出现在了自己的面前？

于是他提起笔，和着纳兰容若的韵脚，也写了一首《金缕曲·酬容若赠次原韵》：

且住为佳耳。任相猜、驰笺紫阁，曳裾朱第。不是世人皆欲杀，争显怜才真意。容易得、一人知己。惭愧王孙图报薄，只千金、当洒平生泪。曾不直，一杯水。

歌残击筑心愈醉。忆当年、侯生垂老，始逢无忌。亲在许身犹未得，侠烈今生已已。但结记、来生休悔。俄顷重投胶在漆，似旧曾、相识屠沽里。名预藉，石函记。

　　文人之间的交往，总是那么文绉绉的，透着一股子高雅的味道，那是属于文人之间特有的文雅，顾贞观与纳兰容若也不例外，他们不约而同地，选择了用词来互相唱和，倾诉心意。

　　不过出乎他们意料的是，在这之后，用词来唱和互诉心意，竟成了一时的流行风尚，只是东施效颦，后来无数人效仿这一题材，但是都平铺直叙，再无顾贞观、纳兰容若二人之词的一气呵成，激情澎湃。

　　顾贞观一生恃才傲物，以至于招来宵小之辈猜忌，处处被打压，仕途不顺，所以，他才在这首赠还纳兰容若的《金缕曲》里面，写了这样一句："不是世人皆欲杀，争显怜才真意。"

　　这一句，化自杜甫的诗句"世人皆欲杀，我独怜其才"。

　　也许是想到自己前半生的坎坷遭遇吧，顾贞观这里不无叹之意。在这样"世人皆杀"的环境下，纳兰容若却能如此真心真意地对待自己，叫他如何不感动呢？

　　顾贞观一时之间，既是感动又是欢喜，还有着一种"棋逢对手，将遇良才"的惺惺相惜，两词不光是词韵相同，顾贞观更是同样用了战国时期的典故，来应对纳兰容若《金缕曲》中的自况平原君。

　　那便是侯嬴。

　　纳兰容若本出身豪门，自比"战国四公子"之一的平原君，也并无不妥之处，但顾贞观却不能，他此时只是一介白丁，当然不可能自比其他的几位信陵君或者春申君，于是，他以信陵君的门客侯嬴自比。

　　信陵君魏公子无忌，也是战国时候的四公子之一，与平原君齐名。与平原君一样，他也是喜好结交朋友之人，从不以门第取人，礼贤下士，为当时的人们所津津乐道。

　　侯嬴当时只是魏国都城大梁的一位守门人，信陵君听说他是个贤士，于是便准备了厚礼要去拜访，丢下满大厅的宾客，自己亲自驾车去迎接侯嬴。

当时周围的人见到信陵君亲自驾车前来，都十分惊讶，想要见是哪位贤者如此厉害。却见侯嬴一点也不客气地，毫不推辞地就坐上了信陵君的车，任由信陵君驾车，他却泰然自若，坦然受之，等车子到了中途，他又说要去见一位叫朱亥的朋友，乃是市集上卖肉的。信陵君就半途改道去了集市，侯嬴与朱亥聊了多久，他就在旁边等了多久，周围的人都纷纷指责侯嬴，信陵君却阻止了大家对侯嬴的责备。

而信陵君的礼贤下士也终有回报，后来长平之战，赵国都城邯郸被围得水泄不通，平原君便向信陵君求助，于是，在侯嬴的帮助下，信陵君窃符救赵，成就一段千古佳话。

只是侯嬴在事成之后，却是刎颈自尽，以死来报答信陵君的知遇之恩。

君以国士之礼待之，吾自以国士之礼回报。

"忆当年、侯生垂老，始逢无忌。"

顾贞观与侯嬴是多么的相似啊，在一大把年纪的时候，才得遇知己，要报答对方的这番真情，只怕是当真也得如侯嬴一般，以国士之礼回报了吧？

顾贞观再度来到京城，其实是为了营救自己的好友吴兆骞。

吴兆骞，字汉槎，江苏吴江人。据说为人颇为高傲。本来才子轻狂，也并不是什么稀罕事，但是在顺治十四年的时候，发生了著名的"丁酉科场案"，吴兆骞被人诬告也给牵连了进去。第二年，他赴京接受检查和复试，哪知这人脾气确实执拗，居然在复试中负气交了白卷，这下子，不但被革除了举人的名号，更是全家人都被流放发配到了宁古塔，那个冰天雪地的地方，长达二十三年之久。

后来，他从戍边给顾贞观寄了一封信，信中这样写道：

塞外苦寒，四时冰雪，鸣镝呼风，哀笳带血，一身飘寄，双鬓渐星。妇复多病，一男两女，藜藿不充，回念老母，茕然在堂，迢递关河，归省无日……

此时，顾贞观才知道好友在那冰天雪地之处，过得有多么辛苦，回想起当初发誓要解救好友的诺言，当下就马不停蹄赶往京城，四处奔走，营救吴兆骞。

但这个案子毕竟是顺治皇帝亲自定的案，康熙并没有翻案的念头，顾贞观奔走多时，依旧毫无办法。

人情冷暖，他这时彻彻底底地知道了是什么滋味儿！

好在这时，徐乾学、严绳孙介绍他认识了纳兰容若。

顾贞观与吴兆骞是至交好友，而纳兰容若与这位吴兆骞，可以说是素昧平生，完完全全的毫不相识。

顺治十四年，"丁酉科场案"发生的时候，纳兰容若也就才三岁而已。

两人之间，根本是毫无交集的。

可是后来，吴兆骞被营救出来，却正是纳兰容若的功劳。

纳兰容若虽然不喜俗务，却并非就完完全全地待在象牙塔之中，两耳不闻窗外事，对世事一无所知，事实上，以他的聪慧，大概从认识顾贞观开始，就隐隐地觉得，这件事，自己是定然免不了要搅和进去了。

这件充满侠义之风的营救之举后来轰动了整座京城，纳兰容若在此事中表现出来的、不输江湖豪侠的君子之义，也让无数人为之感慨，更应了以前严绳孙、姜宸英对顾贞观说过的话。

这位出身豪门的贵公子，有着一颗真真正正的侠骨丹心！

谢章铤后来更在《赌棋山庄词话》中这样赞叹道："今之人，总角之友，长大忘之。贫贱之友，富贵忘之。相勉以道义，而相失以世情，相怜以文章，而相妒以功利。吾友吾且负之矣，能爱友人之友如容若哉！"

其实你我皆凡人，整天为了生计奔波在这碌碌的人世间，有多少人，能在长大成人之后，还记得幼时的发小呢？又有多少人，是只能共患难，不能共富贵的呢？"友情"两字，在日复一日、年复一年的岁月磨砺中,逐渐地变了味道。

什么时候开始,一切的交往,都是以"利益"为目的了呢?

什么时候开始,所谓的"交际",早已变成是在为自己的利益、自己的前途而去构建的"人脉"了呢?

又是什么时候开始,儿时玩伴,患难之交,早已被记忆抛到脑后了呢?

人情冷暖,不过是人走茶凉而已。

而就在这样的世态炎凉之中,却还有一个人,能够用一颗赤子之心来对待自己的朋友,甚至朋友的朋友!

那便是纳兰容若。

本来,吴兆骞与纳兰容若无关,只因是顾贞观的朋友,所以,把顾贞观当成了此生唯一知己的纳兰容若,也就把吴兆骞当成了自己的朋友。

那时候,吴兆骞还远在宁古塔,冰天雪地,与京城一样,同样大雪纷飞,千里冰封,一片雪白的世界。

看着庭院里厚厚的积雪,纳兰容若想到,吴兆骞一介书生,早已习惯了江南的四季如春,还能忍受宁古塔的冰雪多久?他残破不堪的病体,还能不能撑得过这一年去?又还能撑得了多少年?

桌上,是顾贞观刚刚写就的两首词,依旧还是《金缕曲》,只是,这一次的读者,却并不只自己一人。

或者说,这两首《金缕曲》,本来不是写给他的,是顾贞观写给远在万里之外的吴兆骞的。

那时候,顾贞观借住在京城的千佛寺里面,见到漫天冰雪,有感而发,于是一挥而就,写出这两首情真意切的《金缕曲》。

季子平安否?便归来、平生万事,那堪回首!行路悠悠谁慰藉,母老家贫子幼。记不起、从前杯酒。魑魅搏人应见惯,总输他、覆雨翻云手。冰与雪,周旋久。

泪痕莫滴牛衣透。数天涯、依然骨肉,几家能彀?比似红颜多命薄,更不如今还有。只绝塞、苦寒难受。廿载包胥承一诺,盼乌头、马角终相救。置此札,君怀袖。

我亦飘零久。十年来、深恩负尽,死生师友。宿昔齐名非忝窃,试看杜陵消瘦,曾不减、夜郎潦愁。薄命长辞知己别,问人生、到此凄凉否?千万恨,从君剖。

兄生辛未吾丁丑,共些时、冰霜摧折,早衰蒲柳。诗赋从今须少作,留取心魂相守。但愿得、河清人寿。归日急翻行戍稿,把空名、料理传身后。言不尽,观顿首。

词誊抄了两份,一份装在信封里送往了宁古塔,另外一份,则送到了纳兰容若的手中。

也许顾贞观把这两首《金缕曲》送往纳兰容若那儿的时候,并未想过要以此来感动那位年少的知己,只是单纯地,把自己的词作给他看而已。

但是纳兰容若却回了顾贞观一首词。

还是《金缕曲》。

还是那熟悉的清秀飘逸的字迹。

洒尽无端泪。莫因他、琼楼寂寞,误来人世。信道痴儿多厚福,谁遣偏生明慧。莫更着、浮名相累。仕宦何妨如断梗,只那将、声影供群吠。天欲问,且休矣。

情深我自拼憔悴。转丁宁、香怜易爇,玉怜轻碎。羡煞软红尘里客,一味醉生梦死。歌与哭、任猜何意。绝塞生还吴季子,算眼前、此外皆闲事。知我者,梁汾耳。

也许在看到顾贞观那两首写给吴兆骞的词的时候,被其中饱含的深情所感动,纳兰容若流泪了。

他突然发觉,自己与顾贞观原来都是同样至情至性之人。

情之一物,矢志不渝,又何妨去管它是爱情,抑或友情呢?

于是,纳兰容若便借这首《金缕曲》,向忧愁不已的顾贞观表白了心意。

你的朋友也就是我的朋友，如今朋友有难，我又岂能视而不见、听而不闻？

"绝塞生还吴季子，算眼前、此外皆闲事。"

直白得不能再直白。

纳兰容若清楚地告诉了顾贞观，如今营救吴兆骞就是我目前最重要的事情，其他都是闲事，完全可以丢在脑后不管。

这首《金缕曲》，还有一个副标题，叫作"简梁汾"，全称是"简梁汾时方为吴汉槎作归计"。简，书信的意思；而汉槎，则是吴兆骞的字，所以这里又称作吴汉槎；作归计，思考救回吴兆骞的办法。总之，在标题上，纳兰容若就写出了自己的心意。

"五载为期"，我一定会想办法营救吴兆骞回来的！

这是纳兰容若对顾贞观的承诺。

五年之后，吴兆骞终于被营救，从宁古塔安全地回到了中原。

顾贞观与纳兰容若合力营救吴兆骞一事，不但轰动了整个京城，更是轰动了大江南北。

史载纳兰容若"不干"政事，虽然是权相明珠的长子，但向来与政事无缘，即使后来成为康熙皇帝跟前的御前侍卫，深为康熙信任，也从未见他对政事有任何叽叽咕咕的地方，只有这一次，为了营救吴兆骞，他破例了。

不但是为了顾贞观，也是为了那无辜被牵连的名士吴兆骞！

在这一年，大学士明珠仰慕顾贞观的才学，于是礼贤下士，聘请顾贞观为儿子纳兰容若授课。

于是，这对忘年交在情投意合，一见如故之外，还有了一层师生之谊！

"知我者，梁汾耳。"

纳兰容若曾经这样说过。

在他的心目中，亦师亦友的顾贞观，俨然就是世界上另一个自己了吧？

滔滔天下，知己是谁

康熙十五年（1676年），顾贞观与纳兰容若做了两件事情。

一是在顾贞观的建议下，编辑纳兰容若的词作，刻板印刷，取名为《侧帽集》。

二是顾贞观与纳兰容若两人一起，开始汇编《今初词集》。

顾贞观与纳兰容若一样，都主张写词是"抒写性灵"。填词不是游戏，更非交际，而是直抒胸臆，真真切切地用笔表达出自己内心最真切的想法。

在这部词集中，收录了纳兰容若十七首，顾贞观二十四首，陈子龙词作二十九首，龚鼎孳二十七首，朱彝尊二十二首。

除开算是明朝人的陈子龙，被选录词作次数最多的，就是龚鼎孳与朱彝尊了。

对纳兰容若来说，与朱彝尊的相识，是在顾贞观之前。

那是在他十八岁的时候，一位四十多岁的、落魄的江南文人，带着他的《江湖载酒集》，蹒跚地踏进了京城。

落拓江湖载酒行，杜牧的这句诗，当真是淋漓尽致地写出了朱彝尊的一生。

十年磨剑，五陵结客，把平生、涕泪都飘尽。老去填词，一半是空中传恨。几曾围、燕钗蝉鬓。

不师秦七，不师黄九，倚新声、玉田差近。落拓江湖，且分付歌筵红粉。料封侯、白头无分。

这首《解佩令》，便是朱彝尊为自己的《江湖载酒集》写的纲领之词。

有人的地方就有江湖，同样，有人的地方就有八卦。

那时候，朱彝尊被人们津津乐道，除了他的词确实写得好之外，还有他的绯闻。

当然，诗人词人闹绯闻，古往今来也不是什么大不了的事情。那"奉旨填词"的柳永，身故之后，青楼的女子们纷纷为他伤心不已，所以，若论风流，似乎诗人词人本来就有先天的优越条件，能获得女子的青睐，也多成就佳话。

但是，朱彝尊不同，他绯闻中的女主角，却是自己的妻妹，在当时人们的眼中，这完全就是一段不伦之恋。

但朱彝尊并不在意人们的目光。

他与妻妹发乎情、止乎礼，是如此的纯洁，又何必去在乎世人别有用意的目光呢？

朱彝尊很执拗，他不但爱了，还并不打算遮掩，而要把自己的这份爱意公开，让全天下的人都知道。

那年私语小窗边，明月未曾圆。含羞几度，已抛人远，忽近人前。无情最是寒江水，催送渡头船。一声归去，临得又坐，乍起翻眠。

这一首《眼儿媚》，写得婉转细柔，缠绵悱恻，正是朱彝尊写给自己心爱的妻妹的词。

朱彝尊与妻妹也算得上是一对命运多舛的恋人，他们心心相印，却因为世俗的身份而不能结合在一起，在四目相对的惆怅中，朱彝尊写出了一首又一首饱含思念之情的词来，其中，一首《桂殿秋》流传至今。

思往事，渡江干。青蛾低映越山看。共眠一舸听春雨，小簟轻衾各自寒。

这是用语言描绘的一幅画，而语言所不能描绘的，是两颗心之间永远倾诉不尽的千言万语。

后来，这首词被况周颐的《蕙风词话》赞为有清一代的压卷之作。

朱彝尊的词集慢慢地流传开来，自然，也传到了纳兰容若的面前。

那一年，纳兰容若十八岁，而朱彝尊，已经四十四岁。

正如他与顾贞观一样，一见如故，是不被年龄的差距所限制的，更何况，早在见面之前，他已经被对方的《静志居琴趣》给深深地迷住了。

对方只是一位落拓的文人，穷困潦倒，两袖黯淡，与自己完全可以说是两个不同世界的人，但为什么，他在对方的词中，竟然会仿佛看到了自己的影子呢？

大概是因为，他们都是一样的至情至性，一样的为情不渝吧。

那时，刚刚成为潞河漕总功佳育幕府的朱彝尊，并不知道在权相明珠的府邸中，十八岁的纳兰容若正为自己的词作而感慨万千，他只是看着镜子中白发苍苍的自己，欷歔不已。

菰芦深处，叹斯人枯槁，岂非穷士？剩有虚名身后策，小技文章而已。四十无闻，一丘欲卧。漂泊今如此。田园何在，白头乱发垂耳。

空自南走羊城，西穷雁塞，更东浮淄水。一刺怀中磨灭尽，回首风尘燕市。草屦捞虾，短衣射虎，足了平生事。滔滔天下，不知知己是谁。

这是朱彝尊《江湖载酒集》中的一首《百字令》，又有个副标题叫作《自题画像》，顾名思义，是他给自己这四十多年的人生的写照。

与古往今来大多数的文人命运一样，朱彝尊的前半生，概括起来就是几个词语，"落魄""不得志"。一位好的诗人不一定就是一名好的官员，除却凤毛麟角的几位杰出人士，大多数都是属于官场失意、文坛得意的，李白、杜甫、白居易，再到后来的柳永，哪位不是如此呢？如今，多了一位朱彝尊，也算不得什么。

自己已经四十四岁了，却是漂泊半生，穷苦半生，空有一身好文章好才学，还是郁郁不得志，落拓潦倒。如今已白发苍苍，但是连一处能栖身的地方都没有！这么多年东奔西走，如今来到了京城，算是做了个小小的幕僚，怀中，名刺（名片）上自己名字的笔迹早已磨淡了，回首往事，似乎只有这部《江湖载酒集》

才是自己唯一真实的过往。

词的最后,朱彝尊十分感慨地说道:"滔滔天下,不知知己是谁。"

是啊,在这红尘世间,究竟有谁才会是自己的知己呢?

此时的朱彝尊并不知道,他苦苦追寻的知音,就在距离自己不远之处的明珠府内,那少年公子,纳兰容若。

咫尺天涯而已。

纳兰容若也并不知道,他仰慕的词人朱彝尊也在京城内,他只是被词所感动,被词里那情真意切的炽热情感而感染,辗转难眠。

他发现,与对方相比,自己这十八年的岁月,是多么不值得一提呀!但不知为什么,他就是明白了朱彝尊词里的含义,每一个字,每一句词,都让他觉得仿佛是写进了自己的心坎里。

朱彝尊与纳兰容若,他们是如此的不同。

一个寒门学士,半生潦倒;一个出身豪门,春风得意。

这样仿佛完全不同世界的两个人,俨然一个天,一个地,却在精神层面上是如此的契合。

纳兰容若就这样在还未曾见过朱彝尊一面的情况下,已经把这位年长自己很多岁的落拓词人,引为知己。

他写出了一首《浣溪沙》。

残雪凝辉冷画屏。《落梅》横笛已三更。更无人处月胧明。

我是人间惆怅客,知君何事泪纵横。断肠声里忆平生。

已经是三更天了,窗外隐隐传来缥缈的笛声,不知从何而起,也不知何人吹奏,只是那么轻轻的,仿佛一阵淡烟,在夜色里缓缓地飘散着。银白色的月光洒下来,把月夜下的一切都笼了层朦胧的银光。

而自己呢?

"我是人间惆怅客,知君何事泪纵横。"

这便是十八岁的纳兰容若的回答。

一年之后，纳兰容若写信与朱彝尊，写明自己的仰慕之情，想要与这位词人见面。

他是忐忑的。

以自己不足二十岁的年纪，对方真的能理会自己这个毛头小子吗？

但是，朱彝尊不但回信，而且还亲自登门拜访了。

衣衫褴褛、饱经沧桑的朱彝尊，面对豪门的贵公子纳兰容若，不卑不亢。

纳兰容若他仰慕的，不是外表，而是对方的才学。

在精神层面上的契合，让两人很快就是越聊越投机，最后的结果，大家也不难想到。

"滔滔天下，不知知己是谁。"

如今，可就要改成"滔滔天下，君乃知己"了。

我是人间惆怅客

曾经看过这样的一段话——

"意外造成的结果并不是悲剧。真正的悲剧，是明知道往这条路上走，结果肯定是悲剧，却还是必须往这条路走，没有其他的选择。"

纵观纳兰容若那短暂的三十一年人生，在我们如今看来，又何尝不是如此呢？

早已明知他会痛失所爱，早已知道他会经历丧妻之痛，早已知道他的至交好友会一个个地过世，早已知道他会在理想与现实的不停冲撞中，逐渐消磨了那原本旺盛的生命力，早已知道他会在康熙二十四年五月三十日的那一天，经历了七天的痛苦之后，终究还是撒手人寰，在生死相隔八年之后，与自己心爱的妻子在同一月同一天，离开这个红尘世间。

悲剧吗？

所谓的悲剧，大概也只是我们一厢情愿的自以为是罢了，若纳兰容若当真知晓，大概也会禁不住大笑三声的吧？

他从来都是一个生活在成人世界内的孩子，带着纯真，用自己的心去面对这个复杂的世界。

那是一颗最最真挚的心灵。

纳兰容若从来都是用这样的一颗心，去对待周遭的一切事物，一切的感情。

莫把琼花比淡妆，谁似白霓裳。别样清幽，自然标格，莫近东墙。

冰肌玉骨天分付，兼付与凄凉。可怜遥夜，冷烟和月，疏影横窗。（《眼儿媚·咏梅》）

如果用现代人评价成功人士的标准来衡量纳兰容若，大概他就是"成功"的典型。少年进士，御前侍卫，一路高升，深得皇帝宠信与重用。但是，在这条无数人梦寐以求的道路上，他却似乎从未开心过，抑郁终生。

年轻的心终究难以承载理想与现实纠缠不清的矛盾，那长期的重负最终压垮了最后一根承重的稻草，三十一岁的时候，纳兰容若离开了这个人世。

他曾写过这么一句词："别有根芽，不是人间富贵花。"

"不是人间富贵花"，七个字，恰恰写尽了纳兰容若短暂的一生。

他有着清高的人格，追求着平等与理想，但是这种别样的人格，在与现实发生冲突的时候，往往都是以凄风冷雨的失败告终。即使在外人看来，纳兰容若的一生并无什么可挑剔的地方，但"家家争唱饮水词，纳兰心事几人知"，他内心的孤独与伤感，终究不被外人所理解，只能化为笔下清丽的词句。

在古代文人的笔下，梅兰竹菊，都是高洁清雅的象征，在纳兰容若眼中也是一样。梅花暗香徐来，"别样清幽，自然标格"，并非凡花，纳兰容若借写梅花而喻己，梅花冰肌玉骨，却是生长在苦寒之期，而这与自己是何其的相似？

在长期的侍卫生涯中，对于无休无止的随驾出行，纳兰容若开始感到极度的厌倦。他在寄给好友张纯修的信中这样写道："又属入直之期，万不得脱身，中心向往不可言喻……囊者文酒为欢之事今只堪梦想耳……弟比来从事鞍马间，益觉疲顿；发已种种，而执殳如昔；从前壮志，都已隳尽。"已经是很明显地表达出了自己对官职的厌恶，那些繁琐的事务让他觉得毫无意义，一心只想回到他所热爱的诗词世界中去。

一个冬天的夜晚，窗外，隐隐飘来了梅花淡淡的清香。

纳兰容若也许是正在看书，也许是正要上床歇息，这一缕幽幽的梅花香气吸引了他的注意力，他放下手中的事情，起身来到窗前。

细细看去，院子里并没有梅树的影子，那这缕清香是从何而来呢？

纳兰容若越发好奇，于是披上厚厚的御寒裘衣，缓步出房。

雪早已停了，地面的积雪被下人们清扫得干干净净，但树枝上还覆着一层白雪，在灯光的照映下，透出些淡淡的昏黄。

他循着香气找去，却在东墙的墙角处，见到了这株在冬夜中暗绽芳华的梅树。

已经不记得是什么时候是何人种下的了，谁也没有发觉，这株被人遗忘的梅花，又是什么时候长成了树，如今，在黑夜中静静地绽放幽香。

这株孤傲的梅树，虽是冰肌玉骨，却是别样的清幽。

它不像那些富贵花一样，在向阳之处，被照顾得枝繁叶茂，然后在盛开之时接受着人们的赞美，而是静静地，在角落处顽强地生长着，散发出属于自己的清香。

而在向来自比"不是人间富贵花"的纳兰容若眼中，他所喜爱的，正是这"别样清幽"的寒梅。

正像在另外一首《金缕曲》中写到的那样："疏影临书卷，带霜华、高高下下，粉脂都遣。别是幽情嫌妩媚，红烛啼痕休泫。"一样以梅来拟人，高洁清雅。

爱情词之外的纳兰容若

骚屑西风弄晚寒，翠袖倚阑干。霞绡裹处，樱唇微绽，鞓鞢红殷。

故宫事往凭谁问？无恙是朱颜。玉樨争采，玉钗争插，至正年间。(《眼儿媚·咏红姑娘》)

纳兰容若并非只会吟风弄月的风流士子，在他的词中，虽然描写爱情的词的数量占了大多数，但也有一些词作，表达出纳兰容若对历史变换与时代变迁的思考。

例如这首《眼儿媚·咏红姑娘》。

红姑娘是什么呢？那就是酸浆草的别称，开白花，结红色的果子，所以又被称为"红姑娘"。

这首词里面，纳兰容若借"红姑娘"抒发兴亡之感，而且难得地点明了词中的年代，也就是最后一句"至正年间"，颇为意味深长。

"至正"是元代元顺帝的年号。元顺帝统治时期昏庸不堪，政治腐败导致民不聊生。哪里有压迫哪里就有反抗，民间的起义此起彼伏，最终，政权落到了朱元璋的手中，他灭了元朝，建立了明朝。

据说元代宫殿前，种了不少"红姑娘"。纳兰容若见到这种橘红色小果子，想到的，却是历史的兴亡。

这首词上半阕用拟人的手法来描写红姑娘，那花萼好像霞绡一般，云霞似的轻纱，轻柔而且淡淡的透明，红色的果实就仿佛女子的樱唇一般，娇艳欲滴，那红艳艳的颜色好比红宝石，说不出的漂亮好看。

而下半阕，纳兰容若则是在借红姑娘开始抒发自己的怀古情怀。

"故宫"，当然不是我们现在所称"故宫"的含义，指的是元代的皇宫，如今朝代变迁，昔日恢宏的皇宫，也早就换了无数主人，只有那些生长在宫殿前的红姑娘，还静静地生长着，被一代又一代的宫女们采摘下来，簪在乌黑的发髻上。

可那乌黑的发，过了几十年，又何尝不会变得雪白？

巍峨的宫殿，过了几百年，难道不会变成断垣残壁，变成废墟一片吗？

纳兰容若身为满族贵胄，又深得皇帝宠信，前途无量，按理说，他应该是意气风发、无忧无虑的，而不是如今这忧郁的、伤感的，带着忧国忧民之心的模样。

在清朝初期，尤其是在康熙年间的这段兴盛繁华年代，用歌舞升平来形容也不为过，但是，纳兰容若却从这之中，看到了朝代的兴替是谁也无法阻止的，历史的潮流正如洪水一般汹涌而来，悄然而退。

清朝虽然封闭了与外界交流的渠道，但一些外国的传教士，还是排除万难来到了中国，其中比较有名的，就有汤若望、南怀仁、郎世宁等人，他们带来了西方一些先进的技术与知识，但是，在朝廷看来这些不过是一些小玩意而已，并未引起重视，可纳兰容若却在自己的《渌水亭杂识》中这样写过："西人历法实出郭守敬之上，中国未曾有也。""中国用桔槔大费人力，西人有龙尾车，妙绝。"很明显，与国外先进的科技相比，中国落后的科技现状已经引起了纳兰容若的思考。但是，处于他当时的环境与年代，就算能敏锐地看到这一点，却无力去改变。这不得不说是一种悲哀，也是一种无奈。

雨打风吹都似此，将军一去谁怜？画图曾见绿阴圆。旧时遗镞地，今日种瓜田。

系马南枝犹在否,萧萧欲下长川。九秋黄叶五更烟。止应摇落尽,不必问当年。(《临江仙·卢龙大树》)

卢龙是地名,是当年康熙出巡的时候经过的地方,在如今的河北省卢龙县,山海关的附近,在改朝换代的时候,这儿也是战场的所在。

纳兰容若随着皇帝来到卢龙,看到这些带有历史意味的地方,不禁有感而发。

开篇第一句,便是"雨打风吹。"宋代辛弃疾在《永遇乐》一词中这样写过:"舞榭歌台,风流总被,雨打风吹去。"很明显,纳兰容若这句便是由此化来。

那么,雨打风吹去的是什么呢?以前血雨腥风的战场,如今已变成了寻常百姓的田地,种瓜种豆,闲话桑麻。

在纳兰容若的词中,流露出一种对沧海桑田的感慨,还有对兴衰交替的明了。

纳兰容若虽然无心官场,对政治并不感兴趣,但他毕竟是生在权贵之家,明珠从来都是政治的中心,在朝廷之中一言九鼎。在这种环境中长大的他,怎么可能没有见过那些血淋淋的钩心斗角?苏克萨哈的被杀、鳌拜的被除、索额图遭贬,颇有《红楼梦》中言"乱哄哄,你方唱罢我登场"的味道,纳兰容若耳闻目睹,在感慨的同时,不禁隐隐地担心起自己的家族来,"惴惴有临履之忧",虽然如今自己的家族正扶摇直上,但谁能保证,能够一直这样繁华下去呢?谁也说不清楚,什么时候就会从云端摔落下来。

事实上,在纳兰容若亡故之后没几年,他的父亲便被罢相,只是那时候公子已亡去,也免得见到"哗啦啦一朝大厦倾",伤心欲绝。

十里湖光载酒游,青帘低映白蘋洲。西风听彻采菱讴。

沙岸有时双袖拥,画船何处一竿收。归来无语晚妆楼。(《浣

溪沙》）

和无数怀才不遇颠沛一生的人相比，其实纳兰容若是个幸运的男人。

从一出生起，他就锦衣玉食，轻取功名一帆风顺，但在内心的深处，他却是"身在高门广厦，常有山泽鱼鸟之思"。

所以，他才会经常地在自己的词里描写江南。

历朝历代，文人隐士多喜江南，更有传说范蠡和西施，飘然隐居于西湖之上，白首偕老。

而对少年得志、功名轻取的纳兰容若来说，江南，也许就是他内心深处隐隐约约的憧憬吧？

纳兰容若究竟有没有去过江南？也许他随着康熙南巡曾到过苏杭，因为在他的词中，描写江南风光的词句，确实为数不少。

于是我不禁猜想，或许当他年少无拘无束之时，也曾在江南的烟雨中泛舟湖上，看天青色的湖光山色，青帘低垂白蘋洲；看如丝烟雨中的燕子矶头红蓼月，乌衣巷口绿杨烟。

那时，纳兰容若尚且无忧无虑。

他在自己的词中，尽情地挥洒着自己与生俱来的天赋，随意的、洒脱的，以词写意，书写着自己所在意的、所追求的目标。

即使那并非钟鼓馔玉，并非青云直上，而是那心系江南的幽幽一缕思归之意。

江苏吴兴雪溪有白蘋洲，倒是确有此地，一点不假。

而白蘋是水中的一种浮草，颜色雪白，颇有楚楚可怜之态，古时，男女恋人分别之时，常采白蘋花互相赠别，千百年来，就渐渐成了诗词中的泛指，无固定场所，只是一处满布蘋花的江中沙洲。一如温庭筠的《梦江南》："过尽千帆皆不是，斜晖脉脉水悠悠，断肠白蘋洲。"

或是湖光山色在天青色烟雨中模糊的曲线，带着江南旖旎的气息，从纳兰容若的《浣溪沙》中，如水般呈现在我们的眼前。

他就从中走出，活灵活现。

带着酒，乘着一叶扁舟，在十里平湖之上悠然自得。

也许那是随康熙南巡之际，难得的一次清闲。

那时纳兰容若不过二十二岁，却已经成为康熙身边的一等御前侍卫，自小骑射习武练就的一身好本事，让他能在"侍卫"这个位子上游刃有余，而不同于其他侍卫的是，他还有着众人皆知的才华，诗词一绝，已是少年闻名，如今正是春风得意之时，是人们艳羡不已的少年英才。

这天，他带上几壶好酒，乘着一叶扁舟，往约定之地划去。

难得有空，自是要与知己好友们一聚，不醉不休。

他的朋友，"皆一时俊异，于世所称落落难合者"，换句话说，大多是一些与世俗主流相悖之人。这些不肯落俗的人，有不少是江南汉族的文人。

远远地，纳兰容若就看到了湖中沙洲亭子里，众人都早已到达，只等他一人。

好友相见，自是分外欢畅，一番觥筹交错，都不禁有了几分醉意。

趁着酒意，纳兰容若看着庭外的湖光山色，心中那对江南隐士的向往，又渐渐萌动起来。

看这十里湖光，水波粼粼，倒映出天色与山色。

水色辉映中，天，越发的碧蓝；山，也越发的青翠。

而在京城之中，何曾见到过这样的青山绿水？见过这样的水色蓝天？

湖面上，采菱人划着小船缓缓地滑过水面，涟漪就像女子柔软的罗裙一层一层荡漾开来。

船上也许是几位年轻的姑娘，清脆的嗓音唱着采菱讴，歌声悠扬，在湖光山色中婉转得仿佛缭绕在山际的薄雾，悠悠地就传进耳中。

"……十里湖光载酒游，青帘低映白蘋洲。西风听彻采菱讴。"纳兰容若轻声念着。

字里行间，无不是对那般生活的向往。

在京城的荣华富贵功名利禄，与这"十里湖光，沙岸画船"的江南之间，他想要选择的，也许偏偏就是后者吧？

纳兰容若与后主李煜若能同一时代相逢相识，定能成为知己，用现在流行的一句话来说，那就是"世界上的另一个我"，知后主者，纳兰也；而知容若者，后主也。

常有人称赞容若，其词颇有南唐后主遗风，哀婉清丽，情真意切。

是的，同样的清丽，同样的哀婉，同样的情之所寄，直扣人心弦。

而两人也同样有着天赋的奇才，同样曾有过善解人意堪为知己的妻子，同样有着缠绵悱恻的爱情故事。

纳兰容若与后主，卢氏与大周后，沈宛与小周后……他们的身影，总会在我的脑海中重叠起来，仿佛千年之后的再度轮回，来完成前世的约定，圆满前世的遗憾。

但他们却又是如此的不同。

一样曾是天之骄子，可纳兰却没有后主的丧国之痛，只有理想与现实的冲撞和不可调和。

所以，后主有"小楼昨夜又东风，故国不堪回首月明中"。

纳兰却是"赌书消得泼茶香，当时只道是寻常"。

所以，后主有"雕栏玉砌应犹在，只是朱颜改"。

纳兰却是"人生若只如初见，何事秋风悲画扇"。

所以，后主有"问君能有几多愁，恰似一江春水向东流"。

纳兰却是"一生一代一双人，争教两处销魂"。

我们不能说，纳兰容若因此就不如后主，毕竟这样评价对他来说，也不甚公平。

每当看到纳兰容若的词的时候，我总会禁不住惴惴然地猜想，其实他内心深处还是希望能大声呼喊出来"钟鼓馔玉不足贵"的吧？

泛舟十里平湖,看沙岸画船,看青帘白蘋,听着采菱少女们银铃般的笑声与歌声,最后在缓缓西坠的夕阳中归去。

对当时身为康熙身边红人的纳兰容若来说,或许这样的生活,才是他内心真正所向往的,也说不定。

一如后主李煜的《渔父词》——

"一壶酒,一竿身,世上如侬有几人?"

世上如侬有几人?

世上如他有几人?

千年前后主的一句词,竟能如此传神地写出后世那位浊世翩翩佳公子的内心!

巧合吗?或许吧。

但我更愿意相信,后主当为纳兰容若知己。

就像纳兰容若深得后主词风之精髓,也当为后主知己。

收却纶竿落照红,秋风宁为剪芙蓉。人淡淡,水蒙蒙,吹入芦花短笛中。(《渔父词》)

据唐圭璋在《词学论丛·成容若〈渔歌子〉》中所言,说当时徐虹亭作了《枫江渔父图》,题者颇众,如屈大均、王阮亭、彭羡门、严荪友、李笠庵、归孝仪及益都冯相国,皆有七绝咏之。其中,也有我们的纳兰容若,为此图题了一首小令,就是这首《渔父词》:"收却纶竿落照红,秋风宁为剪芙蓉。人淡淡,水蒙蒙,吹入芦花短笛中。"一时胜流,都说此词可与张志和《渔歌子》并称不朽。

《渔歌子》,大家耳熟能详,是语文课本上必学的诗词之一,在此不再累述,只论容若的《渔父词》。

初看此词,只觉犹如一幅恬静淡雅的水墨画,把夕阳西下,渔人归家之时的画面描写得栩栩如生。

天边斜阳西下,晚霞红得犹如燃烧的火焰一般,江边那打鱼的人见了,便缓缓收起钓竿归棹,小船在芦花丛中缓缓划过,秋风阵阵,徐徐吹来,把满岸的芦苇都吹得摇曳起来,一派安静恬静的画面。

徐虹亭的《枫江渔父图》题词者众多,唯独纳兰容若的这首《渔父词》被一致称赞,独擅胜场,大概是因为这幅画中那浓浓的归逸意味,正好触动了他的心弦吧?所以才会写出"人淡淡,水蒙蒙"这等清丽的句子。

有人说,纳兰词之所以情真意切,触人心弦,乃是因为他能"以自然之眼观物,以自然之舌言情",天性使然。这正像王国维所说的那样,是因为"初到中原,未染汉人风气"的关系吧?

那时候,在文化方面,对入关时间不长的清朝人来说,正是他们学习中原文化,并使之为自己所用的阶段。纳兰容若就是如此,他学到了汉族文化,能以此来抒发自己的心怀与感情,但又因为他是满族人,而未沾染上那些文人间的坏习惯,如迂腐、守旧,文人相轻。

他对待朋友是真诚的,而且最重要的是,他尊重他们的品格与才华。这些名士才子能够围绕在他身边,互相交流文学上的造诣与心得,对纳兰容若来说,也是一个学习汉文化的绝妙机会,让他的词得以既有后主遗风,更有属于他自己的、独特的清丽与情真意切。

曾有这样的一种说法,说纳兰容若之所以结交这些汉族文人,乃是奉了康熙的命令,去监视他们,同时笼络他们的。

这样的说法,在历史的长河中似真似假,谁也说不准。只不过我相信,纳兰容若之所以与顾贞观、严绳孙等人相交深厚,友情真挚,定不是出自作伪,而是他确实全心全意地真诚地对待这些朋友们,而不是因为来自皇帝的命令,来自一种不可告人的龌龊的目的。

纳兰容若词真,于是我相信,人自然也真。

他生平至性,无论爱情、友情,都是如此的深沉,如此的真切。

世外仙境渌水亭

纳兰容若与好友们聚会,大多数都是在一处叫"渌水亭"的地方。

如今对"渌水亭"的所在,颇有争议,有说是在京城内的什刹海畔,也有说是在西郊玉泉山下,还有说是在叶赫那拉氏的封地皂田屯的玉河,总而言之,是一处傍水所在,更是纳兰容若一生之中,最具有标志性的建筑。

纳兰容若之所以把自己的别院命名为"渌水亭",大概是取自流水清澈涵远之意吧?君子之交淡如水,在纳兰容若的心中,在这渌水亭来往的,自当都是君子。

《南史》记载,世家子弟庾景行,自幼就有孝名,品格美好,做了官之后,也是一向以清贫自守,后来被王俭委以重任。当时人们把王俭的幕府称为莲花池,安陆侯萧缅便给王俭写了一封信表示祝贺,写道:"盛府元僚,实难其选。庾景行泛渌水、依芙蓉,何其丽也。"便用"泛渌水、依芙蓉"来赞美庾景行。

在《南史》记载中的庾景行,孝顺父母,甘于清贫,一生行的都是君子事,在死后,被谥为贞子。

纳兰容若借用这个典故为自己的别院取名叫"渌水亭",很难说没有自比庾景行的意思。在纳兰容若的心中,要庾景行那样近乎完美的人,才算是君子吧?

渌水亭是什么时候开始修建的呢?纳兰容若那次因为急病错过殿试之后,便开始编撰一部叫作《渌水亭杂识》的笔记,里面记载的,既有纳兰容若的一些读书心得,也有从朋友那儿听到的奇闻逸事。

《渌水亭杂识》,无疑是在诗词之外,公子别样性情的表现。

野色湖色两不分,碧天万顷变黄云。

分明一幅江村画，着个闲庭挂夕曛。(《渌水亭》)

有了渌水亭，想必纳兰容若是十分欢喜的，不然也不会专门写这首名为《渌水亭》的七绝。

他像是一个得到了新玩具的孩子，充满了好奇心与旺盛的求知欲。

比如娑罗树。

《渌水亭杂识》中记载：

五台山上的僧人们夸口说，他们那儿的娑罗树非常灵验，于是大肆宣传，俨然吹捧成了佛家神树，但是这种树并不只有五台山才有，在巴陵、淮阴、安西、临安、峨眉……到处都是这种源自印度的娑罗树，虽则同样为娑罗树，因为生长在不同的地方，也就有了不同的命运，有的名声大噪，有的默默无闻。

纳兰容若这个小记录，不无讽刺之意。

不要说人，就连树木，看来也是要讲究出身的啊，出身不同，命运也是截然不同的。

还有一些记载，则显示出纳兰容若对事物的独特见解，其中不乏经世之才。

纳兰容若在《渌水亭杂识》中写过"铸钱"一事，是这样写的：

铸钱有二弊：钱轻则盗铸者多，法不能禁，徒滋烦扰；重则奸民销钱为器。然而，红铜可点为黄铜，黄铜不可复为红铜。若立法令民间许用红铜，惟以黄铜铸重钱，一时少有烦扰，而钱法定矣。禁银用钱，洪永年大行之，收利权于上耳，以求盈利，则失治国之大体。

只是这么两段话，看得出来，我们文采风流的纳兰公子，其实还是颇有金融眼光的。

他认为，铸钱有两个弊端，如果铸轻了，很容易被盗铸，也就是假币，会扰乱日常经济生活；要是铸得重了，那些不法之徒就会把钱重新铸为器皿。如果立法准许民间使用红铜，只用黄铜来铸重钱,应该就会少很多烦扰。

他的这个观点,倒是与后来的雍正不谋而合。

雍正推行币值改革,其中一项主要的措施便是控制铜源打击投机犯罪:熔钱铸器可牟厚利导致铜源匮乏,铜价升高,铸钱亏损。

雍正下令只准京城三品以上官员用铜器,余皆不准用铜皿,限期三年黄铜器皿卖给国家,如贩运首犯斩立决,同时稳定控制白银,保证铜源,稳定了货源以保铸造流通。

后来的乾隆皇帝,铸的钱被称为乾隆通宝,那些铜钱有的是铜锌铅合金,叫黄钱;有的再加上些锡,叫青钱。铸青钱可以防止铜钱被私自销熔,因为青钱销熔后,一击就碎,无法再打造成器皿。也在一定程度上遏制了不法之徒,稳定了货币流通。

由此可见,纳兰容若其实是颇有金融头脑的,他建议朝廷吸取明朝的教训,不要一味地追求盈利,应该把铸钱的权力收归国有,这样才会保证经济的稳定。

清朝的时候,确实吸取了明朝的教训,实行银钱平行本位,大数目用银子,小数目用铜钱,保证官钱质量,保证白银的成色,纹银一两兑换铜钱一千文,也算是控制住了货币的稳定。

诗乃心声,性情中事也。发乎情,止乎礼义,故谓之性。亦须有才,乃能挥拓;有学,乃不虚薄杜撰。才学之用于诗者,如是而已。昌黎逞才,子瞻逞学,便与性情隔绝。(《渌水亭杂识·第四卷》)

在《渌水亭杂识》中,有着不少纳兰容若自己对于诗词的见解。

在纳兰容若看来,诗歌是心声的流露,要抒写心声,因为诗歌的写作是发乎情止乎礼的。而且在诗歌的写作中,要有学问,才不会去浅薄地杜撰,才会挥洒自如。

他一直在抒写自己的心声,不加修饰,也不用华丽的辞藻,只是那么简简单单地，把自己的心声自然而然表达出来，却是那么的真实而感人肺腑。

诗之学古；如孩提不能无乳姆也；必自立而后成诗，犹之能自立而后成人也；明之学老杜学盛唐者，皆一生在乳姆胸前过日。

纳兰容若还认为，学习作诗要学习古人，就像小孩子不能没有乳母一样。小孩子是先要有乳母抚养，然后才能长大成人独立的，学习作诗又何尝不是这样呢？前人的诗句就好比是乳母，学习的人就好比小孩子，需要先尽心尽力去学习前人的诗句，然后才能独立。

其实仔细想一想，这和我们现在的学习又有什么不一样呢？

学习之道，古往今来，一脉相承。

师者，传道授业解惑也。那么，学作诗，又何尝不是在学习前人经验的基础上前进呢？

熟读唐诗三百首，不会作诗也会吟，便是这个道理。

自五代兵革，中原文献凋落，诗道失传，而小词大盛。宋人专意于词，实为精绝，诗其尘饭涂羹，故远不及唐人。

自从五代战争连连，世道混乱之后，中原文化便凋落了，诗歌衰落失传，而填词则兴盛了起来。宋代的人都喜欢填词，专心于此，所以成就极高，但是他们并不喜欢作诗，所以在诗上面，远远不及唐代的人。

诚然，我们现在一说起中国的古典文化，提到的都是"唐诗""宋词"，能够作为一个时代的象征，那定然是因为在这个方面，有着其他时代所无法企及无法超越的成就，而唐诗宋词，正是如此。

曲起而词废，词起而诗废，唐体起而古诗废。作诗欲以言情耳，生乎今之世，近体足以言情矣。好古之士，本无其情，而强效其体，以作古乐府，殊觉无谓！

有了曲子，词便荒废了，有了词，诗便被荒废了，唐诗兴盛起来，古体诗便渐渐没落。作诗不过是为了抒发心声，所以我们生活在现在这个时代，用近体诗就可以了，不用勉强自己去用那古体诗来抒情。那些好古之人，本来没有什么心情要抒发，只是为了仿古而勉强自己写作乐府，实在是觉得有些莫名其妙。

纳兰词一向被评价为有后主遗风，这是举世公认的。

陈其年在《词话丛编》中写道："《饮水词》哀感顽艳，得南唐二主之遗。"而唐圭璋也在《词学论丛·成容若（渔歌子）》中这样说过："成容若雍容华贵，而吐属哀怨欲绝，论者以为重光后身，似不为过。"

"重光"便是后主李煜，而李煜的字，正是"重光"。

不管是当时的人也好，还是现在的人也罢，对纳兰容若的词深得后主遗风的评价，是见解一致的。

而纳兰容若自己呢？

对李后主，纳兰容若推崇备至。

花间之词为古玉器，贵重而不适用。宋词适用而少贵重，李后主兼有其美，更饶烟水迷离之致。

在纳兰容若看来，《花间集》这部中国最早的词总集，就像是贵重的古代玉器一样，漂亮却并不实用。

确实，《花间集》词风香软，用香艳堆砌的辞藻来形容女子，内容不外乎离愁相思、闺情哀怨，倒是开了历代词作的先河，更从张泌的《蝴蝶儿》一词句子"还似花间见，双双对对飞"中得名，香艳旖旎可见一斑。这也就难怪会被纳兰容若形容为古玉器，贵重却不适用了。

而到了宋代，李后主、晏殊、欧阳修、柳永、秦观、周邦彦、李清照等人，上承花间词，去其浮艳，取其雅致，运笔更加精妙，反映的社会现实更广泛，从而更加婉转柔美或豪放壮阔，开一代别开生面的词风。

而宋词则是适用，却毫无那贵重之感。

在纳兰容若眼中，李后主却是兼得花间词与宋词两者的长处，兼有其美，而且更加具有烟水迷离的美感。

突兀穹窿山,丸丸多松柏。
造化钟灵秀,真人爱此宅。
真人号铁竹,鹤发长生客。
天风吹羽纶,长安驻云舄。
偶然怀古山,独鹤去无迹。
地偏宜古服,世远忘朝夕。
空坛松子落,小洞野花积。
苍崖采紫芝,丹灶煮白石。
檐前一片云,卷舒何自适。
他日再相见,我鬓应垂白。
愿此受丹经,冥心炼金液。(《送施尊师归穹窿》)

康熙十五年的时候,京城里来了个南方的道士,做法颇为灵验,一时间名声大噪。

这位道士名叫施道源,长住在吴县太湖旁边的穹窿山,是个有名的人物,被康熙皇帝召见,来到京城,设醮祈雨。其实皇帝此举,大部分的目的还在于稳定人心,不过也不知这位施道源是不是真的有些神奇的法力,那雨还真给他求了下来,顿时引得京城人都把他当神仙一样的崇拜。

施道源也并未在京城久留,法事做完,要回穹窿山。就在他离京之前,纳兰容若与他认识了。

一番长谈,纳兰容若知道了很多自己从未听说过的事情,也开始接触到一个自己以前从未考虑要去了解的世界。

那便是宗教。

"愿此受丹经,冥心炼金液。"

从此,纳兰容若开始对道教仙家有了兴趣。

自然,他并不是要出家,更不是要去修仙,他只是带着一颗特有的好奇心,想要去了解那个神奇的、玄妙的世界。

在《渌水亭杂识》中记载了这样一段话:

史籍极斥五斗米道,而今世真人实其裔孙,以符箓治妖有实效,自云其祖道陵与葛玄、许旌阳、萨守坚为上帝四相。其言无稽而符箓之效不可没也。故庄子曰:六合之内,圣人论而不议;六合之外,圣人存而不论。

其实就是说,史书对五斗米道严加斥责,但是现在的真人却正是当初五斗米道创始人的子孙,用符箓收妖很有功效。真人说自己的祖先与葛玄、许旌阳、萨守坚四个人是上帝的四种相貌,这话有些无稽之谈,但是他的符箓有用却是实实在在的。所以庄子曾经说过:"六合之内,圣人论而不议;六合之外,圣人存而不论。"

从这里我们可以看得出来,纳兰容若对于道教,对于所谓的"修仙",还有那些神奇的玄妙的事情,其实是抱着一种好奇的心态的,不否认,也不承认,只是远远地观看着,感受着其中的有趣之处,然后记录下来。

这个时候的纳兰容若,还并不知道,自己在几年以后,会开始对佛法感兴趣,还为自己取了一个"楞伽山人"的号。

好友会聚一堂

康熙皇帝在平定了三藩之乱后,清廷的国势基本稳定下来,康熙皇帝开始考虑如何笼络那些前朝的遗老与文人的问题,于是,便在正常的科举考试之外,临时增设了"博学鸿词科",采用举荐与考试相结合的方式,给予被录取者官职。

开设此科的目的十分明显,想用怀柔手段来笼络明末遗老名士,转为自己所用。所以,在《清圣祖实录》中这样记载,康熙曾称:

一代之兴,必有博学鸿词振起文道,阐发经史,以备顾问。朕万几余暇,思得博通之士,用资典学。其有学行兼优、文辞卓越之士,勿论已仕未仕,令在京三品以上及科道官员,在外督、抚、布、按,各举所知,朕将亲试录用。

有了皇帝的命令，各级官员开始奉旨举荐，不少遗民都被列入了举荐的名单之中。康熙又下诏编撰诸经解以及《古今图书集成》。

康熙十八年的时候，博学鸿词科正式开始，当时天下名士，几乎都汇集到了京城。

当然，并不是所有的人，都想要去进士及第，像顾炎武、黄宗羲、傅山等大家，则冒着杀头的危险，公然说"博学鸿词，不如清歌曼舞"，公然拒绝了清廷的招揽。

但是像朱彝尊、严绳孙、姜宸英等人，却陆续来到了京城。后来，更是一举入选，入了翰林院撰修《明史》。

对纳兰容若来说，最让他感到高兴的，就是天南地北的好友们，如今又都汇集到了京城，自己的渌水亭，只怕是又要热闹起来了吧？

出郭寻春春已阑，
东风吹面不成寒，
青村几曲到西山。
并马未须愁路远，
看花且莫放杯闲，
人生别易会常难。（《浣溪沙·郊游联句》）

顾名思义，这是一首联词，就是一人一句，连缀成篇。参与者分别是陈维崧、秦松龄、严绳孙、姜宸英、朱彝尊与纳兰容若。

这是在大家都汇集到京城之后，渌水亭的一次郊游时，不知是谁突然提出这个建议，于是众人纷纷响应，联出了这首《浣溪沙》。

在当时，最轰动的事情，莫过于马上即将举行的博学鸿词科的考试，万众瞩目，也是万众期待。

康熙十七年（1678年）的年底，一群天南地北，平时只闻其名而从未见过的各地名士们，都在渌水亭，在纳兰容若的介绍之下,相互见面了。

其实他们来到京城,也未必是自愿的,有些人不过是迫于压力而不得已为之,例如严绳孙。

他本来是抱着"君看沧海横流日,几个轻舟在五湖"的心态来到京城的,借口眼睛有毛病,在殿试的时候写完一首《省耕诗》就交卷跑掉了,哪知康熙皇帝久闻严绳孙的名声,钦点"史局中不可无此人",结果,严绳孙还是没能像自己理想中的那样,五湖泛舟,反倒是进了翰林院,不得不说是造化弄人。

但是对于能在渌水亭中与纳兰容若,还有其他好友们再度重逢,严绳孙还是十分高兴的。

在当时,大家的心情都是十分愉快的,从他们联的词中也可以看得出来,很是欢畅。

"出郭寻春春已阑"——陈维崧
"东风吹面不成寒"——秦松龄
"青村几曲到西山"——严绳孙
"并马未须愁路远"——姜宸英
"看花且莫放杯闲"——朱彝尊
"人生别易会常难"——纳兰容若

前面五句,都是一派的欢欣之意。对这群除了纳兰容若之外都已经年近中年的文人们来说,在这首词中,难得的表现出一种蓬勃向上的生命力,仿佛青春又再度返回了他们的身上一般。

到村子外面去寻找春天的痕迹,但是春天早已经过去了,哪里还能找得到呢?即使如此,那拂面而来的东风,并未让人感觉到丝毫的寒意。大家一路欢快地唱着歌到西山去郊游,即使再远的路,有好友相伴也并不觉得遥远。这时候,朱彝尊则提醒大家,在赏花的时候,也不要放下手中的酒杯,要尽情欢乐才是。

这五句,虽然是不同的人所作,但是不约而同地流露出一种欢畅的气息,最后一句,却结束于纳兰容若的一句"人生别易会常难"。

此时，纳兰容若刚刚经历了丧妻之痛，即使如今好友们再度重聚，也并没有冲淡他心中的忧伤与哀愁，所以，自然而然地，即使是在这样的时刻，他依旧在不知不觉中发出了这样的悲叹。

人生别易会常难。

我们今天能够像这样欢乐地聚集在一起，是多么的难得啊！

分别是如此容易的事情，而相聚却是如此的困难。

与自己的这些至交好友们在一起，在这渌水亭，高谈阔论，议论着自己最心爱的诗词，不用去理会外界的一切风风雨雨。

在纳兰容若的心中，他想必也是想一直这样欢乐下去的吧。

且今日芝兰满座，客尽凌云；竹叶飞觞，才皆梦雨。当为刻烛，请各赋诗。宁拘五字七言，不论长篇短制；无取铺张学海，所期抒写性情云尔。（《渌水亭·宴集诗序》）

文人的游戏方式很多，像之前的《浣溪沙·郊游联句》就是一种，若要举例，《红楼梦》中倒是不少，大观园中，贾宝玉、林黛玉、薛宝钗、探春等人结了海棠诗社，或者限定韵脚各写诗句，或者就是在限定的时间内完成命题诗。而在渌水亭，文人们的游戏，想来也差不多。

在后来记录这次欢聚的《渌水亭·宴集诗序》中，纳兰容若这样写道："当为刻烛，请各赋诗。宁拘五字七言，不论长篇短制。"

很好理解，就是说，他们把蜡烛刻上刻度，限定了时间，然后各自赋诗。

十分的文雅。

纳兰容若为这次聚会写的这篇诗序《渌水亭·宴集诗序》，与他以前的作品不同，并不是一首词或者一首诗，而是一篇骈文。

骈文全篇以双句为主，常用四字、六字句，讲究对仗的工整，还有声律的铿锵。

纳兰容若的这篇是典型的骈文,而且写得十分优美,称之为清代以来最美的骈文,也不为过。

全文如下:

清川华薄,恒寄兴于名流;彩笔瑶笺,每留情于胜赏。是以庄周旷达,多濠濮之寓言;宋玉风流,游江湘而讬讽。文选楼中选秀,无非鲍谢珠玑;孝王国内搴芳,悉属邹枚黼黻。

予家象近魁三,天临尺五。墙依绣堞,云影周遭。门俯银塘,烟波晃漾。蛟潭雾尽,晴分太液池光;鹤渚秋清,翠写景山峰色。云兴霞蔚,芙蓉映碧叶田田;雁宿凫栖,粳稻动香风冉冉。

设有乘槎使至,还同河汉之杲;傥闻鼓枻歌来,便是沧浪之澳。若使坐对亭前渌水,俱生泛宅之思;闲观槛外清涟,自动浮家之想。何况仆本恨人,我心匪石者乎!

间尝纵览芸编,每叹石家庭院,不见珊瑚;赵氏楼台,难寻玳瑁。又疑此地田栽白璧,何以人称击筑之乡;台起黄金,奚为尽说悲歌之地!

偶听玉泉呜咽,非无旧日之声;时看妆阁凄凉,不似当年之色。此浮生若梦,昔贤于以兴怀;胜地不常,曩哲因而增感。

王将军兰亭修禊,悲陈迹于俯仰,今古同情;李供奉琼宴坐花,慨过客之光阴,后先一辙。但逢有酒开尊,何须北海,偶遇良辰雅集,即是西园矣。

且今日芝兰满座,客尽凌云;竹叶飞觞,才皆梦雨。当为刻烛,请各赋诗。宁拘五字七言,不论长篇短制;无取铺张学海,所期抒写性情云尔。

纳兰容若一贯主张"性灵",是说在填词写诗的时候,要遵从自己的心声,描写心意,抒发自己最真挚的情感,才能感动其他人,在这篇诗序中,他再一次专门提起"无取铺张学海,所期抒写性情云尔",强调"性灵"才是创作的关键与宗旨。

而因为他自身的性格原因,还有经历,在繁花似锦的时候,他总是会看到一些表象之外的东西。

此地田栽白璧，何以人称击筑之乡；台起黄金，奚为尽说悲歌之地！

偶听玉泉呜咽，非无旧日之声；时看妆阁凄凉，不似当年之色。此浮生若梦，昔贤于此兴怀；胜地不常，曩哲因而增感。

当众人都为金碧辉煌的宫殿而感慨的时候，他却想到了时代的兴替。再华丽的宫殿，也抵不过时间的洪流，如今再看，废墟凄凉，完全没有当年辉煌的影子。

当真是浮生若梦。

藕风轻，莲露冷，断虹收，正红窗初上帘钩。田田翠盖，趁斜阳鱼浪香浮。此时画阁垂杨岸，睡起梳头。

旧游踪，招提路，重到处，满离忧。想芙蓉湖上悠悠。红衣狼藉。卧看少妾荡兰舟。午风吹断江南梦，梦里菱讴。(《金人捧露盘》)

在纳兰容若的好友之中，有一个经常出现的名字，那便是严绳孙。

严绳孙，字荪友，又字冬荪，号秋水，江苏无锡人，非常擅长画花鸟、人物，而且也擅长诗词，著有《秋水集》。

他是明朝的遗少。他的祖父就是明末时候的刑部侍郎严一鹏，也算是名门之后。明朝灭亡，清廷入关之后，他便断绝了入仕做官的念头，一心投入了诗词与书画的世界。

占得红泉与绿芜，不将名字挂通都。

君看沧海横流时，几个轻舟在五湖。

这首《自题小画》，便是他写给自己的一首七绝。

"君看沧海横流时，几个轻舟在五湖"，颇有些自嘲与讥讽的味道。

他本来无心进入官场，为清廷效力，连殿试都是敷衍了事，哪知却偏偏逃不脱入仕的命运。

严绳孙后来还是不可避免地当了官，没做几年，昔日的好友之间，也渐渐地开始有了这样那样的矛盾。

　　纳兰容若往日的书法老师高士奇，渐渐得到康熙的重用，但是高士奇却与纳兰容若的好友朱彝尊、秦松龄等人有过节。在这官场的角力中，本来就无心官场的严绳孙，见好友朱彝尊被贬官，秦松龄也被夺去了职位，更加对官场失去兴趣，毅然抽身，返回自己的家乡专心画画去了。

　　他本来就打算以明朝遗少的身份终老一生，这样的结局，对他来说也并无不妥。

　　只是对纳兰容若来说，遗憾的，自是好友一个接一个地离去。

　　纳兰容若想必是十分怀念当初渌水亭中相聚，共吟诗词的热闹场面的吧？

　　那时候，严绳孙还在，朱彝尊还在，秦松龄也还在，哪里想得到如今的四下离散，凋零画面呢？

　　又一年，净业寺中的莲花再度盛开了。

　　故地重游，纳兰容若见到这依稀不变的场景，又何尝不感慨万千呢？

　　当日还在渌水亭饮酒赋诗，何等的热闹？何等的欢乐？更曾与严绳孙一同前往净业寺观莲，如今，已物是人非，好友们都散尽了，什么时候才能再度相聚呢？

　　后来，纳兰容若随着康熙皇帝南巡，来到无锡，景点山水处处都能见到好友严绳孙的留笔题字，以这样的方式，与久违的好友再度相见，何尝不是"旧游踪"呢？

　　但"重到处，满离忧"，如今自己的心境，与当年已大不相同。

　　人与人的聚散离合，竟是这般的无奈，又是这般的让人疲倦。

一生至交顾贞观

在纳兰容若的至交好友之中,有一人的名字,是不得不提的,那就是顾贞观。

他与纳兰容若携手营救吴兆骞一事,传为佳话。

纳兰容若与顾贞观以五年之约为期,救出吴兆骞,而当时谁也想不到,康熙二十年吴兆骞当真回到了京城。

君子之约,竟是分毫不差!

在纳兰容若的渌水亭中,盖有几间茅屋。

也许是因为纳兰容若骨子里的那股向往山野隐士之意,在自己的别墅里盖上这么几间茅屋,别人看了大概觉得不解,纳兰容若却没有觉得有什么不妥的地方。反而在茅屋盖成后专门写了诗词送到江南,送到三年前就已经离开京城的顾贞观手中。

在豪门朱户中修建农家的茅舍,似乎是一种贵族之间的风尚,在《红楼梦》中,作为荣华富贵象征的大观园,也修建了一座"稻香村",不但是三间大茅屋,更是养了鸡鸭之类,农家生活模仿得有模有样。

当时的有钱人在庭院中修建农屋,无非是大鱼大肉吃多了,想换一下口味,尝尝清淡小菜,感受一下农家"鸡飞过篱犬吠窦"的田园生活,要当真叫那些老爷太太少爷小姐们切身感受一下"昼出耕田夜绩麻"的生活,只怕就叫苦不迭了。

但是,纳兰容若修建这几间茅屋的目的,却完全不同。

"君自见其朱门,贫道如游蓬户。"

这是出自《世说新语》里面的一个小故事。

高僧竺法深成为简文帝的贵宾,经常出入豪门朱户,丹阳尹刘谈便问:"道人何以游朱门?"竺法深答曰:"君自见朱门,贫道如游蓬户。"意思是说,丹阳尹刘谈问竺法深,说您是个和尚,怎么频繁地出入豪门朱户呢?竺法深回答说,在您的眼中是豪门朱户,高门大宅,但是在贫道的眼中,却和平民百姓的草舍茅屋没有什么两样。

这个典故,也是当初纳兰容若用来劝慰顾贞观的。

当初,顾贞观与纳兰容若交好,经常出入明珠府与渌水亭,惹来很多非议。

不过也难怪,毕竟纳兰容若是当朝豪门权贵之子,顾贞观不过一介布衣,很多人都认为顾贞观与纳兰容若结识,是趋炎附势另有目的。

世人议论纷纷,顾贞观也因此有些不自在起来,就在此时,纳兰容若以一句"君自见其朱门,贫道如游蓬户",完全打消了好友的顾虑。

但是,天下没有不散的宴席,顾贞观终究还是离开了京城,回到江南。

回想起以前那些融洽欢乐的日子,纳兰容若便在自己的渌水亭,修建了几间茅屋。也是想告诉顾贞观,朱门绣户并不适合我们,这乡野茅屋才是我们真正的归宿,如今,茅屋已经修好,好友也该回来了吧?重新回到那段欢乐的日子里去。

"聚首羡麋鹿,为君构草堂。"

于是,纳兰容若一次又一次地向顾贞观发出召唤,希望他能够回到京城,回到自己身边,一阕《满江红》,几乎是毫无保留地抒发了自己的心声。

问我何心,却构此、三楹茅屋。可学得、海鸥无事,闲飞闲宿?百感都随流水去,一身还被浮名束。误东风迟日杏花天,红牙曲。

尘土梦,蕉中鹿。翻覆手,看棋局。且耽闲斟酒,消他薄福。雪后谁遮檐角翠,雨余好种墙阴绿。有些些欲说向寒宵,西窗烛。

若要问我为什么要修建这三间茅屋,那远在千里之外的梁汾好友啊,你应该是最清楚的,不是吗?

那富贵荣华的豪门朱户生活，其实并不适合我。多想像那自由自在的海鸥一样，能够随心所欲地飞翔啊，一切的烦恼都付之流水。但现实却是，我如今还被这现实的虚名给牢牢地束缚着，白白地耽搁了东风的轻拂，杏花天的美丽。

对纳兰容若来说，杏花天与浮名，他更在意哪一个，自是不言而喻的。在这首词中，纳兰容若更是清楚地告诉了顾贞观，如今这些官职什么的，不过是浮云，我怀念的还是当初与你在一起的日子，吟诗作词，何等的欢畅！

世事如梦非梦，真真假假难辨。

"尘土梦，蕉中鹿"，出自《列子·周穆王》中的一个典故。

昔日郑国人在山里砍柴的时候，杀死了一只鹿。他生怕被人看见，于是急急忙忙地把那只鹿藏到一个土坑里，还用蕉叶遮盖，哪知道这个人记性不太好，刚做过的事情就给彻底忘记了，不但不记得自己刚才藏鹿的地方，还以为是自己做了一场梦，回家的路上边走边念叨。他念叨的话被另外一人听了去，就依着他所讲的找到了藏鹿的地方，取走了鹿。

这人喜滋滋地扛着鹿回家，给妻子讲述了事情的原委，妻子说："你大概是梦到有这么一个人打死了鹿吧？如今当真扛回来一只鹿，难道是梦变成了现实吗？"

这个人笑着回答："不管是不是梦，反正鹿是真的，不是吗？"

庄周晓梦，谁知是在梦里梦外呢？

故事要是到这里结束，倒也算有趣，哪知还有下文。

那个砍柴的人回家之后，越想越觉得，那杀鹿的感觉是这样的真实，应该不是梦吧？他冥思苦想，结果日有所思，夜有所梦，居然给他梦到了那个藏鹿的地方，还梦到有人取走了他的鹿。醒来之后，他就找到那人，两人争执起来。

鹿究竟算是谁的，这可是公说公有理，婆说婆有理的事情，双方争执不下，就打起了官司，告到了士师那儿。

这官司委实有些古怪，一时间士师也不知该怎么判决好，最后这样下的结论——

　　砍柴人打死了鹿,以为是做梦;后来那人取走了鹿,也以为是在做梦,这说明你们两人都以为是梦,并未真正得到这只鹿,不如分开两边,一人一半吧。

　　后来事情传到郑国国君的耳朵里,国君也觉得有趣,就拿这件事情去问国师,国师便说:"到底是不是梦,并不是我们所能判断清楚的,只有黄帝与孔子二人才能分辨,但是此二人早已不在这个世间,所以,就不妨以士师的判断为准吧。"

　　所谓"庄周晓梦迷蝴蝶",有时候,梦境与现实的界限是如此模糊,难以分辨。

　　纳兰容若在这里用了这个典故,颇有点为自己和顾贞观感慨的意思,下一句"翻覆手,看棋局",更是清楚地写出,这世事反复无常,就像那棋局一样,输赢不定。

　　顾贞观一生坎坷,半世艰辛,纳兰容若是不是从他的身上,也隐约看到了自己的一些影子呢?

　　当然,论际遇,两人是截然不同的。

　　但是际遇如此天差地别的两人,却能一见如故,互为知己,不得不说,在他们两人之间,定有些方面是相同的。我想,相同的正是这首《满江红》中的那句"百感都随流水去,一身还被浮名束"吧?

　　康熙二十年的时候,一位不寻常的客人,从塞北苦寒之地的宁古塔,来到了京城。

　　"绝塞生还吴季子",此人正是吴兆骞。

　　吴兆骞被流放宁古塔,到如今,已经过去了二十三年。

　　他的到来,顿时震惊了整个京城。

　　很多人都还记得纳兰容若与顾贞观约定的五年之期。

　　又有多少人是抱着一种看笑话的心态,来看待纳兰容若与顾贞观的营救之举呢?

　　吴兆骞一案是顺治皇帝亲自定的案,后来经过纳兰容若等人的大力斡旋，康熙特赦，吴兆骞终于回到了中原。

才人今喜入榆关，回首秋笳冰雪间。

玄菟漫闻多白雁，黄尘空自老朱颜。

星沉渤海无人见，枫落吴江有梦还。

不信归来真半百，虎头每语泪潺湲。

对于吴兆骞的平安归来，纳兰容若真是欢喜万分。

他并未见过吴兆骞，唯一的联系，就是因为他们共同的朋友——顾贞观。

倾盖如故，指的便是此了吧。

即使素不相识，只因顾贞观是自己的朋友，所以，他的朋友也是自己的朋友！朋友有难，怎么能不倾力相助呢？

说纳兰容若行事古风，就是因为此，但我更愿意说，公子侠骨丹心，当不为过！

在宁古塔二十多年的艰苦日子，吴兆骞早已不是当年那个意气风发的轻狂文人，白山黑水的苦寒让他两鬓苍苍，形容憔悴。

见到历经艰险终于生还的吴兆骞，顾贞观清然泪下。

第二年的正月，上元夜，纳兰容若邀请了一干好友在花间草堂集会，饮酒赋诗。

当时赴宴的人，有曹寅、朱彝尊、陈维崧、严绳孙、姜宸英等，还有顾贞观和刚刚返京的吴兆骞。

花间草堂便是当初纳兰容若为顾贞观修建的茅屋，名字起自《花间集》，大家汇集于此，看着走马灯上琳琅满目的图案，纷纷填词作诗。

走马灯转来转去，转到纳兰容若面前的时候停了下来，正好是一副文姬图。

文姬，是汉代才女蔡文姬。

这也是一位命运多舛的女子，身为当时大名鼎鼎的文学家、书法家蔡邕的女儿，自小耳濡目染，博学多才，先是嫁给了卫仲道，夫妻恩爱，哪知不到一年，丈夫就病故了，蔡文姬回到娘家,父亲又被陷害入狱而死,她自己也被匈奴兵掳走。匈奴兵见她年轻貌美,就献给了匈奴左贤王为妃,一去就是十二年,直到后来曹操统一了北方,想起恩师蔡邕,用重金赎回了蔡文姬,成就"文姬归汉"的佳话。

蔡文姬也是著名的才女,为后世留下了传颂千年的《胡笳十八拍》与《悲愤诗》。

后来,唐朝诗人李颀这样写道:
蔡女昔造胡笳声,一弹一十有八拍。
胡人落泪沾边草,汉使断肠对归客。
如今,眼前白发苍苍的吴兆骞,与昔日的蔡文姬是何其的相似。

一样悲伤,一样坎坷。

吴兆骞是当世的名士,蔡文姬是当时的才女,时间穿越千百年,命运再度轮回重现。

于是一首《水龙吟》,纳兰容若一挥而就。

须知名士倾城,一般易到伤心处。柯亭响绝,四弦才断,恶风吹去。万里他乡,非生非死,此身良苦。对黄沙白草,呜呜卷叶,平生恨、从头谱。

应是瑶台伴侣。只多了、毡裘夫妇。严寒鬐篥,几行乡泪,应声如雨。尺幅重披,玉颜千载,依然无主。怪人间厚福,天公尽付,痴儿呆女。

在这首词中,纳兰容若以蔡文姬来比拟吴兆骞,是那么顺理成章。

"须知名士倾城",古来倾城的,又岂止是美人呢?才子名士,不是一样也能倾城的吗?

当年蔡邕曾用柯亭的竹子来制作笛子,笛声独绝,如今,柯亭声绝,蔡邕已死,那精通音律的蔡文姬,却被掳到了千里之外的匈奴。

那时候,卫仲道刚刚病故没多久,悲伤之中的蔡文姬,哪里还有心情弹琴呢？

"四弦"，出自《后汉书·列女传》引《幼童传》中的记载，说一天夜里，蔡邕弹琴的时候，一根琴弦断了，当时年幼的蔡文姬就说，断掉的是第二根琴弦。蔡邕觉得讶异，以为是女儿偶然猜中，于是又故意弄断了一根，蔡文姬又说，断掉的是第四根，还是说中了，丝毫不差。蔡邕十分惊奇，不禁感慨自己女儿的音乐才华已经远远超越了自己，因而蔡文姬得了"四弦才"的雅致别号。

如果不是因为乱世，如果不是因为这些不幸，以蔡文姬之才貌双全，即使成为皇帝后妃也不为过的吧？更遑论是与丈夫恩爱幸福，终老一生呢？

可命运是如此的残酷，她如今却身在万里之外的匈奴，与匈奴王成了夫妻。她怎能不思念着家乡、思念着中原？但只能两行清泪潸潸而下。

纳兰容若的这番描述，虽然是命题而作，写的是蔡文姬，但是结合当时吴兆骞的遭遇，又何尝不是在说吴兆骞呢？

这首《水龙吟》，后来极具盛名。

纳兰容若在这首词中，用典之纯熟，已经臻于化境，古时的典故与现在的现实相互混合，亦真亦假，亦梦亦幻，把蔡文姬的典故化用到吴兆骞身上，写的是那么自然，没有丝毫生硬之处。

在那北风呼啸的地方，每当风中传来胡笳乡曲，吴兆骞是不是也像当年的蔡文姬一样，思念家乡，潸然泪下呢？

后来，蔡文姬被曹操用黄金玉璧赎了回来，而吴兆骞，也被自己和顾贞观千里迢迢地营救回来，是不是也该苦尽甘来了呢？

康熙二十一年（1682年），新年刚过，吴兆骞就成为纳兰容若的弟弟揆叙的授课老师。秋天，他南归省亲。

也许是二十多年的苦寒岁月，让吴兆骞再也无法适应江南的温暖天气，再加上常年居住在宁古塔的恶劣环境中，严重损害了他的健康，吴兆骞一病不起，康熙二十三年在京师病故。

对于吴兆骞的身故，纳兰容若是十分悲伤的。他在随同康熙南巡离京之前，曾经给严绳孙写过一封信，信中就说，吴兆骞病重，我这一去，回来的时候还不知能不能再见到他。不无哀叹之意。

在当年那个上元夜，他写下那首《水龙吟》的时候，曾经在结尾写过这么一句"怪人间厚福，天公尽付，痴儿呆女"。

就像俗话所说的那样，傻人有傻福。从吴兆骞的遭遇，纳兰容若不禁这样问道，为什么上天总是把福泽赐予那些平庸之人呢？为什么像蔡文姬这样的倾城才女，一生的遭遇会如此的悲惨？像吴兆骞这样的倾城名士，又为什么会如此的坎坷呢？

这是纳兰容若对命运无声的质问。

那时候他也完全没有想到，后来这几句话，竟也应在了他的身上，情深不寿。

婚姻　感卿珍重报流莺

"感卿珍重报流莺。惜花须自爱,休只为花疼。"

康熙十三年,纳兰容若娶妻卢氏。

对于纳兰容若的初恋,明珠、觉罗氏等一干大人不会没有察觉,只是再怎么两小无猜、才貌双全,对他们来说,意味着的,不是有情人终成眷属的美满,而是如何才能最大限度地利用这一双儿女的才与貌,来为他们的家族争取到更大的利益,与更稳固的靠山。

也许明珠、觉罗氏等人一开始也曾想过让这对孩子白头偕老,顺水推舟,成就一段才子佳人的完满童话。

可童话的最后,往往只是写"王子与公主从此幸福地生活在一起",而从来只字不提之后的柴米油盐,更只字不提当童话结束之后,随之而来的种种现实。

成人的世界总是残酷的。

所以那来自外星球的小王子一直不愿长大,他宁愿永远是个单纯的孩子,看着自己那株心爱的玫瑰,在湛蓝的天空下慢慢绽放花蕾。

纳兰容若却不能不长大,不能不在家族的安排下,踏上那条早已安排好的道路,即使心有不甘。

惠儿被送进了皇宫,纳兰容若则准备着参加科考,准备着踏上仕途。

还有一个问题,也开始摆在了纳兰容若的面前,不得不去面对。

他已经到了该成婚的年纪!

妻子卢氏

纳兰容若的第一位妻子卢氏,乃是两广总督卢兴祖的女儿。

论家世,两人门户相当,对习惯用审视的目光来看待一切的成人们来说,是一个非常好的选择。

论相貌,据说卢氏"生而婉娈,性本端庄",是相当有才华而且性格温柔的女子。

纳兰与卢氏,倒真像是天造地设的一对。

卢氏的出现,也让决心要慢慢忘记表妹、忘记那段年少感情的纳兰容若,重新找到了生命中另外一抹亮色,另外一段美满的感情。

康熙十年,也就是辛亥年。

这一年的二月份,原本担任左都御史的明珠,接到一道命令,让他与徐文元两人担任经筵讲官。

什么是经筵讲官呢?

就是给皇帝讲解经义的角色,只是个虚衔,就是去当皇帝的老师。给这个天下最尊贵的学生读书念书的,一般都是翰林院饱学之士。

徐文元是国子监祭酒,相当于现在的教育部长兼大学校长,而且这大学还是重点名校,当皇帝的老师,那倒是实至名归,毫无异义。

明珠也担任这个职位,却有点挂名充数的感觉。

其实,就是徐文元是汉人,这让八旗贵族铁帽子王爷们有些不爽了。

非我族类其心必异，要是这徐文元讲着讲着把咱们的皇上给讲成了反清复明那怎么办？

所以他们左思右想，干脆把明珠给推出来和徐文元一起当这个皇帝的儒学师傅！

矮子队里选高的，和其他人旗人相比，明珠确实算得上精通汉人儒家文化了，虽然和徐文元这饱学之士相比，那是相差了老长一截儿！

不过也没什么人在乎，大家都知道，这是因为讲官队伍里需要一个有分量的旗人大臣罢了，难道还当真指望他给皇帝讲书不成？

巧合的是，徐文元又是纳兰容若的老师，或者说是校长！

那年纳兰容若也刚上了太学，身为国子监祭酒的徐文元，对这名聪慧过人，精通汉家文化的学生是深为器重，赞不绝口。

对明珠而言，这"经筵讲官"更是个虚衔，他当时是左都御史，公务繁忙着呢。

当然，那时候，明珠也万万没有想到，就在这一年的十一月，他被一纸调令，升为了兵部尚书。

明珠扶摇直上，其他人自然会忙不迭地前来巴结，本来就是众家少女心目中理想夫婿的纳兰容若，也就当仁不让地成了香饽饽，顿时身价百倍、炙手可热。

年纪轻轻，却没有半分飞扬跋扈之气，反倒是个举止娴雅的风采公子，也就难怪少女们会为之倾心了。

明珠想必也知道自己儿子有多炙手可热，他倒是不急，他在慢慢地寻找着最合适的人选。

要说明珠只顾着自己的政治生涯把儿子的终身幸福拿来做了筹码的话，也未免有失公允，毕竟婚后的纳兰容若与卢氏，夫妻恩爱、举案齐眉，感情十分深厚。卢氏因产后风寒过世之后，纳兰容若因为悲伤，写出不少悼念亡妻的词句，这都是有目共睹的。

不过站在明珠的角度，究竟是因为卢氏是两广总督的女儿才选择了这个儿媳呢，还是这个儿媳恰好是两广总督的女儿，已经说不清楚了。总之，当纳兰容若与卢兴祖的女儿定亲的消息传出来之后，京城里有多少少女那颗期待的芳心霎时间全碎成了碎片，就不得而知了。

对于这场婚事，纳兰容若并没怎么反对。

或许是因为他很清楚地知道，自己与表妹已经再无相见的机会，从此萧郎是路人，他与她，此生无缘，她在皇宫之中，而自己……是不是也该从年少的轻狂之中渐渐成熟了呢？

所以，面对父亲的提议，纳兰容若只是默默地点了头，应允了这门婚事。

这门婚事在当时来说，完全称得上是一场天作之合，双方门第相当，权贵与权贵的结合。男方年少英俊，才气逼人；女方贤良淑德，温柔端庄，无论从什么方面看，都是天造地设的一对璧人。

不过，当时的婚姻还是包办的，自己的另一半不到新婚之夜是看不到真面目的，西施也好，东施也罢，不到揭盖头的刹那，一切都只是想象。

所以，纳兰容若虽然早就从父母的口中得知对方才貌双全，不亚于表妹，几乎挑不出什么毛病来，但毕竟从未见过面，心中也不禁有点忐忑。

换作卢氏，又何尝不是？

她是大家闺秀，从小在深闺之中娇生惯养，大门不出二门不迈，鲜有踏出去的机会，即使如此，她也并不孤陋寡闻，早就听说过纳兰容若的大名，甚至和其他无数的少女一样，也曾在听到那文雅的名字的时候，芳心暗跳。所以当父母们说自己未来的丈夫就是那公子纳兰容若的时候，卢氏竟是惊讶得愣住了。

对父母给她决定的这门婚事，自然她也毫无异议，少女羞涩着，一声不出，瞧在父母的眼中，则代表了应允同意。

纳兰容若写过一首《临江仙》——

绿叶成阴春尽也，守宫偏护星星。留将颜色慰多情。分明千点泪，贮作玉壶冰。

独卧文园方病渴，强拈红豆酬卿。感卿珍重报流莺。惜花须自爱，休只为花疼。

这首词里面，纳兰容若用了不少与爱情相关的典故，所以这首词一般都是被归为爱情主题的。

当然，确实如此。

纳兰容若的词作里面，以爱情为主题的，占了大多数，如果说他少年时候的那些词，还透着一股子年轻人的轻狂与无忧无虑，那如今经历过一场感情挫折的纳兰容若，在词间流露出来的，已经开始隐隐带着一缕忧郁的清冷味道。

这首《临江仙》自然也不例外。

"绿叶成阴春尽也"，明显是化自唐代诗人杜牧的《叹花》一诗中的句子："自恨寻芳到已迟，往年曾见未开时。如今风摆花狼藉，绿叶成阴子满枝。"

故事讲的是昔日诗人在家乡遇到一位倾心的姑娘，又担心自己配不上她，于是决定去京城打拼前途，等到多年后他终于成为一名官员，觉得已经有本钱去提亲了，于是返乡，哪知昔日的心上人早已成婚多年，连孩子都有几个了，诗人遗憾之际，便写下了"绿叶成阴子满枝"的诗句。

在《红楼梦》中，贾宝玉见到大观园里"只见柳垂金线，桃吐丹霞，山石之后，一株大杏树，花已全落，叶稠阴翠，上面已结了豆子大小的许多小杏"，宝玉因而想道："才病了几天，竟把杏花辜负！不觉到'绿叶成阴子满枝'。"更联想到昔日一起结诗社的邢岫烟，也和薛家定了亲，过不了多久，只怕也是子女绕膝。当然，贾宝玉的心思，是巴不得能与自己的姐妹们一辈子在一起，在大观园这个世外仙境中无忧无虑无拘无束的，永远不用长大，永远不用与外界的世俗沾染上丁点儿的关系！

而纳兰容若却清楚地知道,随着年岁渐长,有些事,是他必须去做的,那是他身为一个社会人的责任与义务。

"独卧文园方病渴"这句,纳兰容若是在自比司马相如了。

汉代的时候,司马相如曾为孝文园令,患有消渴疾,故此后文人常自称文园,也以文园病渴来指代文人患病。

而这里,纳兰容若除了自比司马相如之外,下一句"强拈红豆酬卿",也是在借红豆的典故描写相思之情。

或者说,是对未来妻子的憧憬之情。

总之,对于已经"名花有主"的纳兰容若来说,他的词里面,爱情的主题开始逐渐占据多数起来。

十八年来堕世间,吹花嚼蕊弄冰弦。多情情寄阿谁边?
紫玉钗斜灯影背,红绵粉冷枕函偏。相看好处却无言。(《浣溪沙》)

纳兰容若的妻子是明珠与觉罗氏夫妇亲自为爱子挑选出来的媳妇儿。

父辈们甚为满意这位人选,两家人都颇为期待这场婚礼。

也许有人要说,这卢兴祖看姓氏不是汉人吗?清朝一直坚持满汉不通婚,怎么身为满族贵族的明珠家,却和身为汉人的卢兴祖结成了儿女亲家?

其实这是一种误解,所谓的满汉不通婚,指的并不是满族与汉族相互间不通婚,而是限制旗人与非旗人通婚。卢兴祖是汉军镶白旗人,任两广总督,封疆大吏,对明珠家来说,是个最好的选择。

除开一双儿女的匹配,明珠考虑的,还有一些政治上的因素。

他自己是京官,中央要员,而未来亲家是封疆大吏,朝廷与地方,一旦被姻亲这条纽带牢牢地联系在一起,那就是一件互惠互利的事情,稳赚不赔!

当时纳兰容若的这场婚礼,在某种程度上来说,也算得上是万众瞩目。

首先,这是康熙的心腹重臣明珠家的喜事,结亲的另外一家是两广总督,封疆大吏,可谓是强强联手。

其次,就是因为这场婚礼的主角儿,是京城众多少女心目中的白马王子。

总之,不论外界反应如何,到了成亲的好日子,明珠府顿时喧天地热闹起来。

其实对沉迷于汉文化的纳兰容若来说,这种热闹的、锣鼓震天、笑语喧哗的热闹场面,大概并不是他所乐于见到的。

我们现在看古装片,见到成亲的场面总是吹拉弹唱,操办得喜庆热闹,就以为古代的婚礼仪式当真是这样来举行的,其实不过是以今度古,真正的汉族婚礼仪式隆重却并不张扬,并不是一路敲锣打鼓,生怕别人不知晓。

这场婚礼不光是代表着纳兰容若从此要步入人生的新阶段,对其他人来说,也是一场名正言顺巴结明珠与卢兴祖的好机会。

明珠心知肚明,所以,这场婚礼,他操办得是无比热闹喧哗。

反正没有人会嫌婚礼太过热闹,也没有人会嫌婚礼太过喧哗,在这一天中,所有的热闹与喧哗,都是可以原谅的。即使是纳兰容若,在这样的气氛之中,也不得不勉为其难地应酬着来宾们喧闹的恭贺声。

这一场喧哗直到快深夜的时候,才渐渐地安静下来。纳兰容若也终于有了机会,与那刚刚拜堂成亲的妻子得以单独相对。

那卢氏究竟是什么样的呢?根据记载,说卢氏"生而婉娈,品性端庄,贞气天情,恭客礼典。明珰佩月,即如淑女之章,晓镜临春",然后又说她是"幼承母训,娴彼七襄,长读父书,佐其四德",看来,在当时,大家都公认卢氏是一位端庄美丽、家教严谨的淑女。

而这些称赞卢氏的话,想必父母也早已给纳兰容若一遍又一遍地讲过,所以在踏进新房的时候,他心中,还是兴奋地期待着的。

婚床旁站着长辈与侍女，床沿正中，坐着刚与他拜堂成亲的新娘。

少女穿着一身大红金线绲边绣满吉祥花纹的新娘嫁妆，头上盖着同样绣满了吉祥花的大红色盖头，双手规规矩矩地放在膝盖上，动作优雅，坐姿优美，但还是看得出来，新娘有着一丝儿隐隐的紧张与拘束。

或者说是不安。

毕竟她也与纳兰容若一样，面对着的，是全然陌生的、却要与自己从此携手度过后半生几十年的人，虽然早就听说过对方的名字，但如今当真面对面了，却又羞涩胆怯起来。

她盖着盖头，看不见对方的相貌，只能从盖头下偷偷地看出去，却只能见到一双穿着靴子的足，缓缓地走向自己。

少女便一下子紧张了，纤长的手指局促地紧紧抓住了自己的衣角。

对方似乎也有些紧张，脚步踌躇起来，像是呆站了半响，才在周围长辈们的戏谑声与侍女们的轻笑声中，拘谨地揭开了新娘子的红盖头。

这时，她才第一次看见他的脸。

他，也是第一次见到自己的妻子。

新娘羞涩却惊讶地睁大了双眼。

她没有想到，纳兰容若会比自己想象中的更加儒静，更加的清俊文雅，漂亮的面孔顿时红得仿若玫瑰花瓣一样。

纳兰容若也是一怔。

烛光下，少女的面孔还带着新娘特有的羞涩红晕，那张脸并不是多么倾国倾城的美艳，却是眉清目秀，眼波清澈，带着一种温柔亲和的感觉。

相看却无言。

周围的人早已经识趣离开了，把这个空间留给了这对刚刚结为夫妻的年轻人。

都说一见钟情，对如今的纳兰容若与卢氏来说，更像是一见倾心。

蜀弦秦柱不关情，尽日掩云屏。已惜轻翎退粉，更嫌弱絮为萍。

东风多事，余寒吹散，烘暖微醒。看尽一帘红雨，为谁亲系花铃。(《朝中措》)

纳兰容若与卢氏少年夫妻，十分地恩爱美满，这是有目共睹的。

婚后的两人，鹣鲽情深，叫人看了都不禁羡慕不已。

难怪经常会有人难掩艳羡之情地说，纳兰容若当真是上苍的宠儿，连婚姻也比别人美满，妻子宽厚温柔，善解人意，如何不羡煞旁人？

不过他们似乎也忘记了，纳兰容若与卢氏的婚姻美满，也正是因为他们都出身豪门，不用去担心柴米油盐酱醋茶，不用去担心生计问题。

所谓"贫贱夫妻百事哀"，如果纳兰容若与卢氏也像大多数人一样，每日里要为着生计而奔波，大概那纯洁的感情也会在日复一日的现实磨砺中渐渐变成无可奈何的麻木，最终相对两无言。

不过他们就好像《红楼梦》里面的贾宝玉与那些贵族小姐们一样，拥有在世人眼中完美的家庭条件与生活环境，所以才能用最纯洁的感情，去全心全意地、不受任何干扰地去体验那种最纯粹的爱情！

两人都正青春年少，最浪漫的年纪，再加上一见倾心，所以从纳兰这个时期的诗词，任何人都能感受到他们之间的那种令人心旷神怡、悠然神往的感情。

新婚夫妻，自是风光旖旎无限的。

在小两口的眼中看来，这个世界的任何事物，都是那么的美好。甚至于纳兰容若因为急病而错失殿试的遗憾,也在婚后的岁月中慢慢消失在了脑后。

卢氏嫁入府后很快就赢得了府中上上下下众人的喜爱。

明珠与觉罗氏颇为满意这个儿媳,下人们也十分敬重这位少夫人,纳兰容若发现,卢氏在很多方面与他都很为相似。

例如对很多事物的见解,有着一份同样难得的纯真!

也许是因为新婚生活的美满,让纳兰容若在这段时间所写的词,也同样的带着难掩的幸福与旖旎。

"蜀弦秦柱不关情"中的前面四个字,指的是筝瑟。相传筝这种乐器乃是秦朝时候的名将蒙恬所造,所以又称做秦筝、秦柱,而传说蒙恬也是文武双全之人,武能平定六国、驱逐匈奴,文可为秦始皇出谋划策,为公子扶苏的老师,而这里纳兰容若借用秦筝的典故,是不是也有点自比蒙恬的意思呢?

也许,更像是在一次夫妻间的抚琴弄舞之间的玩笑话。

看着眼前身姿婀娜绰约的妻子,纳兰容若自然也不甘落后,戏谑着说一句:"蜀弦秦柱不关情。"

屋内还有些寒气,和煦的东风从窗户吹了进来,把那淡淡的寒意缓缓吹散了,暖意融融,令人陶醉。

帘外的花瓣儿被吹得纷纷落下,仿若红雨一般。

花树下,那纤细婀娜的身影正婷婷地站着,为了防止那些鸟雀把娇嫩的花儿给啄伤,她正一个一个地往花柄上系小小的护花铃。

护花铃很小,所以卢氏全神贯注地做着这件工作,身后传来熟悉的脚步声,卢氏只微微回头,嫣然一笑,面如桃花。

那笑容温温柔柔的,就像是三月的春风,曲曲绕绕地钻进了纳兰容若的心里,那温暖慢慢地蔓延开来,直到溢满心房。

旋拂轻容写洛神,须知浅笑是深颦。十分天与可怜春。

掩抑薄寒施软障,抱持纤影藉芳茵。未能无意下香尘。(《浣溪沙》)

《纳兰词》整体风格都偏向清丽哀婉，这是众人都异口同声公认的，不过，即使如此，在纳兰容若词作里面，也并非全部都是婉约的、哀伤的词作，也有"何年劫火剩残灰""休寻折戟话当年"的雄浑之作，更有欢快的轻松之作。

就像这首《浣溪沙》。

这是纳兰词里很少出现的带着轻松与欢愉情绪的作品。

"旋拂轻容写洛神"，开篇第一句，便活灵活现地描写出一幅夫妻间相处愉快的画面。

对当时新婚宴尔的纳兰容若与卢氏来说，每一分每一刻在一起的时光，都是十分幸福的，再加上当时的纳兰容若还未入仕，所以不存在什么被公务所扰的问题，两人从而可以完完全全地生活在属于他们近乎完美的世界中。

其实纳兰容若不光在词上有着耀眼的成就，在绘画方面也是颇有造诣的。

纳兰容若对琴、棋、书、画均颇有研究，曾经师从禹尚基、经岩叔等人学习绘画，后来更与严绳孙、张纯修等画家成为好朋友。

纳兰容若的书房，一向都是自己亲自收拾的，有了卢氏之后，这个工作，便不知不觉被卢氏无声无息地接了过去。

每天，卢氏都会细心地替他整理好书桌，再在案上摆上一瓶时令的鲜花，让那淡淡的花香飘散在空气里，沁人心脾。

这天，纳兰容若和往常一样，缓步前去书房，刚走到门口，就听见卢氏轻柔的说话声。

"原来这幅画放在这儿了。"

纳兰容若好奇。

平常这个时辰，卢氏早已收拾完书房了，今日却是为何耽搁了呢？

他好奇地迈进去，却见卢氏正与小侍女在一起，手里拿着一幅画，微微歪着头，那神情有些疑惑，又有些高兴。

就像是一个发现了新玩具的孩子一般。

听见丈夫的脚步声,卢氏也未把那幅画收起来,而是回头看着丈夫,清秀的面孔上绽出温和的笑容。

"在看什么?"纳兰容若走上前,却见那是一幅洛神图。

"你画的?"纳兰容若问道。

卢氏摇了摇头,微笑道:"不是。"

纳兰容若听了越发好奇,便细细看去。

大概是不知名的画家所作,并未题款,也没有印章,但线条细腻,用色淡雅,画中的洛神飘然于碧波之上,当真是翩若惊鸿、婉若游龙,身姿卓越,髣髴兮若轻云之蔽月,飘飘兮若流风之回雪。洛神的脸微微向后侧着,低着眼,像是正在看向身后,又像是正在依依不舍地收回目光,相当传神。

纳兰容若好奇地看着,突然想起,新婚之夜自己与妻子的初见,岂不是当年曹植初见甄宓一般的心情吗?

画中的女子貌若芙蓉,云鬓峨峨,瑰姿艳逸,当真是神仙之态。

而眼前正淡淡微笑着的女子,又何尝不美呢?

也许是情人眼里出西施,在纳兰容若的眼中,妻子卢氏又何尝不是"仪静体闲,柔情绰态"?

无论是浅笑,无论是皱眉,无论是娇嗔,无论是害羞,种种的神态,种种的表情,都是美的。

纳兰容若从妻子手中接过画轴来,当下就挂在了墙上。

曹子建终究与甄宓错身而过,下半辈子,他只能在回忆中苦苦追寻着自己的洛神,回想起以前的种种,到如今都成了钝刀子割肉,长长久久地伤痛。

自己与曹子建相比,该是幸运的吧?

心爱的妻子就在自己眼前,持子之手,自然是能够与子偕老的!

那时候的纳兰容若完全没有怀疑。

他真的以为，与妻子就能这样一直下去，直到天长地久。

但是熟读诗书的纳兰容若似乎忘记了，白居易的《长恨歌》中，"天长地久"四个字之后的，是"有时尽"。

他怎知道，这段幸福的时光，只有三年而已。

所以他才会轻轻地说一句——

"当时只道是寻常。"

妾室颜氏

后人说起纳兰容若，最常用的八个字，就是"慧极必伤，情深不寿"。

的确，我们读纳兰词，最先感受到的，就是在那字里行间流露出来的对恋人、对妻子的深情。

不过我们也要辩证地看问题。

纳兰容若毕竟是清代人，那时候，男人三妻四妾很正常，尤其是像纳兰容若这样的豪门贵公子，如果只有一位妻子，那在外人看来，是完全不可想象的事情。

所以，纳兰容若在妻子卢氏之外，还有一位妾——颜氏。

颜氏家世不详，没有记载说明她是哪家的女儿，也并未像卢氏一样，有人专门赞扬她美丽端庄、贤良淑德。

大概，她只是个普普通通的旗人女儿。

因为"满汉不通婚"，所以，颜氏应该是旗人，当然，论家世，那肯定是比不上正室卢氏的显赫。

关于纳兰容若是什么时候纳了颜氏为妾的，有两种说法，一种说颜氏入门是在纳兰容若与卢氏大婚之前；另外一种说是在纳兰容若新婚没多久。

但不管是哪一种，唯一相同的就是，颜氏进了明珠府，而她进门的目的，或者说是作用，就是赶紧传宗接代，扩大门楣。

这也是明珠与觉罗氏忙不迭地为儿子娶妾的原因。

他们想要赶紧看到孙子辈的孩子了!

对于父母的这个要求,纳兰容若不得不接受,也不得不接受这个突如其来的妾室。

因为这是他身为长子的责任!

而颜氏呢?

她对自己的命运,对自己成为纳兰容若的妾室,又是怎样的感觉呢?

我们无从得知,甚至在被人们所津津乐道的、关于纳兰容若与表妹、卢氏、续弦官氏还有沈宛之间缠绵悱恻的爱情故事背后,颜氏总是被遗忘到角落里,一如她在丈夫身边的尴尬地位。

妾室地位到底有多低呢?这么说吧,也就是比丫头稍微高那么一点而已,而且因为处于主子不是主子、奴婢不是奴婢的夹缝地位,处境更是尴尬。正室有能自由处置妾室的权力,甚至可以直接将妾卖给人牙子,也就是人贩子!古代妾室的处境地位可见一斑。

所以,若是遇到个生性嫉妒或者厉害点的正室,小妾的处境会相当凄惨。

《红楼梦》里面有个颇具喜剧色彩也颇为悲剧的人物——赵姨娘。她就是贾政的小妾,虽然给贾政生了一儿一女,却连抚养自己孩子的权利都没有,还不能直呼儿女的名字,只能和其他的佣人们一样,唤探春为"小姐",探春也从来不认她是自己的母亲。赵姨娘在贾府的地位,甚至还比不上那些有权有势的丫头,不要说王熙凤的心腹平儿,就连晴雯、芳官等丫头,也从不正眼看她,对她颇为轻蔑。在文中,赵姨娘曾经说过这么一句话"有好东西也到不了我这儿",可知她在家中的尴尬地位了。还有同为妾室的苦命女香菱,遇人不淑不说,最后更是被薛蟠的正室夏金桂折磨致死。

好在颜氏不是赵姨娘,卢氏也不是夏金桂。

卢氏性格温厚,她并未因为自己是正室而处处刁难颜氏,也未仗着纳兰容若的宠爱而有恃无恐，反倒是对颜氏温柔亲厚，俨然姐妹一般。

颜氏则顺从恭谦，全心全意尽着她身为妾室的责任，与卢氏一起，把丈夫伺候得无微不至。

但是，她却往往被人遗忘，彻底被湮没在纳兰容若与卢氏琴瑟和鸣举案齐眉的爱情光环之下，悄然跟随在丈夫身边。直到最后，她选择了留下，安静地守护了他一生。

爱情是一个难解的谜题，从来没有人能解开。

不管是在电视里，还是在小说中，我们都常常见到这样的情节，两位女子同时爱上了一个男人，不管过程如何，结局都只能是其中的一位女子与意中人白头偕老，另外一人只能黯然神伤，一遍又一遍地询问着："为什么你爱的是她而不是我？"

当爱情一败涂地，她唯一能做的，就是想要知道，自己为什么会输给另外一人？

她未必就比另外一人逊色，只是因为她恰好爱上了一个不爱自己的人。

她唯一的错，就是阴差阳错，她爱的人并不爱她，如此而已。

人生若只如初见，何事秋风悲画扇？等闲变却故人心，却道故人心易变。

骊山语罢清宵半，泪雨零铃终不怨。何如薄幸锦衣郎，比翼连枝当日愿。(《木兰花令·拟古决绝词》)

在玩《仙剑奇侠传四》的时候，当看到千佛塔中那痴心不改为丈夫守灵的女子姜氏时，总是会让我不由自主地想起颜氏。

她们同样都深爱着自己的丈夫，却又同样不被丈夫所爱，只能默默地把自己的感情隐藏在心里，看着丈夫对另外的女人念念不忘。

姜氏眼睁睁地看着丈夫在临死之前想念着琴姬，她到底有多恨？到底有多伤心？除了她自己，无人能知。她只能空对着丈夫的灵位，一遍又一遍地述说自己的爱情。姜氏终究是看不开，追随丈夫到了阴曹地府，却被鬼差告知，她与丈夫缘分已尽，对方已经转世，无论她在鬼界等待多久，也永远不可能再见到自己的丈夫了。

那性子坚强如烈火般的姜氏，选择的是一条决裂的，也是绝望的道路。

而颜氏却柔如溪水。

她从进门的那一天开始，就默默地接受了自己的命运。

她平静地看着纳兰容若与卢氏天天抚琴念诗；看着纳兰容若在卢氏亡故之后痛不欲生；看着丈夫后来续弦官氏，更有了情人沈宛。面对这一切，颜氏只是默默地选择了接受，甚至在纳兰容若病故之后，她也选择了留下，守护一生，甘之若饴。

在纳兰容若的一生之中，感情所占的比重是不可忽视的，其中，又被进宫的表妹、卢氏与沈宛各占据了三分之一，颜氏则像是被完全遗忘了。有时我不禁心想，或许对颜氏的感情，纳兰容若并非一无所知，也并非一无所动的吧？

他不是不知道颜氏对自己的感情，只是一个人的心可以很大很大，包容爱人所有的一切，也可以很小很小，小得只够容纳下一个人。

正像阿桑《一直很安静》那首歌里面唱的那样，"明明是三个人的电影，我却始终不能有姓名"。《仙剑》中林月如说"吃到老，玩到老"，但是时间却不给她幸福的机会，就已经"原来我已经这么老了"，最终与李逍遥生死相隔。

温婉美丽的颜氏又何尝不是如此？只是她还来不及体会到幸福的滋味儿，纳兰容若就已经永远地离开了这个世界。

她听了那么多年的"对不起"，到了最终，得到的依旧还是一句充满歉意的"对不起"。

于是我更愿意相信，纳兰词中这句家喻户晓的"人生若只如初见，何事秋风悲画扇"，或许有那么几分的可能性，是写给颜氏的，写给那被自己不得不辜负了的女子。

人生若只如初见，当初与颜氏的第一次见面，其实也是那么美好而且淡然吧？

与表妹、卢氏、沈宛等人不同，纳兰容若与颜氏之间的感情，是平静又安稳地发展着，没有跌宕起伏的浓烈感情，也没有生死与共的焚心似火，只是像潺潺的流水一样，平淡的、静静的，在两人相处的岁月中慢慢地酝酿，最终转为仿佛亲情一样的爱情。

君子之交淡如水，我想，纳兰容若与颜氏之间的感情，也是这般淡如水，却柔如水、韧如水的。

纳兰容若如此聪明而且善解人意，怎么会不知自己有多爱卢氏，就有多辜负了颜氏？

他并不是看不到颜氏的好，只是天意弄人，他已经不能再把心分出来一块给那位可怜的女子，唯一能说的，只有一句"对不起"。

当时初见，是如此的美好，哪里想得到后来的分离？

"何事秋风悲画扇"，这句用的乃是汉代班婕妤的典故。

班婕妤是古代的名女子之一，也是才女，是汉成帝的妃子，后来被赵飞燕陷害，自愿前去长信宫侍奉王太后，等于是退居冷宫，后来孤零零地过完了一生。她曾写了一首诗《怨歌行》，用团扇来形容自己，抒发被遗弃的怨情。这里，纳兰容若是说，本来相亲相爱的两人，为何会变成如今的相离相弃？

也许他是在借着这首词，写出自己对颜氏说不出口的愧疚。

不是你不好，只是前前后后，阴差阳错，刚好晚了那么一点儿时间，于是只好辜负了你。

如果不是这样，从当初一见面开始，我们也是能够相亲相爱的吧？

只是如今我还来不及向你说出自己的心意，命运便无情地让我们生离死别。

很多时候，当我们迟疑的时候，只是以为还有时间去开口。

很多时候，当我们后悔的时候，才发现早已是故人心变，物是人非。

多年以后，当颜氏看着丈夫遗留下来的《饮水词》，读着这首《木兰花令》，会不会潸然泪下？会不会在念吟着"比翼连枝当日愿"的时候，回想起当年与丈夫之间平淡的点点滴滴，如今却是一分一毫都让她怀念不已。

这首《木兰花令》还有着一个小小的副标题——

"拟古决绝词"。

决绝词是什么呢？是古乐府旧题，属于乐府诗中的相和歌辞。

元稹也曾写过决绝词，共三首。

乍可为天上牵牛织女星，不愿为庭前红槿枝。

七月七日一相见，故心终不移。

那能朝开暮飞去，一任东西南北吹。

分不两相守，恨不两相思。

对面且如此，背面当何知。

春风撩乱伯劳语，况是此时抛去时。

握手苦相问，竟不言后期。

君情既决绝，妾意已参差。

借如死生别，安得长苦悲。

噫！春冰之将泮，何余怀之独结。

有美一人，于焉旷绝。

一日不见，比一日于三年，况三年之旷别。

水得风兮小而已波，笋在苞兮高不见节。

矧桃李之当春，竞众人而攀折。

我自顾悠悠而若云，又安能保君皓皓之如雪。

感破镜之分明，睹泪痕之余血。

幸他人之既不我先，又安能使他人之终不我夺。

已焉哉,织女别黄姑。
一年一度暂相见,彼此隔河何事无。

夜夜相抱眠,幽怀尚沉结。
那堪一年事,长遣一宵说。
但感久相思,何暇暂相悦。
虹桥薄夜成,龙驾侵晨列。
生憎野鹤性迟回,死恨天鸡识时节。
曙色渐瞳昽,华星次明灭。
一去又一年,一年何可时彻。
有此迢递期,不如生死别。
天公若是妒相怜,何不便教相决绝。

此词写得颇为决绝,"君情既决绝,妾意已参差。借如死生别,安得长苦悲"。

如今纳兰容若用了这个古老绝情的题目,难道是要与爱人决绝吗?

自然不是。

他写出这首决绝词,无非是想到,自己总有一天会离去,徒惹亲人们伤心,不如就让自己来当一次无情的决绝之人吧?

他与人保持着距离,是怕当相互之间感情深厚之后,会因为时光的流逝而不得不分离。世界上多远的距离,都比不过生与死的隔阂!只是一个字的差异,却代表着永不相见。

所以,他才会在生命的最后关头,对官氏、沈宛、颜氏那么冷淡?

谁道飘零不可怜,旧游时节好花天,断肠人去自经年。
一片晕红才着雨,晚风吹掠鬓云偏。倩魂销尽夕阳前。(《浣溪沙》)

这首《浣溪沙》,据说是纳兰容若在见海棠花开之后写的。

海棠多开在春季，盛开之后煞是好看，也难怪纳兰容若会写下这首词了。

从词里行间，描写的确实是海棠。

无论是"飘零"，还是"晕红"，都是海棠花盛开之后，从枝头缓缓落下的画面。

海棠在古代的诗词中出现次数很多，最家喻户晓的，应该就是宋代女词人李清照的《如梦令》吧？

昨夜雨疏风骤，浓睡不消残酒，试问卷帘人，却道海棠依旧。知否？知否？应是绿肥红瘦。

易安居士笔下，惟妙惟肖地写出了爱花人对自然事物的爱惜，其中"绿肥红瘦"四个字，更是被人津津乐道，交口称赞。

那经历过一夜风雨之后的海棠，艳丽的花儿已不复昨日的繁丽，显得憔悴零落，只有那翠绿的叶子，却越加青翠娇艳了。

这样一幅雨后海棠的画面，出自李清照的笔下。

在纳兰容若的词中，海棠又有了另外一番风情。

正是海棠花开的好季节，院子里的海棠树花枝上，晕红的海棠正娇艳地绽放着。

昨夜也下了一场小雨，花瓣上还残留着雨珠儿，微风吹过，雨珠就从摇曳的花枝上纷纷落下，翠绿的枝叶轻轻地摇动着，那绿色是那么的柔和，衬托着晕红的海棠花。

也许这株海棠花树上，当真栖息着海棠花神吧？那美丽的花神，又是在想念着谁？

断肠人在天涯，可又有谁知道，断肠人也许就在眼前呢？颜氏又何尝不是断肠人呢？

夕阳西下，看着那株院子里的海棠花树，颜氏只是站得远远地看着。

她无法过去，正如清晨的时候，看到纳兰容若与卢氏在海棠花树前笑着、说着，开心地赏花，那两人的背影是如此相配，又如此天造地设，完全没有第三个人插足的余地。

如今，人影早已不在，只有那株海棠花树还依旧，自己依旧无法走过去，走近纳兰容若曾经走过的地方。

康熙十四年（1675年），纳兰容若二十一岁。

在这一年，纳兰容若有了他的第一个孩子——富格。

纳兰容若一生共有三子四女，后来其中一个女儿嫁给了雍正年间的骁将年羹尧。

他的长子富格出生于康熙十四年，这一年对明珠府来说，双喜临门。

十月的时候，明珠又被调为吏部尚书。

从兵部尚书到吏部尚书，明珠的仕途越走越通畅，越走越顺利，康熙对他的倚重是如此明显，任何人都看得出来，他是皇帝跟前最炙手可热的大臣！

而在府内，让上上下下都开心欢喜的是颜氏果然不负众望，为纳兰容若生下了一个儿子。

颜氏的温柔、惠淑，让本来不得不纳妾的纳兰容若，也逐渐开始接受了这名静美的女子。如今，竟是当父亲了！

但是，与对卢氏的爱情不同，他对颜氏，更多的是敬重。

颜氏并未因为丈夫对正室的宠爱而心生怨恨，一直都是那么的安静、宽厚，与卢氏相处融洽，让明珠府里的人都为之敬佩。

这个孩子从出生的那一刻开始，就受到了全家人的喜爱，明珠更亲自为孙子起名，叫作"富格"，也有种说法叫作"福哥"。

寻常人家给孩子起名字，一般都会用吉祥的字眼，表示对孩子的祝福与期望。明珠家虽然是权贵，也一样不能免俗，小小的还未睁开眼睛的富格，就拥有了来自家人的第一份礼物——名字。

纳兰容若初为人父，难掩欢喜之情，卢氏更是欢欣不已，就像这个孩子是她亲生的一样，不但对富格疼爱有加，连对产后虚弱的颜氏，照顾得也是无微不至。

在纳兰容若那短暂一生的感情生活中，没有那种小气善妒的女人,搅得全家鸡犬不宁,反而个个都是那么的大度与温厚,像是纳兰容若那宽厚真诚的性子,也感染了他身边的女人们,她们展现出来的,都是人性之中的美好与真诚。

在这段时间内,纳兰容若是幸福的。

他有着显赫家世,有着天赋才华,有着娇妻美妾,如今更有了健康的儿子,人生至此,夫复何求?

所以,这时候他写的词,大多洋溢着幸福,描写他们的夫妻恩爱。

好比这首《蝶恋花》:

露下庭柯蝉响歇。纱碧如烟,烟里玲珑月。并著香肩无可说,樱桃暗吐丁香结。

笑卷轻衫鱼子缬。试扑流萤,惊起双栖蝶。瘦断玉腰沾粉叶,人生那不相思绝。

也许是在某一天,风和日丽,纳兰容若看见院子里,卢氏正抱着小小的富格站在树下,身旁,是已经可以起身散步的颜氏。她坐在躺椅上,仰着秀美的脸,温柔地看向卢氏,还有怀中的富格。

树上,夏蝉的鸣叫声此起彼伏。也许是被蝉叫声从睡梦中惊醒,富格突然"咯咯咯"笑起来,伸出了小小的拳头,对着空气一张一抓,仿佛要抓住那弥漫在空气中的清脆叫声。

富格的这个样子,让卢氏与颜氏也不禁笑了起来。

像是心有灵犀一般,卢氏突然回头,看见了不远处长廊下正含笑看着自己的丈夫,嫣然一笑。

颜氏也顺着卢氏的目光看了过来,也是淡淡一笑,不过与卢氏的坦然欢喜不同,她的笑容,更多的是对丈夫的尊敬。

阳光从扶疏的枝叶间漏了下来,卢氏一边哄着怀里的富格,一边低下头来笑着对颜氏说了几句什么,颜氏便点点头,两旁的侍女连忙搀扶着她起身,一行人缓缓进屋去了。

太阳没多会儿就下山了,夜晚时分,廊下都挂起了灯笼,昏黄的光芒照亮了长廊。

纳兰容若正往回走，却见之前下午卢氏与颜氏乘凉的院子里，一个婀娜娉婷的身影正一会儿往东一会儿往西。

黑暗中，几点星星一样的萤光正缓缓地飞舞着。

纳兰容若好奇地过去一看，却见是还有些孩子气的妻子卢氏，挽起那绣有鱼子花纹的衣袖，手中持着一柄团扇，笑嘻嘻地在院子里扑着流萤。

见到丈夫过来，卢氏才停了下来，拭了拭额上的香汗，面对丈夫的疑问，笑着回道："想捉几只放在布袋里，给富格玩儿。"

树丛中栖息的蝴蝶被吓到了，扑腾着飞出几只，在黑夜里闪了几下，就又缓缓地停在了树木草丛中。

有一只蝴蝶大概是慌不择路，一下子扑到纳兰容若的手中。

卢氏见了，顿时"哎呀"一声，用纤手捂住了嘴，甚是惊讶，夫妻俩相顾"扑哧"笑出来。

纳兰容若看着眼前香汗淋漓的妻子，突然想起唐代诗人杜牧的《秋夕》诗来。

眼前的画面，可不就是轻罗小扇扑流萤？

幸福是什么呢？幸福就是这眼前的点点滴滴，慢慢汇聚起来，然后在记忆里慢慢发酵，最终深深地铭刻在了心底，在多年后回想起来，依旧会忍不住为之微笑。

只是，到那个时候，幸福已经成了回忆。

烟暖雨初收，落尽繁花小院幽。摘得一双红豆子，低头，说着分携泪暗流。

人去似春休，卮酒曾将酹石尤。别自有人桃叶渡，扁舟，一种烟波各自愁。(《南乡子》)

纳兰容若十九岁的时候，错失了人生第一次殿试的机会。

他为此事写下一首七律《幸举礼闱以病未与廷试》：

晓榻茶烟揽鬓丝，万春园里误春期。

谁知江上题名日，虚拟兰成射策时。

纳兰容若词传 / 125

紫陌无游非隔面，玉阶有梦镇愁眉。

漳滨强对新红杏，一夜东风感旧知。

诗中既有对好友能够金榜题名的高兴与祝福，也有对自己错失殿试机会的惋惜与枉然。

如今三年已经过去，在这三年中，他不但娶妻生子，更组织编撰了《通志堂集》与《渌水亭杂识》，而且更多的时候，他在授课老师徐乾学的精心指导下，准备着再一次的殿试。

这一年，是康熙十五年。

其实纳兰容若在这一年中还有个小小的插曲。

头年皇子保成被立为太子，于是为了避皇太子名字中那个"成"字讳，纳兰便把自己的名字从"成德"改成了"性德"，这也就是我们最耳熟能详的名字的由来。到了第二年，皇太子保成改名叫胤礽，纳兰也就不用再继续避讳，又重新用回了自己原来的名字"纳兰成德"。

康熙十五年的殿试，纳兰容若果然考中了二甲第七名进士。

一般说来，在殿试金榜题名之后，皇帝都会给这些十年寒窗苦读终于鱼跃龙门的学子们分派官职，进行委任，不过纳兰容若在考中进士之后，却并没有马上获得委任，只是据传将参与馆选，可这个消息并非很确切。

纳兰容若倒也不怎么在乎。

其实，如果说第一次的殿试因为造化弄人，让他不得不错失的话，那这第二次的殿试，对纳兰容若来说，更多的，大概就是抱着一种弥补以前遗憾的心态。

如今考上了，金榜题名了，当年的憋闷，也就随之烟消云散，所以，派不派官职，又有什么差别呢？

他本来就不是那要以科举来改变自己命运，削尖脑子也要往官场里钻的人。

对纳兰容若来说，所谓的官职大概还比不上卢氏重要，比不上颜氏，也比不过刚出生没多久的儿子富格。

所以这个时候的纳兰容若,还是那么自由自在,无比幸福。

世人都是不同的,有些人喜好热闹,有些人喜好安静。

就像《红楼梦》中的贾宝玉与林黛玉,宝玉喜欢热闹,是因为觉得迟早有离散的一天,不如趁着大家都还在一起,尽一天欢乐是一天;而林黛玉素喜安静,却觉得既然总会有分别的那天,为了避免分别后的忧伤,还不如不深交好。

根据"纳兰性德原型说",那贾宝玉正是曹雪芹根据纳兰容若而创作出来的艺术形象,只是我觉得,贾宝玉那种富贵闲人的形象,在某种程度上倒确实很像此时此刻的纳兰容若,而从纳兰容若的诗词与生平中我们可以看出,在他的性格之中,更多的,是一种词人所特有的清冷与忧郁,也可以说是所谓的艺术家特有的气质,那是种从骨子里透出来的忧愁。

别人见到红豆,想起来的,是"红豆生南国,春来发几枝",而在纳兰容若的眼中,这一双红豆子,若是有一天两两分开,又该是怎样的寂寞?

据说幸福的人见不得凄冷分离的孤独画面,那是因为会让他们不由自主地想起,眼前的幸福终究抵不过时间的流逝,总有一天会分手,最终忍不住伤心。

一日纳兰容若看着雨后湖心中那一只飘摇着的小舟,孤孤单单,在雨丝中飘飘忽忽,不知要驶往哪里去。

手心里,是刚刚摘下的一双红豆子。

那是之前卢氏放到他手中的。

两颗小小的红豆,晶莹红润,好像两颗小小的红宝石一般,在自己的掌心之中静静地躺着,像是在述说着卢氏说不出口的感情。

只是,如今眼前这两颗红豆还能紧紧地依偎在一起,但是一年之后呢?两年之后呢?十年之后呢?

就像他与卢氏,是不是真的就能像成亲之时说的那样,与子偕老共白头呢?

是不是真的能够一直相互陪伴着，走到人生的最后？

那时候，纳兰容若并没有想到，自己这番突如其来的念头，竟成了往后岁月的预言。

只是他当时并不知道而已。

心有灵犀的红颜知己

在纳兰容若短暂的三十一年岁月中，他的感情向来是被人们所津津乐道的，除了那位扑朔迷离的表妹，另外几位，都是有证可考的，原配卢氏，续弦官氏，还有妾室颜氏。

但是在纳兰容若生命的最后一年，还出现了一位女人，那便是江南才女沈宛。

清代谢章铤的《赌棋山庄词话》中说：

容若妇沈宛，字御蝉，浙江乌程人，著有选梦词。述庵词综不及选。菩萨蛮云："雁书蝶梦皆成杳。月户云窗人悄悄。记得画楼东。归骢系月中。醒来灯未灭。心事和谁说。只有旧罗裳。偷沾泪两行。"丰神不减夫婿，奉倩神伤，亦固其所。

此评价颇高，对沈宛的才学，更是赞扬不已。

在电视剧《康朝秘史》之中，沈宛的真实身份，是辅政大臣鳌拜没有血缘关系的女儿青格儿，她命运坎坷，在得知自己的真实身世之后，虽然与钟汉良饰演的纳兰容若两情相悦，却不得不黯然离开，后来在康熙南巡的时候，才与纳兰容若重逢，但有情人终成眷属，也不过在一起短短一年。

当然，这是电视剧，真实性无从得知，就像那位扑朔迷离的表妹在这部电视剧中叫做"纳喇惠儿"一样，谁又说得出是真是假？

但是，沈宛这位才女，却是真真实实，在史料上可查的。

据说沈宛十八岁便有《选梦词》展现于世，纳兰容若见到了《选梦词》，引为知己，后来在顾贞观等朋友的介绍下见了面，相互属意，沈宛便从此跟了纳兰容若。

如果说纳兰容若因为看到了沈宛十八岁的词集《选梦词》而倾心的话，让人觉得有些不可能，那时候纳兰容若年已而立，不再是懵懵懂懂的少年儿郎，又经历了爱妻卢氏的亡故等打击，若这么快便移情别恋，有些不太像他的性格。

不过在沈宛的词中有一句"雁书蝶梦皆成杳"，倒是透露出些许的真相。

他们相见之前，应该也是和现在的笔友一样，鸿雁来去，书信交往，相互间慢慢倾心，最终水到渠成。

只是沈宛一直没有成为纳兰容若的正式妻子，她只是个情人。

沈宛与卢氏、官氏、颜氏不同的是，她是个名副其实的汉人，当时满汉不通婚，这就让她无法踏进明珠府，再加上并非良家出身，或者说，是类似柳如是、董小宛的身份，也让她只能和纳兰容若保持着一种没有名分的关系。

纳兰容若把她安置在德胜门的外宅之内，两人才学相近，情人间的生活倒也旖旎风流，而从沈宛与纳兰容若的词中也看得出来，两人当真互相拿对方是知己，相知相惜的。只是造化弄人，半年后，纳兰容若突然病故，沈宛伤心欲绝，孤独无靠，只好含泪返回江南，留下一段让人扼腕叹息的遗憾。

黄昏又听城头角，病起心情恶。药炉初沸短檠青，无那残香半缕恼多情。

多情自古原多病，清镜怜清影。一声弹指泪如丝，央及东风休遣玉人知。(《虞美人》)

康熙二十三年（1684年），纳兰容若三十岁。

从康熙十六年（1677年）开始到如今，纳兰容若已经当了整整七年的御前侍卫。

在这段时间内，他从三等御前侍卫升为一等，深得康熙皇帝的信任，正是前途似锦的时候。

可是，对纳兰容若来说，这样小心翼翼的侍卫生活，是他所希望所追求的吗？

答案是很明显的，所以，他觉得有些厌倦了。

这个囚禁着他一颗诗人之心的囚笼，要什么时候才肯打开笼门，放他离开呢？

这个时期纳兰容若所写的词，明显地带有一种"无聊"的意味，无论是在给卢氏的悼亡词中，还是其他题材的词中，这种冷清的感觉贯穿始终。

他已经做了整整七年的侍卫，卢氏，也离开他整整七年了。

纳兰容若后来续弦官氏，但他的爱情早已随着卢氏的身故而逝去，哪里还能再重新爱上别的女人？

就在这一年的九月，金秋之时，顾贞观从江南再度回到了京城。

与他同行的，还有纳兰容若早已闻名却从未见过的江南才女——沈宛。

在这次沈宛上京之前，纳兰容若就已从好友们的描述中知道了这位女子的名字。

沈宛，字御蝉，江南乌程人。

古人说，"仗义每多屠狗辈，由来侠女出风尘"，江南秦淮，明末清初，确实出了不少有名的风尘女子，才艺双绝，貌美如花。其中最有名的，应该是如今我们耳熟能详的"秦淮八艳"了。不管是吴梅村笔下"恸哭六军俱缟素，冲冠一怒为红颜"的陈圆圆，还是被后人穿凿附会为董鄂妃的董小宛，还有那风骨铮铮的柳如是，侠肝义胆的李香君，礼贤爱士、侠内峻嶒的顾横波，长斋绣佛的卞玉京，擅长书画的马湘兰，以及颇有侠气的寇白门，她们虽然出身低下，被世人看不起，但在当时国家危难的时刻，相比较一干明朝官员的贪生怕死，所谓"文人"的卑躬屈膝，这些向来被轻视、生活在社会最底层的女子们，却表现出了崇高的气节。这些能歌善舞、擅长诗画的女子的名字，也与当时诸多叱咤风云的历史人物联系在了一起，留下了浓墨重彩的一笔。

她们虽然是青楼女子，却同样关心国家大事，与复社文人来往密切，其中李香君、卞玉京、董小宛等人与明末四公子之间的风流韵事，也是一时的佳话。

其中最有名的，当属陈圆圆。

当年李自成进京，抢走了陈圆圆，吴三桂一怒之下引清军入关，彻底改变了历史的脉络，虽然把责任全部推到陈圆圆这一个弱女子身上太不公平，不过，假如当时李自成没有强占陈圆圆，想必历史的发展，我们现在是怎么也猜想不到的。

古来才女总是与才子联系在一起的，沈宛虽然不像她的前辈们那么鼎鼎大名，但是在江南也小有名气，而且这名气传进了纳兰容若的耳朵里。

若要用"秦淮八艳"中的人物来比拟的话，沈宛应该相似于马湘兰，那"秦淮八艳"中唯一没有与明末清初那段政治与历史牵扯上关系，以善解人意、擅长诗词绘画而闻名的灵秀女子。

对纳兰容若来说，他此时需要的，不是寇白门之类的风尘侠女，而是沈宛这样善解人意，叫人见之愉快的女子。

沈宛，刚好适合。

所以就在这一年的年底，纳兰容若纳了沈宛为妾。

其实纳兰容若究竟有没有和沈宛举行过婚礼，也是个颇多争议的问题。

在当时，满汉不通婚，沈宛的汉族身份注定了她无法进入明珠宅邸，只能住在外面的别墅内。

纳兰容若把沈宛安置在北京西郊德胜门的宅子内，他尽力地给予沈宛一切，却唯独不能给她一个家。

而这，却正是沈宛所要的。

半年后，沈宛也离开了京城。

"予生未三十，忧愁居其半。心事如落花，春风吹已散。"

这是纳兰容若的诗句，像是为自己写下了短暂一生的总结，如此忧伤，如此寂寞。

题外话一句。

"秦淮八艳"中的马湘兰，虽然并没有倾国倾城的美貌，但却是一位善解人意而且才华出众的女子，完全可以称得上是女诗人、女画家。她与纳兰容若没有什么关系，却与一位和纳兰容若关系十分密切的人，有着很好的交情。

那人便是曹寅。

曹寅擅长诗词，马湘兰擅长绘画，曹寅曾经接连三次为《马湘兰画兰长卷》题诗，都记载在了曹寅的《栋亭集》里面，可见交情是很深的。

当然，并不是说马湘兰与曹寅之间有什么暧昧关系，其实按照年龄来说，两人之间应该就是如同良师益友那般的关系而已。

欲问江梅瘦几分，只看愁损翠罗裙。麝篝衾冷惜余熏。

可耐暮寒长倚竹，便教春好不开门。枇杷花底校书人。（《浣溪沙》）

在后人的记载或者传记中，沈宛都是作为纳兰容若情人的身份出现的，渐渐地，连她的存在都成了一桩迷案。

沈宛是不是真实存在？

沈宛究竟真实身份是什么？

所谓"一千个观众就有一千个哈姆雷特"，这里也一样，众说纷纭。不过，我想沈宛的身份虽然成谜，但是这个人是肯定存在的。

当时陈见龙曾经填了一首词，赠予纳兰容若，题目便是"贺成容若纳妾"。

成容若便是纳兰，他字容若，以自己名字"纳兰成德"中的"成"字为姓，给朋友们的信笺中都是署名"成容若"，朋友自然也以这个名字来称呼他。

陈见龙正是为祝贺纳兰容若与沈宛的结合，写了这首《风入松》：

佳人南国翠蛾眉。桃叶渡江迟，画船双桨逢迎便，细微见高阁帘垂。应是洛川瑶璧，移来海上琼枝。

何人解唱比红儿，错落碎珠玑。宝钗玉臂樗蒲戏，黄金钏，幺凤齐飞。潋滟横波转处，迷离好梦醒时。

这首词上半阕写婚嫁迎娶，下半阕写新婚宴尔，词句华丽，情真意切。

对于好友的祝福，纳兰容若坦然地接受了。

沈宛与卢氏不同。

相比较卢氏的温婉宽厚，沈宛知书达理，才学不输纳兰容若，也因此，两人在文学上颇多共同语言。

这个时候的纳兰容若，已经有了官职在身。他是康熙皇帝跟前的大内侍卫，负责着保护皇帝的工作，公务十分繁忙，再加上本来就是有家室的人，所以与沈宛在一起的时间，自然不会很多。

好在沈宛是明白纳兰容若之人，否则也不会在鸿雁传书之间互通心意，最后两两倾心。

她知道丈夫繁忙，所以自己总是乖巧地待在德胜门的宅子里，寂寞而又带着期盼地等着，等着纳兰容若的每一次到来。

精通诗词之人似乎都有个比较相似的毛病，那就是容易多愁善感，悲春伤秋。而沈宛既然是以诗词闻名，自然也不可避免地有着一颗纤细敏感的心。

虽然对纳兰容若的公务繁忙，她并没什么怨言，但日子一长，未免就开始多愁善感起来。

黄昏后，打窗风雨停还骤。不寐乃眠久。渐渐寒侵锦被，细细香销金兽。添段新愁和感旧，拼却红颜首。

这首《长命女》大概就是沈宛这段时期所作，流露出一股哀婉之情。

某一天的黄昏后，雨倒是停了，可屋檐边缘，那雨珠儿却还在滴滴答答地落着，滴在房下的台阶上。雨后的寒意渐渐侵了进来，本来温暖的棉被也有些润润的感觉，触手摸去，有些凉凉的了。下一句"细细香消金兽"，大概是化自李清照的《醉花阴》中"瑞脑消金兽"一句，只是，在李清照笔下，那室内香炉里轻烟缭绕飘散，欢愉嫌日短，苦愁怨更长，此情此景下，心中所念的，都是远在千里之外的丈夫，也难怪会"莫道不消魂，帘卷西风，人比黄花瘦"了。

也许在女词人的心里，对愁绪，对思念之情，所见所想所感都是一样的吧？所以当沈宛孤独地看着屋内香炉内那缭绕的轻烟在空气里慢慢飘散的时候，想到的，是"添段新愁和感旧"，在日复一日的等待中，红颜也寂寞。

不过，在这样寂寞的冷冷清清的日子里，也是有着暖色的。

想必是梅花开了，所以这天，纳兰容若对沈宛戏谑一样的这样说道："欲问江梅瘦几分，只看愁损翠罗裙"，言下之意是把沈宛比喻成梅花，见到沈宛眉间那一缕淡淡的愁思，所以才半是开玩笑半是认真地笑道，若要看梅树瘦了几分，只要看眼前人的腰肢消瘦了几分便知道的。

虽是戏谑之语，言下之意却是在说，自己清楚沈宛内心的愁苦。

沈宛又何尝不知？

只是知道归知道，有些话，她始终说不出口。

正如纳兰容若，也有着不能言说的苦衷。

这首词的最后三个字"校书人"，典故用得有点生僻。

在唐代诗人王建的《寄蜀中薛涛校书》一诗中，有这样两句："万里桥边女校书，枇杷花下闭门居。"

薛涛是古代名伎，也是颇有名气的女诗人，她所制的"薛涛笺"更是大名鼎鼎，乃是文雅风流的象征，而因为王建的这首诗，后世人便把能诗文的风尘女子称为"女校书"。

在这首《浣溪沙》里面，纳兰容若用了"校书人"的典故，倒并不是专门为了指出沈宛出自风尘的尴尬身份,不过是见沈宛在花下看书,那画面颇为美妙,才有感而发,借指花下读书人而已。

　　脂粉塘空遍绿苔,掠泥营垒燕相催,妒他飞去却飞回。
　　一骑近从梅里过,片帆遥自藕溪来,博山香烬未全灰。(《浣溪沙》)

　　纳兰容若与沈宛在一起短短的大半年时光中,还是十分美满的。

　　倒不是说他与官氏与颜氏的感情不好,而是在思想层次上,在卢氏之后,纳兰容若也许是再次找到了与自己心意相通的人。

　　不论沈宛的出身如何,至少在诗词的意识形态层面上,她和纳兰容若是平等的,或者说,一位文艺男青年,一位文艺女青年,金风玉露一相逢,自然是越聊越投机,最后结局理所当然是"便胜却人间无数"。

　　于是我们倒回去说一说沈宛与纳兰容若的初见吧。
　　那是康熙二十三年,甲子。
　　九月的一天,暑气还未完全散去,空气里还有些闷热,即使穿着薄薄的夏衫,汗水还是从身上每一处肌肤沁出来,黏黏的。

　　马车在一处看似寻常的宅院面前停下来,里面有人下了车,被门口的下人恭恭敬敬地接进屋内的人,正是纳兰容若。

　　这处宅院乃是顾贞观在京城的宅子。当然,论豪华,比不上当时已经贵为太子太傅的明珠宅邸那么金碧辉煌,只是普普通通的院子,但里面布置得颇为雅致,一看便知主人花费过不少心血,小桥流水,绿草茵茵,在这京城之中,竟难得有着江南水乡的雅致与秀气。

　　大概,那是因为宅院主人本来就出身江南的关系吧?
　　每次纳兰容若来到这儿的时候,都会忍不住这样赞叹。
　　顾贞观早已等待在廊下,见自己的学生兼忘年之交按时到达，笑着迎上去。

纳兰容若的脸上又何尝不是带着笑容？

但顾贞观不愧是纳兰容若多年的好友，只有他，从这位年轻自己很多岁的好朋友眼中，看到的不是欢愉，而是忧愁；看到的，是他挣不脱樊笼的苦恼与闷闷不乐。

好在这一次，顾贞观从江南回到京城的时候，还另外带来一人，纳兰容若的信中所言的"天海风涛之人"。

"天海风涛"一语出自李商隐的《柳枝五首》序：

柳枝，洛中里娘也。……生十七年，涂妆绾髻，未尝竟，以复起去。吹叶嚼蕊，调丝擪管，作天海风涛之曲，幽忆怨断之音……

李商隐诗中的"天海风涛"，写的正是李商隐的红颜知己柳枝。柳枝的身份乃是歌伎，而纳兰容若所言的天海风涛，指的，自然是沈宛了。

于是纳兰容若与沈宛，得以相见。

那时候的纳兰容若，大概并未有纳沈宛为妾的念头。他对这名聪慧的江南女子，更多的，是惜才，基于一种"同是天涯沦落人"的惺惺相惜。

沈宛不幸，沦落的，是她的身，在风尘中打滚，只是这样的女子，还依旧能在那么复杂的环境中保留着一份纯真，在她的诗词中，毫无遮掩地表达了出来。

而纳兰容若的"天涯沦落"，自然不是说他出身风尘，他的所谓"沦落"，其实指的是自己无心官场与权势。

所以，在沈宛随着顾贞观来到京城之后，纳兰容若也来到了这座宅子。

他终究是好奇，好奇这位与自己"同为天涯沦落人"的才女。

与其他女子不同，沈宛是素雅的、淡静的。

她穿着一身颜色淡雅的绿色衣裙，面容秀美，并未和其他歌女一样化浓艳的妆，只是淡扫蛾眉，略施粉黛，乌黑的发髻上插着一支银白色的簪子，简简单单的凤尾样式，怀抱琵琶，安静地坐在那儿，轻声弹唱。

她与其他人是那样不同，气质沉静，带着一种出淤泥而不染的干净气息，直到顾贞观引着她走到纳兰容若的面前，微笑着介绍说，这位便是明珠府的纳兰公子，名成德，字容若。

她笑了，他也笑了。

有时候，钟情，也许只是一瞬间的事。

沈宛终于见到了自己倾心已久的纳兰容若，一如她无数个夜里，看着对方的信笺所暗自想象的那样，脑海里的影像与眼前的人影逐渐重合起来，最终成为现实。

沈宛双颊上飘起两朵红云，然后朝纳兰容若轻笑一下。

看着眼前的女子，纳兰容若脑中却突然浮现出另外一位女子的音容笑貌来。

那天，卢氏也是这样对着自己嫣然一笑，仿佛三月的桃花般，连周围的景色都为之绚烂起来。

这年年底，纳兰容若便正式纳了沈宛为妾。

这场婚礼并不是很隆重，纳兰容若的好友们还是纷纷送来了祝福，祝福这一对璧人的结合。

在其他人的眼中，纳兰容若还那么年轻，也早就该从卢氏亡故的悲伤中走出来，去寻找属于他的幸福，而沈宛才貌双全，又和纳兰容若有那么多的共同语言，难道不是一个最好的选择吗？

对纳兰容若来说，个中的滋味儿，也只有自己才知道。

我倒是觉得，纳兰容若与沈宛之间，其实更像是朋友。

他们在诗词上有着共同语言，如果沈宛如顾贞观等人一样是男性，那么，纳兰性德便是又多了一位知音好友，但沈宛偏偏是女子，而且还是江南小有名气的歌伎才女，所以，如果说纳兰容若与沈宛之间只是纯洁的友情与惺惺相惜的话，那似乎很难让人相信。

纳兰容若与沈宛，两人之间是友情也好，爱情也罢，总之，无论如何,沈宛若与纳兰容若交往,确实也只有成为对方姬妾一途,因为她的身份地位,又是汉籍,纳兰容若也不敢冒天下之大不韪,将沈宛接进明珠府里去,所以,他才在西郊德胜门为沈宛置了一处幽静的宅子。

两人相处的日子,是愉快而且充满诗情画意的。

也许是某一天的午后,纳兰容若与沈宛正在说话,不知何时变成了沈宛在说着江南的那些名胜古迹,还有流传于民间的传说。

据说在昔日吴宫之处,有香水溪,是当年西施沐浴的地方,所以又名叫脂粉塘,只是,如今西施早已不见踪影,而奢华的吴王皇宫也早已不复当年的巍峨与华丽,往日种种,已随着时光的流逝变成了历史里的一缕烟尘,只有燕子依旧每年飞来飞去,衔泥做窝,年复一年。突然,马蹄声传来,路上一骑飞驰而过,一叶小船缓缓地从藕溪上划过,船上的人,是要往哪里去呢?

在沈宛娓娓的描述中,纳兰容若觉得眼前仿佛出现了这样的一幕画面,带着江南水乡氤氲的雾气,淡淡的,悠然的,如同倪瓒笔下的一幅山水画。

相比于京城的繁华,或许这样的悠然,才是纳兰容若内心真正想要的。

沈宛在描述这些的时候并不知道,在看到纳兰容若因为这番描述而写出来的这首《浣溪沙》的时候,也并不知道。

她只知道,纳兰容若在欢笑之余,不知为何,有时会突然陷入沉思,怔怔地发呆,那是一种自己从未见过的,寂寥的神情。

那是不该在纳兰容若这样一位天之骄子脸上出现的表情。

谢家庭院残更立,燕宿雕梁。月度银墙,不辨花丛那辨香。

此情已自成追忆,零落鸳鸯。雨歇微凉,十一年前梦一场。
(《采桑子》)

在德胜门别墅居住的日子,沈宛逐渐发现,身旁的男人,不知什么时候,总是会面露愁容,神情寂寥,尤其当他一人独处的时候,那孤零零的身影,像是写满了"寂寞"两个字。

沈宛有时候忍不住,很想去问一问纳兰容若,你是在为谁叹息?但总是问不出口。

她并不笨。

其实可以说,沈宛是聪慧的,她从纳兰容若的这些神情中看出了蹊跷,但从不多嘴,更不会像市井泼妇那样,抓着丈夫声嘶力竭地咆哮"为什么为什么为什么",她只是默默地,和以前一样,伴随在纳兰容若的身边。

但午夜梦回的时候,她偶尔会从身边男人呢喃的梦话里,依稀听见另外一个女人的名字,还有"三年"的字句。

沈宛知道,纳兰容若心中念念不忘的,正是因难产而身故的妻子卢氏。

那早逝女子的身影,原来已经在他的心里刻骨铭心。

于是纳兰容若无意中的叹息,传进沈宛的耳中,她也渐渐带上了忧伤而寂寞的色彩。

他终究还是寂寞的呀!

也许,沈宛也想过要怎样才能抚平纳兰容若的忧伤,去安慰他内心深处的寂寞,但是对纳兰容若来说,曾经的激情,已经消散无形,那曾经刻骨铭心的爱情,如今却变成了一道沉重的枷锁,不光是牢牢地锁住了他,也锁住了沈宛。

沈宛虽然从不说,但她心里真正想要的,恰恰是纳兰容若所无法再给予的。

纳兰容若也知道,自己对沈宛,实在是已经付出不了太多。

沈宛要的,他偏偏给不起。

此情可待成追忆,只是当时已惘然。

半夜三更的时候,纳兰容若常常会独自站在院子里。

四周,花丛里淡淡的花香在夜色里缓缓地飘散着,若有若无。银白色的月光如水般洒在院墙上、地面上,仿佛笼了一层薄薄的银纱。

此情此景，在纳兰容若的眼中，却与记忆缓缓地重合了。

多年前，是谁，也曾和自己一起这样站立在月下的庭院，看着天边的弯月，如今，那陪自己赏月之人，却是去了哪里？

此情可待成追忆啊，蓦然回首，当年的记忆，仿佛是做了一场梦一般。

身后传来轻轻的脚步声，纳兰容若惊喜地回头，在见到来人的一刹那，脸上的喜色旋即变成了失望的神情，动作是那么快，快得来不及掩不住内心的一点一滴，在那一瞬间都毫无保留地敞露在沈宛的面前。

沈宛还是一如既往温婉地微笑，秀美的面孔上并未流露出其他神情，只是关心地替他披上外袍，但眼中，一抹无奈的神色却是清清楚楚地落进纳兰容若的眼中。

纳兰容若对沈宛是喜爱的。

两人分别的时候，平平淡淡未有任何的波澜。

她离开，他去送行，临别之际，纵然有千言万语，最终也不过是变成轻轻的一句"一路顺风"。

不是不想挽留，而是纳兰容若觉得，他给不起沈宛想要的爱情，既然如此，与其在未来的岁月中让沈宛越来越落寞寡欢，还不如让她去继续寻找自己的幸福，去寻找能给予她爱情的人。

沈宛离开的时候，只说了这么一句话——

"枝分连理绝姻缘。"

这是沈宛《选梦词》中的一句，当时写下这首《朝玉阶》的沈宛怎么也没想到，那时无心的一句话，如今却已成真。

孔雀东南飞，本以为看的，是别人的故事，哪知到了最后，竟应在了自己身上。

离开的沈宛完全没有预料到，她这一走，便是永别。

从此阴阳两隔。

而今才道当时错，心绪凄迷。红泪偷垂，满眼春风百事非。

情知此后来无计，强说欢期。一别如斯，落尽梨花月又西。
(《采桑子》)

在电视剧《康熙秘史》中，这首《采桑子》，是纳兰容若送与青格儿的。

青格儿是电视剧里面杜撰的人物，身世迷离，后来远嫁耿精忠之子，三藩之乱后便失去了踪影。纳兰容若随着康熙南巡下江南，无意中再度相见，那时候，青格儿已经改回了自己真正的姓氏"沈"，取名"沈宛"。

虽然是电视剧里的情节，也算交待了沈宛这位纳兰容若生命中最后出现的女子的前尘往事。

作为陪伴了纳兰容若最后岁月的沈宛，尽管也存在着不少的疑虑，但是相比于"青格儿"那位传说中的恋人，存在的证据就确凿得多。

对沈宛，纳兰容若心中是隐隐有着愧疚的吧？

"而今才道当时错"，如今回想起来，才说当初做错了，还来得及吗？

这句其实出自宋代晏几道的《醉落魄》词，"心心口口长恨昨，分飞容易当日错"。

说起晏几道，其实此人与纳兰容若也有几分相似。同样是天才的词人，同样才华出众，同样不愿被世俗约束，同样出身高门却不慕权势。

纳兰容若是颇推崇晏几道的，在他给梁佩兰的《与梁药亭书》中，这样写道：

仆意欲有选如北宋之周清真、苏子瞻、晏叔原、张子野、柳耆卿、秦少游、贺方回，南宋之姜尧章、辛幼安、史邦卿、高宾王、程钜夫、陆务观、吴君持、王圣与、张叔夏诸人多取其词，汇为一集，余则取其词之至妙者附之，不必人人有见也。

其中提到的"晏叔原"，便是晏几道。

他出身高门，乃是晏殊的第七子，黄庭坚称赞他是"人杰"，也说他痴亦绝人："仕官连蹇而不能一傍贵人之门，是一痴也。论文自有体，不肯作一新进士语，此又一痴也。费资千百万，家人寒饥，此又一痴也。人百负之而不恨，已信人，终不疑其欺己，此又一痴也。"由此可见，晏几道孤傲清高，不喜权贵。而且晏几道的词工于言情，十分有名，与父亲晏殊不分上下。不管是"落花人独立，微雨燕双飞"，还是"当时明月在，曾照彩云归"，"从别后，忆相逢，几回魂梦与君同"，在词风上与李煜颇为接近，情真意切，工丽秀气。

而纳兰容若会比较推崇晏几道的词作，也在情理之中了。

"而今才道当时错"，当时分开，如今回想起来，竟是如此地后悔，觉得自己是不是做错了什么？但是为时已晚，"心绪凄迷，红泪偷垂"，窗外，春风依旧，却早已物是人非。

"满眼春风，不觉黄梅细雨中"。早知道后来已经无法再相见，那么强颜欢笑着述说当初那些欢乐的日子，又有什么意义呢？

"一别如斯"，梨花在枝头上绽放过，如今再度落尽，春天已经过去了。但是，还会有相聚的日子吗？

在这首《采桑子》里面，一句"而今才道当时错"，写尽多少无可奈何，写尽世间多少的不完满。

月有阴晴圆缺，而世事何尝不是像那天际的月亮一般，此事古难全呢？

只是那时的遗憾，纳兰容若已经没有机会再度说出来。

仕途　不是人间富贵花

"非关癖爱轻模样，冷处偏佳，别有根芽，不是人间富贵花。"

康熙十六年的时候，纳兰容若终于踏入了官场，成为乾清宫的一名御前侍卫。

从此，他跟随在康熙的身边，北上南巡，足迹踏遍大江南北。

康熙十六年。

纳兰容若终于获得任命，从此步入了仕途。

只是与他想象中的不同，或者说，和当时世人预料中的完全不一样，任命给纳兰容若的官职，竟然是皇帝跟前的三等御前侍卫。

这可是武职。

纳兰容若的词名早已远扬，在京城之中引起了轰动，再加上他考中功名，进士及第，怎么着都该是文职才对，可谁也没想到，皇帝给他委派的官职，却是御前侍卫。

什么是御前侍卫呢？

御前侍卫是清朝才有的侍卫制度，是天子的侍从，贴身跟班，待遇很高，地位也很尊贵，是专门为贵族子弟设立的特殊职位。因为经常跟着皇帝的关系，升迁的途径也比其他职位要宽得多，也容易得多。在清朝，由侍卫出身而最后官至公卿将相的，不在少数，像纳兰容若的父亲明珠，就是从侍卫做起，最后成为英武殿大学士而权倾天下的,还有与他同朝的索额图等人亦如此。所以,皇帝让纳兰容若做自己的御前侍卫,倒也不无道理。

以纳兰容若的出身,还有文武双全,都是御前侍卫的最好人选,三等侍卫,相当于是正五品的官员地位,对二十来岁的年轻人来说,相当不错了。所以皇帝这样安排,看起来并没有什么不妥的地方。

不对的,仅仅是纳兰容若并不适合做官而已。

并非说他没有能力,只是,在皇帝眼皮子底下的人,需要的是韦小宝那样见风使舵的性格,才能左右逢源,而不是李太白诗中的"安能摧眉折腰事权贵,使我不得开心颜"。对纳兰容若来说,他可以去值夜,去巡逻,去跟着皇帝南巡,一路上保护着皇帝的安全,但是,就是不知该怎么去歌功颂德,如同其他的官员一般,谄媚上主,寻求荣华富贵。

纳兰容若根本不屑去这样做。

他如同一个纯真的孩子,始终保持着一颗赤子之心,拥有着高贵的灵魂。

但是,现实与理想的冲突、纠结,却让他从此不再快乐。

作为侍卫的纳兰容若,是相当称职的。

他在很小的时候就开始练习骑射,学习武艺,只是,后来他的词名远远盖过了武艺上的成就,给人他只会文不懂武的错觉。

康熙皇帝不是傻子,他不会要个手无缚鸡之力的文弱书生当自己的御前侍卫,保护自己的安全。

康熙皇帝一生之中,曾经多次北上与南巡,身为御前侍卫的纳兰容若,自然跟着皇帝,一路随行。

八旗子弟出身的纳兰容若,骨子里,还是继承了先辈们马上打江山的豪迈,在这段跟着康熙皇帝东奔西走的日子里,他见了塞北风光,他的词中因而多出来不少描写塞外荒寒之地的作品。

纳兰小令,丰神炯绝,学后主未能至,清丽芊绵似易安而已。悼亡诸作,脍炙人口。尤工写塞外荒寒之景,殆庶从时所身历，故言之亲切如此。

这是蔡嵩云在《柯亭词论》中对纳兰容若的塞外词的评价。说纳兰容若的词虽然丰神炯绝，但还是比不上李后主，清丽有如李清照而已。悼亡词脍炙人口，尤其擅长描写塞外的景色，应该是因为他当初跟随康熙皇帝出巡的时候亲眼所见，所以描写得能让人觉得亲临其境。

纳兰容若的塞上词，历来都被大力赞扬而且推崇。

王国维甚至在《人间词话》中这样赞道：

"明月照积雪""大河流日夜""中天悬明月""黄河落日圆"，此种境界，可谓千古壮观。求之于词，惟纳兰容若塞上之作，如《长相思》之"夜深千帐灯"、《如梦令》之"万帐穹庐人醉，星影摇摇欲坠"，差近之。

如此评价，当足矣。

随驾北巡

山一程，水一程，身向榆关那畔行，夜深千帐灯。

风一更，雪一更，聒碎乡心梦不成，故园无此声。（《长相思》）

这一年，作为康熙皇帝御前侍卫的纳兰容若，扈从皇帝北上，一路走永陵、福陵、昭陵，最后出了山海关。

这对一直居住在京城里、很少涉足他处的纳兰容若来说，是一次难得的体验。

他第一次见到了塞外呼啸的寒风，鹅毛般的大雪。这雄浑的北国风光，让他感受到从未有过的触动，素来清丽哀婉的词风，也随之一变。

纳兰词中偶有雄浑之作，大多数，就是出自这个时期。

最有名的，当属这首《长相思》了。

词牌很旖旎,长相思,相思长,可内容却一点也没有儿女情长,反倒是一派的豪迈磊落。

其实根据词风的不同,我们总是习惯单纯地把词分作"婉约词""豪迈词",但是,很多词人并非是只能写其中的一类,往往两样都十分精通,就像"醉里挑灯看剑"的辛弃疾,也有"蓦然回首,那人却在,灯火阑珊处"之句;苏轼在写出"大江东去,浪淘尽,千古风流人物"的句子之外,也能写出"但愿人长久,千里共婵娟";李清照"莫道不销魂,帘卷西风,人比黄花瘦"之外,也有"生当做人杰,死亦为鬼雄"的豪迈之句一样,纳兰容若这段时间所写之词,不复《侧帽集》的风流婉转,也不复《饮水词》的凄凉哀婉,而是想要把他骨子里的那种属于年轻人的、从父辈们那儿继承下来的热血与豪迈完全发泄出来一样,塞上词,竟因此成了他作品中一抹异样的光彩!

这首《长相思》,算是纳兰容若这类词中的代表作了。

简单直白,却生动地描绘出行军途中在荒原之上宿营的雄壮画面。

它是如此有名,以至于出现在小学语文课本中,是如今孩子们必学的诗词之一。

纳兰容若作为康熙皇帝的扈从出了关,眼中所见,不再是京城的软红千丈,不再是熙熙攘攘的人潮往来,远远看去,只有一望无际的荒漠,寒风呼啸着卷了过去,带着刺骨的寒意。

传令的声音远远地传来:"皇上有旨,就地扎营。"

浩浩荡荡大队人马,就随着这一道命令,在原地扎营。

营帐连绵,在荒野之中蜿蜒,一眼望不到头。夜色缓缓降临,呼啸的寒风里也慢慢地夹上了鹅毛般的雪。

今晚轮到纳兰容若值班,用过晚饭,见时辰差不多了,纳兰容若便穿上盔甲,拿起兵器,起身出了营帐。

帐外,风雪越来越大,寒风刺骨。

纳兰容若并没有畏惧,他还有工作要完成。

如今已经不是在自己的家里了,他要去换下当值的同僚,让他们可以回到温暖的营帐内休息。

一片漆黑的夜空之下,连绵不绝的帐篷内,昏黄色的灯光错落地透了出来,仿佛天上的星星,在风雪的肆虐下落到了地面上,夜深千帐灯。

看着眼前无数点昏黄的灯光,纳兰容若突然想起,自己这一路上经过的地方,何尝不是一程山一程水?如今出了山海关,却山水不见,唯有一望无际的荒漠,还有眼前连绵不绝的营帐灯火。

望着眼前的这一幕,纳兰容若的心里,是有些激动,脑子里突然浮现出来的词句,也与自己往日的词风截然不同,带着一些豪迈的味道。

千里行程,万种所见,尽数化为"山""水"二字,以小见大,满腹乡思,一腔愁绪。

而这无数的帐灯之下,又有多少人与自己一样睡不着呢?又有多少人是与自己一样,在思念着家乡的亲人呢?

风雪越来越大,纳兰容若听着帐外的风声与落雪的声音,数着远远传来的打更的声音。

一更过去,二更过去……

但是这风雪却也丝毫没有停止下来的意思,风声呼啸,卷着遥远的打更的声音,夜,突然变得更加漫长。

漫长得似乎永远也到不了尽头。

漫长得似乎永远也不会再见到天亮。

漫长得,把一颗颗思乡的心,都搅成了碎片。

风雪声声,尽人内心深处。

于是他不由得回想起还在京城时候的日子,虽然也曾起过大风,虽然也曾下过大雪,但何曾有过这样凄凉呼啸的风雪之声?

自己本该是在京城里,与顾贞观、朱彝尊等好友们在一起,编撰着词论,编撰着词集,而不是在这关外的荒野之中,听着帐外呼啸的风雪声,思念着家乡的亲人。

自己为何会在此呢?

纳兰容若不禁这样问自己。

他一向是厌恶官场中的生活的。

但是，肩上的责任却让他不得不，在这山海关外，看着夜深千帐灯。

灯下，是一颗颗思乡的心，更是一颗颗报效国家的男儿心。

如果不是如此，我们为什么要出现在这里?

难能可贵的是，虽然这首《长相思》中浓浓地满是思乡之情，却一改纳兰容若以前缠绵悱恻的哀婉风格，而在忧郁中散发出一股豪迈的、欲报效国家的慷慨之气。

也许是二十多年的人生岁月，在此刻终于得到了沉淀、得到了升华。

"夜深千帐灯"，不愧"千古壮观"。

万帐穹庐人醉，星影摇摇欲坠。归梦隔狼河，又被河声搅碎。还睡，还睡，解道醒来无味。(《如梦令》)

说起《如梦令》，很多人第一个想到的，似乎就是李清照的《如梦令》。

纳兰容若似乎比较偏好《浣溪沙》《采桑子》等词牌，《如梦令》，则只有这么一首。

但就是这一首，后来与《长相思》一起，被王国维赞为"千古壮观"。

在山海关待了几天，康熙皇帝继续北上，纳兰容若也跟着一起，这一日来到了白狼河，也就是今天的大凌河。

已经到了现在的辽宁省，关外塞上，一切的景色与京城如此不同。

这是纳兰容若第一次远离京城，到达如此遥远的地方。

辽阔的大草原上，北巡行营的围帐耸立着，如同在山海关时候那样，连绵不绝，一望无涯。

如此的大军,却是鸦雀无声,听不见喧哗,只有夜风呼啸而过的声音。

在这样安静的时候,纳兰容若也是昏昏欲睡。

眼前有点昏花,看出去,连天上的星星也像是要掉下了一般,摇摇欲坠。

那就不妨沉沉睡去吧!

在香甜的睡梦之中,说不定还能梦到自己的家乡,梦到家中的亲人。

但是,正当想要在梦里回到家乡的时候,河水的浪涛声传来,顿时搅碎了好梦。

如今还能怎么办呢?

人远在千里之外,连梦回家乡都不成,在这漆黑安静的夜空下,自己又能做什么?罢了罢了,还是睡去吧,即使已经梦不到家乡与亲人,但也总好过醒来时的寂寞与无奈。

如此也好。

如此甚好。

这首《如梦令》,写景写情,豪迈之中却还是有着一股惆怅与无奈的味道。

康熙北巡,他想到的,是自己的帝王业,是自己的江山社稷,大好河山。

而作为扈从的纳兰容若,想到的,却是随行将士们的思乡之情。

"可怜河边无定骨,犹是春闺梦里人",古往今来,将士们成就的,不过是一将功成万骨枯。

好在这一次只是北巡,而不是战争。

所以,将士们不用担心埋骨他乡,不用担心再也见不到家中的妻儿老小。

即使如此,思乡之情,却是连皇帝的圣旨都无法阻止的。

有人说,纳兰容若的这首《如梦令》,表面写景,其实写情,是作者在叹息人生际遇的多舛,与仕途不顺的惆怅,写出了词人在北巡时候的清冷心境。

后半句，我还算赞成，对前半句，却有些不赞同。

纳兰容若生性不喜官场，不喜俗务，却偏偏为此所困，心境清冷，尤其是在北巡之后，见识了雄浑的北国风光，见过了荒原之上一望无际的大军行营，风物的不同，让他的词境也有了不同，更加的宏大，不变的，依旧是字里行间的沉郁，说他此刻心境清冷，倒也不为过。

但是，若要说纳兰容若仕途不顺，人生不顺，那从古到今，从李白、杜甫到同时代的顾贞观、朱彝尊，可能就有人要提出抗议了。

如果连纳兰容若都属于人生不顺的话，想不出还有谁，能够称得上"天之骄子"了。

他本该是一直这么顺顺利利地走下去，走完应有的、充满鲜花与荣耀的一生。

在当时看起来，他也确实正在如此，沿着那条既定的、几乎没什么悬念的荣耀之道走去。

只不过，在纳兰容若的心中，他一直清楚地知道，如今眼前的一切，并非自己真正想要的，却又不得不这样走下去。

"三十而立"，他已经快要年满三十岁了，他已经有妻有子，有丈夫与父亲的责任。

现实不是童话。

我本人间惆怅客，知君何事泪纵横。

当年他写与朱彝尊的词句，此刻又突然浮现在脑中。

十年之后，纳兰容若突然再度懂得了朱彝尊。

非关癖爱轻模样，冷处偏佳。别有根芽，不是人间富贵花。
谢娘别后谁能惜，飘泊天涯。寒月悲笳，万里西风瀚海沙。
(《采桑子·塞上咏雪花》)

在纳兰容若跟随康熙皇帝北巡的期间，他写了不少描写塞上风光的诗词，其中一首，便是这《采桑子·塞上咏雪花》。

边疆塞外，风雪大作，一年到头都看不见春天。

古时有岑参的"突如一夜春风来，千树万树梨花开"，写尽边关要塞苦寒之地大雪纷飞时候的情景。

雪花洁白，在空中轻盈地落下，在支棱的枝条上慢慢堆积起来，一片一片的雪白，竟像满树梨花盛开的情景。

在岑参的笔下，雪花就像那梨花一样，为这苦寒之地平添了几分姿色。

而雪花又非花，它自天上而来，哪里像人间俗世的富贵花需要用浓妆艳抹来装点自己，但是世人喜好的偏偏正是那富贵之花，趋之若鹜。

谁能来怜惜这"不是人间富贵花"的雪花？

昔日《世说新语·言语》中，曾经记载过这样的一件事。

"谢安见雪因风而起，便问自己的子侄辈们何物可比？有回答'撒盐空中差可拟'等的，只有侄女谢道韫回答'未若柳絮因风起'，谢安拍手叫好。"

在谢娘谢道韫之后，这仿若柳絮一样的雪花，还有谁来疼惜它呢？

没有了吧？如今，这天宫的使者也只能漂泊天涯，看着寒凉的月色，听着悲凉的胡笳，飘飘摇摇，万里西风瀚海沙。

在纳兰容若的心中，这"不是人间富贵花"的雪花，漫天飞舞着，是不是每一片，都被他看成了自己的化身呢？

一句"不是人间富贵花"，语带双关。

若要以"人间富贵花"来形容纳兰容若，大约没有人会反对。

可是，被人艳羡不已的纳兰容若，却是这样说道。

"别有根芽，不是人间富贵花。"

他断然否认了自己在那些世俗人眼中的身份，他从未因为自己出身自鸣得意，反倒是毅然写明了自己的心意。

不是人间富贵花。

纳兰容若有着一颗高傲的心。

他不仗势欺人，他不趋炎附势，但是，当现实与理想互相冲突，妥协的，往往都是理想。

纳兰容若也不得不妥协。

来自俗世间的种种条条款款，仿佛铁箍一般紧紧箍住了纳兰容若，让他喘不过气来。

据说，纳兰容若担任侍卫以来"御殿则在帝左右，扈从则给事起居""吟咏参谋，多受恩宠"，应付自如，"上有指挥，未尝不在侧"，极受康熙信任。由于尽职称诣，他得到过康熙皇帝的许多赏赐，颇为让人羡慕。

由此可见，当官，纳兰容若未必不行。

他毕竟是出生在官宦世家。

他应该比任何人都懂，都清楚！

只不过他的心并不在此罢了。

他想要的，是以自己的才华，在文学史上留下一笔，与自己的朋友们一起，用文字抒发胸臆，而不是用华丽的辞藻去歌功颂德。

但是对皇帝来说，他的出众才华，大概也就是在心血来潮的时候用来为自己歌功颂德。

历朝历代，不会拍马屁的人不一定升不了官，但擅长拍马屁的人，一定比不会拍的人升迁快！

纳兰容若并不想拍马屁，更不想做那些歌功颂德之事，但是，人在屋檐下，不得不低头，皇帝一声令下，他焉能不做？

他有着最纯正的儒生灵魂，汉文化早已深入他的骨子里。

文人可以是皇帝的朋友，可以是皇帝的老师，但若是为奴，便是侮辱了文化的清高。

不愿为奴的清高与骨气，在现实的强压下，终究是无可调和，化为纳兰容若一句无奈却悲愤的"不是人间富贵花"。

在电视剧《康朝秘史》中，演员钟汉良所扮演的纳兰容若，在临终之前面对前来探望他的康熙皇帝，说道："奴才这一辈子最大的福分，莫过于结识了皇上。而最大的不幸，也正在于此。我生为奴才,却从不想做奴才,心里一直在和皇上争高低。这高低不是君臣名位,而是做人的心志。如今,就要分手了,我虽不愿讲出一个'输'字,但却不能不说,我以皇上为荣。因为此生陪伴的,是一位能够恩泽天下的圣君。"

电视剧拍得如何,褒贬不一,但这段台词写得好,真的是好。

虽然是电视剧的台词,却也在一定程度上写出了纳兰容若终其一生都在挣扎着的、却怎么也挣脱不了的樊笼。

他终究"不是人间富贵花"!

朔风吹散三更雪,倩魂犹恋桃花月。梦好莫催醒,由他好处行。

无端听画角,枕畔红冰薄。塞马一声嘶,残星拂大旗。(《菩萨蛮》)

《菩萨蛮》是纳兰容若北巡中又一首描写北国风光塞上景色的词。

乍见这首词,还颇觉得有点像是在行军途中,纳兰容若有感而发随性而吟的作品,没有"夜深千帐灯"的雄浑,也没有"不是人间富贵花"的悲凉,有的,是对眼前景色的赞叹。

塞外常年北风肆掠,如今也是一样。

昨晚下的那场大雪,堆积在荒原上、营帐顶上,白茫茫的一片,却被一阵又一阵的北风吹散了。

那被北风吹散的雪花,一片一片从空中缓缓飘散,仿佛漫天散落的梨花一般。

桃李芬芳,如果这雪花当真是梨花,莫非是倩女的灵魂所化,在留恋着昔日那些美好的时光?

如果是梦,那么就别去叫醒她吧。

画角的声音响了起来,已经是清晨时分了,被号角的声音给吵醒了,侧头一看,枕头旁边,半夜思乡而留下的眼泪早已结成了薄冰。

"枕畔红冰薄",这一句,出自五代王仁裕《开元天宝遗事》

中的"红冰"记载:"杨贵妃初承恩召,与父母相别,泣涕登车。时天寒,泪结为红冰。"

这里纳兰容若用"红冰"的典故,当然并不是自比杨贵妃,否则那就搞笑了!他只是借用这个典故,来说明自己思念家乡、思念亲人的心情。

远远传来了战马嘶鸣的声音,渐渐地,本来寂静的行营也逐渐有了脚步声、喧哗声,人们起床了,准备拔营继续前进。

大军往前行进的时候,天色还未完全敞亮,天空中还隐隐挂着几颗星星,星光冷冷地洒在大旗之上,一片清冷之气。

清晨的空气清新中带着寒意,驱走了纳兰容若残存的几分睡意。

远远眺望着天空,纳兰容若突然回想起梦中熟悉的面容来。

在京城,妻子还在等待着他的归去吧?

想必她每天都亲自打扫干净了书房后,再焚上一炉香,就像他还在京城时那样,一切如故,只等待着书斋的主人回来。

如今想起来,每每"欲离魂"的人,其实不是别人,正是自己吧?

如果在梦中,就能再度见到自己心爱的亡妻了吧?

如果是离魂而去,就能再度与自己心爱的亡妻相会了吧?

三月三日长生殿,夜半无人私语时,如果真的能见到自己心爱的亡妻,又何必计较是不是梦中相会呢?

红泪枕边成薄冰,一点一滴,都是思念之情。

而这情,要如何才能传达到亡妻那儿?

一生一死,两个字的差别而已,却是天壤之隔,永远不能再见。

一次秘密的军事行动

试望阴山,黯然销魂,无言徘徊。见青峰几簇,去天才尺;黄沙一片,匝地无埃。碎叶城荒,拂云堆远,雕外寒烟惨不开。踟蹰久,忽冰崖转石,万壑惊雷。

穷边自足秋怀,又何必平生多恨哉。只凄凉绝塞,蛾眉遗冢;销沉腐草,骏骨空台。北转河流,南横斗柄,略点微霜鬓早衰。君不信,向西风回首,百事堪哀。(《沁园春》)

千里赴戎机,并不只有古代的花木兰,其实纳兰容若第二次北上,完全配得上这五个字。

那一年八月的时候,纳兰容若奉皇帝的命令,再次北上。

只是这一次,没有了皇帝北巡时的气魄雄伟,队伍浩荡,有的是执行隐秘任务的小心翼翼与如履薄冰。

根据有史可查的记载,康熙二十一年(1682年)的时候,为了阻止沙俄的南侵,康熙皇帝派都统郎坦、彭春、萨布素等一百八十人,以"狩猎"的名义,沿着黑龙江一路往北,最后到达雅克萨。

当时雅克萨在沙俄的侵占下,于是,郎坦等人就装扮成寻常猎户的样子,探敌虚实,进行战略侦察,摸清了雅克萨的水陆通道。

有了这次侦查的情报,三年之后,清军与沙俄进行了史称"雅克萨之战"的反击战。清军取得胜利,朝廷与沙俄签订了中俄《尼布楚条约》,成功阻止了沙俄向南侵占与扩张。

当时参加这项隐秘侦查任务的人中,就有纳兰容若。

小榻琴心展,长缨剑胆舒。

当我们在回味纳兰容若那些优美词句的时候,也应该知道,这个男人除了会吟风弄月之外,也会提剑跨骑,上阵杀敌为国建功。

一世风流,一生至情,也同样有着不输给任何人的热血与豪迈。

徐乾学曾经赞他"有文武才,每从猎射,鸟兽必命中",意思是说,在一干友人们去打猎的时候,纳兰容若也是英姿勃发,箭出必中,可想而知其神采飞扬。

对纳兰容若来说,武功并不是他得以自夸的资本,相比于骑射,他更喜欢的是诗词。但作为满族人的后裔,那种善骑射、骁勇尚武的传统,还是在他的骨血里根深蒂固,从而造就了这位文武全才。

他不但武艺出众，而且胆色过人。

姜宸英的《通议大夫一等侍卫进士纳兰君墓表》中曾经这样记述道：

……二十一年八月，使战唆龙羌。其地去京师重五六十驿，间行或累日无水草，持干粮食之。取道松花江，人马行冰上竟日，危得渡。仅抵其界，卒得其要领还报，上大喜。君虽跋涉艰险，归时从奚囊倾方寸札出之，叠数十纸，细行书，皆填词若诗，略记其风土方物。虽形色枯槁不自知，反遍示客，资笑乐。

意思是说，康熙二十一年（1682年）八月的时候，纳兰容若被康熙皇帝命令去参加这项危险的任务，目的地距离京城非常遥远，行进途中经常很多天都没有粮食和水，只能吃预先准备好的干粮充饥。一行人取道松花江，江面上早已结了厚厚的冰，他们在冰面上走了好几天，才勉强渡过了松花江。一到目的地，众人就分头进行自己的任务，把敌人的情况调查得一清二楚，回来禀告给皇帝，皇帝十分欢喜。纳兰容若虽然跋涉艰险，困难重重，但回来的时候，从随身的皮囊内掏出只有方寸大小的数十张纸来，上面密密麻麻地写满了细小的字，都是纳兰容若在这一路上的所见所闻，风土方物，都填成了词，写成了诗。经过这一次危险的任务，他整个人都消瘦不少，但并不在意，和以往以前一样与朋友来往，而且还拿自己消瘦的模样来开玩笑。

短短一段话，纳兰容若那文武双全又豁达的形象顿时跃然纸上。

难能可贵的是，在这样危险的任务途中，纳兰容若还是见缝插针，抓紧一切可以利用的时间，把自己在这一路上所见到的，都记录下来，写成诗词。

俨然一位豪爽的英雄豪杰、江湖侠客。

纳兰容若一行人圆满地完成了任务，他们又平安地返回了京城。

这场收复领地的战争，纳兰容若只参与了前半部分，后半部分，他却无缘得见。

不是因为他能力不够，没有资格参与，而是上苍终究舍不得自己的宠儿，把纳兰容若召回了自己的身边。

江南好

江南好，怀古意谁传。燕子矶头红蓼月，乌衣巷口绿杨烟。风景忆当年。（《忆江南》）

在金庸老先生的小说《鹿鼎记》里面，曾经巧妙地用野史的手法，说康熙之所以六次南巡，是为了寻找自己那位童年的好友韦小宝，专门派了曹寅常驻江南，寻探下落。

当然，这是小说，不是真的。

不过，康熙南巡却是真。

唐代诗人白居易曾经写过《忆江南》一词，家喻户晓。

到了现代，去随便问一位学生，都能随口流利地念诵出两句白居易的词来。

对自幼饱读诗书、满腹锦绣的纳兰容若来说，白乐天的词，只不过是他启蒙时候的读物，早已烂熟于心，倒背如流。

或许，他内心深处对江南的向往，就是那个时候在心里埋下种子，然后日复一日、年复一年地慢慢萌芽的。

如今作为皇帝的御前侍卫，纳兰容若跟着南巡的队伍一路南下，终于见到了白乐天词中那"日出江花红胜火，春来江水绿如蓝"的地方。

金陵，观音门外长江边，燕子矶三面悬绝临水，仿佛一只就要临空飞去的燕子一般，其景甚奇、甚险，悬崖下惊涛拍岸，卷起千堆雪。

燕子矶乃是金陵一名胜，来来往往游客很多。在这些游客中，有一年轻公子翩然而来。

他远远地看着那陡峭的仿佛临空燕子一样的山石，看着燕子矶四周无数的红蓼，带着旺盛的生命力在悬崖峭壁上顽强地盛开着，肆意张扬着它们短暂的生命。

人们来来往往，他们只是风尘仆仆的，来了又去，在长江水滚滚东去的浪涛声中重复着日出日落，重复着柴米油盐的平凡生活，最后渐渐老去，一年又一年，只留下燕子矶巍然耸立在江岩之上，冷眼旁观着人世间的一切。

燕子矶下，并无江南水乡的温婉秀美、安静宁和。它是陡峭的，甚至带着东坡学士笔下的"惊涛拍岸，卷起千堆雪"的气势，但饶是如此，当银白色的月光柔柔地洒下来，一弯新月斜斜地挂在天际之时，燕子矶下的江水也缓缓地沉静下来，只是轻轻地拍击着岸边的岩石，发出沙沙的响声。

金陵乃六朝古都，燕子矶何时矗立在此，无人可知、无处可考，但它就是静静地站立在长江岸边，看着改朝换代，看着昔日王谢堂前燕，不知什么时候飞入了寻常百姓家。

金陵东南文德桥南岸，便是乌衣巷。

东晋时期士族风流不羁，王导、谢安两大家族中也是名士尽出，那"未若柳絮因风起"的谢道韫，还有那书圣王羲之，无不是名满天下的名士，王、谢两家子弟裙屐风流，又喜黑衣，人称"乌衣郎"。

那时，谢安在淝水以少胜多，草木皆兵、风声鹤唳，大败了苻坚的秦军。

那时，谢道韫刚刚成为王凝之的妻子，王羲之的儿媳，夫妻恩爱相笃。

那时，王、谢两家的少年儿郎们，穿着流行的黑色衣裳，风流倜傥，出入不羁。乌衣巷口，夕阳又再一次斜斜地把最后的阳光洒落在地面上，把人拉出长长的影子。

当纳兰容若行走在乌衣巷口那翠绿的杨柳之下，也许会有种错觉，仿佛他是自千年前缓缓行来的东晋名士，带着浑身的书墨香,在淡淡的烟雾缭绕之间渐渐走来。

夕阳,仿佛把千年的时光都凝固在了乌衣巷那古老的青石板路上。

凝固在了巷口婀娜的杨柳枝间。

于是容纳兰容若也说:"江南好,怀古意谁传。燕子矶头红蓼月,乌衣巷口绿烟柳。风景忆当年。"

只不过,他忆的,却是哪个当年?如今早已说不清,但纳兰容若陪同康熙南巡到了金陵的时候,见到的燕子矶与乌衣巷,毕竟让他抒发了一通心中的怀古之意。

江南好,是白居易的"能不忆江南",

是他的"何日更重游"。

更是他的"早晚复相逢"。

却不是纳兰容若的"风景忆当年"。

回忆当年那王谢子弟,乌衣倜傥,在物是人非的千年时光流转中,渐渐模糊了面容,只有影影绰绰的身影,在燕子矶头、乌衣巷口,烟雾般缭绕着,述说着千年前的风流宛转。

别后闲情何所寄,初莺早雁相思。如今憔悴异当时。飘零心事,残月落花知。

生小不知江上路,分明却到梁溪。匆匆刚欲话分携。香消梦冷,窗白一声鸡。(《临江仙·寄严荪友》)

纳兰容若作为皇帝的御前侍卫,随身近臣,比其他大臣与皇帝接触的时间要多,但侍卫是不参政的。虽然是有品级的军官,也并不统兵,他们与军政大事保持着一定距离,职责只是保护皇帝的安全。

其实这么一想,也许御前侍卫是最适合纳兰容若的职位。

他素来不喜欢政治,本来也不想进入官场,但是因为家庭与出身的特殊性,让他不得不违背自己的意愿,走上原本不想踏上去的道路,而御前侍卫这个职位对他来说,或许是不错的选择了。

不过天子出巡，肯定不会只带几个人就悠然地晃晃荡荡，那是电视剧，是《康熙微服私访记》，而不是历史上的康熙南巡。

康熙皇帝一生六次南巡，并不是为了游山玩水去的，而是为了考察黄河水患、体察民情、整顿吏治，同时消泯满汉之间的对立情绪，笼络人心。这六次南巡，对稳定江南局势起到了积极的作用，同时最值得称道的是，长期肆虐让人束手无策的黄河水患，在康熙第六次南巡的时候，就已经基本上得到了控制，这大概就是康熙南巡最值得肯定的政绩了。

皇帝出巡，那阵势用千军万马来形容也不为过。为了迎接皇帝的驾临，翻修道路、修建凉亭驿馆，凡此种种，都是劳民伤财的。

曹寅深得康熙宠信，六次南巡，有四次是住在曹寅家，外人看来荣耀无比，但是也因此给曹家造成了经济上的重大亏空，虽然江南织造是个肥缺，但是自曹寅上任以来，亏空高达三百万两的巨额。

当然，这是后话，而在康熙第一次南巡的时候，随行的侍卫中，就有刚升为一等侍卫的纳兰容若。

对康熙皇帝来说，下江南，是君临天下的气概，是看这属于自己的大好河山。

所以，康熙是志得意满的。

甚至在乘船来到黄天荡，突然遇到狂风大作的时候，其他人惊慌失措，急忙降下船帆，他却神色如常，下令升帆顺风而行，站立船头，射杀江豚。

当时年轻的康熙皇帝，是颇有着一股睥睨天下的霸气的。

在这次下江南的途中，纳兰容若写了一系列的《忆江南》。

在这组《忆江南》中，纳兰容若把自己一路上的所见所闻悉数写了进去，一时之间，传唱甚广。

但是对纳兰容若来说，平时只能在朋友口中听到的地方风物，想不到今天都真的看到了。

"生小不知江上路，分明却到梁溪。"

梁溪，是在无锡西边的一条小河，有时候也被认做无锡的代称，而无锡，正是纳兰容若的好友顾贞观与严绳孙的故乡。

纳兰容若行到无锡，见到这位好友的手迹，处处皆是，所谓"别后闲情何所寄"，如今身在他乡，却处处都能见到好友曾经留下的足迹与题铭，这让纳兰容若觉得，是在用一种奇妙的方式，与好友们一一重逢。

当然，纳兰容若知道，在江南，还有着一位好友，也在等待着自己的到来，等待着两人的重逢。

那，便是曹寅。

好友曹寅

籍甚平阳，羡奕叶、流传芳誉。君不见、山龙补衮，昔时兰署。饮罢石头城下水，移来燕子矶边树。倩一茎黄楝作三槐，趋庭处。

延夕月，承晨露。看手泽，深余慕。更凤毛才思，登高能赋。入梦凭将图绘写，留题合遣纱笼护。正绿阴青子盼乌衣，来非暮。(《满江红》)

这首《满江红》，有个副标题叫作"为曹子清题其先人所构楝亭，亭在金陵署中"，那曹子清是谁呢？就是《红楼梦》作者曹雪芹的祖父，鼎鼎大名的曹寅。

曹寅的母亲孙氏是康熙皇帝的保姆，而曹寅因为和康熙年纪差不多，一直陪伴在他的身边，一起长大，十七岁的时候，曹寅当上了康熙的侍卫，两人之间的关系十分亲密。在康熙十一年，曹寅和当时十八岁的纳兰容若一起，在顺天府的乡试中双双考中举人。

纳兰容若与曹寅曾经共同担任康熙的侍卫长达八年之久，两人的交情十分深厚。当时纳兰性德在服侍康熙皇帝之外，还要负责照顾御马。而曹寅则是在养狗的地方充当头领。

两人同样是御前侍卫,又同样养马遛狗,在开玩笑的时候,都还拿对方的这段经历来互相取笑。

忆昔宿卫明光宫,楞伽山人貌姣好;马曹狗监共嘲难,而今触痛伤枯槁。

纳兰容若辞世之后,有一次聚会,曹寅想起故去的好友,曾这样用诗句来表达了自己对纳兰容若的悼念之情。

楞伽山人是纳兰容若的号,曹寅在诗中自嘲一般回忆,当年同在明光宫当侍卫的时候,纳兰容若年少英俊一表人才,居然也来做这"弼马温"的活计,马曹狗监,其他交好的同事便借此开他玩笑,无伤大雅,但是如今纳兰容若却已离众人而去,回想起来,很是伤感。

曹寅不愧是与纳兰容若"一起玩大"的少年玩伴,即使后来曹寅外放官职,两人之间的友谊依旧没有半点改变,就如少年时候那样。

多年之后,曹寅在题咏张纯修所作的《楝亭夜话图》的时候,不光是回忆了昔日同在宫中当值时期的欢乐时光,更是在词中叹息道:"家家争唱饮水词,纳兰心事几人知?"

写这首诗的时候已经是纳兰容若故世十年之后,如今,他的词名已天下皆知,《饮水词》家喻户晓,可如人饮水,冷暖自知,纳兰容若的心事,又有多少人能真正地明白呢?

除了他自己,谁也无法明白这位贵公子的内心。

其实很多人都只知道曹雪芹是文学大家,一部《红楼梦》,旷古烁今,成为我国文学史上不朽的巨作,可又有多少人知道,曹雪芹的祖父曹寅,也是通晓诗词、精通音律的文雅之士呢?

他曾经主编《全唐诗》,著有《楝亭诗抄八卷》《诗抄别集四卷》《词抄一卷》《词抄别集一卷》《文抄一卷》等作品,还有种说法,说戏剧《虎口余生》与《续琵琶》的作者也是曹寅。

因为曹寅精通诗词戏曲,所以营造出曹家浓郁的文化艺术氛围,而曹雪芹在这样的环境中长大,也是精于文字,最后才写出了《红楼梦》这部不朽的巨著。

大概是由于祖父曹寅与纳兰容若的这层关系,曹雪芹在塑造贾宝玉这个人物形象的时候,很明显融入了纳兰容若的一些特质与影子。

当《红楼梦》面世以后,人们都纷纷考证贾宝玉的原型就是纳兰容若。清朝的经学大家俞樾曾在自己的书中这样写道:"《红楼梦》一书,世传为明珠之子而作。明珠子名成德,字容若。"

后来,乾隆年间的时候,大臣和珅把《红楼梦》进呈给乾隆皇帝,乾隆皇帝看完之后,掩卷而道:"这不写的就是明珠家的事情吗?"

下面这段记载出自赵烈文的《能静居笔记》:

曹雪芹《红楼梦》,高庙(指乾隆)末年,和(和珅)以呈上,然不知其所指。高庙阅而然之,曰:"此乃为明珠家事作也。"后遂以此书为珠遗事。

虽然说纳兰容若就是贾宝玉的原型的说法模棱两可,而《红楼梦》即明珠家事的这种论点也稍嫌有点牵强附会,但无论如何,曹雪芹在写作的时候,将自己的家事、自己的经历,再加上从父辈们那儿知道的关于明珠家族的事情,相互融合在了一起,最后写进了小说之中,这种可能性,并不是没有。

"今宵便有随风梦,知在红楼第几层?"

情殇　一片伤心画不成

"谁念西风独自凉，萧萧黄叶闭疏窗。沉思往事立残阳。
被酒莫惊春睡重，赌书消得泼茶香。当时只道是寻常。"
康熙十六年，卢氏因产后患病，于五月三十日离世。
她永远离开了纳兰容若。

爱妻亡故

那是康熙十六年。

对于纳兰容若来说，这原本该是欢喜的一年。

这一年，父亲明珠从吏部尚书升为英武殿大学士，位极人臣，权倾天下。

也在这一年，妻子卢氏身怀有孕，算算日子，四月就要临盆了。

这个即将诞生的孩子并不是纳兰容若的长子。之前，妾室颜氏就已经为他生下了一个儿子，取名叫作富格。

作为明珠家孙辈的长子，富格这时还小，只知道自己要做哥哥了，欢喜着，盼着小弟弟的早日降生。

不光是小小的富格，府里上上下下所有的人都在盼望着这个孩子的出世。

纳兰容若更是分分秒秒都在数着、盼着，期待着孩子的降生。

这是他与卢氏的第一个孩子，无论男女，都将会是纳兰容若的掌上明珠。

四月的时候，卢氏顺利地产下了一子，起名海亮。

当府里上上下下的人都还沉浸在新生命诞生的喜悦中时，噩运却悄然地降临到了卢氏与纳兰容若的头上。

一个月后，卢氏因为产后受了风寒，缠绵病榻，终于在五月三十日那天，永远地闭上了双眼，离开了她刚刚出生的孩子，离开了她深爱的丈夫。

"憔悴去，此恨有谁知，天上人间俱怅望，经声佛火两凄迷，未梦已先疑。"

有时候幸福是那么的圆满，可圆满的幸福总是那么的短暂，短暂得几乎是弹指间匆匆而过，刹那间，便已暗转了芳华。

执子之手，与子偕老。

他以为自己能够与卢氏一起，直到天长地久，哪知所有的海誓山盟在命运的无情面前，不过都是一句轻飘飘的笑话。

纳兰容若这才惊觉，原来所谓的"与子偕老"，简简单单四个字，竟是如此的遥远，穷尽一生的时光，都再也无法实现。

辛苦最怜天上月，一昔如环，昔昔长如玦。但似月轮终皎洁，不辞冰雪为卿热。

无奈钟情容易绝，燕子依然，软踏帘钩说。唱罢秋坟愁未歇，春丛认取双栖蝶。（《蝶恋花》）

明月几时有？把酒问青天。

在前人的诗词中，描写月亮阴晴圆缺的，是李白笔下的"花间一壶酒，对影成三人"，是杜甫的"露从今夜白，月是故乡明"，是张九龄的"海上生明月，天涯共此时"，更是苏轼的"但愿人长久，千里共婵娟"。

但是，如今景依旧，却已物是人非。

当初陪着自己赏月的人，现在又在哪里？

看着天边的明月，纳兰容若这样喃喃自语。

"辛苦最怜天上月"，可怜你每一晚都高高地挂在天上，却总是亏多盈少，一个月之中，只有那么一两天的时间才是圆满的，其他的时候，夕夕都缺。

如果上苍真的能让月亮每晚都圆满无缺，那么，我们也就能永远幸福地在一起，永不分离了吧？

纳兰容若这样向着月亮默默祈祷着。

但是月亮无言，只是静静地看着人世间一切的悲欢离合，把银白色的月光温柔地洒向世间的每一个角落。

却唯独照不到人的内心。

看着天空中的圆月，纳兰容若想着，若是天路能通，自己就能再度与爱人相见了吧？

不辞冰雪为卿热，多么美好的故事。

那痴情的男人，为了重病的妻子，不惜脱光衣服冰冷自己的身体，再与妻子降温，只是，这般痴情又如何？他心爱的妻子最终还是离世长辞，而这痴情男子最后也病重不起，追随妻子而去。

即使世人都纷纷斥责这个男人沉迷于儿女情长，但纳兰容若却从未觉得。在他的心目中，这个男人在世人看来"不正常""不理性"的种种举动，是如此正常，可以感同身受。

大概因为他们都是同一类人吧？

所以，才"不辞冰雪为卿热"。

如果上天能让我们再度相聚，如果上天能让我们再度幸福地厮守在一起，那该有多好？

如果说纳兰容若的《侧帽集》，还带着少年郎不知人间疾苦、潇洒不羁的风流，那后来的《饮水词》，当真就如标题所言一样，如人饮水，冷暖自知，个中的滋味，只有他自己知道。

经历了丧妻之痛，亲眼见证了生命的诞生，又亲眼见到挚爱的逝去，此时的纳兰容若，早已不是当年意气风发的少年郎，在他的心中，已经不可避免笼上了一层忧伤的色彩。

卢氏的故去，并未随着岁月的流逝而在纳兰容若的心中逐渐黯淡，反而越来越清晰，最终，化为他笔下一首又一首的悼亡词。

纳兰容若的好友顾贞观曾经这样说过："容若此一种凄婉处，令人不能卒读，人言愁我始欲愁。"

也正好说明了纳兰容若写与亡妻卢氏的悼亡词，哀婉清丽，情真意切，令人看了感同身受，肝肠寸断。

悼亡词古来便有，即使豪迈如苏轼，"大江东去，浪淘尽"的气魄，也一样有"十年生死两茫茫，不思量，自难忘"的凄切哀婉，如今到了纳兰容若，因为卢氏的离去，他的字里行间，满是对爱妻的怀念，魂萦梦牵，字字句句柔肠悲歌，道不尽剪不断，当真是凄凄惨惨戚戚，摧人心肝。

这爱情的誓言，没有华丽的辞藻修饰，也没有慷慨激昂的字句，是那么浅显易懂，近乎白描一般的口语，读来却是那么清新自然，洋溢其中的浓烈深情，叫人看了在羡慕纳兰容若与卢氏之间那真挚爱情的同时，也不由得感慨，造化弄人，一对天作之合，竟是这么早便劳燕分飞，生离死别。

一僧曰幡动，一僧曰心动。

纳兰容若的悼亡词，清丽凄美，这是公认的，在他的笔下，曾经带给自己那么多欢乐的庭院、夕阳、星空、花树、回廊等，早已不复当初卢氏还在的时候，眼中所见的欢快与幸福。

谁念西风独自凉，萧萧黄叶闭疏窗。沉思往事立残阳。
被酒莫惊春睡重，赌书消得泼茶香。当时只道是寻常。（《浣溪沙》）

一句"当时只道是寻常"，如今，多少人耳熟能详。

简简单单的七个字，却是千言万语，多少深情都饱含其中。

纳兰容若与卢氏，少年夫妻，恩爱缠绵，但幸福的日子却只不过短短三年。

当幸福远去，以前曾经在一起的点点滴滴，便清清楚楚地涌上心头，来回萦绕，刻骨铭心。

那些平凡幸福的夫妻生活，当时看来，随处可见，随时可见，就像呼吸一般自然，自己也从来不曾去留心过，但为何如今回想起来，却是每一点每一处，甚至对方说过的每一句话，都那么的清楚。就像是融入了自己的骨血之中，随着时间的流逝，不但没有逐渐遗忘，反而更加清晰。

纳兰词的魅力所在，除了他的词清丽凄婉之外，便是因为他把他对亡妻的无尽相思都化成了一首又一首的悼亡词，在词中怀念着自己心爱的妻子，如泣如诉。字字句句皆是出自真心，是自然而然的，写着自己最真实的心情。

卢氏亡故，已经不知过了多久。

对纳兰容若来说，这段时间是多么的度日如年呀！时间似乎已经没有了意义，日出日落，连他自己都数不清楚了，只清楚记得，那一天，当他得知噩耗，失魂落魄地走进房间的时候，她就躺在那儿，面容温柔，仿佛只是睡着了一样，双目却紧紧闭着，再也没有睁开。

她是睡着了吧？如果一直呼唤她的芳名，是不是就能再度醒来，微笑着，和以前一样，在自己的耳边喁喁细语？

但是，她已经走了，永远地离开了自己的孩子，离开了自己心爱的丈夫。

她走得那样仓促，快得让所有的人都反应不过来，快得连话都没留下，更遑论告别。

短短三年的幸福，如今随着她的离去而散成了风中的飘絮，就像那一片片西风中的落叶，带着秋天瑟瑟的寒意，缓缓飘去。

在阖府的悲伤中，纳兰容若失魂落魄一般，任由其他人忙碌地操劳丧事，自己只是呆呆地站着，就像魂魄早已不在此处。

他第一次觉得，面对生死，自己是如此的无能为力，当噩运突然来临，他竟毫无招架之力，只能眼睁睁地看着残酷的命运无情地带走自己心爱的妻子。

原来那些曾经让人艳羡的幸福，只不过是为了让他从云霄之上又高高地摔下，伤得更痛，伤得更深。

悲伤的并不只纳兰容若一人，对明珠与觉罗氏来说，失去了这么一位近乎完美的儿媳妇，也是无法弥补的遗憾，他们也感慨着，悲伤着，既为了卢氏的年少而亡，也是为了儿子的丧妻之伤，更有着对失去卢氏家族——封疆大吏势力支持的惋惜。

颜氏则一直安安静静的，表达着自己的伤痛。

她并没有趁机妄想去争夺卢氏的位子，而是照顾卢氏刚刚生下的儿子——海亮，尽心尽意地照顾着这个失去母亲的婴儿，这是她表达自己对卢氏的敬意和伤痛的方式。

唯一有权完全浸入悲伤的，只有纳兰容若。

突如其来的噩耗让他至今还无法相信，温柔的妻子已经永远地离开了自己。所以，他几乎是放任着自己被悲伤全然地侵蚀。

花草树木，楼台亭阁，甚至池子里的莲花、金鱼，每一处仿佛都还能看到妻子那纤细的身影。

就像从来不曾离去。

每一处妻子曾经待过的地方，空气中似乎还有着她身上那淡淡的、熟悉的香气。

当初两人携手共同走过的走廊，如今看起来，竟有这么长！

当初两人共读的书房，如今看起来，竟有这么空旷！

以前种种甜蜜的回忆，现在回想起来，竟是泛出了苦涩的味道。

在卢氏的丧礼结束之后，府中的其他人，就各自回到了自己生活的轨道上去。

他们并没有多余的时间来悲伤。

只有纳兰容若。

卢氏的死，给了他沉重的一击，在心中留下了永生都无法磨灭的伤痕。

好在就在这一年的秋冬，康熙皇帝下了命令，让纳兰容若担任乾清门的三等侍卫。

有了公职在身，原本赋闲的纳兰容若也忙碌起来。

这样也好，忙碌着，有着其他的事情分心，至少就不会再时时刻刻地想着卢氏了吧？

纳兰容若这样天真地想着。

可是，思念不是这么轻易就能从脑子里被驱赶出去的。

工作再繁忙，任务再沉重，也总有做完的时候，每当这个时候，对卢氏那刻骨铭心的思念之情就会从每一个角落悄悄地窜出来，在心中萦绕不去。

在卢氏逝世之后，纳兰容若似乎突然对易学有了浓厚的兴趣，书桌上，堆满了古今各大易学家的著作。

他一头扎了进去，如饥似渴地吸收着这全新的知识。

这天并未轮到纳兰容若去乾清宫当值，他从一大早开始，就钻进了书房，全神贯注地阅读着那些大家的著作，沉浸在自己的世界内，对时光的流逝完全没有察觉。

直到传来轻轻的敲门声，他才发觉太阳已经移到了西边，夕阳西下。

啊，是了，已经这么晚了？

轻轻的敲门声又再度传来，纳兰容若想也不想地就唤着卢氏的名字。

以往，每当自己看书忘了时间忘了用餐的时候，卢氏总会贴心地替他端来饭菜，温柔地提醒他不要太过废寝忘食，累坏了身体。

所以，当听到门外传来敲门声的时候，他几乎是条件反射地，想也不想就脱口说出卢氏的名字。

那端着饭菜的温柔女子闻声，脸上的笑容微微凝固了一下，旋即带上一丝无可奈何，还有一丝悲伤。

她素来沉静惯了，如今，也只是恭敬地把饭菜放到桌上，然后有些担心地看了看自己的丈夫，才依依不舍地离开。

看着颜氏远去的身影，纳兰容若一时竟说不出话来。

当他面对这位安静的女子，却脱口唤出卢氏的名字的时候，他清楚地看到了，颜氏脸上那一抹无奈的神情。

如果卢氏……如果卢氏还活着的话，那么，刚才送饭菜来的人，便应该是她了吧？

当敲门声响起的那一刹那，纳兰容若几乎有种卢氏还未离去，马上就会推门而入的错觉。

桌上的饭菜渐渐凉了，纳兰容若却依旧毫无食欲。

他只是站在窗前，看着窗外逐渐西沉的夕阳，还有夕阳下，空荡荡的庭院。

"谁念西风独自凉"，这样的七个字突然钻进他的脑子里。

许久之后，纳兰容若轻轻地关上了窗户。

那被瑟瑟的秋风吹落一地的萧萧黄叶，在空中飞舞着，缓缓飘落在地，说不出的凄凉。

纳兰容若不忍再看，转过头去。

他无法阻止时光的流逝，更不能阻止秋叶的飘落。

就如他只能看着妻子逝去，无能为力一样……

如果她还在……

如果她还在身边，看到窗外落叶纷纷飘下的情景，会说些什么呢？

她总是微笑着，对所有的人、所有的事都那么的温柔……

自己喝醉了，躺在床上沉睡不起，任凭身旁的人儿怎么呼唤，都装睡，在对方无可奈何的时候，才悄悄地睁开眼睛……

浮现在脑海之中的，都是多么美好的回忆啊，两人之间的心灵契合，是如此的幸福。

"被酒莫惊春睡重，赌书消得泼茶香。"

这些，不都是当时自己与卢氏曾经做过的事情吗？

李清照《金石录后续》有一则记载：

余性偶强记，每饭罢，坐归来堂烹茶，指堆积书史，言某事在某书某卷第几页第几行，以中否角胜负，为饮茶先后。中，即

纳兰容若词传 / 171

举杯大笑，至茶倾覆怀中，反不得饮而起。

当初，自己与卢氏，不就像赵明诚与李清照，一般的诗情画意，一般的恩爱吗？

那些相处的片段，回想起来，分明只是些寻常的琐事而已，寻常的日子，寻常的时光。

本来以为会一直这么寻常下去，哪知道，在一起的日子只不过短短的三年。

当时只道是寻常。

恩爱再笃又如何？却抵不过命运的残酷。

就像赵明诚与李清照，终究，赵明诚还是先舍李清照而去，而自己，却是被卢氏先遗落在了这人世间。

一句"当时只道是寻常"，不知为何，让人想起万芳的一首歌来。

歌名唤做《恋你》，其中这样唱道：

想要长相厮守却人去楼空，红颜也添了愁，是否说情说爱终究会心事重重，注定怨到白头，奈何风又来戏弄已愈合的痛，免不了频频回首，奈何爱还在眉头欲走还留，我的梦向谁送？离不开思念回不到从前，我被你遗落在人间，心埋在过去，情葬在泪里，笑我恋你恋成颠……

歌是情歌，女声柔美，一句"离不开思念回不到从前，我被你遗落在人间"，唱的，何尝不是当时纳兰容若的心境？

如果我们能够回到从前，是不是就能再度相见？

心爱的人儿啊，你怎么可以如此狠心，把我独自遗落在这苍茫的人世间？在无尽的岁月中独饮回忆酿成的苦酒，永醉于痛苦的哀悼之中，夜夜沉沦。

古往今来，写过悼亡词的人不在少数，但没有人能像纳兰容若这样，十年如一日，无时无刻不在思念着亡妻，把对妻子的思念写进词中。

从卢氏刚刚亡故后的"判把长眼眠滴醒，和清泪、搅入椒浆",到跟随康熙皇帝北上南巡之后的"旧欢如在梦魂中,自然肠欲断,何必更秋风",我们可以看得出来,即使经过了这么多年,纳兰容若对卢氏的思念之情,并未因为时光的流逝而有丝毫的改变,仿佛妻子的离去永远都是昨天的事情一样,伤痛弥久愈新。

说纳兰容若乃是情种,当真一点都不为过。

只是强极则辱,而情深,却是不寿……

悼亡词

青衫湿遍,凭伊慰我,忍便相忘。半月前头扶病,剪刀声、犹共银釭、忆生来小胆怯空房。到而今,独伴梨花影,冷冥冥、尽意凄凉。愿指魂兮识路,教寻梦也回廊。

咫尺玉钩斜路,一般消受,蔓草残阳。判把长眠滴醒,和清泪、搅入椒浆。怕幽泉还为我神伤。道书生薄命宜将息,再休耽、怨粉愁香。料得重圆密誓,难禁寸裂柔肠。(《青衫湿遍》)

在词牌中,并没有《青衫湿遍》这首,也许是纳兰容若自制的新曲吧,却也是他无数悼亡词中,最早写给亡妻的一首。

这首词作于康熙十六年,大概六月中旬,那时候,卢氏亡故刚刚半个月。

想必这正是纳兰容若最伤心欲绝的时期吧?

思念亡妻,泪如雨下,以至于青衫湿遍,于是,才有了这首《青衫湿遍》。

悲伤的眼泪把衣衫都给打湿了,还妄想着能听到你安慰的声音,可是,如今早已成了一场虚幻。

人们说这首词大概是纳兰容若的悼亡词中最早的一首,依据应该就是这句"半月前头扶病"了。

半月前,卢氏产后受寒,病重而亡。

他如何才能控制住自己,不去想念亡妻?

他如何才能控制住自己，不去寻找亡妻的身影？

真的是很困难啊……

夜深了，烛火亮了起来。看着摇曳的烛火，仿佛耳边又响起了烛剪的声音，仿佛还能看到，卢氏一双纤手执着银剪，正小心地剪去烛泪，好让烛火更加的明亮。

每晚，妻子都会像这样，安静地陪伴着自己看书，如今，书依旧，烛依旧，房依旧，人却不见了影踪。只有窗外凄凄冷冷的梨花影子，说不出的凄凉。

在这首词里，我们见到的，是纳兰容若对妻子最深切的怀念，还有无尽的悲伤。

看到烛火，会让他想起亡妻，而其他的事物呢？

纳兰容若的词里很擅长用一些日常所见的事物来表达自己的心情。也许当真是伤心人别有怀抱，在他眼中，剪刀、烛火、梨花、回廊……这些平时再寻常不过之物，如今，却是那么凄凉，仿佛都在无言地述说着悲伤之意。所以越发显得他的词清新自然，不事雕饰。

自然，也让我们如今读起来，只觉口齿噙香。

最后再说一下《青衫湿遍》的词牌，此调应该是纳兰容若自制的新曲，而"青衫湿遍"，很明显是出自白居易的《琵琶行》："座中泣下谁最多，江州司马青衫湿"。

纳兰容若以此句作为新曲词牌，个中含义，不言而喻。

他还写过一首词，词牌与《青衫湿遍》颇为相似，只差了一个字，也是悼亡词。那便是《青衫湿》，全词如下：

近来无限伤心事，谁与话长更？从教分付，绿窗红泪，早雁初莺。

当时领略，而今断送，总负多情。忽疑君到，漆灯风飐，痴数春星。

这是一首小令，一如他平时的风格，清婉凄凉，饱含深情。

最近伤心的事情一件接一件，要向谁述说呢？而最伤心的，莫过于午夜梦回的时候，想起亡妻的音容笑貌，恍如隔世了吧？

丁巳重阳前三日，梦亡妇淡妆素服，执手哽咽，语多不复能记。但临别有云："衔恨愿为天上月，年年犹得向郎圆。"妇素未工诗，不知何以得此也，觉后感赋。

瞬息浮生，薄命如斯，低徊怎忘。记绣榻闲时，并吹红雨；雕阑曲处，同倚斜阳。梦好难留，诗残莫续，赢得更深哭一场。遗容在，只灵飙一转，未许端详。

重寻碧落茫茫。料短发朝来定有霜。便人间天上，尘缘未断；春花秋叶，触绪还伤。欲结绸缪，翻惊摇落，减尽荷衣昨日香。真无奈！倩声声邻笛，谱出回肠。（《沁园春》）

"上穷碧落下黄泉，两处茫茫皆不见。"

当初在读到白居易的《长恨歌》之时，纳兰容若怎么也不会想到，有一天，自己也恨不得能如此做吧？

恨不得能够"上穷碧落下黄泉"，只要能再度见到心中的那一抹倩影。

那是丁巳年，是卢氏亡故的那一年。

已经快到重阳节了，府中的人为了这个节日，都开始忙碌起来。

看着众人准备糕点，做好了过节的准备，纳兰容若却不由想到，若是她还活着，此刻也是和其他人一样，采摘茱萸，做着重阳糕，准备菊花酒吧？

就像去年的重阳节一样。

但是，当今年的重阳节再度来临，那柔美的身影，却早已成了永诀。

只有在梦中才能再度相见了吧？

日有所思，夜有所梦，于是，就在重阳节的前夕，纳兰容若终于在梦中见到了自己心爱的妻子。

"丁巳重阳前三日，梦亡妇淡妆素服，执手哽咽，语多不复能记。"

梦中，妻子一身素服，雪白色的衣裳，依旧是那么清丽，依旧是那么温雅柔美，与记忆里相比，丝毫没有改变，只是，以前总是带着温柔的笑容的她，如今却是愁容满面，双目含泪。

即使是在梦中，再见到心爱的妻子，早已是惊喜交加，喜极而泣。

眼泪模糊了双眼，周围的一切都看不清楚了，只有妻子的身影还是那么的清晰。

执手相看泪眼，竟是无语凝噎。

千言万语，说了些什么，后来回想起来，竟是一句都不记得了，眼中只有妻子含泪的双眼，还有依依不舍的悲伤表情。

不……还记得一句……

那是在临别之时，妻子说的最后一句话。

"衔恨愿为天上月，年年犹得向郎圆。"

我是那么舍不得你，如果能变成天上的月亮，那么定会每一年都陪伴着你，月长圆。

妻子虽然知书达理，却从来不擅长作诗的啊，为什么会向自己说出这样的两句诗来呢？

梦总是会醒的。

纳兰容若醒来之后，回想起梦中所遇，悲伤不已，当下披衣起床，就写下了这首《沁园春》。

"瞬息浮生，薄命如斯，低徊怎忘。"

第一句，就写出了自己满腔的惋惜之情。

浮生如此，卿却如此的薄命，那些欢乐的日子还未在岁月里沉淀，就已经变成了过去的回忆，点点滴滴在心里，如何能忘得了？

那是多么欢乐的记忆啊！

闲暇的时候，双双躺在绣榻之上，看那窗外桃花乱落如红雨。

日落的时候，便倚在长廊边，看着夕阳渐渐沉向西边。

如今回想起来，那些快乐的回忆，竟像是一场梦一样，偏生又美好得仿若诗篇。

如果是梦，为什么好梦总难圆？

如果是诗，为什么却是诗残难续？

如今却只能痛哭一场，无能为力。

即使在梦中再见了爱人的容颜，却是像快捷的风一样转瞬即逝，还未来得及细细端详，述说自己的相思之情，爱人的身影便已经飘然远去。

梦醒之后，眼前只有空荡荡的房间，哪里还有妻子的身影？

那熟悉的音容俱逝，天地茫茫，上穷碧落下黄泉，却依旧是两处茫茫皆不见，无处可寻，无处可找，不胜凄凉。

曾为纳兰容若之师的徐乾学，后来评价纳兰容若的词，是"清新秀隽，自然超逸"。而纳兰之词，胜在"自然"二字，在他的悼亡词中，更是仿若自肺腑流出一般，情真意切。

如果不是这一片真挚的感情，如今我们在读到纳兰词的时候，还会为之感动、为之潸然泪下吗？

泪咽却无声，只向从前悔薄情。凭仗丹青重省识，盈盈。一片伤心画不成。

别语忒分明，午夜鹣鹣梦早醒。卿自早醒侬自梦，更更。泣尽风前夜雨铃。(《南乡子·为亡妇题照》)

文武双全，用来形容纳兰容若，自是一点也不夸张，而除了擅长写词之外，其实他的画技，也是十分不俗。

纳兰容若曾经专门请过师傅来教授他绘画，在他的好友之中，严绳孙以擅长绘画出名，被人以倪瓒称之。严绳孙的山水，深得董其昌恬静之意，又十分擅长画人物、楼阁、花鸟，尤其擅长画凤凰，翔舞竦峙，五色射目。有这样一位绘画大师在自己的身边，纳兰容若的画技，也是相当不错的。

纳兰容若词传／177

因为英年早逝，纳兰容若并未在画坛上留下盛名，但其画技用来描绘亡妻的容貌，却已足够。

也许是在某一天的夜里，纳兰容若突然想起来那个名唤"真真"的女孩子的故事。

记不清是什么时候了，他与她共读唐人杜荀鹤的《松窗杂记》，看到了这个关于一幅画的故事。

唐代的时候，一个名叫赵颜的人请了位著名的画家为他绘制屏风，屏风上画着一位非常美丽的侍女，赵颜便感慨道："如果她是活的便好了，我定要娶她为妻。"画师听了，边说："这有何难？此女名唤真真，只要你呼其名昼夜不歇，她便会答应，后以百家彩灰酒喂她喝下，便能活。"

赵颜当真照画师的话做了，昼夜不停，一直呼唤着真真的名字，在第一百天的时候，屏风上那美丽的女子竟然当真开口说话了："我在此。"赵颜大喜，当下就按照画师所教，用百家彩灰酒喂她喝下，那女子翩然而下，活生生地站在赵颜的面前。年底的时候，赵颜与真真有了一个孩子，两人十分恩爱。然而，正如一切的志怪小说中必然会有的情节一样，两年后，一位友人对赵颜说："此女必妖，当除之。"并且给了赵颜一把宝剑。赵颜也开始怀疑起自己的妻子来。疑心才动，真真就已经知道了，哭泣着对丈夫说道："君百日呼妾名，为使您达成心愿，我才走下屏风，如今生疑，我不可能再与你在一起了。"说完，便抱着孩子，一步一步慢慢地后退，就像来时一样，回到了画中，再度成为画上不会动也不会说话，更不会哭不会笑的人物形象，和以前唯一不同的是，画上多了一个孩子，那正是赵颜与真真所生的孩子。此时，赵颜才后悔不迭，再度呼唤真真的名字，却再也无法得到画中人的回应，徒留惆怅与枉然，还有后悔与伤心。

纳兰容若记得清清楚楚，自己与卢氏讲述这个故事的时候，妻子是如何惊叹故事的神奇，又是如何惋惜结局的惆怅，可如今，故事仿佛还在耳边，那听故事的人去了哪里？

也许是受到这个故事的启发,纳兰容若画了一幅亡妻的画像,并在一旁题上了这首《南乡子》。

如果自己对着这幅画像,也像赵颜那样,昼夜不停,呼唤着卢氏的名字,一直呼唤一百天,是不是卢氏就能像故事里的真真那样,也从画中走下来,与自己再度相聚?

很难说,纳兰容若没有这样试过!

他是那么的孩子气,带着从未曾变过的纯真,在这个充满荆棘的世界中艰难地跋涉前行,被残酷的命运一次又一次地伤害。他无力去改变这个世界,只能无奈地承受。

昔日唐朝诗人高蟾曾经这样写过,"世间无限丹青手,一片伤心画不成"。

如今,自己虽然描绘出了亡妻的笑貌,可其中的伤心无奈,又如何才能画出来呢?

就像后来他又写的另外一首《虞美人》。

春情只到梨花薄,片片催零落。夕阳何事近黄昏,不道人间犹有未招魂。

银笺别梦当时句,密绾同心苣。为伊判作梦中人,索向画图影里唤真真。

如果我也像赵颜一样,日日夜夜都呼唤你的名字,是不是在午夜梦回的时候,你就会再度出现在我的面前?

然后,白头偕老。

林下荒苔道韫家,生怜玉骨委尘沙。愁向风前无处说,数归鸦。

半世浮萍随逝水,一宵冷雨葬名花。魂是柳绵吹欲碎,绕天涯。(《摊破浣溪沙》)

北京西北郊外的皂甲屯,是纳兰氏的祖坟所在。

卢氏是明珠的儿媳妇,长子之正妻,完全有资格进入祖坟,与先人们静静地躺在同一处地方。

但是，她的灵柩并未马上葬入祖坟，而是被纳兰容若停在了北京郊外的双林禅院。

纳兰容若未说过为何要把妻子的灵柩停在此处，但他的用意，几乎所有人都能够猜得到。

他是想再多和妻子在一起待一阵儿，再多一点时间，一个时辰，一天，一月，一年，都是好的。

于是，卢氏的灵柩就这样在双林禅院停了一年有余，这段时间，纳兰容若几乎都住在双林禅院，禅院之中所藏经书典籍很多，纳兰容若就这样一边陪伴着妻子，一边看着佛经。

不管是伤心的时候，还是孤独的时候。

在这些佛经之中，纳兰容若最爱的，便是一部《楞伽经》，后来，他还给自己起了一个号——楞伽山人。

只是，不管他如何看着佛经，如何向佛祖祈求，得到的，永远都是佛像无声的静默，面带慈祥的微笑，怜悯地看向世人。

如果当真是怜悯，那么，佛为何不怜悯自己？为何不怜悯自己对亡妻的一片刻骨相思？

如今，一棺之隔，却是生与死的界限，永远都难以跨越。

那是个秋雨缠绵的午后。

雨水淅淅沥沥的，从屋檐上滴落下来，连成丝线一般，绵绵不绝，滴在了禅房前的石阶上，一滴又一滴，像是谁的眼泪，带着秋后凄冷的寒意，悲凉而哀伤。

纳兰容若正站在窗前，静静地看着窗外淅淅沥沥的连绵秋雨。

桌上，是他刚刚写就的一阕小令，即是这首《摊破浣溪沙》。

谢道韫乃是有名的才女，卢氏虽然不善诗词，可在纳兰容若的眼中，心爱的妻子又怎会输给那著名的才女谢道韫呢？只可怜如今玉骨委尘沙，红颜薄命，只留下自己冷冷清清，看着妻子的灵柩，一腔愁绪却无人可以述说。

这半生的命运就像水中的浮萍一般，随水漂流，一夜的凄清冷雨，也把满地的落花给缓缓带走。

漫天飞舞的柳絮，那其实是爱人的魂魄吧？舍不得离去，在空中随风盘旋着，飞舞着，迟迟不肯离去。

自己又何尝舍得那逝去的爱妻呢？

可如今，却是生死永隔。

卢氏再也听不到自己为她而作的诗词了。她那么安静地躺着，仿佛睡着了一般，安详地，陷入了永恒的黑暗之中。

她的芳魂也化为这漫天的柳絮，在空中来回地盘旋，就像有生命的精灵，眷恋着眼前的人。

一年之后，卢氏的灵柩下葬。

她终究不能永远停在双林禅院，而纳兰容若，也不能在双林禅院陪伴她一辈子。

所以，当父亲明珠再度提起把卢氏灵柩下葬的时候，这一次，纳兰容若并未拒绝，只是沉默着，一声也不出。

是默认了。

纳兰容若知道，与卢氏的缘分已经走到尽头，而自己的人生，还有无尽的岁月……

着意佛法

抛却无端恨转长。慈云稽首返生香。妙莲花说试推详。

但是有情皆满愿，更从何处著思量。篆烟残烛并回肠。(《浣溪沙》)

纳兰容若开始对佛法感兴趣，是他在双林禅院居住的那段日子里。他博览院中所藏的佛学典籍，以慰亡妻之痛，从而开始渐渐地进入了佛法的世界。

当人在遭遇不幸时，通常会把自己的目光转向探求生命奥义的宗教世界。

不能说当时纳兰容若就是绝望的，但卢氏的死，确确实实给了几乎没怎么经历过挫折的纳兰容若沉重一击，让他彻底地明白，命运才是永远不可抵挡的，在这样的情况下，他开始逐渐地进入了佛法的世界。

纳兰容若为妻子卢氏守灵的双林禅院，就在现在的北京阜成门外的二里沟。当年幽静清雅的禅院，如今变成繁华的街道，车如流水马如龙，哪里还找得到当年那清雅佛地的半点踪影？

当年，灵柩被送到了这里，在那段时间，纳兰容若都是滞留在这座清雅的禅院之中的。

暮鼓晨钟为伴。

眼前所见，是佛前的香火灯烛；耳中所闻，是佛经梵音，在这样的氛围之中，纳兰容若开始有意识地看起佛经来。

"佛说楞伽好，年来自署名。几曾忘宿慧，早已悟他生。"

在他的《渌水亭杂识》中，有很多关于他对佛法的见解看法，可以看得出来，纳兰容若读过不少的佛法书籍，也可见他对佛法的重视。

佛教在汉代的时候传入中国，与中华文化相互结合之后，便成为中国传统文化的一个重要组成部分，带上了中国文化特有的性质。

纳兰容若在《渌水亭杂识》中这样写道：

儒道在汉为谶纬所杂，在宋为二氏所杂。杂谶纬者粗而易破，杂二氏者细而难知。苟不深穷二氏之说，则昔人所杂者，必受其瞒，开口被笑。

意思是说，儒学在汉代的时候混入了谶纬之学，在宋代的时候混入了佛学。混入谶纬之学，粗陋而容易被看破，混入佛学则会太过精细而难以理解。如果不深入了解与研究佛学，则无法理解其中的精妙之处，开口讨论，会被嘲笑。

纳兰容若是主张"深穷二氏之说"，同时也指出："三教中皆有义理，皆有实用，皆有人物""大抵一家人相聚，只说得一家话,自许英杰,不自知孤陋也。读书贵多贵细,学问贵广贵实。"

显然,这里所指的"书",乃是指的佛学之书,而所说的"学问",自然也指的是佛教的学问。纳兰容若认为,读书不应该局限于一种学问,要想真正学到知识,应该把其他领域的著作认真地阅读,儒家、道家、佛家,都应该细读了解,学习别家的学问。

在这些佛家的著作之中,纳兰容若最常读的,或者说最喜欢的,便是《楞伽经》。这在他的《渌水亭杂识》中,也有着不少的记载。

楞伽翻译在武后时,千年以来,皆被台家拉去作一心三观。万历中年,僧交光始发明根性宗趣,暗室一灯矣。

"台家"指的是中国佛教的天台宗,而"一心三观"则指的是天台宗的基本教义,"事物依缘而生,故为假有;虚假不实,故为真空;空、有不离,非空非有,即为中道。须于心中同时观悟此三者"。纳兰容若这句话的意思是说,《楞伽经》被天台宗拿去作为一心三观的理论依据。由此可见,纳兰容若对于佛学书籍涉猎甚广,才会有此感慨。

而在《渌水亭杂识》的卷四中又写道:"什师《维摩经》注有云:天人以山中灵药置大海中,波涛日夜冲激,遂成仙药。"

这里涉及一个小小的传说,说天上的仙人把灵药放置在大海之中,让浪涛日夜冲刷,便会成为灵验的仙药。

这倒是让人不禁想起关于"返生香"的传说来。

"返生香"又叫"还魂香",在东方朔的《海内十洲记》中有着记载,传说聚窟洲上有神鸟山,山上长有返魂树,这种树的树根树心能够制成返生香,让已经死去的死者重新复活,再也不会死去。

纳兰容若在《渌水亭杂识》中记载下这个故事,未必没有回想起汉武帝见李夫人亡魂的典故来。

据说汉武帝的宠妃李夫人死去之后,汉武帝日夜思念,于是唤来方士招魂，唤出了李夫人的魂魄相会，传说那方士正是用返魂香从冥界地府唤回来李夫人灵魂的。

而纳兰容若在痛失爱妻之后，是不是也曾像当年的汉武帝一样，动过把爱人的魂魄从冥府召唤回来的念头呢？

"抛却无端恨转长。慈云稽首返生香。"

他是不是也曾在菩萨的面前，苦苦地祈求过佛祖赐予自己那传说中的"返生香"，让自己能够再见卢氏一面？

"有情皆满愿"，但是这终究是他一厢情愿的美好心愿罢了。

对爱妻的怀念

十月初四夜风雨，其明日是亡妇生辰

尘满疏帘素带飘，真成暗度可怜宵。几回偷湿青衫泪，忽傍犀奁见翠翘。

惟有恨，转无聊。五更依旧落花朝。衰杨叶尽丝难尽，冷雨凄风打画桥。(《鹧鸪天》)

悼亡词，古往今来很多词人都写过，其中不乏知名的词作大家，但是，论数量，纳兰容若绝对是名列前茅。

在他的词集中，悼亡词的数量甚是可观，而且时间跨度很大。从康熙十六年卢氏亡故，一直到康熙二十四年纳兰容若病逝，一共八年的时间，悼亡词洋洋洒洒几十首。

丧妻的疼痛，成为纳兰容若心中一道永远无法愈合的伤口，直到他逝世。

伤心人别有怀抱，用来形容如今的纳兰容若，再是贴切不过。

本来寻常的事物，在现在的纳兰容若眼中看去，却都透着悲伤的意味，带着凄凉。

卢氏亡故之后，她以前喜欢待的房间，就成了纳兰容若不愿涉足的禁区。

只怕触物伤情。

这天夜里，纳兰容若本该回到自己的房间，竟来到这处房间门前。

房门紧闭着，并未上锁，轻轻一推，便"吱呀"一声缓缓打开了。

纳兰容若缓步走了进去。

这是一间小巧且精致的房间，透过窗户能看到花园，把院子里的美景尽收眼底。

以前，卢氏最喜欢在这房间内待着，看看书，做做针线活，消磨时光，如今，屋内一切布置都还和当初一模一样，却已物是人非。

屋内昏暗，并未点灯，纳兰容若点燃了桌上的半支蜡烛，举着烛台，缓缓地打量着这间屋子。

低垂的幕帘上，落满了灰尘，被风轻轻吹起，灰尘便缓缓地飘了起来。

那层层的纱幕飘动，仿佛卢氏的倩影就在纱帘之后，还等待着丈夫的到来。

纳兰容若定睛看去，空荡荡的房间，哪有爱妻的身影？

想到昔日的恩爱，心中甚痛。

一回头，见到那精巧的镜台上，犀牛角做成的镜匣中，卢氏的翠翘簪子还安静地在那儿，就像是在等待着主人再一次把它簪在乌黑的秀发之上。

窗外，隐隐传来打更的梆子声。

原来已经这么晚了？

纳兰容若缓步走到窗前，低头看去，不知什么时候，夜空中又无声地洒下了细雨，有些雨滴被风吹进屋内，把窗前的书案打湿了一片。

今夜，正是十月初四吧？

明天……明天就是卢氏的生日了，如果她还在……

如果她还活着的话,明天,将会是个多么欢乐的日子啊!

但是,如今一切都成了空。

只有这凄风冷雨,陪着自己度过一个又一个寂寞的夜。

此恨何时已。滴空阶、寒更雨歇,葬花天气。三载悠悠魂梦杳,是梦久应醒矣。料也觉、人间无味。不及夜台尘土隔,冷清清、一片埋愁地。钗钿约,竟抛弃。

重泉若有双鱼寄。好知他、年来苦乐,与谁相倚。我自终宵成转侧,忍听湘弦重理。待结个、他生知己。还怕两人俱薄命,再缘悭、剩月零风里。清泪尽,纸灰起。(《金缕曲·亡妇忌日有感》)

这首《金缕曲》,有个副标题叫作"亡妇忌日有感"。

六个字,明显地点出了这首词的主题。

康熙十七年(1678年)的五月三十日。

对其他人来说,这一天,不过是普普通通的一天,和昨天、前天,没有什么不同。

可是对纳兰容若来说,这一天,去年的这一天,却是一个噩梦般的日子。

当下人惊慌失措地来报知噩耗时,纳兰容若简直不敢相信自己的耳朵,急忙赶去,映入眼帘的,除了周围人们惊慌与悲伤的表情之外,便是静静躺在床榻之上,面色苍白毫无血色的妻子卢氏。

她已经虚弱得说不出话来。

纳兰容若握住了她的双手,那纤巧的手掌,曾经那么的温暖,如今,竟变得如此冰冷,冷得就像寒冬的雪一般。

见到丈夫,卢氏张了张口,却发不出声音来。

她连说话的力气都没有了,连张开嘴巴,都像是用尽了浑身的力气,素来温柔的双眼,如今却满是恋恋不舍,还有不甘心,看看一旁颜氏怀中刚刚出生的海亮,她的目光便落到纳兰容若脸上。

四目相对，千言万语，不须再说出口。

她是多么舍不得自己刚刚出生的孩子，是多么舍不得自己心爱的丈夫，还有那些温柔的家人，可是时间已经不再给她继续下去的机会，就要残酷地夺去她羸弱的生命，从此与自己心爱的人永隔幽冥。

这个时候，卢氏的心中，肯定满是不甘与愤恨。

她才刚刚产下爱人的孩子，她还未来得及抚养孩子长大。她甚至还未来得及与丈夫说上最后一句话，就永远地闭上了双眼，带着满腹的遗憾，撒手而去。

她已经听不到四周传来的哭声了。

更感觉不到丈夫的眼泪一滴滴地，落在她的脸颊上，滚烫得仿佛要把肌肤灼伤。

男儿有泪不轻弹，只因未到伤心处。

可如今，心爱的人就在自己眼前逝去，此情此景，若不算伤心处，还有什么才算呢？

紧紧握着卢氏软绵绵的手，纳兰容若哭得好似一个泪人。

就在这一刻，他突然发觉了自己有多么无能为力。

不管你是豪门公子，还是平民百姓，在生死的面前，一样平等，谁也无法挽回那已经逝去的生命。

也是在这一刻，他突然发觉，原来痛彻心扉，竟是如此钻心刺骨。

如今，又是一年。

又到了那个噩梦般的日子。

这一天，正是卢氏的忌日。

像是老天爷也在惋惜卢氏的年少过世，从一大早开始，天空中就淅淅沥沥地飘下了小雨。

卢氏的灵柩才从双林禅院葬到祖坟不久，坟土还是新的，再加上有看管人的细心打扫，颇为整洁。

这也好，卢氏向来爱洁，不是吗？

寻常人家扫墓，备下的，无非是些供果酒水之类。

但纳兰容若不一样，他给卢氏准备的，并非寻常可见的时鲜水果、蜜酒之类，而是自己在这一年之中，所写的悼亡词。

那是给卢氏的，独一无二的祭礼。

他一张一张，缓缓地烧给卢氏，纸灰被冷风吹得飞扬起来，打着旋儿，然后就缓缓飘散了。

看着飘远的纸灰，纳兰容若不禁这样告诉自己。

卢氏定是收到自己的心意了吧？

她……一个人在底下，可寂寞？可清冷？

海亮长得很好，健健康康，颜氏待他犹如自己亲生一般，照顾得无微不至。富格也俨然有了哥哥的自觉，很疼爱这个弟弟。你该放心了吧？

生与死的界限，往往只有那么一小步，代表的，却是永无止境的距离，咫尺天涯。

续弦

一种蛾眉，下弦不似初弦好。庾郎未老，何事伤心早？

素壁斜辉，竹影横窗扫。空房悄，乌啼欲晓，又下西楼了。

（《点绛唇》）

康熙十九年（1680年），纳兰容若二十六岁。

他是明珠的长子，叶赫那拉家族的继承人，传宗接代是他必须承担的责任，父母一再提议他续弦，纳兰容若推辞了三年，如今，已经再没了推脱的借口。

在家人的操办下，纳兰容若续娶了官氏。

如果说卢氏是出身"名门"，那么官氏便是出身"豪门"，官氏是图赖的孙女，是八大贵族之一的瓜尔佳氏的后人。

在汉族人的记忆里，图赖是一个血腥的名字。

他是清初名将，击败过李自成麾下大将刘宗敏，在扬州斩杀了史可法，擒了福王朱由崧。官氏的父亲费英东，也是清朝的开国元勋，努尔哈赤最为倚重的五位大臣之一。

出生在这样可以说是"世代簪缨"的大贵族家里，官氏是真真正正的豪门之女，尊贵显赫，与纳兰容若称得上门当户对。

她嫁进了这座当朝最显赫的权臣府邸，嫁给了如今最知名的才子，在世人的眼中，本来就身为天之骄女的她，如今更是幸运得连老天爷都忍不住嫉妒她。

但是，像聚集了全天下幸运在一身的官氏，在大婚之后，却茫然了。

自己新婚的丈夫，心思，始终停留在那早已逝去的卢氏身上……

官氏出身贵族豪门，想必也是受过良好教养的女孩儿，但毕竟是将门虎女，只怕还有着几分的霸气。总而言之，我们可以大概猜想出来，她与卢氏应该是截然不同的两种类型，并不像卢氏那样温柔贤惠。

很难说这样的女子，纳兰容若究竟有没有喜欢过她。

不过我们可以确定的是，纳兰容若与官氏之间，没有他与卢氏之间的那种刻骨铭心的爱情。

甚至很有可能，两人之间的夫妻关系，并不十分融洽。

纳兰容若写过一首《点绛唇》，其中有这么两句："一种蛾眉，下弦不似初弦好。"

在古代的时候，人们都以"续弦"来指代续娶，纳兰容若这首词中的"下弦"与"初弦"两个词，也颇有些意味深长的意思。

在他的这首词里面，"下弦"是不是指官氏呢？而"初弦"，想来就是指已故的前妻卢氏了吧？

在写这首词的时候，他与官氏已经成亲很久了，相互之间有了一定的了解，大概越是相熟，就越是觉得，官氏其实并不是自己喜欢的类型……

官氏也并非泼妇，更不是妒妇，事实上，她和其他的女子一样，善良、顺从，一旦嫁了人，就全心全意地对待着自己的丈夫。

官氏万万没有想到的是，丈夫的爱情，没有留给她一分。

官氏不是没有努力过。

她也学着像卢氏那样，为丈夫收拾书房，整理书案；在丈夫读书到深夜的时候，体贴地为他送上羹汤，并且对富格、海亮两个孩子，如自己亲生孩子般悉心照料，对妾室颜氏，也从无半分不耐，和气相处。

官氏做了一个妻子应该做到的一切。

她是那么努力地想要去得到丈夫的爱情，可是，这世间并不是所有的事情，都能够等价交换，付出多少，就能得到多少回报的。

爱情从来不是。

你爱他爱到生死相许，他未必会对你付出真心。而你不爱的人，却恰恰爱你爱到刻骨铭心。

官氏对纳兰容若，纳兰容若对官氏，何尝不是如此？

纳兰容若本是情种，并非情圣。

这也是纳兰容若一直觉得对不起颜氏和官氏的地方。

但是，爱情不是道歉，不是心怀歉意就能拥有。

所以，当初他对卢氏说过多少句"我爱你"，如今，便对官氏与颜氏说了多少句"对不起"。

爱情的天平从来不是公正的，我不爱你，并不是因为你比不过对方，而是那千万年之中，没有早一秒，也没有晚一秒，正好与自己四目相对的，是她而已。

其他人，终究错身而过。

官氏出身尊贵，并非颜氏、沈宛所能相比的，但是在明珠祖坟，却并没有官氏的坟墓碑文，颇为蹊跷。如果说颜氏因为是妾室，身份不足以葬入祖坟，但官氏乃是正室，若说没有资格，也不太可能。根据记载，当时见过皂甲屯墓园的人，见院子里有九座坟墓，分别是明珠夫妇、纳兰容若与卢氏夫妇，还有其子揆叙夫妇、揆方夫妇及永寿，并没有官氏的坟墓，颇令人不解。而且在徐乾学写的《成德墓志铭》的石碑上，刻着的"继室官氏，光禄大夫少保一等公朴尔普女"，上面的"朴尔普"三个字被人凿了去，模糊不清，有人考据说可能是因为官氏的家人或者她的父亲犯了罪，所以"因罪讳名"，但是根据史书记载，朴尔普并没有获罪，而且到康熙五十年之后才去世，所以，官氏的名字被从墓碑上凿去，并不是因为获罪，倒是很有可能是官氏后来已经不属于纳兰家的成员。既然已经不再是明珠家的人，那么自然不再葬入明珠家祖坟。颜氏在纳兰容若死后，就一直抚养孩子长大，终身不嫁，而官氏很有可能因为并没有子女的关系，改嫁了别人，既然改嫁，自然不再算是纳兰容若的夫人，皂甲屯祖坟中没有她的名字与坟墓，也是在情理之中了。

谁翻乐府凄凉曲？风也萧萧，雨也萧萧，瘦尽灯花又一宵。
不知何事萦怀抱，醒也无聊，醉也无聊，梦也何曾到谢桥。
(《采桑子》)

情之一字，似乎是纳兰容若词作中一个永恒不变的主题。
也是他短暂的三十一年生命之中，永恒的、重要的一部分。
人间自是有情痴。他似乎是为情而生，又终究为情而伤的一般。

谁能说他不多情呢？

但是，在他短暂的人生之中，最单纯的初恋给了已经身在皇宫之中的表妹，最真挚最热烈的爱情，给了生死相隔的亡妻卢氏。他无法再给予官氏、颜氏，甚至还有后来的沈宛，那些女子最想要的东西——爱情。纳兰容若已经无法再给予、再付出。

纳兰容若似乎对《采桑子》这个词牌有着偏爱，填过不少词，都是《采桑子》。

就像这一首不知什么时候写下来的词，同样用了这个词牌。

这首词乍看之下，也颇有点像悼亡词，但是细看之下，却更像是在某一个夜晚，听着窗外不知哪里传来乐声，纳兰容若心有所感而随手写下的这阙小令。

"谁翻乐府凄凉曲"，夜色中，是哪里传来的乐声呢？听起来是如此凄凉，叫人不忍卒听，风声萧萧，雨声滴滴，凄风冷雨，如今又是这样过了一个夜晚，冷冷清清。

不知什么事情总是在困扰着自己，却怎么也想不明白，于是这日子就越发了无生趣，醒着的时候那么无聊，借酒浇愁，喝醉了为何还是那么无聊呢？

如果躺下来，在梦里是不是就能见到自己心爱的女子了？

古时候，称呼所爱的女子为"谢娘"，因而称其居所为"谢家""谢家庭院"或者"谢桥"。在这里，听着窗外那隐隐约约的凄凉乐声，纳兰容若此刻心里浮现的，究竟会是谁的身影呢？

在这首词里面，纳兰容若似乎想要表达的，是一种矛盾的心情，一种说不清、道不明的情愫。

他哪里察觉不到官氏的心情、颜氏的心情，还有沈宛的心意？

但是自己的激情与爱情，早已随着卢氏的亡故而逝去了，如今的自己，就像一潭死水般，再也泛不起波澜。也许正因为如此，在不知不觉中，他竟是冷落了她们，冷落了原本是不该被自己冷落的人……

所以，这首词难得地流露出一些自嘲来，还有自责。

自责着，自己如今的无情。

自嘲的，也是自己当初的多情。

人到情多情转薄，而今真个悔多情。

阑珊玉佩罢霓裳，相对绾红妆。藕丝风送凌波去，又低头、软语商量。一种情深，十分心苦，脉脉背斜阳。

色香空尽转生香，明月小银塘。桃根桃叶终相守，伴殷勤、

双宿鸳鸯。菰米漂残,沉云乍黑,同梦寄潇湘。(《一丛花·咏并蒂莲》)

在纳兰容若的诗词之中,描写花卉的句子实在不少,例如这首描写并蒂莲的《一丛花》。

并蒂莲,顾名思义,一枝上开出两朵莲花来,很少见,历来都被人看做是吉祥的征兆,更被拿来当成夫妻之间的幸福与爱情圆满的象征。

这首词生动地刻画出了并蒂莲的形状与色泽,而且并蒂莲代表着不离不弃,仿佛相互深爱着的恋人一般,心意相通。

"一种情深,十分心苦",在纳兰容若的笔下,并蒂莲并不仅仅是美丽的、拥有吉祥的象征含义,更是他心目中完美爱情的化身。

如果有完美爱情的话,那就应该像这株并蒂莲一样吧?盘绕连接,相依相偎,不离不弃。

但愿人长久,千里共婵娟。

如今回想起来,简简单单的两句话,却已变成了心中不可触及的伤口。

这首词并未表明是悼亡词,但是,我们在读纳兰词的时候,总会不知不觉把它归入悼亡词之中,大概是因为,其中那九转柔肠,那字里行间的凄然与悲伤,与其他悼亡词是一模一样的吧?

不知官氏看到这首词的时候,心中是怎么想的,但是,她肯定知道,很久以前,自己的丈夫还写过一首咏并蒂莲的七绝:

水榭同携唤莫愁,一天凉雨晚来收。

戏将莲蒻抛池里,种出花枝是并头。

那七绝中提到的人,在纳兰容若身边的那位,并不是自己,而是卢氏。

也许是两人在开玩笑的时候,说过要在这池子里,抛下莲花的种子,说不定会长出并蒂莲。

纳兰容若在花开之际再填词写并蒂莲,是想告诉卢氏,当初我们种下去的莲花,现在已经真的开出了并蒂莲,但是芳魂渺渺,与自己携手赏花之人,如今却已离去。

物是人非事事休,同样是并蒂莲,在纳兰容若的心中,早已是:"一种情深,十分心苦,脉脉背斜阳。"

离世　纳兰心事谁人知

"家家争唱纳兰词,纳兰心事谁人知?斑丝廊落谁同在?岑寂名场尔许时。"

康熙二十四年,乙丑。

五月三十日,容若因七日不汗病故,是年三十一岁。

康熙二十四年。

这一年,纳兰容若三十一岁。

正是刚过而立之年的时候,纳兰容若已经从最初的三等侍卫,升到了一等侍卫。

四月的时候,严绳孙离开京城。

严绳孙请了假,说要南归省亲,其实就是弃官不做,回家乡专心作画了,纳兰容若知道好友去意已决,也并未执意挽留。

当时他们都还天真地认为,即使分别,也总还有再见的一天!

那时所有人都没有想到,纳兰容若的人生,竟会永远地定格在这一年的五月三十日,在他亡妻卢氏逝去的同一天。

巧合吗?

也许吧。

很多时候,我们肆无忌惮地挥霍着时间,以为还有机会,哪知却容不得我们再次回头。

与梁佩兰合作词选

仆少知操觚即爱《花间》致语，以其言情入微，且音调铿锵、自然协律。唐诗非不整齐工丽，然置之红牙银拨间，未免病其版折矣。(《与梁药亭书》)

这一年的春天，梁佩兰从广东南海来到了京城。

起因，是因为接到了纳兰容若的一封信，而那封信，便是中国文学史上很重要的《与梁药亭书》。

梁佩兰是广东的宿儒，字芝五，号药亭，著名的诗人，也擅长书画，当时王士祯、朱彝尊等人对他都十分推崇。

大概也因为如此，所以纳兰容若才专门修书给他，邀请梁佩兰北上京城，帮助自己完成心愿。

那便是编撰一部自己最满意的词选集。

这封信，就如纳兰容若的其他作品一样，清新自然，情真意切：

仆少知操觚即爱《花间》致语，以其言情入微，且音调铿锵、自然协律。唐诗非不整齐工丽，然置之红牙银拨间，未免病其版折矣。

从来苦无善选，惟《花间》与《中兴绝妙词》差能蕴藉。自《草堂词统》诸选出，为世脍炙，然陈陈相因，不意铜仙金掌中竟有尘羹涂饭，而俗人动以当行本色诩之，能不齿冷哉。

近得朱锡鬯《词综》一选，可称善本。闻锡鬯所收词集凡百六十余种，网罗之博、鉴别之精，真不易及。然愚意以为，吾人选书不必务博，专取精诣杰出之彦，尽其所长，使其精神风致涌现于楮墨之间。每选一家，虽多取至十至百无厌，其余诸家，不妨竟以黄茅白苇盖从艾剃青琐绿疏间。粉黛三千然得飞燕玉环，其余颜色如土矣。

天下惟物之尤者,断不可放过耳。江瑶柱入口而复咀嚼,鲍鱼马肝有何味哉。仆意欲有选如北宋之周清真、苏子瞻、晏叔原、张子野、柳耆卿、秦少游、贺方回,南宋之姜尧章、辛幼安、史邦卿、高宾王、程钜夫、陆务观、吴君持、王圣与、张叔夏诸人多取其词,汇为一集,余则取其词之至妙者附之,不必人人有见也。

不知足下乐与我同事否?有暇及此否?处雀喧鸠闹之场而肯为此冷淡生活,亦韵事也。望之。望之。

在信中,纳兰容若这样说道:"我很喜欢《花间词》,因为那些词言情入微、音律铿锵自然。唐诗也不错,但是和《花间词》相比就显得有些刻板了。

"我一直苦恼没有一部好的词选,算下来也只有《花间词》与《中兴绝妙词》要好一些。但是在经过《草堂词选》的各种选本刻印之后,虽然也算是脍炙人口,但却还不够精练,而显得良莠不齐。以至于后来的一些人因为它的影响,而把一些庸俗的作品也当成了好词,未免令人齿寒。

"最近朱彝尊编成了一本《词综》,的确算得上是善本,很不错。我听说他在编写的时候阅读收集了一百六十多种词集,由此可见,朱彝尊的鉴赏能力是很强的。不过我认为,编选词集不一定非得在意数量的多少,只要能选择出佳作,数量并不是主要的问题。所以,只要词作写得好,一位词人也不妨多选上几篇,如果作品不好,那又何必选进去呢?

"当然,那些天底下最美的东西是万万不能放过的。我打算多选北宋的周清真、苏子瞻、晏叔原、张子野、柳耆卿、秦少游、贺方回,南宋的姜尧章、辛幼安、史邦卿、高宾王、程钜夫、陆务观、吴君持、王圣与、张叔夏的作品。对其他的词人,则只选录他们绝妙的作品就好。

"不知梁先生是否愿意与我一同完成这件事?是不是有这个时间来完成?身处这样浮躁的世界,默默地选编古人的诗词佳作,虽然冷淡了一些,但也算得上是一件雅致的韵事了吧?"

在纳兰容若的眼中,世间并无一本真正合格的词集。世人大多数都缺乏鉴别能力与审美能力,把一些庸俗的作品当成了佳作。

正是因此,纳兰容若动了想要选编一本自己满意的词集的念头来。

从这封信里,我们也可以看出纳兰容若这位天才词人对词的态度。

只从作品的优劣好坏出发,着眼作品的质量,而不是去看作者有多大的名气之类的因素,这一点,倒是与欧美新批评主义的观点不谋而合。

欧美新批评主义认为,文学作品是一个完整的多层次的艺术体,本身就是文学活动的本源,是以作品为本体,把作品本身作为文学研究的对象,而不去考虑作品之外的其他因素。

纳兰容若在这封信中提出了自己选择词作的观点,与此几乎一模一样,从词作本身,而不是从作者去选择作品,这样才能选择出最好的作品来。

纳兰容若同时也在信里写出,"仆少知操觚即爱《花间》致语",他是比较偏好《花间词》的,而且从他的《侧帽集》《饮水词》中也可以看得出来,他那些悼亡之词婉约清丽,颇得《花间词》的精髓,明显是受其影响。

收到了信,梁佩兰果然来到了京城,与纳兰容若见了面,相谈甚欢。

但是谁也没有想到,他们还没来得及开始进行他们的事业,几个月后,纳兰容若就急病而死,一番理想,终究成了镜中花,水中月。

最后的诗作

  阶前双夜合,枝叶敷华荣。
  疏密共晴雨,卷舒因晦明。
  影随筠箔乱,香杂水沉生。
  对此能消忿,旋移近小楹。(《夜合花》)

  康熙二十四年,接到纳兰容若书信的梁佩兰,千里入京。

  对于梁佩兰的到来,纳兰容若是十分惊喜的,五月二十二日,他在渌水亭设宴,邀请的宾客仍是素日的好友,梁佩兰、顾贞观、朱彝尊、姜宸英、吴雯等人。

  这个时候,已经没有了吴兆骞与严绳孙。

  对吴兆骞的逝世、严绳孙的辞官归去,纳兰容若心中一直是十分怅然的。

  如今,因为梁佩兰的到来,纳兰容若暂时一扫心中的怅然神伤,在自家的渌水亭,与好友们再度聚会。

  和以前相比,渌水亭畔多了两株小小的花树,那是夜合花,纳兰容若记不得是自己什么时候种下的了,不过如今倒是颤巍巍地生长了起来。

  夜合花又叫合欢花,在盛夏的时候会开花,花朵是粉红色的,叶子一到晚上就会一对一对地合起来,所以叫作"夜合花"。如今正是花期,众人便以《夜合花》为题,各自赋诗。

  纳兰容若也不例外。

  他的作品是一首典型的命题诗,还是一如既往地带着纳兰容若内心的忧虑,萦绕不去。

  台阶前长出了两株夜合花树,枝头枝繁叶茂,疏密有致。因为昼夜的变化,花朵开合不同,那摇曳的树影倒映在了竹帘之上,芬芳的香气飘了过来,但并不是单纯的花香,中间还混合了沉水香的味道。看着这两株夜合花，心中的怨忿似乎也烟消云散了。

不过当时谁也没有想到，这首《夜合花》，竟成了纳兰容若的绝笔！

就在这场相聚的第二天，纳兰容若便病倒了，那是一直困扰着他的"寒疾"，整整七天，终于不汗而死。

过世的那天，也正好是卢氏的祭日——五月三十日。

他终于可以不用再挣扎在理想与现实的冲突之间，徒劳地想要发出自己那微弱的呼唤，而是留下了这璀璨夺目的《纳兰词》，从此翩然远去。

纳兰死因

对于纳兰容若的死因，官方记载向来语焉不详，就是一句"寒疾，不汗而亡"便轻描淡写地略过，后来有学者研究，众说纷纭，但大体可归为以下几种：

寒疾、忧郁自杀、天花说，还有被害说。

"被害"这种说法，据说是出自《李朝实录》，康熙二十八年的时候，朝鲜使臣发回朝鲜国内的一份别单。

别单上写的，都是这位朝鲜使臣的所见所闻，其中有这么一句"又有成德者，满洲人，阁老明珠之子，自幼文才出群，年才二十擢高第入翰苑为庶吉士。皇帝嫉其才，而杀之。明珠因此致仕而去矣"。

简单地说，就是因为纳兰容若才华出众，康熙皇帝嫉妒了，于是命人暗中害死了他，明珠后来渐渐在仕途上失利，最终被罢相。

说得倒是有板有眼的，但是仔细想一想，逻辑上颇为不通。

首先，此说是不是出自《李朝实录》还有待确认，而且，皇帝因为嫉妒臣子的才华而杀之，确实也有些无稽。

纳兰容若确实是当时公认的天才词人,连康熙皇帝也颇为赞赏他的才学,经常把他带在身边,北上南巡,走遍大江南北,但是,要说是为此就嫉妒纳兰容若的才华,我觉得两者之间是毫无关系的。

一位文人的才学并不能威胁皇帝的宝座,而且正好相反,再有才华的文人,他的命运最终也是掌握在皇帝的手中,就像"奉旨填词"的柳永,何尝不是因为皇帝的一句"且去浅酌低唱,何要浮名"而改变了自己一生的命运呢?

康熙也是难得的贤明皇帝,创造了中国最后一个盛世"康乾盛世"的繁荣,而且他与纳兰容若、曹寅乃是少年伙伴,相互之间感情是颇为深厚的,如果说他因为嫉妒纳兰性德的才华,从而命人害死了这位少年时期的好友,怎么都说不通。

至于说明珠后来被罢相,是因为被儿子纳兰容若连累,导致被康熙不待见,就更荒唐了。

明珠后来结党营私,在某种程度上来说,康熙并非不知道,只是默许,因为他要用明珠党来牵制索额图党,维持朝廷势力的平衡,一旦这个平衡被打破,弊大于利,便会着手整顿。何来明珠因为儿子的缘故而仕途急转直下呢?

所以,纳兰容若"被害"这种说法,不过是流言蜚语。

至于说纳兰容若是康熙年间一场失败的外交政策的牺牲品,被迫自杀,就更是无稽之谈了。

纳兰容若到死为止,官职都只是一等侍卫,作为国家大事的外交,完全没有参与的资格,而且康熙皇帝虽然信任他,但是一直不曾重用他,只是在康熙二十四年的时候,开始隐隐有些要委以重任的苗头,何来"牺牲品"一说?更何况,如果当真是因为纳兰容若在工作上有什么重大的失误,需要用自杀来避免连累家人,那么当时的官家记载也应该会有这项记录才是,而且,纳兰容若乃是明珠之子,多少眼睛盯着,若真的出了需要自杀谢罪的纰漏,难道那些明珠的政敌会放过这么好的机会吗?

还有一种，便是"天花说"。

天花是一种烈性的传染病，在当时医疗条件不发达的情况下，这种疾病是很致命的，据说顺治就是死在此病上，当然，后来民间传说顺治皇帝因为爱妃董鄂之死而毅然放弃了帝位，出家为僧，那毕竟只是小说家言，并没有确凿的证据。而康熙皇帝能够继承皇位，很大一个原因也是因为他幼年时候得过天花，有了免疫力。

从顺治皇帝得痘疹到病亡，病期只有六天，纳兰容若从生病开始，也只有七天的时间，便永远地离开了这个世界。

韩菼在《神道碑铭》中这样提过一句："而不幸遘病，病七日遂不起。"徐乾学也写过纳兰容若"其葬盖未有日也"。翁叔元写过："康熙二十四年五月晦，己丑，我容若年世兄先生捐馆舍，叔元往哭于其第。既殡，往哭于其位次。越三日再往，阍人辞焉。又十日偕同馆之士五人旅拜于儿筵哭如初。又八日，以天子命出殡于郊外。……于骊车之出也，姑为相挽之词以钱之。"

如此一来，便产生了几个疑问。

纳兰容若死后几个月，为什么才请人作铭，很久都没把尸体下葬？为什么要皇帝下令出殡？

这么结合起来一看，说纳兰容若死于天花，也并不是没有道理。

第一，他死亡得太迅速，病期只有七天。

第二，根据记载，纳兰容若在生病之后，康熙皇帝十分关心，于是派来宫中的御医给纳兰容若诊治，"使中官侍卫及御医数辈至第诊治，于是上将出关避暑，命以疾增减报，日再三，疾疾亟，亲处方药赐之，未及进而段，上为震悼"。这段话很有些微妙之处。

首先，纳兰容若刚死，康熙皇帝就带着皇子和诸位王爷、大臣们急急忙忙地离开了京城；接着，在途中，四皇子生了场小病，康熙顿时紧张起来，命令他返回京城，看好了病才继续前进。这倒很像是为了躲避什么似的。

难道纳兰容若当真是因为天花而病死的,康熙皇帝担心传染开来,才匆匆忙忙地带着众人离京的吗?再加上当时因为天花而死的人都必须火葬,贵为皇帝的顺治也不能避免,而纳兰容若死后,要皇帝下令出殡,那数月未葬,很有可能是火化的托词。

流传最广的,在官方记录上言之凿凿的,就是"寒疾说"了。

其实从纳兰词中去看纳兰容若的人生轨迹,我们可以发现,纳兰容若那光彩夺目的一生当中,始终潜藏着一个阴影,那便是"寒疾"。

康熙十二年,十九岁的纳兰容若正在准备参加殿试的时候,就因为一场突如其来的寒疾,在病榻之上躺了数月,错过了这场殿试,并且留下了一首七律《幸举礼闱以病未与廷试》:

晓榻茶烟揽鬓丝,万春园里误春期。
谁知江上题名日,虚拟兰成射策时。
紫陌无游非隔面,玉阶有梦镇愁眉。
漳滨强对新红杏,一夜东风感旧知。

诗里满是失意伤感的意味。

寒疾导致他错失了这一次的殿试,而且在他今后的岁月中,也是像幽魂一样,不时地出现,让纳兰容若深受其苦。

翠袖凝寒薄,帘衣入夜空。病容扶起月明中。惹得一丝残篆、旧薰笼。

在这首《南歌子》里面,我们可以窥见,纳兰容若深为寒疾所困扰。

每当天寒地冻,这顽固的疾病就会紧紧纠缠住他,使他病容憔悴。

随着日子一天一天地过去,这可恶的"寒疾",就像一团巨大的阴霾,越来越庞大,几乎是随时笼罩在纳兰容若的周围,仿佛一只不祥的蝙蝠,张开了那巨大黝黑的翅膀,狰狞地盯着纳兰容若。

每次生病，寒疾就会困扰纳兰容若很长时间，而且病期越来越长，从寒冬一直到春暖花开。

"人说病宜随月减，恹恹却与春同。"

如果说随着岁月的流逝，病情就会减轻的话，那为什么直到春天来临了，我却还躺在床榻之上。

纳兰容若显然感觉到了，这个一直纠缠着自己的病魔，是如此顽固，不管是春去秋来，不管是在京城，还是出差在外，这可恶的寒疾仿佛幽灵一般，不时窜出来。

黄昏又听城头角，病起心情恶。药炉初沸短檠青，无那残香半缕恼多情。

曾记年年三月病，而今病向深秋。卢龙风景白人头，药炉烟里，支枕听河流。

"年年"二字，纳兰容若写出这寒疾是如何频繁，几乎每年都会发生一次，而且还不到寒冬腊月，仅仅是在深秋，病魔就再度来临了，这说明因为生病的关系，身体的抵抗力已经大不如从前。

康熙二十三年（1684年），康熙皇帝第一次南巡，照例，纳兰容若随行在康熙的身旁。也许是因为旅途的劳累，在行至无锡的时候，纳兰容若再度病倒，这一次，病情时好时坏，一直到了次年的春天，才渐渐地有所好转，但是并未痊愈，"可怜暮春候，病中别故人"。虽然医生叮嘱他不要饮酒，但是在五月与梁佩兰、顾贞观、姜宸英等人的聚会中，趁着兴头，纳兰容若还是喝了不少，结果旧病复发，寒疾再度击倒了这位年轻的天才词人。

这一次，一直如影随形在纳兰容若身边的阴霾终于夺走了他年轻的生命。

寒为阴邪，易伤阳气，其性凝滞，这正是纳兰容若长期被"寒疾"所困的原因。

也许是因为出生在冬天，又长期生活在寒冷北方的关系，纳兰容若的身体对于"寒冷"是比较敏感的，这种敏感也表现在了他的诗词之上。

在纳兰容若所作的诗词中,不知是有意还是无意,秋冬的景色出现的次数是最多的,频繁不说,而且凄凉哀婉。

"萧萧几叶风兼雨,离人偏识长更苦。""木落吴江矣,正萧条、西风南雁,碧云千里。落魄江湖还载酒,一种悲凉滋味。""谁念西风独自凉,萧萧黄叶闭疏窗,沉思往事立残阳。""衰草连天无意绪,雁声远向萧关去。不恨天涯行役苦,只恨西风吹梦成今古。""欲寄愁心朔雁边,西风浊酒惨离颜。黄花时节碧云天。""身向榆关那畔行,北风吹断马嘶声。深秋远塞若为情。"……

在纳兰容若的词中,描写秋冬的,竟有一百多首之多,由此可见纳兰容若对于冬寒的敏感,而这,大概也正是他一直深为寒疾所苦的原因之一吧?

《素问·痹论》中曾这样说过:"痛者,寒气多也,有寒故痛也。"说明寒疾会给人带来剧烈的痛苦。按照《素问》一书的解释,就是"寒气客于脉外则脉寒,脉寒则缩踡,缩踡则脉绌急,绌急则外引小络,故卒然而痛。"意思是说,当寒气侵袭肌表则脉寒,而脉寒则会导致经络、血脉收缩,从而导致肢体屈伸不力,浑身疼痛不堪。

纳兰容若既然长期被寒疾所苦,身体上所承受的痛楚也是可想而知的。越是频繁地感染风寒,越是饱受疼痛的折磨,长年的病痛之下,自然而然也会影响到精神层面,"锦样年华水样流,鲛珠迸落更难收。病余常是怯梳头"。这种病痛中孤独又失落的心情,正好切合了他词中贯穿始终的清冷之意。

一直被寒症所苦的人,难免潜意识中也会对秋冬,对一些幽静的事物比较敏感,就像《红楼梦》中的林黛玉,体有不足之症,居处是幽冷清静的潇湘馆,而她的诗词,也大多透着股清冷的味道,无论是《葬花词》,还是《秋窗风雨夕》,无不流露出秋冬一般的凄凉与悲伤,"已觉秋窗秋不尽,那堪风雨助凄凉"与纳兰容若的"谁念西风独自凉，萧萧黄叶闭疏窗""黄叶青苔归路，屧粉衣香何处。消息竟沉沉，今夜相思几许。秋雨，秋雨，一半因风吹去"竟是有着异曲同工之意。

虽然林黛玉只是曹雪芹虚构出来的人物，但是我们也可以看得出来，这种身体上的病痛折磨慢慢侵入到人的精神层面的时候，会让人对人世间的阴晴冷暖更加敏感，也会更加感受到一种生命无常、人生短暂的凄凉。而这对纳兰容若本人那忧郁性格的形成，也起了至关重要的作用。

丧妻之痛、好友的过世与远离，还有对侍卫生涯的厌恶，都开始像毒药一般一点一点地侵蚀着纳兰容若的生命。

"浮名总如水，判尊前杯酒，一生长醉。"在《瑞鹤仙》一词中，纳兰容若这样写道。

显然，现实已经与他的理想越来越背道而驰。

他一次次地感慨"身世等浮萍，病为愁成"。

常年纠缠着他的寒疾，在纳兰容若自己本身的心绪郁结之下，终于从普普通通的风寒变成了陈年旧疴。

《素问》一书中这样说道："人有五脏化五气，以生喜怒悲忧恐。"即是说，人的心情与自己的身体健康有着很密切的关系，心胸宽广、开朗之人一般说来身体都会比较健康，而内心抑郁的人，未必就身强体壮。所谓"怒伤肝""喜伤心""思伤脾""忧伤肺""恐伤肾"，也是这个道理。

纳兰容若自身的心结未能解开，一年一年的郁结，最终和寒疾一起，成为夺走他短暂生命的祸患之一。

在这个大家都比较认可的纳兰容若死于寒疾的说法之下，其实还有一种比较浪漫的、却也是十分凄凉的观点。

纳兰容若死于康熙二十四年五月三十日，而他的妻子卢氏也正是死于五月三十日。

同月同日逝世，这便为纳兰容若的逝世，带上了一丝儿微妙的感觉。

我们形容纳兰容若，经常用的词语之中，有一个便是"情深不寿"。

倒也有点道理。

生命中的这几位女子，只有卢氏，才是他一直最深爱的人，即使到死，也从不曾改变过自己的心意。

纳兰词之中，公认成就最高的，是他写给亡妻的悼亡词，而数量，达到五十首之多。

古往今来，悼亡词并不乏大师的作品，但很多只是一两首，表达了对逝去恋人的怀念之后，就依旧故我，随着时间流逝而渐渐淡了感情，只有纳兰容若，从始至终，对卢氏的感情都没有改变过。

红颜薄命，留给纳兰容若的，只有无尽的思念与悲伤。

爱情上的重大打击，还有成为康熙侍卫之后，目睹了官场内的相互倾轧、尔虞我诈，种种的现实，都让纳兰容若越来越心灰意冷。

所有的天才都是忧郁的。

纳兰容若正是天才，他的抑郁，也是众人所见的。

爱情、现实的双重打击，让纳兰容若屡遭不幸，在他的诗词之中也有着很明显的体现，抑郁不欢，他的逝世与卢氏是同一天，如今看来，也很有些意味深长。

如果不是巧合，那么，很有可能纳兰容若是专门选择了这一天，也就是说，他的死亡，说不定含有自杀的成分。

用我们如今的科学眼光看来，纳兰容若也许患有抑郁症。

抑郁症是一种很常见的精神疾病，也很普遍，很多人或轻或重都有，严重者甚至会产生自杀的念头与行为。自身深受寒疾所苦，几方面的重压之下，导致抑郁症越来越严重，最终因为卢氏祭日的临近，而让纳兰容若选择了这样一条让亲人好友伤心欲绝的路。

当然，说纳兰容若是因为抑郁症而殉情，并无确凿的证据，而从他好友徐倬的两首诗里面，隐隐约约可以看出一丝影子来。

第一首，是《成容若同年以咏合欢树索余和》：

青棠细缬映晴莎，韩重相思未足多。

花似鄂君堆绣被，叶同秦女捲轻罗。

树犹如此能堪否，天若有情奈老何。

定织云中并命鸟，深宵接翼宿琼柯。

另外一首，徐倬写完了还未来得及寄还给纳兰容若，对方便已经离开了这个人世间，于是，徐倬的第二首诗，便用了和前面一首一模一样的韵脚，以表达自己对纳兰容若的悼念之情。

玉树长埋在绿莎，玉楼高处恨争多。

文章于世犹尘土，才调惟天恣网罗。

气夺千秋轻绛灌，诗传五字接阴何。

晓风残月招魂去，只恐难寻梦里柯。

其中的"深宵接翼宿琼柯"，还有"气夺千秋轻绛灌，诗传五字接阴何""晓风残月招魂去，只恐难寻梦里柯"的句子，徐倬隐隐流露出自己不安的感触。

作为纳兰容若的好友，他是不是已经隐隐地猜到了纳兰容若死亡的真相呢？

纳兰容若的去世，是十分突然的，包括亲人在内，都认为和以前一样，是普通的寒疾。

根据《康熙起居注》的记载，康熙二十四年乙丑五月三十日，明珠尚在朝堂以折本请旨。

如果之前纳兰容若就已经病到垂危，以明珠之爱子心切，还会有心思去上朝吗？可见，当时明珠完全没有意识到，就在这一天，他会白发人送黑发人，爱子纳兰容若会永远地离开自己。

就在纳兰容若过世的这一年秋天，沈宛生下了他的遗腹子富森。

第二年，也就是康熙二十五年，纳兰容若葬在了叶赫那拉氏的祖坟所在的皂甲屯，与妻子卢氏葬于一处。

纳兰容若的生前好友们，纷纷撰写悼文，怀念这位天才的词人。

呜呼！始容若之丧，而余哭之恸也。今其弃余也数月矣。余每一念至，未尝不悲来填膺也。呜呼！岂直师友之情乎哉。余阅世将老矣，从我游者亦众矣，如容若之天姿之纯粹、识见之高明、学问之淹通、才力之强敏，殆未有过之者也。天不假之年，余固抱丧予之痛，而闻其丧者，识与不识，皆哀而出涕也，又何以得此于人哉！太傅公失其爱子，至今每退朝，望子舍必哭，哭已，皇皇焉如冀其复者，亦岂寻常父子之情也。至尊每为太傅劝节哀，太傅愈益悲不自胜。余闲过相慰，则执余手而泣曰：惟君知我子，惠邀君言，以掩诸幽，使我子虽死犹生也。余奚忍以不文为辞。

徐乾学是纳兰容若的老师，两人关系一直很好，在纳兰容若亡故之后，徐乾学便写了这篇《通议大夫一等侍卫进士纳兰君墓志铭》，第一句，就写出了他为纳兰容若的过世感到十分的伤痛。

纳兰容若的天才，世人公认，徐乾学也毫不吝啬自己的赞美，称赞纳兰容若"天资纯粹、识见高明、学问淹通、才力强敏"，是他所见过最具有天分的人，只可惜天不假年，如此杰出的人才却英年早逝，不得不说是遗憾。而明珠痛失爱子，悲伤不已，每每退朝回到家中，看到儿子那空荡荡的房间，睹物思人，都会忍不住痛哭，哀叹儿子的逝去，这份父子深情，感人肺腑，闻者无不落泪，有人安慰明珠节哀，明珠却更加哀伤。徐乾学自然也去安慰过明珠，明珠握着他的手含泪说："只有您是最明白我儿子的，希望能请您来为他写这篇墓志铭。"

徐乾学自是这么做了，而写了悼文的，也并不只徐乾学一人，当时的名士都纷纷表达了自己对纳兰容若英年早逝的哀悼之意。

徐乾学不但写了这篇《墓志铭》，还写了《神道碑文》，另外还有韩菼的《神道碑铭》，姜宸英的《通议大夫一等侍卫进士纳兰君墓表》，以及顾贞观的《行状》、董讷的《诔词》，张玉书等人撰写的《哀词》，严绳孙等人写的《祭文》，等等。

"家家争唱纳兰词，纳兰心事谁人知？"

康熙三十四年的时候，当远在江宁的曹寅回想起自己的好友之时，曾经感慨万千。

如今纳兰词早已名满天下，人人都在吟唱着优美的《纳兰词》，争相传颂着"一生一代一双人""人生若只如初见"的时候，又有谁能真正了解纳兰容若的内心呢？

家家争唱纳兰词，纳兰心事谁人知？斑丝廓落谁同在？岑寂名场尔许时。

曹寅感叹着，自己现在已经是白发苍苍，空寂寂寞，回想起昔日的好友纳兰容若，如何能够不叹息世事的无常？

纳兰容若已经远去，以他短暂的三十一年岁月，留下了璀璨的华丽诗篇，仿佛最后一段清丽的传奇，在天际划过，燃烧出绚丽的痕迹。

"家家争唱纳兰词"，正如当年柳永"有井水处，皆唱柳永词"一般，对一位天生的词人来说，俨然是最好的荣耀。

也足以安慰纳兰容若那绝世的才华。

千年之前，柳永的"忍把浮名，换了浅酌低唱"，在千年之后，化为纳兰容若的一句"别有根芽，不是人间富贵花"。

恰好，也正好。

当生就富贵命，却不屑权贵、不喜浮名，"身在高门广厦，常有山泽鱼鸟之思"，这样的人，当真不是人间富贵花。

王谢堂前燕何去？当上苍早早地召回了自己的宠儿，唯有词人留下的不朽华章，代代流传。

·纳兰容若词作赏析·

临江仙

点滴芭蕉心欲碎,声声催忆当初。欲眠还展旧时书。鸳鸯小字①,犹记手生疏②。

倦眼乍低缃帙乱③,重看一半模糊。幽窗冷雨一灯孤。料应情尽,还道有情无?

那是另一个时空雨打芭蕉的夜晚。

心欲碎,不知是芭蕉心碎,还是纳兰心碎。"早也潇潇,晚也潇潇",古往今来的诗词中,芭蕉似乎总喜欢同雨相伴出现。雨滴芭蕉,入梦,美酒半酣有唐汪遵心恋江湖;入画,王摩诘《雪打芭蕉》令人忘却寒暑,白石老人大叶泼墨酣畅淋漓;入乐声,《雨打芭蕉》淅淅沥沥,似雨滴蕉叶比兴唱和,急雨嘈嘈,私语切切,诉尽人间相思意。

至于这芭蕉心,正如易安所言,"舒卷有余情"。禅语云"修行如剥芭蕉",如果我们的心已被世间种种欲念所裹,那么修行便是将层层伪装脱去,"觅心"找回纯真的自我,"明心"则是彻悟尘世的一切杂念,方可见性。

纳兰心中,芭蕉心在其不展吧?因其不展,枝枝叶叶才藏得住纳兰梦萦半生的回忆,层层叠叠容得下纳兰多愁又敏感的心。其实何止善感的纳兰,"此夜芭蕉雨,何人枕上闻",纵是梅妻鹤子的林逋也难掩芭蕉雨下那些撩人的情思。

"忆当初",短短三字便如一把利剑斩断今生。今生已作永隔,窗外雨声风声入耳,曾有多少夜晚流逝于情意缱绻的呢喃?未来又将有多少不眠的孤夜,唯有旧忆聊以回味?所幸,过去的日子并未消逝于流年,在那发黄的红笺之上仍可略窥一二。

"鸳鸯小字,犹记手生疏",怕是纳兰也在怀念把笔浅笑的她吧。此语原出王次回《湘灵》：

戏仿曹娥把笔初，描花手法未生疏。
沉吟欲作鸳鸯字，羞被郎窥不肯书。

纳兰与这位明末的才子是颇有渊源的。王次回出身金坛望族，仕宦之家，连他的女儿王朗也是著名的词人。与他的祖上相比，王次回的仕途之路一生不得志，仅在晚年做了松江府华亭县训导，不过是个无名无实的小官。然而他的作品上承李义山，下启清初词坛，对近代的鸳鸯蝴蝶派也颇有影响。纳兰诗词中常见王次回《凝雨集》的影踪，可又有多少人知道，王次回也如纳兰一般，爱妻早丧，不过凉薄人世一孤伶人。若可同世而立，纳兰与王次回或许也能成惺惺知己吧。

当年的娇俏语长萦耳畔，那副欲语还休的羞涩模样犹在心头，鸳鸯小字里，似可见这位解语花的身姿若隐若现。然而，以为是一生一代一双人，所托竟几页满蘸相思意的旧时书。南宋蔡伸曾慨叹，"看尽旧时书，洒尽今生泪"。蔡伸是书法家蔡襄之孙，官至左中大夫。名门之后，位高权重又如何？三更夜，霜满窗，月照鸳鸯被，孤人和衣睡。

旧时书一页页翻过，过去的岁月一寸寸在心头回放。缃帙乱，似纳兰的碎心散落冷雨中，再看时已泪眼婆娑。"胭脂泪，留人醉"，就让眼前这一半清醒一半迷蒙交错，梦中或有那人相偎。

又是一窗冷雨，纳兰看到了半世浮萍随水而逝，如记忆中挥之不去的她，"一宵冷雨葬名花"。还是纳兰身边这盏灯，只是不再高烛红妆，唯有寒月残照，灯影三人。太白对孤灯空长叹，"美人如花隔云端"。故人入梦，又渐行渐远，"是邪？非邪？立而望之，偏何姗姗来迟"。汉武帝为李夫人招魂，灯影明灭处，留得千古一帝不得见的叹息。

罢了，一梦似千年，从来是"人生长恨水长东"。刘禹锡一句"东边日出西边雨"，留多少痴念在人间。已道无情，而情至深处难自已。这般深情厚谊，在纳兰心中恐怕已不是简单的有情,而是人生难得的知心人。如果说情是前生五百次的回眸,爱是百年修得之缘,那么知心便是三生石畔日日心血的倾注。

有情无?

纳兰笃定不念今生,料想今生情已尽。一心待来生,愿来生再续未了缘,可有来生?

注释:

① 鸳鸯小字:指相思爱恋的文辞。《全元散曲·水仙子·冬》:"意悬悬诉不尽相思,谩写下鸳鸯字,空吟就花月词,凭何人付与娇姿。"
② 生疏:不熟练。
③ 缃帙:浅黄色书套。亦泛指书籍、书卷。

少年游

算来好景只如斯。惟许有情知。寻常风月①,等闲谈笑,称意即相宜②。

十年青鸟音尘断③,往事不胜思。一钩残照④,半帘飞絮,总是恼人时。

想来纳兰应是掰着手指写这首词的吧。

细细数来,好景不过只那些时日,翻来覆去地搜寻也不再多。常说人生如戏,其实又何尝不是一种全新的尝试?只是这些尝试不可以倒带、定格或重复,更没有机会再次完善,只有眼睁睁地看错误客观地存在,走过的路难再回首。几千年前,子在川上曰:"逝者如斯夫!不舍昼夜。"

是啊,逝者如斯!我们可以征服自然,天堑变通途;可以改造世界,高峡出平湖。而面对奔流不复回的岁月,不见古人,不见来者,悠悠天地间只一句逝者如斯,昼夜间便越过几千年。

好景不长，这是千百年流传的古训。墨菲定理告诉我们，越害怕的事情是越会发生。越渴望，越难求；越珍惜，便越易失去。相知相伴，最是难求。若为友人，"海内存知己，天涯若比邻"；若为爱人，万两黄金容易得，知己一个也难求。如当年的钟子期与俞伯牙，管仲与鲍叔，苏轼与黄庭坚，可唱和，可调笑，甚至可以意见相左。知己，是求同存异，即使并不赞同也可以理解。

这里的知己，不是纳兰的那些好友，而是她——"寻常风月，等闲谈笑"。她能与他共剪西窗烛，与他同赏夜雨芭蕉，与他依偎着听残荷雨声。她或许没有咏絮才，抑或谈不上停机德。但她懂他，懂他的浅唱低吟，懂他的眉尖心上。只一个"懂"字——芳心重，即使离去，也沉沉地压在纳兰心头。从与纳兰相知相许开始，她便像一棵树深深地植于纳兰心头，狠狠地扎下根去，发芽，长大，平平淡淡的岁月里成长着他们的记忆，而后便永久地定格成一幅画。也有落叶，也有花开，那是三分谈笑，二分思念，一分微嗔，剩下的是半生相忘于江湖。

那些日子虽无大喜，回忆起来却总是沁着丁香一般若有若无的甘甜。何谓幸福？这是人世间无法量化衡量的参数。身处名利场，纳兰集权势、财富、地位、才情和皇帝的宠信于一身，却久久难以感到幸福。知己不在，五瓣丁香已伴斯人远去，唯余悠悠清香轻浮人间。这位令他念念难忘的知己，定是如丁香一般的女子吧：

她默默地走近/走近/又投出/太息一般的眼光。

她飘过/像梦一般地/像梦一般地凄婉迷茫。

像梦中飘过/一枝丁香地/我身旁飘过这个女郎；

她默默地远了/远了/到了颓圮的篱墙/走尽这雨巷。

这般女子，比之西湖，比之西子，"淡妆浓抹总相宜"。相宜，陆游曾吟《梨花》，"开向春残不恨迟，绿杨窣地最相宜"。无论是在人生的春秋还是晴雨，遇到她，孤单消弭，一切未知便立刻有了答案——那不是参考，而是确定，是唯一。她随风而过，不似斯佳丽那般疯狂固执的爱，却如一杯陈年女儿红，令人沉溺于往事中久久不愿醒转。可惜，可叹，十年音尘断，连送信的青鸟也无影无踪！

青鸟又名三青鸟，传说是女神西王母的使者，"赤首黑目"，一名曰大䴗，一名曰少䴗，一名曰青鸟。古时的"䴗"即"鹠"，听名字便知是三只亮丽轻快的小鸟。其实这三青鸟本是凤凰的前身，为多力健飞的猛禽，后来才转变为一代玲珑小鸟。三青鸟是有三足的神鸟，只有在蓬莱仙山可见。传说西王母驾临前，总有青鸟先来报信。"青鸟不传云外信，丁香空结雨中愁"，可见青鸟也常作为传递幸福佳音的使者出现在诗页中。

送信的青鸟不见，那些陈年往事日日温习，愈思量愈清晰，愈清晰愈徒增烦恼。本是"花有清香月有阴"之时，本应与爱人尽享"春宵一刻值千金"，那千古同月落下的清辉在人间划出一道铜墙铁壁，一边"琴瑟在御，莫不静好"，另一边只剩"一钩残照，半帘飞絮"。所谓"世上本无事，庸人自扰之"，不过未到伤情处。那一份执着的念想，那些共同走过的细细碎碎的日子，她的一颦一笑，他的一言一语，打碎了，搅匀了，和一团泥。捏一个你呀塑一个我，生当同衾，死亦同椁，成就一生的承诺。

注释：
① 寻常：普通，一般。风月：本指清风明月，后代指男女情爱。
② 称意：合乎心意。相宜：合适，符合。
③ 青鸟：神话传说中为西王母取食传信的神鸟。《山海经·西山经》："又西二百二十里，曰三危之山，三青鸟居之。"郭璞注："三青鸟主为西王母取食者，别自栖息于此山也。"又，汉班固《汉武故事》云："七月七日，上于承华殿斋，正中，忽有一青鸟从西方来，集殿前。上问东方朔，朔曰：'此西王母欲来也。'有顷，王母至，有两青鸟如乌，侠侍王母傍。"后遂以"青鸟"为信使的代称。
④ 残照：指月亮的余晖。

茶瓶儿

杨花糁径樱桃落①。绿阴下晴波燕掠②。好景成担阁。秋千背倚,风态宛如昨③。

可惜春来总萧索。人瘦损纸鸢风恶④。多少芳笺约⑤,青鸾去也⑥,谁与劝孤酌。

好一派怡红快绿的浓浓春色!

三四点青苔浮于波上,一两声莺啼鸣于树下。已暮春时节,樱桃散漫,柳絮飘扬,风日晴和不够,须要人意好才算得好景。一句"成担阁",人意便隐身于旧梦中。此去经年,斯人不在,便是良辰好景虚设。

同是花开莺啼、草长鹭飞的时节,因着这"担阁"二字,都黯然失了颜色。困酣娇眼的杨花,飘飘摇摇,萦损柔肠;看樱桃空坠,也无人惜。燕双飞,犹得呢喃低语,"为怜流去落红香,衔将归画梁",竟是黛玉葬花的心境一般。庭院深深处,小园香径下,唯有幽人独往来。

遥想当年,也似公瑾雄姿英发,也着两重心字罗衣。恍惚间,纳兰似又回到初见时刻,他的她,背倚秋千,姣花照水般低头不语,伤春的秀眉微蹙,东风吹乱云鬟。小山犹可闻琵琶弦上相思意,纳兰呢?相思不知说与谁人听。寸心间思绪万千,可容得下这咫尺天涯的天上人间?宛如昨,昨日已弃纳兰而去不可留,今日之日落花独立多烦忧。

去年昨日此门中,人约黄昏后;今年花依旧,不见去年人。纳兰斜倚秋千,抚着冰凉的秋千索,追忆那些朝朝暮暮。往事淌过心头,斯人何在?他望向春雁回彩云归,望向细雨过桃花落,望向角声寒夜阑珊,只望得一怀愁绪空握。天涯一隅,不知她在那一方可也凭栏忆？泪眼望花，花亦无语，"乱红飞过秋千去"。

"春如旧，人空瘦。"也似当年陆游与唐婉痛作生离，十年邂逅，或许无只言片语，一瞥竟成死别。相思相望终难相守，然而秋千索上的斑斑痕迹，竟抵过了人世间最难挽回的疏离与淡忘。

纸鸢，便是我们现在说的风筝，南方叫鹞，北方称鸢，因此也有"南鹞北鸢"之说。很多地方都有清明前后放风筝的旧俗。清代高鼎有诗为证，"草长莺飞二月天，拂堤杨柳醉春烟。儿童散学归来早，忙趁东风放纸鸢"。这里的"二月天"便是阴历二月。放风筝，更确切的意思是"放晦气"，《红楼梦》中曹公对这一习俗也颇费了一番笔墨。人们将自己的名字写在放飞的风筝上，剪断牵线，便认为是放走了"晦气"。当然，人家剪断的风筝不能再捡，否则便会染上"晦气"。

东风恶，纸鸢飘摇，如纳兰那颗摇摇欲坠的心，堪比黄花瘦。想他们也曾芳笺成约，执手一生吧？如今山盟犹在而锦书难托，斯人已去而此情空待，伤情处，"红笺为无色"。

青鸾何在？怕这世上无人曾见。传说青鸾有着世间无人听过的天籁之声，因为它只为爱情而歌；它亦为爱情而生，一生只为找寻另一只青鸾偕老相伴。它踏遍万水千山，仍是形单影只，因为这世上只有一只青鸾。当它偶然望向镜中的自己，竟以为此生如愿，一曲绝美的歌声响彻云霄。从此，青鸾便成为世间坚贞不渝的爱的象征。

东方的青鸾，西方的纳西索斯，他们终其一生追寻着"知我心者"。纳兰又何尝不是？待友人，他不以贫贱富贵为念；待爱人，终生执着于心间。鸿雁不归，青鸾去也，那一份黯然销魂的痴念，叫他与谁人说？孤酌，对影三人，才知好景难常在，过眼韶华似箭流。

"清樽满酌谁为伴？花下提壶劝：何妨醉卧花底，愁容不上春风面。"先于纳兰一千多年的晁补之，自号归来子，心向东篱却身陷朝野，怕是早存了归去的心思，也看清楚了这繁华尘世间的过眼云烟。"多情总被无情恼",纳兰也想放下那些恼人的多情吧?同是花间杯盏,月下独酌,太白笑饮"永结无情游,相期邈云汉",纳兰却敛眉低喟"谁与劝孤酌"。

谁劝孤酌?无解。杨花处处,飞燕双双,融融春意中泛起心头的,是吹不去化不开的悲凉。

注释:

① 糁径:撒落在小路上。糁,煮熟的米粒,这里是撒落的意思。
② 晴波:阳光下的水波。唐杨炯《浮沤赋》:"状若初莲出浦,映晴波而未开。"
③ 风态:犹风姿。宛如:好像,仿佛。
④ 瘦损:消瘦。纸鸢:风筝。
⑤ 芳笺:带有芳香的信笺。
⑥ 青鸾:即青鸟或指女子。唐王昌龄《萧驸马宅花烛》诗:"青鸾飞入合欢宫,紫凤衔花出禁中。"

忆王孙

暗怜双绁郁金香①。欲梦天涯思转长。几夜东风昨夜霜,减容光②。莫为繁花又断肠。

初见时,以为只是一首咏物词。

郁金香,冠郁香于花名,只是对这舶来之物一种美好的愿望,却是彻头彻尾的名不副实。郁金香非本土花卉,据说是唐贞观年间王玄策作为官方代表出使天竺,也就是今天的印度时,天竺国王遣使回访将郁金香传入中国,一同带来的还有象征着佛语的菩提树和菠菜。至清康熙初年,郁金香在中国已有一千多年的历史了。历经了漫漫唐、宋、元、明,诗词曲和传奇的背后只在美人、美酒或罗衣绣纹边偶见郁金香的倩影。比之花中君子或纳兰所爱清荷，郁金香的确难堪伤怀之情。这首词何故独以郁金香作引？这就不得不提到"双绁"之义。

"双绁"二字历来说法颇多，最常见的便是作双枝之解——成双成对的郁金香，大约有连理枝、并蒂莲的意思在其中，以此反衬出纳兰对影成三人时的那些孤寂。还有一种比较有趣的说法是以"双绁"指代女子的袜子。据说，古代有一种女袜有丝带与衣着相连，"绁"本指那起连接作用的丝绳，在此借指整个袜子，而"郁金香"则是袜子上的图案。故而此处"双绁郁金香"应是指女子之物。仔细思量，后者之解似更符合此词中的情思，故而耐人寻味。纳兰对双绁郁金香的感情似乎并不只借花伤怀那么单薄无力，前者"暗怜"，后至"天涯"，怕是纳兰情系之人所遗。一句暗怜，多少陈年旧事，编入西风流年之中，静静地藏于这金织玉绣的罗衣之中。岁月尘封的魔咒被瞬间的一个恍惚打破，只一瞥，便想起了前世今世种种，思如暗流汩汩，终是意难平，欲静又不止。暗怜，不禁有人问，这对郁金香的背后凝结着什么样的情思，让纳兰犹抱琵琶，欲语还休，只将这一份无法排解的"怜"深深地埋入一笔"暗"处？

这几分情愫，和着几丝迷情、几缕旧物，近在咫尺，却又迷蒙得如纷飞柳絮，衣袖翩跹过后扬起一地落寞，令人欲作天涯之思。好一个欲梦天涯！何为欲？欲本就一种无奈，就像是给自己一个难以实现的承诺，总想尽力做到，却遥遥无期。想要而未得到的，对纳兰来说，便是盘桓于现实的幽思，是那连白日梦都做不得的桎梏。

古来文人墨客皆寄情于梦，而庄周的蝶梦则更是梦到了物我两忘的空明境地。"重酣后，梦景皆虚谬，庄周化蝶，蝶化庄周。"至少有片刻，庄周可以以一种俗事难缠的不羁之态纵情迷梦，可以置身事外笑叹红尘种种。而纳兰呢？纵心向天涯，却好梦难酣，抑或连梦的影子也未曾挨着，便不得不打起精神费尽种种思量。纳兰所思何事，如今已不得而知，或许他为着燕子犹可双飞,为着去岁人面桃花,为着不得不承担的前途而思转,这些都使他难入梦。或者他亦想将这一切羁绊都斩断,理还乱的怕是还有一触即发的"双绁郁金香"。

不知纳兰此调作于何时,竟是几夜东风后忽而霜至。身处乍暖还寒时候,或是另有所指?东风亦作春风,多写生发之象,主风调雨顺的和气之色。这里的东风当然可以理解为"郁金香"的春天。而值得深思的是,纳兰为何以几夜形容东风而非几日?按常理,东风多生于白昼,见尽百花齐放的繁华景象。或者说,郁金香若作花之解,也非昙花般夜间开放,那么这"几夜"又作何理解呢?由此看去,"双绁郁金香"所指大有可能是纳兰情系之人。

曾有高烛照红妆,室内春意盎然。一朝好景终散尽,昨夜霜过,任凭雨打风吹去,只是朱颜改。辗转反侧之下自是容光减,心如冷灰,自言不要再为春尽而伤心落泪。"又",是条分缕析的理智与纳兰那颗敏感的心在较量着,几番思忖着莫为繁花过后的残春之景而伤感,内心却挣扎着偏向了诗意的感情。如同前些年,前些日子,前几次一样,断肠人天涯,又徘徊于感情的婉语低喃中。

注释:

① 绁:拴、缚,此处谓两花相并。郁金香:供观赏的多年生草本植物,叶阔披针形,有白粉,花色艳丽,花瓣倒卵形,结蒴果。
② 容光:脸上的光彩。

忆王孙

刺桐花下是儿家[①]。已拆秋千未采茶。睡起重寻好梦赊[②]。忆交加[③],倚着闲窗数落花。

这是一首洋溢着田园气息的小令。区区三十几字便是一个富于生活情趣的小故事,可谓是迷你。

词一开篇，便告诉我们，这是一件花下事，发生在水乡火红的刺桐花下。下一句则是明明白白地点出了时间。过去常有拆秋千的习俗，大约在春城飞花杨柳斜的寒食节之前即农历二月初时，逐渐繁忙起来的农家一般会拆掉小孩子们的秋千。孩子们这时也便不能再优哉游哉地荡着秋千，嬉戏于乡间，而是要随大人一起做些力所能及的农活。而采茶则大约是每年的农历三月左右，想来这首词应作于这春种与采花的短暂间歇之中。怡红快绿，茶香若兰之农闲时刻，才有闲情逸致有此酣然一梦。梦到什么了呢？细思量，忆交加，原来是梦到与心上人相厮守，浓情蜜意，情意缱绻。常言道，日有所思，夜有所梦，想必是相思成久才得以双双入梦，然而醒转之后呢？不过一枕黄粱，梦醒才知万事空，唯余一片相思在心头。由此看来，这首《忆王孙》分明是怀人之作，却不知纳兰心上之人此时身在何方？

陷入了这般无计可消除的相思之中，身倚闲窗，心却如浮云飘向了心上人身边。相思相望难相见，只得默默细数窗外一地落花。宋赵师秀感言"有约不来过夜半，闲敲棋子落灯花"。看似一池春水的闲情下，灯花震落，那是隐不住的失落与焦躁。今斯人入梦，梦而不得，古今同孤寂，只是今人数落花，古人落灯花而已。值得思量的是，花自飘零水自流，落花本是无情物，为何纳兰不以盛开的刺桐花作数，而闲情专指飘零一地的落花？回答这个问题，恐怕要从这刺桐花探个究竟了。

一说到刺桐花，不由得让人想起刺桐城泉州。刺桐原产于印度、马来西亚一带，我国台湾、福建、广东、浙江、江苏等地均有栽培，应该说是典型的南国风物。在一些地方的旧俗里，人们还曾以刺桐开花的情况来预测年成，如头年花期偏晚，且花势繁盛，那么就认为来年一定会五谷丰登，六畜兴旺。历史上还留下了丁谓与王十朋关于这刺桐兆年的一段诗话。耐人寻味的是，这南国宠儿的刺桐缘何闯入了纳兰的梦乡，引得梦中交加，还被亲切地称为"是儿家"？

有史可考，纳兰的妻子卢氏本生长于广东，她的父亲卢兴祖被革职后，按八旗的惯例需进京听宣，卢氏自然随家眷从广州北上京城，可见卢氏本是"南国素婵娟"。而纳兰生命中的另一红颜江南才女沈宛，则是乌程（今浙江湖州）人士。因此，无论是卢氏还是沈宛，都与这刺桐一般，是生长于南国的佳人知己，与北国才子纳兰的相知相伴，尽管一份尘缘短暂得令人扼腕，却是可遇不可求的一段佳话。纳兰看到佳人故乡风物，怀人之心油然而生，便拟小女子口吻写怀春之事，这一副白日里睡懒觉、思盼情郎的娇酣模样令人忍俊不禁。

　　古人寄情思往往比较隐晦，喜欢以彼人写己。典型的如杜甫的《月夜》"今夜鄜州月，闺中只独看"。柳三变则更是直言"想佳人、妆楼颙望，误几回、天际识归舟"，等等。以彼之相思诉己之衷情，不仅更加婉转含蓄，还正如浦起龙所说："心已驰神到彼，诗从对面飞来。"作为温文尔雅的东方人，这种欲言又止、眉目传情的写法更容易引发那种吹皱一池春水的神思遐想。

　　纳兰专情于落花，怕是答了唐五代严恽的落花之问："尽日问花花不语，为谁零落为谁开？"纳兰心头所系之花自有公论，但这多情公子必是故事中的王子。思及匆匆的现代人，纵是没有这般花谢花飞花满天的才思，类似地，也须作"花儿为什么这样红"之问罢。

注释：

① 刺桐：树名。亦称海桐、木芙蓉。落叶乔木，花、叶可供观赏，因枝干间有圆锥形棘刺，故名。儿家：古代年轻女子对其家的自称，犹言我家。

② 赊：渺茫、稀少。

③ 交加：交错，错杂。此处谓男女相偎，亲密无间。

忆王孙

西风一夜剪芭蕉。倦眼经秋耐寂寥？强把心情付浊醪[1]。读《离骚》[2]。愁似湘江日夜潮。

时维三秋，天气转凉。昨夜又是一夜难入眠，只听得西风萧萧，足足吹了一夜。园中芭蕉林，本是绿肥青葱苍翠可爱，岂忍得了这一夜的摧残，尽是遍地皆狼藉。"悲哉，秋之为气兮，肃杀也！"满目望去，没有尽头，所见皆秋色，顿时胸中无限凄凉，人岂能经受如此寂寥？取来一壶浊酒，对窗独自低饮，强将这无限的寂寥倒进杯里，化作无奈，一饮而下，灌入愁肠。岂料"抽刀断水水更流，举杯消愁愁更愁"，这心中苦闷何由才得排遣？随手捡起一本《离骚》，漫目读去，字字尽愁语，篇篇有千结。报国有心，立功无门，心怀天下，书生意气，三藩之乱的刀兵战火未安，我的心中愁闷，如那日夜奔不息腾翻滚的三湘江水一般。

这首词主要是写一种"愁"，先不谈这"愁"到底是为何而愁，先看看纳兰的写法。这首词只短短三十一字，而其中直接间接言及"愁"的，全篇皆是。直接写"愁"的如"倦眼经秋耐寂寥""强把心情付浊醪""愁似湘江日夜潮"，而第一句"西风一夜剪芭蕉"虽未直接说出情绪，可也能根据传统，理解到词人正要表达一种愁闷。短短三十一字，可谓字字皆愁，孔子说《关雎》"哀而不伤"，这也似乎成为后世对于诗歌写情中对抒情进行节制的理论依据。然而纳兰这首词明显没有节制抒情，不仅如此，他的词的一个特点就是情感流露不受阻碍，无论是那些他写得委婉动人的，如"一往情深深几许？深山夕照深秋雨（《蝶恋花·出塞》）""多情终古似无情，莫问醉耶醒（《荷叶杯》）"，还是狂放的，如"德也狂生耳"这样的词句。

可以说纳兰的词在用情方面有些纵情的倾向，特别是那些表现细腻的女性化情感的词。这首词就能体现这样的风格，写愁就全篇写愁，如江水滔滔不绝。西风引起人伤时，第一愁；西风毁坏芭蕉，第二愁；奋力遣愁，借酒浇愁愁更愁，第三愁；停杯读《离骚》，所读尽愁，第四愁；悲于人生的山山水水，第五愁。这样的写法，在读者方面感受起来，确实是感觉一重又一重地压来，颇为压抑。

这首词有考据认为是三藩之乱期间，纳兰因报国有心，立功无门，有感而作。当然可备一说。

三藩之乱期间，纳兰正作为康熙的御前侍卫，因职责所在，虽有立功之心而无立功之门。这首词虽可见得一种同屈原般的忧国忧民的惆怅，却仍可见纳兰自己一贯的细腻情感。在对主题的理解上，可能难免有不同看法，这些看法多半源于对词人自身的理解，不过正如梁羽生所说，也许因为纳兰容若太善于言愁了，因此一般人对他有个误解，以为他是个消极颓废的词人。其实他的"愁"，正如前一篇所谈过的，乃是在封建压力下，精神苦闷的表现；而且除了"工愁善恨"之外，他也还有激昂悲愤的一面，用百剑堂主的词来说，就是还有"悲慷气，酷近燕幽"。

注释：

① 浊醪：即浊酒。醪，带糟的酒。
②《离骚》：中国古代最长的抒情诗。屈原的代表作，也是《楚辞》中的名篇。

调笑令

明月，明月。曾照个人离别。玉壶红泪相偎[1]，还似当年夜来。来夜，来夜，肯把清辉重借[2]？

其实，这首《调笑令》满含自嘲之意。

调笑令又名转应曲、三台令。关于这词牌名，在胡适《词选》中有一段解释："【调笑】之名，可见此调原本是一种游戏的歌词；【转应】之名，可见此词的转折，似是起于和答的歌词。"纳兰以调笑之名写彼时的红妆相偎，是嘲弄命运无常，也是在自讽西风独自凉。

开篇直呼明月，似谪仙般的邀月？举杯邀明月，对影成三人。不知一向谨慎的他，会不会也拍着玉板月下长歌，对酒当歌，人生几何？明月，明月，纳兰是想劝慰吧？海内存知己，自然天涯共此时，何必以身形羁绊？或者也是在祝福，既不得相守，便不如放开心胸祈祷，但愿人长久，千里共婵娟。

然而那一片月明中，纳兰好似又眼睁睁地看见那个人由远及近渐渐走向了他，咫尺之距时，又远远地推开了他，狠狠地退出了他的视野。他们心意相交，却终天各一方。

永远，相守时难以实现的诺言；遥远，离别时执手相看泪眼，一个转身便耗尽了一生的时间。

"玉壶红泪"一说，来自三国时期魏文帝曹丕宠妃薛灵芸。灵芸本是当时东吴浙西常山赞乡人。怀着对父母兄弟和家乡风物的恋恋之情，怀着对那宫廷生活的陌生和恐慌，灵芸从江南远赴洛阳。这一路灵芸泪如泉涌，随从便用玉唾壶给她承接泪水，只见流进壶中的泪水都带着血红。等到抵达洛阳，玉唾壶中已盛满了血泪，因称后世és女子的眼泪为"红泪"。

"夜来"之意还是取自薛灵芸。为了迎接薛灵芸，曹丕在洛阳城外筑土台，高三十丈，直入云间；在台下四周布满蜡烛，唤名"烛台"，蜡烛沿灵云入城的路线从烛台一路绵延至洛阳城郊。魏文帝在烛台静候佳人之时，远远望见车马滚滚，尘埃翻腾，宛如云雾弥漫，不由感叹："古人云，朝为行云，暮为行雨，今非云非雨，非朝非暮。"因而改薛灵芸的名字为"夜来"。

到这里，词意也豁然开朗，这个被纳兰以自嘲的笔触留在诗行间的女子，多半应是纳兰思之念之而终不得相守的表妹。不似纳兰发妻卢氏离去时的痛彻心扉，直问"天为谁春"；不似沈宛不告而别返回故乡时，他叹息"等闲变却故人心，却道故人心易变"。他久久珍藏于追忆中的这份情，不似烈火般的热情，却因为凄清更惹人疼惜。不知纳兰回忆起了表妹的哪般，只一句玉壶红泪诉尽相思意。玉壶红泪，盛着互诉衷肠的甜蜜，家族的殷殷期望，对未知前途的恐慌，还有那伴君千日、终须一别的结局。

行至下片，纳兰低叹，来夜，来夜，以轻不可闻的声音，简单得不能再缩略的呢喃，重温那个已经冷却的旧梦，就像苏轼轻言"作个归期天定许"。或许纳兰也是怀着几许期待的吧，虽明知好景已逝，却依旧忍不住希望；虽然到头来只落得往事如风信子的花瓣一般，散落一地，唯余"缥缈孤鸿影"。

纳兰希冀的来夜，更多的怕是在追寻那些终成回忆的昨夜，春风拂面灯火阑珊的昨夜，与表妹相知相伴的昨夜，逝去的情意缱绻的昨夜。这一段往事像是中了岁月的魔咒被封在心底，既没有结果，也难以诉说，唯有叹息悠悠时常回荡于心间。多少年过去后，才终于明白，那时光的封印唤为"此情可待成追忆"。

罢了，借一缕清辉，想佳人旧影，凭栏凝望，还是那一轮明月，却是年年新月照旧人。连月色都已变换，谁又能回到过去？没有过不去的，只有回不去的，纵使相逢应不识吧。

注释：

①玉壶红泪：晋王嘉《拾遗记》卷七："（魏）文帝所爱美人，姓薛名灵芸，常山人也……时文帝选良家子女以入六宫，（谷）习以千金宝赂聘之，既得，乃以献文帝。灵芸闻别父母，嘘唏累日，泪下沾衣。至升车就路之时，以玉唾壶承泪，壶则红色。既发常山，及至京师，壶中泪凝如血矣。"后因以"玉壶红泪"称美人泪。

②清辉：清澈明亮的光辉，多指日月之光，这里指月光。

河 传

春浅①，红怨②，掩双环③，微雨花间昼闲。无言暗将红泪弹。阑珊④，香销轻梦还。

斜倚画屏思往事⑤，皆不是，空作相思字。记当时，垂柳丝，花枝⑥，满庭蝴蝶儿。

这是一首节奏感极强的小令，"春浅，红怨，掩双环"，文字婉约如斯，读来却字字皆有生机；句式富于变化，韵脚也未耽于一致，带着些清爽曼妙的灵动，在三三两两的字句间跃动，格律的鲜明感就像江心里、秋月下那一首令白居易过耳难忘的琵琶曲——"嘈嘈切切错杂弹，大珠小珠落玉盘"。

若你沉迷于节奏的明快，便由此期冀品鉴出易安居士早期作品的明媚和单纯，那可就错了。"争渡、争渡，惊起一滩鸥鹭"的简单快乐向来是留不住的，就像最美的人间四月天终会随芳菲陨落而到尽头一样，纳兰词里更多的仍是绵长的感伤和抽丝剥茧般的追忆。

人生就是这样，越是"当时只道是寻常"，"当时"之后便更加五味杂陈。和韶华一起逝去的还有追不回、讨不得的境遇，这种沧桑与无奈便是成长的代价。当代诗人张枣在他的《镜中》里写道："只要想起一生中后悔的事，梅花便落了下来。"谁人一生之中没有一些只要想起就会感伤的往事呢？

垂柳丝、花枝、满庭蝴蝶儿，既是昔日欢愉景象的见证，也是今日萧索情状的旁观者。往事如向下的流水一般执拗，不肯回头，离开的人也是如此，再难相见。"思往事，皆不是"。人不是，景不是，连心情都不是，斜倚画屏，也就只剩下一个"空"字了吧！

心境虽"空"，脑海中的景象却被纳兰安排得满满当当。我们大抵都有过这样的体验：明明心里空空荡荡，却又像被堵得不留缝隙，想深吸一口气，张开嘴后却是一声止不住的叹息。这斜倚着屏风的人儿也是这样，她所思所想都是伤感的往事，而且是追不回来的往事，明明是一触碰就会心疼的记忆，却又忍不住不想。梦也醒了，春要尽了，相聚的短短数日虽恍如隔世，心里的思念却不知要延续到何日何时。

是啊，春雨渐歇，门扉掩闭，细雨凉风惹恼了庭院里的群花，幽幽小径上尽是缤纷落英，此景之下，怎能不起伤情？这一阕画面感极强的小令，就像一部沉默的纸上影像剧，你看那掩着眉目从一地落花中走过的女子轻叹连连，手掩门环，就连背影都带着清冷。

《河传》这个词牌并不多见，据说这个词牌是由隋炀帝杨广首创，由唐朝才子温庭筠完善，纳兰的《饮水词》有三百四十九首之多，用这个词牌的也仅此一阕。就用这短短的五十余字，纳兰写了一个完整的故事，他没有像大多数词人那样以秋天的黄叶、雁飞、冷风来写悲欢，而是用春愁带伤情，在时间、空间的转换中完成了自己的叙述。

这首词从表到里都是矛盾的，表层的矛盾在于节奏之明朗与内蕴之哀伤，里层的矛盾则是主人公内心的一番纠结，盼归总不能，相思终不得，欲罢又不忍，在纳兰的信笔点染中，词中主人公的满怀思念仿佛要从笔墨间溢出来，这大概也点破了词人自己的心事吧！

只是不知这词中的矛盾是否会引来今人的共鸣，那些倔强地抱着回忆取暖的人啊，是否总觉得四季都是冬天呢？

注释：

① 春浅：谓春意浅淡。
② 红怨：为花落伤感。
③ 掩双环：掩门，关起门。

④ 阑珊:精神低落。
⑤ 画屏:有画饰的屏风。
⑥ 花枝:开有花的枝条。

蝶恋花 散花楼送客

城上清笳城下杵①。秋尽离人,此际心偏苦。刀尺又催天又暮,一声吹冷蒹葭浦②。

把酒留君君不住。莫被寒云③,遮断君行处。行宿黄茅山店路④,夕阳村社迎神鼓⑤。

这是一首送别诗。

散花楼,单听名字便引得无数遐想。天女散花,也是有来历的。据说在维摩诘住处有一位天女,每听到有人说法的时候就会现身,把天花撒向众菩萨和佛的弟子。花落到菩萨身上时便都会坠落,但是落到那些弟子身上时却不会掉下来。那些弟子用神力也不能将花拂去。舍利弗说:此花不如法。就是说存有分别心是不如法,说明弟子们还有畏惧生离死别之心。等修行完成后,五欲不再有,"结习尽者,花不着身"。

在散花楼送别,或许不只是巧合吧。"天若有情天亦老",好友间若无别绪,又何来离愁呢?纳兰所送之人,正是张见阳。张见阳,字子敏,名纯修,本为内务府包衣,进士及第后先授江华县令,官至庐州知府。张见阳与纳兰结为异姓兄弟,是纳兰的知心故交。这首词即是在张见阳出任湖南江华县令离京时所作。

秋花惨淡的时节,本就易惹人伤感。张见阳此时奔赴千里之外,话别时酒入愁肠,更著凄凉。散花楼上,听得远处胡笳轻唱,城下捣衣声一下接一下单调地重复着,回荡在这清冷的蒹葭浦,在离人的心中挥之不去。

"刀尺"二字历来说法不一，比较普遍的说法是制衣，那么"刀尺又催"便是赶制衣物之义了。古时士兵武器和粮食由朝廷供应，衣物往往是自备。每到秋冬交替时，家人便要为远方的征夫或游子准备寒衣。因此便有了这"万户捣衣声"。宋贺铸也曾在他的词中提道，"砧面莹，杵声齐，捣就征衣泪墨题"。瑟瑟秋风中的捣衣声藏于游子密密缝的身上衣，藏着远征游子对故土的眷恋，藏着故园亲友的不舍和思念。

文行至此，不过是一首普通的送别诗。而纳兰之于张见阳，岂是泛泛之交可比？留君不住，临别定有金玉之言相赠，"莫被寒云，遮断君行处"。江华曾一度为吴世璠所占据，清军刚收复江华不久后张见阳即被派去任职。纳兰深知此时的江华战火未息，民生艰难，且江华历来是多民族交汇地区，冲突时有发生，张见阳所得并非美差。然而作为朋友，纳兰不断勉励张见阳要莫惧寒云，要在满目疮痍中成就一番大业。他在与张见阳的书信中写道："古来名士多以百里起家者，愿足下勿薄一官，他日循吏传中，籍君姓名，增我光宠。"纳兰年轻时也有建功立业的宏图大志，而他囿于皇宫中难以施展拳脚，便将自己的目标寄托于好友。

纳兰对张见阳不仅有着殷切的期望，也像兄弟一般深情地关怀着他。他曾作五律遗友人：

楚国连烽火，深知作吏难。

吾怜张仲蔚，临别劝加餐。

江华属楚地，故诗中言"楚国连烽火"。彼时，江华时局不稳，纳兰对友人颇为牵挂。临别不赘言"一片冰心在玉壶"，无"天下谁人不识君"的豪情，也没有"天涯若比邻"的宽慰，而像是至亲一般希望他保重身体，二人的友情由此也可见一斑。

古时官员到各地赴任，往往要经历一段时间的长途跋涉。纵使比不得昭君出塞、文成公主进藏，但翻山越岭在所难免，"鸡声茅店月，人迹板桥霜"，个中酸楚不需多言。而纳兰似对行宿黄茅山店这般羁旅生活有着别样的期待。

词中所说的村社应该是指秋社日。古有春秋二社，秋社日是立秋后第五个戊日，大约在秋分前后。此时的农家已经完成了收获，所以立社祭祀土地神。秋社祭神的习俗最早始于汉代，宋代的村社有食糕、饮酒、女归宁的习俗，至今一些地方还有"做社""敬社神""煮社粥"等传统纪念活动。

纳兰从小便生活在政治斗争的旋涡中，官场的黑暗、人性的扭曲和金钱权力间血淋淋的勾当让他压抑已久，这也使得他更加渴望自由，向往人与人之间真挚的感情，向往朴实的田园生活。"开轩面场圃，把酒话桑麻"，村社神鼓在他眼里便成了自由惬意生活的写照。

"夕阳村社迎神鼓"，是他劝慰友人以豁达之心迎接未来的漫漫长路，"竹杖芒鞋轻胜马，谁怕？一蓑烟雨任平生"；又似他给自己的一个期许，"云无心以出岫，鸟倦飞而知还"。可惜，纳兰的归去来兮终究只是个没有见过阳光的期许。

注释：

① 清笳：谓凄清的胡笳声。唐杜甫《洛阳》诗："清笳去宫阙，翠盖出关山。"城下杵：指捣衣之声。杵，捣衣所用的棒槌。
② 蒹葭：蒹和葭都是水草，本指在水边怀念故人，后以"蒹葭"泛指思念异地友人。语出《诗经·秦风·蒹葭》："蒹葭苍苍，白露为霜。所谓伊人，在水一方。"
③ 寒云：寒天的云。
④ 黄茅山店：指荒村野店。黄茅，茅草名。唐白居易《代书诗一百韵寄微之》："官舍黄茅屋，人家苦竹篱。"
⑤ 村社：旧时农村祭祀社神的日子或盛会，《旧唐书·文苑传下·司空图》："岁时村社零祭祠祷，鼓舞会集，图必造之，与野老同席，曾无傲色。"

虞美人

曲阑深处重相见,匀泪偎人颤。凄凉别后两应同,最是不胜清怨月明中①。

半生已分孤眠过,山枕檀痕涴②。忆来何事最销魂,第一折枝花样画罗裙③。

词本为"艳科",以婉约为主,多写艳情,这是人们对早期词作品的印象。翻开古代词集,男女情爱、风花雪月乃是其中最重要的主题之一,这其中又不乏着重描写妇女的妖娆容貌、娇羞情态、华美服饰的作品。我国文学史上第一部文人词总集《花间词》中便有很多这样的词,所以后人常将其作为"艳词"的早期标本。

词的产生主要是为了表达文人心里那些诗歌所不能承载的细腻情愫,因而内容上自然会打上情感化的烙印,再加上早期词与乐曲相伴而生,其音乐基础为艳乐,多数时候都是由歌姬、妓女在倚红偎翠的环境下吟唱,因而便免不了绵软之气、柔靡之风,所以清代的刘熙载曾在《艺概·词曲概》里将词(尤其是五代时期的词)的特点概括为"风云气少,儿女情多"。

由于作者的气质与秉性使然,所以即使内容同为艳情,词作也往往会呈现出迥异的风格。早期花间词不仅内容空虚、意境贫乏,而且多追求辞藻的雕琢与色彩的艳丽,虽然词人多为男子,但他们写出来的文字却带着极浓的脂粉气;纳兰的这一首《虞美人》虽然也写男女幽会,却在暧昧、风流之外多了几分清朗与凉薄。

发端二句"曲阑深处重相见,匀泪偎人颤"很明显出自李煜在《菩萨蛮》中的"画堂南畔见,一向偎人颤"。小周后背着姐姐与后主在画堂南畔幽会,见面便相依相偎在一起,紧张、激动、兴奋之余难免娇躯微颤；纳兰词中的女子与情郎私会于"曲阑深处"，见面也拭泪啼哭。但是细细品味，后主所用的"颤"字更多展现的是小周后的娇态万种、俏皮可人，而纳兰这一"颤"字，更多的是写出了女子的用情之深、悲戚之深，同用一字而欲表之情相异，不可谓不妙。

李煜前期词作多写宫廷享乐生活，其"冶艳"风格在多首词中都可窥见，比如他的《一斛珠》："晓妆初过，沈檀轻注些儿个。向人微露丁香颗。一曲清歌，暂引樱桃破。罗袖裛残殷色可，杯深旋被香醪涴。绣床斜凭娇无那，烂嚼红茸，笑向檀郎唾。"这首词上阕写女子之美，下阕写女子与"檀郎"的调笑，几乎用一种白描的手法来写男女嬉戏、玩笑，但用词的精准和情状描摹之细腻却令整首词都笼罩着一股美艳之色。

与很多花间词相比，李煜的艳词大多做到了艳而不俗，能将男女偷情幽会之词写得生动而不放荡。纳兰的这一首《虞美人》又在李煜之上。

曲阑深处终于见到恋人，二人相偎而颤，四目相对竟不由得"执手相看泪眼"，但接下来纳兰笔锋一转，这一幕原来只是回忆中的景象，现实中两个人早已"凄凉"作别，只能在月夜中彼此思念，忍受难耐的凄清与幽怨。夜里孤枕难眠，只能暗自垂泪，忆往昔最令人销魂心荡的，莫属相伴之时，以折枝之法，依娇花之姿容，画罗裙之情事。

这首词首尾两句都是追忆，首句写相会之景，尾句借物（罗裙）映人，中间皆作情语，如此有情有景有物，又有尽而不尽之意，于凄凉清怨的氛围中叹流水落花易逝，孤清岁月无情，真是含婉动人，情真意切。

从五代到两宋，又及清朝，"花间词"的传统虽有所保留，但那些风花雪月的事，还是被时光这支画笔涂抹上了不同的色彩，或妖艳，或清新，都是词海中的一朵浪花，各有风情。

注释：

① 不胜：受不住，承担不了。清怨：凄清幽怨。
② 山枕：枕头，古代枕头多用木、瓷等制作，中凹两端突起，其形如山，故名。檀痕：带有香粉的泪痕。浣：浸渍、染上。
③ 折枝：中国花卉画的画法之一，不画全株，只画连枝折下的部分。花样：供仿制的式样。罗裙：丝罗织成的裙子，多泛指妇女的衣裙。

采桑子

土花曾染湘娥黛①，铅泪难消②。清韵谁敲③，不是犀椎是凤翘④。

只应长伴端溪紫⑤，割取秋潮⑥。鹦鹉偷教，方响前头见玉箫⑦。

这首词写的是一段深隐的恋情，用苔藓遍布的竹子和晶莹难以消除的泪水来打开全词，意欲告诉读者，这段恋情的苦楚，真的是如泪如疤。

斑痕累累的湘妃竹，青青如黛，竹身长满了苔藓，晶莹的泪水难以消除。正如同词中所写的那样："土花曾染湘娥黛，铅泪难消。"这词中所写的，也实在就是他的心性，纳兰一生的心境悲苦凄凉，无人能懂。

纳兰虽然是人人羡慕的相爷公子，是皇帝身边的大红人，是满腹文采的大才子，但他的内心深处，所结满的疤痕，有几个人能看到呢？只有纳兰自己能够感受到，他虽然出身富贵事，地位显赫，仕途顺利，相貌俊秀，就连妻子也是门当户对。这一切是任何男人都可望而不可即的，却被他一人所占有，他却依然不满。

"清韵谁敲，不是犀椎是凤翘。"所谓"犀椎"是指犀槌。古代打击乐器方响中的犀角制成的小锤子。而"凤翘"则是古代妇女凤形的首饰。这句话的意思是清韵声声,那不是谁在用犀槌敲击乐器,而是她头上的凤翘触碰到了青竹,从而发出清雅和谐的响声。

是何人的发簪碰到了青竹,这个人是纳兰的情人还是红颜知己,在词中并未提及,但可以得知的是,这个女子最终是未能和纳兰厮守在一起的。

这样,也就可以理解纳兰开篇的悲情词句了,或者可以说是事出有因,却也应了那句情何以堪。而在下片里,纳兰将写景转为抒情,尽情抒发了一番相思之苦。"只应长伴端溪紫,割取秋潮。鹦鹉偷教,方响前头见玉箫。"意思是:秋色多么撩人、秋意无限,应该将这些用端砚写成诗篇。将相思之语偷偷教给鹦鹉,当与她相逢又难以相亲时,鹦鹉或可传递心声了。

总体来说,这首词的写作风格清新淡雅,虽然不能算是纳兰作品中的上乘之作,但将相思之苦刻画得淋漓尽致,也算是一首别致的小词。

注释:

① 土花:苔藓。
② 铅泪:晶莹凝聚的眼泪。语本唐李贺《金铜仙人辞汉歌》:"空将汉月出宫门,忆君清泪如铅水。"
③ 清韵:清雅和谐的声音或韵味,指竹林风动之声。
④ 犀椎:即犀槌,古代打击乐器方响中的犀角制小槌。凤翘:古代妇女凤形首饰。
⑤ 端溪:溪名,在广东高要东南,产砚石,制成者称端溪砚或端砚,为砚中上品,即以"端溪"称砚台。端溪紫,指紫色的端溪砚。
⑥ 秋潮:秋季的潮水、情怀等。
⑦ 方响:古磬类打击乐器,由十六枚大小相同、厚薄不一的长方铁片组成,分两排悬于架上。用小铁槌击奏,声音清浊不等,创始于南朝梁,为隋唐宴乐中常用乐器。

采桑子

严宵拥絮频惊起,扑面霜空①。斜汉朦胧②,冷逼毡帷火不红。

香篝翠被浑闲事③,回首西风。数尽残钟④,一穟灯花似梦中。

纳兰的才华,肆意绽放,无法遮掩,就连康熙皇帝也忍不住欣赏,这个男子的文采华丽在清朝的时空中开出艳丽的花朵。纳兰容若二十多岁便开始担任三等侍卫,守在康熙身边,已经过去了好几个年头,康熙之所以欣赏身边的这个男子,并非因为他是忠臣纳兰明珠的爱子,也不是因为他王公大臣的身份,而是看重纳兰容若身上这份独一无二的气度与谈吐。

但随着恩宠越来越浓,纳兰却越来越不开心,他似乎并不满意眼前的生活,在所填写的词中,常有丝丝的抑郁流露出来。那份难解的孤独不是所有人都能明白的,也正是因为如此,纳兰在偌大的人世间显得越发孤寂,无人能懂的心情,他只有寄于诗词之中,聊表慰藉。

这首词作于何年何月何地,已经难以考究,从词中所描写的情景来看,大约是写于扈驾巡幸途中,还有一种说法是这首词写于纳兰妻子卢氏病殁之后,本就心情孤寂,偏又逢爱妻离去,来到塞外,看着那片苦寒之地,自然是有感而发。

这片孤苦之词的背景已经无从推断,但从词的内容可以看出,纳兰当时做这首词的心境并不平静。

这首词写塞外的苦寒、孤寂:霜气卷扬着雪花阵阵飞起,扑面而来的是冬日寒冷的天空。天空的银河迷蒙昏惑、模糊不清,寒气袭来,连帐篷中的炉火都不再暖和。在家中时那熏香缭绕枕衾温暖的往事,真是让人不堪回首。面对"一穟灯花",耳边几许"残钟",一切都好似在梦中一般。

整篇词围绕着边塞的寒夜进行描写,上片用的全是景语,用"严宵""拥絮"来透露塞上寒夜的寒冷,也从中透露出自己的凄苦心境。频频地惊起,拥着被子,能感受的除了满面的寒气,只有塞外无际的空寂。

这里的"絮"也做两个解释,一个就是上文中所写到的棉被,意思便是半夜用被子裹着身体。还有一个是指柳絮般的雪花。整句话的意思便是严寒的霜气卷起雪花,令其如柳絮般飞舞在空中。不过从"频惊起"这三个字来推敲,这里的絮当是作棉被来解。

因为夜里太过寒冷,几次从睡梦中被冻醒,屋内尚且如此,屋外的旷野上更是不用说了,"扑面霜空。斜汉朦胧,冷逼毡帷火不红"。天空寒雾迷漫,银河仿佛横亘在夜空上的河流,被寒气所笼罩,在这样的天气下,军营里的炉火,再怎么添加柴火,也是烧不旺的。

既然在清冷的夜里清醒过来,想要再睡着也不是那么容易的事情,万籁俱寂,一人独行,这样的时刻,最容易胡思乱想了。于是纳兰的下片便峰回路转,从景转心,开始了联想、回忆、幻境相结合的心理描写。

"香篝翠被浑闲事",一段似梦非梦的描述,仿佛让读词的人与他一同回到了温暖的家中,守着暖炉,怀拥翠被,温暖舒适。这里的描述并非完全是身体上向往的舒适,更多的则是表达心理上的一种向往,向往轻松自由、宽松舒适的环境。

"香篝"是古人在室内焚香所用的器具,而"翠被"则是被面艳丽柔软的被子,这两样事物看似是纳兰对家的渴望,实则是纳兰在思念家中的某位人,很可能就是他的妻子。不过身在塞外毕竟是现实,纳兰也知道这一切都是"浑闲事",他"回首西风",一切不过是想象出来的美梦一场罢了。

在寒冷的毡帐里,词人听到稀疏的钟声,而此时毡帐里一点微弱的灯光提醒他，家在很远的地方，自己现在身处的是不知何处的塞外，一时之间，孤凄情怀，不免难以忍耐。只能以词写心，托物言志。

注释：

① 霜空：秋冬的晴空。
② 斜汉：指秋天向西南方偏斜的银河。
③ 香篝：熏笼。古代室内焚香所用之器。
④ 残钟：稀疏的钟声。

采桑子　咏春雨

嫩烟分染鹅儿柳①，一样风丝。似整如攲，才着春寒瘦不支②。

凉侵晓梦轻蝉腻③，约略红肥④。不惜葳蕤⑤，碾取名香作地衣⑥。

忧伤，是纳兰词的主要基调。这首词写春雨，借雨中物象去吟咏，但整首词中却无法剥离那忧伤的基调：春雨落在泛起鹅黄色的柳枝上，弱柳似烟若雾，仿佛是空中飘洒着游丝一般。春雨蒙蒙中，它的枝条又好像是歪斜的雨丝，时正时偏。春雨凉意袭人，堪破晓梦，令人懊恼，雨后的鲜花应该更加娇俏明艳了吧！又或者雨落花残，残花满地，好似用花瓣铺成了地毯。

纳兰曾说过："电急流光，天生薄命，有泪如潮。勉为欢谑，到底总无聊！"忧伤是纳兰生命里无法剔除的一部分，他虽然生活无忧，仕途坦荡，但他却为此而感到焦躁。在这样一个金项圈套住的生活里，他感到压抑，甚至愤怒，他无法忍受贵族生活的腐朽和糜烂，他在精神上一直处于挣扎状态，但他无计可施，便只能在词章上化解。

他有着旷日的才华，他将才华全部用来吟诗写词，他的词里有着悲苦之音，无关生活，直入灵魂，在他痛苦的倾诉、沧凄的呻吟中，我们仿佛可以看到从他词里慢慢渗透出的，那浓郁、无法抹去的忧伤。

这首《采桑子》，看上去只是一首泛泛的伤春自怜的小令，其实细究之下，内含其他。"嫩烟分染鹅儿柳"，柳树，柳枝，是春日里很好的意象，纳兰虽然用到柳条，却只是说在那春雨下，似有似无的，刚泛起鹅黄色的柳枝，就好像空中的游丝一般，让人一时之间看不清楚。

顿时，春天雨景跃然眼中，在春天的雨日里，天空下细密的雨丝织成一道自然的垂帘，而雨中的柳条随风摇摆，时而翩跹，灰蒙蒙的空气中，已经看不清哪些是雨丝，哪些是柳条，二者浑然一体，融合在一起，好一幅春雨图。

在这里的"似整如欹"用得恰当极了，"欹"是歪斜的意思，柳枝在风雨中时而偏斜，时而工整。纳兰的词句在这里仿佛是一幅工笔画，令春雨图赫然出现在人们的眼前，清晰的如同亲眼所见一般。

就是在这样的一幅画里，他越发记得他曾经那个似有似无的梦，只是可惜，春雨凉意袭人，堪破晓梦，令人懊恼。"才着春寒瘦不支"，这句将上片结束，道出了春雨带给自己的惆怅心情，同时也是承启下片，讲出梦如薄烟，被凉意浸透的凄苦之感。

"凉侵晓梦轻蝉腻"，这里的"清蝉"并非是说书上的蝉虫，而是指的待字闺中的人，在春日逐渐明媚的时候，花朵变得更加娇俏，但一场大雨过后，那些花朵大部分被打落在地，洒落一地的残花就好像给大地铺上了一条地毯。

这份伤感之景，令待字闺中的人看到，更是容易感伤红颜易老，岁月无情。纳兰借着闺中之人感伤春雨，写出自己昔怀往日，感慨今朝。他在词章中营造出了一个凄美的意境，堪比南唐后主李煜的功力，在纳兰的笔下，世界都是美得让人窒息的，他可以控制这个世界,让整个空间里充盈着他想要的气息。

日子漫长,他无法忘记过去,也无法看到未来,在一个富家公子的眼中,春日里除了明媚的阳光和鲜艳的花朵之外,还有那雨后残花,无法抵御的时光之洪流。

注释:

① 鹅儿柳:泛起鹅黄色的柳枝。
② 不支:不能支撑,谓力量不够。
③ 轻蝉:指蝉鬓。此处指闺中人。
④ 约略:略微、轻微。
⑤ 葳蕤:形容枝叶繁盛的样子。
⑥ 地衣:地毯。

采桑子

拨灯书尽红笺也①,依旧无聊。玉漏迢迢,梦里寒花隔玉箫②。

几竿修竹三更雨,叶叶萧萧。分付秋潮,莫误双鱼到谢桥③。

在灯下给她写信,即使写满了信纸仍是意犹未尽,心里依旧惆怅无聊。偏又漏声迢迢相伴,不但添加愁绪,而且令人如醉如痴,仿佛在梦中与她相见,却又朦朦胧胧不甚分明。室外秋雨敲竹,滴在树叶上,点点声声,淅淅沥沥。将这孤独寂寞的苦情都付与此时的秋声秋雨中,不要忘了将书信寄给她才好。

世界之大,悠悠众生,能够有一个远方的人,付诸思念,也是幸福的事情吧。在昏黄的灯光下,将满腹的思恋都填于纸上,让飞鸿送去,我们天各一方,我对你无尽地想念。这种悲伤无望,却又充满想象的爱情,看似无聊,但却是持久永恒的。

纳兰容若词传 / **241**

纳兰将一首小词写得情谊融融，求而不得的爱情让他感到为难与痛苦时，也令他心中充盈着忽明忽暗的希望。

这首《采桑子》，一开篇便是无聊，写过信后，依旧无聊，虽然词中并未提及信的内容，信是写给谁的，但从"依旧无聊"这四个字中，就已经可以猜到一二了。纳兰总是有这样的本事，看似在自说自话，讲着不着边际的胡话，却总能营造出引人入胜的氛围，令读词的人不知不觉地沉沦。

纳兰将自己日常生活中的小事变为一台表演，读者成为观众，与他一起沉思爱恋。词中的"红笺"二字透露出纳兰所记挂的人定是一名令他着迷的女子，红笺是美女亲手制作，专门用来让文人雅客们吟诗作对用的。

不过，诗词中红笺多是用来指相思之情，只要写出红笺，一切便都在不言之中了。下接一句"玉漏迢迢，梦里寒花隔玉箫"，引自秦少游的词句"玉漏迢迢尽，银河淡淡横"。漏是古时候计时的一种器具，不过用到古诗词中，为了美观，常被叫做玉漏、银漏、春漏、寒漏，等等。

诗词中，"漏"一向是寂寥、落寞、时间漫长的意象，在这里也不例外。以"玉漏"表达长夜漫漫、时空横亘的无奈之情，时间是相思最大的敌人，纳兰大概在这首词中是想表达自己爱着一个人，却无法接近。在接下来一句"梦里寒花隔玉箫"中，揭晓了纳兰感慨时光的缘由。

"玉箫"并非是指乐器，而是一个典故，是一个人名，宋词里有"算玉箫、犹逢韦郎"，玉箫和韦郎并称，讲的是一段郎情妾意的凄美爱情。玉箫是唐代韦皋的侍女，二人日久生情，定下终生。后来韦皋因事离开，和玉箫约定：少则五年，多则七年，一定会回来将玉箫接走，却没料到他一走之后便杳无音信。苦等了七年的玉箫想着情郎是不会回来了，便绝食而死，为这段无疾而终的情感殉葬。旁人可怜这个女子，便将韦皋留下的玉指环戴在了玉箫的中指上，然后下葬，在玉箫死后不久，当了大官的韦皋回来了,看到玉箫的坟墓,他十分悲痛。其情感动了一位方士,施法术让玉箫的魂魄重新投胎,二十年后,一名女子来找韦皋,看她的中指,隐隐有一个环形的凸起,正是当年那个玉指环的形状。这名女子便做了韦皋的侍妾,弥补了上辈子的遗憾。

这个故事从此也令"玉箫"这个词成为情人誓言的典故,在纳兰这首词里,"玉箫"一词为心头所思念的情人。而"寒花"又为何物?

顾名思义,就是寒冷季节里开放的花,寒冷季节开放的花有梅花、菊花,纳兰在这里到底是指什么呢?其实根据上面的分析已经可以知晓,纳兰是在思念一位女子,这女子必然是他所钟爱的人,此刻他们距离两地,纳兰在梦中想要与她相见,但梦境毕竟不是现实,所以,就算再怎么思念,二人还是无法牵手相望。

所以,纳兰所谓的"寒花"大概也不过是借了一个"寒"字,来表达内心凄冷的感觉吧?下片不再写心情,转而写窗外的景色,既然无法入睡,那干脆看着外面的景色,来缓解内心的惆怅吧!

"几竿修竹三更雨,叶叶萧萧",雨后的夜景,树木萧萧,好比自己的心情,无奈之中透着几分茫然。最后结尾"分付秋潮,莫误双鱼到谢桥",呼应了开篇的那一句"拨灯书尽红笺也",也算是一种心意的表达,希望能够凡事完满结束。

要交代一下的是,"分付秋潮"中的"秋潮"是有来历的,秋潮的意象表示:有信。潮水涨落是有一定时期和规律的。人们便将潮水涨落的时期定为约定之期限,在潮水涨落几番之后,要回来的人便要如约回归。

这是诗词中的一个主要意象,诸如唐诗名句"早知潮有信,嫁与弄潮儿"。"秋潮"在这里也是如此意境,上片一开始便是说词人正在写信,在词的结尾,词人写的这句"分付秋潮,莫误双鱼到谢桥",便是说信要寄出去了。要将信托付给秋潮,告诉那个收信的人,自己的心意是怎样的。

整首词全是词人的比喻和典故,基本上没有真实场景的出现,但通读全词,每一句都是浑然天成,与下一句连接得十分巧妙。一首爱情小词能够写到如此的境界,纳兰的手笔,不愧为才子之法。

注释:
① 红笺:红色笺纸,多用以题写诗词或做名片等。
② 寒花:寒冷时节开放的花,多指菊花。玉箫:人名。传说唐韦皋未仕时,寓江夏姜使君门馆,与侍婢玉箫有情,约为夫妇。韦归省,愆期不至,箫绝食而卒,玉箫转世,终为韦侍妾。事见唐范摅《云溪友议》卷三,多借指姬妾。后人以此为情人订盟之典。亦称玉箫侣约。
③ 双鱼:指书信。谢桥:这里指情人所居之处。

采桑子

明月多情应笑我,笑我如今。辜负春心①,独自闲行独自吟。

近来怕说当时事,结遍兰襟②。月浅灯深,梦里云归何处寻?

这首词的写作背景有两种,一是怀友之作,纳兰是极重友情的人,他的座师徐乾学之弟徐元文在《挽诗》中对他赞美道:"子之亲师,服善不倦。子之求友,照古有烂。寒暑则移,金石无变。非俗是循,繁义是恋。"

这番赞美绝非虚假奉承之意,纳兰之友确是"在贵不骄,处富能贫"。纳兰喜欢交朋友,他也善于交朋友,在纳兰短暂的一生中,他有许多志同道合的朋友,所以,词中所写的"结遍兰襟",并不是夸张的修饰之语。

而纳兰本人也正因为爱交友,善交友,体现出了他性格中多情、重情义的一面。不过，重情又往往成了他的负担。正如词中所写，"近来怕说当时事"，在而今的物是人非面前，纳兰害怕回忆起往昔美好的一切。他将头埋进沙子里，犹如鸵鸟一般，自欺欺人地躲避着一切。但他终是无法逃脱的。

纳兰在词中感伤：明月如果有感情，一定会笑我，笑我到现在都春心未结，独自在这春色中徘徊沉吟。最近很怕说起当年的那些往事，当时高朋满座，彼此惺惺相惜。如今月夜幽独寂寞，只有在梦里寻找往日的美好时光！

他希望不美好的尽快过去，往日的朋友依然能够惺惺相惜，如同他在词中所写的最后一句一样："梦里云归何处寻？"这一切都仿佛梦一样，难以寻觅，难道，真的只有在云归深处，才能找到当日的美好？

还有一说是，这首词是纳兰为沈宛而写，当日纳兰娶江南艺妓沈宛为妾侍，后来因为家庭的压力，二人被迫分离。这首词就是纳兰在离别之后，思念沈宛的佳作。

纳兰曾在一方闲章里刻有"自伤多情"四字，可见他自己也在为自己的多情而苦恼，在纳兰看来，就连天上的那一轮明月，也在嘲笑他的多情，嘲笑他在如此美好的春光下，却暗自苦恼，不解风情。

这首《采桑子》做得非常细腻，上片写出纳兰低沉黯然的心情，同时还烘托出纳兰怅然若失的心态。"辜负""闲行""独自"，从这些词语中，能够体会到纳兰内心的寂寞和无聊，只有自己吟唱自己的孤独，因为他人无人能懂。

而到了下片的时候，他便解释为什么自己会有如此沉郁的心情，首先是害怕回首往昔，他害怕提起当日的事情。因为往事不堪回首，一切过去的都将不再重来，纳兰面对的回忆不过是空城一座，而他自己，只有在城外兴叹。

这也就是为何纳兰会在月光下愁苦，在灯光下，午夜梦回，依然能够温习往日的岁月。不论这首词是纳兰做给朋友的，还是沉宛的，都是他发自内心的感慨，细腻单纯，干净得几乎透明。

注释：

① 春心：春景所引发的意兴或情怀。
② 兰襟：芬芳的衣襟。比喻知己之友。《易·系辞上》："二人同心，其利断金；同心之言，其臭如兰。"襟，连襟，彼此心连心。

采桑子

凉生露气湘弦润，暗滴花梢。帘影谁摇，燕蹴风丝上柳条。

舞鹍镜匣开频掩，檀粉慵调。朝泪如潮，昨夜香衾觉梦遥。

纳兰虽为男子，却有一种独属于女儿家的细腻心思，所以他写的词才能够动人心弦，催人泪下，单看纳兰那些闺中词，就可以想象得出，这个男人的心思有多么独到。所以说，纳兰爱人，必然爱得仔细温柔，一颦一笑，他都爱得刻入心扉，这首小词是写女子闺中的神态，但也可以理解为是纳兰为心爱女子所写的爱情词。

夜来凉生，露气浸润了琴瑟，露珠滴在了花梢上。帘外疏影摇摇，原来是小燕子乘着微微细风飞上了柳枝。对镜理妆，自怜自伤，镜匣频开频掩。倦于梳妆，连香粉都懒得调匀。清晨醒来，想起昨夜美梦成空，怎不叫人伤情，不觉泪水就如潮般袭来。

更深露重，夜空寂寥，夜色最是让人神伤的。是谁家的小女子，神色清冷地斜倚闺房中，眉目紧锁，为的是情，还是恨？

整首词有种小资的情调。其实在《饮水词》中，某些爱情词的意境迷离，虽然有种让人说不清、道不明的感觉，让人说不清楚这词到底是写给谁的，但词总是妙句迭出，引人深思，不论这首词是写给少年时期的恋人,还是过早离世的妻子,或者是未能携手的知己,这都不重要,重要的是赏词的时候,能够从中读出别样的味道。

"此情可待成追忆,只是当时已惘然。"情爱虽深,却是只能追忆,李商隐的诗将情爱之痛刻画得恰到好处。而在纳兰的这首《采桑子》中,词旨的风格更是鲜明亮丽,朦胧中的暧昧让人心生暖暖的情愫。

比起李商隐来,纳兰的怅然若失更胜一筹,更有现实的痛楚。"凉生露气湘弦润,暗滴花梢。"直接铺陈,这是纳兰词的一个特点,"凉""露气""花梢",这些词织成了一个梦幻般的梦境。在清冷的夜色下,露气沾湿了花蕊,也浸润了琴弦,能注意到这些小细节,将女儿家细腻的心思展露无遗。

限于篇幅,词总是充满想象的叙述,若干看似毫不相干的词语组合,便能够营造出一幅完美的图画。在这里,纳兰将这种功力运用到了极致。女儿家细腻地发现露水低落花蕊之上,而后又注意到帘影重重,门外的柳条在风中摇摆,小燕子停在上面,自顾嬉戏。

这真是好一幅春景图,既将春夜的景象写出,又融入了女儿家羞涩的心思。如梦醒时分的时刻,抬头望月般的惘然,世间的情爱之事总是这样,相爱时并不觉得可贵,但分开后一定会觉得痛心。

菩萨蛮 寄顾梁汾苕中[1]

知君此际情萧索[2],黄芦苦竹孤舟泊[3]。烟白酒旗青,水村鱼市晴[4]。

柁楼今夕梦[5],脉脉春寒送。直过画眉桥[6],钱塘江上潮。

细看古来情缘，这缘分千百种，伯牙和子期的高山流水是一种，霸王别姬的生死情缘是一种，嵇康与山涛的挚友决裂是一种，甄妃与曹植的相思相望不相亲是一种，秦叔宝与朋友的两肋插刀是一种。

古人形容知己，用高山流水以喻之。纳兰一生重情，也重知音。纳兰的知己之求，一种神交于千里的相知相悯。顾贞观则是纳兰此生不得不提的知己挚友。中国文化中的知己之情，往往体现于患难之时、离别之际。此词作于顾贞观回无锡为母亲丁忧之时。纳兰全词词眼即在一个"知"字。无此"知"，何以纳兰仿佛随顾贞观一路同行？无此"知"，何以字字写景，却句句入情呢？"知君此际情萧索"，纳兰与顾贞观的交契之深，便在这一句——"我知你"。最最平易的一句，却最是显得难得，可贵……"黄芦苦竹孤舟泊"一句，化用白居易《琵琶行》的"黄芦苦竹绕宅生"之句。一语双关，既是写顾贞观于孤舟之景，亦有暗指他同白居易一样是千古的伤心人，如《琵琶行》中所说"同是天涯沦落人"。

转笔一写"烟白酒旗青，水村鱼市晴"。陈廷焯在《云韶集》中评此句："画景"明明是纳兰所幻想的景物，却最是真实可信，最是云淡风轻。那是一幅淡泊明朗的风景，祥和安宁的停泊之所。名为写景，却是在以安宁的景物安抚挚友的情绪。在你失意的时候，却可停泊在此温柔宁静之所。这一番平抚挚友的心意是不言自明的。

纳兰全词以所幻想之景入句，然而所包含的一路相随慰藉之情，却是在字里行间流动的华彩。"柁楼今夕梦，脉脉春寒送。"柁楼乃船尾舵工庇身之楼。今夕夜里，我身处柁楼之中，我就是那舵工，为你掌舵护航，为你送走这春季寒冷的风。这一具有幻境色彩的叙述之下，不言而喻的深情便是：你我知己，一旦倾心认可，便为你千寻万顾……

"直过画眉桥，钱塘江上潮。"意谓梁汾归去心切，得享和美的家庭快乐和安闲隐居钱塘江畔的生活。直为,犹言只为。画眉桥,梁汾有咏六桥之自度曲《踏莎美人》,谓自删后所留"其二"中有句云:"双鱼好记夜来潮,此信拆看,应傍画眉桥。"自注:"桥在平望,俗传画眉鸟过其下即不能巧啭,舟人至此,必携以登陆云。"

但平望在湖州东北,并不与苕溪相通,而此处却用了画眉桥,则其暗含用汉张敞为妻画眉之故事,喻其家庭美满的用心是很明显的。其中那风趣的宽解和祝愿,却是让人感到朋友之间那肆意而轻松的相互打趣。然而心愿却是美好而纯净的,心意是坚定而明确的,念出来,亦是掷地有声的——"直过画眉桥,钱塘江上潮"。有什么比得上那即将到来的宁静生活呢?过去的终会过去,大悲过后,终究是那一片祥和宁静之所,犹如那水村鱼市,犹如那孤舟夜泊,犹如那钱塘江上。

《饮水词》中的唱和之作,常常与顾贞观有关。纳兰对友情的标准与真挚,对此的执着与追求,是一种心灵的相契。可见此词虽是幻想而写,却如此亲切,如此真实。没有心灵的相同,又怎能做到这样的心相知,就如纳兰在《金缕曲·寄梁汾》中写的:"一日心期千劫在。"这也体现了纳兰与友人相交于"慧业",慧业是佛教的词汇,意为灵魂方面的事业。他确定地告诉梁汾,我们的心灵与我们所追求的是一样的,不可分割的。既有神交,也有事业。因为我们的灵魂在一起,我们的追求是一致的,我懂你的心意,也明白你的心绪,就如你明白我此词所赠予你时,所表达的慰藉与祝福。求取知音,珍惜知音,那种精神相伴的快乐和恬然,到头来还是只有一个"知"字。"知君此际情萧索",再回头细细读来,那是恍若叹息的庄重。

就是这一种清澈干净、不舍不弃的千秋情怀;以性命相托,寄身于自然天地的文化内质,成为文海之中泛着光芒的恒久宝藏。

注释：

① 梁汾：顾贞观，字华峰（一作"封"），号梁汾。江苏无锡人，康熙十一年举人，著有《积书岩集》及《弹指词》。苕中：一名苕水，有二源，一曰东苕，出浙江天目山之阳，东流经临安、余杭、杭县，又东北经德清县为余石溪，北至吴兴县为雪溪，一曰西苕，出天目山之阴，东北流经孝丰县，又北经安吉县，又东经长兴县，至吴兴县城中，两溪合流，由小梅、大浅两湖口入于太湖，相传夹岸多苕花，秋时飘散水上如飞雪，故名。顾梁汾南归后曾寓居苏州此地。

② 萧索：萧条，凄凉。

③ 黄芦：落叶灌木，叶子秋季变红。苦竹：又名伞柄竹，笋有苦味，不能食用。

④ 水村：水边的村落。鱼市：卖鱼的市场。

⑤ 柁楼：船上操舵之室，亦指后舱室。因高起如楼，故称，这里借指乘船之人。

⑥ 画眉：指汉张敞为妻子画眉之故事，喻夫妻和美。

忆江南

昏鸦尽①，小立恨因谁？急雪乍翻香阁絮②，轻风吹到胆瓶梅③。心字已成灰④。

彤云密布的冬日黄昏，隐约一只瘦小的乌鸦，越飞越远，身影也越来越小，直到融进那一望无垠、萧瑟的旷野尽头。旷野中，是谁惆怅无尽，若有所思？天宇间，是谁独立寒秋，无言有思？又何事令她难更思量？又何人令她爱恨交加？罢了罢了，"往事休堪惆怅，前欢休要思量"；罢了罢了，"人心情绪自无端，莫思量，休退悔"。

熏香如心，飘起袅袅的青烟，暖香熏透她的闺阁；急雪翻飞，缕缕纷纷，柳絮因风吹般地飘飞而起。雪白色的胆瓶中刚插上的梅花，冬风吹近暖暖的闺房，化作清风，卷起阵阵幽香。这本闲极雅极的适意景致，奈何她的心中竟如何也卷不起一丝快乐的涟漪。冬风益发强劲，心形的盘香燃烧殆尽，地上只留下一道心形的香灰。周体转凉，心中凄凉寂寞，次第已如燃尽的熏香一般，化成死灰。

  这首词营造了两种不同而又互相联系的场景。"昏鸦尽，小立恨因谁"，是第一个场景；"急雪乍翻香阁絮，轻风吹到胆瓶梅。心字已成灰"，是第二个场景。前一个场景是在冬天黄昏的野外，从意象上看，"昏鸦尽"和情感主体"小立恨因谁"都能够看出来。第二个场景则在少女的闺房中。也可从意象上看出来，如天气情况是"急雪"，所在地方是"香阁"，感觉上为"轻风吹到胆瓶梅"。当然，情感上也有明显变化，且与环境的变化一致。开始是"小立恨因谁"，后来变为"心字已成灰"，明显感觉情感在承接前面的同时，变得深多了。回头来看，从旷野到香阁，从大环境到小空间，从"小立恨因谁"到"心字已成灰"，在各个层面都能看到这一种变化。而这中间也有一个转变的标志，就是"急雪乍翻"，交代了词中情感变化的时空转换的交点。前面或许是"秋凉"罢了，而后面明显可以感觉到"凄冷"的环境氛围。

  诗词中有种不成文的划分，便是依据字数多少进行的划分。长篇且不必多说，即便是一篇名篇，也未必不允许其中有些败笔赘言。但是所谓的"短篇""小制"就不行了，若是名篇，是绝不会允许的，不仅仅是败笔赘言，就算平庸的句子也是不允许的，因为这样一来，就浪费了诗歌给人营造惊奇的"可能性"。诗歌给人以好的感觉，是离不开这种"可能性"的。这首《忆江南》字数极少，是小令中的单调，在诸多词牌名中，也是字数最少之一。这一词牌写得好的，如温庭筠的"梳洗罢，独倚望江楼。过尽千帆皆不是，斜晖脉脉水悠悠，肠断白蘋洲"。用字上讲求自然少造作，无赘言败笔。

  纳兰这首词中"心字已成灰"巧妙而自然地用了双关的修辞

手法。一方面在意象上指的是心形的熏香燃烧完后，在地面上留下的心形的灰烬；另一方面又可以来指词中人物的情感上的"心如死灰"。在黄天骥的《纳兰性德和他的词》中，他说这首词"语带双关，耐人寻味，但情调过于灰暗"，似乎觉得不合先贤的"哀而不伤"，可这样真挚的情感表现方式，也正是纳兰的词令人感动的根本。

事实上这里还透露了词人的另一重心境。纳兰出身贵胄，然而他自己受到十分鲜明的汉族文化熏陶，具有极强的归隐意识，这在他内心一直存在。他自己是帝王身边的一等侍卫，父亲是当朝宰相。这些高贵的身份几乎就是被命运安排的，不可更改。一方面有遁世淡薄，另一方面身在朝阙，处在与自己性格极为不协调的名利中，内心的痛苦与努力的挣扎是多么惨烈。纳兰一语双关的"心字已成灰"一语，是对他所描绘的女子情感的完结，也无意透露出了自己的心态。

注释：

① 昏鸦：黄昏时天空飞过的乌鸦群。
② 香阁：古代青年女子居住的内室。
③ 胆瓶：长颈大腹的花瓶，因形如悬胆而得名。
④ 心字：即心字香，一种炉香名。明朝杨慎《词品·心字香》："范石湖《骖鸾录》云：'番禺人作心字香，用素馨茉莉半开者着净器中，以沉香薄劈层层相间，密封之，日一易，不待花萎，花过香成。'所谓心字香者，以香末萦篆成心字也。"

忆江南

江南好，水是二泉清①。味永出山那得浊，名高有锡更谁争②，何必让中泠③。

说到二泉，不得不想到《二泉映月》一曲，也就不得不想到盲人阿炳，好似见他右胁夹着小竹竿，背上背着一把琵琶，二胡挂在左肩，就这么咿咿呜呜地拉着，在飞雪中，发出凄厉欲绝的袅袅之音。二泉边上的这支曲子，便是这样来的。好曲有映衬之景，也不难想象二泉动人的景致，这才使可怜可敬的身残者日日夜夜演奏不止。

这二泉，便是如今无锡的惠山泉，又被叫作"陆子泉"，被唐人称为"天下第二泉"，在那个时候，二泉在无锡被人熟知，也因泉水清澈适合煎茶而远近闻名。而无锡曾为"有锡"，也是有典故的。当年无锡近处有一座山峰，在周秦时代盛产铅锡，因此得名锡山。到汉代，锡山之锡渐渐被采尽，山边之县于是得名为无锡。待到新莽时代，锡山锡矿复出，传为奇迹，故此县名改为有锡。后至东汉，光武年间锡矿再次枯竭，有锡自此被唤为"无锡"。

纳兰对二泉心怀眷恋，咏起杜甫的"在山泉水清，出山泉水浊"，引的是反意，说二泉之水，不论在山抑或出山，都是清澈的，不受污染，不变浑浊。纳兰以为，二泉之水已然天下无双，更有谁争？又何必让给中泠"天下第一泉"的称号呢？不服气的一个"让"字，巧而不显地作了一个隐藏的对比。

"天下第一泉""中泠"一名出自苏轼的诗句："中泠南畔石盘陀，古来出没随涛波。"江岸沙涨，如此天下第一，已然埋没于沙中留下永久的遗憾了。出水而浊，难怪纳兰要不服气。

看似只是写第一第二之别的泉，实则是将人和物再次巧妙地结合起来了。"出淤泥而不染，濯清涟而不妖"，实际上与"在山泉水清，出山泉水浊"，探讨同一个问题。两者反意行之，纳兰的心思确实明显。在山水清，出山如是。

身浮宦海，纳兰写这小词，写的是自己不愿被俗世之欲吞噬的决心和意愿。如此顽固的"不服气"，真是其顽固不服从于俗世条框的唠叨之言。听上去，反倒让这才子显得更为可爱。"举世皆浊我独清，众人皆醉我独醒"的人一定是寂寥的。毕竟身在其中，身不由己，看着众人醉，唯独自己不醉，痛楚难耐。但就是不愿与人们一同醉去，因这尘世也需清醒之人啊！此时的纳兰已经下了辞官隐退的决心，官场清浊，古往今来论述甚多，文人辞官的亦有不少。不愿与人同醉，只能放下金樽，不与人共饮就罢。

从另一个方面也有不同的理解。此时欣然期待回京娶得佳人归的纳兰日夜思念着北方的沈宛，这个江南的女子已将他的心牢牢俘获，却奈何总是离多聚少，心怀亏欠。"相见时难别亦难"，这时，纳兰急切地想要对爱人表明他坚定的决心和距离阻隔的思念。不知她可能听见？缱绻之情，金石可鉴。任凭时空如何变幻，这思念都是连绵不可断的。

在山水清，出水如是。

注释：

① 二泉：指无锡惠山泉，又名"陆子泉"，因其有"天下第二泉"之称，故名。
② 名高：崇高的声誉，名声显赫。
③ 中泠：泉名，即中泠泉。在今江苏镇江西北金山下的长江中。今江岸沙涨，泉已没沙中。相传其水烹茶最佳，有"天下第一泉"之称。

玉连环影

（按此调《谱》《律》不载，或亦自度曲①。）

何处②？几叶萧萧雨。湿尽檐花③，花底人无语。掩屏山④，玉炉寒。谁见两眉愁聚倚阑干⑤。

据考证，纳兰这首《玉连环影》是其自度所作，自姜白石之后，词人自度词作已属平常，但姜白石留下其自度曲谱则是我国重要的历史文献。想必后人自度词作,大都不再以歌咏为重,较多自由了。

这首小词的写作手法是纳兰一贯擅长的,比如景深跨度,都是"一山遮过一山"。此作景物搭配,从屋外写起,直至屋内,再写到屋内之人,显出十分明显的层次感。

这首词,开篇即无端发问:何处?这是古诗文中常常表示询问时间的语句。如李白《秋浦歌》"不知明镜里,何处得秋霜"、晏几道《醉落魄》"若问相思何处歇?相逢便是相思彻"等都有此种表达。何时,下起了几许潇潇细雨。此处几叶想必是由后面"檐花"联想得来。再加上落叶飘飘的神态自然类似于细雨飘零之状,故有此语。

纳兰本是多情而又痴情之人,往往对所爱之人用情很深。"何处?几叶萧萧雨。湿尽檐花,花底人无语。"寥寥数笔就勾勒出一幅凄清哀怨的外景,想那雨无端下起,打湿檐花。那雨不过是花的泪,打湿了自己。想到此处,纳兰自然把笔触写到了伊人身上。"花底人无语",伊人默默望着细雨垂打的檐下之花,檐花也是默默无语地接受着这被雨打的命运,表现出极凄苦寒凉的意味。

纳兰与妻子卢氏恩爱情深,可是天妒红颜,卢氏双十年华便香消玉殒。此作想必是纳兰描摹回忆之作,写女子其实也自况其身。

接下来便描屋内之境。"掩屏山,玉炉寒"此二句,意思是将屏风掩紧,玉炉中所焚之香也已燃尽。张元幹《兰陵王》有"屏山掩,沉水倦熏,中酒心情怯杯勺"之句,李贺《神弦》则有"女巫教酒云满空。玉炉炭火香咚咚"之语,纳兰自幼读书颇多,信手拈来,意象纷呈,不费半点功夫。写完屏山、玉炉,最后安排了一个倦妇之形,"谁见两眉愁聚倚阑干",愁聚眉梢,独自凭栏,显现出一片寂寞无助之态。黄天骥在其《纳兰性德和他的词》中说:这词描写的是一个人孤独无聊的神态。在零星细雨中，屋内炉香燃尽，他也懒得再点，默默地靠着栏杆，不知所想为何？

黄天骥自然深知纳兰行年轶事，想必是作文严谨的原因才不一语道破。想必此处纳兰感境怀人，凑巧遇上雨打檐花，想起了与妻子卢氏那种"曾经沧海难为水，除却巫山不是云"的深厚情感，情发怎会无端？但又有谁能理解他这满怀的凄楚与旷世的寂寞呢？

注释：

① 自度曲：谓在旧有曲调外，自行谱制新曲，或指在旧词调之外自己新创作的词调。
② 何处：何时。古诗文中表示询问时间的用语。
③ 檐花：屋檐之下的鲜花。
④ 屏山：屏风，因屏风曲折若重山叠嶂，或屏风上绘有山水图画等而得名。
⑤ 阑干：同"栏杆"。

诉衷情

冷落绣衾谁与伴？倚香篝①。春睡起，斜日照梳头。欲写两眉愁，休休②。远山残翠收③，莫登楼。

世人总说花间词，艳丽奢华，透出一股脂粉气。反观纳兰此作，则比之花间词却有相似之处，更与温庭筠"梳洗罢，独倚望江楼"有几分相似。

《诉衷情》原为唐教坊曲，为温庭筠所创，后用为词牌名。温庭筠创制此调时取《离骚》诗句"众不可说兮，孰云察余之中情"之意。后来，毛文锡词有"桃花流水漾纵横"句，故又名为《桃花水》。纳兰这首词秉承温词一脉，描写思妇春日无聊的情状。着墨不多，因此看似清淡，实则蕴藉有致。

"冷落绣衾谁与伴？"首句发问其实也是设问，自问自答。因无人相伴，看那绣衾衣裳，就算华美艳丽，也只让人觉得了无思绪。因为无人相伴，此情此景自然易解了。后两句："倚香篝。春睡起，斜日照梳头。"香篝本是古代室内焚香所用的熏笼。一般来说，古代官宦人家，或者大家闺秀闺房中才有能力燃此香笼，因此，倚香篝则再次点到此女子的身份。"春睡起，斜日照梳头"则点到时间，初日迟迟，已经倾斜到满屋子，"睡起晚梳头"，毫无心绪。一副慵懒形象跃然纸上。如果在此处还描写到女子动态特征呈现慵懒姿态的话，"欲写"二句则把这种慵懒之态又向前推进一步，说那女子本想画眉，却看到自己双眉愁锁，算了还是不描了，描来有谁看呢？"休休"则是这种心语的集中体现。

可想此场景：春日迟迟，少妇因幽枝独依，显得百无聊赖，则赖床度日，迟睡起，斜阳已至，更算是薄暮，因此无心打扮，只有深锁愁眉，无奈中更不知怎么排遣寂寞之念。因此想起温词倚楼断肠之句，更不敢登楼了。

自然，此处"远山残翠收"是实景虚写之笔。也由此可以看出，景色已经极熟悉，不必登楼就已知晓，想那断肠处自然是不宜多去的。

这首词纳兰承袭花间词风，因为他温文尔雅，少年风流而又擅长小令，此词类自是写法娴熟，笔墨点至，形象刻画往往呼之欲出，细腻生动。但比之温飞卿《望江南》则有不足之处。

想来，温飞卿此词中摘取瞬间和纳兰自有时间延续上的联系，但飞卿词则更契合情感最浓郁的部分，那登高望远思人之境，自然是描写此种风情形象的绝时。虽都是斜晖残翠，纳兰自然无所突破，况飞卿断肠句一出，已经极其简洁而深刻地写尽了人物内心，纳兰描写的思妇心理之笔却不如这一个词力量深厚。而花间词集更写尽了思妇孤独伤春念远之情。

总之，纳兰为清词人，写思妇自然与自身身世之境相连。若非如此，则不过是磨炼前人之笔，亦无创新罢了。

注释：

① 香篝：古代室内焚香所用的熏笼。
② "欲写"二句：意思是本来想要画眉，然而却双眉愁锁，算了还是不画了。休休，不要、不用，表示禁止或劝阻。
③ "远山"句：意为远处山峦的翠色消散了。收，消失、消散。

如梦令

木叶纷纷归路，残月晓风何处。消息半浮沉，今夜相思几许。秋雨，秋雨，一半西风吹去①。

天已至凉秋，秋风吹落一树的黄叶，纷纷扬扬，如漫天蝴蝶纷飞，归来的道路上，铺上了厚厚的一层落叶。一层秋意一层凉，晓风残月人独立，今昔又是独对孤影而酌，难料此身何在，所爱又何在？生涯凄苦，人也沉浮，飘零如萍，今夜有多少相思呢？又一场秋雨凉风，天也一日日地冷，心也一日日地凉。过往一切，相思、伤感、红花、绿叶，都纷纷被这西风吹去了，心中若有所失，难以释怀。

这首词写的是相思之情，词人踏在铺满落叶的归路上，想到曾经与所思一道偕行，散步在这条充满回忆的道路上，然而如今却只有无尽的怀念，胸中充满惆怅。暮雨潇潇，秋风乍起，"秋风秋雨愁煞人"，吹得去这般情思吗？这首词写得细致清新，委婉自然。委婉自然外，还有另一特点，纳兰的词最常用到的字是"愁"，最常表现的情感也是"愁"，正如梁羽生说的："纳兰容若的词中，'愁'字用得最多，几乎十首中有七八首都有个'愁'字。可是他每一句中的'愁'字，都有一种新鲜的意境,随手拈几句来说,如'是一般心事,两样愁情''几为愁多翻自笑''倚栏无绪不能愁''唱罢秋坟愁未歇''一种烟波各自愁''天将愁味酿多情''将愁不去,秋色行难住',或写远方的怀念,或写幽冥的哀悼,或以景入情,或因愁寄意,都是各个不同,而且有新鲜的联想。"这一首就情感来说,是一贯的,然而在写法上却没有用一个"愁"字,这和他一贯多用"愁"字很不相同。那这首词表现"愁"是如何进行的呢?范成大有词《鹧鸪天》:

休舞银貂小契丹,满堂宾客尽关山。从今娜娜盈盈处,谁复端端正正看。

模泪易,写愁难。潇湘江上竹枝斑。碧云日暮无书寄,寥落烟中一雁寒。

这首词虽出现了"愁",却有和纳兰相同的写法,就是要写愁而不直接写愁,而是通过其他意象的状态来体现这种情感。

这首词还有个很重要的地方,也是造成这词本身在感觉上给人一种熟悉而又清新的重要原因,那就是化用了前人的许多意象以及名句。如"木叶"这一经典意象最早出于屈原的《九歌·湘夫人》"袅袅兮秋风,洞庭波兮木叶下",庾信在《哀江南赋》里说"辞洞庭兮落木,去涔阳兮极浦",到杜甫,他在《登高》中说"无边落木萧萧下,不尽长江滚滚来"。这一意象具有极强的艺术感染力,予人以秋的孤寂悲凉,十分适合抒发悲秋的情绪。"晓风残月何处"则显然化用了柳屯田的《雨霖铃》中"今宵酒醒何处,杨柳岸,晓风残月";"一半西风吹去"又和辛弃疾的《满江红》中"被西风吹去,了无痕迹"同。

这首词和纳兰的其他词比起来,风格也没有什么不同,仍然是婉约细致,但从版本上看却大有可说之处。这首词几乎每句都有不同版本,如"木叶纷纷归路"一作"黄叶青苔归路","晓风残月何处"一作"靥粉衣香何处","消息半浮沉"又作"消息竟沉沉"。

且不谈哪一句是纳兰的原句,这考据,现下还难以确定出结果来,但这恰好给读者增加艺术对比的空间。比较各个版本,就"木叶纷纷归路"一作"黄叶青苔归路"两句来看,"黄叶"和"木叶"二意象在古典诗词中都是常见的,然就两句整体来看"木叶纷纷"与"黄叶青苔",在感知秋的氛围上看,显然前者更为强烈一些,后者增加了一个意象"青苔",反而导致悲秋情氛的减弱。"晓风残月何处"与"靥粉衣香何处"则可谓各有千秋,前者化用了柳永的词句,在营造意境上比后者更有亲和力,词中也有悲哀的情感迹象;"靥粉衣香何处"则可以在对比下产生强烈的失落感,也能增强词的情感程度。

注释:

①"秋雨"句:清朱彝尊《转应曲》诗句:"秋雨,秋雨,一半因风吹去。"

好事近

帘外五更风,消受晓寒时节。刚剩秋衾一半①,拥透帘残月。

争教清泪不成冰②,好处便轻别。拟把伤离情绪③,待晓寒重说。

本篇是纳兰的一首简短小词,上片写相思,似乎是在回忆中找寻往昔的欢乐,又像是在怀念妻子,在她离去后产生了伤感之情,词意扑朔迷离,耐人寻味,有着重情重义之感,也有迷惘哀伤的纠结。

开头便直言了生命的不可承受之重,"帘外五更风,消受晓寒时节"。竹帘之外传来五更的寒风,在这清秋寒冷的早晨实在让人难以消受。这首词写与妻子乍离之后的伤感,写得如此直白动人，只怕是纳兰的内心真的是无法再忍耐下去了，爱情对于他来说是一种很大的精神寄托，但当他所依赖的爱情一份一份都离他而去的时候，再坚强的人，只怕也会难以承受了。

词一开始便颇有自怨多情之意。不过语言虽然直白粗浅，但是却真挚感人，情感不就是这样才最真实吗？越是直白简洁，便越是入情至深。而后接下去便说道："刚剩秋衾一半，拥透帘残月。"独自孤眠，秋夜冷冰冰的被子因多出了一半，而晓寒难耐，于是拥被对着帘外的残月。夜半孤枕难眠，只能望着明月去回忆往昔，但可惜，月亮似乎也知道他的心事，窗外所对的只是一轮残月而已。

欢乐和幸福都是短暂的，世上没有什么事情是长长久久、永不变更的。纳兰而今只剩下独自一人，孤独无依，现在对着窗外的残月，更是加重了这种孤独感。纳兰自然是情难自禁，泪流满面。

故而下片便写道"争教清泪不成冰"，自然承接了上片的情绪，没有什么过渡，也没有任何的引申，依然是简单的描述，将心情的糟糕写得入木三分。直白的描述有时起到的作用不可小觑，纳兰将人生苦短、情短苦多的情感纠葛写得让人无法不去动情。

想起往日的种种，而今自己独自一人赏月，怎教清泪不长流，空自凝噎呢？这句中的"成冰"更是写出清冷孤寂的意味了。泪流至结成冰，这该是怎样的一种哀愁，纳兰的孤独和寂寞，在卢氏离去后便更加明显，但凡卢氏之前用过的衣物、住过的楼阁，对纳兰来说，都是一种折磨。

所以，纳兰才会说"好处便轻别。拟把伤离情绪，待晓寒重说"。纳兰自己也知道，面对这样铺天盖地的哀伤，最好的方法就是不把离别之事放在心上。这离愁别绪待到天亮以后再去想吧。

如此哀伤，似真非真，似幻非幻，极富浪漫色彩。在词的最后，纳兰从回忆中抽身，回归现实，他知道现今已经是人去楼空，物是人非了，与其在回忆中痛苦挣扎，不如转身睡去，让梦境和睡眠赶走孤寂和寂寞。

这首悼亡词写痛苦写得淋漓尽致，既然相爱的人总有一天会因为生老病死种种原因而分开，那当初为何还要用情那么深，以至于到如今还难以消解遗忘？这恐怕是所有有情人的困惑和疑问，纳兰在这首词的最后作了解答。既然相爱，就去爱，一旦当爱不起的时候，便是再后悔也无用了。

对于岁月的无情和短暂，纳兰作为一个失去至爱的男人，将自己的感慨抒发得令所有人都为之动容。情爱的神秘之处便在于无法控制，不可预知，你永远都无法知道，会在什么时候，什么地点，爱上一个什么样的人。

同样的，你也无法知道，会在一个什么地方，什么时候，与你相爱的人彻底分离，无法携手，到那个时候，即便你内心柔情万千，却也是无法跨过生死之间那千山万水的距离。

生死难料，唯独爱永恒，纳兰不但留下了他的词，更是将他的爱留在了世间。

注释：

① 剩：与"盛"音意相通。此"盛"犹"剩"字，多频之义。
② 争教：怎教。
③ 伤离：为离别而感伤。

清平乐

烟轻雨小，望里青难了。一缕断虹垂树杪①，又是乱山残照②。

凭高目断征途，暮云千里平芜③。日夜河流东下，锦书应记双鱼④。

这首词是于塞上写离情:烟雨迷蒙中,放眼望去满眼尽是青色,没有尽头。又到了夕阳落入群山的时候,树梢上挂着一段彩虹。登高远眺,望断征途,只看到一片暮云停驻于千里旷野。河水昼夜不停地向东流去,就像我对你的思念之情,于是将这一份相思之苦托双鱼为你寄来。

这首《清平乐》,有人说是纳兰词的代表作之一,是纳兰用心写成的一首离情之作。但细细品味下来,其实能够发现,这首词并不能算是纳兰词作里的好作品,整首词不过是平淡乏味,一个平庸之作而已。

但是,这也不能从而否定纳兰在词章上的艺术成就,他一生所填写的词数量之多,是显而易见的,偶尔的平庸之作也并不能抹杀他。还有一点就是当时清朝词坛的风气,并不是很好,纳兰的词可以说是开了先河,为清词注入了鲜活的力量。

所以,这首词也有解析的必要。"烟轻雨小,望里青难了。"古代文人要写离别之情,总是会将情景设置在烟雨迷蒙、柳条拂面之中。纳兰这首词也不例外。烟雨蒙蒙中,放眼望去,满目青色,无边无际。好像词人此刻的心情,充满迷蒙。

虽然从这首词的字里行间可以推断出这是写离别之情的,但至于纳兰是为谁写的离别词,就不得而知了。从词句判断,应该是纳兰的友人。友人离别,站于迷蒙的细雨中,看着友人离去的方向,最终望不到友人的身影,想着友人此时应该走到何处。

友情总是纳兰生命中重要的支撑,故而他才会对每一段友情的消逝都感到痛苦万分。写完细密的雨,接下来,纳兰便将笔触延伸到更远处。"一缕断虹垂树杪,又是乱山残照。"上片之见是时间的一个顺延,雨停之后,天边现出彩虹,在远处乱石上,夕阳残照,彩虹挂在树梢上。

纳兰写词,总是要尽善尽美,尽管这首词并非他的佳作,但依然可以从中看出纳兰写词的风格。他将每种景致都极致化,令他的词成为一种艺术。这首《清平乐》的下片依然写景,但更多则是抒情。

"凭高目断征途，暮云千里平芜。"登高望远，方能心胸开阔，古人不乏登高的诗作，纳兰这句词有着与他以往词里没有的豪气干云。男儿气概在此时表露无遗，登高望断天涯路，前方征途漫漫，一眼看不到头，但是在眼前，暮云停驻，而云霞下面，则是千里的平原，草木丛生，犹如思念的荒地，长满了杂草。

词在最后，写下如何缓解思念的方式，便是"日夜河流东下，锦书应记双鱼"。"双鱼"也是一个典故，双鱼又称为"双鲤"，一底一盖，把书信夹在里面的鱼形木板，常指代书信。

从最后的这句词来看，似乎是要写给远方的爱妻，但从当时的情景来看，纳兰并未有牵挂着的女子。不过，不论这词是因何而作，也是纳兰将一番思念之苦，化作锦书，托送给双鱼，希望后世都能看到。

注释：

① 断虹：一段彩虹，残虹。树杪：树梢。
② 残照：落日的余晖，夕照。
③ 平芜：草木丛生的平旷原野。
④ 双鱼：亦称"双鲤"，一底一盖，把书信夹在里面的鱼形木板，常指代书信。

清平乐

凄凄切切①，惨淡黄花节②。梦里砧声浑未歇③，那更乱蛩悲咽④。

尘生燕子空楼，抛残弦索床头⑤。一样晓风残月，而今触绪添愁⑥。

《清平乐》是一首很常见的词牌名，许多人都用这个词牌，写出了脍炙人口、流传千古的名词佳句。其中以宋朝词人用得最多，晏殊、晏几道、黄庭坚、辛弃疾等著名词人均用过此调，其中晏几道尤多。

留人不住，醉解兰舟去。一棹碧涛春水路，过尽晓莺啼处。

渡头杨柳青青，枝枝叶叶离情。此后锦书休寄，画楼云雨无凭。

晏几道的这首《清平乐》是写离别，他所写的景物却是与离别的凄凄之情无关，都是碧涛春水、青青杨柳枝、晓莺啼处等景象。这些都是春天美好的景物，用如此美好的景物去写离别，真是格外有意境。

比起晏几道的《清平乐》，纳兰的这首《清平乐》也有相似之处。晏几道开篇起笔便是"留人不住"四个字，而纳兰开篇也是"凄凄切切"四字，写出内心的凄惶和不安，离别在即，人难留住，故而凄凄切切，悲伤不已。

同样是写离别，晏几道是含蓄隐晦地写道"留人不住"，来隐射自己内心的不舍，但是纳兰就简单得多了，他只是一个词，就直接明了地写出了内心的情感。用重复的词来表述情感，这在词的写作上不是少数。

李清照就曾这样尝试过。"寻寻觅觅，冷冷清清，凄凄惨惨戚戚。"在《声声慢》中，循环往复的词句，让人可以品读到她内心的世界。能够简单地抒情之人，都是内心单纯如明镜的人。

纳兰写的这首词是一首触景伤情之作：在这惨淡的深秋之时，一切都变得凄凄切切，无限悲凉。那梦里的砧杵捣衣声还没停下来，又传来蟋蟀嘈杂的悲鸣声。你曾居住的楼空空荡荡，弦索抛残，晓风残月，无不是惨淡凄绝，如今一起涌入眼帘，触动无限清愁。

开篇便写到凄凄切切，道出内心悲凉，接着写到时节正逢黄花节，黄花节是指的重阳节，而所谓的黄花，便是菊花。这是纳兰又一首重阳佳作，借着重阳时节，抒写内心的情绪。在词中，纳兰永远是悲伤的。这首词当然也不例外。纳兰用惨淡来形容黄花节，以示自己哀怨的心情。

或许，在深秋时节，万物萧条，看到任何事物都会觉得无限悲凉。而接下来这句，则让人联想到，纳兰是在想念什么故人。"梦里砧声浑未歇，那更乱蛩悲咽。"

这里需要解释几个地方，"砧声"是指洗衣服的声音，古人洗衣服，总是将衣服捣一捣，加快衣服清洁的速度。捣衣时，会发出阵阵声响。"蛩"则是指的蟋蟀。

词人在梦中听到捣衣的声音，声声慢慢，似有似无，悠远似乎又就在耳旁。捣衣的声音还没有停下，耳畔就又传来了蟋蟀的叫声，夜半时分，听起来让人内心都揪了起来。重阳深夜，午夜梦回，却是如此凄惶的情景。

纳兰梦中梦到捣衣的人是谁，想来应该是个女子。但这名女子究竟是谁，会在纳兰的梦中以如此凄凉的形象出现？按照常理推算起来，这名女子应该是离纳兰而去，让纳兰无法再见到的女子。于是有人猜测，这是重阳佳节，纳兰思念故去的卢氏所写的悼亡词，也有人认为这是纳兰为沈宛而作的。

但不管怎么样，这首词的确是写尽了凄凉之意。上片梦醒时分，顿觉离人不再，备感伤心。下片则是写道"尘生燕子空楼，抛残弦索床头"，醒来后自然是被忧伤打扰得无法再次入眠，只得起身。

起身后的纳兰看到的都是昔日的场景，想到空空如也的楼阁，想到往日温馨的情景，现在却是物是人非，想想就觉得增添几分愁绪。"一样晓风残月，而今触绪添愁。"再抬头望去，晓风残月，更是让人愁绪满怀。

这首怀念故人的词写在重阳夜，阁楼上，晓风残月，故人不再。独自倚靠栏杆，想着往日种种，纳兰写词，从来都是淡如清水，却能够让这水波荡漾而起时，带给后人无限的遐想和心疼。

注释：

① 切切：哀怨、忧伤貌。
② 黄花节：指重阳节。黄花：菊花。
③ 砧声：捣衣声。
④ 蛩：指蟋蟀。悲咽：悲伤呜咽。
⑤ 弦索：弦乐器上的弦，指弦乐器。
⑥ 触绪：触动心绪。

清平乐　忆梁汾

才听夜雨，便觉秋如许。绕砌蛩螀人不语①，有梦转愁无据②。

乱山千迭横江③，忆君游倦何方④。知否小窗红烛。照人此夜凄凉。

这首词是秋夜念友之作，抒发对好友顾贞观深切的怀念。顾贞观是江苏无锡人，其曾祖顾宪成是晚明东林党人的领袖，可谓真正的书香门第。顾贞观的个人才情和文化素养也自然与众不同，是当时很有名气的江南文士。

康熙十五年（1676年）的春夏间，他与权相明珠之子纳兰容若相识，成为交契笃深的挚友。或许是气质的相互吸引，或许是才情的彼此契合，两人第一次相见，便有"一见即恨识余之晚"之感，相见甚欢，相谈甚多，彼此引为知己。

而在词坛的成就两人同样齐名，举凡清史、文学史、词史无不将二人相提并论，被视为风格近似、主张相同的词坛双璧。

二人因为才情而惺惺相惜，在与顾贞观相交的日子里，纳兰是快乐的。他们时常以词会友，互相切磋文学。可是再深的友谊也不能保证天长地久地相处，纳兰因为官职在身，总需要外出办事。

　　这次,他又要随同皇帝外出游走,官场的事情总是枯燥乏味的,不如与友人饮酒作诗来得痛快。但人在官场,身不由己,纳兰只得依依不舍告别友人,准备出发。在外出的日子里,纳兰一直是孤独寂寞的。

　　虽然康熙很赏识他,但君臣毕竟有别,二人不会无话不谈。纳兰恪守着君臣之礼,他将自己内心的一切都隐忍下来,这更加重了他内心的郁闷情绪。想要及早结束这场出行,好早日回去与友人团聚。

　　在这种心情下,纳兰写下了这首《清平乐》:才刚刚听到窗外的雨声,就已感觉到秋意已浓。是那蟋蟀和寒蝉的悲鸣声,让人在梦里产生无限哀怨的吗?乱山一片横陈江上,你如今漂泊在哪里呢?是否知道有人在小窗红烛之下,因为思念你而备感凄凉?

　　单纯的想念,让人能够从词句中嗅到友谊的醇香。友谊就是这样,不论彼此身在何方,总是能够随时随地想起对方。纳兰外出公干,想起远方的挚友,虽然秋意正浓,但心头也是会涌起阵阵暖意。

　　"才听夜雨,便觉秋如许。"才刚刚听到窗外有雨声,就已经感觉到浓浓的秋意了。身上的寒意大多是心里的凄凉带来的,身边没有知己,自然感觉到凉意。夜雨之中,更能听到蟋蟀和寒蝉的悲鸣声,秋意渐浓,蟋蟀和寒蝉也知道自己生命无多,故而叫声凄厉。在夜色下,这更让人产生无限的哀怨。

　　"绕砌蛩螀人不语,有梦转愁无据。"上片在凄凄切切的情愫中结束,纳兰将思念友人之心情描述得如悲如切,这首词是思念友人,却又好像是纳兰自悲自切的呢喃自语。结束了上片的哀痛,下片则是沉思,依然饱含哀怨,所描写到的景物,也是蒙上一层灰暗色彩,看不到颜色。

　　"乱山千迭横江,忆君游倦何方。"眼前乱石堆砌,远山横陈江上，江水滔滔，滚滚东逝去。不知道友人而今漂游到了何方。杳无音信，只能靠着思念回忆过去美好的日子。纳兰与好友之间没有联系，让他内心充满不安。

"知否小窗红烛。照人此夜凄凉。"这是纳兰在反问友人的话，是否知道有人在思念你呢？是否会因为被思念而感到凄凉呢？友人自然是无法感受到纳兰千里外的思念的，但纳兰在此的疑问，可以看出纳兰的纯真心性，这个才华横溢的清初才子，其实只是一个渴望友谊与关爱的男子。

词的初衷是思念友人，但当写到最后，却变成了纳兰自怨自艾的一首自哀词，写不尽的哀伤，透过词意里的风雨，飘洒而出，湿了人心。

注释：
① 蛩螿：蟋蟀和寒蝉。蛩，蟋蟀。螿，蝉。
② 无据：不足凭，不可靠。
③ 横江：横陈江上，横越江上。
④ 游倦：犹倦游，指仕宦漂泊潦倒。

琵琶仙　中秋

碧海年年①，试问取冰轮②，为谁圆缺？吹到一片秋香，清辉了如雪。愁中看好天良夜，争知道尽成悲咽。只影而今，那堪重对，旧时明月。

花径里戏捉迷藏，曾惹下萧萧井梧叶③。记否轻纨小扇④，又几番凉热。止落得填膺百感⑤，总茫茫不关离别。一任紫玉无情⑥，夜寒吹裂。

抒发哀怨的感情时，幽怨的人最先想到的往往是月亮。唐明皇夜会梅妃，杨贵妃得知自己深爱的男人心中还装着别的女人，满怀忧伤,饮酒独醉,开口便是"海岛冰轮初转腾,见玉兔,玉兔又早东升。(《贵妃醉酒》)"纳兰思念起心头的人儿,起首也是"碧海年年,试问取冰轮,为谁圆缺"。

这首词描绘了中秋月下的景致:年年岁岁,问那天上的明月在为谁圆缺?夜风吹得桂花飘香时,那月色更加清净如雪。这花好月圆的美好景色,在满怀愁绪的人看来也只觉伤感呜咽。形单影只,该如何去面对那旧时的明月?曾记得我们在鲜花小径追逐嬉戏,惹得梧桐树叶纷纷飘落,还记得那轻纱团扇陪伴了几个寒秋。如今却只落得胸中百感交集,无处申诉。任凭那幽咽的笛声唤起旧梦,吹到天明。

想必,纳兰所思念的,是他青梅竹马的恋人。看他所回忆的情节,"花径里戏捉迷藏,曾惹下萧萧井梧叶"。钟鼎人家的青年男女,家教甚严,举止必然大方稳重,及笄的丫头、弱冠的小伙儿必然不好意思跑来跑去地捉迷藏。能做这种游戏的,当是"郎骑竹马来,绕床弄青梅"的年纪。小小的姑娘一定还是"妾发初覆额",一点儿不懂得羞呢,会"折花门前剧"。

那真是不会再来的美好时光,我们玩得多么畅快,撒了欢地在满是花朵的小路上奔跑,连梧桐树的叶子都被我们夸张的笑声与叫声惊落了几片。我们曾经共同走过的美好日子,并不短暂,"记否轻纨小扇,又几番凉热"。用细薄的纨素糊就的小团扇,陪伴我们在漫长的夏日赶凉风,扑流萤,经历了几多华年?那时,我们天真烂漫,亲密无间。

回忆再美,也只是一片虚幻。诗人希望自己永远沉浸在美好的往昔中,可惜总有醒来的时刻。事实是,他们有个美好的开始,却没能继续让生命在幸福中浸淫下去。满族女子成年后,都会有选秀的机会,这是她们的权利,也是她们的义务。传说,纳兰初恋情人就不得已参加了选秀,进宫去了。境由心生,美好的秋夜在诗人眼中,是一片悲凉。

冰轮出碧海,美则美,却美得冷入骨髓。夜风吹动盛放的桂花,清冷的月光下,甜香的桂花竟然映现了白雪般冷艳的气质,让夜色更觉凄清。这样清冷的夜、清冷的心,唯有清冷的曲子才能与之相配。诗人用一支紫玉笛吹出哀婉的曲子,表达内心浓浓的抑郁与伤怀。

注释:

① 碧海:此处指青天。
② 冰轮:即圆月。
③ 井梧叶:井边梧桐的树叶。
④ 轻纨小扇:指纨扇,即用细绢制成的团扇。
⑤ 填膺:充塞于胸中。
⑥ 紫玉:古人多截取紫玉竹为箫笛,因以紫玉为箫笛之代称。

酒泉子

谢却荼蘼①,一片月明如水。篆香消②,犹未睡,早鸦啼。

嫩寒无赖罗衣薄③,休傍阑干角。最愁人,灯欲落,雁还飞。

《酒泉子》这一词牌原为唐教坊曲。《金奁集》中入"高平调"。按温庭筠体,四十一字,全阕以四平韵为主,四仄韵两部错叶;按潘阆体,又名《忆余杭》,以平韵为主,间入仄韵。八句,四十九字,前片两平韵,后片两仄韵,两平韵。所以纳兰这首《酒泉子》属于温庭筠体。

上片第一句中"荼蘼"是一种蔷薇科早本植物,它的花期是在春后,一直延到盛夏才会开,所以古人认为它为花中最晚的,是春季花季的终结。由于这个原因,荼蘼被赋予了一层伤感的、悲情的文化内涵,苏轼说:"荼蘼不争春,寂寞开最晚。"此外荼蘼在佛教中也有寓意，有人以为它就是所谓的彼岸花，这就给荼蘼赋予了更多的让人联想的深意。所以纳兰以一句"谢却荼蘼"开头，点出时间的同时更传达了春华殆尽的含义。后面诸句都是在这种情怀下的延伸。"一片月明如水"一句极为醒目，在一片明月如水的夜色中，荼蘼慢慢凋零。情景交融，如此紧密。然后，或许是不忍卒观这窗外景致，倦眼目乏，将眼神又放回闺中，篆香也殆尽。似乎怎么也忘怀不了对窗外荼蘼谢去的伤感，一声早鸦又将深思勾去。

下片主写一个"寒"。天气是"嫩寒"，而人的心也是寒的。长夜难眠，披衣起坐窗前，晚风钻进薄薄的一层罗衣，不禁打了一个寒噤，马上想到，不应痴痴地再次独倚栏杆啊。最后"雁还飞"一句说气温回暖，又进一步将情怀如水的寒突出来，所以说正是这灯花欲落、南雁北归时刻，最是愁煞人。

这首词是长夜怀人有思之作。陈廷焯在《词则闲情集》中说这词"情调凄婉，似韦端己手笔。"说他这首词很像韦庄的风格。韦庄在词风上和与他齐名的温庭筠不同，风格上虽都属于花间词，韦庄的词却没有温庭筠词那样浓艳华美，他善于用清新流畅的白描笔调，表达比较真挚、深沉的感情。此外韦庄在写闺情上也具有典型特点，他将词的语言同描写的对象水乳交融地混同起来。这里说纳兰的风格和韦庄相似，就是在这两方面而言的。

一方面，纳兰这首词在风格上仍体现了花间词在词史上的巨大惯性，具有"香软"的特点，表现在词的内容上仍属于离思别愁、闺情绮怨，意象上仍具有靡丽的特点；另一方面却可以和典型的花间词区别开来，如"一片月明如水""最愁人，灯欲落，雁还飞"。显然是清新流畅的白描笔调，表达情感真挚而深沉的感情。

词句有穷，而意蕴难尽，直写情怀，却郁结难解，真挚可怜。

注释：

① 荼蘼：落叶或半常绿蔓生小灌木，攀缘茎，茎绿色，茎上有钩状的刺，上面有多数侧脉，致成皱纹。夏季开白花。
② 篆香：盘香，形如篆字。
③ 嫩寒：轻寒、微寒。无赖：无奈。

生查子

东风不解愁，偷展湘裙衩①。独夜背纱笼②，影著纤腰画③。

爇尽水沈烟④，露滴鸳鸯瓦⑤。花骨冷宜香⑥，小立樱桃下。

这首《生查子》为一篇咏愁之作，想来古诗词咏愁之构，佳作迭出，何其浩繁，如李煜的"问君能有几多愁？恰似一江春水向东流"，欧阳修的"离愁渐远渐无穷，迢迢不断如春水"均以春水喻愁，形象地写出了愁之绵长，有悠悠不尽之感；贺铸《青玉案》"一川烟草，满城风絮，梅子黄时雨"，层层递进的三种事物喻愁，更于秦少游的"春去也，飞红万点愁如海"一样于夸张、比喻的结合中表达了愁之多、愁之深，而宋代著名女词人李清照的"只恐双溪舴艋舟，载不动，许多愁"，则于夸张与比较中衬出了愁之多、愁之重。想必在如此多的佳句面前，纳兰作词咏愁岂非易事。但这首《生查子》写来却也不落窠臼，显得较为别致。

且看上片，词人几笔便勾勒出一位浅浅女子的哀婉伤春形象。纳兰作词，大多评家谓之"尤善小令"，此处可见一斑。在这里，作者没有再直接描绘女子的容貌，而是以清朝贵族女子平素所穿的湘裙和其纤纤腰身入手，从侧面展现出女子的姿态容貌,给人无限遐想的空间,想来此女何其俊秀,何其温柔。古人作诗,最高境界在于,造景塑性常在于言与不言之间的遐想,此作上片便有"深山不见寺,唯听暮鼓声"的效果。

细细品来,东风既是春风,写东风的不解风情,此处便是东风的人格化了。东风却是在偷看湘裙,一个"偷"字写尽了东风之态,可谓珠玑。湘裙表明了主人公的身份,此处偷看再次暗示出女子的美貌。猜想诗人应该是以东风的视角和身份来观视女子,东风也是女子寂寞的见证吧?下句"独夜背纱笼,影著纤腰画"则交代了时间是晚上:春夜,女子一人在室,视线渐移,细看女子姿态,背靠着丝纱的灯罩,灯光勾勒出女子的纤腰,孤独一影,此画面静谧优美,也有动静映衬,试想软弱的灯光若隐若现,女子的倩影也在摇曳着寂寞,却是那背影安静伫立。一细腰让人浮想,此女子是何等的纤细体态,轻柔娇媚,也让人看到她是如此的娇柔,似有"衣带渐宽终不悔,为伊消得人憔悴"之感。俨然一副思妇相,绝无半点造作情。让人想入画探视,猜想女子为何人而愁,在这孤独的夜里一个人难诉愁情。

上片,几笔文字落在女子身上之物,而非景物描写,在于刻画女子形象,给读者以朦胧之女子容颜,清晰之愁情思绪。此谓画人。

下片文笔重在写景,描写女子身边环境。景入眼眸的是沉香燃尽的一瞬,香烟袅袅升腾,然后弥散在空气中,犹如女子的愁丝飘散,烟已断,情不断。此处说明夜已深,女子还在孤独徘徊。又转向鸳鸯瓦,露滴已沾瓦片,再次说明夜深难眠。鸳鸯瓦自成双,而女子却是形单影只。此处以双反衬单、以喜衬悲的效果油然而生。已是愁情极致,却还有"花骨冷宜香,小立樱桃下"的冷美景象。作者以花骨比喻女子,立于樱桃花下,静谧而清俗,因愁情而美丽动人。

此首《生查子》主题为咏愁之曲,作者上片画人,下片写景,无一愁叹之词,却处处渗透着情愁的气息,字里行间给读者感同身受的触觉。画面上,冷静优美,刻画人物形象上没有冗长的词句,寥寥数笔勾画出内涵丰富之女子,笔法细腻。环境的衬托与渲染更是给形象增添了愁绪的内涵,让读者通过环境这一介质直通女子的心里。情与景的融合自然而舒适,优美的字句涂抹出一幅清晰的画面,画中之人,人之内心,与整体俨然相符,女子内心的愁绪也迷漫画卷,令人酸楚。

注释:

① 湘裙:指用湘地丝绸制作的裙子。
② 纱笼:纱制的灯笼。
③ 纤腰:细腰。
④ 爇:燃烧。水沈:即水沉香、沉香。
⑤ 鸳鸯瓦:指成对的瓦。
⑥ 花骨:即花骨朵,花蕾。

生查子

惆怅彩云飞①,碧落知何许②?不见合欢花③,空倚相思树④。

总是别时情,那得分明语。判得最长宵⑤,数尽厌厌雨⑥。

《生查子》这个词牌,句句仄韵,历来多用来写愁。吴梅在《词学通论》中有言:"惟词中各牌,有与诗无异者。如《生查子》何殊于五绝?此等词颇难著笔。又需多读古人旧作,得其气味,去诗中习见辞语,便可避去。"纳兰的这首《生查子》,也是写愁之作,却是颇得五绝精髓所在。

此词颇像悼亡之词。上片首句一出,迷惘之情油然而生。"惆怅彩云飞,碧落知何许?"彩云随风飘散,恍然若梦,天空这么大,会飞到哪里去呢?可无论飞到哪里,我再也见不到这朵云彩了。此处运用了托比之法,也意味着诗人与恋人分别,再会无期,万般想念,万分猜测此刻都已成空,只剩下无穷尽的孤单和独自一人的凄凉。人常常为才刚见到,却又转瞬即逝的事物所伤感,云彩如此,爱情如此,生命亦如此。"合欢花"与"相思树"作为对仗的一组意象,前者作为生气的象征,古人以此花赠人,谓可消忧解怨。后者却为死后的纪念,是恋人死后从坟墓中长出的合抱树。同是爱情的见证,但诗人却不见了"合欢花",只能空依"相思树。"更加表明了纳兰在填此词时悲伤与绝望的心境。倘若从典故来看,也证明了此词的悼亡之意。

下片显然是描写了诗人为情所困、辗转难眠的过程。"总是别时情",在诗人心中,与伊人道别的场景历历在目,无法忘却。时间过得愈久,痛的感觉就愈发浓烈,越不愿想起,就越常常浮现在心头。"那得分明语",更是说出了诗人那种怅惘惋惜的心情,伊人不在,只能相会梦中,而那些纷繁复杂的往事,又有谁人能说清呢?不过即便能够得"分明语",却也于事无补,伊人终归是永远地离开了自己,说再多的话又有什么用呢。曾经快乐的时光,在别离之后就成了许多带刺的回忆,常常让诗人忧愁得不能自已,当时愈是幸福,现在就愈发地痛苦。

然而因不能"分明语"那些"别时情"而苦恼的诗人,却又写下了"判得最长宵,数尽厌厌雨"这样的句子。"判"通"拼"。"判得"就是拼得,也是心甘情愿的意思,一个满腹离愁的人,却会心甘情愿地去听一夜的雨声,这样的人,怕是已经出离了"愁"这个字之外。

王国维在《人间词话》中曾提到"愁"的三种境界:第一种是"为赋新词强说愁",写这种词的多半是不更事的少年,受到少许委屈,便以为受到世间莫大的愁苦,终日悲悲戚戚,郁郁寡欢。第二种则是"欲说还休",至此重境界的人,大都亲历过大喜大悲。可是一旦有人问起,又往往说不出个所以然来。而第三种便是"超然"的境界，人入此境，则虽悲极不能生乐，却也能生出一份坦然，一份对生命的原谅和认可，尔后方能超然于生命。

纳兰这一句，便已经符合了这第三种"超然"的境界，而这一种境界，必然是所愁之事长存于心，而经过了前两个阶段的折磨，最终达到了一种"超然"，而这种"超然"，却也必然是一种极大的悲哀。纳兰此处所用的倒提之笔，令人心头为之一痛。

通篇而看，在结构上也隐隐有着起承转合之意，《生查子》这个词牌毕竟是出于五律之中，然后纳兰这首并不明显。最后一句算是点睛之笔。从彩云飞逝而到空倚合欢树，又写到了夜阑难眠，独自听雨。在结尾的时候纳兰并未用一些凄婉异常的文字来抒写自己的痛，而是要去"数尽厌厌雨"来消磨这样寂寞的夜晚，可他究竟是数的是雨，还是要去数那些点点滴滴的往事呢？想来该是后者多一些，诗人最喜欢在结尾处带住自己伤痛的情怀，所谓"欲说还休，欲说还休，却道天凉好个秋"，尽管他不肯承认自己的悲伤，但人的悲伤是无法用言语来掩饰住的。

纳兰这首词，写尽了一份自己长久不变的思念，没有华丽的辞藻，只有他自己的一颗难以释怀的心。

注释：

① 彩云飞：彩云飞逝。
② 碧落：道家称东方第一层天，碧霞满空，叫作"碧落"。后泛指天上（天空）。
③ 合欢花：别名夜合树、绒花树、鸟绒树，落叶乔木，树皮灰色，羽状复叶，小叶对生，白天对开，夜间合拢。
④ 相思树：相传为战国宋康王的舍人韩凭和他的妻子何氏所化生。据晋干宝《搜神记》卷十一载，宋康王舍人韩凭妻何氏貌美，康王夺之，并囚凭。凭自杀，何氏投台而死，遗书愿以尸骨与凭合葬。王怒，弗听，使里人埋之，两坟相望。不久，二冢之端各生大梓木，屈体相就，根交于下，枝错于上。又有鸳鸯雌雄各一，常栖树上，交颈悲鸣。宋人哀

之，遂号其木曰"相思树"。后以其象征忠贞不渝的爱情。
⑤判得：心甘情愿地。
⑥厌厌：绵长、安静的样子。

忆秦娥

春深浅①，一痕摇漾青如剪②。青如剪，鹭鸶立处③，烟芜平远④。

吹开吹谢东风倦，缃桃自惜红颜变⑤。红颜变，兔葵燕麦⑥，重来相见。

唐代文豪刘禹锡因参与王叔文、柳宗元等人的革新运动被贬为郎州司马。十年后，被朝廷"以恩召还"，回到长安。这年春天，他去京郊玄都观赏桃花，写下了《玄都观桃花》："紫陌红尘拂面来，无人不道看花回；玄都观里桃千树，尽是刘郎去后栽！"用以讽刺那些暂时得势的奸佞小人。

这首诗引起很多人的不满，于是他又因"语涉讥刺"而再度遭贬，一去就是十二年。十二年后，诗人再游玄都观，写下了《再游玄都观》："百亩庭中半是苔，桃花净尽菜花开。种桃道士归何处？前度刘郎今又来。"不改初衷，依然如故，"前度刘郎今又来"的不懈斗争精神，一直为后人敬佩。

纳兰化用刘禹锡玄都观诗的典实写了这首《忆秦娥》，却没有了刘禹锡的斗志，而是通过花开花落、世事变迁，暗透了今昔之感和不胜身世的孤独之情。

春已深，春水摇荡着，岸边露出整齐如剪的青绿色的涨水痕迹。那正是鹭鸶站立的地方，烟雾中草地一片凄迷，看不到尽头。东风吹来，将百花吹开，又将百花吹谢，桃花在这春风中感受着红颜的渐变。红颜将老，眼前这凄凉的景色谁又重来相看呢!

"春深浅",这里用的是偏义词,指深。而后一句"一痕摇漾青如剪"则是写出春意深深、春水荡漾的情景。纳兰写词很注重词句的打磨,"摇漾"二字用得恰到好处,也很见功力。

"青如剪,鹭鸶立处,烟芜平远。"这首词的上片俨然一副大好的春光,岸边露出涨潮的水是青绿色的,犹如被剪刀剪过一般整齐。这样的景色想想也觉得宜人。在绿波之中,还有鹭鸶站立着,远处的草地在烟雾中一片迷蒙,看不清楚哪里才是尽头。

上片中,纳兰用了许多元素,构成了一幅春景图,有水鸟、草地、绿水等,这些都是春日里最常见的景物,但是在纳兰的笔下,却是显得格外有生机,别有一番情趣在其中。上片写景之后,下片并未抒情,纳兰依然在描述春天的样貌。

"吹开吹谢东风倦,缃桃自惜红颜变。"春风吹来,桃花落下,风过,花落。这样的意境,纳兰许多词中也有用过,这是他用来写人世无常、岁月变迁常用的一种意象,但每次写起,都有不一样的感觉。

这首词中,纳兰用到了许多自然景物还有植物,例如"鹭鸶""缃桃"等,这些都给这首词注入了新鲜的活力,不显得刻板。在活泼的氛围中,书写闲愁,这恐怕是纳兰的拿手好戏,他将闲愁与春光结合得恰到好处。

最后,在一片美景中,纳兰写了他想要表达的意思:"红颜变,兔葵燕麦,重来相见。"红颜易老,春光易逝去,只有抓紧时间,才能享尽人生。不然待到最后,想见的人都不知道该去哪里相会了。

注释:

① 深浅:偏义词,指深。
② 摇漾:摇动荡漾。
③ 鹭鸶:又叫"鸬鹚"。水鸟名,翼大尾短,颈和腿很长,捕食小鱼。

④ 烟芜：烟雾中的草丛，亦指云烟迷茫的草地。
⑤ 缃桃：即缃核桃，结浅红色果实的桃树。亦指这种树的花或果实。
⑥ 兔葵燕麦：形容景象荒凉。兔葵，植物名，似葵，古以为蔬。燕麦，一种谷类草本植物。

御带花　重九夜①

晚秋却胜春天好，情在冷香深处②。朱楼六扇小屏山③，寂寞几分尘土。虬尾烟消④，人梦觉、碎虫零杵⑤。便强说欢娱，总是无心愫绪⑥。

转忆当年，消受尽皓腕红萸⑦，嫣然一顾。如今何事，向禅榻茶烟⑧，怕歌愁舞。玉粟寒生⑨，且领略月明清露。叹此际凄凉，何必更满城风雨。

重阳节这天，天涯孤客，倍思亲人。纳兰独上小楼，啜饮着比天涯孤旅更为孤寒的伤悲。离家者尚有还家之日，远离人世者又怎会有归来之时？这首词写重阳节的无聊心绪，同时忆旧抒怀：

深秋季节的景致要比春天更美好，无限风情尽在秋日的花香深处。小楼的屏风落下些许微尘，却无人打扫。盘香烟消，孤独的人被窗外传来的虫鸣声和捣衣声惊醒，再难成眠。即使强颜欢笑，那百无聊赖的心绪也难以消减。记得当年，有伊人相伴一旁，那嫣然一笑，如今犹自灿烂。现如今，却空寂无聊，独自禅坐，怕见那歌舞繁华。清风雨露，霜华渐生，不觉寒冷。纵使不是满城风雨，而是胜却春天的美好秋夜，也已经只能感受到无比的凄凉冷清了。

"冷香"一处，有两种说法。一说指菊花、梅花等傲寒之花清幽的香气，譬如"晚艳出荒篱，冷香着秋水"。（唐王建《野菊》）还有一种说法，指女人香。如侯方域在《梅宣城诗序》中写道："'昔年别君秦淮楼，冷香摇落桂华秋。'冷香者，余栖金陵所狎斜游者也。"

女人香在中外文化中都占有一席隐秘之地。欧洲学者曾这样写道："女人的气息令男人陶醉，一如既往，从来就是对她们个人整体的一种神化，在描写年轻貌美的布兰奇弗萝时，我们读到这样的诗行，大意为她的气息如何芬芳怡人，会令所有闻到的男人一周之内既感觉不到痛，也感觉不到饥饿。"清代戏曲家李渔的传奇集《笠翁十种曲》中《怜香伴》一篇（有的版本索性将这篇记作《美人香》），石笺云嗅到风中逸来的女子气香，与曹语花一见倾心，可见女人香魅力之大，连女性也无法抵挡。

我们最为熟知的冷香当属薛宝钗。《红楼梦》第八回宝玉与宝钗比识通灵宝玉、金锁，与宝钗坐得近了，"只闻一阵阵凉森森甜丝丝的幽香，竟不知系何香气"。宝钗身上的冷香，源自奇妙海上方，洋溢中医文化与巫文化的神秘氤氲的气息，为宝钗之美点染了浪漫玄幻的色彩。

似乎在纳兰的印象中，妻子的气息就是这般带着凉意的甜蜜，除了这首《御带花》，他在一首《齐天乐·塞外七夕》中也用冷香代指自己的妻子："羁栖良苦，算未抵空房，冷香啼曙。"能萦绕着这样神秘幽艳香气的女子，是一位怎样的可人啊！难怪纳兰魂牵梦绕。任凭新人在侧，任时光在脑海中怎样反复冲刷，他依然记得当年"皓腕红萸，嫣然一顾"。

重阳佳节，秋菊盛放，本来是"萧疏篱畔科头坐，清冷香中抱膝吟（《红楼梦·对菊》）"的日子，如今纳兰却只能自问"圃露庭霜何寂寞，鸿归蛩病可相思？"（《红楼梦·问菊》）没有快乐，只有哀愁。当年与妻子嬉戏欢愉的小楼，如今盛满的不再是欢快的笑声，而是沉重的寂静。虽未曾常伴青灯，没了你的陪伴，人世繁华也褪去了光彩。爱人生命凋萎，纳兰的心便也寂灭了，寻常日子由一幅青绿山水瞬间褪色成了黑白水墨。

纵然晚秋却胜春天好,能使人在这人间好景中感叹"此际凄凉"的,恐怕也只有爱情了。这样的爱情,我们读来心醉;那身处爱情中的人,却是无尽的心碎。此情此景此爱恋,闻者悲戚,说者断肠。

注释:

① 重九:即重阳,阴历九月九日。旧时在这一天有登高的风俗。
② 冷香:指清香的花。唐王建《野菊》诗:"晚艳出荒篱,冷香着秋水。"
③ 朱楼:谓富丽华美的楼阁,《后汉书·冯衍传下》:"伏朱楼而四望兮,采三秀之华英。"屏山:屏风。
④ 虬尾:指盘曲若虬的盘香。虬,古代传说中有角的小龙。
⑤ 碎虫零杵:断续的虫声和杵声。
⑥ 无憀:空闲而烦闷的心情。
⑦ 皓腕:洁白的手腕,多用于女子,三国魏曹植《洛神赋》:"攘皓腕于神浒兮,采湍濑之玄芝。"红萸:指重阳节插戴茱萸。
⑧ 禅榻:禅床。宋郭彖《睽车志》卷三:"惟丈室一僧,独坐禅榻。"
⑨ 玉粟:形容皮肤因受寒呈粟状。

浣溪沙

酒醒香销愁不胜,如何更向落花行。去年高摘斗轻盈。夜雨几番销瘦了,繁华如梦总无凭①。人间何处问多情。

文章看似怜花,实际借花写出了对故人的思念。

一夜酒醒之后却发现柔弱的花儿已经凋零,只剩下片片花瓣残留,回忆起这些花儿仍在枝头绽放时的美丽容颜,谁能料到眼前这番颓败之景?如何能迈步再去赏花,如何舍得踏上这娇嫩的身躯,再给他们沉重的破坏?

去年高摘斗轻盈，花儿已经凋零，逝去的美好不再复返。只有回忆慢慢升起，顺着血液在全身汩汩流淌，渐渐涌上心头：那悠远的场景缓缓出现，春红柳绿，听得到黄莺嘤咛，听得到笑声如铃，去年今日赏花时，高摘斗轻盈。一起攀上枝头摘取花儿，比赛谁的身姿更加轻盈，一路笑语不断，惊起一片飞鸟。伊人如画美如梅。当时只道是寻常，而今阴阳相隔，只能花下落泪，睹物思人，争教两处销魂！

　　"轻盈"二字出自李白的《相逢行》：

　　怜肠愁欲断，斜日复相催。

　　下车何轻盈，飘然似落梅。

　　这首诗主要讲了作者在谒见皇帝之后巧遇一位美丽的女子，这惊鸿一瞥令他毕生难忘。于是他看着女子优美的身姿，从心里发出感慨："下车何轻盈，飘然似落梅。"容若在这里主要是来形容心上人美如白梅。

　　即便是众星拱月，拥有繁华富贵、功名利禄又能如何，谁解其中味？欲说却无言，锦绣丛中只落得满心荒芜。内心厌倦了现在的一切，但又无法逃离，只得佳人伴也就罢了，可总是天妒红颜，伊人早逝！

　　"夜雨几番销瘦了，繁华如梦总无凭。"风吹雨打，花儿怎禁得起如此，往日枝头的熙熙攘攘如烟如雾、如画如卷，如梦一场消逝了，不可依托。残留的花瓣无言地展示着时间的无情，繁华亦如此，不过是梦一场，不过是过眼云烟，欲借酒消愁，却更愁，醒来不过是更残忍的世界，绵绵阴雨带来的压抑加重了内心的孤寂，屋檐的水珠滴滴敲在心上。

　　落花飞尽，红消香断，往往惹得人吟出："一朝春尽红颜老，花落人亡两不知！"黛玉从小离开亲人进入荣国府，一介孤女只能在那样的大家庭中过着战战兢兢的日子，稍有不妥随时可能招来非议，于是她在《葬花吟》中感慨自己的身世是"一年三百六十日，风霜刀剑严相逼"，而生活在富贵之乡的容若不用担心自己寄人篱下看人眼色，但是他面临着更加无奈的局面：出身贵族、超逸脱俗、才华横溢、宦海生涯平步青云，一切在别人眼里都是值得羡慕的，但是谁能了解他的天性，对仕途的不屑，对功名的厌倦，对友情的追寻，对爱情的坚守？这些堆积在内心深处无处诉说的话渐渐形成一层层厚厚的锈迹，一颗玲珑剔透的心，充满了斑斑伤痕。

李煜成为亡国君主后，日日梦回往事，但国家已灭，明月、雕栏仍在，朱颜不再，此恨悠悠，于是他感慨道"问君能有几多愁"，将心中的遗恨表现得淋漓尽致，从而流传千古！但是他的"问君能有几多愁"尚有"恰似一江春水向东流"的下句，人间何处问多情呢？容若无法得出结论，他在反问这个世界，反问世人，反问自己。

醉时的梦幻、酒后的残酷，往往令人欷歔不已。夕阳渐渐爬上墙头，时光易逝，红颜老去，只留一地余香借以缅怀，内心的孤寂只能独自品尝，何处问多情？

浣溪沙，淘尽了英雄红颜，只留下千载的孤寂与相思。

注释：

① 繁华：是实指繁茂的花事，也是繁盛事业的象征。无凭：无所凭借、无所依托。

摊破浣溪沙

风絮飘残已化萍①，泥莲刚倩藕丝萦②。珍重别拈香一瓣③，记前生。

人到情多情转薄，而今真个悔多情。又到断肠回首处，泪偷零。

从"记前生"句来看，这首词是怀念亡妻之作：柳絮飘落水中化为点点浮萍，池中的莲花被藕丝缠绕。分别之时手中握着一片芳香的花瓣，道声珍重，记取前生。人若太过多情，情就会变得淡薄，如今终于知道这个道理，于是后悔自己太多情。又来到让人断肠的离别之处，无限伤情，泪水也暗自滑落。

这又是纳兰的一首悼亡词，想来是纪念卢氏的，作为纳兰的妻子，卢氏享受了纳兰太多的爱和关怀，之后纳兰虽然也娶过妻子，但都不及对卢氏那样情深意切，在卢氏死后，纳兰容若后又续娶官氏，并有侧室颜氏。

在纳兰容若三十岁的时候，在好友顾贞观的帮助下，纳江南才女沈宛为妾。沈宛的才气十分了得，纳兰与她惺惺相惜，二人情比金坚，只可惜的是，纳兰死得太早，娶了沈宛一年之后便去世了。这段爱情故事也就此画上了句号。纳兰一生爱过几名女子，但他的悼亡词却是始终为卢氏而写，这位陪他走过人生青春年华最初阶段的女人，霸道地占有了纳兰的内心深处，那一抹不可被侵犯的领地。

续弦官氏对纳兰很好，而且对纳兰的长子富格也很好，但从这首词中可以看出，纳兰对卢氏的情感，并不是什么人能够轻易替代的。

多情公子在自己编织的情网中苦苦挣扎，犹如在风中久久飞舞的柳絮，终于支撑不住，掉落池塘，化作浮萍。纳兰也想开始新的生活，开始新的感情，忘记旧情，可是往日的美好就如同被施展了魔法的藤条，将他紧紧绑缚住，让他无法抽身。

上片以物开篇，"风絮飘残已化萍，泥莲刚倩藕丝萦"，这是多么无奈的描述，柳絮随风飘落，池中的荷花确实被莲藕牵绊着。以景寓情，格外伤情。这般景物就如同纳兰与前妻之间的感情，虽然已经是天人永隔，但他们之间的爱情，就像这扯不断的莲藕与荷花，就像飘飞许久不愿落于尘土的柳絮。

有着太多不甘心的纳兰，不愿意承认这段已经逝去的感情，他写这首词也就是为了悼念妻子，故而在上片结束的时候，他才会写道:"珍重别拈香一瓣,记前生。"其实就连纳兰自己也清楚,唯有忘记,才有重生。记住前生的往事,则永远不能看到日后的阳光。上片结束后,下片便自然而然地承接,继而写道"人到情多情转薄,而今真个悔多情"。

纳兰明白多情之苦,他悔当初的多情,如果可以少一份感情,那便是少一份牵挂,也不至于而今时过境迁,依然是"又到断肠回首处,泪偷零"。

这首《摊破浣溪沙》写得极为动人,尤其是下片中的那句"人到情多情转薄,而今真个悔多情",脍炙人口,流转千年,依然不减光芒。想要探查情爱相思之苦,只看这首词,便可领略一二了。

注释:

① 风絮:随风飘落的絮花,多指柳絮。
② 泥莲:指荷塘中的莲花。倩:请、恳请。萦:萦绕、缠绕。
③ 拈:用手指搓捏或拿东西。

摊破浣溪沙

一霎灯前醉不醒①,恨如春梦畏分明②。淡月淡云窗外雨,一声声。

人到情多情转薄,而今真个不多情。又听鹧鸪啼遍了③,短长亭。

《摊破浣溪沙》这个词牌其实就是《山花子》,古时的文人作词作诗有太多的讲究,他们视诗词为自己的第二生命,极为看重。一字一句斟酌再三,如同挑选红颜知己般仔细,词牌名有着时代的标准和意义,通常能从一个词牌名上,就看出作者所要表达的情绪。

《摊破浣溪沙》实际上就是由《浣溪沙》摊破而来。所谓"摊破",是把《浣溪沙》上下片的结尾,七字一句,摊破为十字,成为七字一句、三字一句。而原来的七字句则将平脚改为仄韵,把平韵移到三字句末,七字句的平仄也相应有所变动。这就是这个词牌的来源,而后来的词人因为觉得好,就一直按照这种方式沿用了下来。

这首词写离恨:孤灯之前,一下子沉醉不醒,又怕醉中梦境与现实分割开来。窗外有舒云淡月,细雨声声。人说若太多情,情谊就会变得淡薄,而现在我已经真的不再多情了。可是,窗外又传来鹧鸪啼鸣之声,不知那送别的短亭长亭之处是否有人驻足倾听?

作为伤感之词,这首词写得十分哀伤,自怜自伤太甚。纳兰自己也说:"人到情多情转薄,而今真个不多情。"这首词抒写的是离情,但纳兰声声感慨真是多情不似无情,只有品尝过情爱之苦的人,才能做出如此深的体会。

在这首词上,纳兰做了一些词语上的技术处理,开篇那句"一霎灯前醉不醒"仿佛是一组动静交替的画面,做到了情景交融,相互映衬。这句起篇,令整首词有了似醒似醉、似睡非睡的模糊意境。

写道离愁的诗词有许多,但这首离愁的词因为是纳兰写的,便与其他的词有了很大的不同。纳兰是一个天生内心纤细的人,他看待任何事物都要比别人更加敏感,更加透彻。离愁在纳兰的眼中比别人的更加沉重,仿佛天地万物同悲的味道。

在纳兰的离别词中,"淡月淡云窗外雨",云和月在雨夜淡淡的,看上去朦朦胧胧似乎要落泪的样子。这真是将离愁写到了极致,而前一句"恨如春梦畏分明"也分明说道,这份悲愁,无可替代。

唐人张泌《寄人》诗有:"倚柱寻思倍惆怅,一场春梦不分明。"纳兰在这首词中,将一个"畏"字与前人的诗句中相替换,更使得词意显得矛盾哀愁。在这首词中,纳兰采用了许多表现手法,丰富的表现手法令这首词读起来不乏趣味,虽然写道离愁,但也有着明快的色彩。

不愿面对现实,便要入梦逃避,但又无法安然地睡去,似梦非梦之中,离愁之意犹如窗外细雨,淅淅沥沥,连绵不断。而最后整首词的结语"一声声""又听鹧鸪啼遍了,短长亭",使得词的整体风格更显得冷清生动,孤寂格外分明。

词中的每个字眼,都好似敲打在心坎上,难怪王国维称赞纳兰,纳兰既突出"离情"之"苦",又写出夜里相思之恨。这首离别之词,写得十分精妙贴切。句句都写出了离人之恨。虽然纳兰总是化用前人诗句,但在词中所描述的心情和心境已经有了很大的改变。

纳兰仿佛是一位能工巧匠,将词意拿捏得恰到好处、巧夺天工,丝毫让人看不出有着前人的影子。从作词上来看,纳兰尽力完美地展现了他的情感,让其展露在世人面前,虽然凌乱,但却始终哀伤顽艳。

在一首《摊破浣溪沙》中,纳兰同样写到了"人到情多情转薄,而今真个不多情"。极为平淡的一句话,却被用在了两首词中。想来纳兰是对这句话感悟极深的。无情不似多情苦,纳兰体会到了内心深处。

注释:

① 一霎:谓时间极短。顷刻之间,一下子。
② 春梦:春夜的梦。比喻转瞬即逝的好景,也比喻不能实现的愿望。
③ 鹧鸪:鸟名。体形似雷鸟而稍小,头顶紫红色,嘴尖,红色,脚短,亦呈红色。

霜天晓角

重来对酒[①]，折尽风前柳。若问看花情绪[②]，似当日，怎能够。

休为西风瘦，痛饮频搔首[③]。自古青蝇白璧[④]，天已早、安排就。

相逢又离别，离别又相逢，人生似乎就是在这相逢分别中慢慢损去，似乎是命运的轮回而已。看罢，如今眼前竟又是一盏离别酒，又要将它存进惆怅。

河边那一排排瘦瘦的柳树，春意未浓，绿芽始发，却早已攀折殆尽，一任那春风吹啊，却怎么也吹不绿了，春风又何能解憔悴？徒替柳枝伤感罢了。

与早春一道的，那早早的花儿已然开放，卑微，却露出生的希望——遥想那些一共赏花的年华，如水东流，一去不返。如今物是人非，再对花月，睹物思人，何谈情绪，哪有心思，真肝肠寸断。怎能还似当时呢？

可爱的人儿啊，不要在这西风中沉沦，不要为此而憔悴！经历了生涯那么多的坎坷、离别，面对过人生何其多的温热冷暖，难道脆弱的心灵还未粗糙，难道敏感的神经还未因此麻木？

痛饮下这一杯酒罢，让我们一道将离别的痛苦，赤裸裸地一点不留，浸泡在这催泪滚滚的烈酒中罢还让我们自己也沉沉地败倒在这烈酒的冷寒里罢，让明日醒来时的我们，又回到原来并未相见的空虚中，回到我们从未结识的陌生中去，回到没有挂念的快乐中去。

人生不适，离别圆缺，清白逸邪，纷纷扰扰，永无宁日，自古便是如此啊，这千般烦恼，百般计较，命无不如此，皆由天定啊！

这是一首写饱受人生别离之苦后,借重聚饮酒之机,抒发人生无常之情的词。上片说重逢后,又临别酒,而此时,方寸所感,早与往日大相径庭。下片自己为这人生苦恼提出了解答:"自古青蝇白璧,天已早、安排就。"

这首词属于纳兰容若深刻剖露自己精神苦闷,以及苦苦寻求解答与解脱的典型篇目。这词中体现了佛教思想对纳兰容若的影响。我们可以看见:一方面纳兰容若本曾积极进取,敢于直面人生,他早期和所有读书人一样,努力去考取功名,并且由于家族以及自身能力两方面的原因,顺利进阶,仕途可谓一帆风顺,成为帝王身边的武士,前途不可限量;另一方面,他完整人生中的另一面,也就是他敏感而易感伤的心理,坎坷而多遭变故的爱情生活,无常人生的生死、别离等,始终像水一样,慢慢浸透他全身。这样一对矛盾一并融入了纳兰容若的命运中,他无比苦闷,寻找出路,终于找到了佛教禅宗思想。然而他并不是一个虔诚的佛教徒,也并不是一个俗家弟子,他只是一个对世俗世界十分留恋又力图从中解脱的读书人,一个伤感而敏感的诗人。

纳兰容若思想中的佛教思想有很多表现,如他的《饮水词》便是从"至于有法无法,有相无相,如鱼饮水,冷暖自知"中来的;又如他的词句"一日心期千劫在,后身缘,恐结来生里","待把来生祝取,慧业相同一处"等。

这首词写别情,却脱出别情外,终又回到别情上,始终想解脱,故作旷达语,又始终不可解脱,终归于一句对人生的理解"自古青蝇白璧,天已早、安排就",以此宽慰自己。全词可谓凄婉哀绝,能催人生出同感来,读之百遍,犹不觉厌。

注释:

① 对酒:面对着酒。
② 情绪:心情,心境。
③ 痛饮:尽情地喝酒。搔首:以手搔头,焦急或有所思貌。

④ 青蝇白璧：比喻谗人陷害忠良。唐陈子昂《宴胡楚真禁所》诗："青蝇一相点，白璧遂成冤。"青蝇，苍蝇，蝇色黑，故称。白璧，平圆形而中有孔的白玉。

减字木兰花

烛花摇影，冷透疏衾刚欲醒①。待不思量，不许孤眠不断肠。

茫茫碧落，天上人间情一诺②。银汉难通③，稳耐风波愿始从。

纳兰在三十一岁时便因病离世，这么一个深情款款心思细腻的男人，在身体尚该强壮的年华怎么就离开了呢？有人说也许不仅仅是缘于身体的疾病，而是灵魂深处相思的绝望，细品这首小词，便可探一二。

夜已深，露水凉薄，房中蜡烛也飘忽将要燃尽，空气里都是旷疏冷寂的味道，心中一时孤寂难耐，无法入眠，便掩着被子摇晃坐起，映在烛光剪影里的是寥落和感伤。当真是愁情难遣，梦也悲，不梦也悲。你不在身边，无论今宵酒醒何处也不过晚风残月，满地月光惘然。深受相思之苦，所以告诫自己不要再多想，可惜的是这样强迫收敛自己的思绪显然是徒劳的。

这首词中，写尽了相思的惆怅失落和无奈。这又是一首凄婉的作品，有论说是他写给自己被纳入皇宫的心爱的表妹。纳兰这样神经纤细的人儿，他的离愁也注定就比别人来得沉重，在他为离别所伤的时候，云和月都是淡淡的，看上去蒙蒙若湿好像也要落出泪来的样子。曾有人评论他，说纳兰公子是盛世悲音者，他们反复探寻着这位宝马轻裘的公子心中为何总有挥不散的浓愁。

是呵，爱一个人无须太计较，觉得甘愿就妥帖付出。无法相见但不能不惦记。你看，天地茫茫，风雨凄凄，你被纳入皇宫，宫墙相隔，但是我们要像牛郎织女那样，即使银河相阻隔，不管天上人间，只要坚定不移、两情相悦，最后总能修成正果的。虽然我们现在分开了，但是我们的誓言能够经得起考验，就像季布许人的诺言，一诺胜千金，能够说出的一定做到，此时虽然音信渺茫不知彼此近况如何，只要耐心等待，等着波折过去我们一定能重新团聚。纳兰渴望能和心爱的人过上双宿双飞的温暖美满的生活。可惜的是，"天上人间情一诺"的纳兰最终也没有等到那一天，纳兰身在人间却只能遥望佳人居于茫茫碧落。碧落指青天，白居易《长恨歌》："上穷碧落下黄泉，两处茫茫皆不见。"却原来愿望越是美好如花，凋谢起来便越是显得残酷伤人。原是这重情重信之人，这天上人间一诺相挽，纠结缠绕，不禁让人联想到仓央嘉措的"但曾相见便相知，相见何如不见时，安得与君相决绝，免叫生死做相思"。纳兰你可曾在绝望的等待中像活佛一样埋怨过当初的相见不如不见，只因别后相思太难敌？我心上的人儿啊，你可知我这深入骨髓的思念和爱恋？

"家家争唱饮水词，纳兰心事几人知？"而今静读《饮水词》，会感觉到脉脉的温情在心间流动缠绕，一个生活在三百多年前的男子，在他的词章中充满着不倦不悔地对感情的执着，温暖着后人。

今张秉戌曾评纳兰，"真纯、自然、深婉、凄美"盖之，无论写景还是抒情都平实地由肺腑而出，即所谓明白、自然、诚恳、切实，如"烛花""疏衾"，不刻意，不雕琢，取生活手边实景，"欲醒""孤眠"，绝无矫揉造作部分，也不搔首弄姿，表达心中实时所思所想，这便是纳兰的词具有永恒魅力的根本所在。深婉是说的他的词所显现出的美感特色与效应，深沉郁勃、含婉蕴藉的特色，意向凄怆，意识意境凄婉。

"翩翩浊世佳公子"，纳兰是出色的，那个时时感慨、时时寡欢的他，那般深情，生死契阔，古往今来能有几人呢？纳兰的词,以自身的感情为牵引静静蔓延开来,恋情脉脉。可敬可叹!

注释:

① 疏衾:掩被而眠而感到空疏冷清。
② 一诺:谓说话守信用。
③ 银汉:天河,银河。

减字木兰花

断魂无据①,万水千山何处去?没个音书②,尽日东风上绿除③。

故园春好,寄语落花须自扫。莫更伤春,同是恹恹多病人④。

这首词主题还是写伤春离别之情,属于纳兰容若常见的题材,然而在构思上却十分巧妙。可谓虽然同是一种酒,却用了不同的酒瓶盛装,最后让喝酒的人品出了不同的味道。

首先,在主题上仍旧是伤春怀人。伤春题材的诗词是传统诗词主题最重要的主题之一,写伤春的甚至比悲秋还要多,如杜甫《江南逢李龟年》"正是江南好风景,落花时节又逢君",王安石《泊船瓜洲》"春风又绿江南岸,明月何时照我还",陆游《豆叶黄》"一春常是雨和风,风雨晴时春已空",等等。纳兰容若这首词在对伤春这一风格的继承上有他自己的特点。他说"莫更伤春",他用不伤春来表现自己的伤春,他要走出伤春的情节,然而始终又没能走出,只能是嘴巴上的一句话罢了。试想,他自己能不伤春么?他所思念的恋人能不伤春么?春的事实摆在面前,如同离别一样真实,不伤春,情何以堪?

这首词结构上很有其特色,使用了对话式的结构。全词分上下片,在一首词中创造了异空间中妻子和自己进行对话的可能性,这种可能性由词人自己去把握,恰到好处地表达了情感主题两方面的思念,并用对话来缓和由于空间差距造成的交流矛盾。

上片是从妻子的角度来说的。断魂飘忽无定,思量无限,万水千山,天涯海角,伊人何处去,为何一点音信也没有,一纸信笺也没来,整日独立东风,春风吹来,枝叶又绿。

下片是从自己角度来说的,承上对前面的妻子抱怨似的语言进行回答,似乎是在异空间中进行对话似的。怀想故园,想来春色正好,满园浓郁正春风,此时此刻,多想给你一封信啊,我要告诉你,去年一同赏花,一同看春华凋零,一同扫去那谢落满地的花,一同葬花,可惜今年,只你一人,独自赏花,独自面对花的凋零,最后一人扫去满地残红。这何等残忍,何等伤心,我又怎能提笔,如何给你这样的一封信呢?不要再伤春了,春去春又回,春色年年再,不能同在固可惜,你我同是天涯伤心客,同患相思疾。

无论如何,这种对话都只是一个假设而已,只是词人由于思恋太深而导致的情感爆发。词人无论怎么"解释",在家中的恋人都不能听见,所以也不会"原谅"他,而这一点是纳兰容若自己也清楚的。所以说这首词的情感基调还是悲哀伤感的。

对话体的结构是这首词的典型特征,词人通过对话形式表达两地相思,事实则是表达了自己对妻子一片的深情。这首词上片立足于妻子的"问",下片立足于自己的"答",问答两方面中焦点在于自己这一方面,主要是抒发自己对妻子的爱情以及各种主客观原因导致的无奈,情感是悲伤、灰色的。

注释:
① 断魂:销魂,形容哀伤、感动、情深。无据:无所依凭。
② 音书:音信,书信。
③ 尽日:终日,整天。除:指夏历四月,此时繁花纷谢,绿叶纷披。
④ 恹恹:精神不振的样子。

卜算子　塞梦

塞草晚才青，日落箫笳动①。慽慽凄凄入夜分②，催度星前梦。

小语绿杨烟，怯踏银河冻。行尽关山到白狼③，相见唯珍重。

《卜算子》又名《百尺楼》《眉峰碧》《楚天遥》等。相传是借用唐代诗人骆宾王的绰号。骆宾王写诗好用数字取名，人称"卜算子"。

这首塞梦是纳兰于塞外羁旅时思念妻子之作。

"塞草晚才青"，是日落时分，边塞的草在黄昏的天色里才显出青绿的颜色，此处也暗指白日行军匆忙，杂事诸多，只有黄昏时分陷入安静才开始觉得周围景致的苍凉。

"日落箫笳动"，夕阳才缓缓落下，箫笳之声便在大漠上蔓延开了，这里"箫笳"指的是管乐器。箫声婉转幽凉，笳声沉郁悲切，二者交错，突显出塞上荒凉空远的景色。卢纶《送张郎中还蜀歌》有句："须臾醉起箫笳发，空见红旌入白云。"也是借箫笳之声延伸出这个大漠的苍凉。

暮色四合，箫笳沉凉，这一个夜入得如此缓慢凄清，我已不忍再看，转回营帐时却一步一回顾天际星光，原来这一场羁旅，所想要逃避的也不过是对你的相思无涯。用情之至，却使得在各自天涯之时噬骨之痛，那么，我若速速睡去，你是否也能赶来见我一面，聊解相思，也告诉我，家乡的柳枝，清河可有了什么变化。

"慽慽凄凄入夜分"一句用典，出自李清照《声声慢》"寻寻觅觅，冷冷清清，凄凄惨惨戚戚"，描写的是自己在入夜后愁惨的心情，与易安相仿，那么不难理解所隐含的意思也是"乍暖还寒时候,最难将息"。杜甫《严氏溪放歌行》:"况我飘蓬无定所,终日慽慽忍羁旅",所要表达的也便是这般羁旅生涯惨淡悲愁的心情。

在这般心情的驱使之下,终究相思难耐,只得"催度星前梦",催促引渡妻子的梦魂来到边塞,与自己相会。此句化用于汤显祖《牡丹亭·游魂》"生性独行无那,此夜星前一个"一句。《牡丹亭》又名《还魂记》,是汤显祖的传世之作,小说描写了杜丽娘与柳梦梅生死离合的爱情故事。汤显祖在该剧《题词》中有言:"如杜丽娘者,乃可谓之有情人耳。情不知所起,一往而深。生者可以死,死可以生。生而不可与死,死而不可复生者,皆非情之至也。"而纳兰在此处用以指代夫妻情深,是以纵使关山阻隔,也愿梦魂相聚。

到了下片,也不知是睡了醒了,妻子那娇影袅袅娜娜地竟真的出现在了眼前,更欲耳畔轻柔情话私语,只是这个时节银河尚冻,路人皆不敢踏足那冰封的小河,杨柳蒙烟,天寒彻骨,却不知伊人独自如何能到得了这塞外边关荒凉之地。

于是紧接着"行尽关山到白狼,相见唯珍重"一句,便解释了妻子魂魄如何抵达塞外,却是将关山踏遍才寻到远在白狼的丈夫,这一句也暗喻了妻子不畏关山路途艰难,思念夫君,想要见到夫君,必要见到夫君的深情。晏几道《鹧鸪天》:"从别后,忆相逢,几回魂梦与君同。今宵剩把银釭照,犹恐相逢是梦中。"与此处有相似的妙处,虽然纳兰并未真正见到妻子,但两首词皆是指情人相见,亦真亦幻,梦里梦外难辨,相见却又不敢确认的恍惚心情。

既是相见了,应是有百般情话关切相问,可是相别之久,相思之深,却让酝酿了这许多年的千言万语在心绪中百转千回,不知从何言起,最终吐出口的,仅仅只有"珍重"二字。想来情到深处反而不能言语,甜言蜜语该多是独处之时盘旋。词到此处,蕴含了一语将破未破的玄机,万里迢迢相聚却只道一声珍重,情意盘旋缱绻，一唱三叹，使闻者不由只觉一片感怀在心，却又不敢妄作言辞以打碎这梦魂相聚的深绵。

注释：

① 箫笳：箫和胡笳。
② 慽慽：悲伤的样子。凄凄：形容心情凄凉悲伤。
③ 关山：关口和山岳。白狼：即白狼河，今辽宁大凌河。

雨中花　送徐艺初归昆山①

天外孤帆云外树，看又是春随人去。水驿灯昏②，关城月落③，不算凄凉处。

计程应惜天涯暮④，打叠起伤心无数⑤。中坐波涛⑥，眼前冷暖，多少人难语。

纳兰的词中偶然可见美丽却生疏的词牌名，有他和朋友们自创的，譬如《青衫湿遍》《踏莎美人》；还有很少有人谱度的词牌，譬如这首《雨中花》。《雨中花》在《全唐诗·附词》仅有一首，双调，不过九十四字。

纳兰的《雨中花》写得短小清雅，起首一句"天外孤帆云外树"就足以使人倾倒。一点孤帆游于天外，便已经是说不尽的苍茫孤寂了，树影婆娑，影于云外，更显得这云天寂静高远。宋代贺铸《望西飞》有"计留春，春随人去远"之句，纳兰化用之：

离别的时刻，看天外孤帆远影，云外天低树稀，顿觉春天也将伴随着你的离开而远去。从此征途漫漫，无限凄凉。计算行程，收拾心情。虽无意触犯朝纲，但看尽人间冷暖后，也不由得感叹：多少人有苦难诉啊！

上片写景，下片写情，情景交融，浑然天成。这首天籁般的小词是赠予徐艺初的。

徐艺初是纳兰容若的老师徐乾学的儿子。提起徐乾学大家可能感到陌生，但是他的舅父可是无人不知无人不晓：明末清初著名学者顾炎武。据说徐乾学曾得到顾炎武的悉心指点，加之天资聪颖，八岁就能写出漂亮的文章。康熙九年（1670年），徐乾学金榜题名，得中榜眼，从此晋身仕途。没想到康熙十二年（1673年），爆发了"副傍未取汉军卷"案，两个主犯，一个是徐乾学，另一个就是当年和他同榜的状元蔡启僔。那次考试徐乾学任顺天乡试考官，取纳兰容若为举人，因此徐乾学是他的"座师"。徐乾学因为"坐取副榜不及汉军镶级"而被事中杨雍建弹劾，遭到降级调用的处罚，回了老家江苏昆山。当时徐艺初还没有成家，一直陪伴在父亲身边。

纳兰容若对老师之不幸深表同情，故本篇大约作于送老师之时。他所赠虽为艺初，但艺初实为徐乾学之子，可见借题发挥之旨，词中既表达了对座师的同情和安慰，也流露出对自己前程的牢骚和不平。

纳兰容若去世那年，恰逢徐艺初中进士，不知纳兰可曾喝到了朋友那杯及第酒？纳兰的词非但柔美，更有真性情。这首昔年旧词，寓情于景，寄下的多少关切，多少同情。这样的词，每每读起，总是让人感慨不已。

注释：

①徐艺初：纳兰容若座师徐乾学之子，名树谷，字艺初，江苏昆山人，康熙进士。昆山：县名，今属江苏，因境内有昆山而得名。
②水驿：水路驿站。
③关城：关塞上的城堡。
④计程：计算路程。
⑤打叠：整理，准备，收拾。
⑥中坐波涛：此处指触犯朝纲。中坐，即中座，指星犯帝座。

鹧鸪天　咏史

马上吟成促渡江，分明间气属闺房①。生憎久闭金铺暗②，花冷回心玉一床③。

添哽咽，足凄凉。谁教生得满身香④。只今西海年年月⑤，犹为萧家照断肠⑥。

萧观音，史上著名的美艳多才的皇后。

一位玉般温润的公子，讽咏一位宛若姣花照水的传说中的皇后，不禁让人生出无尽的想象：他是要赞美她秋水盈盈的双瞳，还是要描绘她莹润蓬松的如云绿鬓？是要赞美她艳若三月桃花的脸颊，还是要描绘她婷婷袅袅的妖娆身姿？都不是。说起萧观音，他想到的是"马上吟成促渡江，分明间气属闺房"——我们忘记了，已悄然隐入历史烟尘的纳兰，是倜傥的词人，更是英武雄健的武者。他的祖先，海西女真的勇士们曾在辽远的北方大地上征战，铁马金戈，豪气干云。他自己是康熙帝"常佩刀鞬"的侍从，"值上巡幸，时时在钩陈豹尾之间（严绳孙：《成容若遗集序》）"。所以，他能从一幕香艳悲剧的女主角身上嗅出"英雄气"。

辽代皇后多姓萧，且多有被黜者，其中辽懿德皇后萧观音，颖慧秀逸，才色绝伦，娇艳动人，她善诗词、书法、音律，弹得一手好琵琶，称为当时第一。曾作诗《伏虎林应制》，其句云："威风万单压南邦，东云能翻鸭绿江。"讽谏皇帝之好猎。然而辽道宗正乐此不疲，根本听不进皇后的劝谏。帝后虽位在至尊，但其实只是皇帝的附属品，她们的命运大都操纵于皇帝之手，萧皇后也不例外，从此她便被道宗疏远，尝尽深宫孤寂。

萧观音作《回心院词》共十首，希望打动丈夫的心，重拾往日的欢乐。萧观音叫宫廷乐师赵惟一谱上音乐，以玉笛、琵琶演奏。萧观音与赵惟一丝竹相合，每每使听的人怦然心动，于是后宫盛传两人情投意合。

辽道宗长期打猎，当时的皇族耶律乙辛因为平乱有功渐渐大权独揽，野心日益增大，于是趁流言四起之时构陷萧皇后，暗中派人作《十香词》进献萧皇后，说是宋国皇后所作，萧皇后若能把它抄下来并为它谱曲，便可称为二绝，也好为后世留一段佳话。《十香词》遣词用语都十分暧昧，但这正合孤寂中萧皇后的心态，于是她便亲手用彩绢抄写一遍，此外，她还在末端又写了一首题为《怀古》的诗："宫中只数赵家妆，败雨残云误汉王；惟有知情一片月，曾窥飞燕入昭阳。"

耶律乙辛以《十香词》为物证到辽道宗那里诋毁皇后，更就《怀古》诗进行曲解："诗中'宫中只数赵家妆''惟有知情一片月'，正包含了'赵惟一'三字，此正是皇后思念赵惟一的表现。"至此辽道宗大怒，认定萧观音与赵惟一私通，敕令萧观音自尽，赵惟一凌迟处死。

作为美人，萧观音的悲哀在于宝珠入匣，空有绝世容颜却得不到丈夫的爱恋；作为皇后，萧观音的不幸在于处昏君身侧，非但不能以谏明君，更连性命也不能保全。

词人之讽咏，多有感而发，感同身受。纳兰容若，权臣明珠的儿子，康熙帝的贴身近侍，二十二岁赐进士，授三等侍卫，其后累迁至一等侍卫。若不是英年早逝，前途不可估量。这样一位含着金汤匙出生、人生一帆风顺的俊秀人物，又能在萧观音身上找到何种共鸣呢？

史书载，纳兰容若甚得康熙帝赏爱，"及官侍从……无事则平旦而入，日晡未退，以为常"。但是，他并未因此骄傲自得，"日观其意，惴惴有临履之忧""无几微毫发过（严绳孙：《成容若遗集序》）"。纳兰的性格中，有着极为敏感而矜持的成分，他处处小心，步步谨慎。他出身官宦世家，见多了朝廷倾轧、君臣故事，深知伴君如伴虎，一个不小心，一个不周全，就是踏上不归路，损毁自身，更会牵累全家。

但是，他的天性中又有那么多善的成分。他非常关心治乱民情、百姓疾苦，"而不敢易言之"。面对操纵一个泱泱大国命运的皇帝，他有满腹话语。这些话，说，会威胁到他的身家性命；不说，对不住受苦的天下苍生。他那颗诗人的敏感心灵所受到的压抑与煎熬可想而知。

也因而，他会抓住一切可能的机会在皇帝的视线之外让自己纯良的善与正义感萌发。

纳兰容若是王孙贵胄里的异类。他细腻谦和，却又饱含豪气。他不屑与趋炎附势之显贵结交，偏爱高洁之士，朱彝尊、姜宸英、顾贞观、严绳孙与之结交时皆是一介布衣。而当时的社会环境，满洲贵族是不屑与汉人结交的，更何况是些坎坷失意之士。

纳兰容若营救吴兆骞，至今传为佳话。吴兆骞，字汉槎，吴江人，江南才子，被称为"江左三凤"之一。他是顾贞观好友，为人恃才傲物，落拓不羁。顺治十四年丁酉（1657年），"科场案"大兴，吴兆骞含冤下狱。两年后，充军至宁古塔。吴兆骞的好友顾贞观激愤非常，作《金缕曲》两首。纳兰容若读后深深为之感动，认为西汉苏武和李陵的赠答诗、西晋向秀的《思旧赋》和顾贞观这两首以书信形式填的词，堪称文坛三件极品，并决心营救。

纳兰容若与朋友们筹集了一笔巨款，又用免除自己少府佐将的职务作为代价，赎免了吴兆骞的罪责，使吴得以在有生之年从边塞生还江南故里。为一个陌生人付出如此之多，需要何等的义气，何等的勇气！

袁枚在《随园诗话》中记载了纳兰容若营救行动中的一个小插曲。他求他的父亲、武英殿大学士明珠帮忙。吴兆骞的事，说大不大，说小不小，至少在康熙的宠臣明珠面前，还算不得什么大事。明珠看到自己这个个性的儿子会为不相干的人向自己求情,禁不住想戏弄一下他,说:"你把这杯酒喝了,我就帮你救吴兆骞。"——好大的一杯酒!纳兰平时任人怎样劝说,也是滴酒不沾的。此刻,他二话不说端起酒杯一饮而尽。

这样的纳兰,已经不仅仅是良善,更多的还有天真。良善的人存活于污浊世间已属不易,一个天真的人在这样的人世活着,会给自己增添更多的苦痛与折磨。

宝剑不能斩杀敌寇只能悬于贵胄的腰间,良驹不能驰骋千里沃野只能行走于豪贵门前。他是温柔多情的诗人,更是豪气冲天的少年,渴望着"会挽雕弓如满月""初随骠骑战渔阳"。然而,他不能选择,也没得选择。他身后矗立的,是父亲明珠一手维持的庞大家族。

有说法认为,纳兰去世时,三藩已平,海内生平,明珠与索额图为首的党争也达到了顶峰。纳兰作为康熙帝的近侍,明晰地看到了这场争斗的前景。而此时的明珠不听纳兰的劝告——他也确实是无法抽身。纳兰清楚地知晓,繁华背后的转弯,等待着他和他的家族的是怎样悲凉的终点。

古人爱以美人喻英雄。美丽,是美女的财富;才干,是英雄的财富。多少英雄美人,任天赐的珍宝腐化成灰,泪满衣襟,郁郁终了。他纳兰容若,与那美貌多才却凄苦的萧观音一样,有才不得以鸣,有志不得以酬——纵然"生得满身香",其结局也不过是"添哽咽,足凄凉"。

世人多以为纳兰是多情人,三十一岁壮年为情消殒。怎不思量,纳兰马上英雄,抑郁而亡?

注释:

① 间气:为无关紧要的事情而生的气,《春秋孔演图》谓:"正气为帝,闲气为臣。"闺房:妇女的梳妆室、卧室或私人起居室,此处代指萧观音。

② 生憎:最恨、偏恨。金铺暗:萧观音作有十首《回心院词》,其一有"扫深殿,闲久铜铺暗"之句。金铺,门户之美称。

③回心:指回心院。唐宫院名,高宗王皇后及萧妃被囚之所,词牌名为辽萧后作。玉一床:比喻满床清冷的月色。玉,指月色。萧观音《回心院词·其七》有"笑妾新铺玉一床"句。
④"谁教"句:萧观音《回心院词·其九》:"若道妾身多秽贱,自沾御香香彻肤。"
⑤西海:本指传说中西方神海,此处指帝京中太液池。今北京之北海、中海、南海,元明时亦称太液池,因其在皇城之西,故又称西苑、西苑太液池、西海子。
⑥萧家:指萧观音家。

鹧鸪天

独背残阳上小楼,谁家玉笛韵偏幽①。一行白雁遥天暮②,几点黄花满地秋。

惊节序,叹沉浮,秾华如梦水东流③。人间所事堪惆怅,莫向横塘问旧游④。

在中国古代,每到重阳佳节,人们就会登高,为的是避灾求福,而随着时间的推移,登高逐渐演变成古人的一种重要情结,每当他们在郁郁不得志时,通常会登高赋诗吟词,以排解心中的郁闷苦楚。

南唐后主李煜在国破家亡之后,在宋朝过了两年多的囚徒生活,在被囚禁的日子里,为了缓解心中的愁苦,他经常独上西楼远望,想象着昔日南唐的宫阙,而亡国之恨总会在这时一次次冲击他的心灵,因此他悲愤地写下了"无言独上西楼""小楼昨夜又东风"之类感伤的诗句。

与李煜这个偏安一隅的没落国君相比,纳兰无疑要幸运得多,他出身贵胄,父亲是权倾一朝的宰相,自身又是皇帝的贴身侍卫,深得圣上赏识。然而,他却蔑视一切荣华富贵,想的是要如何遁迹山林，与清风明月为伍。纳兰的出身和性格，也就注定他要终身扮演一个不得志的失意者，而这首《鹧鸪天》，就是他内心中满腔惆怅的真实写照。

"独背残阳上小楼"，词一开篇，纳兰就为我们展现出一幅凄凉的画面，在一个秋日的黄昏，纳兰孤单地登上小楼，夕阳将他的影子一点点地拉长，就像他的心性一样，在时光的磨砺中消磨殆尽。

登上小楼之后，纳兰耳边传来幽咽的笛声，其中似乎还夹杂着些许的感伤。在中国古典诗词中，玉笛也是一个频繁出现的意象。"敦煌女伎持玉笛，凌空驾云飞天去""谁家玉笛暗飞声，散入春风满洛城""玉笛凌秋韵远汀，谁家少女倚楼听""敦煌女伎持玉笛，凌空驾云飞天去"……那为什么很少用"金笛""铁笛""铜笛"来入诗词呢？这是因为在古代，人们对玉看得很重，正所谓"黄金有价玉无价"，文人君子必佩玉，于是，玉不仅是一种装饰品，更是一种人格、身份的体现。

登高必感怀，这是中国传统诗词的一个套路，另外还有"一切景语皆情语"的说法，所以纳兰在感怀之前，先看了看眼前的景色。"一行白雁遥天暮，几点黄花满地秋"，远处，一行白雁飞入天际，近处，枯黄的叶子落了一地。一个人孤零零地登楼远眺就已尽显凄凉，如果再看到眼前萧瑟的秋景，自然会触景生情，发出无限的感慨。

词到下片，纳兰开始慨叹世事无常，人生如梦，"惊节序，叹沉浮，秾华如梦水东流"，四季更替，人生浮沉，美好的时光像梦一样随着流水消失不见了，到这里，词人的惆怅之情已显而易见。

"人间所事堪惆怅，莫向横塘问旧游。"人间有无限的惆怅之事，既已如此惆怅，那就更不要向横塘路上询问旧游在何处了。读到尾句，我们不禁想起纳兰的另一首《浣溪沙》中的"我是人间惆怅客"，不同的季节，相同的意境，虽然时光飞逝，但惆怅的心情却如影相随。

有人说这首词是登高感伤之作，也有人指出横塘在江南，这是一首登高怀人之作，怀念的是沈宛或是江南的友人，哪种说法正确，我们无法做出裁定，但我们能够确定的是，纳兰内心中那无法倾诉的惆怅，将永远陪伴在他的左右，直到他生命的终结……

注释：

① 玉笛：玉制的笛子，笛子的美称，指笛声。
② 白雁：候鸟。体色纯白，似雁而小。
③ 秾华：指女子青春美貌。
④ 横塘：古堤名，一处为三国吴大帝时于建业（今南京）南淮水（今秦淮河）南岸修筑，亦为百姓聚居之地；另一处在江苏省吴西南。诗词中常以此堤与情事相连。旧游：从前游玩过的地方。

鹧鸪天

雁贴寒云次第飞①，向南犹自怨归迟②。谁能瘦马关山道，又到西风扑鬓时。

人杳杳③，思依依④，更无芳树有乌啼⑤。凭将扫黛窗前月⑥，持向今宵照别离。

这首词是一首相思之作，全词表现出一种清冷且萧瑟的相思之情，可谓是含思隽永、语近情遥。

大雁是一种候鸟，在我国北方每年秋去春来，在中国古代有许多赞美大雁的诗词，例如李清照在《一剪梅》中曾写道："云中谁寄锦书来，雁字回时，月满西楼"，温庭筠的《瑶瑟怨》中也有"雁声远过潇湘去，十二楼中月自明"的诗句，而在这首词中，纳兰一开篇就为我们描绘出一幅成行的北雁贴着寒云向南飞翔的景象,这不仅点明了季节——秋天已经来到,而且也为全词定下了萧瑟清冷的格调。

大雁一边向南飞翔,一边却在抱怨,它们抱怨的是"归迟",连大雁都如此思家心切,纳兰自然会联想到自身的处境,接下来我们来看他描绘了一幅怎样的图画。

"谁能瘦马关山道,又到西风扑鬓时",马并非膘肥体壮,而是瘦弱不堪,道路并非平坦阳关大道,而是崎岖不平的关山道,迎面扑来的并不是和煦的春风,而是萧瑟的秋风,这样一幅图画,让我们不由自主地联想到马致远《天净沙·秋思》中的诗句"古道西风瘦马。夕阳西下,断肠人在天涯"。而此时的纳兰,恐怕与马致远当时的心境是相差无几,他骑在一匹清癯衰疲的马上,冒着凛冽的西风,行进在关山道上,几分苍凉,几分悲寂。

接下来纳兰继续写愁思,"人杳杳,思依依,更无芳树有乌啼",离人杳杳,相思依依,听到的是树间乌鸦的鸣啼,但是,这写的还是纳兰在行进途中的所见所闻吗?其实,从下片开始,纳兰就已经不再描写征人的所见所闻,而是转而描写思妇的相思之情,下片的所闻所感都是从思妇的角度来写的,尤其是最后两句,纳兰更是用"月亮"这一意象,把千里相隔的征人和思妇联系在一起:那曾在窗前画眉时见到的明月,如今又照在征人的身上了。

在中国古典诗词中,十分讲究意境的创造,情与景是否能够巧妙地结合到一起,是能否构成意境的关键所在。王夫之在《萱斋诗话》说过:"情景名为二,而实不可离。神于诗者,妙合无垠。"而王国维在《人间词话删稿》中也有"一切景语皆情语"的论断。以景托情,寓情于景,在景情的交融中构成一种凄凉悲苦的意境,这在古典诗词中是最常见的写作手法。

纳兰在这首词中,通过"寒""瘦""西风"这些景语,使浓郁的秋色之中蕴含着无限凄凉悲苦的情调,这些景物既是纳兰征途中的所见,是眼中物,但同时又是其情感的载体,更是心中物,全词中景中有情,情中有景,情景巧妙地结合到一起,自然也就构成了一种动人的艺术境界。

注释:
① 次第:依次,依一定顺序,一个挨一个地。
② 犹自:尚,尚自。
③ 杳杳:犹隐约、依稀。
④ 依依:恋恋不舍。
⑤ 芳树:泛指佳木。
⑥ 扫黛:画眉,女子用黛描画眉毛,故称。

鹧鸪天

别绪如丝睡不成,那堪孤枕梦边城①。因听紫塞三更雨②,却忆红楼半夜灯③。

书郑重,恨分明,天将愁味酿多情。起来呵手封题处④,偏到鸳鸯两字冰。

纳兰的这首词是塞上怀远之作,仍然是相思的主题,首句"别绪如丝睡不成",直抒胸臆,多情公子此时正在塞上,别后的相思之情让他辗转反侧,夜不能寐,而"那堪孤枕梦边城"则更进一步说明了纳兰的愁思之深。按照正常的理解,"梦边城"应该解释为"梦见边城",但是联系上下文,我们就知道其应该解释为"梦于边城"。

由于孤枕难眠,于是纳兰只好从床上爬起来,去倾听那塞外夜半的雨声,可是这潇潇的夜雨声,就如同愁苦之人拨弄琴瑟的弦声,凄凉震耳,声声敲痛着纳兰那颗充满愁思的心,也越发触动了他的情思,让他不自觉地回忆起家中灯前的妻子,她此时是否也在思念着自己?

紫塞，指的是北方边塞，鲍照在《芜城赋》中有"南驰苍梧涨海，北走紫塞雁门"的诗句。长城之下的泥土呈紫色，相传这是因为修筑长城的老百姓一批批全都死在城下，以至于"尸骨相支柱"，百姓的血肉之躯掺和了泥土，恰是紫色，所以边塞就被称为紫塞。

相思之情此时已如春日的野草一样，迅速地疯长着，于是纳兰拿起笔，铺开纸笺，开始给妻子写信，抒发自己的离愁别绪。"书郑重，恨分明"，纳兰在这里化用李商隐的"锦长书郑重，眉细恨分明"，李诗原是一首《无题》：

照梁初有情，出水旧知名。
裙钗芙蓉小，钗茸翡翠轻。
锦长书郑重，眉细恨分明。
莫近弹棋局，中心最不平。

李商隐当时新婚不久，由于卷入了"牛李党争"，因此在仕途上遭遇了不公正的待遇，新妻子王氏并没有因李商隐在仕途上的不得志而放弃他，而是一直不离不弃，与其患难与共。于是李商隐写下了这首诗。纳兰在此处截取"书郑重"和"恨分明"二语，语义上让人感到十分疑惑，至于他在当时要表达什么含义，我们今人就不得而知了。

接下来纳兰用一句"天将愁味酿多情"，将整夜的情思推向了高潮，人有七情六欲，会感到愁苦，而苍天似乎也在用滴滴答答的细雨声来酝酿自己的愁苦，一个"酿"字，可谓是全词的词眼。

边塞严寒，纳兰好不容易写完信，呵着僵硬的双手封合了信封，在为信封签押的时候，偏签押到鸳鸯两字时，却发现笔尖被冻住了，只有一片冰凉的寒意。在这里，纳兰将自己的心境与天气巧妙地结合在一起，那被冻住的恐怕不仅仅是笔尖，更是纳兰的那颗心吧？

相传卢氏死后，纳兰在二十六岁时续娶了官氏，由于和官氏的婚姻带有政治色彩,所以纳兰一直对官氏非常冷淡,如果真是这样的话,那么这首词就应该不是写给官氏的,那么,我们是否就有理由推测,这又是一首怀念卢氏的悼亡之作呢?从"天将愁味酿多情""偏到鸳鸯两字冰"这几句来看,纳兰当时的心中确实有一种难以诉说的愁苦。

注释:

① 边城:临近边界的城市。
② 紫塞:北方边塞。
③ 红楼:红色的楼,泛指华美的楼房。指富贵人家女子的住房。
④ 呵手:向手呵气使暖和。封题:物品封装妥当后,在封口处题签,特指在书札的封口上签押,引申为书札的代称。

鹧鸪天

送梁汾南还,时方为题小影。

握手西风泪不干,年来多在别离间。遥知独听灯前雨①,转忆同看雪后山。

凭寄语,劝加餐,桂花时节约重还。分明小像沉香缕②,一片伤心欲画难。

在纳兰的诗词中,随处可见其对于友情的珍视,虽然他已早登科第,又是皇族贵胄,然而却虚己纳交,待人至诚至真,推心置腹。当时朝野满汉种族之见甚深,而他的朋友却都是江南人,而且皆坎坷失意之士,纳兰容若倾尽自己的全力帮助他们,这其中就有顾贞观。

有一天南方传来噩耗,顾贞观的母亲病故,他必须立刻离京南归,当纳兰得知这一消息后,他伤心、震惊的程度一点也不亚于顾贞观,甚至比其还要强烈,纳兰不仅为顾贞观难过,也为自己难过，因为顾贞观已经成为他精神生活中不可缺少的一个人，而现在他不得不面对其要离自己而去的事实，于是，他将自己的痛苦化成一行行长短句，填写了这首词。

"握手西风泪不干"，词一开篇，作者就为我们营造出一派依依惜别的景象，在秋风之中词人与友人握手作别，泪水止不住滑落。古人在离别时通常以握手表示诚挚的友情和一往情深的伤别之意，李白就有"握手无言伤别情"的诗句，而之所以"泪不干"，是因为古时候交通不便，通信极不发达，朋友之间往往一别数载却难以相见，所以古人在与亲人朋友离别时都会特别伤感。

作为康熙皇帝身边的一等侍卫，纳兰常常要入值宫禁或随圣驾南巡北狩，因此与朋友们聚少离多，很少见面，如今好不容易有一个相聚的机会，友人却又突然要南归，因此他才会发出"年来多在别离间"的感慨。

"遥知独听灯前雨，转忆同看雪后山"，前一句纳兰虚写未来，后一句则实写过去。纳兰想象着身在远方的友人灯前独坐听雨的愁苦，脑海中回忆起与顾贞观雪后一同看山的快乐日子。

"凭寄语，劝加餐"，这句化用王次回《满江红》词："凭寄语，劝加餐，难嘱咐，雨和雁"。此时词人已经摆脱了伤感的心情，转而叮嘱友人要保重身体，并希望他在桂花开的时候能够回来与自己相聚。

"分明小像沉香缕"，字面上的意思是小像在缕缕沉香的轻烟里历历可见，其实这里还有一个典故，李贺曾作过一首《答赠》诗，其中有一句"沉香熏小像，杨柳伴啼鸦"，在这句中，"小像"本作"小象"，是象形熏炉的意思，但由于误传的时间久远，也就约定俗成地变成了"画像"的典故。

"一片伤心欲画难"则化用高蟾《金陵晚望》中的"世间无限丹青手，一片伤心画不成"，高诗的意思是世间无数大画家，谁也难画出此刻的一片伤心之感，而纳兰将此句化用，用意也就变得十分明显,虽然容貌可以画出来,但是自己的伤心和不舍却难以画出,从而表达出对友人的思念之情。

最后两句照应了小序中的"为题小影",顾贞观南归时,纳兰赠以小像,题以词作,只可惜这幅小像在道光年间毁于火灾,否则我们今人就能够通过小像来看一看这位多情公子当时是怎样一副伤心欲绝的表情。

梁佩兰在纳兰容若的祭文中说:"黄金如土,惟义是赴。见才必怜,见贤必慕。生平至性,固结于君亲,举以待人,无事不真。"结合这首词来看,梁佩兰的话虽然不无溢美之词,然而用于纳兰容若却也绝不夸张。

注释:

① 遥知:谓在远处知晓情况。
② 分明:简单明了。沉香:熏香料名,又称沉水香、蜜香。

海棠春

落红片片浑如雾,不教更觅桃源路①。香径晚风寒②,月在花飞处。

蔷薇影暗空凝伫③,任碧飑轻衫萦住④。惊起早栖鸦,飞过秋千去。

晋陶渊明在他的《桃花源记》中描写了一个与世隔绝、安居乐业的好地方,称之为桃花源。之后,桃花源似乎就成为人们心目中的避世理想之所,可惜,这个地方不过是陶渊明的虚构,世间哪里会有这样美好的地方呢?

如果说有,那也只能是世人心目中的一个理想向往罢了。纳兰便是一心向往着这样的世外桃源。这首《海棠春》看似写景,实则抒情,纳兰的心在这首词里表露无遗,他想要逃离这纷繁的俗世,想要去一个清净的地方安度余年。

虽然,这样的愿望对于一般人来说,似乎并不难实现,但对于纳兰,这个天生就富贵的男人来说,却是无法实现的心愿。老天爷总是公平的,他给予你一样东西的时候,也会收走你的另一样东西。

在世间男子为了功名利禄、荣华富贵,舍弃自由,舍弃自我,奋力拼搏的时候,那个一生下来就什么都有了的纳兰,却偏偏想抛弃这些,去找寻自由。当然,这份自由就如同那臆想中的桃花源一样无法触摸得到。

纳兰之苦,在于心苦,所以他的词里,大多是将这种无法言说的心苦表达出来,或者借景抒情,或者以物言志。

这首词勾画月夜下孤清寂寞的情景:春风吹过,落花纷纷,如烟似雾,叫人禁不住要去寻觅那世外桃源。花间小径,晚风伴着轻寒,将花瓣吹到月光底下。墙壁上蔷薇的倩影里,有人默默地伫立凝望着眼前的一切,任凭风吹衣袂,花瓣萦绕。清风惊起早醒的晨鸦,使得它们扇动着翅膀飞过秋千去了。

"落红片片浑如雾",开篇一句便是充满了诗情画意,叫人向往,但随后一句,则是将人从天堂拉入人间,"不教更觅桃源路",如此美景,忍不住想要叫人去寻找那桃花源的踪迹,可是究竟入口何处呢?无人可知。

在看似美景之下,其实在美丽之外,心头更是藏着一份凄凉的情怀。这首词的总体基调是清冷的,"香径晚风寒,月在花飞处"。每一个字都流露出了不泯的深情,只是可惜,这份情怀无人可寄,故而越发显得凄冷。

清冷孤寂是纳兰心里头始终扣着的一道伤口,无法撼动,无论人生之路如何行走,世情如何变幻,纳兰心头的这道疤痕,都不会褪去。这是命运带给他的伤,而他无能为力,便将这伤带入了词中。

读着纳兰的词,感怀着他的伤,不禁泪流。"蔷薇影暗空凝伫，任碧飚轻衫萦住。"一个孤寂的身影，任凭风将自己的衣衫吹起，身上感到些许的冷，但心里更冷，纳兰最苦的便是没有知己，在苏轼的《怀渑池寄子瞻兄》说道："人生到处知何似？应似飞鸿踏雪泥。泥上偶然留指爪，鸿飞那复计东西。"

知己是一个男人最好的解忧酒，可惜纳兰没有，所以，任凭"惊起早栖鸦，飞过秋千去"。他也只能是在大片大片的忧伤中，沿着自己的轨迹，掉入灰暗的深渊，无法逃脱。这是一道美丽的疤痕，让纳兰一生都在写着绚烂孤寂的诗词。

这份情怀，延绵不绝，洇了千年。

注释：

① 桃源路：桃源，即桃花源，晋陶渊明在《桃花源记》中描写了一个与世隔绝、安居乐业的好地方，用以比喻不受外界影响的地方或理想中的美好地方。
② 香径：花间小路，或指满地落花的小路。
③ 蔷薇：落叶灌木。有单瓣、复瓣之别，色有红、粉红、白、黄等多种，很美丽，初夏开放。凝伫：凝望伫立，停滞不动。
④ 飚：颤动、摇动。

荷叶杯

知己一人谁是？已矣。赢得误他生。多情终古似无情，莫问醉耶醒。

未是看来如雾，朝暮。将息好花天①。为伊指点再来缘②，疏雨洗遗钿③。

这首词为怀念亡妻而作：谁是那唯一的知己？可惜已经离我而去，只有来世再续前缘。多情自古以来都好似无情，这种境况无论醉醒都是如此。朝朝暮暮，如烟似雾，那大好的春色不要白白错过。雨中拿着你的遗物睹物思人，但愿能来世相见。

纳兰的诗词中，对荷花的吟咏，描述很多。以荷花来比兴纳兰公子的高洁品格，是再恰当不过的。"出淤泥而不染"是文人雅士们崇尚的境界。它起始于佛教的有关教义，把荷花作为超凡脱俗的象征。

而在中国传统文化中，把梅、竹、兰、菊"四君子"和松柏、荷花等人格化，赋予人的性格、情感、志趣，使其有了特定的内涵。许多文人热衷寄托自己的情思到这些梅兰竹菊身上，例如郑板桥画竹，曹雪芹写石头，这都是代表了他们内心的某种情感图腾。

纳兰也不例外，纳兰就是认定了荷花，在许多词中，他都写到荷花，寄托自己无处可寄托的情感。在这首词中，虽然没有提到荷花，但可以看出纳兰将自己的情感都寄托在了那份景致中。

有人说这是一阕悼亡词，是写亡妻，可也有人说是写恋人，怀念与恋人之间无法追回的情感。不论写哪种逝去的情感，都可以说得通。平心而论，无论是妻子还是恋人，纳兰从来都不会偏向哪一方，他将这些女子放在心中，她们各自有各自的位置。

开篇便问："知己一人谁是？""知己"二字，中国古时是十分慎用的，除非彼此之间非常了解对方的心意，不然是不可妄自称为知己的。纳兰的知己，便是那位离他而去的女子，但他也明白，人生得一知己足矣，所以，他会在反问之后，自问自答地写道："已矣。"

的确是这样的，既然此生已经得到了知己，那么便足够了，至于今后独自行走的道路，有着之前的回忆，那还怕什么呢？"赢得误他生。"来生如果有缘，相信还是会走到一起的。多情不必神伤，"多情终古似无情，莫问醉耶醒"。上片在一片混沌中结束，纳兰似醉非醉地混迹人间，没有了知己，他还要继续走下去，如果不糊涂一点，如何能够应对这世间坚硬的种种？

纳兰的好朋友朱彝尊感慨常叹："滔滔天下，知己一人谁是?"可见并不是所有人都能得到知己,从这点来说,纳兰是幸运的。他爱的人不但爱他,更懂得他,就算这份懂得是短暂的,那也是曾经拥有过。

这上片直抒胸臆,真切极了。但是下片却是笔锋勒马,由刚转柔,不再明写,而是用铺垫,写起情感,尤其是最后一句"为伊指点再来缘,疏雨洗遗钿"。缠绵悱恻,诉尽心底伤痛悔恨。

"未是看来如雾,朝暮。将息好花天。"有景有情,全词情意盎然,让人读起来感到飞流直下,但丝毫没有什么不妥的感觉,反倒是让人泪下如雨。"海内存知己,天涯若比邻",这句诗正好道出了纳兰的心声。

爱情固然是渴望地久天长的,但如果能够拥有一份连生死都无法阻隔的爱情,那也未尝不是一件幸事。正所谓在彼岸花开如初,才更能见到爱情的坚定。

注释:

① 好花天:指美好的花开季节。
② 再来缘:下世的姻缘,来生的姻缘。
③ 钿:指用金、银、玉、贝等镶饰的饰物。此代指亡妇的遗物。

南歌子 古戍①

古戍饥乌集②,荒城野雉飞③。何年劫火剩残灰④,试看英雄碧血⑤,满龙堆。

玉帐空分垒⑥,金笳已罢吹。东风回首尽成非,不道兴亡命也⑦,岂人为!

纳兰作为清初的著名词人,一直都很受世人的关注,他天资早慧,好学不倦,博通经史,虽然是一代权相明珠的长子,在二十三岁的时候,成为康熙皇帝最器重的侍卫。可以说是平步青云,他的人生是当时许多人梦寐以求的,古人十年寒窗苦读,就是为了一朝中第,能够在朝为官,领取俸禄。而这些,纳兰轻而易举地就都得到了,可以说,他走的是一条同时代知识分子做梦都想走的路。

可是,纳兰却并不为此感到欣喜,他反倒觉得这条道路对他是一种拘束,是一种束缚,他总是想要挣脱束缚,自由离去。所以,他许多的词中,表达出的意向都是抑郁愁苦、烦闷不得志的。

当然了,纳兰大部分的词作都是风雅之作,只讲风月闲愁,很少关于怀古之作。或许这是纳兰躲避现实的一种方式,只谈风月,不说世事。在这首《南歌子》中,纳兰让人们见识到了他隐藏很深的高尚人格追求,让人们看到了他对历史、对现实、对人生的许多感悟和追求。

纳兰年轻的心负载了许多沉重的感情和理想,在与现实纠缠不清、逃离未果之后,纳兰沉醉在他的诗词创作中,将一腔热情都化为词章,将他的人格魅力,永远地定格在了历史的长卷中。

这首词是纳兰出使西域途中所作,康熙命纳兰率团出使西域,目的是安抚西北边郡地区的一些少数民族。走在西行古道途中,纳兰以悲悯的心态看待这片土地。唐代有许多边塞诗歌,例如"大漠孤烟直,长河落日圆""醉卧沙场君莫笑,古来征战几人回"等,都是描写边塞的荒凉与寂寞的。

而如今,真正踏在这一方土地上,纳兰才更真切地感受到了古人诗歌中的意境,他忍不住也题词一首,不过比起古人的豪迈,纳兰的这首怀古之作,更显得有些寂寥和落寞。

古老的营垒,成了乌鸦聚集之地,荒凉的城堡中野鸡恣意飞舞。这是什么时候的战火留下来的遗迹?曾经骁勇善战的英雄们,他们的碧血丹心如今都被沙漠淹没了。主帅的帐篷,曾经的胡笳,如今都已作古。千年悲叹,回首相望,古今多少是非,说来兴亡都是天定,岂是人为!

清代曹寅在《山矾》中写道:"婆婆自比小山桂,寂寞甘同苦行僧。"纳兰此时看着眼前的山川,就有此般感受。大自然的鬼斧神工造就了这片土地,而今那些山川河流依旧在,但往事中的人却早已经随着时光流逝了。

古诗中所描绘的那些金戈铁马、落日长河都已不见,留下的只有这片寂静的土地,仿佛什么事情都没有发生过似的,那样平静。古往今来,是非成败都是天注定的,人力究竟能起到多少作用呢,只怕是一点点罢了。

纳兰在大自然的浩渺中,更加看到了自身的渺小,加之内心本就存在的抑郁心情,这首词作,便更显得忧伤无奈。虽然是怀古,但何尝不是谈己?

英雄迟暮,名将白头,这些无可奈何的悲哀让纳兰更加感受到天地万物沧桑变幻的无奈,所以他便发出了这般物是人非、家国兴亡的感叹。

注释:

① 古戍:边疆古老的城堡、营垒。
② 饥乌:饥饿的乌鸦。
③ 荒城:荒凉的古城。野雉:野鸡。
④ 劫火:亦作刼火、刦火、劫火,佛教语,谓坏劫之末所起的大火,后亦借指兵火。
⑤ 碧血:为正义死难而流的血,烈士的血。
⑥ 玉帐:主帅所居的帐幕,取如玉之坚的意思。
⑦ 兴亡:兴盛与衰亡。

秋千索 渌水亭春望

(按此调《谱》《律》不载,或亦自度曲。一本作《拨香灰》。)

药阑携手销魂侣①,争不记看承人处②。除向东风诉此情,奈竟日春无语③。

悠扬扑尽风前絮[4],又百五韶光难住[5]。满地梨花似去年,却多了廉纤雨[6]。

在纳兰的诗词中,以景抒情的很多,其中写景状物关于水、荷尤其多。纳兰喜爱清水、荷花,这都是可以理解的。因为纳兰心性淡如止水,他爱荷,想必也是因为荷出淤泥而不染的高雅性情。

不但在诗词中,纳兰有着水、荷情结,在日常生活中,纳兰对此物也是情有独钟。清朝以来,王公贵族在城内兴建私人花园十分流行,他们大兴土木,三山五园,几乎成了中国古代造园史上的顶峰。而纳兰明珠也为自己营造了一所私人花园,其中纳兰也有自己的一个园林。他把自己的别墅命名为"渌水亭",一是因为有水,更是以慕水之德自比,并把自己的著作也题为《渌水亭杂识》。词人取流水清澈、淡泊、涵远之意,以水为友,以水为伴,在此疗养、休闲、作诗填词、研读经史、著书立说,并邀客燕集,雅会诗书———一个地道的文化沙龙。

渌水亭畔四处都是他的足迹,亲人、朋友、知己、爱侣,无不在这里为他留下过美好的回忆。然而在物是人非之后,这些美好的回忆更让人不堪回首。所以,对于纳兰容若来说,渌水亭既是他人生的乐土,又是其悲伤的根源,同样也是他创作的源泉,在此地纳兰容若留下了许多感人至深的千古佳作。

这首词是纳兰在历经生活万千事物之后写下的,有着他对人生的感慨,但更多的是记录他内心柔若无骨的愁丝。

这首词是怀思恋人之作:记得当年曾拉着你的手,漫步在园亭中的芍药栏畔。当时特意相迎相会的情景怎能不记得呢!如今,除了向东风诉说我的衷情之外便无知己,即使面对这满园的春色,我也终日无语。飘飞的柳絮、满地的梨花依然如昔,但伊人却踪影难觅。寒食日又过去了,美好的时光总是如此短暂,看落花满地与去年无异,只是多了几许愁雨,怎不叫人怆然?

"药阑携手销魂侣，争不记看承人处。"这里的"药阑"是指花栏，词中以回忆开篇，纳兰温情脉脉地回想他与昔日爱人一同游园的场景，心中充满感激。但可惜物是人非，时光改变了一切，包括爱情。纳兰的爱人早已不能够再陪伴在他身边，所以，他只能"除向东风诉此情"。但令人惋惜的是，东风不识人间情苦，纵使满园的春意盎然，自己也是难得有开口诉说的欲望了。所以，才会有"奈竟日春无语"。

下片开始，依然从春光写起，春色本是盎然生机的，但在纳兰的这首词里，却多少显出了几分寂寥。无论是那悠长的花栏，还是这肆意飞扬的柳絮，真是留得住春色，却独独留不住往昔。

词的最后一句："满地梨花似去年，却多了廉纤雨。"以怆然的笔调结束了整首词，给人意犹未尽的感觉。一地落花像极了去年的现在，同样的风景，却是不同的人在欣赏，此时几多风雨几多情。

纳兰一直到辞世的时候，也没离开他的渌水亭。与其说是舍不得这里的清水芙蓉，更不如说是舍不得这里曾经带给他的回忆和浪漫。

注释：

① 药阑：即药栏，芍药之栏，泛指花栏。南朝梁庾肩吾《和竹斋》："向岭分花径，随阶转药栏。"携手：手拉手。销魂：形容伤感或欢乐到极点，若魂魄离散躯壳，也作"消魂"。

② 争：怎，怎么。看承：看待，对待，宋黄庭坚《归田乐引》词："看承幸厮勾，又是尊前眉峰皱。"

③ 奈：无奈、怎奈。竟日：终日，从早到晚。

④ 悠扬：飘扬。

⑤ 百五：寒食日。在冬至后的一百零五天，故名。韶光：美好的时光，多指美丽的春光。

⑥ 廉纤雨：细微之雨、毛毛细雨。廉纤，细小、细微。

忆江南 宿双林禅院有感[1]

心灰尽,有发未全僧。风雨消磨生死别,似曾相识只孤檠[2],情在不能醒。

摇落后[3],清吹那堪听[4]。淅沥暗飘金井叶[5],乍闻风定又钟声,薄福荐倾城[6]。

纳兰著有《通志堂文集》二十卷,但是他最大的成就还是在词上。他的词清新婉丽,独具品味,而且还能够直指本心。这或许是他能够写出令人动容、耐人寻味的好词的缘由。

在纳兰生前,他的书做成刻本出版后就产生过"家家争唱"的轰动效应。而在他身后,他更是被誉为"清朝第一词人""第一学人"。清代词话家和学者对他评价都很高。

纳兰作为出名很早却英年早逝的才子,被人写进了书里。张恨水的《春明外史》中写到过一位才子,死于三十一岁的壮年。其友恸道:"看到平日写的词,我就料他跟那纳兰容若一样,不能永年的……"

《春明外史》当时刊登在报纸上,作为连载的小说,会被许多人看到,而张恨水之所以要将纳兰写入文中,想来也是想借助纳兰的人气,为自己的小说增添几分魅力。

后人十分敬仰和推崇的纳兰,其实和普通人无异,虽然他有着过人的才华,却也有着寻常人不曾有的烦恼。纳兰有一个红颜知己叫作沈宛,是他在江南认识的。沈宛诗词歌赋、琴棋书画样样精通,而且和纳兰心意相通,二人感情甚笃。

不过让人惋惜的是,纳兰那时已经有了妻子官氏,虽然说男人三妻四妾在那时是很平常的,但沈宛是汉家的平民女子,这一点让纳兰的父亲纳兰明珠很不能接受。他认为男人风流可以,但如果把一个汉家女子娶进家门则是万万不能的事情。

于是纳兰无法将沈宛接进家门，只能在京城其他地方为沈宛安置一处别院，二人就这样开始了艰辛却又幸福的夫妻生活。但好景不长，沈宛在怀孕后，决定回到江南，独自将纳兰的骨肉抚养成人，她不想因为自己影响纳兰与家族的关系。

沈宛走了，正如她来一样，毫无声息。这样一个善良却又卑微的女子在纳兰的生命中来过又离去，为纳兰留下了不可磨灭的记忆。这首《忆江南》就是纳兰在沈宛走后，一个人百无聊赖时所作的。

心如死灰，除了蓄发之外，已经与僧人无异。只因生离死别，在那似曾相识的孤灯之下，愁情萦怀，梦不能醒。花朵凋零之后，即使清风再怎么吹拂，也将无动于衷。雨声淅沥，落叶飘零于金井，忽然间听到风停后传来的一阵钟声，自己福分太浅，纵有如花美眷、可意情人，却也常在生离死别中。

沈宛走了，一同带走的还有纳兰的希望和幸福。虽然冬去春来，但这姗姗来迟的春意对纳兰来说，已是毫无意义。没有了一同看春的人，就算这春风再温柔，这春日再明媚，又能怎么样呢？

"心灰尽，有发未全僧。"纳兰此刻的心情果真也是如此，虽然蓄发，内心却依然是如灰烬一般，毫无生气，对红尘丝毫不再留恋了，如同僧人一般。只不过是等着死去，消磨时光罢了。既然是这样的生活状态，下一句"似曾相识只孤檠，情在不能醒"也便是在情理之中了。

"孤檠"是孤灯的意思，夜晚一个人守在似曾相识的孤灯下，怀念往昔，真想沉浸在过往的美梦中长睡不醒。可惜梦总有做完的时候，等醒来时，更发现了现实的冰冷与残酷，就好像凋零的花朵，淅淅沥沥的雨声，怎么看都是寂寞。

纳兰在最后感慨自己是"薄福荐倾城"。在这里，"荐"的意思是进献、送上，而"倾城"则是指那些容貌艳丽的女子，这里指的是沈宛。纳兰福薄，无法消受上天馈赠给他的美好礼物，只能在失去之后独自叹息。

这首词写尽离别辛酸泪,却又不失清新雅淡,实属佳作。中国历代的文人都追求将对物质理性的认识与人生观、世界观联合起来,从而指导生活、艺术等。纳兰却不是如此,他超脱于任何一种形式,无论他的抒情还是描写都是有感而发,从心底迸发的热情让理性的禁锢荡然无存,纳兰写词,重在写心。

注释:

① 双林禅院:指今山西平遥西南七公里处双林寺内之禅院。双林寺内东轴线上有禅院、经房、僧舍等。
② 孤檠:孤灯。
③ 摇落:凋残,零落。
④ 清吹:清风,此指秋风。
⑤ 金井:井栏上有雕饰的井。一般用以指宫廷园林里的井,也指墓穴或骨瓮。
⑥ 荐:进献、送上。倾城:形容女子艳丽,貌倾全城。

浪淘沙

紫玉拨寒灰①,心字全非②。疏帘犹是隔年垂③。半卷夕阳红雨入,燕子来时。

回首碧云西④,多少心期,短长亭外短长堤。百尺游丝千里梦,无限凄迷⑤。

本篇是纳兰词中的代表作之一。上片写少妇于闺房之中无聊思春,"紫玉""寒灰"可以看出这名少妇的家境似乎不错,用玉去拨灰,似乎难以理解,但加上之后一句,便可以迎刃而解了。"紫玉拨寒灰,心字全非",所谓的"心字"便是心字香烧完后,灰烬落在地上,构成了心字的形状。词中的这位少妇,手持紫玉，拨弄着香燃烧后留下的灰烬，一地混乱，正如少妇那颗无处收拾的芳心。

"疏帘犹自隔年垂"，再看那竹帘，常年未动，去年便是这样垂挂着，而今依旧如此，或许明年也仍旧这样，毫无变化吧？少妇感慨时光如梭的心情在这个句子中赫然呈现，纳兰将一个已过韶华女人的心理描写得淋漓尽致。"半卷夕阳红雨入，燕子来时。"这句话初看显得有些情理不通，夕阳如何能够半卷，而雨又怎么能是红色的呢？

其实承上启下来看，便能理解了，少妇将帘子半卷起来，夕阳透进来，真的就是半卷夕阳了，而在夕阳下的雨，因为映衬，果真便看似红色。纳兰在这里用的词语结构十分巧妙，似乎平淡无奇，但却禁得住回味，能让人隐约感觉到一种美好的意境，但却是无法再用词语去表达。

词中的这位少妇像是在怀念故人，但词意却在此刻又显得格外扑朔，耐人寻味。而到了下片，词意又有了转变，开头便直言"回首碧云西，多少心期"，"回首"便是回望过去，重看往昔的岁月，而"心期"则是指心愿，妇人思念着与故人往昔的美好岁月，也感慨着重新相守，希望故人能够如同燕子归来一样，重回家乡，回到她的身边。

不过从下一句"短长亭外短长堤"可以看出，这个愿望有多么渺茫，即便望断碧云，也是难以实现了。在诗词中，亭子和堤坝通常有两个意向，一是送别，二是思念。在这句话中二者同时出现，大概是纳兰为了表现少妇焦急不安的内心故意设置的，为了能够有足够的力量去表现诗词的意境。

词写到这里，一直都是少妇自怨自艾的个人情绪表达，语言真挚感人，令人为之动容。接下来这句"百尺游丝千里梦，无限凄迷"结束了全篇，也让人体会到思而不得的痛苦有多深，就如美梦一场后，醒来忽然发现，头顶依然是破瓦蛛丝盘结，身边依然是空空荡荡，一无所有。

纳兰的这首词似真非真，极富浪漫色彩，全词曲折跌宕，通篇情景浑融，凄迷动人，读起来让人黯然销魂，内心潮湿。写春怨可以有多种，但纳兰选择了从对方落笔写起，通过少妇在闺中的无聊举动和室外的景象，写出一派伤春伤情的形象。

此调原为唐教坊曲，后来才作为词牌。唐朝时期刘禹锡、白居易等人都有《浪淘沙》之作，而且都是咏浪淘沙者，词牌名就此流传下来。唐朝时期的文人作词本还是平仄不拘的，一直到李煜，始创新声，始为长短句，分了上下片，才将《浪淘沙》分出了不同的体格，形式多样。纳兰所写的《浪淘沙》也很多，纳兰词集中共有十首。

纳兰是最懂得相思之情的人，他能够准确地描写出少妇于闺中寂寞无聊的伤春情思也是因为他经历过这种感情。问世间情为何物，最是相思无奈何，纳兰明白世间的一切相思皆是苦中带甜，虽然绝望，但却还是有着希望。

正如晏几道《虞美人》词中所写的"去年双燕欲归时，还是碧云千里锦书迟"，相思之中的人都盼望着能够重逢相见，但无奈的是，长亭之外更短亭，相见之路千山万水，思念之人不知道身处何方。纵使千种思念，最终也不得已，只能化作笔下的词句，化作梦中的期盼，希望能犹如百尺游丝，飘至千里之外，让思念的人知道。

苏轼写道"梦随风万里，寻郎去处"，而纳兰则吟道"百尺游丝千里梦，无限凄迷"，梦过后便是凄凉的现实，在梦的衬托下，现实更显得凄迷万端。这首词布局清晰，脉络顺畅，词意虽苦，但写法上却是清秀俊逸，格调高雅，不失为一首可以反复吟诵的好词佳篇。

注释：

① 紫玉：指紫玉钗。寒灰：犹死灰，灰烬，这里喻指心如死灰。《三国志·魏志·刘传》："扬扬止沸，使不烂，起烟于寒灰之上，生华于已

之木。"
② 心字：心字香，古人将盘香制成心字形。
③ 疏帘：指稀疏的竹织窗帘。
④ 碧云：青云，碧空中的云。
⑤ 凄迷：怅惘，迷惘。

浪淘沙

野店近荒城，砧杵无声①。月低霜重莫闲行②。过尽征鸿书未寄③，梦又难凭④。

身世等浮萍，病为愁成。寒宵一片枕前冰⑤。料得绮窗孤睡觉⑥，一倍关情⑦。

这首词抒发的是相思相念之情：上片描述野店孤寂，一片荒城，听不到思妇的捣衣之声。月夜相思，霜华凝重。虽然鸿雁过尽，然而书信未至，纵有好梦，仍是愁怀难遣。下片写身世之感和孤独情怀，身世如同浮萍飘浮不定，愁苦成病。寒夜无眠，枕边一片冰冷凄清。料想此时闺中思妇也是孤枕独眠，更加伤情，加倍动情。

野外荒城，孤寂小店，一片凄凉，以这样的情景开篇，似乎与纳兰一贯的风格有些不符，过于戚悲，甚至还有些鬼魅。在这样荒芜的野外，自然是无法听到妇人捣衣的声音。开篇的这一句话，仿佛是毫无关联的两句废话，"野店近荒城，砧杵无声"，用这样一句脱离现实，有些荒诞的词句起篇，纳兰在接下来却并不是写得更超脱现实，而是回归到了现实之中。

"月低霜重莫闲行。"月夜之下，霜露凝重，相思无尽处，这孤寂的野外，渺小的店铺，满眼放去，尽是孤寂的影子。虽然这是写相思之情的词，但是纳兰却用了一个全新的情境去诠释，十分鲜有。

"过尽征鸿书未寄,梦又难凭。"虽然鸿雁早已飞过,但想要等到的信件却没有送来,就算是今夜能够做到好梦,也仍有满怀愁绪。鸿雁传书,一向是代表古代男女之间相互传情的典故。纳兰善于用典,众所周知,他总是能轻而易举地化典,将其为己所用,看似天衣无缝,恰到好处。

这里也是如此,前一句的孤寂情境,配合这一句的锦书未到。情景交融,更显得动人,揪动人心。相思之人没有捎来音信,在万籁俱寂的夜晚,无法入眠,不由得开始胡思乱想,便想到了自己的一生,从而变得更加惆怅。

"身世等浮萍,病为愁成。"想到自己的一生,如同水中浮萍一般,漂泊无依,无法找到一个想要停留的地方,生生世世,永不离开。人生最大的悲哀并非是穷困和潦倒,而是失去生活的方向,无法找到人生的目标。

纳兰要为大清国尽职尽责,这是他与生俱来的义务。他要为父母尽职尽责,这是他必须担负的义务。这种种他无法推卸掉的义务,让他只能留在一个他不愿意停留的地方,踟蹰不敢离开。尽管在他的灵魂深处,无时无刻不在呐喊着远离,可是人生岂是说走就能走开的局面?进无法进,退无法退,在进退两难的人生夹缝中,纳兰乏味、厌倦地立于宫门之内,理想之外。

"寒宵一片枕前冰。"夜色如水,寒冷刺骨,枕前一片冰凉,孤枕难眠,想来那位被相思之人此刻也是对窗感叹,夜不能寐吧?"料得绮窗孤睡觉,一倍关情。"两地相思,两处闲情,更加重彼此之间的感情。

这首词并不知道纳兰是写给哪位女子,这世上还有哪个女子能让他如此牵肠挂肚,不能放下。其实,其中种种,也不必太认真地去计较,只要能够从过去的美好中吸取养分,让自己的回忆不再单薄,那便足够了。

注释：

① 砧杵：捣衣石和棒槌，亦指捣衣。
② 闲行：微行，此处为闲步之意。
③ 征鸿：远飞的大雁，即征雁。
④ 难凭：不可凭信。
⑤ 寒宵：寒夜。
⑥ 绮窗：雕刻或绘饰得很精美的窗户，代指闺人、思妇。
⑦ 关情：动心，牵动情怀。

浪淘沙

闷自剔残灯，暗雨空庭①，潇潇已是不堪听②。那更西风偏着意，做尽秋声③。

城柝已三更④，欲睡还醒，薄寒中夜掩银屏⑤。曾染戒香消俗念⑥，怎又多情。

纳兰的寂寞，无人能懂。他的寂寞犹如天空上的流星，一闪而过，不留给任何人捕捉的机会。人们只能从流星划过后的影踪，去妄自推测纳兰内心的凄凉与寂寞。

独坐灯前，秋夜空庭，风雨潇潇，已是令人愁闷，偏那西风又于此时送来了秋声，好像是专意要将愁人的烦恼加重。柝声传来，已是三更，身感寒凉袭人，遂将屏风紧掩。本来告诫自己要远离尘世烦恼，如今偏生又开始陷入情里不可自拔。

"闷自剔残灯"，让人想到纳兰是个容易亲近的人，在灯前独坐，百无聊赖，只得面对残灯，自娱自乐。这样的男子，虽然性情忧郁，但却在骨子里有着让人喜爱的部分。开篇一句正是其心情困顿，无可抒发的无奈写照。

到了"暗雨空庭，潇潇已是不堪听"已经是痛到极致的一种状态了，风雨潇潇而落，空气清冷，在晦暗的夜空下，这雨声还有风声是如此不堪入耳，听到耳朵里，仿佛都是刺在心头，针扎一般，让人难以忍受。

"那更西风偏着意，做尽秋声。"可是秋风不解人意，偏偏刮个不停，将凄凉的秋意刮遍人心。在纳兰的词中有很大一部分都是悲伤欲绝的词，相当凄切，所谓"观之不忍卒读"，字字句句情真意切，有着无法宽宥的自责与责他。

正是因为内心有着无法解开的悲伤情结，纳兰的词章里便总是凄凄切切，悲悲惨惨。无法想象，纳兰这样一个锦衣玉食的贵公子，他不在自己舒适的环境里安享幸福，却偏偏要将自己放置在一个凄苦的氛围内，犹如苦行僧一样，不断前行，不断折磨自己。

人们无法理解的纳兰，并非摈弃生活，恰恰相反，正是因为他太爱生活，太热爱自己的生命，所以才会特别重视这份深沉的爱。多数人猜测纳兰是富贵公子无聊时抒发闲情，不过是打发无聊日子罢了。可是，谁能真正懂得纳兰内心的情伤？想来就是纳兰自己，也会迷失在自己的情伤中，无法看透。

"城柝已三更，欲睡还醒"，已经是三更天了，夜深人静，自己却还是难以入眠。纳兰在孤寂的夜色中，看着天色一点点变明亮，眼看着第二天的白日就要升起来了，可是自己却还是似睡非睡，似醒非醒。

无聊的夜间，独坐桌旁，守着一盏孤灯，看着窗外寒夜中的星空，心早已苦成了一个又一个黑洞。在这个深夜中，"薄寒中夜掩银屏"。纳兰在为什么愁思呢？是为女子，还是为友人？难以说清。

这突如其来、绵绵不绝的愁绪，让纳兰自己也对自己产生了嘲讽之意，他暗叹道："曾染戒香消俗念，怎又多情。"就此结束了整首词。不需要什么冠冕堂皇的理由为自己的愁苦开脱。

夜深了，风起了，落叶萧萧，纳兰在房间里轻叹，身旁没有可以倾诉的人,这是多么深的孤独。从前种种,是永远的痛。而今一切,是无奈的人生。

注释:

① 空庭:幽寂的庭院。
② 潇潇:形容风雨急骤。
③ 秋声:秋天西风起而草木摇落,其肃杀之声令人生情动感,故古人将万木零落之声等称为秋声。
④ 城柝:城上巡夜敲的木梆声。柝,古代巡夜时敲击的木梆。
⑤ 银屏:装有银饰的屏风。
⑥ 戒香:佛家说戒时所燃之香。

菩萨蛮

梦回酒醒三通鼓,断肠啼鴂花飞处①。新恨隔红窗,罗衫泪几行。

相思何处说,空有当时月。月也异当时,团栾照鬓丝②。

《菩萨蛮》又名《子夜歌》,或曰《巫山一片云》,是唐朝教坊曲名。据记载,唐宣宗时,女蛮国入贡,其人高髻金冠,璎珞被体,故称菩萨蛮队,乐工因作《菩萨蛮曲》。不是"菩萨也发脾气耍蛮"的意思。

纳兰这首词,为月夜怀人之作,当情当景,凄婉缠绵之至。三更子夜之时鼓响,廊痕深处寂寞袅袅,酒醒梦回显然是伤痛难耐,酒也不能麻痹以至彻夜无眠。恰逢此刻偏又传来杜鹃悲啼之声,更添伤情离愁之绪,于是清泪涟涟罗衫亦湿,可恨此情此愿又无处诉说。当头明月犹在,但却与旧时不同,此刻只不过是照映自己孤独一人罢了。

古时作诗男子，大多乃好诗好酒者。酒实为诗之伴侣，清词浅曲，对酒当歌，久遇知已千杯亦少，更有情意阑珊、借酒消愁者对月暗伤心肠九曲。为的，就是这个情字，如丝如缕。

纵便是纳兰这样尤善诗词的男子，也是好酒之客，酒醒梦回，愁思盈怀，寥寥几笔道来他的情感，才华才得以让后人窥见一二。这首词中，相思之苦，借"新恨隔红窗，罗衫泪几行"婉婉道来。"新恨隔红窗"，隔的又是何"新恨"呢？词人新恨必有旧恨。如辛弃疾《念奴娇》词："旧恨春江流不尽，新恨云山千叠。"从下片的意思看，所谓"新恨"，是对情人的相思，那么旧恨无非是指当年的离别。想必当年与情人分别之时，曾相约于次年春天重新相会。如今旧地重来，而人事发生变化，伊人已另有归宿。一窗之隔，相见无缘，徒然望风洒泪，伤感彻骨。

如果说，这词上片的写法究属一般，那么，下片便不同寻常了。因为此处有遥寄相思的"当时月"了。说到"当时月"，要提及纳兰的另一首《菩萨蛮》：

催花未歇花奴鼓，酒醒已见残红舞。不忍覆余觞，临风泪数行。

粉香看又别，空剩当时月。月也异当时，凄清照鬓丝。

立意构思乃至遣词用句，两词基本雷同。评家多认为可能一是初稿，一是易稿，然改易处甚多，结集时就两首并存。

《饮水词》本就不是揽天括地的壮书，但由此细处，一可观纳兰心态情绪的迭转，二则如此狭小的题材范围内，竟能写出如此精妙的词章，不得不赞纳兰才情高妙奇绝。

我们且将这两首合起来看，因词境相同，皆是缅怀当年情爱，但从细处可以看出，纳兰的心思点点之差别。

古时没有电灯照明，日靠阳光夜靠月。故此古人应是多休息得早，大约自天黑后，八九点钟光阴，窗外到处都是一片寂静。静处自有静处的好，明月当空，两人相约而至，借着清辉映照双双容颜，两人情感也如这月华般攀升。于是月下海誓山盟，互许倾心。可是两人相守,说长也短,此时月已倾斜,今夜必须分别。于是约好即使天涯两隔,也可同看明月,以寄相思。

可是,"月也异当时"。这月已远非当年,虽然明亮依旧,但他们二人两情相悦时月亦完美,可如今,佳人已不在旧地,这相思之情凄苦断人愁肠,再添当时照人相聚慰人寂寥的明月,竟似团栾冷眼笑看离人孤独。更如纳兰另一首词所言:辛苦最怜天上月,一夕如环,夕夕都成玦。到这里,两种心境以月对照,幽怨之情跃然纸上。

注释:

① 啼鴂:即鹈,一名杜鹃。三月即鸣,至夏不止。常用以比喻春逝。
② 团栾:指明亮的圆月,旧俗称农历八月十五日为团圆节。鬟丝:鬓发。

菩萨蛮

窗间桃蕊娇如倦,东风泪洗胭脂面。人在小红楼,离情唱《石州》①。

夜来双燕宿,灯背屏腰绿②。香尽雨阑珊③,薄衾寒不寒?

东风始来,三月的桃蕊初绽,不胜娇美,慵懒如同刚刚睁开睡眼的少妇。初上绣楼,凭依窗子,远眺之时,"忽见陌头杨柳色",想起久久未归的游子,苦涩的离情溢满心头,泪水湿了新妆。唇齿之间,这一首《石州》曲,吟遍了古今多少离情别绪。忽而想起昨夜那来宿的双燕,"落花人独立,微雨燕双飞",形只影单的少妇倍觉凄凉,灯烛背对屏风,回首处,昏暗不明。春意料峭,微雨将尽,那远方的人是不是只有一张薄衾,又是温,是寒呢?

短短四十来字，上片写尽了春闺情愁，下片写尽了销魂之感。

这首词写的是游子思妇的离别之情，在古典诗词中极为常见。早在初唐张若虚的笔下，就有了"谁家今夜扁舟子，何处相思明月楼"的春闺情怀。丈夫离家，日复一日，思念并没有因时间而成为习惯。某日初上翠楼，忽见桃红，心底多少愁思，涌上心头，难下眉头。"窗间桃蕊娇如倦"，看似写"桃花"，其实写"人面"。"桃之夭夭，灼灼其华"，"桃花"自古便是红颜的象征，都是一种脆弱的美。"人面桃花相映红"，是写花的美，也是写人的美；是写人对桃花的欣赏，更是写人对自己的怜惜。人见桃花烂漫，不由联想到自己也是青春如许，却春闺独居，难以与心中思念的人共相朝夕。春日本多情，"泪洗胭脂面"便知闺中人心中的愁苦，非窗前的一缕薄烟，也非耳际的一阵轻风，它的厚重也许根本没有什么事物可以用来比拟，也不需要用什么来比拟，既无它诉，便只得轻吟一首哀婉的《石州》曲。

"夜来"二字起首，便知漫漫长夜中闺中人的凄婉心境。南唐亡国词人李煜说，"寂寞梧桐深院锁清秋"，正是如此；南宋女词人易安说，"莫道不销魂，帘卷西风，人比黄花瘦"，正是如此；温庭筠说，"过尽千帆皆不是，斜晖脉脉水悠悠，肠断白蘋洲"，也正是如此。一夜料峭春雨不止，人也久久难以入眠，双燕因深夜寒冷而借宿檐下，相依相偎，触动了闺中人的心事。灯烛背对着屏风，因而昏暗不明，似也困乏欲睡，此时此刻，已至深夜，唯有人独醒着。"薄衾寒不寒"的设问中，其实早已预设了回答：闺中人"半夜凉初透"，凄凉境地下，不由想到远在异乡的人是否能禁得住这番春寒？由物（燕）及己，由己及人，才有了"寒"的意蕴。

一面是春愁如许，一面是凄婉销魂，都是对于闺中人痛楚心理的刻写，在这个过程中间，还有着景致之间的鲜明对照——一明一暗。总体看来，上片"明"在"桃"字，下片"暗"在

"背"字。如果不是春日风和日丽,明媚如新,又怎能一推窗而见桃红一点,娇蕊动人?如果不是背向屏风,又怎知闺中人听闻燕声时,回首间,"屏腰"昏暗不明。但无论是"明",还是"暗",无论是白天所见,还是夜晚所闻,所投射的都是闺中人的离情别绪。在一明一暗的对照中,更加凸显了闺中人心绪的低沉。

相传,词人纳兰容若曾与自己青梅竹马的表妹情投意合,然而造化弄人,有情人终究不能成眷属,这位才色双全的佳人却被选入宫中,宫墙深锁。这给纳兰容若带来了无尽的伤感和酸楚,因而这种伤感和酸楚之情在他的词里经常有所显现,有很多以春情闺怨为题材的词作。

注释:
① 《石州》:乐府商调曲名。
② 绿:昏暗不明。
③ 雨阑珊:微雨将尽。

虞美人

春情只到梨花薄①,片片催零落②。夕阳何事近黄昏,不道人间犹有未招魂。

银笺别梦当时句③,密绾同心苣④。为伊判作梦中人,索向画图影里唤真真⑤。

又是一年春残时,又到了亡妻的忌日,又是触景还伤,又是一首悼亡词。

"春情只到梨花薄,片片催零落",词一开篇,纳兰就为我们营造出一幅暮春时节梨花四处飘零的凄美场景,他在这里用暮春时节喻指自己目前的境况,用苍白的花朵来代指亡妻,从而铺陈出愁惨凄冷的意境。在中国的古典诗词中，伤春之诗词比比皆是：无可奈何花落去，似曾相识燕归来；流水落花春去也，天上人间；记海棠开后，正是伤春时节……万物复苏的春天本是充满生机的季节，但在这花儿完美绽放的季节，诗人词人们却通常会在这繁华的背后隐约感受到即将到来的美好的消逝，于是往往会产生一种微妙细腻的感伤。

"夕阳何事近黄昏"化用李商隐"夕阳无限好，只是近黄昏"的成句，与妻子虽然只短暂地相处了三年，但纳兰却度过了人生中最快乐的时光，如今人鬼殊途，纳兰的相思之苦，自然是不言而喻了。在这里，"夕阳"不仅是时间上的黄昏，更是词人对美好往昔的追惜。

在别人的眼中，夕阳或许是美丽的，但是在纳兰的眼中，夕阳却是丑陋的、无情的，因为他还没有来得及为亡妻招魂，它就要马上消失在黑暗之中，面对这一切，他只能无奈地叹道"不道人间犹有未招魂"。

全词上片由景入情，下片则从往事写起，进而抒发自己浓重的哀思。"银笺别梦当时句，密绾同心苣"，象征着爱情的同心苣，和记载着浓情蜜意的纸笺，这些现实的东西以前在纳兰的眼中证明着恩爱欢娱，如今他再看时，却感到它们都被抹上了淡淡的感伤，面对随处可见的哀愁，纳兰无处可遁，只能赶紧由实入虚，写道："为伊判作梦中人，索向画图影里唤真真。"为了亡妻，纳兰甘愿长梦不醒，与其在梦中相会，甚至想要整日对着她的画像呼唤，希望能以至诚打动她，让她像"真真"那样从画中走出来与自己相会，这真实地表现出纳兰的忠贞与痴情。

末句化用唐代赵颜的典故，描写对亡妻的思念之情。相传唐朝一个名叫赵颜的进士从画工那里得到一幅美人图。久而久之，赵颜对画中的美女产生感情，于是就询问画工能否让其变成活人。画工告诉赵颜，这本是一幅神画，画中女子名叫真真，只要赵颜能够呼唤她的名字一百天，她就会出声答应，到时再给她喝下百花彩灰酒，她就能够变成活人。依照画工的指点，百日后，真真果然复活，还在年终为赵颜生下一双儿女。后来，赵颜听信巫师谗言，给真真喝下符水，导致真真不想再留在人间而带着一双儿女返回画中。

纳兰词最让人感动之处，便是纳兰在小情小爱中所表现出的真挚，让人为其心怜不舍、心疼不已。

注释：

① 春情：春天的景致或意趣。
② 零落：树木枯凋。
③ 银笺：白色的信笺。
④ 同心苣：像连锁的火炬状图案花纹，或指织有同心苣状图案的同心结，古人常用以象征爱情。
⑤ 画图：图画。真真：唐杜荀鹤《松窗杂记》："唐进士赵颜于画工处得一软障，图一妇人甚丽，颜谓画工曰：'世无其人也，如可令生，余愿纳为妻。'画工曰：'余神画也，此亦有名，曰真真，呼其名百日，昼夜不歇，即必应之，应则以百家彩灰酒灌之，必活。'颜如其言，遂呼之百日……果活，步下言笑如常。"后因以"真真"泛指美人。

浣溪沙

一半残阳下小楼，朱帘斜控软金钩①。倚阑无绪不能愁。

有个盈盈骑马过②，薄妆浅黛亦风流③。见人羞涩却回头。

浣溪沙，乃唐玄宗时的教坊曲名，又作浣溪纱，因西施曾经浣纱于若耶溪，故又作浣沙溪。纳兰性多悒郁，词多忧伤，此词可谓是不可多见的有着清新愉快的情调，描绘了黄昏无聊中与一个优雅女子的美丽邂逅。

若说诗词是以意象符号来表达情感的艺术,那么纳兰以及李煜之词却是例外,其词虽明白如话,读来却如字字珠玉滚落于玉盘,久久回响,余音绕梁,又如花开于山谷,朵朵明艳,却又清新脱俗,这就是他们的艺术魅力之所在。可惜古词的配乐已经缺失,否则付之于笙箫,必定是"此曲只应天上有,人间难得几回闻"。

上片写景,时光如水,悠悠又是夕阳西下,游玩的阁楼沐浴着夕阳的余晖,静谧而祥和,仿佛整个玉柱雕梁的皇城都慵懒地在夕阳里躺着。残阳,一个"残"字,体现出了作者当时的心境。为什么不是夕阳而是残阳?当然这形容词不同,意象的色彩不同,描摹的作者的心境就不同。表现了纳兰在时光流逝中无奈而彷徨的心情。

华丽的锦帘斜斜地垂挂在金色的帘勾上,柔软而弯曲,无声无息,没有一丝清风拂过,就像人的慵懒的身体,不想移动半步。独自一个人,眼睁睁地望着夕阳渐渐在西天下沉,然后熔化在天之尽头,望着朱帘在夕阳的余晖中闪动着光泽,背靠着栏杆,不能控制自己的闲愁。

纳兰愁什么呢?或许是一个文人天生的悒郁吧,只有经历过苦难的人才能领略到平和日子的幸福,一个太幸福的人,是会在幸福里生出无聊来的。"朱"乃富贵之色,平常人家是不可能享有的,"朱门酒肉臭,路有冻死骨"中的朱门就是指富贵的帝王将相之家,朱帘也是富贵之家才有能力使用的,纳兰就在这朱楼梦里朱颜谢,从而感到无聊而悒郁。

上片犹如勾勒了一幅美丽的风景画,又像一个放映着自然景色的电影镜头,下片突然从镜头里映入眼帘的是一位骑马走过的风姿绰约的女子,嗒嗒的马蹄给人以一种无聊之中的惊喜。从静态的灰色场景马上转变成了一种动态的迷人风景,具有戏剧化的变换手法。

薄装浅黛，却又清新脱俗，美丽动人。没有浓妆艳抹，没有施粉抹香，却是天生丽质。黛，是一种画眉的黛石，"眉是黛山青"，说的就是美女的眉毛像远处的青山一样，美丽如黛。这种淡妆出行，却也不能影响她的美丽，"风流"指女子的一种神韵和气质吧，而不是形容男子的眼花宿柳的风流。

最后一句可谓就是王国维说的"不着一字，尽得风流"的令人拍案叫绝的佳句了！"见人羞涩却回头"，通过对这个女子回眸的一瞬间，这个小小的细节的描写，把这位女子外表之外的内心和情感体现得淋漓尽致，让这位女子的形象可爱至极。

这里不得不谈谈中国传统的女子之美，是一种朦胧美，是一种"犹抱琵琶半遮面"的美，讲究的是一种内敛，而不是张扬，是一种婉约，而不是一种直白，"窈窕淑女，君子好逑"，不是淑女去"逑"君子。所以，在中国传统文化中，羞涩自然是一种内敛的美，但是这种羞涩，也难以掩饰怀春少女的内心情感，想象着她羞红的桃花脸，却忍不住悄悄回过头来看一眼身后的这位美男子纳兰。此句也体现了纳兰词的特点，就是直白而直指内心，与李煜之词异曲同工，这也正是纳兰的卓尔不群之处。这个瞬间，被作者敏锐的双眼发现了。

张钧先生在《纳兰性德全传》中，虚构了一个情节，说的是纳兰的表妹雪梅跟着他学骑马，雪梅开始胆子小，不敢骑着走，直到纳兰把她扶上马背，并开导她后，她胆子大些了骑着马走了，雪梅在马背上回首，有一种羞涩之感，从而触发了灵感，当然这只是查无实据的虚构，从欣赏诗词的角度。需要的是留下想象的空间，说直白了，就不是诗词，而是小说了。

注释：
① 朱帘：红色帘子。斜控：斜斜地垂挂。
② 盈盈：仪态美好的样子。这里指仪态美好的女子。
③ 薄妆：淡妆。浅黛：指用黛螺淡画的眉。

浣溪沙

五字诗中目乍成①,仅教残福折书生②。手挼裙带那时情③。

别后心期和梦杳,年来憔悴与愁并。夕阳依旧小窗明。

我们都知道纳兰容若多情而不滥情,伤情而不绝情,爱情因而成为他诗词创作的一大源泉。这首词写的是女子的闺怨,"五字诗"即是五言诗,男子通过诗表达自己对心仪女子的感情。"目乍成"即乍目成,双方刚刚通过眉目传情结为亲好,但幸福因为书生的追求功名利禄的赶考而变得异常短暂。"残福"即是残存的短暂的薄福。孤独的女子一个人反复揉搓裙带,在想着过去的浓情蜜意,透露出女子对男子一片痴情和深深的思念之情。

下片进一步升华这种相思之情,日有所思,夜有所梦,在梦中见到了心爱的人。但等待越久,憔悴与忧愁就越在心头。自己身心疲惫也没关系,依旧在夕阳下,明亮的窗口等待远方的意中人,虽然多数时候这是徒劳,但女子怀着巨大的希望在等待。

纳兰容若的这首词也有人以为与他所交往的朋友有关,他借朋友的故事既表达对朋友的同情,又暗含了自己的不幸。

纳兰容若虽是清朝贵族,但他最突出的特点是其所交"皆一时俊异,于世所称落落难合者",这些不肯悦俗之人,多为江南汉族布衣文人,如顾贞观、严绳孙、朱彝尊、陈维崧、姜宸英,等等。纳兰容若对朋友极为真诚,不仅仗义疏财,而且敬重他们的品格和才华,就像平原君食客三千一样,当时许多的名士才子都围绕在他身边,使得其住所渌水亭因文人骚客雅聚而著名,这在客观上也促进了康乾盛世的文化繁荣。究其原因,纳兰容若在一定程度上可以和汉族知识分子学到他所倾慕的汉文化知识,而更重要的是他自身有着不同于一般清朝贵族纨绔子弟的远大理想和高尚人格。

在与这些才子交往的过程中，除了诗词歌赋之外，恐怕才子也少不了谈起佳人的。这些文人才子多是远离家乡，孤身一人来京赴考，留下妻子独守空房，自己久在外而不归。妻子在家思念他们，他们也在京都思念妻子。于是，纳兰容若在这种环境中耳闻目染，再加上他自己的身世遭遇，难免流露真情。

他这首词既是对朋友不幸人生际遇的同情，也可用于对自己婚姻爱情的无奈和壮志未酬的感慨。从这首词中，词人以女子的身份诉说自己心中的忧苦，盼望自己的意中人能够早日回家。词人与妻子感情笃深，妻子却不幸英年早逝，离他而去。词人有感而发，借此也是在怀念逝去的妻子。"年来憔悴与愁并"是对妻子深深的爱和浓浓的情，也许还有一丝后悔和终生遗憾。

其实，谁不想早日回去呢？只是他们不得不面对现实中的一切。他们想带回去的是衣锦还乡，是荣光耀祖。他们从走上读书的这条路之后，就注定要追逐功名利禄、尽忠报国。壮志未酬，岂敢面见江东父老？

也可以看出，这里也暗含了词人自己壮志难酬的尴尬护卫身份，这已经使他厌倦了这种生活，因而每每在其诗词中有所体现。

词人的人生是凄苦的，相爱的妻子早早离他而去，自己壮志未酬，他也因"寒疾"过早地离开人世。也正是由于他的凄苦人生才给后人留下诸多优秀的词篇。词人不幸，读者幸。

或许人生就是如此，总是不完美地留下许多遗憾。像流星一样从天空划过，精彩只是片刻，留下的却是无尽的黑夜，而这黑夜需要一个人独自去承受。

注释：

① 五字诗：即五言诗。目乍成：即乍目成，刚刚通过眉目传情而结为亲好。

②残福：残存的薄福，也可谓是短暂的幸福。
③挼：揉搓。

浣溪沙

记绾长条欲别难①，盈盈自此隔银湾②。便无风雪也摧残。

青雀几时裁锦字③，玉虫连夜剪春幡④。不禁辛苦况相关。

这首《浣溪沙》为抒写离情别绪的词作。芬芳雅致，又无处不显露出自己的思念关怀。

"记绾长条欲别难"，描写昔日分手时的情景，你我在离别之时，杨柳依依，难舍难分。在古代，柳这个意象经常出现在描写离别场景的诗词中，例如"上马不促鞭，反折杨柳枝，蹀座吹长笛，愁杀行客儿""杨柳含烟灞岸春，年年攀折为行人""宵酒醒何处？杨柳岸，晓风残月"……历代文人墨客之所以在送别时折柳写柳，是因为"柳"与"留"谐音，因而"折柳"相留，从而表达出情真意切的惜别之情。

"欲别难"写出了古人所处的环境与条件之艰苦，由于交通不便，人们在离别之后，往往是音容杳然，甚至到死也难以见上一面，因此古人在离别时通常会黯然神伤，难舍难分。

"盈盈自此隔银湾"紧承上句，将自己和恋人比喻成牛郎织女，从今天起我们就要天各一方，中间的距离就如同隔着银河般难以跨越。然而，牛郎和织女还能够在每年的七夕相聚于鹊桥之上，可是自己和恋人这一别很可能就是永别，所以纳兰发出了"便无风雪也摧残"的慨叹。意思是说，这样的煎熬即使是没有无风雪催逼的好时光，也依然是惆怅难耐。

综其上片，虽为写柳，却借景写人，感叹世事时光的无常。

"青雀几时裁锦字"，青雀就是青鸟，相传是西王母的信使。"锦字"是一个典故，出自《晋书·窦滔妻苏氏传》。窦滔在苻坚做秦君主时任秦州刺史，后来被贬官到了流沙县，他的妻子苏氏十分想念他，就织锦为《回文旋图诗》以赠他，后人常用来比喻妻子怀念丈夫。这句表达出词人日日期盼妻子音信到来的急切心情。

"玉虫连夜剪春幡"，古代立春之日剪有色罗、绢、纸为长条状小幡，或挂在树梢上，或戴在头上，以示迎春。结合开篇的"记绾长条"我们能够得知，此时词人已经与恋人分开将近一年了，然而信使始终没有带来恋人的书信、排解词人的相思之情，所以他只能幻想远方的恋人正在灯下剪裁着春幡。

但是尾句"不禁辛苦况相关"却让所有美好的愿望都落空了，仿佛让人突然从云端跌落，心绪忧伤彷徨、幽扰萦怀，难以排遣。你是否经受得住离愁别绪之苦，是否能不为海角天涯失落惆怅、忧伤萦怀？

此首纳兰词精于用典，缠绵凄婉，一往情深。

注释：

① 长条：长的木条，特指柳枝。
② 银湾：即银河。
③ 青雀：指青鸟。锦字：锦字书，指前秦苏蕙寄给丈夫的织锦诗，后多用以指妻子寄给丈夫以表达思念之情的书信。
④ 玉虫：喻灯花。春幡：即春旗，旧俗立春日挂春幡于树梢，或剪缯绢成小幡，连缀簪之于首，以示迎春之意。

浣溪沙　古北口 ①

杨柳千条送马蹄，北来征雁旧南飞。客中谁与换春衣 ②。

终古闲情归落照③,一春幽梦逐游丝④。信回刚道别多时。

纳兰容若身为皇帝侍卫,深受康熙喜爱,"上(皇帝)有指挥,未尝不在侧……上之幸海子、沙河、西山汤泉及畿辅五台、口外盛京、乌喇,及登东岳,幸闽里,省江南,未尝不从"。单单是古北口一处,就曾多次扈驾经过,如康熙十六年十月,扈驾赴汤泉;康熙二十一年二月至五月,扈驾巡视盛京、乌喇等地;康熙二十二年六月、七月,奉太皇太后出古北口避暑;康熙二十三年五月至八月,出古北口避暑等。

这首词写的正是词人扈驾远行的事情,是纳兰词中为数不多的塞北词之一。

上片中写出了此次出行的经过,重点写景。首句交代此次扈驾的前后时间,春天出发,夏天还没到,在杨柳依依的时节,词人骑着骏马踏上了扈驾之路。秋天回京,在春天北来的大雁如今依旧向南飞去,此句可能语带双关,即也指康熙一行仲夏北上,如今向南返归。这一来一回就是一春一秋,其间所受之苦谁人能知?接着是一句反问"客中谁与换春衣",道出心中一片辛酸。只身在外,已经换了季节,身上还是春天的衣服,哪能像在家里一样,有人给更换衣服。

下片则着重于抒情,开头通过落照、游丝把心中苦闷之情跃然于纸上。自古以来,自己的闲情逸致只能寄托在落日的余晖上了。隐隐约约在梦境之中追逐飘荡在空中的蜘蛛丝,这也是作者对自己常年忙于侍卫职责,在消磨青春时光的扈从出巡中难得自由的慨叹。当然也流露出其对这种生活的厌倦,只能通过自然之景消磨时光。

纳兰容若一生短暂,只在人世间留下了三十一个春秋的足迹,他有一首诗这样说过:"予生未三十,忧愁过其半。心事如落花,春风已吹断。"可见其一生愁苦不断,坎坷不断。他作为皇帝侍卫，虽然有机会接近皇上，得见龙颜，却怀才不遇，无法大显身手为国家社稷、黎民百姓建功立业。这种情形在中国古代文人之中是常见的，从楚国的大夫屈原，到汉朝的贾谊，再到唐朝的杜甫、李白，以至于纳兰同时代的文人蒲松龄，大抵如此。文人的不幸却造就了中国文坛的一大幸事。

再说纳兰，在他尽管简短但枯燥无味的仕宦生涯中只有两种活动，或者是殿前宿卫，或者是随驾出巡。但不管是哪种活动，他都是一个陪同而已。这是词人的不幸，所幸的是他给我们后人留下了诸多好词。据历史记载，他和汉族文人顾贞观、朱彝尊、陈惟崧等有所往来，也有曾参与营救吴兆骞并发付他的后事的义举。在当时的满汉关系中，书写了一段难得的友谊篇章。但尽管如此，可对于那些汉族潦倒文人们来说，谁又能理解他一片赤子之心的背后，有几分是孤独的落寞？又有谁能真正了解他荣华富贵、锦衣玉食下的壮志未酬？词人也曾在《清平乐·弹琴峡题壁》说："泠泠长夜，谁是知音者？"

在纳兰的好友中，顾贞观是亦师亦友的一个。康熙十五年，明珠慕顾贞观的才名，聘其为子纳兰容若授课。纳兰容若亦为清初著名词人，二人遂成忘年交。康熙十七年（1678年）清廷开"博学鸿词科"网罗汉族士大夫，著名文人学者朱彝尊、陈维崧、严绳孙、姜宸英等人都被荐至京，会试中式任翰林院检讨等职。顾贞观、纳兰容若与他们经常聚会，吟咏唱和，促进了清初词坛的兴盛。顾贞观在京期间，还为纳兰容若编订了《饮水词》集。他死后顾贞观在祭文中以无比痛惜的口气说："吾哥所欲试之才，百无一展；所欲建之业，百不一副；所欲遂之愿，百无一酬；所欲言之情，百不一吐。"

其生命的一大部分完全迷失在苦闷中，也许纳兰是一个不称职的侍卫，却是一个中国词坛上难得的词人。

注释：
① 古北口：长城隘口之一。在北京密云东北，为古代军事要地。
② 春衣：春季穿的衣服。
③ 终古：往昔，自古以来。落照：落日的余晖。
④ 幽梦：隐约的梦境。游丝：飘荡在空中的蜘蛛丝。

鹊桥仙 七夕①

乞巧楼空②，影娥池冷，说着凄凉无算。丁宁休曝旧罗衣③，忆素手为余缝绽④。

莲粉飘红⑤，菱花掩碧，瘦了当初一半。今生钿盒表予心⑥，祝天上人间相见。

当我怀念你的时候，不说美貌，不说风情，甚至不提才华。你只是我的妻，朴实、平淡、深情的妻，我忆起你最浪漫的时候，不过是"忆素手为余缝绽"，用柔软温暖的手为我缝补破旧的衣衫。这便是纳兰容若的爱。苏轼悼念发妻写"十年生死两茫茫，不思量，自难忘"，沉甸甸的相思让人心疼。而纳兰容若一句"今生钿盒表予心，祝天上人间相见"，让人悲从中来，禁不住说声：悲哉，纳兰！

叶芝曾对爱人呓语："当你老了，头白了，睡意昏沉/炉火旁打盹，请取下这部诗歌/慢慢读，回想你过去眼神的柔和/回想它们昔日浓重的阴影。"这些平实而温厚的爱情啊，无论是叶芝爱人炉火边的小憩，还是纳兰的妻子亲手缝纫的旧衣，莫不印证了《诗经》中的旧句：宜言饮酒，与子偕老；琴瑟在御，莫不静好。

从古至今，无论何方何地，男男女女所求的不过是一句烂俗的吉利话：白头偕老。这话听来实现起来不难，却也不易，只因人人都不是命运的对手。

纳兰容若的妻子卢氏,是锦绣丛中长大,豪门大户中的一朵富贵花。她与纳兰相亲,相爱,却在婚后三年去世。老人们传说,夫妻感情不要太好,太好遭天妒。也许这就是为什么吵吵嚷嚷一辈子的夫妇,倒能携手共赴人生残境;彼此怜爱非常的夫妇,却往往福寿不长,两隔阴阳。

七夕是古代女子的重要节日。《荆楚岁时记》载:"七月七日为牵牛织女聚会之夜。是夕,人家妇女结彩缕,穿七孔针,或金银石为针,陈瓜果于庭中以乞巧。有喜子(蜘蛛)网瓜上,则以符应。"每到七夕,女子们便准备精洁果品,焚香拜月,为自己一双巧手,求一段美满的爱情,嬉嬉闹闹,欢乐非常。去年今日,卢氏楼上拜月的身形犹在,荡舟赏月的波痕却已消隐得无迹可寻。当别人家的楼阁间飘逸着女子的欢声笑语时,纳兰家的亭台池榭间飘逸出的,是诗人忧愁的叹息。

七月正是夏末秋初,池中藕花开了又谢,谢了又开,层层叠叠,新花旧朵次第而生。本是正常的新旧交替,年年若此,诗人却品评说"莲粉飘红,菱花掩碧,瘦了当初一半"。

今人知道"瘦"可形容花朵凋残,多是从"知否,知否,应是绿肥红瘦"开始的。李清照与丈夫赵明诚感情极好,都喜爱诗词歌赋、金石印章,琴瑟和鸣,很有共同语言。赵明诚出去做官,女词人为离别的相思苦痛折磨,写下"红藕香残玉簟秋。轻解罗裳,独上兰舟,云中谁寄锦书来?雁字回时,月满西楼"。红藕凋残的季节,是思念离人的季节吧。无论是李清照还是纳兰,都被坠落的莲瓣勾起了愁思。也许纳兰伤情更甚,他在这满眼残蕊的季节吟诵诗篇时,妻子已是亡人;李清照的丈夫至少身在世间——至少,在诗人写作那首词时,还身在世间。

林语堂为《浮生六记》作序时禁不住暗想:"这位平常的寒士(沈复)是怎样一个人,能引起他太太这样纯洁的爱。"纳兰不是平常寒士,若是如沈复一样的寒士,也一定会像沈复一样得到妻子真挚的、深切的爱恋。看"丁宁休曝旧罗衣"一句,王孙公子,家中锦衣轻裘无数,他竟会记得一件旧衣,且反复嘱咐仆人不要将那件旧衣拿出来暴晒,无比珍爱。只因"忆素手为余缝绽"。那件旧衣上载满关于你的回忆,不愿让你逝去之后时光的尘埃将其沾染。更畏惧的是,衣衫上细碎的针脚牵起我对你痛入骨髓的思恋。

喜鹊能在天河间搭建一条爱的桥梁,却不能在阴间与阳世间搭就一条相思路。生不能执子之手,幸好我们还有生生世世的约定。"钿盒"一句,典出《长恨歌》。纳兰擅化用前人词句,"今生钿盒表予心,祝天上人间相见"脱胎自"惟将旧物表深情,钿合金钗寄将去。钗留一股合一扇,钗擘黄金合分钿。但教心似金钿坚,天上人间会相见。"古人有风俗"定情之夕,授金钗钿盒以固之(陈鸿《长恨歌传》)"。白居易在《长恨歌》中为明皇与贵妃杜撰了一个美丽的约定:"七月七日长生殿,夜半无人私语时。在天愿作比翼鸟,在地愿为连理枝。"白居易的长诗偏向叙事,略显拖沓而情不浓足。到纳兰容若处,字字哀伤,声声泣血,所有压抑的相思与苦痛喷薄而出——既然完不成"执子之手,与子偕老"的爱情宣言,就让我衷心祈祷,祈祷一个情比金坚的爱情诺言的实现——我们,天上人间相见!

问世间情为何物,直教生死相许?情,使红莲花瘦,佳节凄凉,使一件薄而软的旧衣能在心头割裂新痕旧伤。平淡的岁月中积淀下的酽酽情谊,让失去爱人后独自行走的人生路变得拖沓冗长。如果爱一个人,一定要让他知道,尽力用真挚的爱情填满你们相处的每一寸时间。命运是河流,生命是不系缆绳的小舟,谁知道下一刻会向哪一个方向漂流?爱,就爱了,深深爱,狠狠爱。"天上人间相见",不是人人都能承担得住的凄丽哀婉。

注释:

① 七夕:农历七月初七的晚上,神话传说天上的牛郎、织女每年在这个

晚上相会。

② 乞巧楼：乞巧的彩楼。乞巧，旧时风俗农历七月初七夜（或七月初六夜）妇女在庭院向织女星乞求智巧称为"乞巧"。《荆楚岁时记》载："七月七日为牵牛织女聚会之夜。是夕，人家妇女结彩缕，穿七孔针，或金银石为针，陈瓜果于庭中以乞巧。有喜子（蜘蛛）网瓜上，则以符应。"又，《东京梦华录·七夕》云："至初六、初七日晚，贵家多结彩楼于庭，谓之乞巧楼，铺陈磨喝乐、花瓜、酒炙、笔砚、针线。或儿童裁诗，女郎呈巧，焚香列拜，谓之乞巧。妇女望月穿针，或以小蜘蛛安合子内，次日看之，若网圆正，谓之得巧。"

③ 丁宁：同"叮咛"，反复地嘱咐。罗衣：轻软丝织品制成的衣服。

④ 缝绽：缝补破绽，这里是缝制的意思。

⑤ 莲粉：即莲花。

⑥ 钿盒：镶嵌金、银、玉、贝的首饰盒子。相传为唐玄宗与杨贵妃定情之物，泛指情人间的信物。

一斛珠　元夜月蚀①

星球映彻②，一痕微褪梅梢雪。紫姑待话经年别③，窃药心灰④，慵把菱花揭。

踏歌才起清钲歇⑤，扇纨仍似秋期洁⑥。天公毕竟风流绝，教看蛾眉⑦，特放些时缺⑧。

纳兰写景是真美，还多有新奇词句。"星球映彻"，此星球非彼星球，形象地描绘了星星点点闪烁花火的球状烟花，与我们今日遣词造句的习惯不同，读起来颇有趣。古时元宵放焰火，这阕词描绘了一个月蚀元宵夜作者之所见，属于咏节序风物：

天空烟火璀璨，梅梢之雪不明，月已初蚀，紫姑欲与人诉说经年的别离之情，而嫦娥却自愧窃药奔月，心灰意懒，以致不愿揭开镜面。月食渐出，地上锣声才歇，人们便开始踏歌庆祝，那月光还像中秋时节一样清澈明亮。老天也是风流之人，为了让人们看到新月如眉的景色，故意将月缺的时间延长了。

诗人的写作手法非常老道，用"一痕微褪梅梢雪"暗示月食的开始。月食，在古代称为天狗食月，人们看到月亮缺一块，以为是被天狗吞了，赶紧敲敲打打发出巨大的声响想吓走天狗。待月食结束，人们便以为天狗被吓跑了，把月亮吐了出来，又敲锣打鼓地庆祝一番。适逢元宵佳节，这种庆祝较以往更为热烈吧。

人热闹，神也不甘寂寞，紫姑就在这个日子与爱人重会。

紫姑是厕所里的神灵。中国人的审美，总是在出人意料处迸发。譬如刺绣，西方人若熟悉这门手艺，必定好好装裱起来悬于高堂细细欣赏。中国人则不同，把那些美丽的丝线艺术品安放到天天穿着的衣服上，而且不在醒目处刺绣，专挑袖口、鞋帮等易于磨损、不为人注意的隐秘地方。仿佛是有意地要让那些本就脆弱的美丽承受更多的磨砺、忍受更多的压抑。中国的神也是如此，中国人的厕所里也会安放一位神，还是位美貌的妇人，这是西方人的想象力再肆意发挥也想象不到的。而且这位厕所里的维纳斯有名有姓有来历：她姓何名楣，字丽卿，是唐寿阳刺史李景的妾，被大老婆虐待致死。一个女人死在污秽的厕所里，并以永生的方式被禁锢于其中。这位女子活着时遭受折磨，死去了还在厕所里展现受难的美——以受难为途径展现美，这个行为艺术西方人是让壮硕的普罗米修斯完成的。

传说紫姑是元宵节那天被虐杀的，所以正月十五那天是她的祭日，家家户户都要祭祀。

英雄不问出处，不论紫姑走入神道的过程是多么不可思议，她已然是一位仙人了。仙人便是美丽傲物的，神话了的紫姑恢复了在世时的美丽容颜，而且时间尽情地倒流，流回到了她做受人欺凌的小妾之前的时光，她依然是一位娇俏的少女，可与月宫里的嫦娥仙子平起平坐。

李商隐道"嫦娥应悔偷灵药，碧海青天夜夜心"。嫦娥，神话中最美丽的女子,一生背负着一个"窃"字。她本就是天上的神,为了恢复神仙的身份才窃取了丈夫千辛万苦取回的仙药。她回到了天宫,也付出了代价,她的代价就是生生世世的孤单。人间佳节,焰火漫天,人声鼎沸,唯有她在清冷的月宫里苦熬时光,连妆容都懒得打理。白白背负一个污名,却没有得到料想中的美好生活,难怪"窃药心灰",后了悔。

紫姑是李景亡妾,嫦娥是后羿逃妻,都不是寻常妇人,属风流女仙。几个女仙尚且是风流若此,那么总管天下事的天公更是风流极品了。月食后的月亮并不是迅速恢复浑圆,而是如美人纤纤黛眉,美得动人心魄。风流的天公便故意让这美的瞬间拉长,让天下人同来欣赏这一弯秀眉。

注释:

① 元夜:元宵节。
② 映彻:晶莹剔透貌。
③ 紫姑:神话中厕神名。又称子姑、坑三姑。相传为人家妾,为大妇所嫉,每以秽事相役,正月十五日激愤而死。故世人作其形夜于厕间或猪栏边祭之。见南朝宋刘敬叔《异苑》卷五、南朝梁宗懔《荆楚岁时记》。一说她姓何名媚字丽卿,为唐寿阳刺史李景之妾,为大妇曹氏所嫉,正月十五日夜被杀于厕中,上帝怜悯命为厕神。旧俗每于元宵在厕中祀之,并迎以扶乩。事见《显异录》以及宋苏轼《子姑神记》。
④ 窃药:传说后羿得不死之药于西王母,其妻娥盗食之,成仙奔月。见《淮南子·览冥训》,后以"窃药"喻求仙。心灰:谓心如死灰,极言消沉。
⑤ 踏歌:传统的群众歌舞形式,互相牵手或搭肩,以脚踏地为节拍。
⑥ 秋期:指七夕,牛郎织女约会之期。
⑦ 蛾眉:美人的秀眉。比喻新月前后的月相犹如一道弯眉,故名。这里喻月食时仍明亮的部分。
⑧ 些时:片刻,一会儿。

临江仙

　　长记碧纱窗外语①，秋风吹送归鸦。片帆从此寄天涯②，一灯新睡觉，思梦月初斜。

　　便是欲归归未得，不如燕子还家。春云春水带轻霞③，画船人似月④，细雨落杨花。

　　这一次，纳兰和妻子分开的时间太久了。

　　两人分别的时候还是秋天。萧瑟的秋风吹送寒鸦归巢，那时正是日暮时分，他和妻子曾在碧纱窗前低语话别，别离的不舍言语似乎还在耳畔回响，恍惚间半年都过去了，春色都已经在天地间弥散开来，而自己却依旧归期未定。

　　这是一首在春天回忆、秋天别离场景的词，开篇劈头就是"长记"二字，既表达了纳兰对妻子的思念之深，也隐含着负王命、不得归的一丝抱怨。两人一别良久，从此他便如一只孤船在天涯漂泊，"片帆"二字形象地刻画出了词人孤身一人行走在外的飘零和落寞。

　　"一灯新睡觉，思梦月初斜"二句写他在旅店中惊醒，睡梦中全是故园之景，娇妻之美，但醒来只看到一星孤独的烛火在黑暗中闪烁，心中悸痛，此时月亮才刚刚西斜，这一番纠结之后自然再难成眠。

　　肩负王命，就难免有身不由己之感。一别甚久，纳兰归家的心是迫切的，思念之情令他备受煎熬，但他却不能归去，难怪他要感叹了："便是欲归归未得，不如燕子还家。"就连燕子都能秋去春归、来去自如，我竟然还不及它啊！

　　眼见景色一天天精致、明朗起来，春的气息夹带着生机与湿润扑面而来，如画的山水让纳兰忍不住憧憬：我何时才能回到家乡，与妻子一起欣赏烟柳画船、细雨杨花？那该是何等的惬意！

又是一首表达相思的词。纳兰写词时似乎从不考虑同类题材自己已写过太多，或者在他眼里，此时的相思不能等同于彼时的牵挂，今日的愁绪和昨天的烦扰也是两个模样。纳兰这样想着，便确实写出了主题相同，但意境相异的佳作，一句有一句的悲伤，一首有一首的味道。

古往今来思乡词不少，相思词甚多，但思乡的大抵都是在外云游的旅人浪子，患了相思病的却多是闺中女儿。在那些表达男女之思的诗词里，思女思妇比比皆是，男思女者却是极少。放眼望去，似乎到处都是倚楼眺望天际的思妇怨女，随意翻开唐诗宋词都能看到若干对情郎念念不忘、怕郎走、盼郎归的红粉佳人。

相思之情常被喻为"红豆"。红豆产于南方，结实鲜红浑圆，晶莹如珊瑚，传说古时曾有个女子因丈夫死在边地，便在一棵树下伤心痛哭致死，血泪化为红豆，故人们又将红豆称为"相思子"。如此说来，这"相思"二字本就来源于那些扯不断情丝的女儿，这就难怪诗词中很少见到思妻思得死去活来的男人了。

诗经中"寤寐思服""辗转反侧"的男子稍多，之后便很鲜见。莫非男女之思当真是这般不平衡？或许我们也可以这样理解：那些才子诗人羞于表达自己的"儿女情长"，要不然诗词中就不会有那么多作品明写妻思夫，实乃丈夫思念妻子了。

也是因为这样，纳兰的一番真性情就更显珍贵了。他对天涯孤旅之景和凄迷之情不做丝毫掩饰，就连昔日的"碧纱窗外语"他也"长记"于心。在常人看来，这未免有些英雄气短，但对纳兰来说，能与伊人春光共度、相偎相伴正是他梦寐以求而不得的幸福。

注释：

① 碧纱窗：装有绿色薄纱的窗。
② 片帆：孤舟，一只船。
③ 春云：春天的云。轻霞：淡霞。

④画船:装饰华美的游船。南朝梁元帝《玄圃牛渚矶碑》:"画船向浦,锦缆牵矶。"

临江仙

塞上得家报,云秋海棠开矣①,赋此。

六曲阑干三夜雨,倩谁护取娇慵②?可怜寂寞粉墙东③,已分裙衩绿④,犹裹泪绡红⑤。

曾记鬓边斜落下,半床凉月惺忪⑥。旧欢如在梦魂中,自然肠欲断,何必更秋风。

有时候,读取辞赋之前短短的几句引子,更有情味。譬如,苏轼写的《水调歌头·明月几时有》,宏阔壮丽的词句前先说"丙辰中秋,欢饮达旦,大醉,作此篇,兼怀子由"。每每读来,珍爱的程度超越了那首词本身。是有些买椟还珠的憨蠢,却是真的喜爱——喜欢那种真切平实的兄弟情谊,一位狂放的诗人大醉后手舞足蹈、飞天遁地吟啸抒情,好似一个大男人喝多了坐在酒馆里和一帮狐朋狗友胡侃吹牛皮,兴奋得两眼放光、满脸通红,其实他是寂寞的,繁华热闹的词句背后,思念至亲的荒凉感一寸一寸爬上脊背,爬进心头啃噬。

纳兰的这首词也是如此。手把书卷,一句"塞上得家报,云秋海棠开矣,赋此"映入眼帘,十三个字,孤寂清廖的意味,如秀云出岫,咕嘟嘟从脚边涌起,转眼间遮蔽了书案。

今人爱花者颇多,不过所爱的大多是玫瑰百合、雏菊茉莉,很少人知道秋海棠。即使知道,也多半是只闻其名,不知其形。秋海棠又叫"八月春",多年生的草花,一年四季青青翠翠,花朵深红、浅红的,粉嘟嘟一簇,娇憨妩媚。除了园艺爱好者,这花如今少有人养了。在过去,家家户户都种得几盆。

秋海棠还有别名"断肠花""相思花"。断肠为苦，相思甜蜜，这花朵的寓意，到底是苦是甜？传说陆游与妻唐琬感情甚笃，为母不容。母亲为拆散二人故意托人在远方为陆游谋仕途，陆游无奈，只得远行。临别前，唐琬送了陆游一盆花鲜叶嫩的秋海棠。一个大男人，向来不注意花花草草的，陆游问："这是什么花？"唐琬答："此乃'断肠花'。"陆游沉吟着说："这花应该叫'相思花'。"旅途遥远，车马辗转不便，陆游请唐琬代为照料这盆花。唐琬最后到底恨嫁赵士程。十年后，陆游重回故里，入沈园游玩，忽见一盆茂密的花朵似曾相识。问园丁，花为何种？园丁说，这是"相思花"啊，是赵夫人托我代养的。陆游细看花盆，不就是唐琬当年送给自己的那一盆？陆游叹息道："这是'断肠花'啊！"

娇艳的、多情的秋海棠，当年也曾是纳兰的相思花吧。"已分裙衩绿，犹裹泪绡红"，娇红的花朵、青翠的叶片，多么像一位红衫绿裙的佳人，独矗粉墙之下。男人夸赞女子，都喜欢用"花似人艳，人比花娇"的恶俗句子，听得旁人麻酥酥地脊背发凉。待真的爱了才知道，爱一位女子，她的容颜在你眼中果真像婉转伸展的承露娇蕊，俯首扬眉皆是袅娜风情。

纳兰的妻，是位美丽清雅的女子，一如迎着西风摇曳的秋海棠，艳而不俗，娇而不媚。纳兰对她的印象，是家常的，却又带着几许梦幻："曾记鬓边斜落下，半床凉月惺忪"。是夜，这位可人儿忽然醒了，揉着惺忪睡眼，白日里簪下的秋海棠垂在鬓边，映衬着半床清朗的月光，仿若空谷中不食人间烟火的仙子，惹人垂怜。

这一切，似幻似真，是真实发生的一幕还是相思敦促下头脑中一厢情愿的杜撰，纳兰自己也说不清楚，"旧欢如在梦魂中"。

说不尽的旧欢如梦。也许，一阕词读罢，也只记得一句"旧欢如梦"。

旧欢已然成一梦，那么新人呢？我们都看到，这位续娶的夫人，是极爱纳兰的。她定然非常年轻，还是满脸稚气的，见花开了，赶紧簪一枝在鬓下，然后喜滋滋地给夫君写一封书信报知花信，一副小儿女情态。斯人已逝，海棠依旧，她可知她簪花的样子，与昔年的旧人多么相似？

秋海棠，秋日花开。此时的塞上，西风已凉，枯草漫卷向荒远的天际。她会不会去揣测，丈夫在荒凉的秋景中接到一纸花信时，心中涌起的是哪般滋味？——我想，会的。即使她是那么年轻，却未尝没有发觉夫君对着那些红花翠叶时眉宇间的忧愁。女人之于爱情，是天生的专家，不分年龄，无师自通。然而，纵使知道这花中有几多故事，她依然希望花开博得枕边人一笑，即使这略带凄楚的笑不是为她，也知足。这样的爱，带着些许委屈，有自得其乐的意味。女人，都是容不得"他"的心中有别人的。然而，只要你能让我爱着你，我愿意为你心中藏着"她"的那个小房间，细心拂拭打扫。虽然委屈，也是幸福，只因为，我爱你——这一切，在塞上秋风中黯然神伤的纳兰，你可知晓？

注释：

① 秋海棠：又称"八月春""断肠花"。《采兰杂志》载：古代有一妇女怀念自己的心上人，但总不能见面，于是经常在墙下哭泣，眼泪滴入土中，后在洒泪之处长出一植株，花姿妩媚动人，花色像妇人的脸，叶子正面绿、背面红的小草，秋天开花，名曰"断肠草"。《本草纲目拾遗》也记载："相传昔人有以思而喷血阶下，遂生此草，故亦名'相思草'。"纳兰容若扈驾塞上，或奉命出使，于塞外得家书后作此词。
② 娇慵：柔弱倦怠的样子，这里指秋海棠花。此系以人拟花，为作者想象之语。
③ 粉墙：用白灰粉刷过的墙。
④ 裙钗：裙子与头钗都是妇女的衣饰，旧时借指女子。
⑤ 绡红：生丝织成的薄纱、薄绢。
⑥ 惺忪：形容刚睡醒还未完全清醒的状态。

临江仙 寒柳

飞絮飞花何处是？层冰积雪摧残[1]。疏疏一树五更寒[2]。爱他明月好，憔悴也相关[3]。

最是繁丝摇落后，转教人忆春山[4]。湔裙梦断续应难。西风多少恨，吹不散眉弯[5]。

这是一首借咏寒柳而抒伤悼之情的词作，纳兰在词中咏物写人，亦柳亦人，委婉含蓄、意境幽远，可谓是其咏物词中的佳作，陈廷焯在《白雨斋词话》中曾这样评价这首词："余最爱其《临江仙·寒柳》云：'疏疏一树五更寒。爱他明月好，憔悴也相关。'言中有物，几令人感激涕零，纳兰词亦以此篇为压卷。"

词一开篇，纳兰就开门见山地提出一个疑问"飞絮飞花何处是"，在这冰天雪地的严冬，那迎风飘逝的柳絮杨花去了哪里？这一问，十分生动地表现出他的焦虑、寻觅之神态。

有的人可能要问，这不是一首咏柳词吗？怎么凭空多出来杨花这个意象？的确，杨树、柳树本是两种不同的树，但由于它们的种子杨花和柳絮都带有白絮能飞，飞絮期又基本相同，因此杨花和柳絮在古典诗词中常常被认为是代表同一个意象，而纳兰在这里用到"杨花"的意象，估计是想要造成叠音的声音效果。

对于首句提出的疑问，纳兰马上自问自答说"层冰积雪摧残"，原来是严寒无情扼杀了漫天的生机。

"疏疏一树五更寒"照应词题的"寒柳"，在这句中，"疏疏一树"四字本就让人从心底升起一股寒意，何况还是寒气最重的五更天气，这更令人倍觉凛冽凄清。

上片的尾句让清冷中浮起了一丝暖意，"爱他明月好，憔悴也相关"，柳树在明月的映照下显得更加憔悴，但也更让人怜爱。

如果纳兰在上片中以柳喻人，勾画出亡妻姣好的外表以及多舛的命运,那么在下片中,纳兰则开始追忆往昔,抒写悼亡之情。

"最是繁丝摇落后,转教人忆春山",在繁茂的柳丝摇落之时,纳兰想到了亡妻。"春山"一词虽然不着一色,但却让人感觉到春意盎然,从中我们也能猜想到卢氏昔日的风采。如今伊人已逝,即使梦里相见,可慰相思,但却好梦易断,断梦难续。

"湔裙梦断续应难"中"湔裙"的意思是洗裙,相传窦泰的母亲在怀他的时候,到了产期却不能分娩,于是就求助于巫师,巫师说:"只要渡河湔裙,就容易产子。"后世用"湔裙"谓妇女有孕至水边洗裙,分娩必易,纳兰在这里用到这个典故,暗指妻子卢氏死于难产。

按照四季更替的规律,寒冬之后便是暖春,那时春山依旧如黛,只可惜在纳兰的心中,一切都已物是人非,自爱妻死后,这样的春天就不再属于他了,所以他才发出"西风多少恨,吹不散眉弯"的慨叹。这一声叹息中,饱含着许多惆怅与悲苦。

注释:

① 层冰:犹厚冰。宋辛弃疾《念奴娇·和南涧载酒见过雪楼观雪》词:"便拟明年,人间挥汗,留取层冰洁。"
② 疏疏:稀疏貌。唐贾岛《光州王建使君水亭作》诗:"夕阳庭眺,槐的滴疏疏。"
③ 相关:彼此关联,相互牵涉,互相关心。
④ 春山:春日的山,亦指春日山中。春日山山色黛青,因喻指妇人姣好的眉毛,这里指代亡妻。
⑤ 眉弯:弯弯的眉毛。清龚自珍《太常行》词:"似他身世,似他心性,无恨到眉弯。"

临江仙　孤雁

霜冷离鸿惊失伴[①]，有人同病相怜。拟凭尺素寄愁边[②]。愁多书屡易，双泪落灯前。

莫对月明思往事，也知消减年年。无端嚛唳一声传[③]。西风吹只影，刚是早秋天。

不管后人为纳兰的词作作了多少注解，终归没有人懂得他的心事。他的词集名为《饮水词》，正所谓"如人饮水，冷暖自知"，而纳兰最终也没有寻到一个能知他冷暖的人。心事飘杳于天地之间，就像离群的孤雁。

这首词是一首典型的咏物抒怀之作，明写离群孤雁，实写与其同病相怜的自己。后人揣测这首词大概写于纳兰某次随从康熙出行或去边塞执行任务的途中，这一路上鞍马劳顿，既无妻子来嘘寒问暖，也无朋友可把酒言欢，难免旅途孤寂，心中怅然。他骑马行走在旷野中，猛然抬头看见了那只离群悲鸣的孤雁，"同病相怜"之感油然而生，这首词便成了这一段旅途的见证。

纳兰这首词妙在意象的选择。我们都知道大雁是群居的候鸟，不少人对小学课本中那篇《秋天来了》印象深刻："一群大雁往南飞，一会儿排成个'人'字，一会儿排成个'一'字。"这可能是很多人对文学作品中的大雁的最初印象。一般来说，大雁在古诗词中多以"群雁""雁阵"出现，如陆游《幽居》诗："雨雾鸡栖早，风高雁阵斜。"又如白居易《江楼晚眺景物鲜奇》："风翻白浪花千片，雁点青天字一行。"

大雁不善于单独生活，离群往往是迫不得已，所以那些落单的大雁容易让人心生怜悯之情。纳兰此时就像是这样一只孤雁，当他在满地秋霜中抬头看见那只拼命南飞、声声哀啼的大雁时，忍不住喃喃自语："你可知这地上有个人与你同病相怜啊！"他想要把满怀愁绪用书信寄出,但"愁多书屡易",他发现愁绪太多且变幻不定,屡屡修改增删,这封信便迟迟写不下来,于是只能对着烛光暗自垂泪。

写信这一场景让人想起了唐朝诗人张籍的一首《秋思》:"洛阳城里见秋风,欲作家书意万重。复恐匆匆说不尽,行人临发又开封。"作客他乡,见秋风而思故里,便托人捎信,临走时怕遗漏了什么,又连忙打开看了几遍。这件事本平淡无奇,但一经入诗,便臻妙境。纳兰此时的心境怕与张籍是有些相似的,不过张籍"开封"是唯恐有所遗漏所以慎之又慎,而纳兰"屡易"恐怕是因为就连他自己也捋不清纷乱的愁绪吧。

越是纷乱,就越想拆解清楚。所以陷入情绪困扰中的人容易追思往事,纳兰提醒自己:"莫对月明思往事。"那只会让人衣带渐宽,形影憔悴,可是这样的提醒往往是苍白的,一个人最难明白、也最难管住的莫过于自己的心。

云中忽然传来一声孤雁哀鸣,抬头望去,那孤单的影子在初秋的寒风之中缥缈远去。"西风吹只影,刚是早秋天""同病相怜"二句已将天上孤雁与地上旅人合二为一,所以,这孤单的"只影"既是雁,也是人,一语双关,给人留下了广阔的联想空间。

纳兰这出身贵胄的男子心思却纤细到了极致,一只孤雁、一瓣落花皆能触动他的心神,所以他的愁情注定要比他人多、比他人沉重。晏殊在《浣溪沙》中有云:"满目山河空念远,落花风雨更伤春。不如怜取眼前人。"这一句忠告想来纳兰是听不进去的,岂止眼前人,这个世界上所有美好的事物都再也入不了他的眼,他只沉浸在自己的悲伤世界里。

生之乐趣,总大于死之哀愁。但若一个人对幸福视而不见,悲伤总如影随形,我们也只能长叹一声,为他的悲伤而悲伤了。

注释：

① 离鸿：失群的大雁，比喻远离的亲友。
② 尺素：书写用的一尺长左右的白色生绢，借指小的画幅，短的书信。陆机《文赋》："函绵邈于尺素。"
③ 嘹唳：形容声音响亮凄清，这里指孤雁哀鸣声。唐陈子昂《西还至散关答乔补阙知之》诗："葳蕤苍梧凤，嘹唳白露蝉。"

红窗月

（按《词律》作《红窗影》，一名《红窗迥》。）

燕归花谢，早因循、又过清明①。是一般风景，两样心情。犹记碧桃影里、誓三生②。

乌丝阑纸娇红篆③，历历春星④。道休孤密约⑤，鉴取深盟⑥。语罢一丝香露、湿银屏⑦。

这首词写的是离情，有人说是纳兰为其亡妻所作，有人说是为他那嫁入宫中的表妹所作，为谁而作，我们姑且不去研究，但是，我们可以确定的是，这首词都应该算是一首悼亡词，悼念亡妻或者自己与表妹那段有缘无分的感情。

词的上片主要是写景与追忆往昔。"燕归花谢，早因循、又过清明"，燕子归来，群花凋谢，又过了清明时节，首句交代了时令，即暮春时节。纳兰用"燕归"来暗指世间一切依旧，可是自己所爱之人却不能再回来，所以才会"是一般风景，两样心情"。

风景与往年没有什么区别，然而心境却大不相同，只因为伊人不在，所以纳兰很自然地回忆起往事：当是春光正好之时，两人在桃花树下情定三生。这就是"犹记碧桃影里、誓三生"。纳兰在这里用到了"三生石"的典故。相传唐朝名士李源与洛阳惠林寺的圆泽和尚是非常要好的朋友,有一次,两人同游峨眉山,途中圆泽辞世,在临终前他与李源约定十三年后的中秋之夜相见于杭州的天竺寺外。十三年后,李源信守诺言,专程赶往杭州践约,去赴圆泽的约会,在寺外见一牧童骑牛而至,口中吟唱:"三生石上旧精魂,赏月临风不要论,惭愧情人远相访,此身虽异性常存。"唱罢,牧童拂袖隐入烟霞而去。纳兰在此处用李源与圆泽的友情来比喻自己与恋人的爱情,极言两人爱情之深厚。

词到下片,纳兰睹物思人,发出了旧情难再的无奈慨叹。"乌丝阑纸娇红篆,历历春星",在丝绢上写就的鲜红篆文,如今想来,就好像那天上清晰的明星一样。那么,丝绢上到底写的是什么呢?纳兰在"道休孤密约,鉴取深盟"这句中给出了答案,原来记载的是当初二人的海誓山盟,这些文字作为凭证,见证了不要相互辜负的密约。但是,纳兰没有想到,誓言也会有无法实现的一天,如今回忆起往事,情景仍然历历在目,眼泪止不住流了出来,打湿了银屏。词到"语罢一丝香露、湿银屏"时戛然而止,留给人们无限的想象空间。

三生,流露出纳兰对美好爱情的向往,然而往往事与愿违,从小青梅竹马的表妹面对皇权的压力,不得不进入深宫,昔日恩爱的妻子,在天意的安排下,过早逝去。这位文武全才的多情公子,难道真的命中注定得不到一份完美的爱情吗?

注释:

① 因循:本为道家语,意谓顺应自然。清明:二十四节气之一,在此节日里人们扫墓和向死者供献特别祭品。
② 碧桃:一种供观赏的桃树,花重瓣,有白、粉红、深红等颜色。三生:佛家所说的三世转生,即前生、今生和来生。
③ 乌丝阑纸:指上下以乌丝织成栏,其间用朱墨界行的绢素,后亦指有墨线格子的笺纸。
④ 历历:一个个清晰分明。春星:星斗。
⑤ 孤:辜负,对不住。密约:秘密约会,秘密约定。

⑥ 鉴取：察知了解。深盟：指男女双方向天发誓永结同心的盟约。
⑦ 香露：花草上的露水。银屏：银饰装饰的屏风。

蝶恋花

又到绿杨曾折处，不语垂鞭，踏遍清秋路。衰草连天无意绪①，雁声远向萧关去②。

不恨天涯行役苦③，只恨西风，吹梦成今古。明日客程还几许，沾衣况是新寒雨④。

这又是一首凄凉的塞上之作，与以往不同的是，纳兰这次并没有随驾出巡，而是负皇命行役在外，这是他第一次率队远征，但纳兰的心中并没有作为皇家使者独自率队远征的喜悦，而是与以往一样，心中充满了惆怅之情。

"又到绿杨曾折处"，这里的"绿杨"并不是指杨树，而是指柳树，在中国古代，有折杨柳枝送别的习俗。而一个"又"字，说明是重过故地。过去离家，有伊人折柳相送，而如今再来到这里，伊人已经不见，只剩下自己孤独漫游，这自然引起词人心中无限的惆怅，于是他骑在马背上，沉思着往事，默默无言，任马踏着清秋的道路缓缓前行。

"衰草连天无意绪，雁声远向萧关去"，这两句写的是纳兰所见所闻，"衰草连天"是眼见之景，衰败的秋草直接天涯，这恰是纳兰心中"无意绪"的真实反映，"雁声远向"是所闻之声，天边传来的雁鸣之声显示雁群已飞过了边关，但是雁声过后，是死一样的寂静，此时的词人早已无力抵挡秋意凄凉的侵蚀，这让他烦躁的内心又平添了一分愁苦。

"不恨天涯行役苦，只恨西风，吹梦成今古"，通过上片，我们已经知道此次"行役"的遥远漫长，而纳兰却偏偏说"不恨"，其实这是反语,也为后文的"只恨西风"埋下了伏笔。无端地迁怒西风,表露出纳兰内心中无穷的愤恨。他不仅恨这西风,恨眼前衰败的景象,恨羁旅行役之苦,甚至还恨这无常的命运,它像西风一样,将梦中的那个人、那些往事吹得无影无踪,让它们瞬间变得遥不可及,这是怎样的一种痛楚啊!

词到此处,我们已经无法从纳兰身上找到一丝皇家使臣的自豪感,眼前萧瑟的景象不仅加重了他内心的愁苦,更让他心生愤恨。然而,就算他愤怒得"锉碎口中牙",他又能改变什么?他无法摆脱被无端放逐的命运,于是,等到内心平静之后,纳兰开始思量明天的征程还有多远,不知不觉间,寒雨已经沾湿了他的衣襟。

王国维曾评价纳兰"以自然之眼观物,以自然之舌言情",这绝不是溢美之词,在这首词中,纳兰以折柳开篇,以寒雨收尾,直视眼前之景,直抒心中之情,写情时真挚浓烈,写景时逼真传神,表现出极强的艺术创造才能。

注释:

① 衰草:干枯的野草。意绪:心意,情绪,南朝齐王融《咏琵琶》:"丝中传意绪,花里寄春情。"
② 萧关:古关名,故址在今宁夏固原东南,为自关中通向塞北的交通要冲,此处指边关。
③ 行役:旧指因服兵役、劳役或公务而出外跋涉,泛称行旅出行。
④ 新寒:气候开始转冷。

蝶恋花

萧瑟兰成看老去①,为怕多情,不作怜花句。阁泪倚花愁不语②,暗香飘尽知何处?

重到旧时明月路。袖口香寒,心比秋莲苦③。休说生生花里住④，惜花人去花无主。

　　一颗心竟比秋莲还要愁苦，这是纳兰词的格调，也是纳兰的心声。

　　一叠《饮水词》，就像一幅以纳兰心语为线索的情感拼图，堆叠着对亡人的思念、对离人的牵挂、对命运的无奈、对人生的困惑，拼在一起便可以看见纳兰完整的人生。但是它们却并未拼接起来，所以后人纵使旁观着纳兰的喜怒愁苦，却终究猜不透他的心思，只好看着再无迹可寻的空白散落了一地的遗憾。

　　"心比秋莲苦"，这种滋味到头来也只有纳兰一人品尝得到。何其孤独！

　　纳兰在这首《蝶恋花》中自比兰成，兰成是北周诗人庾信的小字。庾信早期的作品雍容华贵，且多艳情成分，但由于家国之痛以及人世的诸般磨砺，庾信后期自抒胸怀与怀念故国的诗作反而多了几分沉淀的色彩，更值得揣摩与推敲。有人曾说"庾信的性格既非果敢决毅，又不善于自我解脱，亡国之哀、羁旅之愁、道德上的自责，时刻纠绕于心，却又不能找到任何出路，往往只是在无可慰解中强自慰解，结果却是愈陷愈深"，由此"情纠纷而繁会，意杂集以无端"，诗中的情绪便显得有几分沉重和无奈。

　　这种性格、这般文风，果真与纳兰有几分相似了。

　　杜甫曾作《咏怀古迹》："庾信平生最萧瑟，暮年诗赋动江东。"纳兰在这里自比为多才的庾信，或是想通过庾信年轻时的"萧瑟"来表达自己内心的孤单，或是想借此来表达目睹百花凋残时油然而生的迟暮之感。

　　纳兰睹花伤神，又怕作词而引发伤感情绪，因此决意"不作怜花句"，但是他含着眼泪倚在花侧时，看着落红散尽而不知香飘何处，心里的愁绪反而又多了几重。"花谢花飞花满天，红消香断有谁怜？"文人多情，自古便是如此。盼花开又怕花谢，每到落花时节便总会生出伤春之意，纳兰就在这暮春时分重游故地,心中不禁起了感伤。

他又走过曾与爱人一起走过的小径,当初月明风清,如今却"袖口香寒",一颗心竟比秋莲还要愁苦。昔日许下的声声誓言仿佛还在耳畔,惜花之人却已经和自己阴阳两隔,真正是"一朝春尽红颜老,花落人亡两不知"。

蝶恋花——这个宋词中司空见惯的词牌名字虽然起得缠绵旖旎,但宋朝的词人却很少将之用于表达夫妻之情,晏殊父子、欧阳修、苏轼、柳永的作品中都有以《蝶恋花》为词牌的佳作,但没有一首像纳兰一样将"悼亡"作为主题,还将情感表达得如此深沉动人、反复萦纡。

全词在"不作怜花句"的悲伤基调中展开,在词人欲说还休、欲休还说的情绪感染下,读者也不知不觉就被他带入了悲伤的情境里。读过整首词后,我们大可以将词中的"花"理解为纳兰牵挂的爱人,花失惜花人,人失爱人,对着眼前凋零的花朵,纳兰情不自禁地想起了逝去之人,人花相对无语,纵使心里比秋莲还苦却也无人可以倾诉。

有人曾说纳兰的词是"玫瑰色与灰色的和谐",大概就是这样吧。他笔下的花朵娇艳美丽,却偏偏是即将凋谢的花朵;他笔下的爱情深沉坚定,却又是生死相隔的爱情;他笔下的幸福甜蜜温馨,然而又总是回忆中的幸福。他有过如花美眷,终究抵不过似水流年;他向往海阔天空,最后还是被迫在名利场中兜兜转转。即便如此,纳兰还是保持着持久的赤诚和本色的纯净。不论写相思还是悼亡,不论抒情还是写景,他的词中都是一派天然清隽的色彩,伤情却不无病呻吟,悲痛却无厌世色彩,也没有吟风弄月、轻薄为文的纨绔不羁。

翻开《饮水词》,泪、恨、愁、伤心、断肠、惆怅……俯拾皆是,触目感怀。这位认定自己并非人间富贵命的乌衣公子呕其心血,掬其眼泪,和墨铸成了这一首首妙词,也成就了纳兰的绝世风华。

注释：

① 萧瑟：寂寞凄凉。兰成：北周庾信之小字。北周庾信《哀江南赋》："王子滨洛之岁，兰成射策之年。"唐陆龟蒙《小名录》："庾信幼而俊迈，聪敏绝伦，有天竺僧呼信为兰成，因以为小字。"此处词人借指自己。
② 阁泪：含着眼泪。宋无名氏《鹧鸪天·离别》："尊前只恐伤郎意，阁泪汪汪不敢垂。"
③ 秋莲：荷花，因于秋季结莲，故称。
④ 生生：世世，一代又一代。

蝶恋花　出塞

今古河山无定据①。画角声中②，牧马频来去③。满目荒凉谁可语？西风吹老丹枫树。

从前幽怨应无数。铁马金戈④，青冢黄昏路⑤。一往情深深几许，深山夕照深秋雨。

据《吹剑录》记载：东坡在玉堂日，有幕士善歌，因问："我词何如柳七？"曰："郎中词，只合十七八女郎，执红牙板，歌'杨柳岸、晓风残月'；学士词，须关西大汉，铜琵琶，铁绰板，唱'大江东去'。东坡为之绝倒。"这个典故常常被引用来说明豪放词和婉约词的区别。自从豪放与婉约被人们当做划分词风的标志之后，除了李煜、苏轼、辛弃疾这寥寥几人之外，能够将豪放之情寄寓在婉约之形中的，也就只有纳兰容若了，以至于王国维都评价纳兰词是"北宋以来，唯一人尔"。

从词题中我们能够知道，这是一首出塞词。首句"今古河山无定据"，即是纳兰发出的感叹，同时也道出了自古以来，权力纷争不止、江山变化无常这一无法改变的客观事实。

接下来纳兰用白描的手法为我们描绘了一幅生动的边塞秋景

图,"画角声中,牧马频来去",由于战事连年不断,所以战马在画角声中频繁往来。

因为不停的纷争、不息的战火,所以行走在边塞道路上的纳兰,看到的是西风吹散落叶这样荒凉萧索的景色,那飘荡在空中的叶子,似乎在向他诉说着无穷的幽怨。

汉元帝时,昭君奉旨出塞和番,在她的沟通和调和下,匈奴和汉朝和睦相处了六十年。她死后就葬在胡地,因其墓依大青山,傍黄河水,所以昭君墓又被称为"青冢",杜甫有诗"一去紫台连朔漠,独留青冢向黄昏",纳兰由青冢想到王昭君,问她说:"曾经的一往情深能有多深?是否深似这山中的夕阳与深秋的苦雨呢?"

作为康熙帝的贴身侍卫,纳兰经常要随圣驾出巡,所以他的心中也充满了报国之心,但他显然不想通过"一将功成万骨枯"的方式来成就自己的理想抱负,所以在尾句中纳兰又恢复了多情的本色,他以景语结束,将自己的无限深情都融入无言的景物之中,在这其中,既包含了豪放,又充满了柔情,甚至我们还会体味到些许的凄凉与无奈。

谢章铤在《赌棋山庄词话》中曾说过:"长短调并工者,难矣哉。国朝其惟竹垞、迦陵、容若乎。竹垞以学胜,迦陵以才胜,容若以情胜。"而读完纳兰这首词风苍凉慷慨的词作,我们才发现谢氏此言不虚。

注释:

① 无定据:没有一定。宋毛开《渔家傲·次丹阳忆故人》词:"可忍归期无定据,天涯已听边鸿度。"
② 画角:古管乐器,传自西羌。形如竹筒,本细末大,以竹木或皮革等制成,因表面有彩绘,故称。发声哀厉高亢,古时军中多用以警昏晓,振士气,肃军容。帝王出巡,亦用以报警戒严。
③ 牧马:指古代作战用的战马。
④ 铁马金戈:形容威武雄壮的士兵和战马。代指战事,兵事。

⑤青冢：指汉王昭君墓，在今内蒙古自治区呼和浩特南。

蝶恋花

准拟春来消寂寞①。愁雨愁风，翻把春担搁②。不为伤春情绪恶，为怜镜里颜非昨。

毕竟春光谁领略③。九陌缁尘④，抵死遮云壑⑤。若得寻春终遂约，不成长负东君诺⑥。

"准拟"一词的意思是料想，打算。纳兰开篇写道："准拟春来消寂寞。"他本来是打算要在这大好的春光下消遣寂寞的。春光美好，本该出去游玩，或是怀着愉悦的心情欣赏春日美景，但纳兰却偏偏要去消遣寂寞。

寂寞如影随形，伴随纳兰一生。这种情绪让纳兰成为伤情的公子哥，但同时也让他留给后世众多优美的诗词。寂寞的纳兰本想在春光下消遣，却没想到运气如此不好，偏偏赶上了春雨，这不合时宜的雨打扰了纳兰消遣的念头，纳兰觉得这是辜负了春光。故而他写道："愁雨愁风，翻把春担搁。"

这首词表现词人厌于侍卫生涯、蹉跎日老的感慨：本来打算在大好的春光下消遣寂寞，无奈愁风愁雨辜负了春光。情绪不好并不是因为伤春所致，而是因为对镜顾影自怜，形容已日渐憔悴。那繁华的闹市总是将幽僻的山谷遮蔽，有谁来领略这美好的春光？怎样才能不辜负春光，遂我心愿呢，难道总是让我有负春神吗？

无法过上自己想过的生活，难怪纳兰总是会心情烦愁。他自己心里也清楚，自己的烦闷并非是天气原因造成的，而是由于其他外在因素。故而他会忧伤地在上片结尾处写道："不为伤春情绪恶，为怜镜里颜非昨。"

侍卫的工作磨平了纳兰的心性，他每日进宫当值，或者陪同皇帝出游，在这单调无聊的岁月里，生活如何能够丰富多彩？纳兰是有这样一颗浪漫自由的心的，但他却必须要学着压抑自己的天性，学着要像他的父亲那样，去当好一个官，能够在仕途上越走越远。

　　这样的心情，如何能够在这大好的春光里寻觅到快乐。纳兰只能顾影自怜，看着镜子里自己的样貌，感慨日益的消瘦，只能是心境的郁结造成的。写完自己为何抑郁之后，纳兰在下片中依然自问："毕竟春光谁领略。"看到外面春雨阵阵，迷蒙了这春的大地，纳兰不禁想到，除了自己之外，还有谁会在这个时候，想到要去感受春光呢？"九陌缁尘，抵死遮云壑。"这里说的"九陌"是指汉朝时候，长安城里的九条大道，在《三辅旧事》云：长安城中八街、九陌。而在这里，纳兰是指都城大道和繁华闹市。

　　纳兰认为繁华的闹市总是将清幽之地遮蔽，让他无法寻觅得一丝安宁。"若得寻春终遂约，不成长负东君诺。"在这首词的最后，纳兰无奈而又向往地写道，怎样才能不辜负春的美意，怎样才能遂了自己的心愿，在这春光中好好地享受片刻安宁呢？

　　看似一首叹春的词，其实是纳兰表达内心哀怨的一首词，词中的字字句句都是纳兰内心的真实写照。他渴望有自由单纯的生活，还希望能够远离尘嚣，可是世事总是不遂人愿，让他在这里借词抒发情感。

注释：

① 准拟：料想、打算。
② 担搁：耽搁、迟延、耽误。
③ 毕竟：终归，终究，到底。领略：欣赏，晓悟。
④ 九陌：汉长安城中的九条大道，《三辅黄图·长安八街九陌》："《三辅旧事》云：长安城中八街、九陌。"泛指都城大道和繁华闹市。
⑤ 抵死：经常，总是。宋晏殊《蝶恋花》："百尺楼头闲倚遍。薄雨浓云，

抵死遮人面。"云壑：云气遮覆的山谷，此处借指僻静的隐居之所。唐于鹄《过凌霄洞天谒张先生祠》诗："乃知轩冕徒，宁比云壑眠。"
⑥东君：传说中的太阳神或指司春之神。《史记·封禅书》："晋巫祠五帝、东君、云中，司命之属。"

唐多令　雨夜

　　丝雨织红茵①，苔阶压绣纹②。是年年肠断黄昏。到眼芳菲都惹恨③，那更说，塞垣春④。

　　萧飒不堪闻⑤，残妆拥夜分⑥。为梨花深掩重门⑦。梦向金微山下去⑧，才识路，又移军⑨。

　　《唐多令》的副标题是"雨夜"，看来这首词是写雨夜相思，描摹闺人思我的情景。这首词抒写了纳兰夜半时分，看着窗外淅淅沥沥小雨下个不停，内心有与夜同样凄惶的心情。这首词的上片是写雨夜景象，辞藻美丽，用词讲究，下片则是抒写情感，余兴未尽，伤感至极，这首词将纳兰的心情全部抒发出来，而且整体风格于简淡中见含蓄，典雅中不失清新。

　　细雨霏霏，使庭院里变得花红柳绿，年年都在令人愁断肠的黄昏中度过。满眼的芳菲都能无端惹起春愁，更不要说是这边关的春色了！那风雨萧飒的声音是不能听的，听了便会让人伤心。夜半时分拥衾无眠，妆已残，人孤单，为了不让梨花飞尽，于是紧紧关上闺门。梦里来到你征战的沙场，谁知才刚刚找到去路，你却已随军队转移，不知所踪。

　　夜晚平静，只听得雨声稀朗，在这个平静但又不平静的夜晚，纳兰看着庭院里的细雨，看着雨中娇艳的花朵，他满眼都是春愁。"丝雨织红茵，苔阶压绣纹。"从这句词中可以看出当时的雨并不大，细细密密地落下，仿佛纳兰细细密密的愁绪，而庭院也因为这雨蒙上了朦胧的色彩,非常动人。

不论是什么简单、常见的景色,只要被纳兰写出,就必然会蒙上不一样的光芒,一个他往日生活的庭院,在他的笔下,熠熠生辉。可是,就是这样一个能够将事物写得鲜活起来的纳兰,却不能将自己的生活变得更加动人一些。

"是年年肠断黄昏。"他每年的日子都是这样简单乏味地度过,就如同现在,从黄昏过渡到黑夜,毫无生机可言。夜色朦胧,随风而飘落的枝叶落在庭院里,看着给这个春天的夜晚添加了几分愁绪。

"到眼芳菲都惹恨,那更说,塞垣春。"这一句将纳兰内心的感受写得更深,欣赏春景本该是快乐的,但是纳兰的眼中,天暗无光,只有晚风疏雨翻乱庭院里的花草树木,还有阵阵的风声,让人感到一阵颤抖。

本来,看到满眼的芳菲应当是高兴的,但纳兰却极度低沉,上片就这样在纳兰的郁郁寡欢中结束。而下片一开始,也没有打破这春天夜色中沉闷的气氛。"萧飒不堪闻,残妆拥夜分。"为了不听到雨声,不去感受这悲凉的气氛,纳兰便拥着被子要睡着,或许只有梦境中才是安全的地方。

这句话借以说明作者的沉忧和孤独感,可是心里慌乱了,哪里还有安全的港湾呢?"为梨花深掩重门。"为了不让梨花飞落,便紧紧关闭了房门,到底还是在这样自己营造的一个安全的环境中睡过去了。纳兰在睡梦中,看到了有人征战沙场,但他刚刚赶过去,那个人就忽然不见了。

"梦向金微山下去,才识路,又移军。"纳兰梦中的这个人是谁,为何会被纳兰放置到这样一个梦境中?纳兰并没有过多的解释,他的梦境在那个人的消失之后,便停止了,而这首词,也就此打住了。

结尾的这句留给人们无尽的遐想,纳兰在屋中倚枕而卧,难以入睡,单间雨夜之中,屋宇飞檐,投影于地,模糊不清。这一番情景梦境的描绘,虽然纳兰最后在词中没有点透,但这就为读者留下了充分的想象空间,给人以意蕴深长之感。

这样的手笔,或许是纳兰故意为之的吧。

注释:

① 丝雨:像丝一样的细雨。红茵:红色的垫褥。唐元稹《梦游春七十韵》:"铺设绣红茵,施张钿妆具。"这里指红花遍地,犹如红色地毯。
② 苔阶:生有苔藓的石阶。
③ 芳菲:芳香的花草。
④ 塞垣:本指汉代为抵御鲜卑所设的边塞,后亦指长城,边关城墙。
⑤ 萧飒:形容风雨吹打草木所发出的声音。
⑥ 残妆:亦作"残装",指女子残褪的化妆。夜分:夜半。
⑦ 重门:宫门,屋内的门。
⑧ 金微山:即今天的阿尔泰山。后汉永元三年耿夔击北单于于金微山,大破之,单于走死,山在漠北,去朔方五千余里,唐置金微都督府。
⑨ 移军:转移军队。

青玉案 宿乌龙江①

东风卷地飘榆荚②,才过了,连天雪。料得香闺香正彻③。那知此夜,乌龙江畔,独对初三月。

多情不是偏多别,别离只为多情设。蝶梦百花花梦蝶④。几时相见,西窗剪烛⑤,细把而今说。

这首词的写作时间和背景,赵秀亭在《纳兰丛话》中有所提到:"性德《青玉案·宿乌龙江》上片云:'东风卷地飘榆荚,才过了、连天雪。料得香闺香正彻,那知此夜,乌龙江畔,独对初三月。'此亦清康熙二十一年(1682年)春夏扈从东巡之作。乌龙江,即松花江,此指驻跸之大乌剌虞村,地在鸡林(今吉林市）下游八十里。圣祖于三月二十八至四月初三皆驻大乌剌，故'独对初三月'云云全为写实。"

看来，这是纳兰外出公干，内心悸动，写下行役在外、思念爱妻的深情，以表达内心的温存之词：乌龙江一带天气早寒，夏天刚刚过去，冬天便立即到来。想必此时闺中正是花香四溢的时候，哪里知道在乌龙江上的离人正独自黯然神伤！并不是因为多情而多了离别，而是因为离别偏就是为多情人而设的。与你身处离别，犹如迷离恍惚之梦境。什么时候才能与你相聚，秉烛夜谈，诉说我的衷情呢！

这首词的艺术成就很高，其中黄天骥在《纳兰性德和他的词》中对这首词的评价很高："冬天，诗人到了乌龙江畔，远离家乡，思念自己的亲人，渴望着团聚。这词一气呵成，不事雕饰，是作者真朴感情的自然流露。"

"东风卷地飘榆荚"，东风刮过，带着寒冷，将飘落地面的榆荚卷起，飞舞空中。这夏天才刚刚过了，冬天就要来了。对于没有秋天过渡的黑龙江，纳兰显得还是十分不适应，来到这个地方，看到"才过了，连天雪"，不禁感慨时光匆忙，天地之大，一不小心，自己竟然与妻子相隔了这么远。

"料得香闺香正彻。"想到妻子的房间里定然是花团锦簇，家里现在正是春暖花开的日子，可是自己却在这天寒地冻的远方。想到这里，纳兰内心也忍不住要不平衡一下了。离开心爱的妻子，离开热爱的家乡，来到这里，难道真的是天意弄人？

上片的最后一句，纳兰似是在问，也似是在回答"那知此夜，乌龙江畔，独对初三月"。在这黑龙江的夜里，想念着远方的妻子，渴望有朝一日的团聚。那时再回想起自己曾独自一人在远方思念亲人，那时的幸福必定会更加强烈。

为什么人世间总是要有离别呢，既然团聚是亲人们最大的幸福，为什么老天总是要时不时地就让亲人们尝尝留别之苦？纳兰在下片对这个问题进行了思索，他写道："多情不是偏多别，别离只为多情设。"

或许这正是上天对相亲相爱人们的一种考验,要用离别去考验他们之间的真情,看这真情是否经得住离别的考验。想到这里,纳兰似乎宽心了许多。他盼望着回去的那一天,便可以和亲人们在窗前,安然地诉说着今日的愁苦。"蝶梦百花花梦蝶。几时相见,西窗剪烛,细把而今说。"

纳兰的心,在自我的不断安慰中,渐渐柔软,变得透明。这个男子的多情,在此时,显得愈发可爱。

注释:

① 乌龙江:即黑龙江。
② 榆荚:榆树之荚,榆树结的果实。
③ 香闺:指青年女子的内室。
④ 蝶梦:《庄子·齐物论》:"昔者庄周梦为胡蝶,栩栩然胡蝶也,自喻适志与!不知周也。俄然觉,则蘧蘧然周也。不知周之梦为胡蝶与,胡蝶之梦为周与?周与胡蝶,则必有分矣。此之谓物化。"后以"蝶梦"喻迷离恍惚的梦境。
⑤ 西窗剪烛:犹言剪烛西窗,指亲友聚谈。语出李商隐诗《夜雨寄北》:"何当共剪西窗烛,共话巴山夜雨时。"此指与所思恋的人聚谈。

月上海棠　中元塞外 ①

原头野火烧残碣 ②,叹英魂才魄暗销歇。终古江山,问东风几番凉热 ③。惊心事,又到中元时节。

凄凉况是愁中别,枉沉吟千里共明月 ④。露冷鸳鸯,最难忘满池荷叶。青鸾杳 ⑤,碧天云海音绝 ⑥。

这首词的副标题是"中元塞外",是作者在塞外鬼节之时的悲慨之作。中元在古代也就是中元节,俗称鬼节,这样一个时节，纳兰身处塞外，陪同皇上出行，远离家乡，远离家人，无法为逝去的人祭祀，这是纳兰内心的悲哀。但他身为皇帝侍卫，随同皇帝出行，保护皇帝的安全是他的职责，他无法推卸。

人生或许就是如此，得到这样，就必须失去那样，纳兰得到了富贵与功名，就要失去自由和理想。他的内心即便再不情愿，也无能为力。在这样的一种心情下，纳兰在塞外，想到京城里如今正是家家祭奠亡人的日子，不由得悲怆。

中元时节到来，面对眼前荒漠的残碑断碣，想起古往今来那些浴血沙场的英魂。无论他们的贤愚不肖，都早已成为过去。历史就是如此无情，古今寒暑，盛衰兴亡都成陈迹。身处塞外，恰逢中元之日，但音书阻隔，令人更加孤独寂寞。于是独自沉吟那千里共明月的诗句，虽不免惘然神伤，但却可聊以自慰。

"原头野火烧残碣，叹英魂才魄暗销歇。"词的开篇就与塞外荒凉的景致相吻合，纳兰此刻的心情十分荒凉，所以他的词句也分外凄惶，站在塞外的戈壁滩前，他遥想当年，多少英雄曾在这里浴血奋战，战死沙场。而今古往今来，他们的英名留在人们心中，但谁还会去祭奠他们？这些英魂是否就游荡在这空荡的塞外，悲戚得无法安息？纳兰这首词一开始始终在怀古伤今，他认为历史是无情的，从不会对那些历史中的人存在一丝感情。所以，在这空旷的塞外天地间，纳兰想到那些逝去的人，内心更显得悲凉。

"终古江山，问东风几番凉热。惊心事，又到中元时节。"那些英雄都是如此被遗忘，那么像他这样卑微的无名小卒，岂不更是湮没于历史的尘埃中，无法显露出来吗？想到这里，纳兰更是愁苦。上片就此结束。

而在下片开始，依然是从忧伤中写起："凄凉况是愁中别，枉沉吟千里共明月。"今日是鬼节，自己无法与家中取得联系，无法得知家里的境况，只能共同欣赏头上的这一轮明月，希望明月能将自己的思念带回去。

"露冷鸳鸯，最难忘满池荷叶。"从这句词可以略微猜到，纳兰思念家人的同时，也在思念爱人，鸳鸯戏水，难忘的是满池的荷叶。当日的美好情景浮现眼前，真是令人陶醉，可惜的是，这里是塞外，没有鸳鸯，更没有荷叶，只有猎猎的大风和满目的荒凉。

最后，纳兰无奈地写下："青鸾杳，碧天云海音绝。""青鸾"是传说中的一种神鸟，能够送信，这个典故来自于李商隐的《无题》："蓬山此去无多路，青鸟殷勤为探看。"而"碧天云海"则是形容天水一色，无限辽远。这个也是化用李商隐《嫦娥》："嫦娥应悔偷灵药，碧海青天夜夜心。"

塞外的这个夜晚，注定难眠。想念家人，思念亡人，既然无法安睡，那便为他们祈福祷告吧。

注释：

① 中元：中元节，指农历七月十五日。旧时道观于此日作斋醮，僧寺作盂兰盆会，民俗亦有祭祀亡故亲人等活动。
② 残碣：残碑。
③ 凉热：寒暑，冷暖。
④ 沉吟：深思吟咏。
⑤ 青鸾：即青鸟，神话传说中为西王母取食传信的神鸟，借指传送信息的使者。化用李商隐《无题》："蓬山此去无多路，青鸟殷勤为探看。"
⑥ 碧天云海：形容天水一色，无限辽远。此句化用李商隐《嫦娥》："嫦娥应悔偷灵药，碧海青天夜夜心。"

月上海棠　瓶梅①

重檐淡月浑如水②，浸寒香一片小窗里③。双鱼冻合④，似曾伴个人无寐。横眸处⑤，索笑而今已矣⑥。

与谁更拥灯前鬓，乍横斜疏影疑飞坠。铜瓶小注，休教近麝炉烟气。酬伊也，几点夜深清泪。

　　词的上片通过写闺中人的相思之苦，来抒发伤逝之情。这首词借瓶梅抒发相思和伤逝之情。纳兰写词，总是充满离愁哀怨，这首词的基调也是如此，但却又有些不同，整首词虽然弥漫着一些孤寂之感，但总的来说，还是比较温暖清淡，犹如淡淡的白月光，从窗口轻柔地洒下，让人心头明亮。

　　月光如水洒在屋檐上，瓶中的梅花开了，小窗里沉浸在一片清香当中。天气寒冷，双鱼洗已经结冰，孤单的人儿不能入睡。回想当时的眉目传情，而今都已一去不返。当初与谁一起在灯下花前，看那梅花的疏影？如今，又是铜瓶花开，麝烟缭绕，而你却不在身旁了，唯有以这几滴相思之泪寄托我的深情。

　　"重檐淡月浑如水，浸寒香一片小窗里。"月光是古往今来，众多词人抒发思念之情的最佳选用之物。纳兰说淡月如水，月光如水一样清澈，也如水一样冰凉。洒下的月光在屋檐下形成一道冰冷的帘子，隔开了窗内与外面的景物。

　　而此时，屋子里的梅花开放了，绽放的花朵散发出幽香，小屋内一片暗香，屋外月光冰凉，屋内清香四溢。乍一看来，这首词的意境十分清淡，并无相思之苦，也无伤逝之情，只是对景物的一种白描，可是继续读下去就能发现，原来淡然未必就是平静，不说并不代表不在乎。

　　"双鱼冻合，似曾伴个人无寐。"这里需要解释的是"双鱼"，是指双鱼洗，镌刻有双鱼形象的洗手器，宋代张元幹《夜游宫》词："半吐寒梅未坼，双鱼洗，冰澌初结。"这里是说洗手器皿中的水都已经冻成了冰，凝结在了一起，天气的寒冷程度可想而知。这样的天气，钻进被窝，美美地睡上一觉，是再舒服不过的了。可是满心愁绪的纳兰，却是无论如何也睡不着的。

　　"横眸处，索笑而今已矣。"睡不着的原因自然是内心有所牵挂，那美丽的眼眸，那动人的微笑，而今看来，都是无法忘怀。

在深夜里，独自躺在床上，孤枕难眠，想到恋人的容颜，清晰如昨，可眼下却是天涯海角，无法相见，这怎能不叫人悲伤！

纳兰这首伤逝词，写到上片，悲伤过度。到了下片的时候，纳兰似乎沉思了许久，慢慢提笔写道："与谁更拥灯前髻，乍横斜疏影疑飞坠。"回忆往昔，当日与谁一起相拥灯前，与谁一起看花飞花落，与谁一起海誓山盟，与谁一起想着如何去天长地久？

往日的美好，却都早已在岁月的流逝中一同不见了，"铜瓶小注，休教近麝炉烟气。"如今，又是铜瓶花开的时候，可是檀香冉冉升起的烟雾中，再也看不到你笑颜如花的脸庞了。"酹伊也，几点夜深清泪。"我只能在此刻，用泪水祭奠我们共同拥有的过去。

纳兰的这首词以悲情结尾，结束全词，整首词清新自然，虽然是悲切，但读起来却让人没有压抑之感，是首好词。

注释：

① 瓶梅：插在瓶中以供观赏的梅花。
② 重檐：两层屋檐。
③ 寒香：清冽的香气，形容梅花的香气。
④ 双鱼：双鱼洗，镌刻有双鱼形象的洗手器。冻合：犹言冰封。唐李益《盐州过胡儿饮马泉》诗："从来冻合关山路，今日分流汉使前。"
⑤ 横眸：流动的眼神。
⑥ 索笑：犹逗乐，取笑。

剪湘云　送友

险韵慵拈①，新声醉倚②。尽历遍情场，懊恼曾记。不道当时肠断事，还较而今得意。向西风约略数年华③，旧心情灰矣。

正是冷雨秋槐，鬓丝憔悴，又领略愁中送客滋味。密约重逢知甚日,看取青衫和泪④。梦天涯绕遍尽由人,只樽前迢递⑤。

　　诗言志,词言情。这首词是写恋友惜别时的难受场面。纳兰将这首词写得别具一格,独树一帜,有别于其他的送友词。这首词整体的艺术表现力极强,是一朵散发异香的奇葩,有着浓郁的纳兰风。

　　这首词上片说采用新声填词,不愿采用险韵,在酒醉中随意填写新词,无拘无束。还记得往日情场失意,懊恼不已,而今日的失意却要比往日的失意更令人沉痛,透出送别的浓浓伤感。对着秋风暗数年华,无论古今都令人心灰意冷。下片写愁风冷雨,形容憔悴,又一次领略到送别的愁苦滋味。盼望重逢却不知何时可见,看泪满青衫,离愁无限,天涯路远,唯有以酒相送了。

　　"险韵慵拈,新声醉倚。"词一开篇也说到了填词,纳兰的意见是用新声填词,不用险韵。所谓"险韵"是指韵字生僻难押的诗韵。词的写作,看似随意,其实难度很大,要写出词境,更要符合韵律,仿佛一首歌一样,要美中带着规律。

　　这一点上,纳兰自然是高手。这首送友的词,在一开篇却提到了写词,的确是有些出乎人们的意料。而后便开始懊恼往昔,追忆过去,"尽历遍情场,懊恼曾记",历经情场万千,而今却是懊恼不已。

　　一个人最怕的不是无情,而是多情。纳兰正是一个多情之人,他饱受多情之苦,为情所困。在这里,他也毫不隐瞒自己的弱点。他为此懊恼不已。可是比起今日的惆怅,往日的那些却又算不了什么。"不道当时肠断事,还较而今得意。"

　　友人要离他而去,对珍惜朋友的纳兰来说,无疑又是一个打击,所以,他此刻万念俱灰,只得提笔写词,表达内心的寂寥。"向西风约略数年华,旧心情灰矣。"数数自己走过的年华,真是没有几件值得高兴的事情。纳兰此刻的心情并不是所有人都可以理解的,他出身富贵,却始终郁郁寡欢。

这一点,很多人都无法看透,只是如果读过纳兰的词,看过纳兰的文,就不难发现,这个男人的心里,始终珍藏着一份真挚的情感,无法释怀。而在这首词中,通过送朋友,他再次将这份情感表现了出来。

上片写完愁苦,下片便提到了送友人离去的心情,正是冷雨清秋时节,自己面容憔悴,只因为内心凄凉。而今看到朋友离开,更是饱受挣扎的痛苦。"正是冷雨秋槐,鬓丝憔悴,又领略愁中送客滋味。"

纳兰将友人离别的情节描写得入木三分,十分传神,写景之中也写情,"密约重逢知甚日,看取青衫和泪"。唐白居易贬官江州司马时所作《琵琶行》:"座中泣下谁最多,江州司马青衫湿。"后用青衫喻指失意之官吏。

纳兰沿用前人典故,写出今日自己的心情,更显得落寞。"梦天涯绕遍尽由人,只樽前迢递。"这是化用唐韦应物《春宵燕万年吉少府南馆》诗"河汉上纵横,春城夜迢递"的意境,形容时间久长,相思难忍。

这首词短小精悍,口语化极强,语言生动,带有节奏感,把含蓄与明快融为一体,纳兰将形式与内容更好地融合在了一起。

注释:

① 险韵:韵字生僻难押的诗韵。
② 新声:新作的乐曲,新颖美妙的乐音。或指新乐府辞或其他不能入乐的诗歌。
③ 约略:大概,大略。
④ 青衫和泪:唐白居易贬官江州司马时所作《琵琶行》:"座中泣下谁最多,江州司马青衫湿。"后喻指失意之官吏。
⑤ 迢递:形容时间久长。唐韦应物《春宵燕万年吉少府南馆》诗:"河汉上纵横,春城夜迢递。"

念奴娇

　　人生能几？总不如休惹、情条恨叶①。刚是尊前同一笑，又到别离时节。灯炧挑残，炉爇烟尽②，无语空凝咽③。一天凉露，芳魂此夜偷接④。

　　怕见人去楼空，柳枝无恙，犹扫窗间月。无分暗香深处住，悔把兰襟亲结⑤。尚暖檀痕⑥，犹寒翠影，触绪添悲切。愁多成病，此愁知向谁说？

　　不只曹操这样的大枭雄会喟叹一声"对酒当歌，人生几何？譬如朝露，去日苦多"，多情的风流公子也时常感慨岁月的短暂和无情，唱一曲"人生几何"的无奈悲歌。不过曹操饮酒饮出的是一腔豪气，纳兰"尊前一笑"，涌上心头的却是无奈和寂寞。

　　张秉戍先生在《纳兰词笺注》中用了八个字评价这首《念奴娇》："语浅率露，真挚感人。"其实这也算得是纳兰词的整体风格之一，不过在这一首词中表现得格外明显罢了。这首词开篇就直言人生苦短，本不该坠入情恨的纠葛之中，却又欲罢不能，词人对自己的"多情"似有一股悔意，虽悔却又无意去改，当真是率性之至。

　　上片写幽会，既像实写，又像因思念亡妻而产生的幻觉，读来便有了几分缥缈迷离的感觉，更加耐人寻味。"刚是尊前同一笑，又到别离时节"，这两句是在写两人刚刚对饮一杯，相视而笑，离别的时间就到了。就好像灰姑娘必须在午夜十二点前抽身一样，"离别"二字是个魔咒，纵然相爱却不能长相厮守的现实有着强烈的宿命感。

　　残灯摇曳，炉烟燃尽，两人只能默默无语暗自垂泪，就连道别的话也不忍心说出口，似乎说过"再见"之后就会瞬间海角天涯。读到此处，我们或许还可以将这当做词人与意中人暗夜偷接的相会，但"芳魂"二字一出心里便了然了，这更像一首悼念卢氏的词。纳兰大概是深夜辗转反侧，难以成眠，勾起了旧日与卢氏相守的点滴回忆，或者是期待在梦中能与佳人的芳魂相聚。

与亡人魂梦相接的桥段，最有名的当出于《长恨歌》，结尾几句动人心魄："临别殷勤重寄词，词中有誓两心知。七月七日长生殿，夜半无人私语时。在天愿作比翼鸟，在地愿为连理枝。天长地久有时尽，此恨绵绵无绝期。"爱美人也爱江山，李隆基在马嵬坡含泪舍了杨玉环，此后就陷入了绵绵不休的相思中。仕途前程于纳兰来说是无所谓的，他心中在意的似乎只有那一段情爱，然而天不怜悯，卢氏离去后，纳兰心里的恨当真是"绵绵无绝期"了，"凉露"二字既可指现实中的深夜露水，也可理解为是纳兰这腔怨恨的无限悲凉。

下片从回忆或梦境回到了现实，纳兰怕见"人去楼空"，现实却正是如此。柳枝如丝，犹自拂过她曾经住过的阁楼，明月照旧，照着纳兰一人孤独的身影。纳兰长叹：你我有缘无分，不能同居共处，真悔恨当初那样亲昵。这般悔恨着，却仿佛看见了她满脸泪痕、身影绰绰，自己那无边的愁绪就被触动开了。愁苦交叠，以至于相思成病，这一番寂寞哀愁又能向谁倾诉呢？

全词就在散溢开来的孤独感、无力感中戛然而止，更加令人九曲回肠，添悲增恨。

《世说新语》里有过这样一个故事：西晋大将恒温多年南征北战，偶一日经过金城，看见自己年轻时种在这里的柳树已经粗壮挺拔，忍不住攀枝执条，泫然流泪："树犹如此，人何以堪！"在冷漠的岁月面前，人们确实无可奈何。

有人说爱情是天下最没道理可讲的，其实不然，时光才是。它既能让人朝朝暮暮、长相厮守，也可让人一别难见、天人永隔，时光催白了头发，也凋零了爱情。人之感慨，大凡多情，曹操、恒温如此，纳兰更是。

注释：

① 情条：指纷乱的情绪。
② 爇：燃烧。
③ 凝咽：犹哽咽，哭时不能痛快出声。
④ 芳魂：谓美人的魂魄。
⑤ 兰襟：芬芳的衣襟，比喻知心朋友。
⑥ 檀：即檀粉。

念奴娇

绿杨飞絮，叹沉沉院落、春归何许①？尽日缁尘吹绮陌②，迷却梦游归路。世事悠悠，生涯非是，醉眼斜阳暮。伤心怕问，断魂何处金鼓③？

夜来月色如银，和衣独拥，花影疏窗度。脉脉此情谁得识？又道故人别去。细数落花，更阑未睡④，别是闲情绪。闻余长叹，西廊唯有鹦鹉。

这首词唱叹的是与故人别后的孤苦寂寞，别去的"故人"是谁无法考证，但从这词中透露出来的低回伤感可知绝非一般朋友，必是词人的红颜或者知己无疑。

"绿杨飞絮，叹沉沉院落、春归何许"，首句的意境极美，深深的庭院中，绿杨悄然抽枝，飞絮自在飘扬，竟没察觉到春意已浓郁至此。一个"叹"字就奠定了全词的基调，淡淡的感伤混迹于字里行间，揣摩可得。

相似的意象，在不同的词人笔下有不同的味道。贺铸的一首《如梦令》中曾写道："莲叶初生南浦，两岸绿杨飞絮。"莲叶初生，绿杨飞絮，词人把春末夏初时节的风光写得生机勃勃，飞动流走。

纳兰也有心寻一份贺铸的怡然心境,但"尽日缁尘吹绮陌,迷却梦游归路",终日的凡尘俗事让人迷乱,自己想走的那条路便是无论如何也寻不到了。纳兰本人就像一个迷路的孩子,他一生的仕途、情路好像都是注定了的,只要一步步走下去即可,可他偏不,他任性而执着,不满于现状又惰于反抗。出身望族、才华横溢,假以时日定会大有作为,他的未来就是这么脉络明晰,可这不是他想要的,他就这样在似锦的前程里感慨喟叹,试图抗拒最终又无奈接受。

"世事悠悠,生涯非是,醉眼斜阳暮。伤心怕问,断魂何处金鼓?"醉酒之后抬头观天际夕阳,只觉世事变换,人生无常,就连远处传来的金鼓之声,也令人伤心断肠。

从上片"斜阳"到下片"夜来",不禁欷歔:就连宣纸上的光阴也是留不住的。月色如银似水,孤独的人却只能和衣独坐在窗前的花影里。知己别离的孤苦无告、幽独寂寞又有谁能够知晓?夜深难眠,空数落花,心绪寂寞如斯,那慨然长叹之声也只有西廊的鹦鹉能听到了。

先秦的琴师俞伯牙与樵夫钟子期偶遇,伯牙善鼓琴,子期善听音,伯牙所念,钟子期必得之。伯牙鼓琴而志在高山,钟子期曰:"善哉乎鼓琴,巍巍乎若泰山!"若志在流水,钟子期必曰:"善哉乎鼓琴,洋洋乎若江河!"俞伯牙喜上眉梢,哈哈大笑:"善哉,子之心而与吾心同。"钟子期死后,俞伯牙摔琴绝弦,终身不操。二人共同成就了"高山流水"的千古佳话。

"脉脉此情谁得识?又道故人别去。"这是本词中最令人伤心的一句,人生最可怕的不是没有知己,而是知我者又别我而去。倘若俞伯牙一生不遇钟子期,也不过因无人能懂自己而黯然,但既得知己又复失去,哀莫大于心死,琴声再美又弹给谁听?人们常说"人生得一知己则死而无憾",古人惜字如金,"知己"二字简直妙极,不论红颜知己还是生死之交,能懂自己心思者最是难求。

纳兰心思细腻，醉酒时的糊涂与清醒后的残酷让人伤心魂断，他的不快乐似乎只有这位"故人"能懂，可是"故人"此际又要别他而去，难怪他会伤心了。

注释：

① 沉沉：幽深的样子。何许：什么，哪里。
② 绮陌：繁华的街道，亦指风景美丽的郊野道路。
③ 金鼓：即钲。《汉书·司马相如传上》："金鼓，吹鸣籁。"颜师古注："金鼓谓钲也。"王先谦补注："钲，铙。其形似鼓，故名金鼓。"
④ 更阑：更深夜尽，深夜。

念奴娇　宿汉儿村

无情野火，趁西风烧遍、天涯芳草。榆塞重来冰雪里①，冷入鬓丝吹老。牧马长嘶，征笳乱动②，并入愁怀抱。定知今夕，庾郎瘦损多少③。

便是脑满肠肥，尚难消受，此荒烟落照。何况文园憔悴后④，非复酒垆风调⑤。回乐峰寒⑥，受降城远⑦，梦向家山绕。茫茫百感，凭高唯有清啸。

塞上景致荒凉，诗人出使塞上，途中所见，百感交集：塞上荒凉萧索，无情的野火趁着秋风将无边的芳草都烧遍了。再一次来到边塞，又是风雪交加，寒风刺骨，催人老去。战马嘶鸣，号角声起，凄冷苦寒，让人伤怀，如庾郎愁怀难遣，致使身心憔悴消瘦。即便是脑满肠肥的得意之人，也难以承受这长河落日、大漠孤烟的悲凉之景，又何况是如同司马相如这样往日风采不再的多愁多病之身呢？塞外苦寒荒凉，旅人梦回故乡，心中百感陈杂，思绪茫茫，只有登高长啸才能抒怀。

庾信是纳兰的诗篇中常出现的一个典故人物。庾信，字子山,因受封"开府仪同三司",故人称"庾开府"。庾信本为梁朝官员,在出使西魏时,梁竟然为西魏所灭。庾信的父亲是梁代诗人庾肩吾,他自幼同父亲行走于萧纲的宫廷,后来又和徐陵一起任萧纲的东宫学士,共创出"徐庾体",是著名的宫廷作家,久负文名。西魏仰慕庾信才华,强留之。后北周代魏,庾信也一直得到器重。但是,庾信以身仕敌国而羞愧,满心怨愤,郁郁终了。

纵览这篇《念奴娇》,仿佛庾信之类人的作品,流露出浓郁的亡国哀怨。

纳兰容若,一个正当鼎盛王朝的王孙贵胄,何来亡国之感呢?

且看纳兰与友人之交往,也颇有与人不同之处。其时,满人汉人芥蒂很深,纵使同朝为官,满人也是瞧不起汉人的。但是与纳兰交往的,多汉人布衣,且这些人都有着浓郁的"亡国人"思想。再看《纳兰词》,作为一位满族诗人的作品集,其中竟然找不到其他满人的姓名,更没有与满人的酬唱之作,实在反常。

徐乾学的《进士纳兰君墓志铭》记载了一件小事:"容若读赵松雪《自写照》诗有感,即绘小像,仿其衣冠。坐客或期许过当,弗应也。余谓之曰:'尔何酷类王逸少'容若心独喜。"徐乾学把纳兰比成汉人,纳兰不仅不以为忤,反倒非常开心,流露出一股孩子气。

纳兰的曾祖是在与努尔哈赤的对抗中自焚而死的。这两个部族,在明朝中叶时都受过明朝的封爵,是明朝的藩属。明朝末年,爱新觉罗部逐渐壮大,遂背叛明朝,而叶赫部的酋长、纳兰的曾祖忠心于明,不肯与努尔哈赤为伍,遂遭吞并。叶赫家的女子在努尔哈赤后宫为妃,叶赫家才完成了由仇敌到贵戚的转变。

纳兰的亡国之感,当是来源于此。从这个角度上说,称其为明朝遗民也不过分。这样我们也就不难理解,作者面对荒烟落照为何如此悲愤了——凭高唯有清啸。如庾信般夹在故国与今日朝廷间，内心被祖先的仇恨与仇敌的恩宠所折磨，是进、是退，是喜、是悲？这是年轻的纳兰无法辨析清楚的，只能登高长啸暂且释怀。

注释：

① 榆塞：《汉书·韩安国传》："后蒙恬为秦侵胡辟数千里以河为竟。累石为城，树榆为塞，匈奴不敢饮马于河。"后因以"榆塞"泛称边关、边塞。

② 征笳：旅人吹奏的胡笳。

③ 庾郎：指北周诗人庾信，借指多愁善感的诗人。瘦损：消瘦。

④ 文园：指汉司马相如，因司马相如曾任文园令。《史记》曰："口吃而善著书，常有消渴疾。与卓氏婚，饶于财。其进仕官，未尝肯与公卿国家之事，称病闲居，不慕官爵。"

⑤ 酒垆：卖酒处安置酒瓮的砌台，亦借指酒肆、酒店。这里指司马相如过饮于卓氏，以琴心挑之，文君夜奔相如，同驰归成都。因家贫复回临邛，尽卖其车骑，置酒舍卖酒。相如身穿犊鼻裈，与奴婢杂作、涤器于市中，而使文君当垆，卓王孙深以为耻，不得已而分财产与之，使回成都。

⑥ 回乐峰：回乐县境内的一座山峰。回乐县唐属灵州，为朔方节度治所，在今甘肃灵武西南。

⑦ 受降城：城名。汉唐筑以接受敌人投降，故名。汉故城在今内蒙古乌拉特旗北，唐筑有三城，中城在朔州，西城在灵州，东城在胜州。

秋　水　听雨

（按此调《谱》《律》不载，疑亦自度曲。）

　　谁道破愁须仗酒，酒醒后，心翻醉。正香消翠被①，隔帘惊听，那又是、点点丝丝和泪。忆剪烛幽窗小憩②。娇梦垂成③，频唤觉一眶秋水④。

依旧乱蛩声里，短檠明灭[5]，怎教人睡。想几年踪迹，过头风浪[6]，只消受、一段横波花底[7]。向拥髻灯前提起[8]。甚日还来，同领略夜雨空阶滋味。

读纳兰一首《秋水》，禁不住想起林黛玉的一首《秋窗风雨夕》。黛玉病卧潇湘馆，秋夜听雨声淅沥，心下凄凉，遂仿《春江花月夜》之格作词曰："泪烛摇摇爇短檠，牵愁照恨动离情。谁家秋院无风入？何处秋窗无雨声？"字字句句的秋情，字字句句的伤悲。曹雪芹在代书中人作词时拿捏得向来很准，譬如第七十回"林黛玉重建桃花社，史湘云偶填柳絮词"，他让身世飘零的黛玉作词曰："叹今生谁舍谁收？嫁与东风春不管，凭尔去，忍淹留。"人物哀哀凄凄的形象跃然纸上。到了心思缜密、踌躇满志的宝钗则一改倾颓气色："韶华休笑本无根，好风凭借力，送我上青云！"颇有男儿声韵。

黛玉毕竟是闺阁女儿，有悲，无阅历；有情，无情事。一篇《秋窗风雨夕》下来，华美流畅，感动的，却更多是黛玉自己。因她身处秋境，身系飘零，词句引导出的是内心深处的悲伤，但在多数读者身上，难以引发共鸣。纳兰容若不同，同为少年才俊，纳兰毕竟年长些，阅历多些，在这篇《秋水》中引入自己的感情经历，旁人看了更易懂。

这首词写诗人听秋雨而生发的情感：谁说消愁一定要喝酒，酒醒之后，心反而醉了。伊人已不在身边，寂寞无聊，却听得窗外淅淅沥沥地下起了秋雨，可知那雨水是伴着泪水流下的呢！记得当初秋夜闻雨，西窗剪烛，你当时刚要睡着却又被频频唤醒，眼神迷离的情景。现在已经是秋虫哀鸣，灯光明灭，可寂寞却叫人无法入睡。回想这几年的足迹，经历的风风雨雨，只有与你相守的日子最让人安慰。想和灯烛前拥髻的你诉说，又不知什么时候才能再回来，让我们一起领略这秋雨缠绵的无尽秋意！

怀念故人的心碎的词句，偏偏用了让人心碎的典故。"忆剪烛幽窗小憩"一句，典出晚唐李商隐《夜雨寄北》："君问归期未有期，巴山夜雨涨秋池。何当共剪西窗烛，却话巴山夜雨时。"这是李商隐身居遥远的巴蜀写给远在长安的妻子的诗句。唐人的旧句子，或华丽或雄浑，难见这种朴实无华又深情的小文字，多么亲切有味。每每夜深读起，齿颊生香，心下平和，幸福中，裹杂着一些缠绵的思念、小小的忧愁。只是这种小伤悲的词句，用到纳兰的词中，便是大悲痛了，有苏轼《江城子》"千里孤坟，无处话凄凉"的悲哀——只因李商隐的妻还在世，在远方的长安城等待着丈夫归来，还能有"共剪西窗烛"的日子；而纳兰的妻香魂已逝，纵使世人为她写情词万言也唤不回来伊人的一声回应。

梁何逊写"夜雨滴空阶，晓灯离暗室"；蒋捷说"悲欢离合总无情，一任阶前点滴到天明"；纳兰叹息道"甚日还来，同领略夜雨空阶滋味"。斯人去后，诗人的生命里只剩下"乱蛩声里，短檠明灭"，漫长的秋夜，雨滴敲打着空阶无法入眠。年轻的纳兰不知独自熬过了多少个失眠夜，他也曾想过借酒浇愁，得出的结论却是"谁道破愁须仗酒？"这酒醒后，心反而醉得更深，痛得更多。

注释：

① 翠被：翡翠羽制成的背帔。
② 忆剪烛：语出唐李商隐《夜雨寄北》诗："何当共剪西窗烛，却话巴山夜雨时。"
③ 垂成：事情将近成功。
④ 秋水：秋天的水，比喻人（多指女人）清澈明亮的眼睛。
⑤ 短檠：矮灯架，借指小灯。唐韩愈《短灯檠歌》："一朝富贵还自恣，长檠焰高照珠翠；吁嗟世事无不然，墙角君看短檠弃。"
⑥ 风浪：比喻艰险的遭遇。
⑦ 横波：水波闪动，比喻女子眼神闪烁。
⑧ 拥髻：谓捧持发髻，话旧生哀，是为女子心境凄凉的情态。

水龙吟　再送荪友南还[1]

人生南北真如梦，但卧金山高处[2]。白波东逝[3]，鸟啼花落，任他日暮。别酒盈觞，一声将息，送君归去。便烟波万顷，半帆残月，几回首，相思否。

可忆柴门深闭，玉绳低、剪灯夜雨[4]。浮生如此，别多会少，不如莫遇。愁对西轩，荔墙叶暗，黄昏风雨。更那堪几处，金戈铁马[5]，把凄凉助。

纳兰是个至情至性的人，纳兰词中所表露出的情感，无论是恋情、夫妻情、友情，无一不是体现了一种痴的情怀。

眼前这首词所赠之人是他的好友严绳孙。纳兰曾留严绳孙住府邸二年，彼此诗词唱和，"闲语天下事，无所隐讳"。在清康熙二十四年（1685年）四月，严绳孙请假南归，临去"入辞容若时，（傍）无余人，相与叙平生之聚散，究人事之终始，语有所及，怆然伤怀（《致纳兰哀词》）"。二人之交厚及意气相投可见。

严绳孙长纳兰三十二岁，如此忘年之谊，在纳兰一生中并不少见。本篇是为严绳孙南归所赋的赠别之作，其实在填写这首词的同时，纳兰还有四首诗词赠别绳孙，故此处说"再送"。

此词牌又名《龙吟曲》《庄椿岁》《鼓笛慢》《小楼连苑》《海天阔处》《丰年瑞》等。据《填词名解》说，调名采自李白"笛奏龙吟水"之句，又有说来自李贺"雌龙怨吟寒水光"之句。此调有不同体格，俱为双调，本首为其一体。上、下片各十一句，共一百零二字。上片第二、五、八、十一句，下片第一、二、五、八、十一句押仄声韵。

纳兰起笔不凡，"人生南北真如梦"一句抛出了"人生如梦"这等千古文人常叹之语，其后接以他总挂在嘴边的归隐之思，令全词的意境在开篇时便显得空远阔大。"白波东逝，鸟啼花落，任他日暮",白描勾勒出的情景或许是此时,也或许是想象:看江水东流,花开花落,莺歌燕语,任凭时光飞逝,这是何等惬意。

在这样逍遥洒脱的词境中,纳兰叹道,"别酒盈觞,一声将息,送君归去",点出了别情。自古送别总是断肠时,古时不比如今,一别之后或许就是此生再难相见,因而古人或许在自己的生死上能豁达一些,却也总对与友人的离别无可奈何。像苏轼那样旷达的人,在别离时高唱:"醉笑陪公三万场。不用诉离觞。"

也无非是因为"痛饮从来别有肠","别有肠"是怎样一种心情,苏轼没有说,也不消说,古往今来多少离别伤感,人们自能体会。

眼前你我离别之情充满了酒杯,只能一声叹息,送你离去。而离去之后,天地便换了风光,"便烟波万顷,半帆残月",岂止是送行人,远行人自身亦是满腔悲愁,的的确确就像纳兰说的,"几回首,相思否"。

下片首句转入了回忆,玉绳是星名,通常泛指群星,这里的意思是说忆起柴门紧闭、斗转星移、夜雨畅谈的时光。之后的一句,多少可以看出纳兰的一些悲观情绪。他说,"浮生如此,别多会少,不如莫遇",这话说得实在悲凉,纳兰似乎总在相遇时间的问题上自寻烦恼,他曾说"人生若只如初见,何事秋风悲画扇",但人在时间面前终归是渺小的,时间不可逆转正是种种迷惘痛苦的根由。

"愁对西轩,荔墙叶暗,黄昏风雨。"转笔又是白描写景,如今离别,又兼愁风冷雨,四字小句将气氛层层渲染开去。倒是篇末一句,有种不同于前面词句的雄浑苍凉的味道,"更那堪几处,金戈铁马,把凄凉助"。将国事与友情融为一体,使得这首词境界扩大了不少。

纳兰填完此词一个月后,便溘然长逝了。这次离别之后,两人也便真的没有了再次相见的机会。隔着时间的长河,凝聚在词句中这种怆然伤别的深挚友情依旧令人感叹不已。

注释:

① 荪友:即严绳孙,自号勾吴严四,又号藕荡老人、藕荡渔人。江苏无锡人。清初诗人、文学家、画家。
② 金山:山名,在江苏镇江西北。古有氐父、获苻、伏牛、浮玉等名,唐时裴头陀获金于江边,因改名。这里代指严绳孙的家乡。
③ 白波:白色波浪,水流,此处喻指时光。
④ 玉绳:星名,常泛指群星,北斗七星之斗勺,在北斗第五星玉衡之北,即天乙、太乙二星。
⑤ 金戈铁马:金属制的戈,配有铁甲的战马。指战争。

齐天乐 上元

阑珊火树鱼龙舞,望中宝钗楼远①。鞯鞴余红②,琉璃剩碧③,待属花归缓缓。寒轻漏浅。正乍敛烟霏④,陨星如箭⑤。旧事惊心,一双莲影藕丝断。

莫恨流年似水,恨消残蝶粉⑥,韶光忒贱⑦。细语吹香,暗尘笼鬓⑧,都逐晓风零乱。阑干敲遍。问帘底纤纤⑨,甚时重见?不解相思,月华今夜满⑩。

"阑珊"一词,极易引人遐想。流光之间,仿若看到生命斑斓的绽放。能够懂得阑珊的人,定当是生命极为寂寞的人。因为寂寞深处,才愈发能见到旅途中的点滴精彩。纳兰的寂寞,使得他懂得阑珊深处的喧哗,也是寂寞的。

故而这首词,看似写的是热闹,其实是在写热闹深处的寂寞心事。"阑珊火树鱼龙舞",首句便道出上元节夜里的繁华景象,上元亦是元宵节,元宵佳节,家人团聚,上街观灯赏花,好不热闹。

纳兰此处写的火树鱼龙舞,正是当时元宵节的热闹场景。而后一句写道:"望中宝钗楼远。"所谓"宝钗楼"是指歌楼酒肆,这首词是描写元宵节欢度之后,人们逐渐散去的场景,热闹过后愈发寂寞。那些本来还人满为患的酒肆饭庄,忽然之间就成了空阁,看到这些,纳兰内心不禁一阵寂寥。

"鞚鞨余红,琉璃剩碧,待属花归缓缓。"纳兰的词一向讲究意境之美,这首词也不例外,花灯闹市间的花花绿绿,远看起来,仿佛琉璃般星星点点,十分美丽。可惜,这美丽只是一晚上的光阴而已,在夜深时分,随着夜深人静,这花灯会熄灭,这美丽也会黯淡。这世间上没有什么能够长久地美丽。

"寒轻漏浅。正乍敛烟霏,陨星如箭。"纳兰总是能轻而易举地就从美好的事物中抽身出来,想到凄惨的过往,元宵佳节,本是赏灯愉悦的日子,可是在观赏完花灯之后,纳兰却又想起来过去。

那不堪回首的往事,仿佛一支利剑,穿透他的心,让他感受到了痛彻心扉的疼痛。在美丽的夜色中,"旧事惊心,一双莲影藕丝断"。

夜已深,寒意袭人,漏壶的水也快要滴完了。突然见到一双莲花形的灯影,于是陈年旧事被勾起,如同烟花般骤然升起,并迅速扩散,令人心惊,又令人情思难断。莫怪美好时光太过短暂。

这幸福的时光总是如此短暂,这样的事情该去埋怨谁呢?是否只能够怪上天,不能多给些时间,让世间的有情人,长相厮守。恨过年华无情,纳兰再恨岁月摧残自己,竟然已经到了两鬓生尘的地步。

"莫恨流年似水,恨消残蝶粉,韶光忒贱。"红颜已逝,岁月不饶人,想当日的大好青春时光,是多么意气风发。可现而今,却是人老心老,已经完全找不到当日的影踪了。纳兰暗暗苦闷。

想你当时细声细气地谈笑,吐气如兰,如今我却是两鬓生尘，散落在清晨的寒风里。寻遍栏杆，那帘下的纤纤丽人，何时还能再见？"细语吹香，暗尘笼鬓，都逐晓风零乱。"这词里每一句都透露出纳兰内心的烦忧，与相爱的人相隔千里不能见面，这份痛楚不是人人都能够理解的。

"阑干敲遍。问帘底纤纤，甚时重见？"什么时候才能够重相见，纳兰是在问自己，也是在问苍天，可是，他的痛苦只有他自己知道，因为月亮不知道人的相思，偏偏要在今夜团圆。

"不解相思，月华今夜满。"真是天不知人情恨，偏偏要圆月捉弄，这人世间的情恨，是否果真滑稽如斯？

注释：

① 宝钗楼：唐宋时咸阳酒楼名，指歌楼酒肆。
② 靺鞨余红：红，又称芽，即红玛瑙。相传产于靺鞨国，故名。
③ 琉璃：用铝和钠的硅酸化合物烧制成的釉料，常见的有绿色和金黄色两种，多加在黏土的外层，烧制成缸、盆、砖瓦等。
④ 烟霏：云烟弥漫，烟雾云团。
⑤ 陨星：流星，代指燃放之烟火。
⑥ 蝶粉：蝶翅上的天生粉屑，唐人宫妆。
⑦ 忒：副词，太、过于。
⑧ 暗尘：积累的尘埃，前蜀薛昭蕴《小重山》词："思君切，罗幌暗尘生。"
⑨ 纤纤：形容小巧或细长而柔美。这里代指所思念的女子。
⑩ 月华：月光，月色。

潇湘雨　送西溟归慈溪①

（按此调《谱》《律》不载，疑亦自度曲。）

长安一夜雨，便添了、几分秋色。奈此际萧条②，无端又听、渭城风笛③。咫尺层城留不住④，久相忘、到此偏相忆⑤。依依白露丹枫，渐行渐远，天涯南北。

凄寂。黔娄当日事[6],总名士、如何消得?只皂帽蹇驴[7],西风残照,倦游踪迹。廿载江南犹落拓[8],叹一人、知己终难觅。君须爱酒能诗,鉴湖无恙[9],一蓑一笠。

一夜凉雨,便添秋色几分。枯草萧疏,层林尽染,在这样的季节里离别,比柳色青青的春季更多几分凄凉,几分无奈。纳兰容若这首浸满秋之悲凉的作品是赠予姜宸英的。

姜宸英,字西溟,擅词章,工书画。生性疏放,屡试不第。初以布衣荐修明史,与朱彝尊、严绳孙称"三布衣"。康熙三十六年中探花,授编修,年已七十。后因顺天乡试案被牵连而死于狱中。有《苇间诗集》《湛园未定稿》《湛园藏稿》等。其山水笔墨遒劲,气味幽雅。楷法虞、褚、欧阳,以小楷为第一,唯其书拘谨少变化。包世臣称其行书能品上。兼精鉴,名重一时。家藏兰亭石刻,至今扬本称姜氏兰亭。

纳兰容若与其相识很早,姜宸英回忆说:"君年十八九,举礼部,当康熙之癸丑岁。未几也,余与相见于其座主东海阁学士公(徐乾学)邸。"姜宸英生性豪迈疏狂,而纳兰容若却并不以其狂怪为戒,且交游甚厚,康熙十七、十八年留居西溟于府邸。二人诗词往还,多唱和之作。

这首词为赠别之作,劝慰与不平并行:京城下了一夜的秋雨,更增添了几分秋色。面对这秋色萧条,正无奈之际,又没来由地传来了声声的别离之曲,这就更增添了离愁别恨。近在咫尺的高城却无法将你留住,昔日你我共处时的优游自得之乐,此后便成了令人思念的往事。你将渐行渐远,从此你我天各一方,心中有无限凄凉孤寂。忽然想起当年黔娄的故事,即使是名士风流,又如何承受得了呢?从此两袖清风,浪迹天涯。虽然你二十年来在江南负有盛名,但至今仍以疏狂而郁郁寡欢,难逢知己。别后想必会更加且醉且歌,洒脱不羁,独钓于江湖之上。

自古英雄多寂寞。姜宸英成名于江南二十年,然少有知己,徒留世间一狂生名号。纳兰容若之于姜宸英,颇似钟子期之于俞伯牙,欣赏之、雅爱之。他赞赏姜宸英深厚的学问、过人的才华,更深深地理解他狂放的行径、不羁的言语源之于何——姜宸英是名震江南的才子,却仕途不顺,到七十岁才中了一个探花,授编修。

姜宸英的一生是悲哀的一生。纳兰容若早逝,没能看到这位挚友最后让人嗟叹的结局。康熙三十八年(1699年),姜宸英的编修板凳还没坐热,就被牵连进了科场弊案,银铛入狱。一生挫折的姜宸英没能承受住生命重压上的最后一根羽毛,饮药自尽。不久康熙发现姜宸英的冤屈,赦免其出狱,发现人已离世,唏嘘不已。一代才子姜宸英最后留给世间的作品,是写给自己的一副挽联:"这回算吃亏受罪,只因入了孔氏牢门,坐冷板凳,作老猢狲,只说是限期弗满,竟挨到头童齿豁,两袖俱空,书呆子何足算也;此去却喜地欢天,必须假得孟婆村道,赏剑树花,观刀山瀑,方可称眼界别开,和这些酒鬼诗魔,一堂常聚,南面王以加之耳。"

当姜宸英写下这副荒诞悲凉的绝笔掷笔而笑的时候,是否想起当年,年轻的小友纳兰容若曾为他预想的落拓但潇洒的人生结局——"君须爱酒能诗,鉴湖无恙,一蓑一笠。"那样的人生,虽然没有耀眼的梦想,却有着生命静静消隐的余韵,纵使不平、抑郁,依然绵长抒婉,也是一场优美伤凄的人生之旅。比起囚笼中的一杯毒药后痛断肝胆的挣扎,那江上的叹息简直就是轻快的叹咏了。早已往生的纳兰若知爱友结局如此,情何以堪?

注释:
① 西溟:即姜宸英,号湛园,又号苇间,浙江慈溪人。康熙三十六年(1697年)探花,授编修,年已七十。初以布衣荐修明史,与朱彝尊、严绳孙称"三布衣"。慈溪:隶属浙江,因治南有溪,东汉董黯"母慈子孝"传说而得名。

② 萧条：寂寥冷落，草木凋零。

③ 无端：没来由，没道理。渭城：地名，本秦都咸阳，汉高祖元年改名新城，后废。武帝元鼎三年复置，改名渭城，治所在今陕西咸阳东北二十里，唐王维《送元二使安西》："渭城朝雨浥轻尘，客舍青青柳色新。劝君更尽一杯酒，西出阳关无故人。"此诗又称《渭城曲》，后人以之代作送客、离别。风笛：管乐器，笛子的一种。

④ 咫尺：比喻相距很近。层城：古代神话中昆仑山上的高城，后指重城、高城。

⑤ 相忘：即相忘鳞，《庄子·大宗师》："泉涸，鱼相与处于陆，相呴以湿，相濡以沫，不如相忘于江湖。"后以"相忘鳞"喻优游自得者。

⑥ 黔娄：人名。隐士，不肯出仕，家贫，死时衾不蔽体。汉刘向《列女传·鲁黔娄妻》载黔娄为春秋时鲁人。《汉书·艺文志》、晋皇甫谧《高士传·黔娄先生》则说是齐人。

⑦ 皂帽：黑色帽子。蹇驴：跛脚驽弱的驴子。

⑧ 落拓：贫困失意。

⑨ 鉴湖：湖名，即镜湖，又称长湖、庆湖。在浙江绍兴城西南二公里，为绍兴名胜之一。西溟之故里慈溪在绍兴东北，故云。

风流子　秋郊射猎

平原草枯矣，重阳后，黄叶树骚骚①。记玉勒青丝②，落花时节，曾逢拾翠，忽听吹箫。今来是、烧痕残碧尽，霜影乱红凋。秋水映空，寒烟如织，皂雕飞处③，天惨云高。

人生须行乐，君知否，容易两鬓萧萧④。自与东君作别，划地无聊⑤。算功名何许，此身博得，短衣射虎⑥，沽酒西郊⑦。便向夕阳影里，倚马挥毫⑧。

重阳节过后，平原上的草都枯萎了，黄叶在疾风中凋落。记得春日骑马来此踏青时,多么意气风发。如今故地重游已是萧瑟肃杀,空旷凋零。秋水映破长空,寒烟弥漫,苍穹飞雕,一片苍茫。人生在世,年华易逝,须及时行乐。春天过后,依旧心绪无聊。想想功名利禄算得了什么,不若沽酒射猎,英姿勃发,在夕阳下挥毫泼墨那是何等畅快!

这首词是词人经邦济世的抱负难以实现的慨叹。纳兰容若并不仅仅是一位只会感伤、吟风弄月的文弱书生。作为满人的后裔,八旗子弟在清初,还较多保留着善骑射、骁勇尚武的传统习俗,纳兰容若作为御前护卫更是不可能例外。韩菼说他"上马驰猎,柘弓作霹雳声,无不中";徐乾学赞他"有文武才,每从猎射,鸟兽必命中",可见其武功与身手。特别当他不在帝王身边时,沽酒射猎,更是英姿勃发,神采飞扬。

纳兰容若在京西郊猎时有词《风流子·秋郊射猎》,正表明他血脉中仍有这种武士豪迈激情的涌动,尽管他终想回避尘寰闹市,于宁静淡泊中觅诗寻梦,尽管他诗词有卿卿之情,不乏细腻精致,但柔中不软,悲中不颓。抑或有绵绵凄婉之致,却不同靡靡之音,更没有扭捏之态。

人们喜欢转述张爱玲的话:"也许每一个男子全都有过这样的两个女人,至少两个。娶了红玫瑰,久而久之,红的变了墙上的一抹蚊子血,白的还是'床前明月光';娶了白玫瑰,白的便是衣服上沾的一粒饭粘子,红的却是心口上一颗朱砂痣。"殊不知,男人的生命中还有两个梦。一个是女儿梦,梦想的便是美女佳人,希望自己能采得一朵红玫瑰或白玫瑰;另一个梦是男儿梦,梦想自己挥戈四野,马踏苍原。苏轼都一把年纪了,还想在游猎中找到青春的感觉:"老夫聊发少年狂。左牵黄,右擎苍。锦帽貂裘,千骑卷平冈。"而他梦想的并不是射射兔子、打打鹿,他真正希望的是为国建功立业,"会挽雕弓如满月,西北望,射天狼"。当时他已是"鬓微霜"的年纪,却依然豪气不减。

纳兰容若年纪轻轻,正是有血性的年岁,且又弓马娴熟,又怎会没几分雄心壮志呢？攻打吴三桂时，纳兰以为机会来了，多次请求出征，可是无论是父亲还是皇帝，都没有同意他的请求。他固然是满洲的勇士，更是明珠的儿子、康熙的近臣，他们关爱他，不允许他用生命去冒险。大清国的勇士不缺他纳兰一个，他纳兰的生命却缺少了为国拼杀、男儿志气这一环。

布衣子弟因为贫困出身低贱而郁郁不得志，富贵公子纳兰却因为过于有才有权而郁郁不得志。命运自古以来都是喜欢捉弄人的，有钱没钱都让你憋屈，从这点上说，也算是"众生平等"了。不过这种"平等"，多少有些荒诞。

注释：

① 骚骚：形容大风的声音。
② 玉勒：玉饰的马衔。青丝：青色的丝绳，指马缰绳。
③ 皂雕：一种黑色大型猛禽。
④ 萧萧：花白稀疏的样子。
⑤ 划地：照样，依旧。
⑥ 短衣：指带短下摆或短后摆的紧身上衣，指打猎的装束。射虎：指汉李广和三国吴孙权射虎的故事，诗文中常用以形容英雄豪气。
⑦ 沽酒：买酒。
⑧ 挥毫：写毛笔字或作画。

金缕曲

生怕芳尊满[1]。到更深、迷离醉影，残灯相伴。依旧回廊新月在，不定竹声撩乱。问愁与、春宵长短。燕子楼空弦索冷，任梨花、落尽无人管。谁领略，真真唤。

此情拟倩东风浣。奈吹来、余香病酒，旋添一半。惜别江淹消瘦了，怎耐轻寒轻暖。忆絮语、纵横茗盌。滴滴西窗红蜡泪，那时肠、早为而今断。任角枕，欹孤馆[2]。

这首词为怀友之作：入夜起相思，酒不但不能排解愁情，而且只有孤灯相伴，惆怅反而更胜。当时相聚的景象依然，但人却已经分离。愁情绵绵不绝，比这春宵还要更长。红花落尽，花枝萧疏，这花仿佛也是孤独寂寞，但是此时的人又比这疏花还要寂寞。唯有梦里才可与你相见。

请东风消愁不但消不得，反倒是添愁添恨了。本已为离别而瘦损，如今又偏逢这乍暖还寒的时节，于是就更令人生愁添恨了。当年我们一边品茶，一边低声说话，议论纵横。分别时西窗蜡滴红泪，这记忆如今想起，更使人伤心肠断。独自寄寓在孤独寂寞的会馆中，更感四周冷静凄清。

思念友人，最解忧的便是酒水了。就算是纳兰这样的翩翩公子，也抵不住相思的侵蚀，拿起酒壶，只求一醉之后，凡事忘却。"生怕芳尊满"。所谓"芳尊"是指的造型精制的酒容器，在这里则是借指美酒。美酒在手，却怎么也喝不醉，这真是让人难堪而又无奈的事情。或许是愁绪太深，是太多酒都无法浇灭的缘故吧。

"到更深、迷离醉影，残灯相伴。"一直到更深露重，夜深人静时分，依然半醉半醒，无法安然入睡，残灯相伴左右，更显得自己孤立无依靠。借着酒意，看着外面寂静的夜色，无声无物，只有自己，置于天地之间，这份寂寥，无人能懂。

此刻，思念朋友的心情更加剧烈，"依旧回廊新月在，不定竹声撩乱"。回廊上看天，月亮依然，洒落月光，四周竹叶随风摆动，声音扰乱人心，本就烦忧的心，更在这声声竹声中，无法收拾。

所以，纳兰忧伤地自说自话："问愁与、春宵长短。"春宵苦短，这愁绪却漫长无期，"燕子楼空弦索冷，任梨花、落尽无人管"。燕子飞去，人去楼空，就算落花飞尽，也是无人打理。那空空的楼阁，如同纳兰空荡的内心，失去了居住的人，便显得格外空旷，纳兰珍视友谊，所以，他的友人远去，对他来说，实在也是一件愁苦的事情。

可是，这样的感情却并不是人人都能理解的，而纳兰也并不打算告诉别人，让别人为他分忧，"谁领略，真真唤。"只有自己安慰自己了。

"此情拟倩东风浣。"此情可待成追忆，这份对友人的思念之情，在春风的吹拂下，四处散去，但吹去又生，纳兰的内心，始终无法安抚。"奈吹来、余香病酒，旋添一半。惜别江淹消瘦了，怎耐轻寒轻暖。"分别也有一阵时日了，似乎在日夜的思念中，逐渐消瘦了下去，但纳兰并不在乎这样的消瘦，他只想早日和朋友相聚在一起。

"忆絮语、纵横茗盌。"这些都是和朋友在一起的美好回忆，可是现今却是无法实现的梦想了，所以，纳兰想来，不禁泪流："滴滴西窗红蜡泪，那时肠、早为而今断。"那时的美好时光中，他们怎么会想得到今日的分别呢？

分离总是让人痛苦的，纳兰虽然生性忧伤，但是这痛苦也让他无法承受，不过既然无法补救，那就只能依靠自己化解自己的愁绪了。"任角枕，欹孤馆"。这独自一人的忧伤何日何时才能够结束呢？

夜深时分，孤寂难耐，纳兰的苦，谁能探知呢？

注释：

① 芳尊：精致的酒器，亦借指美酒。
② 角枕：角制的或用角装饰的枕头。欹：斜靠着。孤馆：孤寂的客舍，唐许浑《瓜州留别李诩》诗："孤馆宿时风带雨，远帆归处水连云。"

仓央嘉措诗传

中央研究院

·仓央嘉措传记·

前身托重任,涅槃秘不宣

人们说,他是佛。

在藏族的传说中,格鲁派的上师[1]、格鲁派佛法权威的象征班禅与达赖,都是神佛转世。班禅是阿弥陀佛的转世[2],达赖是阿弥陀佛的弟子——观世音菩萨的转世[3]。

有一天,观世音对佛陀说:"虽然我超脱了生死的轮回,但是众生还在人世业火中挣扎,我要重回人世,拯救众生的灵魂。"佛陀准许了观世音的请求。于是,他穿越西方极乐世界的七重栏楯,七重罗网,七重行树,七宝池,四色莲华,七宝楼阁;穿越四天王天,三十三天,夜摩天,睹史多天,乐变化天,他化自在天;穿越青藏高原上翠蓝的天空,微曛的阳光,流逸的云团,徜徉的鸟群,澄澈的清风,最后降落到斯巴宰杀小牛时铺下牛皮的平坦大地上[4],为这块土地上的人们消灾祈福,消减尘世业火的煎熬。人们称他为达赖佛,将身体匍匐于沙石冰雪之上,向他致以最高的敬意。

这个故事,他童年时就曾听人讲述过。

在被罗桑·却吉坚赞上师迎入哲蚌寺供奉前[5],有多少个无所事事的阴天,他坐在绣垫上,抱着一块调了上等酥油的粑块或是一大块奶渣认真地啃,听奶娘娓娓讲述在青藏高原上流传了千百年的传说故事。这个故事他尤其喜爱,这次听了,下次还会语调严肃地要求奶娘再讲一遍。奶娘谦卑地应声,随即再次从遍地黄金无上清凉的西方极乐世界讲起。伴随着奶娘悠远淡然的语调,他的思绪飘出碉房,向着窗外黯淡悠远的天空飘去,仿佛那些密密层层的云朵之后,有某种命运的光亮在黑暗中闪烁。他看不清晰,冥冥中却又迫不及待地去探索、去抚摸,试图拾拣起什么失落的东西。

多少年后,他才明白那种带有追忆色彩的追索意味着什么。

那是属于他的故事。

人们说，他是佛。

他的家乡，在斯巴砍下牛头放置的地方，有高高的山峰，茂密的草场，碧翠的林地，杜鹃鸟与绿翅紫胸的鹦鹉在草木间跳跃歌唱，羊群、牛群与天上的云峰共同流淌。那是前藏山南名叫琼结的地方⑥，那里大片美丽富饶的土地归琼结巴家族所有。

他的父亲叫杜绕登，是山商地区的贵族。他娶了浪卡子家族的漂亮小姐贡噶拉则。贡噶拉则拥有吉祥的体貌，美德俱全，琼结的人们都夸赞说贡噶拉则像翠柏般秀丽挺拔，像大自在天的公主般亲切善良，是"猫眼宝石中的九眼珠"。他们的联姻使家族势力更为强盛。琼结巴家族世袭日喀则宗宗本职务，世代安享帕竹地方政权给予的权力。这对夫妇享受着政治优势带来的优渥收益，却尽力不使自己陷入政治的泥潭。但是他们不知道，命运会把他们推入西藏最大的事件。

一切，源起于一个孩子。藏历火蛇年⑦，美丽的女主人贡噶拉则有了身孕。即将做父亲的杜绕登欣喜地请一位高僧为即将出世的孩子占卜打卦。

经历过艰辛修行的高僧须发皆白，法相威严。他庄重地取出一只木碗⑧，注满清水，开始打卦。清水随着诵经的声音微微颤动，泛起细密晶莹的涟漪，随即沉寂。高僧望着水中出现的影子，预备说出神圣的预言——然而，在看清了水中的映像后，他激动得说不出话来，惊喜、激动、敬仰的神情交杂出现在他原本沉静的脸上。

年老的喇嘛用赞叹的语调预言道："我从木碗的清水中看到了这个即将出世的孩子不平凡的未来，他不是老虎，也不是狮子，但是他能使老虎与狮子俯首帖耳。他头戴黄帽，掌管着宏大的教派，受天人与俗人的敬仰；他手执金印，统御着广袤的土地，受尘世万民的膜拜。尊贵的施主啊，这孩子带着莫大的福分，他必将一世奔忙，也必将一世辉煌。"

几个月后,贡噶拉则生下了一个聪明、漂亮的男孩,孩子有一双大得出奇的亮眼睛,像最古老、最有灵性的天珠⑨。他在一个不平凡的早晨来到人世,红日伴着贡噶拉则的阵痛缓缓升上地平线,孩子出生的瞬间,吉祥的五彩云朵堆满了山南的天空,祥瑞的甘霖淋遍了琼结的草木,随即云收雨歇,一片如玉片般晶莹剔透的薄月出现在天空中与太阳交相辉映。琼结的百姓们都传说,这是吉祥殊胜的天象,一定有极其尊贵的人踏上了琼结的土地。

孩子出生后,各地的贵族纷纷表达祝福,连第巴也专门派人来表示祝贺⑩。家族的宗教指导者、奉觉囊寺活佛多罗那它来看望这位尊贵的少爷,为他做法事护佑,并为他起名为贡噶米居多嘉旺格杰波。

这个受着天与人祝福的孩子六岁时,高僧的预言成为现实。大雪纷飞的严冬,第巴索南若登的使者假扮成去印度朝拜的僧人经过琼结,见到琼结巴家族少爷吉祥的体貌、优雅的气度大为赞叹,为少爷摸顶祝福。冬日的积雪还没有化完,画眉欢叫着在林间草丛觅食的时候,由高级僧侣、大贵族和蒙古头人组成的华贵队伍,浩浩荡荡来到了琼结。他们是为寻访转世灵童而来。

平和淡定的小小的人儿出现在众人面前。他不是平凡顽劣的儿童,不是骄傲无知的贵族小少爷,他有着与生俱来的优雅与沉稳。他双脚所触之土地,有乃色娃护法神暗施神通精心供奉;他双眼所触及之碧空,会有空行母显现法相翩然起舞⑪。他是金刚勇士的化身啊,他是降临人世的佛子。他的一举一动,都有着正法的威严;他的所言所诉,都逸散着佛法的芬芳。

寻访灵童的高僧贵胄们郑重地向这神圣的人儿表达了敬意,开始一板一眼地进行转世灵童的认定。四世达赖曾用过的器皿混杂在一堆器物中,他伸手就会取得,而不取旁物。四世达赖喜爱的法器摆放在不起眼的角落,他一眼就能注意到,说"那是我的东西"。四世达赖的近侍激动地流着泪俯下颤抖的身躯向他行礼。

1622年2月，六岁的五世达赖被迎进哲蚌寺供养。纯朴的藏族同胞们在他前往哲蚌寺的道路两旁匍匐，蜿蜒的路途被人们衣衫的色彩渲染成了一条色彩缤纷的河流，这条河流寂静充满力量，他的座驾就在这汇聚着宏大信仰力量的河流中缓缓向哲蚌寺行去。虔诚地叩拜祈福的百姓们无法知道，这神圣的、得到至高无上祝福的一刻来得多么不容易。尊贵的达赖佛差一点就从这片土地上消失，从信徒们的视野中失却踪迹。在哲蚌寺的大殿上默默地捻着六道木念珠迎候五世达赖的四世班禅罗桑·却吉坚赞，为此付出了艰辛的努力。

　　1616年深冬，阿勒坦汗的曾孙、尊贵的四世达赖喇嘛云丹嘉措不明不白地在哲蚌寺去世[12]，这一年他年仅二十七岁。之后，藏巴汗彭措南杰禁止寻找转世灵童。

　　四世达赖的去世，历史上一直众说纷纭。较为普遍的说法是藏巴汗派人刺死了四世达赖，因为四世达赖对其进行诅咒使其患病。当时藏巴汗掌控着后藏地区[13]，格鲁教派在后藏的发展影响到了藏巴汗的发展，除去了格鲁教派的领袖达赖，藏巴汗就是除去了心头之患。在四世班禅的一再请求下，藏巴汗才勉强同意寻找达赖的转世灵童。

　　五世达赖从出生，就注定要与藏巴汗敌对。他要清除藏巴汗的势力，才能保证格鲁教派的发展，才能完全彻底地掌握西藏广阔土地上的尘世之权。

　　这个过程必然漫长而艰辛，没有谁确定他能做到，即使是四世班禅罗桑·却吉坚赞也不能确定。可他确确实实做到了，一步一个脚印，不但坐稳了禅床，也坐稳了宝座。

　　1625年，他拜四世班禅为师，受格楚戒，贡噶米居多嘉旺格杰波成为阿旺罗桑嘉措。12年后，四世班禅为他受格隆戒。之后不久，他成为哲蚌寺的第十五任赤巴[14]，兼色拉寺第十七任赤巴[15]。他在沿着高僧预言的人生之路前行，他不是老虎，不是狮子，却在震慑着青藏高原上壮硕的虎与狮，向他们展示谁才是雪域之城真正的主人。

他是额巴钦波[16],伟大的五世。

他是一位杰出的政治家,有着过人的头脑和敏感的思维。他利用藏巴汗与蒙古人的矛盾,引固始汗入藏推翻了噶玛地方政权,并建立了以自己为中心的噶丹颇章政权。他在明朝衰微之时觉察到了明王朝的溃败和满洲人的勃兴,在清政权初兴时就向清太宗示好,与清王朝结成了同盟。在他的主持下,西藏的封建乌拉制度空前巩固。

可如今,他也不可避免地要走入生命的衰亡。《增一阿含经》记载,即使是生活在三界二十八天的天众也要经历"天人五衰"的劫难。欲界、色界、无色界的天人,在寿命将尽时会表现出种种异象。光洁常鲜铢衣妙服会光泽暗淡,自生垢秽;头上彩色鲜明的宝冠珠翠会失去光泽,蓬勃艳丽的鲜花也会枯黄凋萎;轻清洁净的微妙圣体会于腋下流出汗液;香洁自然的殊异妙身会生出秽臭的气息;他们亦会厌恶自己身下广为世人钦羡最胜最乐的宝座,对自有的洁净曼妙的生活厌恶不堪。

他望着纤尘不染的铜镜,镜中的自己头顶光秃,法令伸延,双眼如神佛宝髻上的明珠蒙尘,两腮如佛像前遮蔽的布幔垂挂。这张脸,有岁月磨砺出的庄严,也有过分成熟的衰残。生命是有限的,不可避免地,肉体要化为腐肉,成为尘埃。天人如此,活佛也是,逃不掉,也避不掉。可是,他对自己身下的法座、对自己苦乐间杂的生活厌倦了吗?没有,没有,远没有呢。固始汗帮他取得了至尊的地位,却是个请得来送不走的客,硬生生插在西藏,像一枚钉子,更像一柄钢刀,明火执仗地掠取他来之不易的权力。他用半生的时间与之周旋,试图从这头蒙古之虎的爪下为自己博取更多的利益。

这是一场强者的游戏,某种程度上近似一种危险的赌博,他们彼此顾忌,互相试探,却谁都不敢贸然下手发动致命的攻击——谁都不知道先倒下的会是谁,是上万蒙古士兵的骁勇头领,还是百万藏族民众的神圣领袖?他们之间有无言的默契,保持着微妙的平衡,可现在,这种平衡要被打破了。不是因为某方实力的消减,而是命运的选择,生命的必然。

他没有足够的时间把这场对峙继续下去。这夜,他做了一个梦。梦中的种种意象都指向一个结局——死亡。

他并不短暂的一生中做过无数或悲或喜的梦,得过无数或吉或凶的梦兆,唯有这次,他从梦境中读出了"死亡"二字。

我是观世音的化身啊,如今,要离开这纷乱的人间。

再伟大的君主也会在时间的磨砺下失去生命的光辉,而我不会。我抛却腐朽的躯体任灵魂在高原澄澈的天宇中漂游,会选取另一具肉体延续被时间暂停的生命。

我是观世音的化身啊,我离去,必会回来。

"桑结在吗?"垂危的五世说话了。一旁守护的侍从惊喜地走上前来,恭敬地小声回答:"在,一直在门外候着。"

"叫他进来。"

他的左膀右臂、青藏高原的摄政者,年轻的桑结嘉措弯着腰走了进来。五世望着自己的爱徒走近自己,眼光中充满慈爱。他非常欣赏这位青年,他给予了桑结嘉措最好的教育,授予了桑结嘉措最大的权力。如今,桑结嘉措是成功的青年领袖。五世深为自己的眼光骄傲。

桑结嘉措神情肃穆,他极力压抑自己的悲哀。一个百万大众的领袖是不能让过多的情绪流露到脸上的。他知道,老师最后的时刻即将来临。他将从老师那双宽厚尊贵的手掌中,获取更多的权力,也即将接受更多的责任。

桑结嘉措二十三岁那年,第斯洛桑图道辞去了摄政之职,罗桑嘉措指定年轻的桑结嘉措接任。消息一出,在西藏政教上层社会掀起了轩然大波——一个年轻人,怎么能承担起如此重要的责任?一时间,种种猜忌、狐疑纷至沓来,种种或可信或荒诞的流言在贵族与平民间传得沸沸扬扬。

有一则传言流传得最广,据说1652年,五世去北京觐见清朝皇帝,曾在仲麦巴家族的府邸停留休息。根据相关传记的记载,"这位观世音菩萨的化身在那座府邸里遗落了一颗珍珠"。这种委婉的诗意写法暗示了后人当时发生过什么事情。在仲麦巴家,五世受到了最高规格的接待,那一夜,根据当时的习俗,由仲麦巴家的主妇布赤佳姆侍寝。能伺候佛爷是当地女子最大的荣耀。第二年,布赤佳姆诞下了桑结嘉措。

正如同没人能在羊群中找到滩头小羊的父亲一样,没人知道这则传闻的真伪。且不说仲麦巴家族自身就具备深厚的政治根基,即使桑结嘉措真是五世的儿子,他会把一个乳臭未干的娃娃推到前台吗?政治经验丰富的五世达赖选择桑结嘉措,有着充足的理由。或者说,这个二十三岁的青年,给了他足够的信心。

1653年,桑结嘉措出生于拉萨市北郊之娘热。他投生的地方,可不是一个普通的藏族家庭,而是大贵族仲麦巴家。这个家族政治地位极高,叔叔仲麦巴·陈列嘉措是五世达赖喇嘛的第二任第巴。因为这个原因,幼年时代的桑结受到了比一般贵族少年更为高级的教育,八岁时就被送入布达拉宫学习。

罗桑嘉措非常喜欢这个眼神机灵、头形扁扁的孩子,对其关爱有加。深宫里十几年的严格学习,让桑结嘉措年纪轻轻就成了饱学之士,亦让罗桑嘉措有足够的时间观察他、了解他。经过多年考察,罗桑嘉措认定这个孩子稳重踏实、进退有度,扁扁的头颅里装的不仅有超出常人的知识,更有超越常人的胆识。年轻的桑结嘉措在这些即将或已经记入历史的风风雨雨中稳步经过,眼神坚定。作为尊贵的仲麦巴家族的接班人,他有足够的眼光看清自己身处的环境,有足够的智慧理清自己的思路,有足够的学识看清一个时代的未来。他比那些热衷于权势的贵族权臣有更高远的眼光,有更杰出强劲的控制力。

年龄与睿智与否无关。罗桑嘉措认为,这位二十三岁青年的扁头比被青稞酒膏润得肥硕的头颅更适合管理这片青空之下的广衮土地。而且，在这堂皇的理由下包含着活佛的一个想法，每一个统治者、每一个贵族，甚至每一个俗人都能理解的想法：他要找一个年轻的、能被自己塑造成任何形状的第巴，延续自己的统治思路。

桑结嘉措虽然杰出，但要在广阔的高原上找到一个头脑不输于桑结嘉措的德高望重的贵族并非难事。年老的狮子不如年幼的狮崽子容易驯服，他一旦离世，西藏未必能够继续按照他苦心设计的勃兴之路走下去。他是活佛，他深信，按照宗教的说法自己离去必将归来。他希望自己再次归来的时候可以延续自己的事业，而不是处心积虑地重建一个损毁的梦想。

罗桑嘉措的选择，意味着西藏上层即将发生一次地震。

每一次权力的交接都会引起统治阶层的动荡。这次，几乎是一次悬崖跳水似的更替，新新老老权欲者嗅着权势的气味儿而来，表面波澜不惊，各自私下做各种动作，希望看到一个青年政治家折损于拥抱权力的道路之上。

桑结深知，"少年当佣人时，没有迈三步的权"。他生于拉萨尊贵荣耀的贵族之家，成长于威严庄重的布达拉宫，政治氛围是从小到大熏染他的藏香⑰，熏透了他的骨髓。他审时度势，认为此时放手接受五世给予的权力，不但不会使他高飞上人人垂涎的宝座，还会被隐藏在暗处的黑枪射落。此时的他，羽翼未满，空有权势的虚名，一旦跌落尘埃，不会再得翻身。

他还年轻，有的是时间等待，等待自己羽翼丰满。

摩拳擦掌的老家伙们失望了，达赖佛选中的小伙子放弃了耀目的权力。"我还年轻，没有足够的经验承担这样的重任。"他这样委婉地拒绝了活佛的任命。洛桑金巴成为五世达赖的新第巴。

桑结失去了一次机会，他预备着漫长的等待。没想到，仅三年之后，机会再次向他敞开了怀抱，洛桑金巴像他的前任一样辞去了职务，第巴一职再次空缺。

世间事，宛若轮回或倒退，三年前的那一幕重演，五世达赖再次任命桑结嘉措为第巴。在他的眼中，年轻的桑结是一颗稀有的宝珠，他必定要让桑结的光芒辉映高原。而且，他给这出色的青年赋予权力，这位青年会保证提供给他一个漫长的、稳妥的未来。他的时间不多了，他不容许桑结拒绝，亦不给桑结拒绝的机会。很快，布达拉宫的正门张贴出了一份文告，宣布桑结嘉措为新一任第巴。文告的一角，是五世按下的手印。他用这种方式向西藏各界表明了自己坚决的态度，让各股力量对这双手掌保护下的年轻人产生了更多的顾忌。至尊的宝座距离那些实权派没有太过遥远的距离，但是他们深深感觉到，这个宝座热得烫手。

谁再敢与这位出类拔萃、家世显贵，并受到达赖佛保护的青年争抢呢？三年，可以使荒地茂密，弱木成林，亦可使一头小狼成长为草原上最迅疾犀利的掠食者。1679年，桑结嘉措正式成为五世第巴。

又是一个三年，已经是一个称职第巴的桑结嘉措站在老师的床边，聆听尊贵的老师、伟大的五世最后的教诲。几个侍从谦恭地弯着腰静静退出去。

"你来了。"

"是的，活佛啦。"

长长的沉默。罗桑嘉措在酝酿词句，为了这一刻，他付出了六年的心血。如今，这个他选中的青年终于按照他设想的那样，在他弥留之际站在他身旁，倾听他安排后事。这是一个辛苦努力后得到的结果，但让他产生了未卜先知的快感——他不是运用神佛的力量，而是用聪颖的头脑预知了未来。

罗桑嘉措躺在华丽的床上，在柔软的黄龙靠垫中舒服地欠欠身，一如童年时在碉房中听奶娘讲述故事那样。生命即将走到尽头，一些事情想不起、忆不清，但身体的记忆逐渐回来，一些小小的举动，都有记忆的气味萦绕飘散。这些记忆曾经快乐或悲哀，如今感受起来，只是一片晨雾般的淡然。"我要走了。"他说。

"活佛……"第巴跪了下来,轻轻捧起五世垂下的双手。这双父亲般宽厚的手,让保持着冷静面貌的桑结心中升起深深的悲哀。

五世伸手抚摸桑结扁扁的头颅,为爱徒做最后的祝福。"我还会回来呀。"

"看着我,孩子。我,阿旺罗桑嘉措,皇帝亲封的'西天大善自在佛所领天下释教普通瓦赤拉呾喇达赖喇嘛',持有金册金印。我与同样受封为'遵行文义敏慧固始汗'的图鲁拜琥和他的后人多年来分庭抗礼,如同天平的两端,总使西藏保持着一定平衡。但是现在,我要离开,虽然离开的时间不久,但足以使蒙古人乘虚而入。必须保持住这种平衡。正是民众忠实的信仰使我们强大,我离开,你必然倒下。我必须离开,我却又不能离开。"

桑结迷惑地望着老师,在眼神与眼神的交汇中,他突然明白了什么。他对活佛深深叩头,额头一次一次碰触到地毯上"寿山福海"的图案。这个聪慧的青年意识到,他即将主导雪域高原最惊心动魄的一幕。

这一晚之后的布达拉宫,依旧神秘庄严而寂静。之后若干年,固始汗的耳目打听来的消息都是"达赖佛在修行",极少有人再见过达赖佛的真容。

只有则省穷噶的几个极其受信任的侍从知晓[18],那一夜,五世达赖喇嘛溘然长逝。睿智的桑结嘉措命令将五世的遗体用盐水抹擦、风干,用香料和药物处理后封入灵骨塔[19],秘不发表。

这一年是1681年,藏历铁鸡年,清圣祖康熙二十年。这标志着一出大戏的开幕。序幕缓缓拉开,谁也不知这出故事最终将怎样落幕。

额巴钦波,尊敬的老师最后一缕轻微的呼吸散去,桑结的耳侧,世俗藏戏一鼓一钹缓缓敲响[20],长号低沉雄浑的声音暗暗涌动,两种声音纠缠不去。他是布达拉宫、西藏的"阿若娃"[21]。他既要禅定[22],又要起舞。

桑结走出老师的房间。幽暗的布达拉宫长廊曲折，无穷无尽。他脚上的喇嘛靴包着生牛皮的鞋底踏在平滑如镜的地面上发出沉稳、寂静的声音。风雨欲来，浓黑的云团在玛布日山上空翻涌[23]。

他屏退侍从，一个人穿越长廊。

注释：

① 上师：藏传佛教对具备较高修行者的尊称。

② 阿弥陀佛：原是无限量光之义，代表着无限的空间，而无量寿佛则是阿弥陀佛的又一种形象，代表无限时间，寓意无限量的寿命。阿弥陀佛在五部中统御莲花部，位于西方，象征着五智之中的察妙观智，依靠此种智慧将可以克制贪欲。其主要特征为：肤色为红色，表示克服贪毒；持禅定印，象征禅悟；显为阿弥陀佛时持瓶口钵，显为无量寿佛时持宝瓶；以孔雀为坐骑。身旁随侍四位菩萨，分别是观世音菩萨、文殊菩萨、持琴菩萨、持灯菩萨。

③ 观世音菩萨：又称光世音菩萨、观自在菩萨等，俗称大慈大悲观世音菩萨，四大菩萨之一。表示听闻世间众生愿望声音的意思，因菩萨眼耳鼻舌身意六根归一，因可名"观世音"。观世音菩萨具有无量智慧神通，以大慈大悲之心普救众生，其相貌慈祥端庄，形象一般是手持杨柳净瓶，凡所有众生遇一切难之时，念其名号，菩萨便会加以救度。阿弥陀佛、观世音菩萨、大势至菩萨（阿弥陀佛之胁侍菩萨），三者被并称为"西方三圣"。

④ 斯巴：藏族创世神话中的人物。

⑤ 罗桑·却吉坚赞：四世班禅罗桑·却吉坚赞，明末清初藏传佛教格鲁派领袖之一。

哲蚌寺：藏传佛教格鲁派的六大寺庙之一。在拉萨市西郊根培乌山上，海拔3800米，始建于1416年，原名"白登哲蚌寺"，简称"哲蚌寺"。藏语"白登"是庄严祥瑞之义，"哲蚌"代表堆积大米。寺院规模宏大，有七大札仓，今合并为洛色林、德扬、果莽、阿巴四大札仓，历史上众多高僧大德都曾在此修习佛经。主体建筑为措钦大殿、洛色林札仓、甲央拉康和葛丹颇章，多为明清两代陆续建造。大经堂雄伟宏壮，还有立柱与精美织绣挂幢、佛像、经幢、壁画及唐卡等，可一次容纳 8000 人同时诵经，灵位寺内还有大量藏文经籍和古文献。

⑥ 前藏：包括拉萨、山南等地区，以拉萨为中心。

⑦ 藏历：中国藏族的传统历法。它是在原始历法基础上，融合了汉历与印度历法而形成的一种历法。元代时形成了以天干地支与五行为一体的独特历法。到 19 世纪时，藏族就已经有了比较完善的历书。

⑧ 木碗：西藏日常生活使用器具。其选材和制作都有特殊讲究，分为大碗、小碗、套碗、盖碗和木钵等多种。木碗分男用和女用两种。区别在于，男用木碗碗口敞大，底部与碗口间距较小，给人稳重之感；女用木碗则通体光滑、碗形修长，有纤柔细润之美。另外，木碗有普通与名贵两种。普通型以杂本根或杜鹃树根制成，无装饰。名贵型则系以寄生植物制作而成，其中以寄生于篙枝的根部的一种瘤尤为珍贵，其木质黝黑透亮，纹路细腻，饰以银制饰物更是精美异常，是西藏木碗之极品。另外，此碗还有试毒之功用，因而更加名贵。

⑨ 天珠：一种玛瑙矿石，产于喜马拉雅山脉 4000 米海拔以上地带。天珠有着特殊的含义，如万字天珠寓意佛光普照；三眼天珠象征财富；龟纹寿珠则代表长寿，十分神圣；另外，天珠还有着天然磁疗作用，因而成为具有极高价值的收藏与馈赠珍品。

⑩ 第巴：旧时西藏地方政府管理卫藏行政事务最高官员名称的藏语音译。

⑪ 空行母：是指护持密乘行人及教法的女性护法，也是对一切修密乘的女性的尊称；从广义上说，女性之佛陀皆为空行母，如尊胜佛母。至密宗则完全不同于显教重男轻女之观念，相反十分尊重女性，在若干方面甚至更胜过男性。但在藏密经典中空行母实在是密乘教法和修持的最主要之主体之一。

⑫ 阿勒坦汗：即俺答汗，孛儿只斤氏，成吉思汗黄金家族后裔，16 世纪后期蒙古土默特部首领。

⑬ 后藏：即日喀则地区。

⑭ 赤巴：又称法台、总法台。是掌管一寺全部事务及宗教活动的负责人，通常由佛学知识渊博并且德高望重的高僧来担任。不少寺院则有由寺主活佛兼任赤巴的传统。其宝座设在各大寺院大经堂之内，任期随寺

院不同而各有差异。

⑮ 色拉寺：藏传佛教格鲁派的六大寺庙之一，全称为"色拉大乘寺"。在拉萨北郊色拉乌孜山麓。始建于1419年，创建人为宗喀巴弟子绛钦却杰，1434年建成。寺内有麦巴、结巴、阿巴三札仓。与甘丹寺、哲蚌寺并称拉萨三大寺。

⑯ 额巴钦波：意为伟大的五世。

⑰ 藏香：雪域高原上的一种神奇香熏，用药材和香料制成。藏族同胞认为藏香能够避鬼驱邪，因而成为不可缺少的日用品。藏香的生产至今已经有1000多年历史，一方面，它是人们用来朝圣拜佛、避鬼驱邪的特殊物品；另一方面，人们燃点藏香，能清洁空气，令人心情舒畅。

⑱ 则省穷噶：达赖侍从室。

⑲ 灵骨塔：安放活佛高僧骨灰、舍利骨或法身遗体的灵塔。

⑳ 藏戏：泛指藏族戏剧。藏语称"阿吉拉姆"，意即"仙女姐妹"。相传最早系由七位姐妹表演，内容多为佛经神话故事，因此得名。藏戏剧种系统庞大，由于青藏高原各地自然条件、生活习俗、文化传统、方言语音的不同，它拥有众多的艺术品种和流派。约起源于距今600多年以前，有藏族文化"活化石"之誉。藏戏剧种繁多，主流为蓝面具藏戏。其演出分为三部分：顿，开场时祭神歌舞表演；雄，正戏演出表演；扎西，祝福祈祥。最著名的有八大藏戏，即《文成公主》《诺桑王子》《朗萨姑娘》《卓娃桑姆》《智美更登》《白玛文巴》《苏格尼玛》和《顿月顿珠》。藏戏演员演出整个过程不化妆，不换装，戴面具表演是其主要特色。面具又有白面、蓝面之分。其中蓝面具戏因流传过程中的地域不同，从而形成四大派系，即香巴藏戏、江嘎尔藏戏、觉木隆藏戏和迥巴藏戏。

㉑ 阿若娃：藏戏中戴面具的舞者。

㉒ 禅定：禅，即自心不受外界干扰，定即内心保持宁静安详不复散乱。生前禅定修行可以帮助人最终证得菩提，但是短暂的禅定并不是永恒的解脱，人之本性原本清空明，只是迷惑于现象世界才导致散乱迷失，而只有当不论外界怎样纷繁扰乱而心都不为之所动时才是禅定的最高境界。禅定非苦苦求索而能得，而是一种自然融入的境界。密教认为禅定是发见心性和觉悟生死的最佳法门。

㉓ 玛布日山：又名布达拉山，位于拉萨市西北地区的山峦。相传，松赞

干布建立吐蕃王朝之后,迎娶唐文成公主,后"乃为公主筑一城以夸后世",遂在此山上修建了一座山顶红楼和999间宫室,共1000间,连成一片,十分壮观雄伟。被后来的佛教信徒誉为"普陀第二",因为"普陀罗"音译就是"布达拉",所以玛布日山也叫布达拉山。

瑞兆妙示天,六世降凡间

> 傲慢激生兵乱之灾,
> 心生厌恶离叛救世之法。
> 莲花生大师重临人世[①],
> 尊者乌金岭巴,
> 会生于水界癸亥年。

这不是一首普通的诗歌,是一个神奇的预言。它出自一部从地下发掘出的伏藏作品《鬼神遗教》[②]。癸亥年即康熙二十二年,1683年;尊者乌金岭巴,指仓央嘉措。

《鬼神遗教》的作者是宁玛派高僧,被人们认为是莲花生大师的化身。我们按照时间的数轴往回倒推,五世达赖于1682年圆寂,这位作者出生于12世纪,这中间相差了400年。

预言的主角仓央嘉措诞生于1683年3月1日,那一年,确实是癸亥年。

卓越的预言家跨越了四百年时间为一位活佛的降生做出了神奇的预言。

活佛降世是极其祥瑞的日子,天空、大地、河流、草木、遥远之城的天人,都会为他的降生表示祝福。仓央嘉措降生时,邬金林出现了奇异的天象:一弯彩虹横贯天宇,天空中无数异香扑鼻的花朵洒落,缤纷如雨。头上装饰着绚丽宝石的神祇在天空中显出华贵的影像,仿佛专程来为一个重大的仪式观礼。随即,身着披风、头戴通人冠的喇嘛们于云层后显出身形[③],为一个刚降生的孩子沐浴。

邬金林的百姓被天空显现的这一幕惊得目瞪口呆。一时间忙碌的人们忘记了手中正在忙的活计,大家都抬头仰视天空,看着天人们操持的神圣仪式。

扎西丹增没有注意这些,他抱着女儿曲珍在自家破旧的房子里焦急踱步,他的妻子次旺拉姆正在分娩。

突然间,大地震撼了三次,天人们隐去了踪迹。随着隆隆雷声,七个太阳同时映照在广阔的天幕之上,天空降下了花雨。人们惊异地发现,身旁的花草树木在以不可思议的速度绽放叶芽,鼓胀花蕾,仿佛它们也想做些什么以表达对一位伟大人物到来的无尽欣喜。

手摇经筒的老人望着天空喃喃地说:"这是有不平凡的人物来到邬金林啊。"人们听到老人的话,仿佛从醉梦中惊醒,齐齐跪倒于地,口诵祈祷经文向着遥远的天空频频叩首。

这神奇的一幕,多年后被文笔绝佳的扁头第巴桑结嘉措记载在了《金穗》一书中。

就在大地震撼的时候,扎西丹增的第二个孩子降生了。

这是一个男孩。虽然已不是初次目睹这生命的奇迹,扎西丹增依然激动不已。他放下女儿,欣喜地把新生的孩子抱在怀里,抱孩子的手哆哆嗦嗦,放在哪里都觉得不对劲。刚出生的小孩并不好看,红扑扑的,还有点儿皱皱的样子,像一个红透了的软软的果子。可是,就是这样一个小家伙让父母亲心中涌起了暖暖的爱意。扎西丹增抱着孩子凑近妻子,说:"看,眼角边还有段没打开的印痕呢,一定是个虎头虎脑的大眼睛小子!"

次旺拉姆爱怜地亲亲儿子宽宽的额头:"是啊,他身上还有股暖暖的香味儿呢。"这位母亲疲惫的脸上露出甜蜜的微笑,这笑容,使她看起来更像一尊菩萨。

次旺拉姆有高贵的血统,她是赞普的后裔,是被逐至洛扎地方的法王赤热巴巾的弟兄王子藏玛的后代。据记载,她是"品德高尚、信仰虔诚、施舍大方、文雅蕴藉、杜绝了五恶、具备八德的善良贤惠之人"。她有优美的体形，尊贵的仪态，具备佛母的三十二种功德。

这个温柔美丽的姑娘在河流边嬉戏、在草原上歌唱的时候从未想过，她会是佛母，会成为仓央嘉措的母亲。

每年藏历正月初三，是西藏成年的姑娘举行戴敦礼的日子。三年前的一天，年满十五岁的次旺拉姆穿上了漂亮的新袍子，扎起了紧腰彩带。次旺拉姆的母亲为女儿解开头上的童式发辫，为她梳了六十多条细细的小辫子。这做法，近似汉家姑娘的"上头礼"。之后，妈妈拿出了准备已久的"引敦"——一条缀有许多银盘的饰带——披挂到女儿背上。妈妈慈爱地望着珊瑚般明艳的女儿，从今天起，女儿就是大人了，这朵会走路的花儿会尽情地绽放，她的青春、活力与美会引得英俊小伙儿的倾慕河流般汇聚而来，勇敢的青年会如仰望初月般爱慕她俊美的容颜。

次旺拉姆和伙伴们盛装在篝火旁歌唱嬉戏，这朵花丛里最吸引人的"花"用月光般萦回澄澈的声音唱起了歌谣：

对面有座松耳石山，
山脚有位唱歌的青年。
青年的歌声动听又顺耳，
请带着宝石戒指来看我。

青年们都卖力地为她唱和：

青年的歌声动听又顺耳，
请带着宝石戒指来看我。

次旺拉姆兴奋而羞涩地红了脸，不敢正视那些对她投来爱恋目光的男孩。啊，她在人群里看到了谁？博学而腼腆的持咒喇嘛扎西丹增。扎西丹增很早就喜欢上了仪态端庄、心地善良的姑娘次旺拉姆，次旺拉姆也对这位擅长道词的温柔青年芳心暗许。望着扎西丹增被篝火和爱情映红的脸，姑娘一下子大胆起来，她勇敢地对着扎西丹增唱道：

谁说无桥难过河？
解下腰带做桥梁。
两根腰带相连接，
就是我们的过河桥。

小伙子们觉得奇怪，姑娘火辣辣的目光是投给谁的呢？左看看，右看看，是扎西丹增啊！大伙儿一下子哄笑起来，把扎西丹增从人堆儿里拉起来。扎西丹增羞涩地扶了扶帽子，放开喉咙唱出热辣辣的句子：

我在清澈的泉水边洗手，
摘下了手上的珊瑚戒指。
我爱的姑娘来背水，
偷拿了戒指戴手上。

在愈来愈炽烈的歌声里，这对门隅青年相爱了。

是的，这里是山南地区的门隅，门巴人时代居住的地方。

门隅处于喜马拉雅山脉南麓，被高原上生活的人们视为神秘的福地，他们称其为"白隅吉莫郡"——隐藏的乐园。这里是真真切切的乐园，春暖时节，荒芜的草场仿佛一夜间被软黄金般的黄花铺满，芳香四溢，连牛羊挤出的乳汁都格外醇美芬芳，有花草的香气。姑娘小伙在日落后燃起篝火，围着火堆纵情跳起"锅庄"[4]。秋凉的日子，杨树金叶飘零，针叶树翠叶苍冷，小灌木红叶凄艳，层层色彩交错成一幅华贵灿烂的泥金唐卡[5]，让每个举目张望的人深深陶醉其中。

门隅的首府叫门达旺，是"达登旺波"的简称。在门巴族的传说中[6]，太阳名叫"达登旺波"，即七匹马拉的车。这与古希腊神话中太阳神的故事相似，阿波罗也是乘着车轮燃烧的战车驶过天空，于是人间有了太阳的升落。

在遥远异族的神话中，驾驶着太阳战车的神与凄美的爱情有关。在七马之车驶过的土地上，亦有爱情的故事流传。阿波罗曾经被爱神丘比特的箭射中，爱上了河神的女儿达芙妮，苦苦追求，终不得其所爱。而门巴族传说的男子在爱情面前似乎比战神更为勇武。他自波光粼粼的清澈湖水中走出，遇到了湖畔流连的美丽门巴姑娘。姑娘美如莲花的宝光照亮了青年的双眼，他胸中燃起无法遏制的爱情烈焰。当一个男人爱上一个女子时，这女子纵使想要天上的月亮，男子也会想方设法为她摘取。爱情，使人勇武非常。

这位青年遂以月亮为弓弦、流星为箭镞，把定情的靴带射向心爱的姑娘，赢取了姑娘的芳心。

另一个关于门巴的传说，则有点儿悲凄。

天女化身为穷人家的女儿卓瓦桑姆来到人间，她拥有月亮般皎洁的容颜，心地如牛乳一般纯洁。这样美好的姑娘走在草原上，飞鸟为她浑身散发的美丽光辉而驻留，羚与鹿为她动人的容貌而踟蹰，格桑花与暇脊兰沿着她足迹踏过的地方大片大片地盛开，使草原的四季都保有原本初夏才会有的色彩与香气。美丽的卓瓦桑姆使嘎拉王一见倾心，与其结成连理，一同回到了宫殿。

女人的美是使男人迷醉的醇酒，却也是同为女人者妒忌的毒汁。王后哈江堆姆妒忌卓瓦桑姆的美貌，更妒忌嘎拉王对卓瓦桑姆的疼爱。卓瓦桑姆有孕即将分娩，邪恶的王后施展妖法，使嘎拉王误会卓瓦桑姆是魔鬼。卓瓦桑姆被贬为奴隶，眼含幽怨的泪水在崖洞中生下了女儿和儿子。

王后的报复没有停止，她甚至想用毒酒毒死嘎拉王。蒙神佛的庇佑，嘎拉王躲过了劫难。他认清了妖后的真面目后，处死了妖后，想去迎回妻女。但哪里有那常开不谢的爱情的花啊，嘎拉王的昏聩使他失去了天女的心，美丽的卓瓦桑姆化为一朵纯净圣洁的莲花飞向了澄澈的天宇。

无论这些故事的结局是喜是悲，都可以让后人在逝去的朦胧岁月中窥视到几许这块土地上萦绕不断的情缘。

这里可以爱，可以肆无忌惮地爱。

门隅是宁玛派的教区。宁玛派与格鲁派不同，宁玛派信徒可以结为夫妇繁衍后代。

所以,持咒喇嘛扎西丹增娶了门巴姑娘次旺拉姆,诞下了额巴钦波转世的仓央嘉措。

所以,日后成为格鲁派至尊的仓央嘉措胸中会生长出那么多细密缠绵、连法王的剑也斩不断的爱情。

因为门隅,在他的心中播下了情根。

人们会把苦果子放进嘴里,多因苦果子与甜果子一样,大多长得娇艳艳的。所有不快乐的故事,往往有个甜蜜愉悦的开场。扎西丹增与次旺拉姆爱得浓烈,像金雀银雀在草原蹦跶,像树枝与树叶相互依偎。没过多久,他们决定结婚。他们不知道,未来他们面对的将是一段苦难蹉跎的日子。

次旺拉姆的母亲对他们的婚姻给予了真诚的祝福。扎西丹增属于乜氏家族,是乜氏掘藏师白玛林巴的后裔[7]。这个古老的家族涌现过很多著名的人物,精通印藏文字的大译师乜·旺久卡热就出自乜氏。到了近代,乜氏家族没落了,扎西丹增家的日子过得很辛苦。可是,金子放到哪里都是金子,扎西丹增是远近闻名的好小伙儿。他通晓白玛林巴密教的经典,是派嘎村有名的学问人。他还是个孝顺的孩子,母亲与父亲常年卧病在床,是他耐心细致地为两位老人调养病症、养老送终的。女儿能嫁给这么一个知疼知热的人,次旺拉姆的母亲很放心。

婚姻大事,要征求家里人的意见。扎西丹增的父母亲去世了,但他还有一个姑母。不过,这件事他并不想知会姑母。

姑母住在邻村,是个粗鲁凶狠的人。父亲母亲在世时,为治病没少花钱。扎西丹增靠耕种过活,时常手头紧缺,不得已只好去寻求姑母的帮助。借三次,能借出一次钱就算不错了。不过几个铜圆,还要添上一大堆贬损人的啰唆话。父母先后去世,扎西丹增向姑母借了一大笔钱做安葬的费用。姑母隔三岔五便来讨债,扎西丹增不堪其扰。

不知会姑母,是因为他知道,姑母会自动上门。

果然,扎西丹增去次旺拉姆家求婚的第二日,姑母便上门拜访。

姑母虽然看起来干瘪瘦小,嗓门却不小,一进门就嚷嚷:"听说你要结婚啦?"扎西丹增回答:"是的,阿奈啦。"他向姑母表示了问候,就去煮茶。

扎西丹增默默地把砖茶捣碎了放进铁锅里熬煮⑧。姑母大模大样地坐在卡垫上,开腔道:"吃饭要在垫子上吃,有话要在垫子上说。我是爽利人,不跟你拐弯抹角。你有钱结婚,怎么没钱还我的账?"

扎西丹增农闲的时候,四处去打零工,攒下了一点积蓄。这些钱勉强能办一个简朴的婚礼,可是说到还姑母的账,还差得远呢。

姑母的嘴巴像林谷里的鹦哥说个不停,扎西丹增也不作声。铁锅里的茶水沸了又沸,他起身去找土碱。

姑母环视了下新布置好的婚房,说道:"恶人酒后握刀柄,猪若发情挖猪圈。先人果然说得不差,你这房子如今布置得也蛮像个样子的嘛,能值几个钱。"

"阿奈啦,您这是说的什么话?"听着姑母刻薄的话,扎西丹增终于忍无可忍了。

姑母一下子从卡垫上跳起来:"怎么样?我这么说了能怎么样?你倒硬气起来了,告诉你,不还我钱,别想结婚!"

"贵体亮在阳光下,谈吐请莫太难听。"次旺拉姆推开了门。她来了很久了,在门外把姑母说的那些混话听得清清楚楚,"阿奈啦,扎西德勒!"次旺拉姆客气地向姑母问好。

让心上人看到这个场景,扎西丹增有些窘。次旺拉姆对情人笑了笑,转过脸去向姑母询问:"我和扎西丹增马上就是一家人了。拖着账,过日子也不会踏实的。阿奈啦,我们怎样才能还清您的账?"

扎西丹增走上来握住次旺拉姆的手:"还了账,婚礼……"

姑母赶紧叫道:"还是次旺拉姆明理!我早就估算过了,这间破石板房,加上那条瘦牛,再加上你筹备婚礼的钱,将就着能还我的账!"

扎西丹增急了:"阿奈啦,筹备婚礼的钱我能给你。可是,没了牛,春天我怎么去耕地?没了房子,我的次旺拉姆住在哪里?"

次旺拉姆拦住他,对姑母说:"钱,我们会还。您请先回去吧,我们来筹措还钱的事。"

姑母酸酸地笑着:"落水东西可以捞,失口话儿难收回。既然你们说要还钱,我也不客气了。三天后,我来收房子!还有那牛,你们要好好伺候着,从现在开始,它已经是我的牲口了!"

姑母说完,摔门出去了。

刚布置好的新房里,寂静地站着一对新人。扎西丹增还在握着次旺拉姆的手,这位七尺高的汉子,望着这位自己深爱、也深爱自己的美丽姑娘,心中充满了愧疚。没了耕牛,没了房子,还怎么在这片土地上生活呢?别人娶了心爱的姑娘,能给她吃最美味的酥油糌粑⑨、戴最好看的玛瑙珊瑚。而他的姑娘,连容身之处都成了问题。愧疚感哽住了他的喉咙,他那能唱出几百首情歌的嘴巴,这会儿一句话也说不出口。

端庄稳重、目光坚毅的姑娘笑了,她抽出手轻轻捧住了情人的脸:"神创造了那么大的土地,水獭、猞猁都有容身的地方,我们两个年纪轻轻又能劳作,怎么会找不到落脚的地方?"

扎西丹增哽咽着把情人拥到了怀里。次旺拉姆抚着他的背,幽幽地说:"派嘎村做工的机会少,咱们可以去别的地方找活儿干。天要冷了,咱们就往南走吧,那边营生容易,听说那边市集也比咱们这边热闹。"她的目光向远方飘去,仿佛看到了之后他们的快乐日子,而非眼前即将失去的破旧石板房。

看着眼前的苦日子还愿意与你双宿双飞,这样的好女人去哪里找?次旺拉姆的容貌如同最鲜艳的红玉髓,心地是最纯洁的白玉髓!扎西丹增紧紧地拥抱着自己未来的妻子,在她的耳畔轻轻说道:"那我们就去邬金林,那里有我最好的兄弟那日。"

茶汁在铁锅里咕噜咕噜翻滚,惊扰了两个年轻人的幽思。次旺拉姆挣开扎西丹增的拥抱:"我们去喝酥油茶吧⑩。打茶筒放在哪里了?"

"啊,土碱还没放呢。"

不多时,"甲罗"上下抽动的声音响起⑪,酥油茶的香气与他们的欢笑声飘出了扎西丹增家的石板房。

相爱的人在一起,无论有多么苦的生活经历,都觉得有蜂蜜的甜味儿。可离家的路,真漫长啊。

扎西丹增与次旺拉姆背着不多的家什,走过草场,走过密林,走过湖泊,走过村庄。他们看到藏羚羊羊群在山脚驰骋⑫,看到优雅的棕头鸥成群地在湖面翱翔,偶尔有落单的牦牛在路旁走动,见到有人经过,警醒地瞪圆了眼睛。遇到磕着长头朝拜的人,扎西丹增与次旺拉姆会慷慨地把干粮与盘缠拿出来,与人分享。他们的吃食本就不多,几日下来,羊皮糌粑袋已经见底了。

扎西丹增向人问路:"前面那座高山是什么山?"

"那是纳拉山。"

扎西丹增高兴地跑回次旺拉姆身边:"我们快到了!邬金林就在纳拉山下!"

次旺拉姆眼尖:"看啊,风马!"顺着次旺拉姆手指的方向,扎西丹增看到了成串的风马旗在碧空下舞动,劲风吹过,白的、黄的、红的、绿的、蓝的旗帜高高飞扬。两人高兴地手挽手唱着歌向纳拉山走去:

> 黄色的幡代表自现莲,
> 红色的幡代表风调雨顺,
> 青色的幡代表子孙多,
> 红色的幡在草地上如鹿角发出宝光,
> 红色的幡在屋顶上似火焰般兴旺,
> ……

在朋友那日的帮助下，扎西丹增与次旺拉姆在邬金林落下了脚，住进了一棵大柏树旁的石板房。一年之后，生下了女娃娃曲珍，又过了两年，有了儿子阿旺诺布。

扎西丹增与次旺拉姆被巨大的喜乐包围着。稳重的次旺拉姆有条不紊地为新生婴儿用酥油沐浴，然后抱到屋外去晒太阳。扎西丹增乐呵呵地去煮糌粑汤。老人们讲，吃了糌粑汤孩子才能有个好胃口，吃得多长得快。

过了三天，朋友邻居们上门庆祝，为孩子举行"旁色"仪式。扎西丹增的好朋友、猎人那日最早登门。他背来了满满一"唐古"礼物[13]，有酒、有茶、有糌粑，还有一大块新鲜的酥油。那日笑呵呵地向次旺拉姆敬酒："我们邬金林最美丽的一朵花做了母亲啊，次旺拉姆，扎西德勒！"

次旺拉姆羞涩地接过酒杯："扎西德勒，那日！"

那日又给次旺拉姆敬茶，然后用拇指和食指捏起一点儿糌粑放到襁褓里红扑扑的小人儿额头上。糌粑在藏民眼中，是维持生命的圣物。以糌粑摸额，是无上的祝福。

"多壮实的小伙儿！起名字了吗？"那日问。

扎西丹增回答："起了，叫阿旺诺布。"扎西丹增为那日递过一碗热腾腾的酥油茶："旺钦还好吗？"

那日上个月刚做了父亲："好着呢，壮得像个小牛犊子，一天到晚窝在妈妈怀里吃奶，不停嘴。"说着那日呵呵笑了起来。这位身材壮硕的猎人人如其名，有一张黑黝黝的面孔，笑起来漂亮的牙齿白得耀眼。

亲友们陆续赶来祝贺，酒与茶堆满了屋子，糌粑抹满了婴儿的额头。

上一世的达赖喇嘛出世后受到了尊贵的活佛的祝福，这一世的达赖喇嘛出世后受到了淳朴的百姓的祝福。藏族同胞认为，头是身体最洁净的部位，只有活佛才能触摸。他们一生，以能得到活佛的摸顶祝福为最大的荣耀。这些朴实的、匍匐于尘埃中的藏族同胞怎能想到，自己能有为达赖佛祝福的荣耀？多少年后，猎人那日还会骄傲地回忆起那个不平凡的日子，向小酒馆中微醺的酒客们炫耀右手的拇指和食指："我，卑贱的猎人那日，不知得到了几世修行的福分，曾触摸过佛爷尊贵的额头啊！"

让我们回到这个遥远漫长故事的初始。额巴钦波——五世达赖佛走过了轮回，重又回到了这块纯洁高贵的土地。那么，他遗志的继承者，背负着沉重的使命，在权力之路上又走得如何呢？

此时，伟大的五世在信仰的深处沉眠，雪域的万千信众这样认为，彪悍的固始汗图鲁拜琥这样认为，甚至远在千里之外紫禁城中的清朝大皇帝也这样认为。

第巴桑结嘉措却不这样认为。

伟大的五世在灵骨塔中沉眠。

最初，他惊恐，他畏惧。他在守护着世上最可怖的秘密。他，一个年轻的领导者，他拥有充满智慧头颅却没有足够坚固的脖子，只要这个可怖的秘密被揭发，他的头颅就会与身体分家——不，要比这个更可怕，他的亲人，他的朋友，他的信徒，他的土地……是被固始汗的铁蹄踏碎，还是被大清皇帝归入另一个权势者的手中？他，他还掌握着老师的宏大的梦想，不，他的头不能这么早就离开躯体，他还要等待老师归来。

他曾抚摸他扁扁的头颅，为他做最后的祝福，说："我还会回来呀。"

侍从们发现，第巴每日诵经的时间越来越长。

他在压抑心中的恐惧。

他在战斗，与自己的懦弱战斗，与侵扰他宁静心境的鬼神战斗，与觊觎他手中权势的王公贵族战斗，与妄图劫掠他的百姓的蒙古强权战斗。

在布达拉宫漫长的诵经声中，他逐渐成长，日渐老成。他的背后，有五世达赖佛浓重的影子在坐镇，谁都不敢轻举妄动。五世达赖是雪域的神，他曾经向世人宣告，要用宽厚的双手保护这位年轻人。在草原上潜猎多年的老豺们可能不畏惧他,但是畏惧他身后的这双手。

有了这双手的保护,他得以顺利成长,他不再仅以博学著称,他的铁腕以及对权势出神入化的运用,使他成为掠食者们忌惮的人物。而他的威名,也如秋天原野的种子般随着刚猛的风吹向雪域的各个角落。人们知道额巴钦波,也知道他桑结嘉措。

他喜欢微服出行,他深知,这世上最可靠的是人,最不可靠的也是人。他需要了解民生,但不会迷信属下们的说法和耳目的报告。他时常会在市场出现,在酒肆流连,不图热闹,不为散心,他时刻被危机感压榨着,没有那个闲心——他只想要一个真相,关于自己权势程度的真相。这个真相,让他很满意。不过他对自己要求很高,他对自己说:"我要走得更远看一看。"

他打马走到一处偏僻的地域,有河流横于马前。河对岸一片灿灿金黄,这时正是五月底,繁花似锦。他翻身下马把缰绳拢给侍从:"我要自己去走一走。"

他找到船家,摆渡过河,到了对岸才发现,两手空空,钱袋都留在了侍从那里。撑船人生气了:"摆渡那么多年也没见过这么无赖的,过河不给钱!"桑结想解释什么,撑船人摆摆手说:"算了!看你头扁扁的长得像第巴大师,今天就算了!没有下次!"

撑船人把船撑回了对岸,留下苍青的河面上一片涟漪。

桑结转身向那一片纯净的黄色走去。是野牡丹,茶碗大的花朵颤巍巍地在五月温暖的风中绽放,花瓣、花蕊都是纯正的黄色,像四五岁幼女柔柔的脸、翘翘的睫毛。桑结在花丛中漫步,似有所思,他越走越快,步子越迈越大,忽地奔跑起来,柔而薄的黄色花瓣漫天飞舞。

这个偏僻的地方除了他再没有旁人。他,桑结嘉措,高原最遥远的地域都有人知晓的雪域第巴,他在强大,他在强大!总有一天,他不需要老师的扶助,也能勇武地矗立在雪原之上,俯瞰万民!

他奔跑着大笑。此刻,只有此刻,他不受束缚不受任何压力,他是自由的、自我的,他可以随意地显露悲喜让情绪宣泄。

桑结嘉措不是佛堂上的泥金塑像,他也有骄傲悲哀,喜乐辛酸。不过他必须做出坚毅的模样,让人以为他是金塑铁打的,不容侵犯!

只有荒原之上透明的天空以及漫山遍野的野牡丹,窥视到了扁头第巴桑结嘉措的秘密。

注释:

①莲花生大师:莲花生大师原为公元8世纪时期印度乌苌国王子,后成为印度佛教密宗的得道高僧。乌苌国位于今巴基斯坦印度河的上游地区和瓦特河流域地带。传说中的莲花生大师身世奇妙,乌苌国国王因扎菩提一日在皇宫花园中发现了一个男婴,这个婴儿当时就躺在湖边莲花座中。因扎菩提国王遂收养了他并视如珍宝,使其成为乌苌国王子。这个男婴长大后抛弃了王子身份出家修行,因其身世得名莲花生大师。出家后的莲花生大师在当时印度最著名的那烂陀佛学院学习,接受了传统的佛学教育。后来因不习寺院生活,四处游历并跟随高僧大德修行,最终证得菩提,成为印度密教名僧。在藏传佛教中他的名声极大,被尊称为乌苌大德。有佛经将其列位释迦佛后第二位大佛。据说他的法力与神通无边,为金刚手、观世音和文殊三尊合一之化身。据说莲花生大师生前著述颇多,为保护这些珍贵的佛学著作,后人秘密地将它们埋藏起来,等待将来时机成熟之时,自有有缘人来发现。

②伏藏:指在宗教信仰遭受劫难时,信徒将本教经典藏匿起来,待日后时机适宜时重新发掘和传承。以这种形式保存下来的经典或圣物等称伏藏。包括书藏、识藏与圣物藏。书藏指经籍,识藏指保存于人意识中的宗教经典或咒语,圣物藏指法器与高僧大德遗物等。

③通人冠:宗教典礼中的常服,帽顶尖长,左右有飘带。

④锅庄:藏族民间三大舞蹈之一。又叫作"歌庄"、"果卓"或"卓",是藏语"圆圈歌舞"的意思。舞蹈时,男女各半手拉手成一圆圈,一人领头,男女对唱问答,不用乐器伴奏,手臂不停晃甩,舞步动作有"悠

颤跨腿"、"跨腿踏步蹲"、"趋步辗转"等，分两段，先慢后快，按顺时针方向跳动。

⑤**唐卡**：也称唐嘎、唐喀，多绘于布帛或丝绢上，以彩缎装裱后悬挂供奉，是独具藏族民族特色的一种绘画艺术形式。其题材广阔，包括藏族历史、宗教、政治、文化及民俗等，可谓是反映藏族文化历史生活的百科全书。传世唐卡多为藏传佛教及西藏苯教之作品。幅面大小悬殊，小者盈寸，大者上千平米，因其上下皆有卷轴，便于悬挂和卷折携带，故流布很广，不限于宗教殿堂而进入人们日常生活之中。画面上覆有薄丝绢及双条彩带。涉及宗教内容的唐卡完成后，通常还要请上师念经加持，并在其背面加印喇嘛朱砂或金汁手印。根据材料不同，唐卡有"国唐"和"止唐"之分，前者以绸缎丝绢等材质，经手工绣制、绘拼后再编织、缝合或印制而成，又称国固；后者则是在画布上直接以颜料绘制而成，依据画的底色背景不同可分为金唐、黑唐和赤唐几种。唐卡的绘制十分复杂，用料考究，全部以天然矿、植物原料为颜料，色泽艳丽，历久弥新，具有十分浓郁的雪域特色。唐卡在艺术上有噶赤、钦赤和勉赤三个主要流派。布达拉宫著名的无量寿佛即为国唐，长55.8米，宽46.8米，是唐卡精品。同时，唐卡又有卷轴唐卡、提花唐卡、刺绣唐卡、宝石唐卡和贴花唐卡（即堆绣）等的分类方式，一般以卷轴唐卡即绘画唐卡为主。

⑥**门巴族**：我国少数民族之一，主要分布在西藏自治区，历史文化悠久。信仰苯教和喇嘛教，使用门巴语言，通用藏文，其民间文学内容丰富。水稻种植和狩猎、畜牧兼有，擅长木碗与竹藤器制作编织。

⑦**掘藏师**：被埋藏起来的莲花生大师的诸多秘法遗迹，如今在西藏仍随处可见，它们多在隐秘的山岩石洞之中，据说当初是为防止遭到破坏。按西藏密教大德说法，因随时局不同，受法者根器亦会产生程度差异，故而必须将这些密教经典埋藏起来，待将来世界合宜之世，让后人来发掘并传递。事实也确实如此，在其后的几个世纪里，不断有人发现了这些埋藏的宝典，密教经典精义也因此得以代代传承。而这些发现佛典并阐释经义的人则被世人称作"掘藏师"。在历代掘藏师中，最著名的就是发现了《中阴闻教救度大法》的卡玛林巴。14世纪时，十五岁的少年卡玛林巴在一座山上发现了一批珍贵佛学文献，而此经就在其中。几百年

来，许多西藏密宗佛典失传，但是却又一再地被发现，从而使得密宗的许多宝贵经典和经义能够保存并传承下来，这些都和历代掘藏师们的功绩是分不开的。

⑧砖茶：又叫做蒸压茶、边销茶。是用茶叶、茶茎或者茶末等经一定工序压制而成的一种块状茶，是较有代表性的一种紧压茶，主要是藏族等少数民族的日常饮品，历史比较悠久。

⑨糌粑：藏语音译，即炒面之义，青稞麦炒熟后磨成的面。糌粑是藏族牧民传统主食之一。吃时以酥油茶或青稞酒拌和，用手捏成小团。

⑩酥油茶：藏族地区的一种饮料。以酥油与浓茶加工制成。一般作为主食和糌粑一起食用。制作时先将酥油放入一种特制的桶中，添加适量食盐，再倒入熬煮的浓茶汁，用木柄捣拌直到茶汁与酥油溶为一体，呈乳状即成。

⑪甲罗：打酥油茶用的棍子。

⑫藏羚羊：主要分布在中国的西藏、青海、新疆地区，在印度也有极少量的分布。是我国重要珍稀动物物种之一，一级保护动物。属羚羊亚科藏羚属，和黄羊比较相似。平均体长在130厘米左右、体高80厘米，尾长15至20厘米，体重在50千克左右。生性胆怯，一般晨昏时候觅食活动，小群。善于奔跑，速度快时可达80千米/小时，主要栖息在海拔4600～6000米的高原草甸等环境中，最长寿命8年左右。母藏羚羊都要在可可西里生育后代。目前，在我国数量仅约10万只，是世界濒临灭绝物种。

⑬唐古：羊皮口袋。

替身深宫坐，猜疑暗涌翻

说到白宫，人们也许想到的是美国总统官邸。那是一座白色的二层楼房，北接拉斐特广场，南邻爱丽普斯公园，与利剑般耸入云端的华盛顿纪念碑遥遥相望。

在中国遥远的内陆，广阔的雪域高原之上，也有一座白宫[①]。它位于东经91°2′，北纬29°7′的交汇点，那个位置，是中国西藏自治区拉萨市中心的玛布日山。远远地，人们就能看到一座白色的宫殿静静俯视着拉萨。

它叫布达拉。

"布达拉"是舟岛的意思,是梵语音译,还可译作"普陀罗"或"普陀"——这个译文恐怕大家都不陌生。普陀,观世音菩萨居住的地方。依照雪域高原的传说,达赖喇嘛是观世音菩萨的转生。所以,布达拉宫是达赖喇嘛居住的地方。

每一代达赖喇嘛都把这日光之城中的美丽白色宫殿当做冬宫。多少次宏大庄重的宗教仪式在这里开始又结束,多少次波诡云谲的事件在这里掀起波澜又归于沉寂。

今天,来到布达拉宫,午后拉萨的阳光从高高的窗口倾泻而下,只要有足够的耐心,就能在空灵的阳光中捕捉到他们的呼吸声。那种声音深沉而绵长,游蛇般在庄重的充满神性的大殿中穿梭,在雕刻精美的梁柱、色彩艳丽的壁画间舞蹈[②]。

那种声音,曾经让年轻的仓央嘉措着慌。他一度认为,正是这些声音让他烦躁不安。他会用生牛皮底的喇嘛靴把"阿嘎"夯实的地面踩得啪啪响,让随侍的喇嘛们惊慌得不知所措。他不知道,使他烦躁的不是先代上师的灵魂,而是自己青春躁动的心。

第巴桑结嘉措也曾听到过这种声音。

藏式碉楼墙体宽厚,布达拉宫的窗台足有 2 米厚。少年时代的桑结嘉措时常和伙伴们一起在窗台上铺上卡垫,打坐、念经或是喝茶。天空碧青,云团浓郁,在高原璀璨的阳光里,少年桑结最喜欢玩的一个游戏就是伸出手做捕捉云团的模样,然后缓缓舒展手掌,让手指如莲瓣绽放。这时云就仿佛从手掌中流淌出一般,被风吹向远方。一个漫长的午后,他都会沉醉在这游戏之中,一次又一次地舒展手掌,恍惚间,少年稚拙的手指会呈现出吉祥天女散花般的优美手型。

这个适于冥想的寂静游戏会持续很久,伙伴们渐渐散去了,他依旧陶醉其中,直到乌拉们打阿嘎的歌声响起[③]。

成群的乌拉排成队列,手里持着下端套有沉重圆石的木棍,唱着声调响亮、节奏明快的歌曲一下一下捶打地面。这个工作类似汉族地区人们的打夯,只是他们捶打的不是普通的泥土,而是神秘宝贵的建筑材料"阿嘎"。"阿嘎"是"白色东西"的意思,是将风化的石灰岩或沙黏质岩类制成的粉末,用阿嘎夯实的地面和墙面,干燥后光滑结实,美观耐用。

乌拉的歌声使神圣的布达拉宫瞬间焕发出世俗的欢愉,这群欢乐的人仿佛不是来这里做工,而是参加某次愉快的飨宴。他们有时唱"'阿嘎'不是石头,'阿嘎'不是泥,'阿嘎'来自深山,是莲花大地的精华",有时唱"江头的水与江尾的水,距离遥远不得聚,如今它们重相逢,相逢在佛前的净水碗"。木棒夯土的声音是节奏,一轮又一轮的合唱震撼得寂静宫殿里的尘埃都颤动起舞。

少年桑结望着阳光下仿若翩然歌舞的人们,心想最迅捷的神鹰也没有他们的歌声飞得高、飞得远吧。桑结的目光随着他们的歌声在拉萨的蓝天白云下游移,布达拉宫的粉白色墙壁如洁白的哈达④,如纯洁的奶液在玛布日山上奔流宛转。玛布日山之下,是混杂着糌粑、酥油与藏香气味儿的红尘。

这座宏伟的宫殿位于玛布日山之上,它离红尘很远,所以,他离红尘很远。从八岁来到布达拉宫,年幼的桑结听到的除了诵经声、法会的法螺声、法号声,就是乌拉们打阿嘎的歌声。这座宫殿从何时开始建造?神灵将他的身体由小孩子变大为半大少年,白色的宫殿依然没有建完。然而,它也在生长,每日与每日都不一样。他,作为一个男子汉的轮廓逐渐出现在大家面前;它,作为一座宏伟宫殿的轮廓日渐清晰。

桑结听到身后响起细碎严谨的、训练有素的脚步声,他知道,这是五世的侍从们在被酥油浸润的阿嘎地面踩踏出的声响。桑结谦卑地俯下身子,恭敬地向伟大的五世行礼。五世慈爱地示意他起身,来到窗前,和他一起站到那片阳光里。

乌拉们沉浸在劳动歌舞的愉悦里,并不知额巴钦波正在宫殿的某个窗洞后面望着他们。这可是莫大的福分与机缘。对桑结来说,这样的机会也不是总有的。桑结不愿意错过这样的机会,他恭敬地向五世提问:"活佛啊,您是从什么时候开始建造这座宫殿的?从我出生之前您就开始建造它了吗?"

五世达赖罗桑嘉措笑了:"孩子,它是一座充满了神性的宫殿,它并不是我建造的,我是在对它进行重建。远在你出生之前,甚至在我出生之前,它就已经在玛布日山上俯瞰拉萨了。你随我来。"

他们来到大殿,大殿上四处是工匠们忙碌的身影。布达拉宫是雪域最宏伟的建筑,重建它工程浩大。西藏各地每年都会向拉萨输送大量的乌拉,文献记载每年布达拉宫使用的工匠有5700名,实际参与建设的人数能达到一万名。

在漫长的重建过程中,布达拉宫中聚集了西藏最杰出的工匠、手艺人,他们代表了那个时期西藏顶级的艺术水平。他们中除了藏族人,还有来自内地和尼泊尔的工匠。清朝康熙皇帝为了表示对西藏地区的重视,专门派来了一百多名技艺精湛的汉族工匠,支援布达拉宫重建。

技艺超群的艺人、珍贵特殊的建筑材料,出现在幽深的宫殿的各个角落,智慧与工艺相碰撞让宫殿中沉郁了近千年的空气闪烁出珠宝般璀璨的光泽。五世达赖把桑结带到了一幅壁画前,命令侍从们点燃巨大的烛台上粗如儿臂的牛油蜡烛。

"这位姿态曼妙、面目慈悲的女子是白度母的化身——文成公主[5];这位身材伟岸、仪态威严的男子是吐蕃王朝最强大的君主——松赞干布[6]。"五世注视着这些华美的壁画,开始讲述壁画中的故事。

"松赞干布派大相噶尔·东赞域松[7],带着黄金五千两及数百件宝物不远万里去朝见唐朝大皇帝。他希望能迎娶美丽贤惠的文成公主做他的妻子。当时,天竺、大食、仲格萨尔和霍尔也都派去了使者带着丰厚的礼物去求婚,他们都想把能带来吉祥与幸福的公主带回他们的土地。大皇帝说，你们比赛智慧吧，谁的智慧最多，谁就能迎娶公主。"

五世把桑结引到另一幅壁画前，说："你看，这就是'五难婚使'的故事。"

这些壁画色泽艳丽，画面繁而不乱，人物生动鲜明栩栩如生。小桑结被深深震撼了，思绪随着五世生动的讲述掉入了久远的故事中。

"第一场比赛，大皇帝拿出了一块湛清碧绿的松耳石，松耳石上有个弯弯曲曲的细孔。谁能把丝绳穿过孔洞，谁就赢得比赛。使臣们试着用锥子、绳子甚至猪鬃来穿，都没有成功。轮到噶尔时，他不要锥子，不要绳子，也不要猪鬃，他向大皇帝要了一只小蚂蚁。他把丝线系在小蚂蚁的腰上，小蚂蚁带着丝线轻轻松松爬过了孔洞。

"第二场比赛，大皇帝给每国使臣一百只羊，谁能在太阳下山前将羊肉吃完、将羊皮揉成皮革，谁就是胜利者。其他四国的使臣急急忙忙宰羊吃肉，太阳下山的时候，羊肉吃完了，羊皮还没有揉。噶尔让侍从们每人杀一只羊，将羊肉煮熟切成小块。大家围成一个大圈，用盐巴蘸肉吃。一边吃肉，一边揉羊皮，每人揉七下，传给后面的人。太阳还没有下山，大家快乐地吃光了肉，羊皮也揉绵了。

"第三场比赛，大皇帝给每国使臣一百只母鸡、一百只小鸡，谁能给小鸡找到各自的母亲，谁就能迎娶公主。使者们都被问题难住了，纷纷表示无能为力。只有噶尔胸有成竹地向大皇帝讨来了酒糟，洒在地上。母鸡与小鸡一对一对地凑在一起啄食酒糟，谁是小鸡的母亲一下子辨得清清楚楚。

"大皇帝不想心爱的女儿被娶走，又出了一个难题。

"他指给使臣们看一堆木头：'明天谁能告诉我哪里是这些木头的根，哪里是木头的梢，就算谁取胜。'这些木头的根和梢一样粗，使者们又一次犯了难。第二天，聪明的噶尔派人把木头全

部扔进了湖里,然后请大皇帝来到湖边,说:'沉入水中的一端是树根,浮在水面上的一端是树梢。'

"大皇帝对噶尔的智慧非常佩服,但是出于慎重,他提出了最后一项比试:给使者们一百匹母马和一百匹小马,谁能给小马找到母亲,谁就是最后的胜利者。使者们按颜色分,按模样分,都没能找对。噶尔想了个绝妙的主意,他把小马和母马分开,一夜不喂水和草料,第二天再把它们赶到一起。饿了一夜的小马们飞快地跑到母亲的身下去吃奶,谁是小马的母亲一目了然。"

少年桑结的灵魂仿佛随着上师的讲述融入了这些壁画,他随着聪明的噶尔从一场比试跳入另一场比试,时而担忧,时而思索,时而紧张,时而放松。大皇帝的试题那么刁钻,同行的使臣们那么愚蠢,白度母文成公主又是那么端庄漂亮。看桑结听得津津有味,老师额巴钦波慈爱地拍拍他略扁的小脑袋,带他来到第三幅壁画前。这幅壁画记录的是年轻英武的吐蕃王迎娶公主的情景。

壁画上的他们,姿容美如宝莲璎珞[8],光彩灿若星辰日月。这对永久地将生命凝聚在布达拉宫壁画上的璧人,当年一个二十五岁,一个十六岁,正是一个男人和一个女人生命中最美好的年纪。英国诗人西格里夫·萨松曾写下过不朽的诗句:我心里有猛虎在细嗅蔷薇。这句子,总被人以为是佛经中的偈子,也许,诗歌与偈语都源自生命的触动,所以才有这神与髓的相通?那时的松赞干布,真是雪域的一头猛虎啊,他如刚烈的飓风横扫高原,可在公主这朵汉地皇室精心灌育的娇媚蔷薇前,他听惯了刀刃劈裂煞风的心一下子变得温柔,他愿意为她驻留,细细捕捉她飘逸于青稞[9]、乔松、驼绒藜之间的香气。所谓金风玉露一相逢,便胜却人间无数。

达赖五世描绘出了当时松赞干布的喜悦:"那时的拉萨,还叫逻些。迎亲的队伍跳着欢乐的舞蹈把美丽的公主迎进了逻些城,松赞干布成了公主的丈夫。他快乐地说:'我族我父,从未有通婚上国的先例，我今天娶到了大唐的公主为妻，实为有幸，我要为公主修筑一座华丽的宫殿，以夸示后代。'于是，他让臣民们在玛布日山上建造了雪域高原从未有过的宏伟漂亮的宫殿，便是这布达拉宫。"

"活佛啦，松赞干布为什么要用菩萨的住地来给自己的宫殿命名？"

"因为松赞干布把观世音菩萨作为自己的本尊佛，他想祈求佛的庇佑。"

"活佛啦，为什么您会成为宫殿的主人？"年少的桑结想不明白，传说中神勇英俊的王，怎么会失却自己为夸耀后世而建造的宫殿？

上师弯下腰，看着孩子被烛光映照得灼灼发亮的眼睛："因为，有很多人想祈求神佛的庇佑。他们想跳出苦难的轮回，避开人间业火的烤炙。譬如，你看他——"

"巨喇母，巨喇母，巨巨喇母，吞救卡拉，喇庆母，喇母，阿嘉搭嘉，吞救，入路入路，吽救吽。"大殿的一角，一个画工正一边为壁画描金，一边念吉祥天母咒。

"活佛啦，他念错了！阿妈啦教过我，不是'巨喇母，巨喇母，巨巨喇母'，是'救喇母，救喇母，救救喇母'。我去告诉他正确的咒语怎样念[10]。"

上师微笑着："不用，他依然会得救。他真诚地念诵咒语，吉祥天母会一直扶助他，救护他。"

"活佛啦，自己修行就能得救，世间为什么还要有活佛？"

"活佛是引导者，不是拯救者。真正拯救人们，给人们以奇迹的，是人自己。"

"真正拯救人们，给人们以奇迹的，是人自己。"

"……给人们以奇迹的，是人自己。"

"……"

望着上师上下翕动的嘴唇，桑结从巨大的时间与记忆搅和而成的旋涡中挣扎而出,耳畔轰隆,半晌,才有星星点点的光亮洒进眼前的黑暗中。

是阳光。

午后,布达拉宫窗口倾泻而下的阳光。

他像少年时代一样坐在窗前冥思,陷入了巨大的寂静,走入了宫殿与他的生命缠搅而成的记忆。宫殿的记忆与他的思虑产生了某种共鸣的频率,如茶和奶溶溶搅和于一处。

惊醒他的是窗外波浪一般的打阿嘎的劳动号子。

盛大的法会就要开始了,成千上万的信徒从高原各地流向拉萨,流向八角街,期待活佛走出布达拉宫赐予他们最吉祥的祝福。

活佛必须出现。

但是,他可以编造一个关于活佛的谎言,却不能变出活佛奇幻的神迹。他是那么孤寂,无依。

"第巴去念经了,不要让人打扰。"侍从们小声地传说。他却一个人在幽寂的大殿中徘徊游荡,莫名地,在少年时代念咒静思的角落里睡着了。

十几年过去了,一切都改变了。他不再是在宫中学经的小喇嘛,他是第巴,掌控着千里高原沃野兴亡盛衰的扁头第巴。十几年过去了,一切都没怎么改变。布达拉宫依旧在建造,打阿嘎的歌声日日会在宫殿的某个角落响起。

权力很可贵,不是么?可在此种情况下,更多的时候,他想回到过去,对,他想溯回时间的上游,向老师讨回一个答案。那漫长、清晰的梦境。他无法在消亡的时间中抓住老师的影子,只好重走一遍记忆之路。

他是幸运的。

他找到了想要的答案。

他匆匆离开,去寻找他最信赖的侍从。窗外的欢乐、铿锵的歌声被灿若花粉的金色阳光淹没。

"你们都记得额巴钦波尊贵庄严的容貌吧?"

"伟大的五世姿容英伟,永世不敢忘记!"

"去寻找与额巴钦波容貌一样的人。"

"……大人,您……"两个侍从面面相觑。

"上师会参加七天后的法会,为信徒灌顶[11]。"

侍从领会了桑结的意思,领命行礼,退了出去。

不久,布达拉宫做杂活的老喇嘛旺堆静悄悄地从僧众中消失了。有人询问,僧官一句"要务在身",问的人便闭了嘴。其实,旺堆的去向,僧官也不清楚。带走旺堆的人,也只说了一句"要务在身"。

在布达拉宫,总是有许许多多的"要务"。一个"要务"来了,还有下一个"要务"。很快,老喇嘛旺堆就被众人忘记了。

即使记得又怎样,谁能想到旺堆从未离开过布达拉宫,谁又能想到喇嘛旺堆每日在五世佛爷的寝宫日光殿中安寝?

人们已经听惯了高原上奇妙的传奇,是天人降世、善人升天,一个普通喇嘛真的走入了人间天堂,却是大大超乎人们的想象范围。旺堆也是。昨天,他还在端着自己的糌粑碗跟僧侣们一起抢大锅里的粥;今天,他就坐在藏桌前享用银器皿里的肉、酸奶、酥油茶了。

他知道这里是哪里。每天天亮前,他都会匍匐在幽暗的大殿里用力擦拭地面,他熟悉这座宫殿盘桓的古雅馥郁的香味——这是日光殿,达赖佛的寝宫。达赖佛喜爱一种印度香的气味,这种昂贵的香料日日夜夜在日光殿的银质龙柄香炉里寂静地焚烧。

旺堆望着藏桌上精美的菜肴发呆。他想了想,最终伸出两根手指捏了一个包子。牛肉的鲜美汤汁灌满了他的喉咙,他禁不住又拿起一个塞进嘴里。

门静静敞开又关上,一个人静静走进来。旺堆忙着往嘴里塞包子,等他注意到有人,那人已经走到他面前了。

作为一个低级僧侣,旺堆从未靠近过第巴桑结嘉措,不知道他的面目。但是，旺堆看得到他锦缎质地的僧袍、鞋面上高贵的黄缎子，还有他扁扁的头颅。旺堆丢掉包子趴在藏毯上不住地叩头[12]。

桑结望着匆忙行礼的旺堆，望着他身下熟悉的"寿山福海"图案的地毯，淡淡地说："免礼吧。今后见面，我要向你行礼了。"

旺堆叩头叩得更猛了。头颅砸向厚厚的藏毯没有声响，只在清早的阳光里激起了飞扬的尘埃。

桑结蹲下来，抬起旺堆的脸："像，真像。"

这张脸每天面对着布达拉宫的地面，却从没被人注意过。是啊，一个站在高高的九重天上为凡人擦拭泪水，一个趴在肮脏的地上为地面擦拭尘埃，谁会把这两个人联系在一起呢？即使，他们有相似得让人心惊的脸庞。桑结不禁佩服侍从的眼光。

桑结回身坐下："不要叩拜了。今天起，你就是五世达赖佛，你得拿出风度与威严来，不要丢了额巴钦波的脸。"

桑结的目光没有离开旺堆的脸。

"真正拯救人们，给人们以奇迹的，是人自己。"

即使他不能像真正的五世一样给人们神奇的祝福，但有信仰在，人们依然会相信这样的会面能带来福气。

这张脸将帮助他渡过难关。

法会热闹非常。许久没有露面的额巴钦波要给人们摸顶祝福，信众们欢呼雷动。

人太多太多，普通的摸顶照顾不到这么多信众。活佛用一根长木棍挑起一根布条，一边念咒一边在缓缓走过的人群上方拂过。人们望着在宝座上端坐的盛装的活佛，随着他的每一个手势，都感觉有一股神奇的力量灌注全身。

距离太远，没有人发现，活佛庄重的僧帽下淌下了丝丝汗水。

老喇嘛穿着华丽庄重的礼服，极力抑制心中的恐惧。此刻，他本应该和昔日的同伴一起，在大殿的角落里努力擦拭地面，可他却高坐在额巴钦波高贵的法座上，为信众祝福。老喇嘛心中混乱极了,他只能忍耐。扁头第巴桑结嘉措就在距离他不远的地方低眉顺眼地坐着,仿佛伺候在真正的五世身侧。桑结嘉措确实仪容安详。只是他手中那串菩提子念珠转得飞快。

假五世达赖出现在阳光下的每一分每一秒对他来说都是煎熬。他要应付的不仅是信众,还有各地觐见的活佛、驻兵西藏的蒙古头领达赖汗。他们期待着与修行许久的达赖佛会面。见面就会露馅。他们只需要远远地看到达赖佛出现就好了、就够了。

编个什么理由呢?继续闭关?那么,见一面总是可以的吧……那就说身体不适,对,这个理由能把所有好意的、恶意的拜访推出门外。

达赖佛是病了,幸好,不是去世。

灌顶活动结束,达赖佛被侍从簇拥着消失在人们的视线里。第巴桑结客气地向尊贵的客人们宣布,额巴钦波身体欠佳不能会面。听到这个消息,尊贵的客人们议论纷纷。

扁头第巴引领着客人们去享用丰盛的宴席。他们一同走过布达拉宫曲折的台阶,灯火通明的长廊,窃窃私语声一直没有止息。

你们可以猜疑,但只要看不到真相,你们也就自能猜疑。

一个谎言叠加一个谎言,支持起了压在桑结心头的巨石。他不再那么忧惧烦闷,步履轻松起来。

客人们在第巴的招待下享受了丰盛的晚餐。显然,第巴本人是宴会中最愉快的人,他用一杯一杯的香醇的蜜酒和大块的烧牛肉填充多日来空瘪的胃袋。他与各位贵客讨论政治的、经济的话题,并为额巴钦波的健康干杯。

布达拉宫的香灯宝烛下,扁头第巴桑结嘉措心情愉悦,神采飞扬。

注释:

① 白宫:为布达拉宫主体建筑。有七层。其中第四层寂圆满大殿面积

717平方米，是布达拉宫白宫最大的殿堂。

② 壁画：西藏至今仍保留着大量壁画，它们主要是在各个寺院、宫殿、府第、驿站、旅舍及普通藏族同胞家中等的墙壁上。而以寺院最为集中，殿堂、走廊、天花板、殿檐、立柱等无处不在。它们色彩绚丽、内容丰富、形象生动，使寺院简直成为一个壁画艺术的天堂。西藏壁画在艺术上有很高的水平，技法多变，题材十分广泛，有宗教故事、历史人物、神话传说及世俗生活等，笔法纯朴，较多运用俯瞰式透视法进行构图，画面别具一格。因使用传统矿物质颜料，调和牛胆汁和动物胶，所以能保持颜色经久不褪，鲜艳明丽。

③ 乌拉：在早期西藏，农奴为官府或农奴主所服的劳役。在这里指服劳役的农奴。

④ 哈达：蒙古族和藏族人民使用的一种礼仪性生丝织品，为长丝巾或纱巾，纺时稀松如网，也有以丝绸为料的优良哈达。长短不一，从三五尺到一二丈皆有，用以表示祝贺、敬意等。藏族有尚白传统，因而哈达多为白色，亦有蓝、黄等颜色。另有五彩哈达，为白、蓝、绿、黄、红五色，象征蓝天、白云、绿水、大地，其中红色代表空间护法神，是专献给菩萨和近亲时做彩箭用。在藏传佛教中，五彩哈达被视为菩萨服饰，因此只有特定情况时使用，是最隆重的礼物。

⑤ 度母：又称多罗观世音、多罗菩萨，全称叫作"圣救度佛母"，共有21尊度母。

文成公主：本为唐朝宗室之女。公元640年，松赞干布遣大相禄东赞至长安，献金五千两，珍玩数百，向唐朝请婚。唐太宗答应把文成公主嫁给他。据说文成公主聪慧美丽，且自幼受家庭熏陶，知书达理。她入吐蕃后，很受尊敬。

⑥ 吐蕃：古代青藏高原地区的政权，约公元7世纪至9世纪。松赞干布创建。蕃字念作"波"，藏语作"bod"，是古代藏族的自称。吐蕃一说最早见于唐朝史书。

松赞干布：吐蕃赞普，《新唐书》又称器宗弄赞、弃宗弄赞、弃苏农赞等，吐蕃王朝的缔造者。他在位期间，建立了奴隶制度，创制了一系列法律、政治制度，重视经济文化事业发展，与唐修好，先后迎娶尼泊尔公主和唐文成公主，推广佛教，并创制文字。与墀赤松德赞、墀祖德赞并称为吐蕃三大法王。

⑦ 噶尔·东赞域松：即禄东赞。

⑧ 璎珞：古代用珠玉串成的装饰品，多用于装饰颈部。

⑨ 青稞：一种禾谷类作物，禾本科大麦属。又名元麦、米大麦或裸大麦。有黑青稞、白青稞、好墨绿色青稞等种类。主要产地位于我国西藏、四川、云南及青海等地海拔4200～4500米的高寒地带，是青藏高原的主要粮食作物。药用以及营养价值较高。已有3500年栽培历史。

⑩ 咒语：在西藏，手里拿着念珠口中念诵咒语的人随处可见，有的人甚至用一生时间以求精进持诵咒语。藏族同胞基本上都认同本尊与本尊咒语无二的正见，这是咒语在藏传佛籍里重要地位的一种体现，也是藏传佛教的一个独特之处。咒语具备着不可思议无边无量的功德与加持力。不仅持诵咒语能得无量功德，就是仅仅听闻这些咒语也是一种福德。咒语一般都只是音译，译师们只是保留其读音，而并不常对其意义加以翻译。这种习惯，也是为了更真、更完整地保持咒语中所蕴含的诸佛菩萨密意法力。而人们在念诵经咒时，也不必过多地去追寻意义，只需虔心持诵，便可得无量功德福惠。

⑪ 灌顶：有"驱散、注入"之意，或可译作"授权"。原为古印度太子即位之仪式。后为佛教密教所效法，灌是灌持，代表诸佛之慈悲与护念；顶即头顶，表示佛行崇高。凡有弟子入门或者继承阿阇梨位之时，皆须经本师以水或醍醐灌洒其头顶。佛法灌顶向人传授的是佛法大智。灌顶被认为是修获究竟秘密佛法之钥匙，作用极大。

⑫ 藏毯：西藏毛毯，有三种。一是指用羊毛线与牦牛绒毛线合织而成的，图案较鲜艳复杂，质地轻柔；二是用绵羊细毛线编织而成的，式样较简单素淡，但也有用彩线编织成花样较多的薄毯；三是"卡垫"，即垫子，用牛皮、帆布等塞上獐子毛、干草、青稞秆等，质地结实，是不少人日常生活用具和居装饰品。

菩提根深种①,辨物续前缘

广袤的草原季节分明,可是少年阿旺诺布总是莫名延续着错觉,认为眼前的原野四季碧青翠绿,在琉璃一般澄澈的天空下无休止地散发着草木辛辣、清新、忧伤的气味。

这漂亮的孩子不理解自己的忧伤源自何处,当风从远方吹来,吹过他柔软微微卷曲的头发,他会把脸转向西北方长久地凝视。

过路的商客告诉他,那是拉萨的方向。

扎西丹增家的漂亮儿子与别人家的孩子不同。刚刚会走路的时候,他就摇摇摆摆地自己跑去抓爸爸的转经筒②,径自笨拙地转动着经筒,高兴地张大嘴巴欢叫。再大一些,会说话了,和小姐姐曲珍玩耍着他会突然说:"我不是这里的人,我要回去。"曲珍很惊讶:"你要去哪儿?"他抬起小手,指向西北方。

西北方,遥远的日光城。第巴桑结嘉措坐在卡垫上诵经完毕。

夏天的青草长得格外茂密。拉萨周围草场的香气,冲破八角街的烟火气,随风飘进了玛布日山上的布达拉宫,这香味儿被酥油香和藏香的气味冲淡,在第巴的鼻腔转瞬即逝。淡淡的、清幽的草香,即使是一瞬,也足以让麻木的神经震撼。

他头脑深处的记忆之海,发出丝丝缕缕幽暗的闪光。

桑结睁开眼睛。约定的日子来临了,他要为布达拉宫寻找真正的主人。

"传曲吉卡热巴·多伦塔坚乃、多巴·索朗查巴。"

六月的清晨,一支马队悄悄从布达拉宫后门出发,走出八角街,走向拉萨的城门。守城的军官拦住了他们的去路:"何事出城?"

吉卡在马上回答:"去天竺朝圣。"

"朝圣?"看这行人的装扮气质,实在不像朝圣,军官示意他们下马。

吉卡看看多巴，多巴下了马，拿出了布达拉宫的证件和卦象："实不相瞒，朝圣是幌子，我们是有重要任务在身，要去寻找转世灵童。"

寻找灵童要有高僧给的卦象，这点不错。那份证明上，还有第巴桑结嘉措的印鉴。军官挥手放行。

军官没有想到，他听到的实话，其实还是个谎言。灵童的身份必须严格保密，桑结早就给下属们编造好了谎言让他们去应对突发事件。对于他扁扁的、聪慧的头颅来说，编造这样的谎言并不是难事。谎言保障他避过一次又一次惊涛骇浪，编造谎言他早已驾轻就熟。

出了城门，马队向东南方走去。那是高僧占卜得出的额巴钦波的灵童降生的方向。不过，他们的目标并不是邬金林，而是曲果甲拉姆拉措湖。曲果甲拉姆拉措湖被认为是神湖，具有非凡的灵性。藏传佛教认为，通过虔诚的祈祷、施行相应的仪式，会在湖中呈现灵妙的景象，指示出灵童身处的地方。

格鲁派在寻找灵童时，一般会使用降神或者高僧占卜两种方式。这两种方式都能指出灵童降生的大致信息，譬如灵童在哪个方向降生、是什么属相，等等。雪域高原，活佛众多，灵童也多，属性近似的灵童往往不止一个。在这种情况下，较为准确的寻找方法就是观湖。

茫茫雪域，神湖有两个，一个是仁布县的雍杂绿措湖，一个是山南加查县境的曲果甲拉姆拉措湖。拉姆拉措湖是西藏护法女神班丹拉姆居住的地方，"措"是藏语"湖"的意思，"拉"是神的意思，"拉姆拉错"就是"圣母湖"。

拉姆拉措湖被神峻的山峰包围。西藏的花朵色彩斑斓，山峰亦有不同的颜色，红的、黄的、绿的、黑的……围裹拉姆拉措的山是黑色的，使神湖看起来像被黑铁嵌边的宝镜，泛着凛冽灵性的光芒。

每年，都有无数的信仰者踏过草原，翻越高山，穿过河流，走过林地，坚定地向拉姆拉措走来。人们相信，只要虔诚祈祷然后观望湖面，就能从变幻莫测的湖水中看到自己的未来。只有经历着苦难和无奈生活的人才知道，一个未来的许诺，对自己有多么重要。无论这未来好与不好，至少能使心中的一块石头落地——其实更多时候，折磨人的不是生活本身，而是未知，未知是最可怕的魔鬼。

能来拉姆拉措观望自己的未来是无数藏族人的梦想，第巴也不例外。每一位第巴都有观湖的经历，第巴桑结嘉措却不在其中。他害怕看到一个不好的结果。他的一切生命轨迹都是既定的，额巴钦波——他的老师很早就已划定了他的生命道路，他必须按照这个方向走下去。他，第巴桑结，不能失败，没有失败。

他的命运影响着一个伟大人物的伟大梦想。一步一步，他在帮助那位伟大的人物把梦想完成。

这神圣的湖，只要呈现出伟大的五世再次莅临人世的地点即可。

夏天茸茸青草为铁灰的山带来了些许绿意。阳光穿透云层，驱散了笼罩在拉姆拉措湖上的雾气，湖水呈现出了瑰丽的色彩，深蓝、浅蓝、湖蓝、墨蓝、靛蓝、孔雀蓝……曲吉一行人来到湖边，供上各色贡品，向班丹拉姆女神敬献了哈达，开始了祈祷仪式。

仪式庄严神圣，经过漫长的经文念诵后，大家的目光都投向了斑斓的湖水，捕捉湖面映现的每一个微小倒影。

有人看到了高高的山口、飘扬的风马，有人看到了破旧的石板房，还有草场和牛。

"多巴，你看到了什么？"曲吉问。

"猪，黑色的猪的形象。"

"唔，与之前占卜的灵童的属相一致啊。"

"曲吉，你看到了什么？"

"我也看到了石板房,房子旁边有一棵柏树,很高、很大的柏树,一些小孩子在玩耍。"

"……"

寻找灵童的队伍离开了拉姆拉措湖,走向门隅。

这里是门隅。那位在布达拉宫壁画上行走的来自遥远汉地的公主,不仅带来了谷物种子、耕作技术、吐蕃王的爱情,还带来了堪舆之术。经历了一路风霜来到西藏,公主做的第一件事情,就是用"八十种五行算观察法"推算出了西藏的地形地貌。公主发现,西藏的地形如同一个魔女,魔女头东脚西仰卧,拉萨的卧塘湖是她的心脏部位,玛布日山和药王山是她丰满的乳房[3]。

门隅,就在魔女的左手心。

据典籍记载,门隅是"乌仗那第二佛祖曾经加持过的宝地[4],那里遍布秘籍宝藏,与边地坎巴顶相毗邻[5],年稔谷粮十三种,林木瑞草花果数不清"。

莲花生的传说,使寻访者们踏上门隅的土地时心中自然流淌出敬仰之情。

莲花生,是怎样的少年呵。传说中,他的容颜永远停留在十六岁,岁月的痕迹永远不会爬上他玫瑰色的脸颊,他上嘴唇柔柔的绒毛永远不会化为黑而硬的胡须。《大阿阇黎莲花生传》记载,他"肤色白里透红,无名指有莲花图纹,眼睛和嘴唇像盛莲一样"。很久很久以前,他脚踏祥云迎着风来到门隅,柔软微微卷曲的头发在风中飘荡,就像……就像那在村口放牛的孩子一样……

马队穿过山口,来到了邬金林。远远地,看到村口的高地上放牛的小孩。一个侍从打马向前,俯下脸来问:"孩子,你知道村子里谁家的房子挨着柏树吗?"

孩子绽开莲花一样的嘴唇,微笑着:"那是我家呀。"

有秘典记载,莲花生大师是过去、现在、未来三时诸佛之总集,观世音菩萨亦是他的化身,身为达赖灵童的仓央嘉措,是他的转世。一点灵魂，因有了那普度众生的愿力，便随从光阴在这红尘中流了又流，转了又转。

为避免引人注意，马队在村外驻扎，曲吉与多巴带着辨认灵童的物品来到扎西丹增家。

两人向扎西丹增与次旺拉姆献上了作为布达拉宫公文标志的吉祥的哈达，然后取出五世达赖的谕旨献给扎西丹增。在一旁玩耍的阿旺诺布看到谕旨，笑着对爸爸妈妈说："这是我的印章，你们得福啦！"无论是来访者，还是扎西丹增夫妇，听到这话都大为吃惊。

寻访者要使用辨认前世用具的方法来确定灵童。

曲珍被送到那日家，大门紧闭。扎西丹增与次旺拉姆虔诚地跪在房子的一角，看曲吉与多巴先按照礼仪举行庄严肃穆的护法神唐坚嘉措恕衍请愿仪式，狭小的石板房香烟袅袅，梵唱声声。

放牛小童阿旺诺布净身后，口含加持物端坐于卡垫之上。浓郁的桑烟与流水般流淌的梵唱并没有让他觉得不安，反而，他露出兴奋的神态，一副安享其中的样子。

测试开始了。喇嘛曲吉卡热巴·多伦塔坚乃是五世贴身侍从，而多巴·索朗查巴不是。但是他俩对阿旺诺布说："我俩是你的仆人，现在你记得谁，请到谁的怀中安坐。"阿旺站起来，毫不迟疑地向曲吉走去，坐到他怀里。

曲吉的激动无法言说。他压抑着强烈的感情，拿出两个卷轴，铺开来看，是两幅唐卡，一幅是宗喀巴大师的肖像，一幅是五世达赖本人的肖像。多巴问："你认识画像上的人吗？"

阿旺笑了，指着五世达赖的肖像说："这个我认识。"

"你认识这个吗？"曲吉又取出五支镇邪橛放到藏桌上。这些镇邪橛一支比一支镶嵌得华贵精美，阿旺挑挑拣拣，却没有拿小孩子最喜欢的嵌满多彩宝石的，而拿起了五世用过的较为朴素黯淡的镇邪橛，说："这是我的东西。"不过，他的神态有些迟疑："我记得，我的镇邪橛没有这么大……"同样一支镇邪橛，对一个缩小的身体来说,当然显大。前世的零碎记忆不足以解释今生的疑惑,阿旺拿着这支镇邪橛摆弄了许久。

第二天,认证的考验继续进行。同昨日一样的仪轨,念诵经咒并净身。这次曲吉和多巴请出了一尊莲花生大师雕像,一尊嘎玛巴银制雕像。莲花生大师是密乘大师,嘎玛巴是噶玛噶举派的活佛[6]。阿旺伸出小手,将莲花生大师置于头顶,把嘎玛巴放在胸下的位置。次旺拉姆惊奇地握住了丈夫的手,阿旺从没有见过莲花生大师与嘎玛巴的形象,又怎会知晓如何安放?

次旺拉姆说不出心里的滋味。自小孩子嘴里偶尔蹦出几句超出她理解的话,她只当作顽话。高原上每一个藏族人都熟知活佛转世的故事[7],但,这是自己的儿子,自己身上掉下来的肉,她从未把儿子与神圣的活佛联系在一起思考过。

香烟和经文似乎唤醒了孩子前世的记忆,他记起得越多,她越惶恐。孩子是活佛,是无上的荣光,也意味着,她将失去儿子。活佛,要坐在高高的宝座上。

多巴再次摊开了几轴唐卡,然后取出了圣物——乃琼大神赐给甲亚巴的弯刀和哈达。多巴问:"你知道这是谁的吗?"

"是他的。"阿旺毫不犹豫地从一堆神祇画像里指出了乃琼大神。

第三天,曲吉拿出了五世佛的旧物,一本印刻着华美纹饰的木刻经书。小孩看着曲吉恭敬地把这本经书放在藏桌上,有点儿失望:"这种本子,布达拉宫里有很多呀。"他希望曲吉能像前两天一样拿出更有趣的东西,曲吉做出无可奈何的样子,按照规定,他今天只能拿这样的东西出来。阿旺只好去翻看这本书,在纸上模仿着画那些复杂的花纹,后来甚至把书从头到尾翻了一遍,仿佛里面的每一个字他都看得懂似的。

第四天,曲吉拿出了两顶冠冕。五世达赖在得到固始汗的帮助统一西藏后[8],曾经制作过一顶象征武功的冠冕,名叫崇威高德王冠,是五世的爱物。阿旺拿起崇威高德王冠戴到自己头上。

帽子对现在的他来说太大了,一下子遮住了眼睛。他把帽子托起来,在屋子里跑着玩,跑了几步突然停下来对曲吉说:"你把你自己的帽子也戴上吧。"

另一顶冠冕,是班智达的通人冠。"班智达"是大学者的意思,曲吉是精通五明的班智达[9],这顶通人冠确实是他的。

第五天取出的,是两把小刀。一把是被猫眼石与金丝装饰的华贵藏刀[10],一把是五世佛用过的旧刀,下面挂了耳挖勺、牙签等小工具。阿旺看都没看新刀一眼,伸手就取走了旧刀:"这刀是我的!"多巴说:"旧刀给我吧,给你新刀,看,它多漂亮。"阿旺摆弄着挖耳勺,头也没抬:"新刀子的福力怎能与旧刀子相比啊。"

第六天,多巴拿出两只宝贵的法器——装有真言芥子的两个牛角,其中一个是五世曾经使用过的。

阿旺这次迟疑了许久,两只牛角看起来太相似了,但最终,他拿走了属于自己的那支:"这个是我的。"

第七天,是最后试验。桌上摆着一溜七个茶碗,有曲吉的,有多巴的,新旧不一,款式多样。其中一个是五世的。阿旺准确辨认出了五世的那只茶碗,抱住了不撒手,一定要用那只碗吃饭:"这个茶碗是我的!"

五世的茶碗是宝器,一定要带回布达拉。无奈,曲吉与多巴只好等孩子用茶碗吃完饭再伺机哄下。

扎西丹增家饮食俭朴,只有茶和糌粑。阿旺用餐前,先敬神灵,然后才开始食用糌粑。而且,他抓糌粑时两根手指微微弯曲上翘,那姿势与五世一模一样。

望着正在吃糌粑的孩子,曲吉和多巴感动得无以言说。

他若不是达赖佛,还会是谁呢?他的行止与达赖佛几无二致,他的样貌也符合《方广大庄严经》对观世音转世灵童的描述:"这位'一切成'的孩子所具备'大勇'者的三十二吉相是[11]:肉髻突兀,头闪佛光,孔雀颈羽色的长发右旋着下垂,眉宇对称，眉间白毫有如银雪，眼睫毛酷似牛王之睫，眼睛黑白分明，四十颗牙齿平滑、整齐、洁白，声具梵音，味觉最灵，舌头既长且薄，颔轮如狮，肩膊圆满，肩头隆起，皮肤细腻，颜色金黄，手长过膝，上身如狮，体如桎柳匀称，汗毛单生，四肢汗毛旋向上，势峰茂密，大腿浑圆，胫如兽王系泥耶，手指纤长，脚跟圆广，脚背高厚，手掌脚掌平整细软，掌有蹼网，脚下有千辐轮，立足坚稳……具有这种吉相的大王不会是转轮王，而应是大慈大悲的观世音菩萨。"

毋庸置疑，额巴钦波的灵童已经找到。曲吉派侍从迅速回布达拉宫禀报。

在各种势力扭曲交错的布达拉宫，一个绝密的消息能传到第巴的耳朵中，也能传到另一只耳朵中。

活佛缠绵的病痛与长久的闭关早已引起了各方的猜疑，活佛早已圆寂的说法也在暗地里流传了不止一天两天。但是，没有人敢站出来捅破这层窗户纸，一旦有个闪失，扁头第巴会从脑袋里想出的恐怕不只是赞词里优美流畅的句子，还会有让人生死两难的报复。掌握了灵童，就等于拿到了第巴的把柄，亦等同于掌握了这个宗教权力的命脉。

沉寂了许久的各股力量再次蠢蠢欲动。一些第巴的反对者迅速作出反应，派心腹僧侣去劝说佛父佛母带着灵童出走。

他们为了更顺利地达到说服的目的，没有直接去邬金林，而是先去了佛父佛母的故乡请他们的亲友帮忙劝说。次旺拉姆的母亲婉转拒绝了这些僧侣的请求，连同他们携带的黄金一同请出门外。僧人们没有泄气，连夜去拜访扎西丹增的姑母。在这位贪财的姑母面前，一两金子抵得上千言万语。时间紧迫，天还没亮她和僧侣们踏上了去邬金林的路。对于赚钱，她总是有额外的热心和执行力。

扎西丹增与次旺拉姆对姑母的到来大为惊讶，姑母却丝毫不觉得尴尬，扯开惯用的大嗓门问好："扎西德勒！孩子们，听

仓央嘉措诗传 / 451

说你们现在发达了?快,让姑母看看那个带来吉祥的尊贵孩子在哪儿?"阿旺诺布已经被曲吉和多巴带着转移了住处,并没有和父亲母亲住在一起。姑母很是失望,但是为了钱,她怎肯轻易罢休。

石板房外,曲吉带来的侍从偷偷注意着屋里的动静。

与此同时,猎人那日家,也来了两位僧人。

灵童的新动向,陆续传往布达拉宫。在这些僧侣之后,还会有什么人来拜访?灵童需要再次消失于人们的视野,不然,只会横生事端。桑结嘉措拿定主意,请高僧占卜适宜藏匿灵童的地点。

不久,曲吉等人接到第巴的密令:将灵童一家迁往夏沃错那。

柏树下的石板房,一夜之间空了。那天清晨,那日在自家门前发现了一大袋细糌粑,装糌粑的,正是阿旺出生时他背去扎西丹增家的那只旧唐古。

安置好灵童一家,曲吉等人预备离开。吃过了最后一餐饭,曲吉拿出一个护身结哄下了孩子手里的糌粑碗。护身结用五色丝线编成,两端各有一粒刻着符咒的檀木珠,精美漂亮。这是曲吉亲自加持的,有平安吉祥、具足顺缘的效用。一套上头,一股神奇的力量涌遍全身,孩子对老喇嘛会心微笑。

曲吉与多巴留下了很多精致糌粑、上好的茶叶和银钱,对佛父佛母客气地行礼:"请照顾好佛爷。"

见他们没有带走孩子,次旺拉姆又惊又喜。

"这孩子尊贵吉祥,福德大得远远超过您的想象,但神佛指示,他有劫难未完,需匿迹于僻野。请您务必保守这个秘密。"

被莲花生大师祝福过的门隅,无论哪一块土地皆有鲜花美果,水乳流香。村落陌生,可是眼前的景致并不陌生,依旧是草场碧绿,云山高耸。

马队重又消失在蓝天绿野之间。

祈祷带来的开启前世记忆的力量似乎消失了。这个喜欢凝望碧蓝天空、萋萋绿草的孩子，望着马队远去，似乎并不知道他们为何而来，对他们的离去也漠不关心。他更不会知晓博学的僧侣、被尊称为"日增"的戴达岭巴在书籍中写下的预言：

众生之主承殊业，

降于香拔雪山西南。

他此来为了护佑苍生，

将为神圣宗教的宗主。

乌云覆盖了原野，瞬息间大雨倾盆，仿佛要洗刷掉访客的印迹似的。草场雾蒙蒙一片。阿旺无处躲雨，蜷身到一块凸起的石头下面。

不多时，清风吹过，云歇雨收。阿旺刚想从石头下钻出来，就听到小姐姐曲珍带着哭腔的呼喊。

姐姐在叫自己。

"阿佳！我在这里！"阿旺露出头，向小姐姐挥手。

小姐姐过来就把他按在石头上一顿揍："阿妈叫我看住你不要乱跑，你不听……叫你不听话！叫你乱跑！"年幼的曲珍不清楚家里发生了什么事，但是从匆忙的搬家、爸妈神情凝重的叮嘱里，她隐隐约约地感觉到了什么，知道必须得看好弟弟。客人刚走，弟弟就不见了。曲珍非常惶恐，不敢跟爸妈说，没头苍蝇似的一顿找。曲珍的藏袍被打得透湿[12]，满头满脸的雨水，样子看起来狼狈极了。望着满脸茫然的弟弟，一种委屈的感觉涌上喉头，她松了手，哇地大哭起来。

长这么大，阿旺还没被姐姐揍过，他一滴眼泪没流，倒是姐姐满脸泪水。

曲珍抽抽搭搭想拉了弟弟回家，弟弟从石头前移开了身体，刚才他挨揍时趴过的那块岩石，清晰地呈现出了一个人形，胸前，还有护身结的痕迹——是弟弟，弟弟的身形印在了石头上！

曲珍被眼前的景象惊没了眼泪。

殴打神佛，是重罪。石头记下了曲珍的罪。

草原上的故事传说，曲珍因为打了佛爷，积累了罪业，入了畜生道。后来还是得仓央嘉措本人的救助，才得以跳脱苦海。

马队消失的方向，出现了一支队伍，他们抬着什么东西向村落走来。是猎人猎到了狼。狼是草原上惹人愤恨的野兽，它们行踪飘忽不定，今天可能在这个村落偷吃一只羊，明天就跑到另一个村子去偷吃一头牛。狼的食量大，一头成年狼一年能吃十几只羊。猎狼是受到百姓们拥护的活动。打死狼之后，猎人抬着狼尸周游各村表演打狼歌舞，这是对猎狼成功的一种庆祝，也能在活动中得到大家的赞扬和赞助。

这次，猎人猎到的是一头大黄狼，他们把狼皮剥下来，填入干草做成标本，并在狼身上悬挂饰物和哈达。狼的嘴巴经过特殊处理，用一根木叉死死插住，让狼死后也不能去向神灵告状。

领头人"阿波热"手持五彩绸子飘扬的彩箭，走在队伍前面分外显眼。一会儿到了村子里，他要向大伙儿说唱好听的"江雄"呢。

佛爷并不觉得自己刚刚受到了怎样的冒犯，高兴地向"阿波热"跑去，留下曲珍自己在原地发呆。

"阿佳，阿佳，你也来啊！"阿旺一边快跑一边招呼着曲珍。他跑得快，有人比他跑得还快。

一个白衣小孩骑着一匹小马，如一道闪电越过阿旺，冲向了抬着狼的队伍。不过，小孩显然对阿旺比对狼更有兴趣，他掉转马头又冲了回来，泥水溅了阿旺一脸。

雨后的草场，阳光刺眼，这孩子微微皱起眉，仿佛一下子看不清阿旺的样子，又仿佛有些轻贱眼前的小孩："你就是那新搬来的？"

他一定是贵族的孩子，白色的衣服上镶着宽宽的水獭皮，还有金线的刺绣，使原本就刺目的阳光更加灿烂。阿旺诺布看了半天，才勉强看清他的脸。好漂亮的一双眼睛。

"怎么不说话，你是哑巴吗？"

抬狼的队伍走近了村子，村子里的孩子们欢叫着迎上去。

"卓玛，你在跟谁说话？"一个穿红袍的男孩带着几个小朗生跑过来[13]，手里握着马鞭。

"新搬来的，阿爸说的大贵人。"马上的孩子嘟起嘴巴，"阿爸净瞎说，哪有什么大贵人的样子嘛。"

"卓玛，不要瞎说，阿爸说了，这是大秘密，谁要说出去，就让行刑人用弯刀割掉谁的舌头！"

"我，我没说！都是你，非要偷听阿爸和客人谈话，连我也听到了。"白衣的孩子懊恼地伸出手指塞住耳朵，样子娇俏可爱："他们也听到了啊！要是他们说出去了，可不能怪我！"

穿红袍子的男孩无奈了，扬起手里的马鞭四下乱指："你，你，你，还有你！"

小朗生们惶恐地跪倒在地。

"你们谁要是听到了我们说什么，割了你们的舌头！"

"没听见，少爷，我们什么也没听见！"小朗生们异口同声地回答。

小少爷对自己的威吓很满意。他怎么可能不满意，对朗生来说，这种威吓，随时随地都可能变成现实。

小少爷摆平了手头的事情，开始关注身边一直默不作声的外乡人。他看人的样子跟骑马的男孩有点儿像，微微皱着眉，不知是嫌阳光过于刺眼，还是他骨子里的骄傲所致："新来的，你叫啥？"

"……阿旺诺布。"阿旺又看到了一双漂亮的眼睛，而且，他与马上的男孩长着多么相似的一张脸啊。

"我是宗本家的少爷塔坚乃班丹。喂，外乡人，见到本少爷怎么不知道行礼？"

"塔坚乃少爷，扎西德勒！"

"还有我呢！你还没向我行礼！"马上的少年叫着。

仓央嘉措诗传／455

阿旺只好再向白衣少年行礼:"小少爷,扎西德勒!"

"哈哈哈哈……"宗本家的两个孩子笑了,马上的那位更是笑得花枝乱颤:"我是宗本家的小姐!真蠢,你见过我这么漂亮的少爷吗?"卓玛骄傲地挺起腰身。

绵羊不长角,谁辨得出公母?小村庄走出来的阿旺诺布从未见过男装的女孩,惊讶极了。

塔坚乃大笑着翻上马背扶住卓玛的腰,去追赶猎人的队伍。小朗生们跟在马屁股后面一溜烟消失了。

卓玛,是女孩子的名字啊。我真蠢呢。想一想,阿旺自己也笑了。

村子里,说唱"江雄"的乐声响起。"阿佳,走啊去听说唱!"阿旺跑回姐姐身边,拉起姐姐的手向村子走去。

注释:

①菩提:意思是觉悟、智慧。菩提是明心见性,大彻大悟,断绝世间烦恼而成就涅槃境界的智慧,有佛、缘觉、声闻三种菩提。以佛之菩提为无上究竟,称阿耨多罗三藐三菩提,即无上正等正觉之义,也译作无上菩提、无上正真道、无上正遍智。据《大智度论》卷五十三所说,佛之菩提有五种:一、发心菩提,谓十信菩萨发心求菩提,其心则为至菩提果之因;二、伏心菩提,谓十住、十行、十回向等阶位之菩萨行诸波罗蜜,制伏烦恼,降伏其心;三、明心菩提,谓登地菩萨了悟诸法实相毕竟清净,即所谓般若波罗蜜相;四、出到菩提,谓第八不动地、第九善慧地、第十法云地等三阶位之菩萨,于般若波罗蜜中得方便力,亦不执着般若波罗菩提形象蜜,灭除系缚之烦恼,出离三界,到萨婆若(一切智),故称出到菩提;五、无上菩提,谓等觉妙觉证成阿耨多罗三藐三菩提,即佛果之觉智。菩提萨埵,指求无上菩提之大乘修行者,简称为菩萨;佛成道之处所,称菩场、菩提道场,其道场树称菩提树;檀那所属之寺院,称菩提所、菩提寺。念佛讲法,广祈众生增进佛道,称菩提讲;求无上菩提之心,称菩提心、无上菩提心或无上道意;顺趣菩提三十七种之行品,称菩提分法;祈祖先等成佛,而修冥福,称增上菩

提。在《法华经论》中又有三种菩提的说法：法身菩提，即立法佛菩提；报身菩提，称报佛菩提；应身菩提，称应佛菩提。

② 转经筒：也称转经桶、嘛呢转经轮等。藏传佛教信徒人人都会持筒转经。藏传佛教认为，持颂六字真言功德无量，可得脱轮回之苦。所以除了口诵真言外，还制作了"嘛呢"经筒。藏传佛教信徒把"六字大明咒"以经卷装于经筒内，每转动一次就相当于念诵经文一次，如此反复念诵着成百倍千倍的"六字大明咒"，以表达对佛的虔诚。现在还有了灯转嘛呢筒、水转嘛呢筒等可以代人念诵"六字大明咒"。

③ 药王山：藏名叫"夹波日"，意为"山角之山"，海拔 3725 米。

④ 乌仗那第二佛祖：即莲花生大师。

⑤ 坎巴顶：今不丹一带。

⑥ 噶玛噶举派：藏传佛教噶举派的一支。12 世纪中叶塔波拉杰弟子都松钦巴是其创始人。有黑帽系与红帽系两大分支，和司徒、贾曹、巴俄等多个活佛转世系统。从元朝开始，噶玛噶举派就在政治上发挥着其影响力；它是首创西藏活佛转世制度的藏传佛教教派。黑帽系高僧噶玛拔希首开先例，被视为松钦巴的转世。噶玛噶举派寺院众多，法嗣传承不断，在尼泊尔和不丹等国都有该派寺院。

⑦ 活佛转世：藏传佛教活佛转世制度起源于 12 世纪初期。1193 年，藏传佛教噶玛噶举派创始人都松钦巴大师圆寂时留下口嘱，寓言自己将转世，后人遵循遗言寻到并且确认转世灵童，自此开始了藏传佛教的活佛转世传统。后来，活佛转世逐渐成为一种新的宗教制度而被各宗派接受和采纳。同时，在其漫长的发展历程中，逐步确立起寻找、认定和教育活佛转世灵童的一套系统化、严格化的宗教制度，并且在藏传佛教的各宗派内，又分别形成了各类不同的活佛系统，其称谓又各具因缘与象征含义。

⑧ 固始汗：又译作顾实汗，是"国师"音译，姓孛儿只斤，名图鲁拜琥。明末清初卫拉特蒙古和硕特部首领，卫拉特汗哈尼诺颜洪果尔第四子。

⑨ 五明：藏族对一切学问之总称。分大五明与小五明。共有十科。大五明即指工艺学、声律学、正理学、医学与佛学；小五明是指修辞学、律学、词藻学、星象学和戏剧学。

⑩ 藏刀：藏语称"巴当末"，有腰刀和长剑两种。腰刀，藏名"结刺"，一般长10厘米到40厘米；长剑，多1米左右。藏刀刀鞘，有铜质、铁质、木质及银皮镶包等，上刻虎、狮、龙、凤、花卉等图案，有的图案点缀玛瑙、宝石等。

⑪ 一切成：对佛的尊称。

⑫ 藏袍：藏族同胞的日常服装，极具民族特色。基本特点是腰襟宽大，袖子又宽又长，右衽，衣领、袖口、襟边和下摆等部位用细毛皮、色布或氆氇镶饰。束腰带时，男子是将袍子的下摆提到膝盖，女子则只将袍子上提一点，下摆刚好遮住踝关节。藏族服饰，在样式、颜色等方面都有讲究，男女样式亦因地域而不同。牧区以皮毛为主要材料，农区则以氆氇为主。藏袍无口袋，腰间系上腰带，胸前部分就成为一个大口袋，里面装各种物品，如糌粑、酥油、木碗，甚至小婴儿。藏族同胞平时常将一只袖子空着，从后面拉到前面。在外夜宿，还可用宽大的袍子来当被子盖身。

⑬ 朗生：奴隶。

苍原识俊友，灵心种情苗

雨季已经结束，漫长的旱季无声来临。

牛吃饱了草，阿旺诺布和小姐姐曲珍赶着它们回家。走到半路上，领头的牛说什么也不迈动蹄子了，曲珍用鞭子去抽打它，它抖抖背上的皮毛，依旧不动。似乎有什么东西让它怕得宁可挨鞭子，也不肯前行。草原寂静，枯黄的草叶如波浪在风中翻涌。阿旺走向前去查看，啊，是一只小狗仔趴在草窝子里，瘦骨嶙峋，皮毛肮脏。

曲珍看了，禁不住伸出手去，想抚摸它黄色的毛皮："它一定是被妈妈抛弃了，阿旺。"小狗很虚弱，却是气势十足，瞪大琥珀色的眼睛，露出了白白的小牙。曲珍吓得缩回手，说："还挺凶，这要长大了，能是条看牛放羊的好狗。"

"阿佳，咱们能把它带回家吗？"

"嗯！阿妈原本说等那日伯伯家的狗下了崽子，要一只来呢。"

阿旺欣喜地去摸小狗崽，曲珍赶紧说："小心！小狗子野啊咬你！"

阿旺伸手抚摸它的动作在曲珍的眼中显得很快，可是在这动作迅捷的小野兽眼中，那双手慢得就像它头顶缓缓流过的白云。这是一双孩子柔软而温暖的手，小狗可以轻易地用尖尖的小牙把它咬碎，让它滴血，但是，小狗不想那么做。动物总是比人敏感，尤其是野性的动物。它感觉有一种庞大温柔的力量向它袭来，如雨季到来之前涌入草原温暖的风，如它生命原始的温暖安然的感觉，有母亲、有自然给予的双方面的生命的承诺——如今，竟然在一个孩子身上找到了相近的温柔亲切的气味儿——不，这孩子让它感受到的力量仿佛更为宽厚，更为坚定，这是一只野兽的头脑无法形容描述的感觉：神圣。

这种力量使它甘愿俯首。

它肚皮朝上在草窠里打滚，乖巧地伸出粉红色的小舌头舔阿旺的手。

出去的时候是五个，回来的时候是六个。曲珍、阿旺、三头牛，还有草丛里捡来的小狗。曲珍解下腰带拴在小狗的脖子上，让阿旺牵着，阿旺开心极了。

雪域高原狗多，而且大多凶悍，不像其他的狗那么温顺。高大的獒犬们对这种小狗崽子瞧不上眼，抬头看看，便继续趴在墙根下休息。狗崽子们则不然，对外来者充满了兴趣。小狗一进村，成群的小狗就钻出来高高扬起尾巴冲新来者吠叫。小黄狗发出低沉的咆哮，嘴唇后翻呲起锐利的小牙，颈后的毛根根直竖。

狗群跟着小黄狗走在村子的大路上，阿旺和曲珍拿起石头吆喝，它们也不退却。一只轻率的半大黑狗终于忍不住了，从斜后方冲了上来，扑住小黄狗就想咬。小黄狗没有回嘴对咬，朝阿旺的身边逃去。黑狗跟了过来，阿旺赶紧丢出手里的石块，匆忙中

仓央嘉措诗传 / **459**

没有砸中。黑狗躲避石块的时候，小黄狗回头高高蹿起来照着它的脖子就是一口，在它脖子上扯出了一道绯红的伤口。黑狗再不敢嚣张，夹着尾巴落荒而逃。

一狗逃亡，群狗败退。见到这架势，胆小的狗已经偷偷溜了，几只胆大的还虚张声势地叫着，但之前还高扬的尾巴早已夹在了股间。

"好呀！真厉害！"看热闹的小孩们围了上来。

"那条小黄狗可凶了，它竟然能把黑狗咬跑！"

"这是公狗还是母狗？"孩子们七嘴八舌地问。

阿旺挠挠头："我也不知道……"

泥水匠的儿子格桑说："我奶奶说，'母狗不摇尾巴，公狗不会竖耳'。这个狗不摇尾巴，还生着一对小竖耳，一定是母狗！"

孩子们发出赞同的声音。

"小狗叫什么名字？"

阿旺又挠挠头："还没起名呢。"

拉则、拉姆姐妹俩拍着小手说："叫嘎嘎！嘎嘎可爱！"

男孩子们不同意："狗起名字要威猛！叫森格[①]，它这么能打架！"

"不！不可爱！叫嘎嘎，要不叫诺布！"

"其朱[②]，叫其朱！"

"……谁家给狗起名叫'狗'啊。"

调皮的普布叫着："叫其加[③]！"大家全笑了。

格桑说："都别争了，最公正的起名法，今天是什么日子就叫什么。"这个提议得到了大家的认同。这天是藏历三十，小黄狗被正式命名为朗嘎[④]。

"发生了什么事，这么热闹。"一个骄傲的声音响起。是宗本家的小姐，长着一双漂亮眼睛的达瓦卓玛。她还是一身男装，靛青宁绸黑里子夹袍，一副精神矜持的小少爷模样。

"大小姐，求珠得勒[⑤]！"

孩子们七嘴八舌地行礼问好。

"卓玛小姐,朗嘎刚刚打败了凶恶的大狗!"

"大小姐你看,它是我们的朗嘎斗犬!"

刚才小小的"遭遇战",被兴奋的孩子们夸张成了以小胜大了不起的战斗。

卓玛瞪大美丽的眼睛:"这只小黄毛狗这么厉害?"她笑吟吟地问阿旺:"外乡人,这是你的狗?"

卓玛的笑容如灿烂的太阳,晃得阿旺睁不开眼,他低着头说:"唔……"声音低得,他自己都听不清。

"咦,又不会说话了?奇怪的家伙。"

"让道让道!都让道——卓玛,你又跟身份低下的小贱民们一起玩!阿爸知道了又得数落你。"卓玛的小觉拉塔坚乃是个称职的兄长⑥,像个影子般,任性的妹妹跑到哪里,塔坚乃就跟到哪里。

"才不会呢,阿爸最疼我了。除非你告密!"

"我才不会告密呢!告密也不是我。快走,射箭比赛结束了,一会儿要开始赛马了。"

"不去,"卓玛嘟起嘴巴,"太没意思了,一天到晚赛马、射箭。这里多好玩,你看他们正斗狗呢。"

一听斗狗,塔坚乃也来了兴趣:"哦?让我看看,贱民的狗能有多厉害!"

见到了"神勇斗犬"的真容,塔坚乃很失望:"就这么个小家伙?我的扎西能一口吞了它。"

听塔坚乃这么说,卓玛不乐意了:"你的扎西是苍猊犬,壮得像小牛,谁打得过它?"苍猊犬,就是今天我们所说的藏獒⑦。它们躯干粗壮,脚掌宽大,硕大的头颅让人望而生畏,可以说是家养的狮子。

塔坚乃一脸不耐烦:"那好那好,我就给他找个势均力敌的对手。"

塔坚乃招呼身边的小朗生:"登巴,去把普美带过来。"

小朗生接到命令撒腿就跑,不多时牵来了一只肥壮的黑松狮狗崽。

说是狗崽,个头儿可不小,得比朗嘎高出半个头。这狗皮毛蓬松光亮,吐着紫黑色的舌头,像一只圆滚滚的熊崽。见到塔坚乃,它直起后脚一颠一颠跑过来。

塔坚乃从小朗生手里接过拴胖狗的绳子,对孩子们吆喝:"走走走,出村去比!"他对卓玛解释说:"一会儿阿爸赛马回来了,不能让阿爸看见咱们跟贱民在一块儿玩。"

这是雪域高原金色的秋天。

一群野牦牛无声地出现在村子附近的山坡上。它们身材高大,身披浓密漂亮的黑色皮毛,粗壮的尾巴上垂挂的粗毛纤长卷曲,头上两只巨大的犄角弯出有力的弧度插入水蓝色的天空。

云在流淌,金色的叶子片片掉落。秋高气爽的时节,是高原空气最清新、云天最为清澈高远的时节。

这群无声的访客在蓝天金叶的映衬下,巨大黑色的身影更加威武壮硕。谁能看得出来,它们是一群失败者呢?

是的,它们是失败者。

进入秋天,野牦牛进入了发情期。季节的变换让它们血液中的荷尔蒙含量急剧上升,几乎每天健壮的雄性牦牛都会发生激烈的搏斗,血肉横飞。那些看起来并不漂亮的瘦小母牦牛们对这种血腥的景象毫不惊恐,它会顶着头上短小的牛角如同顶着珍珠"巴珠"的贵妇[8],骄傲矜持地在战场之外的某处等待,等待着胜利者披挂着血和汗织就的新人礼服带它共赴巫山。

胜利者享受情欲的乐趣,失败者俯首败退。败退,退得再远,也湮灭不了血液中沸腾的情欲。

失败者们会聚在一起,缓缓向山下走去。在下山的路途中,这队伍慢慢扩张,等到达了目的地,它们会聚成一个让人望而生畏的军团。

它们的目的地,是藏族人家的牛群。

在野牦牛的世界中,它们是弱者,但是对于被人类驯化的家养牦牛来说,它们是不折不扣的强者,它们硕大尖锐的犄角可以轻易将家养公牛挑翻在地。

所以,这是劫掠,不是偷袭。

孩子们在村边拉起了圈子,兴高采烈地观看比赛。胖狗普美和瘦弱的弃犬朗嘎开始了漫长的对峙。

野牦牛的视力糟糕,嗅觉却极其灵敏。它们嗅到了夜幕中涌起的烟火味儿,更嗅到了村边牛圈顺风吹来的母牦牛的体味,这味道使他们烦躁,蠢蠢欲动。

"咬啊!咬啊!怎么不咬!"孩子们使劲吆喝,其中塔坚乃吆喝得尤其起劲:"普美!上!咬它脖子!"

普美一反常态,对主人的命令充耳不闻。面对这个比它矮半个头的敌人它丝毫不敢放松警惕,塔坚乃发现,普美的尾巴尖在微微颤抖,它在压抑心中的恐惧。

它的敌人,那只小黄狗,弓着身子发出低沉的吼声,仿佛身体随时都会像一支劲弓射出的利箭高高蹿起。

大地开始震颤,枯黄的草叶与干燥的尘埃轻舞飞扬。孩子们纷纷转移目光:一群黑压压的野牦牛从山上冲下来,向村子冲去。

普布惊呼:"糟了!是骚公牛抢亲!"普布家世代给宗本家养牛,对牦牛非常熟悉:"这是吉雅克争媳妇的时候输了⑨,就到村子里来抢。去年北边头人的牛圈被抢走了上百头母牛,养牛的人挨罚被砍掉了两只手!"

"唔……"孩子们很惊叹。

野牦牛硕大的身躯在草场跑动起来非常震撼,如一股黑旋风般。奇怪的是,这股黑旋风没有直接冲进村子,半路上迟疑了片刻,突然改变方向向孩子们冲来!

"快跑啊!吉雅克来了!"孩子们一窝蜂地全跑掉了,塔坚乃跑出去老远才发现妹妹卓玛不见了:"卓玛!卓玛哪儿去了?登巴,次丹!快去把小姐找回来!"这时候小朗生们早已跑没了影,塔坚乃恨恨地说:"可恨的奴才!回头扒了你们的皮!"

飞扬的尘烟,杀气腾腾的巨大身形,卓玛从没有见过这样可怖的情景,坐在地上站不起来了。她呆呆地望着席卷而来的黑色风暴,两眼眨也不眨,完全不知所措。

塔坚乃大叫着往回跑:"卓玛!快跑啊!"

来不及了,牛群已经冲到了卓玛身前……不,冲到了外乡人阿旺诺布的身前。阿旺不知何时跑了回去救助卓玛。

牛群冲过来时,大家都在逃命,阿旺却挣脱了曲珍的手往回跑。他发现了吓傻了的卓玛。曲珍看着黑色军团冲向弟弟,绝望地用双手盖住了眼睛。

没有听到意料中的惨叫,也没有听到巨大的牛蹄踏碎骨头的恐怖声响。大地的震动也停止了。四五十头野牦牛组成的军团在阿旺面前刹住了脚步。野牦牛在当地被称作"猪声牛",这会儿它们都低垂着头,甩着尾巴发出有些像猪的低沉叫声。阿旺诺布说了些什么,这些大块头仰天长啸,缓缓地朝着夕阳射来的方向走去。

塔坚乃冲过来,紧紧拥住妹妹的肩:"卓玛,卓玛,你没事吧?"

卓玛回过神儿来:"我没事……"

塔坚乃想起了这个救妹妹的恩人,向他竖起了大拇指:"外乡人,你救了我妹妹,我要奖赏你!"

卓玛用奇特的目光盯着阿旺,问:"……你不怕么?"

"不怕,它们没有恶意。"

"……你和它们说了什么?"

"我说,谢谢你们来看我,这不是你们的地方,回去吧。"

"小姐,少爷,我退下了,我要去找阿佳和我的狗。"

塔坚乃忙着看妹妹有没有受伤,没注意听他们的对话。他捭着卓玛身上的土，自顾自地说："这家伙胆子真大，牛群冲过来也不跑。他救了你，回家告诉阿爸，赏他点儿啥。"

"不行！告诉了阿爸，阿爸就会知道咱们跟贱民玩了。咱们自己谢他。觉拉，不要说'这家伙'了。父亲说得对，他是个大贵人。"

多年以后，当阿旺诺布成为仓央嘉措，有个故事在高原上流传开来。故事里没有塔坚乃和卓玛，没有顽童和小狗，只有尊贵的仓央嘉措。年幼的仓央嘉措坐在草地上打坐，一群迁徙中的野牦牛排山倒海地奔跑到他面前朝拜，他慈悲地为它们摸顶祝福，消除罪孽。这便是传说。故事宛若一朵花的开落，几人曾窥见它真实的容颜，却总有人将它美的姿容与气息流传，亦幻，亦真，灵秀飘忽，仿若这朵花从未开在人间，初始时便绽放在云端。

当野牦牛的巨蹄雨点般迅疾地落到草原上时，为一场即将开始的激烈比赛欢呼呐喊的孩子们四散逃逸。两位毛茸茸的比赛者也在逃跑的队伍中。胖松狮普美迈着短而快的步子飞一般奔跑，黄毛狗朗嘎静悄悄地跟了上来。它与普美不同，即使在混乱的时刻，依然没有忘记自己的初衷。它脚步匀称，呼吸平稳，仿佛是在参加一次赛跑，而不是在逃命。失去母亲的庇护，它不得不提早成熟，成长为出色的猎手。

朗嘎紧紧盯着自己的目标，想找机会打败这个肥胖的家伙。天性中对野牦牛的畏惧以及孩子们的尖叫制造的惊恐，使普美乱了方寸，它只顾得逃命，忘记了身后的危机，沿着一条直线往前跑。跟了片刻，朗嘎觉得无趣，加快脚步扑了上去。

漂亮的弹跳、撕咬，普美的屁股上被撕下了一块肉。剧烈的疼痛使普美清醒过来，它开始疯狂地反击。朗嘎不喜欢近身战，咬几口就跳开，不会像一般狗打架一样摞在一起打滚。普美的身高与体重的优势在与朗嘎的搏斗中成了累赘，更多的时候它是在愤怒地对空气撕咬，狡猾的敌人在它身上制造伤口后就会逃到一边去转圈，思虑着下一次进攻。

几番交手,普美被咬伤了后腿、鼻子,还被朗嘎扑到后背上咬伤了后脖颈。

普美假装疯魔地对着朗嘎一顿吠叫,然后惊慌逃逸。

朗嘎挺直身体,耳朵直立向前,神情坚定。它没有继续追击,高傲地翘起尾巴,头也不回地去寻找主人阿旺诺布去了。

那天晚上,宗本家的小朗生在村子里找到了浑身是伤、瑟瑟发抖的普美。小朗生里的头头儿登巴和次丹,刚刚因为傍晚的事情一人挨了十鞭子,这会儿正是有气无处撒,索性跑到阿旺诺布家来吵闹:"敢咬伤宗本家的狗!你们得赔!"

曲珍气呼呼地冲出门外和他们吵:"凭什么说是我家的狗咬的?"

"有人看到了!"

"……那是比赛!凭什么赔!"

"就得赔!就得赔!"

"曲珍,怎么回事?"家里人听到吵闹声都出来了。

朗嘎跟着阿旺,普美被咬怕了,见了朗嘎一下子挣脱了小朗生手里的绳子跑掉了。两个小朗生气急败坏:"你们等着!等我们追到狗再回来找你们算账!"

邻居们听到动静围拢过来。几个孩子兴致勃勃地向大人们介绍神勇的"斗犬"朗嘎。朗嘎很不习惯被人围观,一个劲儿往阿旺身后躲,眼睛在黑暗中闪烁着绿莹莹的光。普布的阿爸,老牧民斯郎,利索地把朗嘎从阿旺身后拎了出来,放到灯光亮的地方观看:"错那祖祖辈辈还没出过夯拉尾巴的狗呐!"

阿旺心疼地说:"斯郎阿爸,把小黄狗放下吧!"

"小黄狗?哈哈哈……"斯郎说,"孩子,你捡回来的不是什么小黄狗,是黄狼!"

阿旺想起了刚搬来时猎人们抬着狼尸庆祝的情景。

半大的狼崽子,过不了几个月就会长成成年狼,到那时,全村的羊群、牛群乃至马匹都有可能遭殃。大人们决定杀了它。

"不要!"

"不能杀!"

"朗嘎是好狼!"

孩子们争先恐后地抗议,大人们怎么会把孩子的呼声当回事,一个小伙子已经准备把刀了。

"阿爸!"阿旺向父亲求援,父亲摇摇头。

宗本家的小朗生们出现了,气势汹汹地嚷嚷:"让道让道,少爷小姐来了!"

众人行礼问好。

"这是宗本家的土地,杀不杀也得宗本说了算。"黑暗中,卓玛的声音阳光一样脆亮耀眼。

塔坚乃站在大人们面前,努力学习阿爸发号施令时矜持高贵的神态,不过很可惜,灯光晦暗,大人们只能听到他脆脆的童音:"我,宗本的儿子塔坚乃班丹,特许阿旺诺布养这只像狗的狼。"

斯郎恭敬地说:"少爷啊,狼总是狼,狼饿了是要吃肉的,它袭击村子的牲口怎么办?"

"斯郎,你管理着宗本家的牲畜,我命令你,每天要用宗本家的羊肉和牛肉把它喂得饱饱的,吃饱了它就不会去咬牲口了。"

"是的,少爷。"斯郎家世世代代为宗本家工作,比这荒诞十倍的命令都听过,因此他如同接受一道郑重其事的命令一样领命退下。

"等等!"

斯郎赶紧回来。

"这事不许对宗本老爷说!还有你们,你们也谁都不许说!"

所有人都大声回答:"是的,少爷!"

达瓦卓玛悄悄把阿旺拉到角落里。

"卓玛小姐,宫珠得勒[10]!"阿旺没忘记向骄傲的宗本家小姐行礼。

仓央嘉措诗传 / **467**

卓玛拦住他:"不,从今以后,你不用再向我行礼。"

黑暗中,阿旺看不清卓玛的脸,但是他总觉得女孩子漂亮的眼睛在注视着他,他禁不住脸发烧,低下了头。

阿旺喃喃地说:"卓玛小姐,谢谢你救了朗嘎。"

塔坚乃凑过来,说:"你救了我妹妹,你就是我兄弟,这点儿小事算啥!"

登巴和次丹找到了普美,硬拽着把这个胖墩墩的家伙拽了回来:"少爷!少爷!你看他们家的狗把普美咬成了什么样子!"

"咬就咬了!走,回家!"

两个小朗生莫名其妙,这哪是少爷的脾气,爱犬被咬,就这么算了?

宗本家的少爷小姐带着小朗生们隐没在黑暗中。阿旺快活极了,在陌生的错那,他交上了新朋友。阿旺在台阶上坐下,怀里拥着朗嘎,小声唱起了阿爸刚刚教他的儿歌:

来来来,回答我,藏文字母有几个?

三十个,藏文字母有三十;

做前置字的是谁?你要知道就回答我。

我知道,有五个,gdbmv。

小姐姐曲珍也坐过来,两人一问一答:

做后置字的是谁?你要知道就回答我。

我知道,有十个,gngdnbmvrl。

……

扎西丹增和次旺拉姆在房子里,听着孩子们念诵的歌谣相视而笑。

"我们阿旺真是个聪明的孩子。"

这是一首学习藏文字母的歌谣,扎西丹增要教儿子识字了。翌日,曲珍一个人去放牛,父亲教给阿旺一首米拉日巴尊者的道歌[11]:

无上智慧的佛祖,

为我双亲做了福田。
我今日离舍亲友,
只为斩断轮回的因缘。

阿旺坐在卡垫上,开始的时候还能认真听父亲念诗,不多时就恢复了顽童的本性。他把朗嘎拥进怀里,拽胡子、拉耳朵。朗嘎则假装疯魔地呲起小白牙,做出凶狠的样子轻轻咬阿旺的手。这是一种撒娇的咬法,只在孩子的手上留下一点儿白的牙印儿,不多时就消失了。

父亲抬头看看他俩,阿旺赶紧挺直腰板做出什么事都没发生的样子,朗嘎也有样学样,耳朵向前、目光炯炯地蹲好。

父亲禁不住笑了。父亲敛起笑容,语重心长地对阿旺诺布说:"阿旺,听讲要认真,不然什么也学不到。"

"阿爸啦,我已经会念了。"阿旺念了一遍,果然一字不差。

扎西丹增有些吃惊,不过小孩子记性好也没什么好稀奇的。他想,索性教一首难的,让孩子多学些东西,也防止他生骄慢之心。

天气温暖适耕种,
藏地人人去下田。
佛子我也耕土地,
耕种坚硬烦恼心。
我将信心作为肥,
撒上甘露增效力。
农家种田欲望多,
我播无欲无挂种。
不用耕牛拖犁行,
只用智慧来耕地。
发下誓愿为牵引,
全神贯注是犁铧,
精进研究是步铧。

坚泥硬土细细翻，
菩提心苗得生长。
机缘到了得好果，
俗世农人且来看，
我等佛门耕种者，
五谷收纳谁更多，
福德善报谁更多。

依旧是米拉日巴道歌，浓郁的生活气息中蕴藏着深奥的佛意，并有浪漫的比喻与诗歌的情致。扎西丹增念了一遍，再念第二遍的时候，不知何时，阿旺跟着背诵起来："……发下誓愿为牵引，全神贯注是犁铧，精进研究是步铧……"阿旺漫不经心地说："阿爸啦，这个我早就会念了。"

扎西丹增注视着儿子，心绪翻涌。

这个早，指何时、何地？

陌生的访客、离家迁居，他已知晓儿子不是平凡人。从这学文识字开始，他更觉察儿子法缘之殊胜，福德之广裕远远超出他的想象。那样庄重严密的寻访过程，儿子必是某位活佛转世。但，既是活佛，为何不请走坐床？这孩子，如天赐灵宝引众人爱护，却又仿佛潜藏着某种不可碰触的大秘密被人精心藏匿。儿子，自己亲手从母血中抱起的孱弱的小生命，自己亲眼看着从一个软软的小人儿成长起来的壮小伙子，他熟悉儿子的一颦一笑，熟悉儿子的所爱所憎，熟悉儿子吃饭的习惯、睡觉的样子，记得儿子从小到大做的每件顽皮事……他曾经洞悉他生命中大大小小的秘密，如今，他却疑惑了。这孩子从他的精髓中来，骨血中来，却潜藏着一个他完全陌生的灵魂，灵魂的影像在孩子身上时隐时现，飘忽不定，像谜一般。

这神圣的灵魂让扎西丹增的心中充满了敬仰，也充溢着好奇。他本是持咒喇嘛，遍览经典，人世间的尔虞我诈、权势倾轧虽未亲身经历，却并非陌生毫无经验。他知道，要想揭开这种迷雾重重的事情的真容,最有力的手便是时间。保守得再严的秘密都经不住光阴的磨砺,随着时间巨轮的前行,一切真相都会水落石出。

时间,他只需要时间。

他从来没有想到,他生命中最缺少的竟然就是时间。

清早,次旺拉姆烧好了一壶奶茶,准备了糌粑,招呼大家吃饭。扎西丹增接过妻子递过来的木碗,满满一木碗牦牛奶茶,在他的手中颤抖,他看着棕色的奶珠儿疾疾震动着滚出碗外,滴落到衬衣上,洇湿了一圈。他想制止住颤抖,双手用力,用力,用力……他眼中最后的影像,是一碗奶茶翻倒在地。

生命之风从中脉溃散⑫,他的意识渐渐脱离躯壳。他听到次旺拉姆的撕心裂肺的尖叫和孩子们茫然恐惧的哭泣。

藏药和佛前的圣水都没能挽救扎西丹增的生命⑬。

就在那个清晨,温柔美丽的次旺拉姆失去了深爱她的丈夫,年幼的曲珍和阿旺失去了深爱他们的父亲。

直到往生,扎西丹增也不知晓,他是茫茫雪域的至尊的父亲。

注释:

① 森格:狮子。
② 其朱:小狗。
③ 其加:狗屎。
④ 朗嘎:三十日。
⑤ 求珠得勒:下午好。
⑥ 觉拉:哥哥。
⑦ 藏獒:古称苍猊犬,也叫西藏獒、獒犬、蕃狗、藏狗、羌狗等。主要分布在青藏高原及其周边地区,是一种高大、凶猛、短毛垂耳的畜牧犬及护卫犬。其身长130厘米左右,性格刚毅,野性尚存,皮毛长且厚重,耐高寒,能在冰雪中安然入睡。历来古书上都有关于藏獒的很多文字记载。它们攻击性强,对陌生人有强烈敌意,但对主人则极为顺从亲热。

素有"九犬成一獒""一獒抵三狼"的说法，被藏族同胞看作护卫犬或保护神。故又有"东方神狗"的美誉。
⑧ 巴珠：一种藏族头饰。
⑨ 吉雅克：野牦牛。
⑩ 宫珠得勒：晚上好。
⑪ 米拉日巴：藏传佛教噶举派第二代宗师，密宗著名修行大师。法名协巴多吉。原习苯教，后改信佛教。向宁玛派荣敦拉迦大师及玛尔巴译师学习佛法。后隐居吉隆、聂拉木，潜修那若巴密宗教义以及瑜伽秘密真言，最后证得"正果"，成为噶举派高僧。米拉日巴注重实际的修持，以苦修著称，为弘扬佛学遍游西藏传法，徒弟众多。有道歌集传世。
⑫ 中脉：又名"命脉""大道脉"，被密宗认为是一切众生之命根。
⑬ 藏药：藏药是青藏高原地区特有的一种药品，它在融汇中医、印度等医药学的基础上，在长期实践中逐渐形成的藏族传统医药体系，在我国民族医药学上具有较大影响。至今已有上千年历史。从全国来看，藏药在 3000 种左右。而西藏是藏医药发源地，青藏高原又有着丰富的藏药资源 2000 多种，包括植物类药物（据统计约有 2100 种）和动物类药物 200 多种、矿物类 50 余种。其中常用藏药大体有 360 多种。

巴桑寺学经，相思几多情

高原的风一季又一季吹起，使牦牛的骨骼健壮，使松柏的枝干矫健苍翠。少年阿旺嘉措被这高地之风吹得面色黑红，身体结实得像个小牛犊子。他已经八岁了，父亲去世已有三年。在这三年里，母亲因为对父亲的思念日渐憔悴，他俨然成了小男子汉，全心全意照顾母亲和姐姐。生活并不是问题，每年，曲吉卡热巴·多伦塔坚乃都会秘密拜访阿旺家的小屋，放下充足的银钱和各种精细的吃食。此外，阿旺家还受到宗本的照顾——不过事实上，宗本家的少爷小姐给予阿旺家的"秘密照顾"比他们的父亲要多。

夏日熏风徐徐，在草场上玩耍已微微有了汗意，几个孩子从草里扒拉出"酸溜溜"嚼来消暑。

塔坚乃眼疾手快,找到了一枝在锦缎袖口上抹抹土就塞进嘴里,酸得闭眼歪嘴。"这东西还是蘸糖才好吃。阿旺,我家来了个老喇嘛,"塔坚乃一边吧嗒嘴一边念叨,"听说是巴桑寺来的,要遵照佛的旨意在错那招人学经。"

塔坚乃一脸忧伤:"我在邬金林待不了多久了。我阿爸说,我得去寺院里学经①、长见识,将来才能像他一样做宗本。"

卓玛十分不屑:"做宗本还用学经?一根鞭子就够了。"

"犟脾气的吉雅克也犟不过阿爸。我是走定了,没得跑。唉,我还没玩够呢。"

阿旺一脸同情地望着塔坚乃:"我听我阿爸说过,做喇嘛,逢年过节不能回家,也不能像现在这样自由自在地玩。"

"我不要去啊!"塔坚乃把脸埋在草稞里,屁股朝天,非常哀怨。

卓玛站起来,用绣花靴头轻轻踢着哥哥的屁股:"觉拉,怨也无用。倒不如抓紧最后的机会好好玩玩乐乐。"

塔坚乃瓮声瓮气地说:"有什么可玩的,方圆几十里,哪还有我塔坚乃少爷没玩过的地方。"

"马上就雪顿节了,我们去拉萨看戏!"卓玛偷偷瞥一眼阿旺,做出漫不经心的样子扒拉着手腕上的海螺镯子:"阿旺,你也和我们一起去吧。藏戏好看着呢!"卓玛天生白皙,没有常见的高原红,可是此刻她的脸蛋红扑扑的,带着番红花才有的红润②。

塔坚乃对这个提议非常有兴趣,一下子跳起来:"对哇,一起去!"他大声招呼在远处待命的小朗生:"登巴!去!准备三份出远门的行李!"

小朗生领命而去。

塔坚乃又大吼:"记住!保密!"

小朗生远远做出知会的样子,身影很快消失在郁郁葱葱的草影里。

在藏语中,"雪"是酸奶子的意思,"顿"表示吃、宴。雪顿节,其实就是吃酸奶的节日。

佛教忌讳多多,尤其忌讳杀生。每年夏天百草生长,万木繁荣,虫虫蚁蚁亦会从泥土中现身,走在大地上,难免会踩杀生命。为防止误伤生灵,格鲁派特别规定藏历四月至六月为"雅勒",即"夏日安居"的日子,在这期间僧人只能待在寺院中静静修行。六月底开禁,到了这时候僧人们才能走出寺院。信徒们会为僧人准备新酿的酸奶作为犒劳,同时举办盛大的欢庆会,大家郊游、宴饮,还会表演精彩的藏戏。11世纪中期以后,这些习俗慢慢地演化成了雪顿节。

塔坚乃与卓玛的阿爸每年都受邀前往布达拉宫与达赖佛一同欣赏藏戏。阿爸回来后,他们就缠着跟阿爸同去的仆人讲述雪顿节的热闹,讲那些华丽精彩的装扮与戏文。不过,孩子们不知道,雪顿节的藏戏是不给普通人看的,是只有达赖喇嘛和贵族才能欣赏到的曼妙歌舞。直到八世达赖时期,表演藏戏的地点改在了罗布林卡[③],普通民众才被允许在节日期间观看藏戏。

错那到拉萨有多么遥远的距离不言而喻。即使他们真的到了拉萨,却也不可能看到梦想中的藏戏表演,也许比起漫长辛苦的旅程,还是这个结果会更让他们伤心吧。还好,孩子们并不知晓这一切,他们一心沉浸在远行的兴奋里。

次旺拉姆牢记着曲吉的嘱托,看着阿旺从不让他乱跑。阿旺是个好孩子,很听阿妈的话,但,这次除外。对塔坚乃和卓玛来说,拉萨有热闹的雪顿节、好看的藏戏;对阿旺来说,意义要远远大于这些。那是个熟悉又陌生的地方,无数次梦里,他在一座白色的宫殿中醒来,他透过那座宫殿的窗子往外眺望,窗外有热闹的街道,熙攘的人群。他看得那么清晰,看得到朝拜者转经筒上雕刻的咒语在阳光下闪闪发亮,看得到梵唱与桑烟在那座繁华的城上空飘荡,有个声音对他说:"回来吧,回来吧,回来吧……"多少次他独自醒来,望着清冷的石板房,怅然所失。

他知道,那里是拉萨。

他无法解释自己为什么会知晓那座千里之外的城,为什么会对那本应陌生的城有深深的牵记。那似乎是铭刻在灵魂深处的某些东西。随着年龄的增长,这梦境如被阳光照透的晨雾,越来越淡薄。卓玛的提议让他惊觉,似乎自己遗落了一些东西。哦,是他把灵魂深处携带来的某样东西打碎了。这夜,他看到自己蹲在梦境与现实交界之间,捡起了一些薄而透的碎片,似玻璃,似琉璃,似水晶的碎片。他小心翼翼地把它们举过头顶,对着光亮细细审看。这看似是一个打碎的瓶,里面装盛过什么东西?记不起,记不起……

阿旺醒来了。他听到黑暗中阿妈和阿佳匀细深长的呼吸声。

黑暗中,朗嘎机警地张开了眼睛。

阿旺轻手轻脚穿好衣服,走出家门。朗嘎一声不响,学着主人的样子像个小贼般轻悄悄地跟出来。

晨曦映照地平线,远方的天空泛起鱼肚白。

阿旺走出家门老远,朗嘎还跟着。

阿旺觉察到了,说:"朗嘎,回家去!"朗嘎现在已经是一头成熟的大黄狼了,比小时候更加驯熟听话,以往这么一说,它会乖乖跑回去。这次,等阿旺再回头的时候,发现朗嘎还在。

阿旺蹲下来,朗嘎也停下步子蹲坐在地上。

阿旺望着朗嘎,朗嘎耳朵竖得笔直,目光炯炯。

"唔,你也要去?"

朗嘎保持着严肃的表情,扑嗒扑嗒地摇摇尾巴表示肯定,扑打得地面扬起一阵小尘土。

狼不像狗一样善于用尾巴表达感情,朗嘎和村子里的狗混多了,也慢慢学着尝试开发尾巴的功能。不过,它的尾巴天生僵硬,摇起来总是那么笨拙可笑。

阿旺笑了,摸摸朗嘎毛茸茸的大脑袋:"好吧,我们一起去拉萨。"

阿旺和朗嘎来到约好的地方与塔坚乃兄妹会合。小朗生登巴和次丹牵着马匹,带着远行要用的酥油茶桶和口粮。

一支小小的马队起程了,队伍后面还跟着一只"大黄狗"。

就在这天上午,巴桑寺的喇嘛在宗本管家的陪同下公布了一份名单,说按照佛的旨意要在错那选取一批孩子进寺庙学习。塔坚乃的名字毫无悬念地列在第一位。几十个孩子,有本村的,也有邻村的。阿旺嘉措的名字也混杂其中。

下午,本村选中的孩子都集中在宗本家的院子里。管家点来点去,独独少了自家少爷和阿旺嘉措,管家赶紧派人去叫。

结果可想而知。

天气确实热了,可还没到能把人热到大汗淋漓的日子。听到儿子、女儿以及村里的孩子阿旺嘉措不见的消息,汗水瞬间浸透了宗本的衬衣。

这次招孩子们去学经哪里是佛的旨意,是拉萨方面为了方便这位幼小的"大人物"学习专门安排的,怕引人猜疑所以才一口气招收了几十个孩子。这可怎么好,学经不成,人倒丢了。

"找!速速派人去找!找不到人谁都别活着回来!"

马上是雪顿节,要去拉萨觐见第巴。儿子女儿暂且不提,宗本知道那个孩子阿旺嘉措要是出了什么差错,自己就别想活着回错那了。傍晚时分,百姓们吃惊地看着全副武装的马队浩浩荡荡从宗本家开出,冲到村口分组,然后往各个方向散去。

骑手们都紧张非常,唯有找到那三个孩子,才能保住自己的命。

这个时候,孩子们完全不知道有多少人的生命因为他们一次心血来潮的游乐而悬于丝上,他们正开心地享受旅行的乐趣,谈笑声、歌声不断。疲惫的朗嘎被阿旺抱到马背上,生平第一次骑了马。开始时它还有些惊恐,后来慢慢习惯,新奇地向四周张望不断后退的风景。

卓玛一路上都与阿旺并马而行,她喜欢阿旺稳重踏实的样子,喜欢听他说话,这个俊秀的男孩说起话来安静温柔,他身上自然而来的一种清新的香味让人心醉。开始时塔坚乃不明白,为什么自己凶巴巴的妹妹见到阿旺会那么温柔,不再高扬着头摆出一副骄傲矜持的样子。她时常会笑,还会扬起宽大的袍袖遮起笑红的脸,袖口的缎子边旁露出罂粟般殷红的嘴唇和碎玉般洁白晶莹的牙。妹妹最近也爱装扮了,不像过去总穿着自己的袍子满处跑,时不时会穿上漂亮的绣花袍子,也会往身上挂些零零碎碎的饰物。

塔坚乃是个粗心的男孩,但他是一个细心的哥哥。当卓玛羞答答地邀请阿旺一起去看藏戏的时候,塔坚乃恍然大悟,妹妹是喜欢阿旺嘉措啊。

门隅是福地呀,是永远的少年莲花生大师加持过的土地。这里的花朵开得比别的地方更艳、更芬芳,青稞结的穗子比别的地方更饱满、更香甜,少年的情爱也比其他地方更早地孕育、萌发,散发出生命的甘美。

连塔坚乃都已经觉察卓玛的爱意,聪慧的阿旺又怎可能一无所知。

那双阿旺无法用言语形容描绘的漂亮眼睛,乌溜溜,水灵灵,总是偷偷围着阿旺转。少年阿旺波澜不惊的外表下年轻的、饱含生命力的心,涟漪频起。

有着月亮般皎洁容颜、太阳般明媚光辉的少女卓玛,在阿旺嘉措的心中偷偷丢下了一颗种子。这颗细小的种子潜藏在阿旺内心深处,在白天某一个欢乐的瞬间,或是夜里某一个寂静的时刻,会悄悄发热、膨胀,最终拱出了一枚小小的芽。芽儿在一个又一个日夜交替间伸长、长大,钻出细密的叶子,最终密密匝匝遮蔽了少年的心房,于是,少年那颗原本天然坦诚的心,有了自己秘密的天地。

那便是,爱情的开始。

塔坚乃知趣地纵马前行，到队伍前头去和小朗生们走在一处。

孩子们没有赶路的经验，耽搁了不少工夫，到天黑时没有走到村庄，只好在田野露宿。小朗生们熟练地生火熬煮酥油茶，还拿出了糌粑和肉干供主人们分享。孩子们兴致勃勃地围着篝火享受喷香的晚餐，朗嘎也得到了一大块风干肉。小朗生们还从家里偷拿了满满一酒囊的青稞酒，孩子们大乐。荒郊野地，塔坚乃很大方地让小朗生们一起吃喝，登巴接过酒袋一顿豪饮，晕晕乎乎唱起了酒歌[④]：

畅饮美酒心欢乐，
酒液入髓醉意多。
死后身躯成白骨，
当做酒曲酿新酒。

孩子们轮着饮酒唱歌，甚至很少张口的卓玛也唱了一首关于爱情的曲子：

请不要在众人之前，
对我注目微笑。
如果真的爱我，
就送我你的靴带[⑤]。

孩子们鼓掌打着呼哨："靴带，阿旺阿旺！快解靴带！"

不知是不是青稞酒的作用，平时腼腆的阿旺此时没有退缩，而是真的弓起背解下了自己的靴带，郑重地递到了卓玛的手里。卓玛欢喜极了，抿着嘴低头赶快也解下自己的靴带交给了阿旺。简简单单的靴带，结下了一份纯纯真真的爱情。雪域高原的情感正是这般质朴天真，情生之处宛若格桑花照亮山野，映得千里碧空都泛起淡淡粉红。

夏夜微凉，月色如水倾泻。孩子们吃啊，喝啊，唱啊，跳啊，全然不想明天的旅途怎样。他们本是为了去拉萨寻找快乐，拉萨城远着呢，快乐就已经来到身边了。

不过,快乐来得快,走得也快。明亮的月光下,一支三五个人组成的马队伴着清越的马铃声自孩子们来时的路旋风般地驰来。朗嘎觉察到动静,从火堆边一跃而起。

孩子们满口浓郁的青稞酒香,还在酣睡着,马蹄踏地的声音、马铃声都没能惊醒他们。小朗生们饮酒最多,沉溺在梦乡中完全忽视了现世,塔坚乃咕噜着说着梦话翻了个身,又继续睡着了。朗嘎守在主人身旁盯着几个陌生人,四只爪子紧紧抠住地面,脊背上的毛根根直立。

这几个彪悍的大汉没有恶意,他们下马就着火光察看孩子们的脸。

"……对吗?"

"不错,是少爷和小姐。"

"人数也对……"

几个汉子长舒一口气,他们彼此看看,哈哈大笑起来。

其中一个领头的拍拍塔坚乃:"少爷,醒醒,跟小的回家吧!"

"臭小子醒醒!"另一个汉子伸出粗糙的手掌一把拎起了熟睡的登巴,"惹这么大祸,老爷不抽死你我也抽死你!"这汉子是登巴的阿爸。

听到阿爸的声音,登巴比喝了醒酒药醒得还快。

大家被登巴哭喊的声音吵醒了,明白了什么情况,塔坚乃和卓玛立刻表示拒绝回去。塔坚乃很气派地威胁他们,要是胆敢把他们带回去就用鞭子抽他们;卓玛则很有心计地补充说,要是他们当没看见,会赏赐给他们银子。

骑手们二话不说强行把他们抱上马背:"少爷小姐啊,你们要是不回去,我们有银子也没命花。"

不能去拉萨看藏戏了,卓玛很伤心,这种淡淡的伤心很快就被更深切的伤心所取代:阿旺也要去巴桑寺。家里的兄妹不少,可是最疼爱卓玛的还是同母哥哥塔坚乃。塔坚乃要去学经,卓玛心里本就不好受,好在还有心爱的阿旺在。这下塔坚乃、阿旺都要走,卓玛急得直跺脚。卓玛跑去找阿爸:"哥哥去学经,将来要做宗本;阿旺嘉措一个平民学经干吗?"

宗本对女儿的质问无可奈何:"这是佛的旨意。"

"佛的旨意……佛的旨意也不行!我不管,学什么经,阿旺嘉措不许去!我是阿爸你的女儿,我说他不能去,他就不能去!"

"女儿啊,他不是朗生,他是自由人。"

卓玛的眼泪像断线的水晶珠子滚下来,宗本心疼了,赶紧哄:"别哭啊宝贝女儿。管家,去把我那一对拉孜刀拿来!卓玛,阿爸送你一对刀,是阿爸在日喀则花了大价钱买回来的,非常漂亮,你一定喜欢。"

第二日,塔坚乃与阿旺踏上了去巴桑寺的路。阿旺的袍子下,藏着一把漂亮的藏刀。

巴桑寺离村子并不是很远,在北方的波拉山口⑥。走入波拉山口,仿佛走入了仙境,雾气缭绕,彩云飘摇。山腰上一片绿色中闪耀着缤纷的色彩,走近了才能看清,是娇艳欲滴的杜鹃花树,紫的、白的、黄的、大红、浅红、粉红……仿佛给冷峻的雪上系上了绣工精美的"邦垫"⑦。巴桑寺就隐匿在灿若云霞的花海间。

进入巴桑寺,孩子们都穿上了紫红色的小僧袍。褪去俗人的衣服着僧装,孩子们觉得既神圣又新奇。僧装袒露右肩,覆盖左肩,这本是古印度表示尊敬的礼法,《金刚经》中须菩提向佛陀提问即"偏袒右肩"。塔坚乃穿着新袍子兴奋极了,开玩笑恭恭敬敬对阿旺行了个礼,稽首间,阿旺有些茫然,觉得这场景似曾相识。

远处房檐下站着六位老喇嘛,他们在向孩子们这边张望。他们是桑结第巴专门派来教授灵童的高僧大德,都曾是五世达赖的忠实侍从。塔坚乃眼尖,他不知道那几位看起来地位很高的老喇嘛为什么要向这边行礼,他看看周围,除了几个正在打闹的小喇嘛就是正在发呆的阿旺。他拉着阿旺向房檐下望去的时候,老喇嘛们已经消失了。

阿旺诺布是乳名,堪布为阿旺起了个更适合学佛人的新名字[8]:阿旺嘉措。穿上了僧人的红袍子,名字由阿旺诺布变成了阿旺嘉措,但他并不会一下子就大彻大悟、洞明佛理,孩子毕竟还是孩子。阿旺和塔坚乃对新环境充满了好奇,庙里庙外跑来跑去。好在有的是时间供他们玩耍,小喇嘛的功课很少,一天学写几个字就被放出去玩。藏人对孩子的教育很宽容,他们认为牦牛不到两岁就驮重物长不大,孩子也是一样。喇嘛到了二十岁左右功课才会骤然增多,繁重得让人喘不过气来。

阿旺与塔坚乃把寺庙的每个角落都转了个遍。寺中有丰富多彩的佛像、壁画,佛的形象或慈悲,或威猛,或柔美,或庄严,看得两个孩子眼花缭乱,痴迷不已。小喇嘛有一样每日必做的工作是检查佛像,阿旺与塔坚乃都非常喜欢这个工作,每次都检查得十分用心,看到强巴佛的雕像时,阿旺更是久久不愿离去。

强巴佛就是汉地所言弥勒佛。不过,雪域的弥勒佛与汉人熟知的弥勒佛不同,不是袒露硕大肚腹、笑口常开的中年人形象,更像是一位雍容华贵、俊美非常的王子。传说当释迦牟尼的法统世纪结束后[9],他会正式成为婆娑世界的教主。强巴佛现菩萨形,他跏趺坐于束腰须弥座上[10],身披华彩天衣,手结转法轮印[11],胸前垂挂着晶莹剔透的珠宝璎珞,头戴镶嵌着精石美玉的五叶冠。强巴佛满含和善笑意的脸,总有些什么地方让阿旺感觉熟悉,是饱满红艳的嘴唇,还是纤巧挺直的鼻梁?抑或是那一双秀美而不乏英气的眉毛?

阿旺对着那鎏金的华美脸庞看了又看,塔坚乃不耐烦了,拉着他要走。阿旺望望塔坚乃,又望望强巴佛,恍然大悟:是眼睛啊!宗本家的人都长着一双纤长的眼睛,眼尾长长的,略微上翘,还有漂亮的重睑。那样的眼睛看人的时候若是微微垂下,便隐含了天然的笑意，如这佛像一般。佛高高在上，所以温柔地垂下眼睛注视着俯于自己脚下的众生，像极了……像极了卓玛与阿旺说话时的神情……

卓玛，有着月亮般皎洁容颜、太阳般明媚光辉的少女卓玛，在闪亮的篝火前咬着嘴唇递给他靴带的少女卓玛，那个时而蛮横似雌虎、时而温柔似小羊的少女卓玛，她的眼睛在少年阿旺嘉措记忆深处闪光。阿旺一直为不能形容这双眼睛的美而感到遗憾，现在，他找到了赞美拥有这双妙目的美丽少女的句子：卓玛，拥有一双如强巴佛般美丽眼睛的卓玛。

清早，喇嘛们聚于松林间念诵经文，云雾缭绕，梵唱清远如天籁。在高远的天堂之上，佛陀讲法有天人撒花赞叹佛法之精妙。在这寂静的山林之间，神灵隐迹于山泉草木，唯有杜鹃花树抖落满身的清露绽放柔美娇憨的花朵，为法理幽深的经文所带来的不能言说的快乐表达最质朴的赞叹。

念诵经文，学得最快的便是阿旺。他记性极好，柔美悦耳的声音念诵起经句来格外动听。这孩子端坐于卡垫之上诵经，姿态清雅绝伦，令上师们暗暗赞叹。

说到写字，阿旺更是孩子们中的佼佼者，原本父亲就教过他一些，现在又跟着老师学习这些东西，轻车熟路。孩子们用竹子削的三棱笔蘸着酱油在木板上练习写字，很快，阿旺就能写得很漂亮了。塔坚乃看看阿旺的写字板，再看看自己的，悄悄地拿走用清水冲了晾干，重新再写。

塔坚乃不喜欢念书写字，不过为着成为宗本的宏大目标，他也没少下功夫，学得也不差。小喇嘛们的功课学得好坏快慢，也没有谁敦促，全看自己。说得上管教的时候，也就是在诵经、讲经的时候有铁棒喇嘛来回巡视，看你偷偷说话、偷偷玩，就狠狠打一戒尺。

对于阿旺来说，做喇嘛最大的苦恼是想家，他想念温柔的阿妈，想念亲切的姐姐，想念忠实可爱的朗嘎，还会偷偷想念美丽的卓玛。对于宗本少爷塔坚乃来说,做喇嘛最大的痛苦则是不如在家里享福。在家他几乎天天拖着十几二十几个小朗生四处跑,耀武扬威快活极了。家里事事有人伺候,什么活也不用干,还有酥甜的卡塞[12]、奶渣包子、人参果糕、辣牛肚、灌肠……好吃的吃也吃不完,寺庙里除了牛肉炖萝卜就是萝卜炖牛肉,人参果饭和糌粑也不如家里的厨子做得好吃。

往往,物质的需求比感情的需求更能激励人做出一些出格的事情。在巴桑寺待了三个月之后,塔坚乃少爷策划逃跑了。

不过,这次逃跑比上次出游时间还要短暂,头天半夜塔坚乃踩着阿旺的肩膀翻墙出去,第二天半夜两人又翻墙回来了。两人谁都不识路,还都没带吃的,绕来绕去,又累又饿,最后只好回到寺里。

巴桑寺灯火通明,所有的铁棒喇嘛都被派出去寻人了。显然,三个月前宗本经历的恐怖煎熬正在巴桑寺的师父们身上上演。听说孩子们自己回来了,师父们赶紧把他们叫来问询。房间里气氛清冷肃穆,垂头丧气的孩子们害怕了,塔坚乃开始小声啜泣。

住持问:"孩子,你们去了哪里?"

阿旺不作声,塔坚乃回答说:"我们想回家。"

住持又问:"你们为什么想离开寺庙?"

塔坚乃抹着眼泪,袖口上蹭得都是鼻涕:"回家好,家里有温暖的被窝,还能躺在被窝里吃奶渣。"

师父们哈哈大笑。

那次,无论是塔坚乃还是阿旺,都没有受罚。

回家没回成,家乡的访客却来了。过了几日,卓玛出现在了巴桑寺门口。

卓玛的出现让塔坚乃欣喜若狂,他知道妹妹不会让哥哥的肚子受委屈,果不其然,卓玛让小朗生背来了两大袋家里做的点心。卓玛特别指出,其中一袋是阿旺的,不许全部吃掉。

卓玛不仅带来了美食,还带来了阿旺毛茸茸的朋友朗嘎。朗嘎见到阿旺立刻蹿到阿旺怀里，在阿旺身上一顿乱舔，眼里闪烁着欣喜的光。朗嘎明显瘦了。卓玛告诉阿旺："自从你走后，朗嘎茶不思饭不想，一到晚上就狼嚎，村子里的牛羊都战战兢兢。拉姆阿妈说：'带朗嘎去找阿旺吧，不然这可怜的畜生会把自己饿死的。'"

塔坚乃嘴巴里塞满了点心："好哇，不久前我还听铁棒喇嘛们说要添几条狗护院呢。"

卓玛垂下漂亮的眼睛，撇撇嘴："朗嘎都能和你们做伴了……做狗都比做女人好，女人连庙门都不能进。"

阿旺笑眯眯地拉起卓玛的手："怎么会，你可以时常来看我们呀……"阿旺话是这样讲，心里却很难受。卓玛不可能天天来，而且，他多么希望带卓玛亲眼去看看那尊有和她一样漂亮眼睛的强巴佛像，看看千百盏酥油灯照亮的细腻美丽、栩栩如生的壁画。

他忍不住加上一句："等我们学好了学问，就回去，我们还一起放牛、一起唱歌、一起……"

他这样说，本想让卓玛好受些，卓玛好看的大眼睛里却大滴大滴落下泪来。

注释：

① 寺院：寺院在藏传佛教中地位很重要，在早期往往是一个地区的宗教、文化甚至政治、经济中心。规模大小不一，大者多至七八千人，小者只有数人。一般大的寺院是由经堂、神殿、印经院、林苑（为辩经场所）、活佛拉章、执事者办公处、仓库、僧舍、客房以及牲圈等构成。

② 番红花：又称藏红花、西红花，是一种鸢尾科番红花属的多年生花卉，也是常见的一种香料。原先主要分布在欧洲、地中海及中亚等地区，明朝时传入中国，是藏药里一味比较常用的药材。有镇静、祛痰、解痉之功效，主要用于胃病、黄疸、调经、发热、肝脾肿大、麻疹等疾病的治疗。现主要种植于西班牙、法国、西西里岛、意大利亚平宁山脉以及伊朗。

③ 罗布林卡：藏语意为"宝贝公园"，在拉萨西郊，属全国重点文物保护单位。历史上的罗布林卡一带风景秀丽，拉萨河故道从此经过。其建筑主体为格桑颇章、达登明久颇章和金色颇章，房屋370多间，是西藏地区规模最大、风景最美的园林古迹名胜。

④ 酒歌：藏语称"羌谐"，节日聚会时敬酒所唱之歌。甘南流传的"格儿"和安多流行的"则柔"，都是酒歌。酒歌演唱形式随地区而不同，或者一边唱歌一边舞蹈，或者只唱歌不跳舞。音乐多宫调式，热情明朗，流传很广。

⑤ 靴带：西藏风俗，男女交换靴带是定情之意。

⑥ 波拉：另一种翻译为"棒山"。

⑦ 邦垫：围裙。

⑧ 堪布：梵文音译作"邬波驮那"，又称大师、亲教师或师父。主要由寺院或大型寺院札仓权威高僧主持担任。担任堪布一职者一般都是学识渊博、获得格西学位，并且在各寺院及扎仓德高望重的高僧大德。

⑨ 释迦牟尼：即佛祖，佛教创始人。亦简称释迦佛、释迦。原名乔达摩·悉达多，古印度释迦国的太子。后弃王位，离妻子，出家苦修，最终在菩提树下成就正觉，创立了佛教。公元前468年圆寂，有佛真身舍利（指骨、头盖骨、牙齿和毛发等）传世。后世弟子们将佛祖舍利供奉在塔内，顶礼膜拜。阿育王时，将全部佛身舍利分成84000份，以宝函传往世界各佛塔供奉。中国现藏有几份佛祖真身舍利。

⑩ 跏趺：佛教坐法之一。具体是互交二足，将右脚盘置于左腿上，左脚则盘放于右腿上。其中交一足为半跏趺坐、半跏坐；交二足为全跏趺坐、莲花坐、大坐。此坐法为圆满安坐之相，在佛教诸坐法之中，最为重要，最安稳且不易疲倦。诸佛皆依此而坐，故又称佛坐、如来坐。

⑪ 转法轮印：一种手印。双手食指与拇指相接，其余三指微微弯曲，置于胸前。象征说法，据说是佛陀初次说法的手势。

⑫ 卡塞：一种用面食油渣制成的甜食，古代西藏只有贵族才能享用，后来，普通百姓在过节过年时也能吃到它。

皇帝平叛乱，第巴受斥责

冬去春来，巴桑寺旁的杜鹃花开了又败，败了又开，小喇嘛们的学问也日渐增长。

在众多学徒中，阿旺嘉措学习最出色，《除垢经》《释迦百行传》都学得有板有眼。学习五世达赖编写的《土古拉》时，阿旺也学得最快、最好。

那些在别的孩子看来繁复深奥的词句，阿旺念来仿若从胸中流淌而出的澄澈泉水，一副自然天成的样子。

师父开始讲述印度古代文学理论《诗镜》。这属于"五明"中的"声明"课程。"明"就是学问、学科，"五明"是古印度的五门学科。"五明"分为声明、因明、医方明、工巧明、内明，概括了当时所有的知识体系。

《诗镜》是学习声明的基本书籍，作者檀丁在书中讲述的紧密、显豁、同一、甜蜜、柔和、易解、高尚、壮丽、美好和暗喻等美好的诗德，让阿旺为之陶醉与神往。这位生活在公元7世纪的古印度诗人，跨越千年时间为少年阿旺嘉措开启了诗之语言的灵门。

巴桑寺中供奉着马头明王，未来西藏最受人喜爱的诗人、十一岁的阿旺嘉措指着马头明王写下了他的处女作：

马头明王法力大，
诸魔诸鬼皆惧怕。
慈悲护法为世人，
荡平一切邪魔敌。

师父们传阅着阿旺的诗作，欣喜不已："这孩子得到过妙音佛母的护持啊，写东西没有障碍，一气呵成。"

"对啊，难得还有佛法的威猛庄严！"

月色清朗之夜，阿旺与塔坚乃都没有早早入睡。塔坚乃趴在被窝里啃奶饼，阿旺望着窗外的圆月，絮絮念诵心头涌起的诗篇：

和风吹动我窗，
可是来自故乡？
请去寻找我青梅竹马的恋人，
将她带到我的身旁。

"这诗真好！是檀丁写的吧？"塔坚乃问。

"不是，是我刚刚编的。"

"哈哈哈……咳咳咳……"塔坚乃嘴里嚼着奶饼笑，呛到了。

阿旺赶紧把塔坚乃捂到被窝里："小声点儿，别把大家都吵醒了！"

塔坚乃笑着从被子里钻出来："我知道青梅竹马的恋人是我妹妹！"

阿旺害羞地钻到了被子里。

随着年龄的增长，卓玛越发高挑漂亮，俨然成了错那最亮眼的姑娘。她几乎月月都要从家乡赶来看望阿旺和塔坚乃，带来零食美点和家乡的消息。关于拉姆阿妈的消息，越来越不乐观。

父亲去世仿佛带走了母亲的一部分灵魂，母亲不再像父亲在世时那般活泼喜乐。阿旺记得父亲在时，家中时不时会传出母亲的歌声，傍晚工作不忙的时候，母亲还会弹奏口弦，动听的口弦声在橙色的黄昏中会传出去很远很远，阿旺和姐姐赶着牛群归来，不看路循着乐声也能找到家。

那样的日子，那样的母亲，一去不复返。阿旺有了心爱的人，才略微懂了母亲的心。

这年秋天，小姐姐曲珍嫁人了，嫁给了邻村的木匠。母亲一个人守着孤独的房子，没能走过漫长的冬天。

转眼间，阿旺已经在巴桑寺学习了七年，在三位高僧的教导下学问越来越精进。看着这位尊贵的学生学识大增，老师们心中颇感欣慰，也越来越不安。灵童已经十五岁了，十五岁是个什么年岁呢，女孩子即将举行戴敦礼，表示可以让人尽情追求，男孩子都可以成家立业了。但是对于一位还没有坐床的活佛来说，这个年岁已经太大了。

三位高僧不明白，为什么灵童十五岁了还不举行坐床仪式。关于第巴桑结嘉措——五世在世时最为信赖、给予无上荣耀与权力的人，他们向来都抱着认同与尊敬的态度，毕竟，这位青年拥有卓越的才能。他不但把西藏原本分散的权力全部收归拉萨，还编写了大量医学、天文学、文学、数学方面的著作，可说在政治、文化方面都做出了杰出贡献。

随着权力的壮大，他之前被谨小慎微所藏匿的性格缺陷也越来越明显。他是如此傲慢而自负，到了近期，几可说是嚣张：他命令雪域大小官员，无论僧俗都要对他磕头礼拜；他甚至公开娶了美噶蔡和白热康萨的女儿做"主母"，并与其育有子女。

一个权力已经壮大到可以玩弄权力的人，难道没有力量把尊贵的、受人敬仰的达赖佛迎回布达拉宫吗？

他们不能问，也不敢问。

直到远在千里之外一场战争的发生，才结束了他们漫长焦灼的等待。

今天的蒙古国乌兰巴托南宗英德，300年前还被唤作昭莫多。"昭莫多"是蒙古语，大树林之意。那里是一个天然的战场，明永乐帝大败鞑靼阿鲁台的地方。昭莫多北有肯特岭险峰千仞壁立，东有丘陵横亘逶迤低回，其间平原数里，穿插有林木河流。

300年前遥远的初夏，昭莫多被盈盈翠色所覆盖。晦暗的天空下，宛若闷雷的巨大声响踏破夏日的寂静，大地轰隆震动，鸟群混乱地扑打着翅膀从林木间飞起，野兽惊惧地钻出草丛瞪大乌黑的眼睛，注视着地平线出现的滚滚烟尘。尘埃落定的一刻，它们看到了浩浩荡荡的铁骑大军。这些威武强悍的兵士，是康熙大帝的六色铁骑。

一时间，原本宁静的昭莫多营垒遍野。

翻开史册，憔悴的纸页上记载的确切时间是清朝康熙三十五年（1696年）二月。

这是一次中国历史上著名的征讨，因为它是清王朝战争史中一次功勋卓越的战役，因为，康熙帝本人也在其中某一个营垒里。

这是清王朝长达两个多世纪的统治中少见的御驾亲征。

康熙帝生活的时代，是17世纪与18世纪交替的时代，是两个年代巨轮彼此咬合、彼此倾轧的时代。在这年代与年代的缝隙里，不知怎地流逸出了那么多的英雄之气：俄国的彼得大帝、英格兰的威廉三世、法国的太阳王……他们如同有某种默契般同时出现在僵硬、板滞的时代层面上，在世界各个肯綮部分引导着社会的进步。万物相生相克，有英雄，必然有枭雄。康熙帝八岁登基，十四岁亲政，十六岁即智擒鳌拜，将旁落的大权拢回手中。接下来，他平三藩，收台湾，击沙俄……哦，对了，还一手削平了这个漠西枭雄——噶尔丹。

为了他，康熙帝曾两次亲征。

这并非噶尔丹与清廷的第一次交锋，噶尔丹也绝非一个凡庸的敌手。1690年，这个厄鲁特蒙古准噶尔部的珲台吉，带领着彪悍的士兵，用闪亮的马刀与沙俄的枪炮曾一路打到了距北京仅七百余里的乌兰布通。康熙帝急命自己的兄长福全为抚远大将军、弟弟常宁为安北大将军，迅速调兵北上抗击，北京城里都摆满了防御工事。

乌兰布通之战清军取胜，然此战为击溃战而非歼灭战，噶尔丹乘夜遁去。噶尔丹并没有就此偃旗息鼓，不久后他暗自联络蒙古各部，并试图拉拢沙俄势力，率兵自科布多东进至巴彦乌兰。

乌兰布通一役已然重伤了噶尔丹的元气。六年前，噶尔丹能聚集起数万大军，与其所处的游牧文化氛围是分不开的。他的军队中首领与属下间并不信奉忠孝节义，谁能带领大家从战争中获取更多的战利品，谁就是有号召力的首领。噶尔丹初期接连胜利吸引了越来越多的兵马归于其麾下,随着乌兰布通的战败,由战胜所形成的向心力消失了,噶尔丹的队伍人员流失加剧。

更可怕的是,他的军队中出现了瘟疫。塞外地广人稀,传染性疾病稀少,相应地,人们对疾病的抵抗力也差。康熙帝在远离市区的地域修建避暑山庄接见边疆民族政要,也是出于这方面的考虑。噶尔丹部队的士兵在数次与清军的交锋中,沾染上了某种疾病,这种疾病最终在噶尔丹败逃过程中爆发,进一步削弱了军队的战斗力。

当年呈上康熙帝的奏折有这样的记录:"噶尔丹去年败走以来,日以北徙,人畜屡毙,劫掠无所获。近者噶尔丹亲率兵来劫喀尔喀,至阿尔哈赖地方,又无所得,皆徒步而返,困敝已极。"噶尔丹的困窘可见一斑。

通过两次雅克萨之战的交手,他的沙俄盟友对清政府颇为顾忌,亦拒绝噶尔丹联合出兵的请求,所给予的财力、武器方面的支援也非常有限。

所以,这次战役对康熙来说,不过是乌兰布通会战的延续,是时隔六年的最后一击。

康熙帝是善于等待的人。少年时代他即用完美的等待培养了一批布库少年,一举搬倒了权臣鳌拜。随着年龄的增长,皇帝这种性格上的特质更为明显。乌兰布通之战后,他一直对噶尔丹的肆意妄为抱着隐忍的态度。长久地引而不发便会有泄力之嫌,但是他机警地如潜猎的豹子,等待到了认为时机成熟的时刻,会毫不留情地出手给敌人致命的打击。

他是关外英雄的子孙,做事从来都是果断决绝,绝不会瞻前顾后。他要用让人惊骇的武装打败那些枭雄,让他们知晓,谁才是坐拥中土的王中之王。

1695年十一月,康熙帝决定第三次御驾亲征。

1696年二月中旬,西路抚远大将军费扬古率军开拔。

二月底,康熙帝亲领中路军挥师北上。

四月初,黑龙江将军萨布素率东路军出发。

五月初,康熙帝统御的中路军抵达克鲁伦河。

噶尔丹军营与清军近在咫尺。噶尔丹登山远望,目力所及皆是清军营垒,让人胆战心惊。而且,营盘腹地竟然有黄帐龙旗!他噶尔丹是在草原驰骋多年的骁勇战将,不是空有一腔热血的莽夫。噶尔丹不战而逃。

平北大将军、内大臣马思喀紧追不舍,西路军前锋统领硕岱顺势将其引至昭莫多。

清军口袋大张,单等那只苟延残喘的猛兽落网。

噶尔丹出现的时候,是正午时分。连日来的奔波使他憔悴,激战后汗水与血水浸透了全身。昭莫多的原野上有风,但是,他不能脱下身上沉重的护甲,享受哪怕片刻的凉爽。此刻,他已经分不清使他内心焦灼的是日益炎热的气候还是日益恶化的战局。

阿努可敦从队伍后方策马上前,奉上水袋:"珲台吉,喝点儿水吧。"

满面的风尘遮掩不了阿努清秀的容颜。阿努的妹妹阿海是卫拉特第一美女,虽没有妹妹那般摄人心魄的美艳,阿努眉宇间依旧有超越常人的秀美。早在乌兰布通之战时,留驻伊犁的阿海就已被噶尔丹的侄子策旺阿拉布坦掳走。如今,留在噶尔丹身边的只有阿努了。

阿努是噶尔丹的妻子,更是他的战友。这个美丽的女人骁勇善战,如战争女神般在战场中往来,无数男子伤亡于她的刀下。《清稗类钞》这样描述阿努:"顽质,敢战,披铜甲、腰弓矢,骑异兽,临阵精锐悉隶麾下。"这样的描述,写实,又有些神化。文学家们热衷于这样在史册中记载一个美丽的女人,尤其是一个在血肉横飞的死亡之地挥刃拼杀的美丽女人。

噶尔丹仰头喝口水,天心传来一声鹰啸,有苍鹰飞过,巨大羽翼的暗影掠过他的脸。越来越多的鹰在昭莫多上空聚集,它们已然嗅到了风中肃杀的气味儿。白日刺目,它们宁可承受高温的

仓央嘉措诗传 / **491**

炙烤，盘旋不去。

远方，无数马刀反射出雪亮的光芒。

身后，战鼓声声。

战斗从正午打到黄昏，震天的喊杀、慑人的火器、穿云的号角，使昭莫多的傍晚沾染上了血色的悲凉。噶尔丹与阿努都抛弃了战马，踩踏着尸体拼杀。战场某些寂静的角落，鹰群已经开始撕咬着尸肉。

费扬古命令两路骑兵一路插入阵地为步战助阵，另一路袭击噶尔丹后方辎重，其他各路战将亦相呼应，噶尔丹军大乱，死伤无数。

大炮怒吼。阿努身中数枚弹片，染透她黄铜铠甲的赤红是热血，还是艳美的霞光？噶尔丹望着躺在血泊中的女人，沾满血污的脸，看不出悲喜。在草原上纵横驰骋了几十年的枭雄、让大大小小的部落闻风丧胆的噶尔丹，从没有像此刻这样悲哀绝望。

噶尔丹怜惜地摩挲着妻子的脸："……我本不想出征南下，如果不是达赖的信使说南征大吉，我又怎会落得如此境地？"

阿努已经听不到了，汩汩的鲜血从耳道中涌出。

"逃吧……珲台吉，逃吧……"

生命如疾雨摧打的花朵即将委地，阿努不知自己的灵魂将投向哪里。她与她的珲台吉都是虔诚的格鲁派信徒，她记得佛经中说：

地狱鬼众如星辰万点，饿鬼如白昼明星。

诸多饿鬼如星辰万点，旁生如白昼明星。

诸多旁生如星辰万点，善道众生如白昼明星。

有这刀枪剑戟辉映的人生，必然做不了那颗美丽的白昼明星。

残阳下，战马嘶鸣，一弯白月映现于西天。

噶尔丹率领部众杀出重围。费扬古领兵月下穷追三十多里，剿杀两千余人。1697年三月，噶尔丹卒于科布多。噶尔丹的死因众说纷纭。有说其服毒自尽，有说其不思饮食绝粒而死，有说其死于重度梅毒，还有说其性交过度引发猝死，真假莫辨。无论哪一种死法，都够激烈，够传奇，符合这个漠西猎食者狂诞不羁的性情。

另有民间传言，噶尔丹死讯传来时康熙帝正在黄河大堤巡察。听信使言罢，皇帝立刻跪于堤岸上叩谢天地。这头差一点就打到北京城下的凶悍恶狼，终于被老天爷收了回去，皇帝的龙榻之侧从此少了一双贪婪者觊觎的眼睛。

所谓扯出藤儿连着瓜，噶尔丹失势，意外将五世达赖圆寂之事推上台前。

昭莫多战役后，抚远大将军费扬古在给康熙的奏折中这样写道："据降人言，噶尔丹遁时，部众多出怨言。噶尔丹云：'我初不欲来克鲁伦地方，为达赖喇嘛煽惑而来，是达赖喇嘛陷我，我又陷尔众人矣。'"

康熙帝大怒。

噶尔丹的一生，与格鲁派有着扯不断的关系。不仅仅由于他决定南征这一毁灭性的决定来自于格鲁派势力的怂恿，连他的生命都与格鲁派有着难以言述的奇妙渊源。

准噶尔汗国是信奉格鲁派的。温萨三世罗卜藏丹津纳木错活佛曾从雪域来到准噶尔传教，广为民众爱戴。

多年后，温萨三世觉察到自己的生命即将走到尽头，决定离开准噶尔返回拉萨。信众非常不舍，远途相送。巴图珲台吉的大妃尤姆哈噶斯只有一个儿子，临别前她拉着活佛的马镫请求："活佛啊，请您再赐予我一个儿子吧！"

活佛这样回答："我是僧侣，不能赐予你儿子。"

尤姆哈噶斯悲切地请求说："您作为僧侣，不能赐予我儿子，但是您年事已高，当您转世后可以做我的儿子吗？"

活佛慈悲，答应了这可怜妇人的请求。

回到拉萨不久，温萨三世果然圆寂了。第二年，尤姆哈噶斯得到了一个儿子，这孩子便是噶尔丹。

西藏教廷认定噶尔丹为四世温萨活佛，将其迎回拉萨，入五世达赖门下学习。

五世达赖长期与固始汗周旋，他必须得到强有力的外部支持才更有希望在这场持久战中取胜。巴图珲台吉的幼子、他的亲传弟子噶尔丹无疑将是未来决胜中一股不可忽视的力量。五世达赖作为教宗，亟待有人帮助他推广佛教，重树格鲁派威仪。所以，这个孩子即使"不甚学梵书，顾时时取短枪摸弄"，仍然得到了五世的宠爱。

噶尔丹与五世所宠爱的另一位弟子桑结嘉措，在朝夕相处的学习过程中结下了深厚的友情。这也就解释了在噶尔丹得势后为什么会偏信桑结嘉措，数次骚扰清廷。

噶尔丹是幼子，能继承汗位，与1670年发生在准噶尔的一次内乱有关。在这次内乱中，噶尔丹的兄长僧格被杀，僧格的三个儿子年纪尚幼，无法撑起大局。远在拉萨的噶尔丹听说这一消息，遂向达赖佛请求回准噶尔平乱。

五世达赖敏锐地觉察到，这是一次机会，一次难得的宝贵机会。噶尔丹虔信格鲁派，如果他此行成功，那么借着他在准噶尔地位的提升，西藏能从准噶尔获取更大的利益。

噶尔丹不负五世所望，潜回噶尔丹后迅速集结势力杀掉了杀害僧格的作乱者。权力如同珍宝，一旦拿到手中把玩就迟迟不愿放下。噶尔丹天性喜好武力与权势，唾手可得的汗位又怎可轻易拱手出让？按照传统，僧格死后将由他的长儿子策旺阿拉布坦继位。但是噶尔丹将权力紧紧握在手中，废除了侄子的继承权，自己登上汗位做了准噶尔部的珲台吉。事实上，他不仅抢了侄子的汗位，还抢了侄子的女人。他的可敦、后被策旺阿拉布坦趁他南征之机掳走的卫拉特第一美女阿海，本就是策旺阿拉布坦未过门的妻子。所以，策旺阿拉布坦才会在南征中轻易被清廷策反，亦会在清廷与噶尔丹的多年战争中与清廷保持着合作关系，这种关系，直到噶尔丹的覆灭才宣告终结。

五世的期望变成了现实，而且这个现实大大超出他当初的期望——西藏教廷现在能直接影响一个强盛部落的汗王。

噶尔丹掌权后，格鲁派势力在准噶尔迅速扩大，无论是贵族阶层还是草根民众都成了达赖佛的信徒。噶尔丹本人有活佛之名，自然更是虔诚。五世对噶尔丹非常满意，1679年噶尔丹正式统一了卫拉特诸部，五世专门派使者赐予他"博硕克图汗"的称号，并赐给印敕。那一年，噶尔丹刚刚三十四岁。

也就是在那一年，噶尔丹童年时代的伙伴桑结嘉措成为雪域之上权势仅次于达赖佛的第巴。

两个五世达赖钟爱的弟子，如两只金翅大鹏经历了漫长痛苦的生长期，终于开始了自己激扬的人生旅程。他们向着辽远的天空振翅飞翔，他们知道自己奔向的鲜血般凄艳的太阳会给生命带来怎样焦灼的炙烤，但是，他们更在乎的，是太阳所散射出来的极端华贵壮丽的俗世荣耀之光。

同为五世达赖的弟子，显然，噶尔丹天生勇武，而桑结嘉措长于谋略。桑结嘉措性情阴沉，擅长玩弄权术，他与噶尔丹情同手足，但涉及权力问题的大事，向来匿而不提，譬如五世达赖圆寂的秘密。当年达赖去世，桑结掌权之后的第一件事就是假借达赖之名发号施令，命蒙古喀尔喀格鲁派直接听命于西藏教廷。而1694年初春，那位专程来到达科布多向噶尔丹传达"南征大吉"指令的西藏使者达乐罕鄂木，是他掌门师兄桑结的心腹。

噶尔丹不知道他所敬仰爱戴的达赖佛其实早已离开人世，直到离世，都不知道。

康熙帝不是噶尔丹，八岁就在风云诡谲的政坛打滚，不仅能挽百斤硬弓，也能敏锐地从一系列被谎言包裹得密密匝匝的事件中剥离出一个真相。这次发现的真相让皇帝震怒。通过审讯噶尔丹营中俘虏的藏族人，皇帝得到了五世达赖早已去世的消息。

广阔雪域的至尊去世十五年，竟然瞒而不报？一封急件由紫禁城疾奔入藏，内文曰：

朕询之降番，皆言达赖脱缁久矣，尔至今匿不奏闻。且达赖存日，塞外无事者六十余年，尔乃屡唆噶尔丹兴戎乐祸，道法安在？达赖、班禅分主教化，向来相代持世。达赖如果厌世，当告诸护法主，以班禅主宗喀巴之教。尔乃使众不尊班禅而尊己，又阻班禅进京，朕欲和解准噶尔部，尔乃使有亏行之济隆以往。乌兰布通之役，为贼军卜日诵经，张盖山上观战，胜则献哈达，不胜又代为讲款，以误我追师。繁尔袒庇噶尔丹之由，今为殄灭准夷告捷礼，以噶尔丹佩刀一及其妻阿奴之佛像一、佩符一，遣使赍往，可令与达赖相见，令班禅来京，执济隆以畀我。如其不然，朕且檄云南、四川、陕西之师见汝城下。汝其纠合四额鲁特人以待，其毋悔！

桑结的罪状，一一列举：

达赖去世，隐匿不报，借机提升自己的政治地位；

塞外六十年无战火，偏挑唆噶尔丹兴兵；

阻碍班禅进京；

在乌兰布通战役中为噶尔丹军作法助阵，噶尔丹失势时又助其逃逸。

哪一条罪状拎出来，都罪大如山，非常人能承担得起的。而且信到最后，简直就是盛怒下的威胁，可以想象皇帝在写信时是怎样的一种精神状态。

接到这封信，桑结汗流不止。他下令厚待来使，然后召集则省穷噶心腹拟定回信。这封回信写得极其高明，措辞婉转，语气谦卑，处处都显示着"不得已"：

为众生不幸，第五世达赖于壬戌年示寂，转生静体，今十五岁矣。前恐唐古特民人生变，故未发丧。今当以丑年十月二十五日出定坐床，求大皇帝勿宣泄。至班禅，因未出痘，不敢至京。济隆，当竭力致之京师。乞全其身命戒体，并封达赖临终尸盐拌像。

桑结给予愤怒的皇帝的回复是：

匿丧不报是为了维持社会稳定，新达赖马上就会坐床；

班禅没有出过天花，所以不敢到京城去觐见皇帝；

济隆将会押赴京师。

桑结俨然一长袖善舞者，腾转挪移间将责任推得干干净净，不落痕迹。当年那个坐上权力之位会被汗水沁透衬衣的青年，如今不仅坐稳了宝座，还滋生了庞大骇人的野心。以康熙帝的聪明，这一切怎能不心知肚明？但，桑结主持的西藏格局当时依然稳固，清廷若贸然发兵进藏，山遥路远，战况不可预知。

这位以机智和隐忍著称的皇帝，再次选择了等待。

桑结尝到了做投机者的甜头，在一场毁灭性危机下幸运地得以全身而退。

噶尔丹的部下丹济拉带着他的女儿和其部族在荒野中流浪，最终决定带着噶尔丹的骨灰投降清政府。

在寂静的巴桑寺中学经的阿旺嘉措，耐心地等待着可爱的姑娘卓玛来看他，等着欣赏她戴敦礼上的新衣服和新发式，没有意识到自己等来的将是一个高贵、华丽，却危机四伏的宝座。

门隅恋情断，浪卡子受戒

我不是这里的人，我要回去。

这条路去往哪里？

这条路去往拉萨啊，孩子。

……

碧草黄泥路，阿旺嘉措走了很远很远，牛儿们哞哞叫着向绿草深处散去，在潮湿的黄泥路上留下清晰的蹄印。他要去哪里？他说不清，仿若心头系着一根绵长的丝线，在牵引着他前行。是那座白色的大房子吗？是那座飘逸着奇异香味的宫殿吗？那里那么明亮，那么明亮，亮得仿若云端之上天人的宫殿，那里有琉璃宝树、七宝莲花，那里的尘埃灿若金屑，那里有珠宝莹润的黄金宝座，座上的人衣饰华贵，看不清脸庞，不知为何，阿旺感觉这个人流露出某种熟悉的气息，而且，在向他微笑，即使看不清这个人的脸，他依然能觉得这笑容恬淡亲切。他禁不住向这高贵温柔的人走去。

走近了，那人却如被阳光穿透的薄雾渐渐消失了。留在少年阿旺嘉措面前的，是镶嵌着珍珠、琥珀、九眼珠的黄金宝座。

空寂的宝座矗立在阿旺嘉措面前，宝座之上，阳光璀璨，金色的尘埃在翩翩起舞。

"……尊者……尊者……请您醒醒，该用餐了。"阿旺嘉措从梦中惊醒，唔，对，这毕恭毕敬的侍从是在对自己讲话。他已被认定是活佛了，尊贵的达赖佛。阿旺揉揉眼睛，走出了代表达赖佛身份与地位的轿子。

已经走到羊卓雍错湖了[①]。

在虔诚的藏族同胞眼中，嵌入群峰间的羊卓雍错湖碧蓝宝石般的湖水蕴满了吉祥幸福。每年，各地的百姓都会到羊卓雍错湖朝拜，他们认为绕湖一周就能得到佛多达一年的祝福。

羊卓雍错湖幽蓝美丽，白云、雪山倒映在平滑如镜的湖面中，美得让人心惊，广阔得让人会以为在高原上有一片深远的海。即使是骑马，绕湖一周也要一个月时间，那些一走一拜的淳朴百姓，多久才能绕完这澄澈美丽的大湖得到那一年的祝福呢？

绕湖的藏族同胞看到阵势庞大的车驾，知道路遇活佛，男子脱下右侧袍袖反搭肩上，女子垂下双袖俯首捂膝虔诚地表达敬仰。

阿旺躲回了轿子。

他还不适应这一切，半月前，他还是巴桑寺的小喇嘛，怎么就成了高高在上、连他的老师们都要恭敬行礼的佛？当第巴的使者出现在面前的时候，他多年来若有所失的、迷惑的心恍然了悟，自己茫茫然一直想找回的，原是生命流转中遗落的东西。他喜欢这种难题得解的感觉，那无数蒙昧的梦都即将找到缘由。但是，他不喜欢由这些让人兴奋的答案所带来的附加的代价：他必须离开巴桑，离开错那，到拉萨去。

拉萨，遥远的城市，他隔着草原与雪山无数次凝视过的城，那里有一次又一次在他梦中出现的白房子，那里有气味优雅绝俗的芳香之宫殿，但，为了亲眼见证一个在黑暗中飘忽的梦境而失去当下的幸福，是阿旺非常抵触却又无法拒绝的事情。他知道，此行一去，无法归来。

心中暗自绽放着情爱之花的少年，在等待他的情人参加完戴敦礼，戴着有精美白银纹饰的引敦、梳着成年姑娘才能梳起的妩媚风情的发辫来看望他，给他一个纯纯的吻，给他一个温柔的拥抱。他抚摸着卓玛送给他的缠绕着金丝、镶嵌着玛瑙的拉孜刀，将其抽出刀鞘，映着轿子灰暗的光线从如水的刀身上看到自己落寞的脸。

卓玛，卓玛，有着月亮般皎洁容颜、太阳般明媚光辉的卓玛，你在哪里？

"尊者，请您下轿用餐。"侍从再一次催促。

望着年轻的佛爷手中紧握着藏刀走出轿子，一侧的老侍从曲吉卡热巴·多伦塔坚乃不禁有些忧心。这显然是一样信物。他记起了起程那天的对话："您，阿旺嘉措，是伟大的五世达赖喇嘛的转世净体，请您随我们回拉萨，回到您的宫殿、雄伟的布达拉中去，您的信众需要您。"

"……我不去布达拉，我不要离开，我不能离开巴桑寺。"

"众生的拯救者、尊贵的佛爷啊，是什么牵系着您的心，让您甘愿舍弃您的宝座、离弃您的万民呢？在茫茫雪域，还有什么位子比达赖佛的宝座更高贵，还有什么冠冕比崇威高德王冠更适合您那聪慧神圣的头颅？"

"曲吉，我在等待我心爱的姑娘，等待她从戴敦礼欢乐的宴会上归来。今冬，等她成为真正的女人，她会成为我的妻子。"

"这……无论如何，请您乘上轿子起程，在浪卡子，尊贵智慧的五世班禅罗桑益喜在等待为您剃度；在拉萨，庄重威严第巴桑结嘉措在等待您重回布达拉，让福德无双、威重天下的达赖佛重新吹响胫骨号筒昭示高原主人的回归。婚礼的事，以后再说……"

"曲吉卡热巴，我能理解成您的说法是一种婉转的谎言么？看看您头上的帽子，看看我头上的帽子，您戴着黄色的帽子，您恪守的格鲁派的戒律，格鲁派不能与凡俗世人相恋，不能享受情爱之美。而我头戴红帽，我，我的父亲，我的祖父，我的每一位先祖都信奉宁玛教，我们聆听佛陀的教诲，也顺从自然的召唤，畅享爱的欢愉。"

曲吉跪倒在地，声泪俱下："活佛啦，您虽然转生于门隅，投生于宁玛派家庭，但无论您高贵的双脚踏上何人、何处之土地，都是观世音的净体，都是我们无上智慧、金刚勇武的达赖佛！我们等待了十五年，等待您的归来，等待您的荣光再一次普照在我等身上，等待布达拉再次响起您庄重智慧饱蕴法理的声音。"

阿旺无法忍受看着一位耄耋老人跪拜在自己面前声泪俱下地诉说，他痛苦又无措地跌坐到卡垫上。

灵童还是按指定时日出发了。

出发前，阿旺偷偷拉住塔坚乃班丹叮嘱："告诉卓玛，非我不守信，不得不离开。不管用何方法，我一定要和她在一起！"

每天，都有阿忠快马在达赖佛的队伍与布达拉宫间往返[②]，灵童一举一动都被详细报告给布达拉宫里的第巴桑结嘉措。

第巴桑结嘉措躺在柔软的床榻上，听着侍从念曲吉的来信。他抚摸着美噶蔡家漂亮女儿光润如绸缎的头发，像是在抚摸小动物柔润光亮的毛皮。

侍从念完，第巴用散漫的声音说道："退下吧。"

身边美丽的女人发出轻笑："竟然有这种为了女人不要做达赖

佛的人……他真的是额巴钦波——伟大的五世吗？"

第巴用手指轻轻滑过女人洁净细腻的脸，那脸颊在晨光中仿佛一块凝脂玉石："灵魂的流转中，会得到一些新东西，但总会失去一些旧东西。失落一些细枝末节的记忆没有什么可惜的，失去了一些精髓的品质，譬如坚毅、贪婪、对权力的向往、对欲望的追求，这便危险了……"第斯笑了，"不过，这没什么，他遗落的，我会拾捡而起……"

"达赖佛可以爱女人吗？"女人问这个问题时，美丽的眼睛里流露出一丝忧伤。一个勇猛如虎、高踞权力之巅的男子为情所迷，痴于爱恋，是能轻易勾起任何女人的怜爱之心的。

"第巴可以爱女人吗？"桑结给了女人一个深深的吻。他不希望自己的女人心中为别的男人留下些许感情的空间，即使是出于同情，或是出于女人多愁善感的天性。

他捧起女人的脸，望着她迷醉的眼睛："第巴不允许爱女人，但是权力可以，有权力的庇护可以想怎么爱就怎么爱。"

在远方寺庙里痴痴等待爱人的小喇嘛，他不可以爱女人，因为他是莲花生的转生，因为他是即将坐床的格鲁派教宗，更因为他空有名头而没有实际权力的庇护，所以，他不能爱。

额巴钦波，伟大的五世，你给了我世间最有力的庇护，给了我权势与尊荣。你知晓岁月将使你的灵魂流离失所，你信任我，任用我，通过我来达成你那不能为时光所阻滞的梦想。我没有辜负你的信任，看啊，阳光下宏伟的布达拉宫多么恢宏壮美，教廷的权力史无前例地高涨。

是的，转生之后，你是你，你会回来，等你回来却会发现，这里俨然已不是你的世界。抱歉，额巴钦波，尊贵的佛爷，权势的气味是多么芬芳，我怎能轻易归还与你？

第巴把脸埋进女人浓郁的发丝中，深呼吸，他为这种妖娆的味道迷醉。

他招来侍从："最近还在为固始汗的儿子选妃？"

"已经确定了,郎堆家的女儿。"

"……另指派人选。"

错那宗宗本家迎来了布达拉的使者,使者向宗本献上了吉祥的哈达,然后传达了第巴桑结嘉措谕旨:达瓦卓玛姿容曼妙,德行高尚,且出身高贵,特指与蒙古和硕特部联姻,择日出嫁。

这荣耀的讯息并未给宗本家带来丝许喜乐的情绪,卓玛听到使者的言辞当即起身大声说道:"我已有夫婿,今冬出嫁,请转告第巴大人收回成命!"

宗本向使者道歉,把卓玛带回房间:"女儿,你与尊贵的达赖佛有一段天赐的缘分,是莫大的荣耀,可佛爷是不容许有女人的啊!"

卓玛哭着大叫:"为什么不允许!扁头第巴自己还不是有女人,而且还有两个!"

宗本一巴掌打在卓玛脸上:"闭嘴吧孩子!"

宗本最宠爱的便是卓玛,自小从未杵过这个野性倔强的姑娘一个手指头,一巴掌打下去,卓玛呆了,宗本自己眼泪也掉了下来:"孩子,你还不明白吗?为固始汗选妃子的事早就已经定下了是郎堆家的姑娘,第巴下命令让你去做固始汗的妃子,就是要拆散你们啊。"

"我不去!我不会去!我说什么也不会去!阿旺会保护我,阿旺不会让我去的!"

老父亲定定地看着女儿:"孩子,谁是布达拉宫里真正的佛爷?不是头顶上戴着五佛冠的那个[3],而是手里握着噶丹颇章权力大印的那个!你可以不去,你的阿妈,你的哥哥,你的阿爸我,整个朵喀家族都会被连累。"

卓玛不再哭闹。她抹了抹脸上的泪:"阿爸,我累了,您出去吧,让我休息一下。"

宗本离开了女儿的房间,走在碉房幽暗狭长的过道里。当他走到过道尽头的拐弯处,卓玛的房里传出一声撕心裂肺的哭喊,那么尖锐、悲戚与绝望。窗外,扑啦啦啦惊起了满树栖鸟。

本来,灵童的轿子是要直接前往拉萨的。但是,这位灵童是如此与众不同,他在一个胆大包天的谎言里被隐藏了十五年。幽深的布达拉,他的家,也潜藏着那么多的危险。桑结嘉措再狂妄自大,对于这个能保证他权势长久稳固、让敌手有所顾忌的孩子,他还是给予了足够的谨慎。在布达拉真正的主人到达之前,他要进行一些准备工作,一座庄重恢宏却又喜气洋洋的宫殿自然是不可缺少的,一群忠心耿耿、至少是表面上看起来忠心耿耿,不会对重新坐上宝座的达赖佛造成威胁的王公贵族也是不可缺少的。第一项工作——布置一座庄重恢宏又喜气洋洋的宫殿派几百个朗生一夜之间就能搞定,但是第二项工作,调教一堆忠心耿耿、不会兴风作浪的王公贵族却颇要花费一些时间。藏族人,虎视眈眈的蒙古士兵,还有周边各种势力,都可能给身弱骨嫩的佛爷带来致命的祸害。

于是,灵童的轿子被抬往了浪卡子,五世曾多次在浪卡子丹增持法殿内讲经,而且那里有五世达赖喇嘛舅父的庄园,灵童与此处缘分深厚,是一个可以停留的安全的去处。

灵童必须在浪卡子停留,还有一个重要的原因就是,即将成为西藏教廷主人的阿旺嘉措还没有受戒。

五世班禅罗桑益西与第巴桑结嘉措都赶到了浪卡子,为灵童准备受戒的相关事宜。

这一年,是1697年,当年纤秀年轻的五世班禅罗桑益西已经三十四岁,是位成熟稳重的壮年僧人了。而五世达赖喇嘛座前年轻有为的青年僧人桑结嘉措已经四十四岁了,眉眼间已见老态,举手投足间流露出权力豢养出的骄奢以及丛生的欲望浸淫出的混沌眼神。

第巴对灵童表现出了少有的尊重与谦卑。这种谦卑,是众人多年来没有从第巴身上看到的了。

法器鸣响,一个俊美的少年从轿子中走出,走在松软的藏毯上。他有颀长的身材,红润的脸庞,眼睛闪亮若晨星。这孩子天生有恬淡的神情,被他的眼睛注视到,桑结嘉措竟有些无措。

人生,有无数次的相遇,一人与一人之间,却只有唯一的一次初见。在那遥远的时间彼岸,彼时的初见让桑结嘉措记忆犹新。

三十六年前,他刚刚八岁,他是仲麦巴家的少爷,穿着红袍子和一群贵族少年走在布达拉宫悠长的长廊里,他们的生牛皮靴底踏得宫殿被酥油膏沃得油润的嘎乌地面啪嗒啪嗒响,他们交头接耳,欢声笑语不断。

桑结嘉措曾以为,他家的碉房已经是世上最奢华的地方,但这座古老高大的宫殿宏伟壮阔得让他透不过气来。孩子们先是惊叹,然后赞美,接着理所当然地融入这座恢宏优美的建筑中,接下来的五年,十年,也许更久,他们悠长的岁月都将在这里度过。即使那般年少,桑结依然意识到自己的命运与雪域之上庞大的权力、宫殿割舍不断。他的叔叔仲麦巴·陈列嘉措便是五世达赖喇嘛的第二任第巴。他甚至会过早地向自己提问,作为这个历史悠久、血统高贵的家族的后代,他,仲麦巴·桑结嘉措能在螺旋上升的权力之路上走到何处?

他知道自己不会过早止步,亦未曾预料到,自己会走得那么远、那么高。高到,距离神的位置只有一步之遥;远到,他在没有他的神的注视下,独自走了十五年。

当他第一次出现在布达拉宫长廊的尽头,恍惚间,他以为见到了神灵。拉萨清早的日光透过高大的窗户洒入长廊,在他的背后形成了温暖明晰的光亮,他面容恬淡,法相威严,眉眼间却又流泻出若隐若现的慈悲。那片辽远又寂静的阳光多么适合他,仿佛他自那片阳光里生出,亦会在那里永生永世地驻留。

带着孩子们的僧官小声吩咐:这便是佛爷,赶快行礼啊。

孩子们又惊又喜,争先恐后地下拜,嘴里喃喃念诵出幼稚的小脑袋瓜所能想出的所有吉祥赞颂的言辞。五世达赖喇嘛阿旺罗桑嘉措优雅和蔼地让孩子们免去礼数，准许孩子们依次上前给予摸顶祝福。

"你是吞巴家的？嗯，你和你父亲很相像……你一定是朵喀家的，朵喀家的人长着雪域最漂亮的眼睛……孩子，你，过来。"

五世向角落里的桑结招手。

桑结激动得心儿怦怦跳，他身量矮小，站在不起眼的角落里，活佛竟然能看到他。

小小的桑结庄重地从角落走出来，孩子们自动避让出一条道路。桑结从未觉得，哪里的晨曦能如布达拉宫一般耀眼，这短短的一小段距离，他仿佛走了很久很久，从花开走到花落，距离那位伟大的人物越近，他跳动的心就越发归于平静，这是怎样的感觉呢？这个人与其他人都不同，走到他的身边，仿佛生命的四季都暂停了，统统归入了某个秋凉的刹那。当他抬眼看你的瞬间，枫红遍地，生命之野弥散着寂静甜蜜的清香，他幼小的心灵从未像那一刻一般宁静，三千世界都不存在了，只有他与他相遇在这一颗芥子大的天地里，时间悠远，岁月绵长。

这便是——信仰。

五世伸出右手，抚摸他的头。

"你是仲麦巴家的小孩，我知道你。仲麦巴家的人都有一颗聪明的头，你的叔叔陈列嘉措就以智慧著称。你那双机灵的眼睛，即使在阴暗的地方，都会闪光呢。"

"您知道我？"

"……您知道我？"

……

传说，观世音菩萨的化身五世达赖罗桑嘉措曾在仲麦巴家府邸里遗落了一颗珍珠。那么，这颗珍珠在哪里呢？

我是否是这颗珍珠？

与五世达赖相伴了多年，这疑问一直在桑结的心头盘桓不去。问题如一株植物，从他听闻这个故事开始便在他心中萌芽，到伸枝展叶，满目葳蕤。曾有几年的时间，这个问题如夏日的繁花在他心中茂密绽放，绽放，炽烈得像火一样，涨满了他年少的心房。每次与这伟大的、和蔼的人儿相见，他都怕这令人畏惧的灼热的秘密会冲破他的喉咙喷薄而出，让世界为之惶恐，让每个人都被喷一头一脸的惊恐。

理智随着年龄增长，慢慢地，他学会了如何将这种探究生命来源的欲望紧紧地、致密地掩盖、扼杀。

取而代之的，是一种深深的爱，浓厚的爱。五世关怀他，爱他，远超于其他孩子。他拼命地研读经典，努力使自己做一个智慧者，一个博学者，他试图回报五世的关爱，回报这个如父亲般关怀他、保护他的人。

他完全没有想到，有一天，他真的能做到，他为自己骄傲。他，一个只会在角落里静静等待命运召唤的孩子，有一天，会给予这个神样人物以有力的保护。当他看着五世的遗体被静静封入红宫那用三百两黄金与宝石装饰的华贵灵骨塔的时候，泪水糊了满脸。他把满是泪水的脸朝向地面，行以最情深义重的庄严大礼。

那是，很遥远的事情了吧。

那时，他还年轻，刚刚二十九岁。

如今，他已经四十四岁。四十四岁，正是，他与五世的灵童在布达拉宫的长廊初见的年龄。

曾经，他无比期望着这次重逢。后来，他缓慢地、有意识地把这件事情遗忘了。

十五年，把一块石头扔进吉曲河会怎么样呢[4]？流水的时光，时光的流水会磨去它每一处棱角。石头自己，亦会遗忘掉自己最初的模样吧。

权力是迷药，使人疯狂。

谁与谁的生命中，能有两次初见呢？

他与他，便是了。

见这个姿态优雅、庄严稳重的少年远远看着自己，桑结突然没来由地生出一阵羞愧。他不再是布达拉宫长廊角落里目光灵动的小喇嘛，他的双眼是被光阴磨蚀的珠子，早已神色黯淡，失却了光亮。十五年了，他经历了多少云谲波诡的争斗，变幻莫测的危机，却从未像此刻这般仓皇无措过，他早知会有今日的重逢，但他未曾料想过自己会如此局促不安。

十五年，使他成为圆滑的领导者，他善于掩饰。他俯下早已发福的腰身，行大礼。旁侧的人都纷纷随着他的举动虔诚行礼，却都未想到，他匆忙地将面孔朝向地面，是为了不让那久别重逢的人看到他的眼睛，怕那人看透他内心的秘密。

经历了一番生命的轮回，那人的眼睛澄澈如昔。

在丹增持法殿的金顶之上，法螺声响起[5]，这种来自于壮阔的波涛深处的法器，生活在蓝色海水之下巨大的软体生物遗留在大地上的骨骼发出的声音如此低回，有如千万年前海潮的啸咏。它们暗郁的歌唱萦绕盘旋，如桑烟般袅娜而上，奔上天宇。

浪卡子的天空洁净深邃，海一般的碧蓝。

不知从哪里飘来了一片金黄的草叶，飘落进华美的庭园，沾到了灵童的袍袖上。他抬头望望那透明的天空，风的方向变了，秋凉了。卓玛已经开始准备戴敦礼的袍子了吧，那袍子一定很美，有着玲珑剔透的绣花，并缀着大块的水獭皮。阿旺拂去草叶，迈着庄重的步子向大殿走去。

灵童阿旺嘉措的受戒仪式盛大庄重。

根据礼仪，班禅额尔德尼向灵童赠送了金银与贵重礼品，洁白如云的哈达，精雕细琢的华美金塔、金曼扎、金瓶，晶莹润洁的白玉碗，丝堆金绣的法衣、缎垫褥、缎靠背，珍贵稀有的念珠、典籍与佛像……凡间的佛境宝物之精彩，堪比九重天上。第巴为灵童准备了同样贵重的礼物回赠班禅。

班禅亲手为灵童受戒。从此，班禅成了阿旺的老师，为他起法名为罗桑仁钦仓央嘉措。灵童向端坐于法座之上的班禅叩头行礼表示感谢，班禅亦走下法座，庄重地向这位尊贵的弟子还礼。

垂首间，阿旺嘉措便已是仓央嘉措了。

罗桑仁钦仓央嘉措，即"善慧宝梵音大海"。在邬金林村口遥望碧野的小童阿旺嘉措，在巴桑寺院墙外痴痴等待少女卓玛的小喇嘛阿旺嘉措，逐渐在缭绕的香烟中隐没。仓央嘉措，被第巴推到权势者的族群之前，桑结嘉措用行动正式向众人宣告达赖佛的回归：看吧，看看这个新加入的人，仔细看，认识他，记住他。

他用双手捧出了这位少年，他的手，一如当年五世保护着他一样在保护着五世转世的净体。

众人眼明。这群政治场上的老手不动声色地叩拜法座上稚嫩的少年，眼角却偷偷睥睨着那双手，那双灵活、圆润、被羊油与藏药细细保养的手。这双手的出现有双层意味，意味着保护，也意味着操纵、控制。显然，后者的意味更浓，不然，他们不会时隔十五年才会再次在法座上看到尊贵神圣的正牌主子。这双手，玩弄权杖的时日太长了，着了迷，不愿再放下。这群在布达拉宫贪婪吞噬钱权欲望的老饕又何尝不明白。

大家叩拜得如此虔诚。秋风吹进大经堂[6]，吹动活佛颈上的哈达，吹淡了大殿中浓郁的藏香味儿。风向变了，凉意激得大家一哆嗦。如今的达赖佛不能掐下你颈子上的头，那双手，却可以。

注释：

① 羊卓雍错湖：西藏四大圣湖之一。海拔在4442多米处，面积约640平方千米，湖内有众多岛屿分布，水滨水草茂盛，历来是西藏有名的牧场之一。湖水碧蓝澄净，终年散发出高原神秘气息，四周雪山围落，形成西藏一处胜景。但由于并无水源，水位一直在下降，据专家预测，未来有干涸的可能。但现在这里仍然是水鸟的天堂，沙鸥、天鹅等都在夏季群栖嬉戏。

② 阿忠：信使。

③ 五佛冠：又称宝冠、五智宝冠、五宝天冠、五智冠、灌顶宝冠。藏密上师修法时所戴，象征五智如来。

④ 吉曲河：拉萨河的藏语称谓。发源于念青唐古拉山的南麓嘉黎里彭措拉孔马沟，是雅鲁藏布江五大支流之一。南部则是雅鲁藏布的干流，西北部是藏北地区内流水系，东接帕隆藏布与尼洋河，北部与东北部挨邻怒江流域。流经拉萨市，为拉萨市母亲河。拉萨河下游地带河谷平阔，是西藏自治区主要的农业耕作区。

⑤ 法螺：佛教法器，又名金刚螺、螺贝、蠡、蠡贝、宝螺等。本为乐器，亦为藏传佛教常用法器。卷贝末端附笛而成，喇叭状。在密教之中，法螺是行灌顶时必需之法器。其功德无量，为召集众神之鸣示。

⑥ 大经堂：藏传佛教寺院中最高权力机构。一般遇到重大宗教活动都会在大经堂举行。

清风关不住，重游到人世

1697年10月21日，灵童仓央嘉措前往拉萨，沿途僧俗顶礼膜拜。单纯的信徒们倾尽全力对雪域最伟大的活佛表达敬意，数不尽的金器、银器，质地细密做工华美的哈达、绸缎，甚至酥油与茶被源源不断地敬献给他。

轿子停了，侍从小心翼翼地禀报："活佛啦，百姓们求您摸顶祝福，您看……"

轻挑起轿帘，前面恭敬地站满了藏族信众，这群纯朴的人在晴朗的天空下，像一群藏羚羊踟蹰地等待着天空降落下甘露滋润他们焦渴的灵魂。见到这景象，少年仓央嘉措的心中生出莫名的悲凉。他缓缓抚摸着手中那柄抚摸了千百次的短刀：我连自己所钟爱的都无法把握，能为你们带来什么呢？

"……继续走吧。"

老侍从曲吉近前："活佛啦，您的信众在等待您，为他们赐福消灾是您的责任，也是您的功德啊。"

长久的沉默。

侍从们不知如何是好,都悄悄向曲吉递眼色。这时轿子里传出仓央嘉措淡淡的声音:"那就,开始吧……"

听到达赖佛要下轿摸顶,百姓们爆发出海啸般的欢呼声。

信徒们鱼贯行来,仓央嘉措依次为他们摸顶。少年慈悲地向他的信徒们微笑,望着那些苦难却虔诚的人儿,心中温暖又悲酸。

好在,我还能给你们带来幸福。

即使这幸福仅是一种错觉,也能为冰冷的人世带来稍许暖意。

五天后,司西平措殿内,仓央嘉措的坐床典礼隆重举行,布达拉宫权贵云集,司西平措殿有多年未曾这么热闹了。康熙帝特派代表章嘉呼图克图前往祝贺[1]。为了表示对坐床一事的重视,康熙帝御赐了大量珍宝,其贵重与稀有让见者莫不赞叹。

仓央嘉措独自坐于大殿之上,自问,是梦吗?

是梦吧。

有时候,做着梦的时候以为自己在现实中行走;真处于背离常理的现实中时,却每每自问,以为自己是在梦中。

这个梦,曾有多少迷恋权势者在梦中演绎过——第巴带领着雪域各地的僧俗高级官员带着肃穆的神情庄重行下大礼,无比谦卑恭敬地献上五彩大哈达。

阿旺坐在香烟缭绕的司西平措殿内,觉得自己成了一尊佛,在受着尘世人的朝拜。

他不紧张、不慌乱,面对着堂下似幻似真的景象,骨髓里流淌着某种从容。十四岁的少年手握着让权势者下拜的巨大权势,表情漠然,仿佛多少次在梦里经历过这一切,他的身体比他的意识更能驾轻就熟地接受眼前的现实。然而他清楚地知晓,他那如山坳中生出的云团般茂密的梦境中没有这一出,灵魂,是他的灵魂在恪尽职守地找寻着与前世重叠的影像。

在臣下们俯身的工夫，他禁不住伸出手指轻轻碰触自己的脸颊。他怕他所经历的一切如魔咒般真的把他变作殿堂之上一尊华贵但了无生气的鎏金佛像，手指轻轻一刮，能从脸上刮下来细碎的金屑。

到底是孩子。

这盛大仪式的主角仓央嘉措，时不时会将视线移向大殿一侧，望望窗外那一小方碧蓝的天空。

他觉得，这是自己一生中最孤独的一天。

月底，班禅额尔德尼来到布达拉宫。作为老师，他要向仓央嘉措传法。

传说，佛陀为弟子传法时曾手拈一朵美丽的曼陀罗花，讲到高潮处，漫天曼陀罗花雨徐徐落下，微妙香洁，寂静和美，天地间的众生都被法理的曼妙与灵明洗透了神髓，感受无限法喜。这种喜乐，仓央嘉措也在一种全身心的投入倾听中感受到了。班禅的语调优美，阐述清晰精到，听到愉悦处，年轻的仓央嘉措流露出澄澈的笑容。

这愉悦使他多日来忧愁不快的心情，瞬间被清洗干净。

班禅留意到仓央嘉措眉宇间淡淡的笑意，会心微笑。

传法后，班禅与新坐床的仓央嘉措聊了很久。从班禅的口中，仓央嘉措第一次如此清晰地知晓那个曾经的自己——五世达赖为众生做了多少功业。

班钦仁布钦特别叮嘱仓央嘉措要向五世学习[②]，尤其要勤修佛法，不枉度世救民之责。班禅是位成熟的老师，深知孩子们的习性，纵然是仓央嘉措这般根性极佳的少年，也受不了日日读经的枯燥日子的磨砺吧。

第巴对佛爷的功课极其上心，求请了学问广博的经师来为他授课，且要求严格，时常过问学习进度。桑结认为，即使是傀儡，也得是一个能服众的漂亮傀儡。

有第巴督促，学者们自然不敢掉以轻心，每日总以教授经书为要务,使活泼好动的仓央嘉措不胜其烦。这样的生活日复一日,佛爷如原本在草原上肆意奔跑的小羚牛被关进了牲口栏,愈发烦躁不安。他甚至会在经师讲法的时候站起来走动,惊得经师江巴扎巴不安地起身,双手合十规劝:"您圣明!劳驾!请别这样,请坐下来好好听。"若是佛爷置若罔闻,白发苍苍的老格西还会忧心地说[3]:"如果尊者您不听的话,第巴就会责骂我了。"佛爷便会无奈地坐回卡垫之上继续他的功课。经师们知晓,佛爷是心地良善的人,不忍连累大家受斥责。

佛爷的人在卡垫上,思绪却早已飞到别处去了。他不能再回到绿草茵茵的草原,但心可以。他有许多可回忆的事,可思念的人,这些回忆有凄苦,有甜蜜,能陪伴这深宫里孤独的少年打发掉大把的时光。

他的闲暇时间,大半用来写信,写给卓玛。镶金点翠的檀木扁头笔在金东纸上划出漂亮的笔道,划来划去,却写不出完整的句子,他索性将纸张揉掉。还是写诗吧,写一写总在记忆中浮现的卓玛的娇美容颜:

名门望族的女儿姿态翩翩,
只有我最合她的眼缘。
枝头的果子红润美丽,
也比不过她娇艳甜美的容颜。

或者,写一写刻骨的相思:

印章黑色的印记,
不会倾诉衷肠。
但我依然要在信上盖个,
当是把我的相思印在你的心上。

少年人的心中,情人的身影总是最鲜明难以磨灭的。在观想修行中,需要心中想象着要修的神的形象,可是在仓央嘉措的心中,浮现的却是卓玛甜美的笑颜:

心中默想真佛修炼,

怎么也记不起佛陀的容颜。
没有思忆爱人的笑靥,
她微笑的面容却在心底浮现。

写满了情诗的书信一封封从布达拉宫飞出,飞向错那宗,仓央却没有得到一封回信。

少年有些焦虑,赌气写下牢骚话:
姑娘一定不是胎生肉长,
恐怕是桃树枝上长成。
枝上桃花易落已是无情,
即使这样的花朵都比姑娘有情。

信被阿忠带走了,仓央嘉措却不安起来,握着卓玛送的那把藏刀胡思乱想——卓玛不回信,是不是有特别的原因?她看到这首诗,会不会心里难过……不,总不回信,气一气她也好,以卓玛的性子,生起气来一定会不管不顾地写信来数落他,好歹,也是个回信呢。这样一想,仓央放心下来。

可是,卓玛的回信,依旧没有来。

几个月的时间弹指即去,皑皑白雪覆满了玛布日山。佛爷的功课里,加了一门学习金刚舞④,这让他觉得多了许多乐趣。老师先在雪地中示范,然后他模仿老师的样子在雪地上踩着老师的足迹练习。

仓央嘉措难得找回了些学习的乐趣,日子也觉得没那么难挨。一天,他正兴趣盎然地练习着五楞金刚的步法⑤,侍从通报有人求见。通报的人名很让仓央嘉措意外,是塔坚乃班丹。

当塔坚乃班丹从雪地那端出现时,仓央嘉措兴奋地向这位最要好的朋友奔过去,全然没有了平日的稳重样子。他按往日的习惯对这位好兄弟伸出了双手,塔坚乃却没有回应他。

塔坚乃伏地行了大礼。

单纯的少年仓央嘉措,他还不明白,他与昔日的伙伴,如今有着天与地、苍松与芊草的差距——他们,一个是高高在上、万人敬仰的活佛；另一个，只是门隅一个普通的贵族男孩。即使再次相见，他也不会再亲热地拥起他的臂膀，只会匍匐地上拥抱他尊贵的脚下的尘埃。

"活佛啦……"

"少爷，不要这样称呼我，还叫我阿旺。"

塔坚乃哪里肯依："请您不要如此称呼我，请您不要如此称呼我，折杀小人了！"

望着叩头不止的塔坚乃，仓央嘉措无奈，只得道："塔坚乃，免礼，起身答话吧。"

塔坚乃垂眼看着地上的积雪，不肯抬眼。仓央嘉措觉察到，这不是旁人见他时那种由尊崇而来的目光的回避，塔坚乃有种不安。

应酬话这几个月里仓央没少学，面对着时常想念的朋友，却不知道说什么了，沉默了半晌，塔坚乃只得先开口："活佛啦近日可好？"

"……不好。"这个回答让塔坚乃意外，他抬头看看佛爷，两人禁不住都笑了。

仓央嘉措拉着塔坚乃往寝宫里走："我说的是真的，真的不好。每日都是学习学习，因明学、诗学、历算都得学，门都不得出。"

仓央嘉措问塔坚乃："塔坚乃，你的功课怎样了？"

塔坚乃有些不好意思："尊者您离去后，我也还俗回家了。家中为我订下了亲事，春天便成婚。"

"呵呵，能让塔坚乃少爷心动的，必然是漂亮如意抄拉姆仙女的姑娘[6]！"塔坚乃挠着头，憨憨地笑了。

"……卓玛，卓玛如何了？我给她写了很多信，一封也不见回。"

"那些信，她都收到了，她说尊者的诗才极好……尊者的诗才定然是极好的，她看一次，哭一次……"

"为何不回信?"

"小人此次前来,就是为了向佛爷禀报此事。卓玛被指给了蒙古王子做妃子,年后便嫁过去。"

仓央嘉措止住了脚步。

经过了几百年,布达拉宫的长廊总是那么空空荡荡,脚步踏过,在人心中激起寂寞的回响。他不能让这声音击打自己的心,他必须停下脚步。心,被击打得太疼、太疼。

塔坚乃伸出袖子轻轻为他擦脸,他这才觉察,原来,自己流泪了。

塔坚乃离开时,仓央嘉措亲自送他出宫。

"塔坚乃,你愿意来这里和我做伴吗?"

"塔坚乃能伺候人中之宝[⑦],是天大的福分!"塔坚乃丢掉马缰,纳头便拜。

"都说了,你我二人亲如弟兄,私下里不要这套啰唆的礼数。"仓央嘉措拍拍马背上的两只"唐古":"这只里面装的,是你喜欢的点心,你夸好吃的那几种多装了些;这只里面装的,是给卓玛的贺礼。"

"仓央嘉措佛如此关爱,我朵喀家无比荣光!"

"那好,我叫他们为你准备住处了。记得把朗嘎也带来吧。另外,请把这个捎给卓玛。"

仓央嘉措从袍子下解下了一把藏刀,递到塔坚乃手中。这是漂亮的拉孜刀,有金丝缠绕,镶嵌着光润的玛瑙。卓玛送给阿旺嘉措的那一把。

这天夜里,下了大雪。后半夜雪停了,皎洁的月光照亮了德丹吉殿。仓央嘉措披衣来到窗前,看到白雪覆盖下的拉萨城,在月光的映照下洁净得如同人间仙境。

他一夜未眠。

昔日热恋的情人,

成了别人的新娘。

仓央嘉措诗传 / **515**

相思折磨我哀愁的心，
让我容颜枯瘦。

尘世的缘分就这样断了吗？也许，天注定我成不了一个让姑娘幸福的情郎，还是做个佛爷更好。

经师们欣喜地发现，佛爷在上课的时候用功了许多，不再神游物外，总是专心听讲。佛爷本就聪慧，一努力学问轻易便高于常人。"佛爷到底是佛爷，收敛了心性，佛性便自然流露了。"老格西江巴扎巴禁不住赞美道，众位格西纷纷称是。

转眼两年了，仓央嘉措无论是学问还是头脑都很出类拔萃了。骑射、剑术也颇有建树，堪称文武全才。他的成长大家有目共睹，一些简单的宗教事务也都处理得有条不紊。唯一视若无睹的，大概只有第巴桑结嘉措。

布达拉宫山后有一片水潭，水潭边杂树丛生，春日里生出大片艳艳的格桑花来，仓央嘉措很喜欢，时而在此处念经诵书，温习功课。一日仓央嘉措兴起，问起此潭缘由，有宫中年老的侍从答说："活佛啦，此潭并非玛布日山原有，乃是五世在世时修建布达拉宫红宫及经房僧舍，从山脚大量取土建房才遗留此大水潭。"

这潭水碧绿可爱，如翡翠嵌于绿树红花间，微风过处，清波徐起，仓央嘉措不禁心旌荡漾："如此美的景致，建成园林岂不好？塔坚乃，传我命令，将此处清理改造。"

仓央嘉措的命令传达到了相关政府部门，自然也传到了第巴耳中。

"哦，尊者要建园林？"桑结嘉措笑了，"鹰雏想要上青天，已经开始伸展翅膀了。"

"那这事情，顺着尊者的意思办吗？"

"办。一个园子，就当送他一个玩具，发泄发泄他多余的精力。"

佛爷要造园子，工匠们不敢怠慢，使出了浑身解数将园林修建得美轮美奂。园中四处植满珍奇花木，翠色满园。潭水间本有一座小岛，工匠们在岛上建了一座三层楼阁，完全按照佛教仪轨中坛城的楼式建造。楼顶六角缀着铜龙头，龙头颈下垂着铜铃，风一吹叮咚作响，铃声顺着水面飘入耳中，别有意趣。

仓央嘉措沿着小桥上岛游赏，笑吟吟地，一看便知他很喜爱这园子。

塔坚乃初次监工即有此成果，分外得意。见仓央嘉措满意，更是骄傲非常。

阁楼内的佛堂还空置着，仓央嘉措问道："塔坚乃，这里适宜请哪位神灵坐镇？"

"臣下愚见，潭中阁楼，当以供奉水神为佳。"

"说得对啊，塔坚乃。"

活佛专门去墨竹工卡宗迎请了以墨竹色青为首的八龙供奉于阁楼内，由此，这园子被命名为"龙王潭"。

迎请龙王之日，热闹非凡，甚少露面的第巴也出席了迎请仪式。

第巴赞美道："风景秀丽，亭台精美，尊者营造的园林堪比额巴钦波营造的布达拉宫美妙精巧。"

"此乃游戏之物，怎堪与额巴钦波、第巴修造布达拉宫的功绩相比呢。"

"尊者您过誉了。您把这眼前的一切以及布达拉宫内大大小小的事情当做游戏，臣下便放心了。"

仓央嘉措有些茫然："第巴，您督促我学业甚严，为何还要我把宫中事宜当做游戏呢？"

桑结笑了："我听说，您要做一位为国为民的好活佛。"

"是啊，生为此身，当尽此身之事。"

"活佛啦您想得很对，但，又不对。"

"……您此言何意？"

"您只要做一位好活佛即可——为国为民的事，臣下就为您做了。"桑结哈哈大笑，离席而去。参与庆祝活动的官员，也都悄悄退出了龙王潭。

佳肴美酒堆在藏桌之上无人取食,仓央嘉措随手取了一只果子握在手中把玩:"你们都听到第巴的话了?谁能告诉我,到底是怎么回事?"

塔坚乃等人面面相觑,老侍从曲吉卡热巴欠身上前答道:"尊者已经十七岁了,坐床也已两年。五世在尊者这个年岁,已经能娴熟处理政务了。近日噶丹颇章内部有让第巴还政于尊者之声,想必是……激怒了第巴。"

"那么,这是警告?"

"是的……活佛啦。"

布达拉宫纯洁的身影与蓝天白云映照在碧绿的水中,看起来不若往日那么威严,却有了淡雅的风韵。

"曲吉,还记得当年在巴桑寺时,你是怎样讲的吗?你说我是无上智慧、金刚勇武的活佛,你说这座宫殿、宫殿里的人们等待了我十五年。"

"尊者,臣下记得这话。"

"可事实上,我并不受欢迎呢……我,又何尝想回来!"

仓央嘉措将手中的果子猛掷入水中,"扑通"一声打碎了布达拉宫美丽的倒影。

次日江巴扎巴讲经,仓央嘉措一反常态,一副漫不经心的样子。见朗嘎从门前张望,他竟伸手招呼它进来。

朗嘎岁数大了,愈发犯懒,喜欢亲昵人。仓央嘉措把它拥在怀中揉搓,又是拽胡子、又是拉耳朵,这是他们儿时最爱的游戏。

江巴扎巴双手合十:"尊者,请您好好听讲。"

仓央嘉措使劲拽朗嘎的短耳朵想盖住它的眼睛,问经师:"听讲何用?"

"尊者……"老经师不明白这平日勤谨好学的少年为何会问出这种问题。

"您不用想了。我来此处听讲是为了成为为国为民的好活佛,可第巴需要的是一个老老实实的傀儡——"仓央嘉措望着老经师的眼睛,"傀儡念书做什么?"

"这……这……"江巴扎巴张口结舌。

仓央嘉措从卡垫上一跃而起,带着朗嘎闲逛去了。

塔坚乃在龙王潭的楼阁里找到佛爷。佛爷也不要侍从伺候,大咧咧地躺在一棵大青冈树下假寐。朗嘎在他身边趴着,听到脚步声猛抬头,见是塔坚乃,竖起尾巴抖两下,又趴下了。

"塔坚乃,过来坐下。"仓央嘉措闭着眼睛说道。

"尊者怎知是小人?"

"你的脚步声,熟悉得不能再熟悉。"

"……塔坚乃斗胆,进言尊者……"

"你讲。"

"尊者乃莲花生转世,雪域最尊贵的活佛,第巴怎可擅权自重到如此境地。尊者奋发图强从第巴手中夺回权力,方是我万民之幸。"

仓央嘉措坐起来,揉揉眼睛:"这话是曲吉教你说的吧?"

塔坚乃脸红了:"您圣明!不过塔坚乃也确实是这样想的。"

"塔坚乃,迎请龙王那日,你也看到了,第巴退席,到场官员悉数退去。那是示威。偌大一个噶丹颇章政府,谁能帮我、谁敢帮我?"

"可是、可是尊者,您是佛爷啊!"

仓央嘉措握住朋友的双肩:"当布达拉宫的黄轿子来到巴桑寺前,我是达赖佛吗?"这身心疲惫的年轻活佛站起来,拍拍身上的尘土草屑:"走吧,出去逛逛。这少年时代无数次在我梦中出现的布达拉,我无限向往的布达拉,如今,让我腻味透了。"

塔坚乃无措地跟在他身后:"我们今天出去逛,那,今后呢?"

"我也不知道。塔坚乃,不要想这些忧愁的事情,想想我们多久没有吹到过布达拉宫外自由的风了?"

仓央嘉措自己，已经有两年没在街道上走动过了。他是活佛，神样的人物，神佛的双脚踏于祥云之上，他脚下无云，却也接触不到泥土，走出那座白色的城，他的脚下踏的不是轿子，便是精美的藏毯。

如今，自由自在地走在八廓街上⑧，他觉得新奇又有趣。八廓街热闹非常，人来人往，街的两侧被生意人繁杂的货品装饰得花花绿绿，空气中弥散着尘土、香烟、食物与人和牲畜的体味。拉萨不愧是雪域最繁荣的城市。仓央嘉措自小生活在小村镇，从未见过这样大而繁荣的市集。

塔坚乃是多么爱玩的人，早已将这附近摸得烂熟。他带着仓央嘉措串来串去，逛最有意思的摊子，尝最可口的食物。

仓央嘉措最爱看的是艺人的说唱。街头有艺人戴着格萨尔帽子说唱《格萨尔王传》。

这艺人闭着眼睛说唱得津津有味，听者也听得格外入神。仓央嘉措非常喜爱这些词藻华美的诗句，但听着听着，他便离开了。

诗中赞美的美好的姑娘，让他想起了达瓦卓玛。

市集上什么货物都有，日喀则地毯、拉孜的藏刀、贡嘎氆氇⑨、香料、药材、珠宝……不仅限于贵重的货物，一些不值钱的物什也被摆出来卖。仓央嘉措发现，小时候与孩子们在草丛里扒拉着找来吃的"酸溜溜"竟然有人装在篮子里售卖；甜美多汁的"水尼玛"、深紫色的"葛龙"也已经被年轻姑娘抓在手里品尝，染得嘴唇变成浓郁的紫色。

一见这些水果，便知夏天来了。仓央嘉措记起，多年前，卓玛、塔坚乃和他，就是在一个夏日，嚼着"酸溜溜"订下了了不起的远行计划：去拉萨看藏戏。如今，藏戏对他来说已经并不稀奇。那些戏剧，原本就是向达赖佛的献礼，是为他而演出的。想到这里，他不禁有些忧烦。马上就是雪顿节了，雪顿节要召见各地贵族，免不了与第巴碰面。

卖果子的小姑娘有些奇怪，这位少爷已经在她篮子前看了半天，不知在出神想些什么。细细看他，他容颜俊美、气质典雅，身着贵公子的服饰，却不知为何剃着光头。

小姑娘腼腆地笑着说："这位少爷，您尝尝水尼玛，很甜、很甜。"

拈起几个红彤彤的果实放入口中，熟悉的味道瞬间满布唇喉："果然很甜。"仓央嘉措笑了，两日来未曾见的由衷笑容浮现在佛爷英俊的脸上。而且，这尊贵漂亮的人身上有莫名的香气，小姑娘只以为是贵族们使用的某种高贵的香料，谁想，开口讲话这香味愈发清芬，不觉得看呆了。

塔坚乃拿出钱袋来付钱，小姑娘红着脸拒绝："不要钱的，不过是尝了几个。"

旁边几个小乞丐凑上来，伸出两手的拇指高叫着"咕儿咕儿"行乞[⑩]。

塔坚乃见这群脏兮兮的小孩穿着经年不洗的袍子凑到佛爷身边，赶紧拦到中间："没有！没有！"

"给一些吧，塔坚乃，都是小孩子。"

几个孩子拿了钱退下了，更多的孩子涌过来。

塔坚乃说道："您看吧，给了几个，引来一堆。全是大锭的银子了，这怎么给？"

十几个孩子挤在一起阻去道路喊着"咕儿咕儿"，仓央嘉措哪里见过这种阵势，很有些窘迫。

"都退下！让他们走。"纷乱中，一个清亮的声音严厉喝止道。

听到这声命令，小乞丐们立刻停止了吵闹，让出一条道来。他们并不急着散去，看着仓央嘉措和塔坚乃离开。

仓央嘉措和塔坚乃感激地向那个声音的来源望去，两人吃了一惊，说话的竟然是卖果子的小姑娘。原来，她是这帮小乞丐的头儿，刚才讨到钱的几个小孩正往她的篮子里塞钱。

仓央嘉措微笑着向她表示感谢，刚刚还威严发话的小姑娘羞涩地笑了，笑容灿烂得像这夏日的阳光一样。

"尊者,您受惊了。"

"没有,我倒是觉得很有意思。还有没有更有趣的地方?"

"有哇,拉萨好玩的地方多着呢。"

"那么,带我去那更有趣的地方游玩吧。"

久居深宫的灵魂突然得到释放,自在得似脱笼的鸟雀,似冲出混沌的清风,在碧青的天空、静谧的布达拉宫俯瞰的城区中游曳。

注释:

① 章嘉呼图克图:藏传佛教格鲁派著名转世活佛。章嘉,系其西藏地名音译,又或译作章佳、张家等,全称意为章嘉地方的圣者。被认为是文殊之化身,为四大呼图克图之一。

② 班钦仁布钦:指班禅。

③ 格西:藏语音译,汉语意即"善知识"。是学位性僧职的一种称谓。在藏传佛教中,格西地位极高,有很大的威望,通常只有极少数僧侣在经历长期苦修,在佛学知识领域拥有了相当专业水准之后才可能获得的学衔,分不同级别,有拉然巴、措然巴、林赛巴、阿然巴、多然巴、噶然巴、曼然巴等。

④ 金刚舞:藏语名称为杜基嘎尔,即跳神。源于公元8世纪中叶莲花生大师。经过后世改进和规范,成为密宗仪轨,后来又被桑杰嘉措活佛带入木里瓦尔寨大寺,世代相传形成深具木里地方特色的宗教舞蹈,俗称"跳神"。木里大寺每年要举行三次跳神活动,以10月法会最为隆重。届时,所有演员戴上人妖鬼怪面具,手持铃、钵、刀、戟、剑等法器,身着奇异法衣手舞足蹈,再配上海螺、法号、钹等器乐。这是一种严肃的宗教仪式,具有浓郁独特的密宗神秘色彩。

⑤ 五楞金刚:金刚舞步的一种。

⑥ 意抄拉姆:传说中美得夺人心魄的仙女。

⑦ 人中之宝:对活佛的尊称。

⑧ 八廓街:又称八角街,藏族同胞称其为"圣路"。在拉萨旧城区,是当地著名的转经道,也是商业中心。"八廓"是藏语中"转经道"的意

思。在大昭寺周围,有三大转经道,八廓街便是其中的一条中转经道。八廓街由八廓西街、八廓北街、八廓东街与八廓南街组成,有街巷35个,并有很多岔道。较完整地保存了拉萨古城的原有面貌,今天已经成为世界上著名的具有独特魅力的历史文化古街区。

⑨ 氆氇:藏族地区一种手工羊毛织品,是做服装、鞋帽的主要材料。织氆氇用的是老式木棱织机。其生产几乎遍及西藏各农区、半农半牧区,其中以扎朗、江孜、芒康、浪卡子等地产的氆氇最为著名。刚织好的氆氇是白色,宽约24厘米,之后还要染成红、绿、黑等颜色。黑色做衣服、鞋帽,彩色则一般被用来做装饰。

⑩ 咕几咕几:求求你。

不作菩提语,唱彻凡人歌

  站在噶当基的窗前向外眺望①,能将雪城尽收眼底,炊烟与桑烟混杂着盘桓于方正的土坯房顶,闭着眼睛就能想象出城中的热闹与繁华。那里,让他有了须臾的快乐,让他为之流连。今夜,当月亮升起之后,他会再次回到那里,塔坚乃将要带他去更欢乐、更有趣,能让他忘却烦忧的地方。

  夕阳红色的光辉映照在宫殿之中,映照在满屋的红木家具之上,柔和的红光没来由地让人生出渴睡的心思。也许是,这一刻宁静得让时间都趋于停滞。他把视线投向八廓街之外,更远的地方,霞光映照,绵延的群山阻隔了视线。年幼时纵情奔跑的山野在何方?即使是这眼光的自由,也是有限的啊。

  他叹口气,回身去摆弄藏桌上的一堆衣物。

  仓央嘉措与塔坚乃身量差不多,塔坚乃为他拿来了自己日常穿的袍子、靴子,为了看起来更像俗人些,还带来了耳坠和好几个戒指。塔坚乃准备的装备里,最让人叫绝的是一顶长长的假发,黑油油的发卷垂下,配上这身华贵的服饰,俨然就是哪家风流俊秀的贵族少爷。

夜幕垂降，塔坚乃悄悄来了。见到佛爷的俗人装扮，塔坚乃大乐："尊者英俊潇洒，定能迷倒一片姑娘！"

仓央嘉措顽皮地摆个跳舞的姿势："塔坚乃，我们出发。"

"且慢，尊者还应起个名字，被人问起名姓，也好有个应对。"

"就叫宕桑旺波。"

塔坚乃哈哈大笑。宕桑旺波是俊美男子的意思，仓央嘉措很有年轻人的俏皮和小骄傲呢。

佛教有"三界说"，认为世界是以须弥山为中心的，围绕着有情的生命层次分别安立了"欲界""色界""无色界"三界。"欲界"生活的人，欲望特别强烈，对财物、男女性事、名誉、饮食、睡眠都有无尽渴求，欲望与苦难并生，所以此界中人承受着三界中最浓重的苦难。"色界"比欲界层次要高，与欲界人享受物欲快乐不同，色界人享受的是精神的快乐。佛教把物质现象叫作"色"，当作一种质碍，无色就是没有质碍，"无色界"生活的人超越了物质世界的束缚，得到的是自由的生活。

布达拉宫宫城完美地演绎了"三界说"。

整座恢宏的宫城分为三大部分：红宫、白宫和"雪"。红宫是如同须弥山一般的存在，历代达赖喇嘛的灵骨塔与各种佛堂都深藏在红宫，象征了须弥佛土和宇宙中心；白宫将红宫拥围其中，达赖喇嘛的宫殿、大经堂等都在白宫里；玛布日山脚下安置监狱、印经所、作坊、马厩以及平民生活的地方，布达拉宫的卫城，被称为"雪"。

今夜，仓央嘉措所要去的地方，就是"雪"，那个充满了欲望、沉迷于享乐的"欲界"。

藏族是个能歌善舞的民族，有酒有歌便觉得生活其乐无比。繁星映现于天幕，八廓街上的小酒馆越发热闹起来，年轻人们结束了一天的劳作纷纷涌入店家，叫上一碗青稞酒解渴。

"雪"有一家小酒馆格外热闹，老板娘梅尕年轻时是这一代有名的漂亮女子，如今将近四十岁了，依然颇有风韵。她酒馆的青稞酒酒质醇香,碗大量足,梅朵又长于待人接物,故生意一直比别家红火。塔坚乃是梅朵家的常客,今次带仓央嘉措来的就是她家。

布达拉宫的戒备一向森严,两人七拐八拐溜出来,一溜烟地往"雪"跑,到了酒馆门口刚要喘口气被突然伸出的几只小手吓了一跳,"咕几咕几"——小乞丐们还在街上串来串去地乞讨呢。

塔坚乃刚要发作,仓央嘉措笑眯眯地说:"塔坚乃,给些吧。"塔坚乃只得掏钱袋,嘴里叽叽咕咕,郁闷得很。

"多谢公子慷慨解囊。其实这些钱我们用不得多少,除了吃喝,都是讨来供奉到寺里做功德的。"小乞丐们的头儿、那日卖果子的小姑娘从灯影儿里走出来,一脸笑意。她是认得塔坚乃的,待看到仓央嘉措的脸,吃惊地捂住嘴巴:"呀……您不是那天……"

仓央嘉措赶紧竖起中指放到嘴唇前:"嘘……"

小姑娘小声说:"那天我还奇怪,公子穿着那么漂亮却如僧人般剃了光头,谁想几天工夫,您的头发就长出来了!您是用了什么魔法?"

仓央嘉措笑得很得意,凑到她耳边悄悄地说:"不是魔法,是假发!"

小姑娘笑弯了腰,一双眼睛在灯火下水光潋滟:"这个物件可倒是好!"

仓央嘉措看看小姑娘的篮子,里面的果子已经不多:"这么晚了还不回家去?这些果子我全买了。"

"公子喜欢,全拿去便是,这果子周围山上多得是,是没本的买卖。"小姑娘不过是十一二岁的年纪,说话却十分豪气爽利。

她高高举起篮子递过来,塔坚乃一手接了:"那就谢谢你了!回家去吧,可是不早了。"

"我就在这街上生活,这里便是我家。"

仓央嘉措蹲下来,望着这身量未足的孩子:"怎么会没家?"

"家是有的，在山南，错那宗。我爹娘没了，在这里等爷爷。"

"咱们是同乡呢，我也是错那来的。"听这漂亮温和的人儿与自己是同乡，小姑娘一脸惊喜。

"孩子，你爷爷做什么去了？"

"我爷爷是山南最好的画工，布达拉宫的壁画就有我爷爷画的。如今爷爷在大昭寺工作②，等这次的乌拉完了，我们就回错那去。"

"……走吧，小同乡，我请你喝一碗青稞酒。"

听到这邀请，小姑娘受宠若惊，连连摆手："我怎么能同您这么尊贵的人同座饮酒呢？您请自便，我还要照顾他们呢。"小姑娘指指周围拉着人要钱的小乞丐。

仓央嘉措笑了，起身欲离开："对了，孩子，聊了这么久，还不知道你的名姓？"

"次仁尼玛。斗胆请问贵人您尊姓大名？"

"我是宕桑旺波，这位是我的朋友塔坚乃班丹。"

街头流浪的孩子次仁尼玛成了世上第一个被仓央嘉措亲口告之化名的人。若尼玛知自己有如此殊荣，将是怎样的欣喜若狂？

走入酒馆，扑面而来的是青稞酒醉人的酒香和或柔情或豪迈的酒歌。老话说得好，"如果酒没有歌，那就像清水般没有味道"。见到这些热情四射的年轻人纵酒欢歌，年轻的佛爷仿佛进入了天人世界，有喜有乐，无忧无愁。

塔坚乃吆喝着："梅朵，梅朵在哪儿？把最好的酒端出来，今日我与我的朋友不醉不归！"

梅朵从人堆中挤出来，手里捧着倒空的大铜壶："塔坚乃少爷，宫珠得勒！请您同您尊贵的朋友稍坐，最好的酒马上就来。"

梅朵最好的酒同布达拉宫的酒比起来也差着不是一星半点，但就是这样下等的酒却让佛爷喝得醺醺然，喝出了布达拉宫里从未尝到过的快乐，清凉酸甜的酒液顺着喉咙流下，胸中的苦闷瞬息消失不见，隐隐地还生出了由衷的快感：看看这欢乐的人群，听听这幸福的歌声,还有什么愁、什么忧是放不下、想不开的?即使是他日的烦忧,放在青稞酒中一浸,也变得单纯、透彻,心底升起的,不过是几分茫然若失的岁月的味道。

旁侧桌上的汉子摇摇摆摆站起来,端起一碗青稞酒一饮而尽,放开喉咙唱起了情歌:

我俩真挚相爱,
感情纯洁得像白纸,
纸上写满了真金字,
谁也不能把它撕烂。
我俩真挚相爱,
感情坚韧得像绳子,
绳子是丝一样的马尾编,
谁也不能把它扯断。
我俩真挚相爱,
感情饱满得像种子,
种子发了粗壮的芽,
谁也不能把它送回仓。

他粗粝的喉咙唱起这种火辣辣的情歌别有一番韵味,大家打着拍子唱和,气氛热烈醉人。仓央嘉措被这气氛感染了,望着木碗中混浊的酒液,心中思绪翻涌。大家哼唱着情歌如此投入,想必是心中都曾藏着这样一个绵延着撕不烂、扯不断情缘的爱人吧。

我的爱人在哪里呢?

他将手掌抚上心房。当他是个青涩少年的时候,曾有一位有着月亮般皎洁容颜、太阳般明媚光辉的少女,在他的心中偷偷丢下了一颗种子,这颗种子抽芽生长,生出缠绵的相思遮蔽了他的心房。如今,这里,已然是空了。从美丽的姑娘嫁做他人妻子的那一刻起,这曾经秘密收藏了多少年少情事的心房就已经空了。

汉子粗糙感人的歌声在他空荡荡的心房中回荡，歌声戛然而止，他蕴满忧伤的思绪却仍旧在酒香中飘荡。他禁不住翕动嘴唇吟唱出心头流淌出的诗句：

如果今生未曾相见，我们就不会心生爱恋。

如果今生未曾相知，我们就不会彼此相思。

他唱得缓慢而深情，似乎在回忆某些久远的事情。仓央嘉措的声音柔美悦耳，自小念诵经文的声音就使人倾倒。如今，这有着漂亮嗓音的喉咙不习梵唱改为吟唱情歌，听得众凡人瞬间投入了一个空静高远的有情世界，恍然不知身在何处。汉家的诗人讲"今夜闻君琵琶语，如听仙乐耳暂明"，大约形容的就是这种情境吧。

仓央嘉措天生的好酒量，今夜，饮酒不多，却有些醉了。这歌儿他旁若无人地唱了一遍又一遍，没有人打断他，唱到后来大家一齐用脚跟打着拍子，一起哼唱"如果今生未曾相见，我们就不会心生爱恋"。

几乎一夜间，这首优美的情歌传遍了拉萨的大街小巷。

几日之后再光顾梅尕的酒馆，仓央嘉措一进门大家就争先恐后地向他问候，酒馆里的男男女女争相传说"这就是那位唱歌极好听的公子"。

塔坚乃禁不住小声对仓央说："难怪师父们说佛爷您得到过妙音佛母的护持，看大家多喜欢您，您比檀丁本人都受欢迎！"

梅尕热情地上酒上菜，不时与二人聊上几句："宕桑少爷今夜再为我们演唱几曲吧，大家都想再次领略您的歌艺。"

仓央嘉措笑笑："见笑了，其实我不怎么唱歌，那天是随口哼唱的旧日诗作。"

"少爷真有诗才！若少爷不便演唱，我为您引荐一人演唱您的诗作如何？"

仓央嘉措含笑点头。

梅尕从另一个房间招呼来一个人，这人二十上下年岁，生就一副活泼欢快模样，怀里抱着一把扎年琴[3]。

梅朵介绍说："这是拉萨城最好的说唱艺人江央，嗓子亮得像雪山流下的泉水，林子里的喜鹊鸟也没有他的声音悦耳动听。把您的诗作交给他来唱，一定传遍拉萨城。"

江央笑着向仓央嘉措行个礼。

"刚才快乐弹唱扎年琴的人想必就是你了。"

"正是小人。"

"你是天性快乐的歌者，我这里有忧伤的诗歌，不知你可愿意演唱？"

"说唱艺人不仅得能弹出欢声笑语，也得能唱出失意悲愁，这样我们唱诵的才是大千世界、苦乐人生的本真面目啊，宕桑少爷。"

仓央嘉措对江央的说法非常赞赏，一下子他就喜欢上了这个面相喜乐而且很有头脑的艺人。

这天晚上，江央为大家演唱了宕桑旺波的诗歌：

压根儿没见最好，
也省得情思萦绕。
原来不熟也好，
就不会这般颠倒。

江央清亮的嗓子演唱起缠绵的情歌别有一番韵味，大家饮着清爽的青稞酒，少见地沉静下来欣赏扎年琴伴奏下的美妙歌声。青稞酒不醉人，歌中绵绵的情谊却使人痴痴缠缠，如梦如醉。

英俊的青年宕桑旺波成了梅朵的小酒馆最受欢迎的人。他是天生的诗人，随手拈来便是好诗佳句，他的俊美潇洒更让姑娘们魂牵梦绕。这样一个漂亮又多情的人，怎能不让人倾倒？

梅朵的酒馆有名，不仅仅在于生意经，还在于她的一张巧嘴时常为出入酒馆的男女牵线搭桥。多少姑娘都示意梅朵帮忙牵线，想结识这可爱的人儿。梅朵因见仓央嘉措穿着谈吐不俗，料定此人非富即贵，不敢造次。日渐地熟了，才试着探探他的口风:"公子的情歌动人,公子心中定有个多情貌美的姑娘。"

仓央嘉措笑了:"并没有呢。"

梅朵一脸惊讶:"以公子的才貌,怎会没有心爱的情人?想必您已经婚配?"

仓央嘉措放下手中的酒碗:"也没有。"

塔坚乃笑言:"宕桑少爷确实没有情人,也没有妻子。"塔坚乃有些醉了,手发晃,几乎端不住木碗。

仓央嘉措神情有些落寞:"这世上情爱难得。"说罢示意梅朵添酒。

"这里什么都缺,穷的缺银子,老的缺青春,爱唱的缺一副好歌喉,爱喝的缺一副好酒肠,唯独不缺的,就是情爱。宕桑少爷,你看这熙熙攘攘的酒客、来来往往的人群,哪个不是带着一双空荡荡的眼睛来的?谁又是专为饮酒而来?银子上夹一个角下来,就能从傍晚喝到天明,那样为饮酒而饮酒有什么意思,大家来我的酒馆,图的就是份热闹,找的就是身旁缺的那个知心人。"

"既然相爱,必有苦痛,何必呢。也许连饮酒时的那份舒心都失去了。"

"这里的爱情没有不快乐的,少爷,这里是酒馆,本来就是消遣寻乐的地方啊。"

仓央嘉措有些醉了,伸手拉住梅朵的手腕:"那么,你告诉我,这快乐的爱情在哪里呢?这里?还是那里?"他伸手乱指。

"都不是。您看那里。"梅朵拉住他的手指向门,仓央嘉措看到门侧站着位姑娘,她手持酒碗,心思却并没有在酒上,一直在向这边观看。很纤丽的一个人儿,穿着水红的袍子,一双眼睛媚气十足,格外勾人。见仓央嘉措朝她望去,她并没有闪躲目光,而是给他一个灿烂的笑容。

塔坚乃支着下巴勾着头傻笑:"去哇,我就说么,您能迷倒所有的姑娘……尝到了爱情有多甜,您才能忘记爱情的伤……"话没说完,塔坚乃已趴下睡着了,梦中碰翻了酒碗,酒液浸湿了袍袖。

等塔坚乃酒醒，已是后半夜了。酒馆里依然热闹，却不见了达赖佛的影子。塔坚乃拍拍头，想起之前发生的事，心说把佛爷丢了可怎么好？

塔坚乃忙招呼来梅尕："宕桑少爷哪里去了？"

梅尕抿嘴一笑："还用问？必是享受欢乐的爱情去了。塔坚乃少爷你也不是不知道，聊得投缘，两情相悦，这是常有的事情。"

"那是谁家的姑娘？"

"那姑娘名叫拉则，好像住在街的另一头，其他就不知道了。"

塔坚乃急忙忙冲出酒馆，心下盘算，街的另一头……街的另一头那么多房子，谁知道拉则住哪间？这么晚了，能问谁去？

酒馆门旁蜷缩着两个小乞丐，塔坚乃一下子有了主意。他过去推醒他们："次仁尼玛在哪儿？"小乞丐指指街对面的墙角。

塔坚乃算是找对人了，次仁讲："我亲眼看到宕桑少爷和女人一起出门去的。我知道那女人，她专靠与男人睡觉赚钱。"即使是黑暗中，塔坚乃依然能想象到次仁义愤填膺的模样。

次仁把塔坚乃带到拉则住的小土屋前，说："就是这家。"

塔坚乃轻轻敲着临街的窗子："宕桑少爷，宕桑少爷？你在吗？"

仓央嘉措昏昏沉沉的头脑中传来塔坚乃的声音，混沌地应了声。他欲起身穿衣，惊醒了身边的人。这女子双臂紧紧缠住他不撒手："负心的人，这便要走了？"

仓央嘉措热忱地拥抱了她："我从家中溜出来游乐，不及时赶回去被家人发现就麻烦了。"

浓情蜜意的情话之前说了许多，此刻，他只想紧紧拥抱这美丽的女子，心中洋溢的爱不知如何用词句表达。

女子吻吻他的脸："明夜再见？"

"一定！"

仓央嘉措诗传／531

女人依旧不撒手,她用柔柔弱弱的嗓音说道:"男人的承诺就像十月的叶子,一夜之间就不知飞到哪里去了。你需得给我些物件定情,我才信你不会忘记你我今夜的情谊。"

仓央嘉措伸手摸到靴子,解下了靴带递到女子手中。那女人本以为是何贵重物件,待辨认出只是一条靴带,不由得声音里带了怒气:"想不到你竟是这样俗气的人,这里是拉萨,雪域最华贵的城,谁定情还用靴带?难不成你我海誓山盟的情谊,只值区区一条靴带?你得有贵重的礼物,方能显得你的心!"

仓央嘉措暗想,这莫不是一个只认钱财、不认情谊的女人?之前她还在自己怀中娇憨地说笑、情态婉转动人,这样可人的女子,怎会是贪钱不念爱的俗气女子?自己断然下结论,怕会伤了一个好人的心。也许,拉萨这繁荣之地,男女情爱风俗也与别处不同。

想到这里,他脱下手上一只贵重的戒指递到女人掌心里,紧紧握住说:"你我既有情,只要能让这情谊天长地久,莫说是贵重的礼物,便是九天明月我也会想方设法为你摘下。"

女人这才满意,又给了他一个甜蜜的长吻才放他下床。

长夜未央,归来得很晚,仓央嘉措依然翻来覆去睡不着。想想酒馆邂逅的情人,年轻人的心既充满了激越的爱情,又总是被犹疑折磨。他禁不住翻身坐起,燃起灯火提笔写下一首诗:

姑娘香肌如雪让人陶醉,

媚态可人惹人爱怜。

谁能分辨这情意绵绵的姑娘,

不是在编织捞取钱财的罗网?

第二天,佛爷没有去听讲经,练武也是草草了事,单等夜幕降临。诵经时,年轻的佛爷竟然打起了瞌睡。老经师们听说了,十分着急,却也只是无奈。

仓央嘉措与拉则相约在梅朵的酒馆见面。江央已是在酒馆坐了小半天了,见仓央嘉措来了,笑问:"宕桑少爷今夜又作了什么好诗？请让我江央来为您演唱。"

仓央嘉措拈了一块奶渣放入口中慢慢咀嚼，说就唱这一首吧：
能与情人邂逅，
全靠酒家娘撮合，
若因此欠下孽债，
可得劳你养活。
萍水相逢是一种缘分。

江央望望上酒的梅朵，哈哈大笑。昨夜的事情，大家都是看到了的。

坐不多久，拉则来了。今日她穿的是件白色袍子，更映衬得肤色皎白如玉，一双乌溜溜的眼睛娇媚动人。

两人携手而出，来到拉则家。关上门，这对情人的身子如同奶和茶交融在一处。

夜半时分，塔坚乃又来敲窗，待仓央嘉措起身时，拉则又如昨夜般讨要礼物："公子不给拉则留些什么作纪念吗？"

仓央嘉措有些心凉，这女子前一刻浓情蜜意，下一刻就能翻脸讨要财物，可见不是为情爱与自己相好，她相中的不过是自己的钱财。虽说心下已明白此女是何种人，依旧不忍心说出什么绝情断义的话来，只软语道："昨夜不是与你留了一枚戒指，做你我感情的见证？"

拉则嘟起嘴巴撒娇卖痴："昨夜是昨夜，今夜是今夜。今夜我与宕桑少爷的感情更进一步，昨夜那枚戒指，怎么够比量我们今夜的感情呢？"

"拉则，实不相瞒，钱财对于我宕桑旺波并不算什么，瞻巴拉钱财可量数[④]，情谊不可量数。"

听得话头不对，拉则从他怀中挣出，冷冰冰说道："男人的甜言蜜语我听得多了，天下女子伤心断肠就是为这情谊所累。什么情，什么意，都是炉里的青烟，抓不住拢不来，只有钱财是真的。说你爱我，就用金银说话！"拉则纤白的手掌伸到仓央嘉措

仓央嘉措诗传／533

鼻尖前。

这只软绵绵的小手刚刚还温柔地抚弄着自己的胸膛,转眼间就气势汹汹地伸过来要钱了。这事情,虽是意料之中,依旧心底难过。

"可怜的姑娘,你的心中没有爱,只有银子,"仓央嘉措脱下另一枚戒指与她,披衣离开,"不要让我再见到你。"

"好说,有金银公子您要怎么样都好。"拉则在灯光下兴致勃勃地摆弄那只硕大的猫眼石戒指。

仓央嘉措推门离开,拉则娇声招呼:"公子哪日若记起拉则的好,可来此处与拉则相会,咱们好好叙叙这两日的'情谊'。"

仓央嘉措轻轻带上了门,再没有回头。

他没有朝布达拉宫的方向走,又走回了梅朵的酒店。塔坚乃紧跟其后:"尊者今日是怎么了,并不是昨日那副喜悦模样。拉则姑娘与您闹别扭了?"

仓央嘉措没有讲话。塔坚乃自顾自说道:"尊者这样的好脾气,必然是那姑娘性子不好。您别闹心,女人的心是天上的云彩做的,不出一个时辰能变三五变,明日就好了,我妻子也是这样……"

到了梅朵的店里,仓央嘉措大声招呼上酒。甘甜微酸的青稞酒干了一碗又一碗。梅朵觉得不对劲:"这是怎么了?宕桑少爷不是随拉则姑娘约会去了,怎么看起来有些不高兴?"

仓央嘉措随口吟了一首诗歌隐晦回答说:

天鹅恋上澄澈的小湖,
想长长久久地居住。
可惜湖面结满了寒冰,
让天鹅心灰意冷。

梅朵多聪明的人,立刻明白发生了什么事情。她叹口气,坐下来为仓央嘉措斟了一碗酒:"您莫自责,没缘分便是。"

"只是,这便是红尘中的爱么?"

这问题，梅朵一时无法回答。半碗酒饮过，她才缓缓说道："这是不是爱，我也说不明晰。我在这里生活了近四十年，我本是酒家的女儿，自小饮过的酒、见过的男人，多得像吉曲河里的水、吉曲河里的鱼。那些酒碗中的情谊，大半是假的，却也热闹，这些年过得倒也快活，到最后，自己也说不清那些情爱有几分真意。"

　　梅朵又为自己斟满了一碗酒浆，小口饮着："……十几年前，我有一个情人，对我是真好，嘘寒问暖，无微不至。他在布达拉宫出乌拉，被滑落的大石砸死了。从此，我再也没有遇到过像他那样爱我的人。"

　　仓央嘉措望着微醺的梅朵，眼神中充满了悲悯。

　　群星即将隐没，仓央嘉措才离开酒馆。老板娘梅朵少有地喝得酩酊大醉，靠在墙边睡着了，已不再年轻的脸上隐含着一丝笑意。仓央嘉措回头望了一眼，没来由地一阵悲酸。

　　"尊者，您怎么了？"

　　"没什么，我们回去吧。"

　　天亮了，沉睡的布达拉宫慢慢苏醒，做仆役的僧人开始走动。仓央嘉措却沉沉睡去了。他床头洁白的纸上写着一首诗：

在这短促的今生，

有你的真爱我已无憾无求。

不知在遥远的来世，

你能否记起我今日的面容。

注释：

① 噶当基：仓央嘉措的寝宫。

② 大昭寺：又称"祖拉康""觉康"，藏语中是佛殿之义。拉萨藏传佛教著名寺院。始建于公元 647 年，距今已有 1300 多年历史。是松赞干布为纪念尼泊尔墀尊公主入藏而建。后经历代增建修缮，形成庞大建筑群。在藏传佛教中具有至高无上的尊贵地位。2000 年，大昭寺被列入《世界

遗产名录》，成为世界文化宝贵遗产的一部分，与布达拉宫共同被视为拉萨标志性建筑。
③扎年琴：一种藏区乐器，有六弦琴、八弦琴、十六弦琴、二十弦琴等种类。其中以六弦琴最有名、最普遍，藏语意为"悦耳动听之声"。
④瞻巴拉：藏族传说中的财神。

白日达赖佛，入夜浪子客

这是怎样的生活？如同在冰与火中淬炼。

清冽的酒酿和热辣的歌舞让他激情似火，佛法与经文又使其顿入清凉世界，心底涌出的梵音瞬间淹没彼时纵酒狂歌的灵魂。

信仰是溶入每个藏族同胞血髓的精魂，他没有想到，当他任性地想要遗忘信仰时，信仰却比以往更强烈地占有了他的心。初始时那般对欲望纯粹的沉迷，渐渐冷却，在追逐歌舞与情欲之乐的路途上，佛法渐渐跟随上他的脚步，并与之并驾同行，并且，有后来者居上的趋势。他得到的疯狂欢乐的时光越多，内心需求的寂静就越多。

站在这凄苍年华里自语的人究竟是谁，是仓央嘉措，还是宕桑旺波？他坐在高高的黄金法座上伸出右手，为信徒摸顶祝福，那一刻的他，庄重又慈悲，雪域日光之下所有的生灵都愿长久地匍匐在他座下，仿佛他驻锡的地方，遍地都生满了极乐世界的四色莲花。他将长长的头发打挽成结，穿着漂亮的绸缎衣服在酒肆流连歌唱，拉萨人都钦慕他华贵的装束，艳羡他俊美的容颜。他洒脱豪爽，小伙子都爱与他饮酒；他温柔多情，姑娘们都愿与他相爱。

夜晚在陌生姑娘怀抱中睁开双眼，黑暗中汗水与情欲的气味还没有消散，他怀疑，脸颊紧贴的柔软的胸膛中可曾有爱？他自己那曾经开满爱情花朵的心房，爱又遗落到了哪里？这些灿烂的情爱是酒啊，不过是酒——滑落喉咙，炽热胸口，过一会儿，所有的苦乐欢悲便都消退。一同消失的，还有曾在心头瞬间点染的爱意。桑烟腾上天空能给神佛带去讯息，这些以爱情为名的欲望，随夜色而来，随夜风消散，不留一丝痕迹。

最多情的，却是那最无情的。

不知何时，他形成了一个习惯，无论是畅饮欢歌归来，还是刚离开姑娘的臂弯，回到清冷的噶当基他都不急于去睡。他会穿过黑暗走到窗前，在坐垫上望着远天的星星，打坐诵经到天明。

西藏的星星如此明亮，世上还有何地能有圣洁的雪域高原上这样耀眼的星。它们的光芒洁净澄澈，即使是格萨尔王宝冠上最绚美的金刚石，也不能散射出这般让人迷恋的光辉吧。它们灿烂，璀璨，纯净，又温柔。它们脆弱的美，使天空更寂寥。

母亲次旺拉姆曾经给他讲过星星的故事，她往火堆里添了几块牛粪烧茶，用一种辽远的声音讲起：很久以前，藏族地区是由魔鬼统治的。那是怎样黑暗的日子呀，白日的太阳被毒雾遮蔽，到了夜晚，仰望天空，星星像缀满天幕的黑曜石，偶尔才会露出的点点亮光让人对世界绝望。那脸色娇艳、形容俊美的少年莲花生洞悉到了这块土地的苦难，他踏云而来，手执法剑与恶魔鏖战，终于斩杀了恶魔，还了人们一个清明世界。那少年拂去了天上遮蔽星星的阴霾，才有了今日这灿烂的星空。

每一个孩子都爱抬头仰视星空，母亲讲的故事，让他更爱这被莲花生大师有莲花图纹的手指擦亮的星星。

行路的人有福了，有清亮的星光照亮旅途；孤寂的人有福了，有温柔的星光照亮长夜。可是，有情的莲花生啊，你可知，当漫漫人生路上癫狂跋涉的旅人停下疲惫的步子遥望星空的时候，他们会感到多么孤寂无依。每一个激情散却的夜晚，它们清冷的光辉会映照穿透年轻佛爷的骨髓，使他如同身浸于吉曲河的冰凉雪水中，寂静又悲戚。

佛经是越渡苦海之舟楫，这个寂寞的人把每一页都读透嚼碎，希望能品到拯救沉沦心灵的良药的甘芳。

布达拉宫里德高望重的老经师们发现，活佛虽比之前懒散了许多，学经却越发用心。而且，过去活佛有法务才会去拉萨的几座寺庙，现在隔几天就会去走一走，听讲佛法、参加辩经，所言所思，常有过人之处。

一日，仓央嘉措没坐轿子，穿着普通僧装与侍从步行去大昭寺。走过碧雕玉琢的唐柳，透过一排排光亮柔和的酥油灯，他看到了佛前跪着的次仁尼玛。小姑娘从篮子里倒出零碎银子献给神佛，然后虔诚地行礼叩拜。他想上前说话，看看身上的僧装，还是罢了。

他记得，这孩子说她爷爷在大昭寺画壁画，想必是来布施连看爷爷的。

活佛在堪布的陪伴下随意在寺内游逛，走到千佛廊，被那一幅幅精美的壁画吸引，遂耐心看下去。千佛廊的壁画正在修复，工匠们零零散散地在各个角落描红涂朱。他注意到，次仁尼玛的红袍子从角落里闪出，小姑娘挎着篮子离开了。而她离开的地方，有一团光焰，有天神法相映现在活佛眼中。只见她肤色洁白，发髻高耸，三只妙目流露出和善的光，不是吉祥天母却是谁。

活佛问身侧的人："看到了？"

几位侍从不知活佛云何，不知怎样作答，只有佛法高深的堪布点头微笑："看到了。"

活佛赞叹道："奇妙的法缘。"

仓央嘉措奇怪，这位尊贵的神祇为何会出现在这里，他在护佑谁？

走近了看，一位年老的画工佝偻着身躯在长廊的角落，一边念吉祥天母咒一边给一块脱色的壁画敷彩。想来这就是次仁尼玛的爷爷。活佛思索，这样一个普通人，竟然会得到吉祥天母的护佑，是了，一定是他念诵的咒子。果然众生平等，一位普通老者用心修行都能得到殊胜功德，让人感动赞叹。

老人带些口音,念诵着发音错误的咒文:"巨喇母,巨喇母,巨巨喇母……"

仓央嘉措不禁觉得遗憾,错误的咒子在诚心的作用下尚有此功力,若他会正确的念法……可惜了老人这些年的修行。

想到这里,仓央嘉措走上前去,说道:"老人家,您功德殊胜啊。您的咒语有些谬误,我教您念正确的,您会得到更殊胜的功德。"

仓央嘉措教了老人正确的念法:"救喇母,救喇母,救救喇母。"

老人认真地跟着念诵。

堪布看着年轻的佛爷耐心地教授咒语,微笑不语。

那微笑,几十年前曾浮现于五世的脸上。当时,他带着这种洞悉生命奥秘的微笑阻止年幼的桑结去为画工纠正谬误的咒语。当年正值盛年的画工如今成了耄耋老者,那位微笑着为桑结传授法理的人已经经历了轮回的洗礼,以另一副面貌出现在世人面前。他失去的不仅是昔日的面貌,还有当年所洞察到的人世秘密。

他需要再次经历,再次找回那些失落的真意。

天气愈发热了,清凉的夜晚更适合娱乐。玩得多,白日也就更爱昏睡。仓央嘉措在梅尔的酒馆中跳了一夜舞,很是乏了,睡到午后才醒。

见活佛从黄色丝缎床上坐起来,等候多时的近侍忙不迭地去准备洗脸水。小喇嘛格列在盆里倒入温水,小心地试试水温,然后往水中倒入珍珠粉、藏红花等名贵药材调制,并经高僧加持过的圣水。准备好了,才伺候佛爷洗漱。

喇嘛曲吉禀报说:"您安睡的时候第巴有话过来,请您示意今年雪顿节怎么安排。"

"这种事还用请示我,还是那句话,请第巴代为处置即可。"仓央嘉措擦干头上、脸上的水,甩开曲吉去吃早饭。

仓央嘉措喜欢节日的热闹，但一想到过雪顿节要和第巴"和睦"地共同出席活动多日，就丧失了热情。

烦躁。痛饮两碗奶茶也没能解去心头的烦躁。

仓央嘉措对喇嘛曲吉讲："请转告各位师父，今天的功课取消了，我要去大昭寺处理政务。"

其实，他并无甚事，不过偶然想起次仁尼玛的爷爷，前去探看。

仓央嘉措很意外。吉祥天母消失不见，原本明亮的光焰也如风中的火苗微弱暗淡。仓央嘉措忙找老者询问："老人家，您最近可好，可有什么特殊的事情发生？"

老者见是前日教他念诵咒子的喇嘛，答道："很好啊，并不曾发生什么事情。"

莫不是咒子出了问题？仓央嘉措请老者当着自己的面念诵咒子，老人刻意咬清字眼，念起咒子来一字不错。

仓央嘉措百思不得其解，只得问堪布："您看到了？"

"看到了。"

"我不明白，为什么错误的咒子能使吉祥天母护佑，正确的咒子倒失却了功用。"

堪布这样回答："念咒一心投入，咒子错而心中有吉祥天母，故而有效。念咒时只想着咒子的对错，心中的吉祥天母没了，所以咒子失去了效力。"

仓央嘉措恍然大悟。

他很自责："我的愚蠢差点使虔信的人失去了苦心积累的功德，枉我被称作'人中之宝'。莫说救护众生，我恐怕连我自己都救护不了吧。"

"尊者切莫这样讲，世间的一切皆不过一个'缘'字，尊者乃观世音菩萨莅临凡间，又怎会做不出拯救众生的事业呢？前代达赖喇嘛曾寻找救世度母几十年而不得，却从其他地方建树了善业，最后留有历代达赖喇嘛中最大的灵骨塔，塔身上的世间装饰卓绝华丽,昭示了他功德之大。回想当初的失败,只不过缘在他处,求而不得罢了。"

"救世度母?我儿时听父亲讲过,当是传说,没想到是真的。"

"是啊,有女神护佑,救民造世,是历代达赖佛的心愿。"

听闻此言,仓央嘉措心中有所触动。仿若心中有尘封已久的盒子徐徐打开,有什么东西映现在魂灵之中。

这天夜里,他做了一个梦,梦中天空垂下宝盖璎珞,华彩四溢。一朵七宝莲台缓缓垂落人间,莲台上站立的是勇猛丈夫观世音菩萨,菩萨手执折枝莲花对他言说:"人世业火,生命苦厄,尊者当于凡间找寻救世度母,助众生之利。"

一梦醒来,东方暨白,噶当基殿堂中清雅的莲香尚未散尽。梦中情境历历在目,梦耶?非耶?似真似幻。

仓央嘉措靠在黄龙绣垫上暗想,为什么不去试试呢?我仓央嘉措,既不能勤政以爱民,为众生求请救世度母女神的护佑,亦是极好的事情。

歌舞繁华,如繁花盛放凋落,瞬间的欢愉如何解得漫长的人生之苦痛。救世度母若能听得俗世人煎熬的呼喊,那么就求她洒出救世的甘露熄灭这红尘孽焰吧。

暑热炎炎,仓央嘉措不在林卡中避暑[①],却带着侍从离开了布达拉宫,走出了拉萨。

离开拉萨河谷,群山叠嶂,青翠满坡。当年年轻的第巴桑结嘉措,亦是从这里出发,去巡视他治下广阔的土地,去判定他的权杖是否真的伸延到了雪域的每一个地方。

"请问尊者,我们要往哪里去?"塔坚乃班丹问。众侍从奉命伺候佛爷出城寻访救世度母,却谁都不知佛爷要去往哪里。

"世界这么大,我们哪里不可以去?"活佛言毕,打马前行,向着茫茫的绿野深处奔去。没人知道救世度母在哪里,只知道她有月亮般皎洁的美丽容颜。纵使马蹄踏遍高原,他也要把她找到。

佛爷为寻找救世度母弃雪顿节于不顾,第巴听闻大怒,没了主角,戏还怎么唱?急派人去寻。活佛一行人只得在雪顿节前赶了回来。

仓央嘉措去寻找救世度母一月有余,未曾去过酒馆,这次难得露面,愁容满面。几碗酒下肚,与江央就着扎年琴弹唱一曲,疲惫的脸上才可见些笑意。

他的心思,全在救世度母身上。传说救世度母常化身绝美女子现身世间,他此番出行,见过的女子多若秋日树头的果子,有的妖娆,有的妩媚,有的纯情,有的热辣……却都不是她,不是他要寻找的救世度母。

知晓缘起,却不知这缘在哪里,甚是难受。

一曲终了,酒馆中响起了热烈的叫好声,仓央嘉措抬眼向众人微笑,无意间,瞥见外屋一女子挑帘张望。望着少女皎洁若明月的脸庞,仓央嘉措不禁痴了。少女容颜清丽绝俗令人过目难忘,神态高雅和善似壁画中的度母……度母!

塔坚乃前些日子劝他在拉萨城内找寻,说"珍宝兴许就藏在自家后院内而不自知呢",他不在意,如今看来,正被塔坚乃说中了。

他急忙问梅朵:"刚才帘内探头的姑娘是谁?"

"帘内?哪位姑娘?"

"刚才那白皙美丽、美若明月的姑娘。"

梅朵道:"却没注意。这几日来拉萨的人很多,酒馆内来往的有一半是生客。"

仓央嘉措急忙掀帘子进屋,发现一屋子人饮酒歌唱,男男女女,唯独不见刚才那姑娘。酒馆的大门洞开,想必姑娘已经走了。

仓央嘉措赶忙追到大街上,只看到漫天星斗。

缘起,瞬间又缘灭,仓央嘉措心灰意冷。

天顶明月高悬,皎洁明媚似姑娘的容颜。慈悲的救世度母啊,为何匆匆出现又隐没踪迹?而且,只这一眼,心房为何会有撕裂的痛楚?仿佛失落了什么重要的东西。

洁白的圆月出东山,
缓上天顶多明亮。
我被月光照亮的心房,
映现出玛吉阿米的模样。

与救世度母擦肩而过,仓央嘉措万分自责,饮酒千碗也浇不化胸中垒块。接连几夜,佛爷都来店中买醉,塔坚乃等人劝也无用。

雪顿节开始了。

每年六月三十日,扎西雪巴、迥巴、降嘎尔、香巴、觉木隆、塔仲、伦珠岗、郎则娃、宾顿巴、若捏嘎、希荣仲孜、贡布卓巴共十二个来自西藏各地的藏戏剧团来到哲蚌寺表演,第二日去布达拉宫专程为达赖喇嘛表演。

藏戏历史悠久,据《西藏王统记》载,藏王松赞干布在颁发《十善法典》时举行的庆祝会上:"令戴面具,歌舞跳跃,或饰牦牛,或狮或虎,鼓舞曼舞,依次献技。奏大天鼓,弹奏琵琶,还击饶钹,管弦诸乐……如意美妙,十六少女,装饰巧丽,持诸鲜花,酣歌曼舞,尽情欢娱……驰马竞赛……至上法鼓,竭力密敲……"当年,五世达赖因为喜爱藏戏让官员召集戏班进行会演。那时达赖佛还未搬进布达拉宫,住在哲蚌寺的噶丹颇章[②],藏戏演员们就在噶丹颇章的院子里歌唱舞蹈,五世达赖在院子对面的寝楼大窗台上观看演出,那是一年中他最愉快的日子。

雪顿节看藏戏逐渐成为噶丹颇章政权的传统,既然成了传统,便要有规矩方显郑重。每年表演的剧目以及戏剧的演出格式都有严格的规定,唱词不许更改,舞姿不准翻新,对仓央嘉措而言,这更像是一场严肃却无甚趣味的汇报演出。

接下来的几日,噶丹颇章地方政府放假,所有官员都要来陪伴仓央嘉措看戏,这更让仓央嘉措觉得难熬。若五世见到今日仓央嘉措之情境,恐怕会感慨此一时、彼一时吧。

  本就为找寻救世度母的事情忧心,与第巴及其党羽同场看戏更是郁闷。忍了两日,仓央嘉措便以身体有恙为由缺席了。第巴见仓央嘉措如此,自是不满。仓央嘉措与第巴的隔阂日益深了,双方彼此关注,又都不在乎。第巴自认控制一个无权无势的空头达赖佛不是难事,不足以上心。仓央嘉措则认为,事已至此,争权夺势又有何用,更加我行我素。

  夜晚,风流倜傥的宕桑旺波又出现在了梅尕的小酒馆里。

  饮酒至深夜,仓央嘉措一次又一次让江央操起扎年琴,唱起"洁白的圆月出东山"。朦胧中,有人为他斟酒,斟满后说道:"喝完这一碗,今夜就不要再喝了。酒是好东西,忘忧解愁,只可惜饮多了伤身。"仓央嘉措以为是梅尕,细想想声音却不是,是年轻的女子。抬眼看去,酒几乎当下就醒了:这不是救世度母、月亮般美丽的姑娘?

  这次一定不能再错过!他伸出手紧紧握住姑娘的手,姑娘白皙的脸庞霎时红了。他不管不顾地嘟囔:"这次不要走,这次不要走!"

  姑娘使劲抽手抽不回,高呼:"姨母,姨母!"

  梅尕闻声过来一看,哈哈笑了:"我当宕桑旺波少爷思念的是谁,原来是我外甥女!宕桑少爷您撒手吧,她是不会走的,如今她就住在我的店铺里。"

  仓央嘉措并不松手:"救世度母啊,请答应我,不要离开我身旁。"

  姑娘的脸更红得像山里的红杜鹃:"我不是救世度母,只是琼结来的平凡女子仁增旺姆,您醉了,请松开手。"

  仓央嘉措又伸出另一只手,将姑娘的手紧紧握住:"您若不想救度世人,请至少救度我宕桑旺波。"

  仁增旺姆心想,这汉子虽是莽撞,却真挚情深,想到这里,不禁有些心动。见那双似乎有彩虹闪动的眼睛满含期待地望着自己,姑娘愈发害羞,更对他心生怜惜。

梅朵道:"宕桑旺波少爷是个重情义的人,你就答应了吧。"

仁增旺姆望望那张恳切的脸,重重点点头。

仁增旺姆是随剧团来拉萨演出的,按规矩这几日给达赖佛看的演出不能有女人参演,无事可做,她便到梅朵的店里玩耍。

姑娘不但容颜俏丽,更有一副婉转歌喉。每当仓央嘉措写了新的诗篇,她就在江央扎年琴的伴奏下为大家演唱。那份欢乐幸福,竟是仓央嘉措之前与其他女子交往时所未体会到的,因而对仁增旺姆更加迷恋。

仓央嘉措几乎天天夜里都会到酒馆去。两人常常找个角落坐下,亲亲密密地说些情话。一日,仁增旺姆端详情人的面庞,故作神秘地说:"我注意,你脸上有两个秘密。"

"哦?什么秘密。"仓央嘉措怜爱地望着情人,伸手捋起她额前掉落的一缕头发。

"你的眼睛里藏着彩虹,每当你望着我的时候,彩虹就会在你眼睛里闪耀。"

年轻的活佛笑了,笑得如同吹开漫山遍野花朵的五月和风。

"看,这就是你第二个秘密!"旺姆指指仓央嘉措的嘴巴:"你从来不张大嘴巴笑。"

活佛微微一笑,张大嘴巴:"喏,我是不想让人看到这个。"他齿若编贝,十分洁白漂亮,唯有下边右侧的门齿是断齿,碧绿色的,看起来像一颗尖端折断的松耳宝石:"我小时候是听话的孩子,偶尔顽皮起来却也顽皮得紧。一次大愿法会,我与塔坚乃爬上高高的屋顶学师父们跳神,从房顶上摔了下来,磕到石板磕断了这颗牙。"

"疼坏了吧?"

"是啊,当时脸就肿了,疼痛难忍。我奋力向三宝祈祷[3],结果到天亮时,脸不肿了,伤口也痊愈了。"

"幸亏佛祖眷顾!怎么不知道敷药呢?"

"不敢告诉师父,哈哈哈……"

旺姆没有笑,她心疼地抚摸着恋人的脸,喃喃地说:"多疼啊……多疼啊……答应我,再有这种事情,一定得告诉我……"

不过是一句轻轻的叮咛,就使人置身于繁花似锦的春天,心头暖暖。沉眠已久的爱之花,亦轻轻耸动枝叶,破开了蒙蔽多年的尘埃。看着恋人疼惜自己的样子,仓央嘉措在心底问自己:这,便是真爱了吧?

喝过几大碗青稞酒,艺人江央弹奏起了扎年琴,仓央嘉措唱起了新歌:

姑娘你在此当垆,
我日日沉醉于杯中美酒。
今生没有别的希望,
只愿与你和酒浆长伴醉乡。

原来爱,是这么简单。原来爱,是这么温暖。

半个月之后,各个剧团开始陆续返乡,仁增旺姆没有离开,她选择了留在拉萨,留在姨母的酒馆,留在心爱的宕桑旺波身边。

仓央嘉措让塔坚乃在梅尕的酒馆附近找了舒适的住所,作为与仁增旺姆的爱巢。他不时从宫中溜出来与情人相会。夜晚偷偷走出噶当基,巡夜的喇嘛注意不到活佛轻巧的跫音,只有老黄狗朗嘎会从兽皮褥子爬起来,喉咙里发出咕噜咕噜的声音,它知道是仓央嘉措,早已习惯了仓央嘉措在夜里来去。仓央嘉措总会轻轻拍拍它的头,轻巧地消失在夜色里。他曾俏皮地作诗描述,让人忍俊不禁:

守门的老黄狗请听我言,
不要把我的秘密说与人听。
不要说我趁夜走出宫殿,
也不要说我天明才重又出现。

夜短,情爱却绵长。每次离开,看着旺姆依恋的眼神,仓央嘉措总是颇为不忍,可是思来想去也想不出解决的主意。这对真诚相爱的人,每一段幸福的时光都像是从命运手中偷盗而来的。仁增旺姆知道自己的情人有无法言说的秘密,这段真挚的爱情得来不易,与亲爱的"宕桑旺波"相处起来也特别珍惜,更让仓央嘉措心疼不已。

转眼间新年已至,寒风肆起。活佛沐浴在爱河中,越来越多地靠佛法排遣心中的不安,不时去拉萨城里的各大寺院走动。布达拉宫的老经师们不知道佛爷为什么放着宫里的功课不听,偏要常常去大昭寺或者色拉寺学经。老经师们德高望重,学富五车,只是这年轻的佛爷一看到这些第巴安排给自己的老师,禁不住生出逆反心理,只想逃得远远的,眼不见为净。他会在阳光灿烂的日子推动几百只金色的经筒走过大昭寺的长廊,不为祈福,只贪求信仰为灵魂带来的须臾的宁静。他的爱情如佛前的花朵开得灿烂,他却莫名地担忧,担忧今日之后的某一个凄冷的夜晚,他所深爱的拥有月亮容颜的少女会在黑暗中哭泣。

他是格鲁派的活佛,他作为一个弱势的君主没有足够的力量许给自己心爱的女人一个未来。

爱,或不爱?

他的爱,就在眼前痴痴盛开,无论境遇如何,她的手就在他手里,不舍不弃。

他们住在彼此的心里,默然相爱。

他们寂静,欢喜。

就这样,爱吧。不管明日怎样。

新年前后,大昭寺附近人明显多了。每年藏历正月初三,一年一度的"莫朗青波"法会开始[4]。在法会期间,要举办格鲁派的学经僧人最高学位"格西"的公开考试,还有盛大的祈祷和布施活动,所以寺庙内外人潮汹涌。

法会会一直延续到正月二十四,二十天里,有一支特殊的队伍在八廓街曲折蜿蜒的街道间穿梭———一群背水的女奴。

根据习俗,参加传召法会的喇嘛们只会饮用"丁果曲米"神井里的水。这口神井传说是大昭寺的倡建者松赞干布的饮水井,距离大昭寺有1公里的距离。为了保障喇嘛们饮水,城郊贵族庄园会派出二十几名女奴专门背水。法会期间是禁止唱歌的,要想唱歌跳舞需要花很多银子向铁棒喇嘛购买"歌舞许可证",唯有这群女奴例外,她们背着高大笨重的水桶在神井与寺庙间往来,从日出到日没,一边行路一边歌唱。她们声称自己所唱的歌是白拉姆女神所授,铁棒喇嘛不可能去向大昭寺和拉萨城的护法女神白拉姆去收取费用。

背水女奴们的歌被人们称为"白拉姆歌",她们每年都会唱出几首新歌,拉萨城里的权势人物都会关注歌词的内容,连历任达赖喇嘛都会派专人收集整理,只因歌中经常会爆出一些与政局有关的内幕,官家的秘密、政治交易都有可能是歌词的揭露对象。白拉姆歌让心有诡奸的政客僧侣痛恨不已,却无可奈何,这些唱歌的女奴都不识字,见到贵族高阶只会胆战心惊地避于路旁,又从哪里得知这些秘闻呢?多少年来总有人试图追查白拉姆歌的来源,最后无不是不了了之。有人说,白拉姆女神化身为女奴行走于背水的队伍中间,唱出了那些让贵胄忧心、百姓眼亮的歌曲。

今年的白拉姆歌被"拉萨涅仓"的官员整理好呈到了仓央嘉措的案前。仓央嘉措挨张翻阅,读到最后一首时,哈哈大笑。他把歌词递到塔坚乃手里:"你看看。"

塔坚乃恭敬地接下佛爷手里的册子,只见简单的歌词,四句六言:

别怪高座上人,
多情风流浪荡。
他的所欲所求,
与凡人没两样。

"佛爷,这是在说您呢。"

"是啊是啊,想不到白拉姆女神竟然是我的知音。"仓央嘉措笑着扬起脸对窗而立。

我想要的,与凡人没两样。

滚热的泪水早已溢出了眼眶。

塔坚乃忧心忡忡地望着敬爱的活佛。

塔坚乃对这年轻的佛爷有近乎兄弟的溺爱,与他相处多年,喜爱他,了解他,知晓他的善良与脆弱,知晓他的倔强与坚强。塔坚乃看着他从草原上放牛的孩子平地腾起成为万人敬仰的达赖佛,看着他从自在玩耍的小孩阿旺诺布成为幽处深宫的佛爷仓央嘉措。

塔坚乃仰慕他的才华,从小到大,他的学问智慧,总是如天上的星星灼灼闪光,让尔等凡俗之人无法企及。塔坚乃怜惜他的境遇,自始至终,第巴桑结嘉措的双手就在以保护之名剥夺他的人生,他失去了爱人,失去了自由,失去了权力,失去了梦想。他是坐在坍塌的宝座上一个孤独的年轻人,渴望抓到力所能及的幸福,即使这样的做法幼稚、带着孩子气;即使这幸福,是转瞬即逝的泡影。

佛爷头顶不是青天,不是圣域,是第巴张大的手指禁锢而成的囚室之窗。

白拉姆歌能呈到仓央嘉措案头,也会呈到第巴的案头。第巴需要一个傀儡,一个给信徒观瞻的偶像,这偶像必须洁净完美。他能乐于看到一个无所事事的仓央嘉措,却不会忍受一个玷污了偶像形象的仓央嘉措。

果不其然,第巴派人传话:"请佛爷自重,切莫失了佛爷的身份。"

仓央嘉措置若罔闻。

注释:

① 林卡:即园林。旧时西藏寺院、庄园、贵族、官府等都拥有人工建造

的林卡。在今天的拉萨仍旧有大大小小的林卡数十处，比较有名的有罗布林卡、次觉林卡、尧西林卡、德吉林卡、贡觉林卡、尼修林卡、仲吉林卡等。

② 噶丹颇章：哲蚌寺大殿名，在该寺西南侧，上下7层，由前、中、后三栋楼群组成。噶丹颇章旧时代指西藏地方政府，史称"噶丹颇章政权"。

③ 三宝：指佛、法、僧。其中佛即觉悟者，法即教义，僧即僧侣，是指延续佛的慧命者。

④ 莫朗青波：即传昭大法会。

世间安得法，佛卿两不负

仓央嘉措拒绝接受第巴的劝诫，第巴并不意外，也并不恼怒。修佛者若想使佛法更为精进，进山修行是不二法门。第巴指示活佛的老师们动员活佛进山修行，一则可以增进学业，二则可以收敛心性。第巴的主意得到了老经师们的支持。老师们都认为仓央嘉措慧缘深厚，学识渊博，只可惜心性浮躁，入山修行是能使修业进益的最佳方法。

仓央嘉措怎会不知第巴的心思。他希望自己佛法进益，可若毅然入山修行，必得抛却爱人。忧心的活佛写道：

为着温柔美丽的情人，

踌躇着是否该进山修行。

人世间可有两全之策，

让我兼顾佛缘与情缘。

在佛陀与情人之间，他最终选择了情人。他不忍看到情人充满依恋无助的眼神。他多次抵住来自老师和第巴方面的压力，拒绝进山。

桑结嘉措此时没心思为这个大孩子的浪荡事纠缠，他有更重要的事担忧。这是1701年，藏历金蛇年，达赖汗去世了，桑结嘉措紧密关注着和硕特部的汗位交替[①]。多少年来，因为达赖汗的不作为，使格鲁派能顺利推行。假若这次的继位者同样庸碌，会延续保持了多年相对稳定的政局；但若一位与达赖汗行事方式迥然不同的汗王上台，必将在雪域高原掀起血雨腥风，一如半个世纪以前事件的重演。

这是五世达赖喇嘛阿旺罗桑嘉措迫不得已埋下的一颗雷，一尊请得来送不走的佛。

1594年，那时还是明朝万历皇帝的天下，年仅十三岁的卫拉特蒙古和硕特部首领孛儿只斤·图鲁拜琥领兵击败四万俄伽浩特士兵，占据了巴里坤、乌鲁木齐一带。之后，他平卫拉特与喀尔喀战事、远征哈萨克，骁勇之名远播，大活佛东科尔呼图克图授其以"大国师"的称号。

这位大国师的血管里流着成吉思汗家族的血，他是成吉思汗二弟哈撒儿的后裔。图鲁拜琥是蒙古语，意为"天赋聪明"，这位汗王人如其名，不仅勇武非常，还很有智谋，善于审时度势。1635年，图鲁拜琥经受着前所未有的大危机，部落内部出现冲突，牧地也逐渐退化，需要寻找水草肥美的草场。正在此时，四世班禅罗桑却吉坚赞代表达赖喇嘛向他提出了邀请：出兵西藏，为格鲁派护法。

众所周知，格鲁派后来风生水起，是西藏最重要的教派，但是在当时，统领西藏宗教系统的却是噶玛噶举派。

噶玛噶举派依附于藏巴汗政权存在。藏巴汗，又被称作第巴藏巴，是明代后期兴起的世俗贵族政权。藏巴汗的权力来自于一次政变。1565年，仁蚌巴政权官员辛厦巴才丹多杰发动兵变，以风卷残云之势吞掉了大片土地。乌思藏地区几乎全部落入了辛厦巴手中[②]。辛厦巴选择三竹节作为府邸[③]，自称"藏巴加波"。"藏"指日喀则地区，"加波"即是国王。1613年，辛厦巴的第四任后继者彭措南杰骁勇善战，控制了阿里地区[④]，使藏巴汗的势力进一步扩大。

仓央嘉措诗传　551

彭措南杰信仰历史悠久的噶玛噶举派，而对新生的格鲁派屡次打压。

藏巴汗是个大威胁，1617年，喀尔喀蒙古卫地组成联军攻打藏巴汗，引来了藏巴汗与噶玛噶举派的联合镇压。格鲁派失势，僧侣们向北方逃亡。这一年，彭措南杰正式建立了藏巴汗政权，自称"后藏上部之王"，藏巴汗的说法首次出现在了史书里。

格鲁派为了自身的存亡发展，他们相中了有实力与藏巴汗抗争的固始汗图鲁拜琥。固始汗同意出兵，于1641年发兵攻打彭措南杰的继任者噶玛丹迥旺波，攻下藏巴汗府邸。

噶玛丹迥旺波兵败丧命，依靠藏巴汗政权的噶玛噶举派彻底失势，从此一蹶不振。

护法任务已完成，五世达赖喇嘛想尽一切办法劝说固始汗离开西藏。聪明的固始汗怎可退出西藏这一大块水草肥美的宝地，他不退反进，布置蒙古士兵全面驻扎西藏各地，命长子达延汗驻守拉萨，自己留驻日喀则。

不是老虎也不是狮子，却能使老虎与狮子俯首帖耳的五世达赖喇嘛阿旺罗桑嘉措，怎能容许他人在自己睡榻之畔安睡。他苦于没有兵权，不能与兵强马壮的固始汗进行直接抗衡，遂引而不发，表现出令蒙古人满意的合作态度，不动声色地一步一步谋划权力的回收。

蒙古部落内部为继承权问题常起纷争。图鲁拜琥去世后，应由他的长子达延继位，无奈兄弟相争，继位之事拖了又拖，时隔六年他才坐上了汗王的宝座。达延争位不利，维护统治倒是把好手，他执政八年，使和硕特部在西藏进一步加强。

这个时期，五世达赖喇嘛并没有以硬碰硬，他按兵不动，依旧保持着优良合作者的形象。他的大部分时间和精力都投在了讲经说法上，静观事态发展。

达延汗病死西藏，长子贡却达赖继承汗位。表面上看来，这是一次波澜不惊的权力更替，却被五世达赖看到了出手的机会。达延汗死后，因选不出继承人，汗位曾空缺三年，这三年中，由青海王达赖洪台吉进藏主理事务。

达延汗去世于1668年，同年达延汗任命的第巴、实质上是达延汗安插在五世达赖喇嘛处的心腹赤列嘉措也去世了。

新的第巴本应由蒙古汗王任命，五世达赖趁汗位空缺，自主任命了罗桑图德布为第巴。

这是一次明目张胆的越权。

这种昭示野心的行为没能引起蒙古人的重视。两年后，他们出现了更大的失误——贡却达赖即位并没有削除罗桑图德布另任命新的第巴，从此，他们失掉了对第巴的任命权，变相地失掉了对五世达赖权力中枢的控制。

1679年，五世达赖的爱徒、年纪轻轻的桑结嘉措成为第五代第巴。

此时的和硕特部，已无法阻挡五世达赖权力的增长。

五世达赖虽然强大，却并没有足够力量将蒙古人驱逐出西藏。他忌惮蒙古人强大的军事力量，亦需借助蒙古人的力量来抵御外敌侵犯。譬如1681年，拉达克部来袭，五世达赖喇嘛束手无策，还是贡却达赖汗的弟弟噶丹车凌率兵抵抗，战争足足打了两年。如若没有蒙古人的帮助，后果不堪设想。

由此格鲁派与和硕部形成了一种互相竞争又互相倚靠的局面。也可以理解五世达赖去世后，为什么要极力维持这种平衡，制造自己仍旧在世的假象——灵童转世、坐床需要十几年的时间，失却偶像这么久格鲁派会非常危险，为了防止给蒙古人以可乘之机，第巴桑结嘉措才敢大着胆子欺瞒清朝皇帝，掩盖活佛去世的讯息。

当然，他将这个讯息隐瞒得过于长久，竟长达15年。

从达赖喇嘛阿旺罗桑嘉措到第巴桑结嘉措，格鲁派两代实际领导人都是杰出的政治家，最大化地强调了教派权力，逐步压缩和硕特部贵族的权力。桑结嘉措内有五世达赖打下的良好政治基础，军事力量日渐强大，外有师兄蒙古准噶尔部珲台吉噶尔丹撑腰，他不仅满足于揽权，还开始对蒙古贵族进行驱逐。这造成了双方矛盾迅速恶化。

贡却达赖汗的去世，权势的天平确实是向桑结一方倾斜。如果继任者如贡却达赖汗般庸碌，桑结嘉措自认能在短时期内将蒙古人驱逐出西藏；但是，万一继位的是才华与抱负兼具的政治家，那么桑结也无法预测这出二虎争食的政治大戏究竟何时才能落幕。

漫长的20年的政治拉锯战，使他厌倦。他也急着看到一个最终的答案。

结果使他满意。继位的是贡却达赖汗的长子旺吉乐。从一个敌手的角度讲，他非常喜爱这位继承人，这位继承人善良而软弱，也许他具有作为盛世君王的美德，但在这激流暗涌、阴险诡诈的政治环境中，他的美德唯一的意义就是加速和硕特部的溃败。

旺吉乐继位的消息并没能让第巴心情愉快多久，仓央嘉措，那个时常让他头痛的大男孩，给他、也给自己惹了大麻烦。

那一年的冬天，拉萨寒冷，时常大雪纷飞。

两位喇嘛有要务，夜半出行。打开布达拉宫一道后门，他们意外发现，皑皑白雪上一行脚印。脚印很新，是刚踩上去的，而且朝向宫殿的方向。莫不是有人夜闯布达拉？两人紧张万分，这条路距离仓央嘉措的寝宫噶当基距离最近，若出了什么事情……他们急忙报告了铁棒喇嘛⑤。

走廊内有星星点点的雪水，铁棒喇嘛带着几名侍卫沿着雪水一路追踪，果然追到了噶当基！小喇嘛格列起夜，与几人碰个正着，铁棒喇嘛急问："尊者可安好？"

格列莫名其妙："尊者正在睡觉，自然安好。"

"迅速引我等入内查看，有刺客潜入！"

格列闻言惊惧不已，忙引众人至六世的卧房。

床上，仓央嘉措睡得正香。众人不敢惊扰，轻手轻脚地举着灯火于屋内查看，并无刺客到来的痕迹。铁棒喇嘛疑惑不解，明明追踪至此，怎么就寻不到人影？这时，他的恰当巴使眼色示意他注意仓央嘉措的靴子⑥，那双嵌着黄缎子的靴子是湿的，还粘着未抹净的泥水。

铁棒喇嘛大惊。为谨慎，他捡起一只鞋子用手丈量尺寸——不大不小，与雪地上留下的足迹一样。

布达拉宫震动了。

本应于深宫修行的佛爷趁夜化名出游，沉迷酒色，格鲁派上下为之震惊不已。

丑闻。前所未闻的丑闻。

第巴桑结嘉措亲自来到仓央嘉措的寝宫噶当基。这座宫殿他已经有多年没有来过了。他厌恶面对那张年轻的脸，尤其是那双纯净的眼睛，在那双纯净的眼睛里他能看到自己衰老、倾颓、被岁月磨蚀的脸。桑结可以蔑视这个青年的柔弱与无能，可以在远离他的某个地方任意下命令对他搓圆捏扁，却难以与他面对面地说些什么，无论是批评、责难、威胁、辱骂……即使那青年脸上未曾呈现痛苦的神情，桑结的内心深处也会有某些部分在抽搐疼痛，阻挠他，妨碍他对这个青年精神上的折磨。

桑结对自己莫名的反应无可奈何，只能躲避他，躲避这个自己厌恶的、不让人省心的大孩子，这个被自己紧紧捏在手心里的傀儡。

然而今天，桑结必须得面对他。

第巴桑结嘉措出现在了噶当基。仓央嘉措正坐在七层绣垫上饮茶，仿佛料想到他的来访。

第巴面色铁青，行礼问好。

仓央嘉措道："坐。"一副平淡的样子。

这种过分的镇定让桑结恼怒。他压抑着怒火，说道："活佛啦,从去年开始,拉萨街头流传着一首歌谣,不知您听说过没有?"

别怪高座上人,
多情风流浪荡。
他的所欲所求,
与凡人没两样。

"听说过。第巴您很关心民间的事情,不知您听说过另一首没有?"

身处壮阔的布达拉,
我是雪域威赫至尊。
游荡在繁华的拉萨,
我是潇洒汉子宕桑。

"活佛啦,您是明理的活佛啦,您知道您闹出了多大的丑闻,不要再闹了!您是谁?您是投身人世的观世音!"

"哦?我是观世音?您确定?可是,这片土地上的人只认识第巴桑结嘉措的官印,不认得我的五叶冠。"

"孩子,我知道你愤怒什么,不错,在遥远的前世,这是属于你的土地,但是现在,这片土地属于我,这片土地上的人们、草木、牛羊都属于我——你,也属于我!"第巴握紧右手,好像手里真的握着整片雪域的河流山地。

"不,您错了。本来我还犹豫,为我作为活佛的责任犹豫。事情变成这个样子,恰恰助我做出了选择。我尘缘未断。我不想要金银财宝,我也不想要雪域之王的宝冠,我只想要一颗心,一颗真诚的、火热的、无遮无拦的心。我要离开这里,过一个普通人的生活,像我的父亲与母亲一样,与一个女人相爱、结婚,每天清早一同睁开眼睛迎接太阳的升起,我们放牧、耕种、煮茶,生很多小孩子,让他们像格桑花一样在草原上自由生长——不要再像他们的父亲我一样。"

"很好的借口。让我告诉你,孩子,演好你的角色,不要妄想从我这里分享到一丝权力,更不要尝试用你愚蠢的头脑和我作对。你来到世间,除了干净的法体什么也没有带来,权势没有,地位没有,财富没有,你如菟丝子攀附在我身上,才能来到这辉煌的宫殿,享受着雪域高原王者最奢华的生活,你还有什么不满意?不要再去自降身份与贱民为伍,从现在开始到明年受格隆戒之前,你就待在布达拉,不能再踏出宫门一步!"

第巴甩袖出门。

铁棒喇嘛亲自带着仆从日夜看守噶当基,仓央嘉措找不到机会出门。翌日,仓央嘉措对仁增旺姆的想念愈发强烈。清晨,他站在噶当基殿窗前遥望雪城,望着雪城上空冉冉升起的桑烟,写下柔情的诗句:

东方峰峦叠嶂,
山顶缭绕着云烟。
可是情人仁增旺姆,
为我而燃起的神香?

他把诗歌写在信笺上,叫塔坚乃班丹去给仁增旺姆送去。

塔坚乃得信正要出发,小喇嘛格列进来禀报:"有女子名次仁尼玛,天亮即在布达拉宫前求见佛爷,指天赌咒说有要事,多次驱赶不去,塔坚乃大人的侍从认得是佛爷的朋友,请问尊者您见否?"

"快带进来。"

次仁尼玛低头走进噶当基大殿,匍匐地上亲吻仓央嘉措的靴子。

"起来吧,次仁尼玛。我很好奇,你怎知我呢?"

次仁尼玛哪敢起身,伏地答道:"拉萨街头都是关于尊者的传言,我等早已猜到,宕桑旺波少爷身份不一般,因尊者不告知,故不敢妄自言说。且小女在大昭寺见过尊者,尊者不知耳。"

仓央嘉措伸手扶起她,见她满脸污迹血痕,有被殴打的痕迹:"可怜的孩子,守门的人打你了?疼得厉害吗?格列,传医官。"

听得活佛和蔼问询,这个以街头为家、一贯乐观坚强的小姑娘蓦地哭了:"今日小女次仁尼玛不顾礼数贸然惊扰尊者,实在有不可不说之大事。天刚亮次仁尼玛见有武士二人引轿来请仁增旺姆,说宕桑旺波少爷所派,要护送仁增旺姆回琼结。仁增旺姆生疑不愿去,硬被塞进轿子。旺姆丢小女此物以为物证,求尊者搭救!"

次仁尼玛哭着捧上信物,是头发,匆忙中割下的一缕头发。

仓央嘉措伸手想从胸前掏东西,手在颤抖,掏了几次方掏出来,也是一缕头发。他把两缕头发放在一起——一模一样的丝缎般柔软乌黑的头发。

即将远行的爱人,
不要失落悲伤。
我为你戴上松耳石嘎乌,
保佑你吉祥幸福安康。
我为你的帽子配上丝飘带,
让你潇洒得像格萨尔王一样。
我为你戴上纯金耳环,
使我的心陪伴在你身旁。
最后请把这缕秀发藏在胸前,
让远方的你能想起深爱你的姑娘。

亲爱的姑娘仁增旺姆为他剪下这缕头发的时候,轻轻哼着这首小调。

"备马!备马!我要出门!"

铁棒喇嘛带着十几个侍从围在门前:"活佛啦,第巴有令,非有法务,您不能跨出布达拉一步。"

"我是活佛!为什么不能出门!"仓央嘉措冲出门去,被喇嘛们架了回来:"佛爷啊,您是我格鲁派教宗,请您为您的信众着想!不可莽撞行事!"塔坚乃拨开人群走出来:"塔坚乃班丹愿替尊者前往，请尊者安心在噶当基等待便是！"

"你不能去，你是我左右手，第巴正愁没机会对你下手！"

"活佛啦，我记得多年前，在得知失去卓玛的时候，您是怎样伤心哭泣的。我不会让那样悲戚的表情再次映上您尊贵的容颜。"

仓央嘉措永远也忘不了那个清晨，那一天，噶当基大殿的晨曦是多么美啊。塔坚乃披了一身霞光，谦恭地向他行了大礼离开。

塔坚乃带着四个侍从打马离去。他知道，活佛一定会站在布达拉宫哪一扇高而厚的窗台上目送他，他离开时高扬手中的鞭子向活佛示意。清脆的甩鞭声，清亮的吆喝声是起程的讯号。即使马跑出去很远，塔坚乃宝蓝色的缎子袍子依然在阳光下折射出耀目的光亮，他柔软微微卷曲的黑发在覆满积雪的路上腾起的雪沫中飞扬。仓央嘉措眼中最后的印象是塔坚乃班丹高高举鞭示意，信心十足地离开，他孩子气的脸上笑容灿烂。

这扇窗是少年时代的桑结念经、玩耍的地方。一个瘦小寂寞、头颅扁扁的小孩，就那么放肆地靠窗坐着，半睡半醒间把弄手指，看玛布日山上生出的云朵在手指间流淌而过。

"他们，会回来吧？"

"他们——会回来吗？"在岁月尘埃下静默了许久的男孩突然抬起低垂的眼皮，望着他笑了："你是活佛，你怎么看不出这个中的因果。"

"是吗……我怎么觉得，只是个人啊……一个携带着星星点点曾经记忆的人，即使这些东西，对我没有任何意义。看，吉祥依怙神、大红司命主、乃色娃护法神在这偌大宫殿的每个角落飘摇⑦，但是他们能为我做什么呢？而那实际能护佑我的，那前世我寄予厚望的、护佑过的人，今生又还给了我怎样的果报？"

"您曾经为我讲过一个故事，说古老的佛陀时代，迦维罗卫国与舍卫国之间生长着一株尼俱类树。它真高大啊,足有20里高,枝叶如翠盖般覆盖了方圆60里的范围。它结出的果实非常多,有数千万斛。那些果子香甜可口,成熟了自己就会落下。佛陀与阿难从树下经过,见有比丘捡拾果实,佛陀教诲阿难,万事万物各自有往昔之因缘,修福者如此殊,从一颗种子萌发,经风霜雨露慢慢生长,终会得无量果实——您为我讲述这个故事,竟天真地相信这个故事。您以为,你教育他,关爱他,扶植他,便是结下了一份善缘?您以为,他延续了你的统治,延续了你的政策,为你修缮完了这座宏伟的宫殿,便能继续结出新善缘么?信什么样的因就有什么样的果,真蠢,活佛啦。"

仓央嘉措蹲下来,望着这眼神聪慧的孩子:"为什么会有那缘起……前世的前世,你又是什么,我又是什么?"

孩子也望着他:"对哇,前世的前世,你又是什么,我又是什么,他又是什么?"

他们相视而笑。孩子如一缕桑烟在空气中消失了。

仓央嘉措,孤独的活佛,一个人对着高大的窗寂静的角落,落下泪来。

他无从知晓,为什么会有这些漫无边际的苦痛,他无法求索,求索到这漫无边际的苦痛生命的本真。

仓央嘉措度过了一生中最漫长的一天。

晚霞给纯白的布达拉宫披上了红色的艳装,他信步走出宫殿。

不知不觉中,走到了当年练习金刚舞的地方。那时,他正兴致勃勃地练习金刚舞的舞步,他少年时代最好的朋友塔坚乃班丹出现在雪地的另一端,一切仿若昨天。

现实中,雪地的那一侧传来了喇嘛们焦急的呼喊:"拦住!不要惊了佛爷!"

"快快快!"

依旧有个影子向他冲来。

是一匹马，马上坐着一个人。马仿佛接受了坚决的指令，毫不犹豫地向仓央嘉措冲来，马上的人摇摇晃晃，一副随时会掉下马的样子。

金色的霞光映在纯白的雪地上，马蹄踏起轻盈的雪沫，好像这匹马踏着金色的云雾而来。

仓央嘉措笑了。

是塔坚乃呢。

仓央嘉措记得他的宝蓝色缎子袍子。

可是，我亲爱的朋友，柔软微卷的黑发为什么没有在风中飞扬？

哦，对不起，我刚刚注意到，你的头颅被挂在了马鞍上。这真是一匹莽撞的马啊，跑得那么快，雪与泥溅了你一头一脸。

时光的洪流无法遏止地逆转，劈头盖脸地向仓央嘉措扑打而来。19年前，宗本家的少爷，那位秀气骄傲的红衣少年初次出现在他身边，他就那样望着他，微微皱着眉，不知是嫌阳光过于刺眼，还是他骨子里的骄傲所致："新来的，你叫啥？"

……

"我是宗本家的少爷塔坚乃班丹。喂，外乡人，见到本少爷怎么不知道行礼？"

……

"我，宗本的儿子塔坚乃班丹，特许阿旺诺布养这只像狗的狼。斯郎，你管理着宗本家的牲畜，我命令你，每天要用宗本家的羊肉和牛肉把它喂得饱饱的，吃饱了它就不会去咬牲口了。"

……

仓央嘉措少年时代最好的朋友塔坚乃班丹，从雪地那端出现。他被割掉了头颅。

他的身体被绑在马背上，摇摇晃晃。

夕阳沉落地面，仓央嘉措站在马前，望着年少时的朋友。还是第一次，没有从这个身躯上看到那张微笑的脸以及那双强巴佛般好看的眼睛。

马大而温润的眼睛里滚落下大滴的泪珠。

马背上那具失去头颅的身体,轰然倒下。

注释:

①和硕特部:蒙古族部落,是历史上青海蒙古族的主体。他们居住在高原山区,俗称为"上蒙古"。

②乌思藏:元朝政府设在今西藏地区的行政单位。乌思指前藏,在清代以后一般称卫;藏指后藏。

③三竹节:今天的日喀则。

④阿里:属卫藏,即整个藏北高原。

⑤铁棒喇嘛:藏传佛教系统里的僧职称谓。

⑥恰当巴:铁棒喇嘛的幕僚。

⑦吉祥依怙神、大红司命主、乃色娃护法神:俱为护法神的名字。

失却菩提路,绝音青海湖

拉萨有无数的晴天。碧澄的天空,云团高耸若山缓缓从天空滑过。阳光把城市照得太明太亮,街道房屋人流全是白晃晃的。

他站立在那扇窗前,被灿烂的光洒了一头一脸,脸色看起来也是那种明媚的白。

仓央嘉措在这里站着,站着,仿佛沧海重新升起为桑田,他依然不会挪动脚步。仆从不敢打扰他,喇嘛格列大着胆子上前,小声禀报:"佛爷,用膳了。"

他没有回答,没有反应,甚至没有表示厌烦的反应。

格列试着提高嗓音:"佛爷,请您用膳!"

他只给大家一个孤独的背影。

他身体矗立此地,却又好像不在这个世界,对这世上的一切都无所谓一般。他听不到,看不到。他只能听得到大家听不到的,看得到大家看不到的。

"你是谁?"

"我是仲麦巴家的少爷,'人中之宝'最亲密的仆人,一人之下、万人之上的雪域第巴,睿智、博学、机敏的仲麦巴·桑结嘉措。"

"你是五世最疼爱的孩子,他给了你很多关怀,教授你知识,赋予你权势,将雪域之城最耀眼的荣光都归于你。他给了你一切,一个父亲能给予儿子的也没有他给予你的多,你为何还要离弃他。"

"我们都是为欲望活着。作为一名僧侣,我曾将抑制欲望作为修行的重点。你一定知道,欲望是多么倔强,即使我以法理的大石重压,它们依然会如春雨渗润的种子挣扎而出,迅速茂密地生长。别告诉我,在寂静的夜晚那些欲望没在你的心头跳舞!它们关乎女人、关乎权势、关乎金钱,关乎控制、折磨他人的快感、玩弄生命于股掌之间的乐趣……我曾以为它们非常无耻、下流、肮脏……但是,它们肆无忌惮的歌舞让我的灵魂轻松放荡,即使我身处凡世,依然宛若天堂——你告诉我,我有什么理由要放弃这些乐趣?"

"——你违背了他的心,你怎么能,这样对待一颗善待你的心。"

"他只是利用我,因为我有价值,我有利用的价值!那颗心……那颗心是假的!"

"……那样一颗心是假的,那么,什么是真的?你的臣属,你的女人,你的金银,你手中的权杖还是你头顶的冠冕?又或者,你自己。告诉我,难道,你,就是真实的吗?"

日光灿烂,仓央嘉措笑容凄凉。他伸出手,向孩子的脸抚去,那因为激烈的言辞而颤抖的孩子露出惊恐的神情。他望着这只手,这是一只神圣的手,高原之上的信众都期望被这只神圣的手触摸,得到无上的祝福,对这孩子而言,这却是一只戳破真相的手。这只手抚摸到孩子饱满脸颊的瞬间,那孩子的形象瞬间崩散,金色的粉尘在阳光中跳起清越的舞蹈。

1702年,藏历水马年六月,仓央嘉措的黄龙轿子在众仆从的簇拥下浩浩荡荡抬进了日喀则扎什伦布寺的山门①。梵呗之声响彻天宇②,仓央嘉措身着袈裟头戴五佛冠缓步走下轿子,沿着地毯走向等待在强巴佛殿前的五世班禅罗桑益西。

　　五世班禅微笑着看着高高、略显瘦弱的仓央嘉措走来。仓央嘉措望着这位为自己受沙弥戒、讲法的佛法的尊者,一丝苦涩的笑容浮上嘴角。他停住了脚步,郑重地取下了头上的五佛冠,脱下了身上的袈裟,折好,放在地上。

　　在场众人大惊。

　　仓央嘉措俯身下拜,向老师行大礼:"我不受格隆戒。亦请老师收回我所受格楚戒。"

　　扎什伦布寺几百年来未曾有过这样的寂静,梵呗声纠卷着风声高飞向碧蓝的天心。

　　《五世班禅罗桑益西自传·明晰品行月亮》这样记述这一段故事:

　　"休说他受格隆戒,就连原先受的格楚戒也无法阻挡地抛弃了。最后,以我为首的众人皆请求其不要换穿俗人服装,以近事男戒而受比丘戒,再转法轮。但是,终无效应,只得将经过情形详细呈报第悉。仓央嘉措在扎什伦布寺居十七日后返回拉萨。"

　　从日喀则回到拉萨,仓央嘉措从世界上消失,出现在布达拉噶当基殿的,是原本在拉萨街头徘徊的潇洒男子宕桑旺波。他不再剃发,穿着俗人的装束在华美的宫殿饮酒取乐,闹得太不像话。

　　不过相隔几个月,第巴桑结嘉措再次来到噶当基。仓央嘉措见他来了,给格列喇嘛使个眼色,格列端上来一只托盘,托盘里放着一捆绳子,一柄藏刀。

　　仓央嘉措拿起绳子掷于第巴脚下,说:"我早已不畏忌生死,若你继续幽禁我,不让我还俗,我就自绝于此地。"

"你威胁我？"

"对。你让我失去了爱人，失去了朋友，还能拿走我什么呢？我如今孑然一身，所拥有的，只不过还有这生命。"

"你倒是敢死给我看！"

仓央嘉措笑了。他早已对生命没有了忧惧。他拈起盘中的匕首，插向胸口。

小喇嘛格列从一侧冲出来紧紧抓住活佛的手，边哭边叫："活佛啦，活佛啦，您……您住手！请爱护法体爱护法体啊活佛啦！"

门外的铁棒喇嘛等人闻声冲进来，夺下仓央嘉措手中的匕首。混乱中格列的手被划伤，孩子鲜红的血洇透了僧袍。

桑结嘉措脸上肌肉跳动："我给你你想要的自由。还俗，不可以，布达拉宫里需要你。这是我最后的底线，不要再逼迫我！"

这是第巴桑结嘉措最后一次来噶当基。从此，仓央嘉措蓄起了长长的头发，戴着硕大的戒指与宝石耳环在拉萨街头流连，他时而去雪城的酒馆饮酒，时而到拉萨近郊寻欢。

对于这位浪荡的佛爷，人们充满了同情；对于这位年轻的诗人，人们充满了热爱。那首白拉姆歌在拉萨传唱得更广：

别怪高座上人，

多情风流浪荡。

他的所欲所求，

与凡人没两样。

第巴遵守他的诺言，不横加干涉。

桑结嘉措对仓央嘉措无可奈何，早已将其抛却脑后，他为别的事情忙得焦头烂额——和硕特部不到两年工夫又换了汗王，拉藏汗杀掉了软弱无能的哥哥旺吉乐夺取了大权。拉藏汗颇有他祖父的风范，做事果断，多谋略。他一上台，就与桑结嘉措开始了明刀明枪的较量，计策狠辣，让桑结防不胜防。

拉藏汗认真分析了当时西藏的局势，认为仓央嘉措与第巴矛盾尖锐，可以拉拢他入伙。这位教宗虽然有名无实，但是格外得到信徒爱戴。有了仓央嘉措的帮助，他就可以重演当年祖父与五世达赖合作的一幕，握住西藏的权力。

拉藏汗决定亲自拜访仓央嘉措。

仓央嘉措正在龙王潭射箭嬉戏，听闻拉藏汗来访，颇觉意外，略作思索，即命摆酒招待。

拉藏汗虽早有耳闻，但真看到仓央嘉措本人垂着漂亮的卷发、穿着俗人的绣金白袍出现在面前，还是不禁吃惊。拉藏汗对教宗表示敬意，两人客气寒暄，携手入席。

酒过三巡，拉藏汗即暗示仓央嘉措请仆人回避。气氛骤然微妙起来。

拉藏汗探过身子："在茫茫雪域，宗主长着两颗脑袋，一颗叫仓央嘉措，一颗叫桑结嘉措。"拉藏汗毫无顾忌地用放诞的眼神盯着年轻的仓央嘉措。

仓央嘉措呷一口酒，淡淡地说："你说得不错。其中一颗在这里同你饮酒，另一颗阻碍了你展翅天域。"

"布达拉宫有一颗脑袋就足够了，两颗头只要砍掉一颗……"拉藏汗伸出右手做出砍头的动作。

仓央嘉措放下手中的酒碗，看着他，说道："砍掉一颗藏族人的头，再安上一颗蒙古人的？"

拉藏汗盯着眼前这个平和淡定的人，"哈哈，哈哈哈哈哈哈哈哈……"发出鹰鹑般的大笑。

他端起酒壶斟满酒碗向仓央嘉措敬酒："尊者智慧慈悲，端正庄严，我和硕特部愿世代为尊者护法。"

走出龙王潭，拉藏汗暗想，既然不能成为帮手，就让他成为攻击敌人的武器吧。主意打定，立即动手。当夜拉藏汗即修书给康熙皇帝，指说仓央嘉措不守戒行，淫邪放荡，乃第斯桑结嘉措找来的假达赖。

拉藏汗与桑结嘉措的争斗，康熙帝早有耳闻，知此事若不

闻不问,必引起更大祸端。康熙皇帝迅速派使者进藏验明真身。《琵琶音》一书这样记载当时的情境:

拉藏向内地寄去一信,对尊者是活佛与否表示怀疑。皇上便派了一位精于相术的人进藏。此人来后,请尊者赤身坐于座位上,他围绕圣体前后左右,从各个方面细察体相。然后说道:"这位大德是否为五世佛祖的转世,我固然不知,但作为圣者的体征则完备无缺。"

对于这个结果,桑结嘉措大松了一口气。若是假达赖的说法坐实,连同之前劣迹,康熙帝必不会放过他。

拉藏汗让桑结嘉措忧惧不安,他必须尽早解决掉这个他一生中遇到过的最棘手的敌人。不然拉藏汗出手迅疾手段毒辣,他不能保证自己还能不能如这次一般幸运。被逼到绝境的桑结嘉措走了一步荒诞的棋:他买通了拉藏汗的贴身侍从,让其投毒。

事情败露。拉藏汗岂肯罢休,抓住投毒事件大做文章,双方矛盾达到了白热化程度。为求局势稳定,1705年1月,仓央嘉措、色拉和哲蚌寺的堪布、班禅的代表、蒙古诸施主等人,围坐一堂开会讨论解决方法。

会议的结果是桑结嘉措辞去第巴之职,将贡嘎宗拨给他作为食邑。拉藏汗要带兵撤出西藏,回青海驻牧。

这是一个典型的"决议",有了结果,大家作势去遵守,却不一定有人真正遵守。桑结虽答应辞职,但以交接政务为借口迟迟不离开拉萨。拉藏汗虽率部开拔,却一路缓行,不停驻留,待行至那曲又集结了大量藏北蒙古军队。1705年5月,队伍集结完毕后拉藏汗出兵,擒拿了桑结嘉措,押往堆龙德庆的朗孜村。

曾经骄傲地坐在庄严的布达拉宫中睥睨众生的第巴桑结嘉措,如今狼狈地被绑在支持屋架的柱子上,望着黑洞洞的屋顶。

门开了,一个身穿白色长袍的蒙古女子进来,她饰物华贵,气质高傲,进门就喝退了屋内的侍卫。

"第巴老爷，宫珠得勒。"这女子张口是流利的藏语，微微带些藏南口音。

"您是……"

"不用费神思索，您没见过我。"

"不，您的面容，我并不陌生啊。"

女子说道："既然您执意要想，那么我就帮帮您。您，对这双眼睛不陌生吧？"

这双眼睛炙烤得桑结脸颊仿佛有了痛感，他把头偏向一边去，笑了："怎么会呢……整个噶当基，整个布达拉宫，也找不出第二双这么漂亮的眼睛。你是塔坚乃班丹的妹妹吧？我记得，我亲自把你指给固始汗的儿子做妃子……你们……真像……"

"对啊，你记得我，记得我的觉拉。你让我的觉拉有机会成为达赖佛的侍从，你让我有机会成为拉藏汗的女人，这在尘世中，已经是莫大的福分了……我们，真得感谢你呢……可是，你为什么要割去我觉拉的头呢？为什么？我还梦想着，有一天，我们能再回到家乡，我不会一辈子待在拉藏汗的毡帐里；有一天，我的容颜凋萎了，我的发丝枯白了，拉藏汗不再眷恋我，我就能和觉拉一起，回到夏沃，回到我们的家乡。我们的佛爷，一定会答应让我的觉拉离开……他是个多么慈悲的佛爷啊，也许，也许他会同我们一起回去，一起回到错那……都是你，都是你！我们再也回不去了！我们再也回不去了！"

达瓦卓玛从腰间抽出一把藏刀，这刀镶嵌着光润的玛瑙，有金丝缠绕。仓央嘉措曾无数次地抚摸着这把刀，它是一段失落爱情的见证，如今，它要成为报仇的利器。

作为信物，它没能成就爱情；作为利器，它出色地完成了自己的使命。

嚓，嚓，嚓……

锐利的刀刃插破层层华美的锦缎，插破脆弱的肌肤，划过骨骼，向着血与肉深处的心脏奔去。

达瓦卓玛哭了，泪水从弥勒菩萨般美丽的眼睛里飞扬而出，红色的血如春风里的红杜鹃在她雪白的藏袍上盛放，这春日的花朵真是艳啊，艳丽得遮天蔽日……等拉藏汗呼号着冲进屋子的时候，艳丽血红的花已经开成了一朵荼蘼。

"你这是在做什么啊！让我怎么跟大皇帝交代！"虽然无数次渴望桑结死，但杀也要康熙帝动手，不然会给自己惹一身麻烦。

桑结已经去了。全身是红，明亮的红。出生时，他经由给予他生命的女人——母亲布赤佳姆的手，接受血的洗礼来到世界。今日，他经由另一个女人——一个仇恨他的女人的手，再次接受了血的洗礼，离开这个世界。很好，他默默地想，这是个圆满的生命的轮回呢。这血腥味儿，还是那么刺鼻。

额巴钦波说过，他离去，还会回来。我不是活佛，我不会再回来了。

我要去哪里呢？地狱？或是重入轮回，成为一头藏羚，一枝羊角花，一头熊？还是，做一棵青草……祈请佛菩萨慈悲做主，威神超拔于我仲麦巴·桑结嘉措，令罪人我当下消除一切的业障，释仇解怨，离苦得乐往生净土③。

神灵啊，若可以选择，我愿这净土，是拉萨……可否让我再次来到玛布日山之上，重沐布达拉的阳光，倾听云天下清远的梵唱？

当生命的一切尘埃落定，曾经躁动迷惑的心重又回归宁静。

曾经，桑结嘉措说过，仓央嘉措如同菟丝子依附他而生。这话，确实不错。这位枭雄控制他，利用他，亦保护了他。桑结离世，仓央嘉措得到了自由，亦赤裸裸地暴露在敌手的屠刀下。拉藏汗再次利用仓央嘉措行为不检一事做文章，说仓央嘉措是假达赖。他召集三大寺堪布开会，欲废掉仓央嘉措。

堪布们对拉藏汗的说法并不认同，他们认为尊贵的仓央嘉措受到魔鬼的迷惑，影响心智，他是迷失的菩提——仅仅是迷失菩提,而非假达赖。拉藏汗不肯罢休,二次上奏康熙帝。

西藏的局势由桑结嘉措与拉藏汗分庭抗礼演变成了一边倒向拉藏汗,康熙帝审时度势地做了处理。皇帝封拉藏汗为"翊法恭顺汗",赐金印一颗;认同仓央嘉措为假达赖的说法,要求拉藏汗将其"执献京师"。

拉藏汗对这种处理并不满意。他本想利用仓央嘉措控制西藏局势,没想到康熙帝会作出这种决定。《商南多尔济奏报拉藏汗遣人解送六世达赖喇嘛来京事》记录:"(康熙帝)又恐伪达赖喇嘛留其地,坏法生事,今尽拘伪达赖喇嘛等众赴京,拉藏以为执伪达赖喇嘛,则众喇嘛必至离散,不从。上谓诸臣曰:拉藏今虽不从,后必自执之来献。至是,果如圣旨所云技。"

康熙帝的推断不错,由于对仓央嘉措的弹劾,拉藏汗与格鲁派剑拔弩张。随着时局的发展,拉藏汗意识到仓央嘉措如一颗烫手山芋,不可用,不可留,如若不押送京师,事情无法收场。

1706年5月17日,仓央嘉措在蒙古兵的押解下,离开布达拉,离开拉萨。当听闻仓央嘉措被押解上京,拉萨百姓莫不震惊,在他们心中,活佛永远是活佛,是真神的转生,不会因为喜好游乐就丧失了神性。他们从拉萨的大街小巷涌来,哀哭着挽留佛爷。面对这种景象,拉藏汗很是害怕,怕出什么意外。他要求加快行进速度。

当押解队伍行至哲蚌寺时,意外还是发生了。

历世达赖喇嘛皆以哲蚌寺为母寺,五世达赖建立的噶丹颇章政权在迁入布达拉宫前,哲蚌寺的噶丹颇章是拉萨地区的中枢。可以说,这里是格鲁派的根基。哲蚌寺的喇嘛们听闻敬爱的佛爷被蒙古士兵带走,置生死于度外,冲入蒙古士兵的队伍抢走了仓央嘉措。

拉藏汗陷入了双重的窘迫中:留仓央嘉措在哲蚌寺必定是祸根,而且丢失了"人犯",他如何向大皇帝交代?

拉藏汗下令不惜一切代价攻击哲蚌寺抢回仓央嘉措。蒙古士兵潮水一样涌向哲蚌寺，哲蚌寺的喇嘛们誓死不交出教宗，用生命捍卫信仰，他们的血染红了根培乌孜山。

仓央嘉措自己走出了哲蚌寺，在喇嘛们哀痛的挽留声中，头也不回地走入了蒙古士兵的营地。

仓央嘉措没能走到北京，走入紫禁城。

行至青海湖时，拉藏汗收到了康熙帝的信，康熙帝提出了一个问题：你把仓央嘉措送到紫禁城，让我怎么供养他呢？拉藏汗慌了，皇帝也不想接下这个烫手的山芋。

他无法处置仓央嘉措。杀，必在藏族地区掀起轩然大波，皇帝也不会放过他；放，他拉藏汗一手导演了这场闹剧，这是怎样一个荒诞的收场？无奈之下，他暗示看守放掉仓央嘉措，何去何从，凭他自己。

对外宣称，仓央嘉措病逝。

大家都满意地收场。

仓央嘉措重又获得了自由。天地之大，他却不知自己该何去何从。

他离开蒙古士兵的营地，沿着青海湖信步而行。

月下的青海湖，广阔如海，寂静如海，它，本就是藏族人的海啊，藏语称其为"错温波"，青色的海。这片青色的海，映照着头顶上璀璨的星空，让人萌生错觉，会不会这些灿烂的星星是从清亮的水中濯洗过才升上天空，所以如此清新亮眼？

一切恩爱会，无常难得久，生世多畏惧，生命危于晨露，由爱故生忧，由爱故生怖，若离于爱者，无忧亦无怖。

爱，恨，情，仇，都已在尘嚣中远去。他感到疲惫。

为什么一定要找下一步要走的路，给自己一个结局，也许更好。

走入银光灿灿的青海湖，便是走入了星星的故乡吧，这样慢慢地，慢慢地走入青色的海的深处，走到海中的星群之中，是否会随着那些明亮的星星飞升天宇？他为自己最后诗意的想象微笑。在漫天花雨中来到人世、双脚沾染了俗世泥土24年的活佛，要远离尘嚣，他的生命是否会如前世般再次轮回为圣域的王者，他，已不在乎。此刻，他只想远离，让灵魂自由地在藏地广阔的天空永恒飞翔。

被冰冷的湖水浸透的衣物裹在腿上，走一步都困难。他缓缓走着，对这人生最后的一小段路他很有耐心。

水没过腰际，他听到身后有嘈杂的击水声，声音在靠近，最终有什么拉住了他的衣袖。

月色朗朗，波光粼粼，他看得清晰——是朗嘎，荒原上的小黄狼，布达拉宫里他最喜爱的老黄犬。

噶当基干杂活的小喇嘛经常会用上好的酥油拌了糌粑喂给它吃："多吃些，多吃些，你可是布达拉宫的护法，吃饱了长得壮壮的保护佛爷。"朗嘎真像听懂了似的。这头老黄狼已经16岁了，这个年岁，对于人来说生命之花开得正艳，对于一头狼来说，却已是耄耋之年。

它太老了，它早已不是在错那的草场上绕着牛羊撒欢儿蹦跳、喜爱与马儿赛跑的精力充沛的小狼崽，它精神疲惫，皮肉松弛，曾在夜色中闪烁的双眼中明亮的生命之火随时会熄灭。它趴在噶当基属于它的兽皮褥子上，眯缝着双眼等待最后时刻的来临。

每天，只有当仓央嘉措出现的时候它才会挣扎着站起来，费力摇一摇尾巴。做了一辈子狗，摇尾巴这件事，它依旧不在行。

当动物敏锐的知觉让它发现亲爱的主人已经离开了寂静、空荡的宫殿，它无声地从兽皮褥子上爬起来，踏上寻找主人的路途。混乱中，没人发现这头垂暮的老狼是怎样离开了布达拉，又是怎样一路艰辛跟到了这遥远的青海湖。

它必须守护他，当他还是个幼小的孩子，与天上的流云一般缓慢地将温暖的手掌伸向它的头顶，它就已经决定，守护他，用生命守护他。即使生命还有豆大的光亮，也要为他照亮寸许的行程。

"回去,朗嘎,回去。"

它依旧叼着他的衣袖。

"朗嘎,回去。"

它不松口,就这样看着他,眼神疲惫,却目光坚定。

它已经不行了,长途的跋涉加上青海湖夜晚沁凉的湖水,使它衰老疲惫的身躯到了极限。

仓央嘉措笑了,笑容温暖伤悲,他摸摸朗嘎湿漉漉的头:"那么,我们一起走吧。"

我们一起走吧,走向这片青色的海。

那海水深处,星光灿烂,宛若天宇。

注释:

① 扎什伦布寺:藏传佛教格鲁派寺院,全称作"扎什伦布白吉德钦曲唐结勒南巴杰瓦林",表示"吉祥须弥聚福殊胜诸方州"。在西藏日喀则尼色日山下。明代兴建。后来,四世班禅罗桑却吉坚赞加以扩建。扎什伦布寺是日喀则地区最大寺庙,自班禅世系四世以后为历代班禅驻锡地。与拉萨甘丹寺、哲蚌寺、色拉寺并称格鲁派"四大寺"。为全国著名六大黄教寺院之一。该寺错钦大殿历史最早。殿前讲经场,是班禅讲经和僧人辩经之场所。大殿内供奉释迦牟尼佛及其大弟子佛像,两侧立柱刻有建寺人根敦主和四世班禅像。其中大弥勒殿与历世班禅灵塔殿是扎什伦布寺最宏伟的建筑,灵塔殿藏舍利肉身。

② 梵呗:僧众或喇嘛诵经的声音。属于"五明"之一的声明。

③ 净土:净土是解脱之后往生的成佛之地,即庄严国土,是在佛与声闻、缘觉、菩萨三乘圣贤的身、口、意三业的感召之下的庄严刹土。是与众生凡俗因各种烦恼所种恶业而生的五浊秽土相对的。生命通过三大解脱法门得到解脱后将去往佛陀净土,从而超越生死轮回。净土是理想清静美好的往生之所,根据密宗经典指示,众生因为机缘与根器之差异,解脱后将去往不同的净土,一是根本明光净土,是人在弥终解脱后往生的佛陀净土。二是五位宇宙佛陀净土,是人死后第五天亡灵进入法

性中阴,意识脱离肉体而成为独立意识体时,在经历五位来自宇宙五方佛陀显现和接引后证得解脱,从而往生的虚净之地。三是五位持明本尊净土,人死后第七天,亡灵将可以在五位持明本尊的指引下,获得证悟,永脱轮回苦海,到达极乐净土。

·仓央嘉措诗歌赏析·

其 一

> 佛前美丽的哈罗花,
> 你若是我前世的情人,
> 我愿化身金蜂,
> 随你常伴佛堂。

有一种爱叫不离不弃,有一种爱叫生死相依。有一个你,若被现实吞没,有一个我也将瞬间隐遁。我就是这样,靠着一种信念,穿梭在世间,心无旁骛。这世间的天空,自然会记载我们的历史,我的意愿只在演绎一颗真心。我是一只普通的蜜蜂,在无意间学会了躲避孟婆汤的药性,所以生生世世轮回里的记忆都在我记忆深处。也许,没人相信,穿越了时空,换了皮囊,我的述说成了荒诞的宣言,灵魂的色泽却从没有改变过。有人说,回忆是抓不住的月光,握紧就不会黑暗,而你的美丽却从没在手心消失。

你可知道,我也曾远观了你的生生世世,就在那一个轮回里,你丢失了所有,却把一颗真心紧握,努力地伸长指尖去触摸那个英俊的少年,泪水汩汩地从你的明眸里流出,顺着你的脸颊冲刷你的香腮,然后倾倒下去,而你们的距离被拉得越来越远,你含恨放弃了生的信念,在那个明媚的天气里泣血而终。后来,你又踉踉跄跄地在各个轮回里行走,每一生都是情到真处情难绝。我被你的真情打动,又一次追随你来到了这里。

没想到,后来你转世成了哈罗花,佛堂祭品的命运成了无法摆脱的宿命。没了往昔恋情的纠缠,可也无法感知我的目光。我知道,你真的太累了,选择了这样一种逃避的方法。可是,我的追随,又该何去何从。于是,我来到了拿你去做祭品的人类的身边,用我的方式,宣布了我们的命运。你已远离,我在远处又有什么意义,我选择了和你共赴高堂做了曼遮。"哈罗花如果拿去做供品的话，把我这年轻的蜂儿，也带到佛堂里去吧"是我前生的誓言，不知是否曾在你的心里留下了痕迹。

其实，我是否曾在你的心湖激起涟漪，亦不是我追问的事情，有也好，没有也罢，我只想让你知道我永远守在你的今生里。天地运转，生生不息，我和你又来到了新的人生里。你一如往昔，窈窕淑女之风，款款而散。我却修成了男儿身，再一次追随你，而世事的纠缠永无止息。

今日的你，好像略带着往日的幽怨，你试图逃离，不动声色地逃出尘世的反反复复。我在你的身边，你很少说话，只是说了句希望我过得好，把我的温情淡化，淡到你的心里不会再起涟漪。可我知道，你努力得来的平静是多么的易碎，你紧皱的眉头将你的心事泄露无遗。我不知道怎样才好，没有埋怨，也不乞求你不要远去，只想托清风捎给你我的心情：你若决定逃开去修法，我也一定跟你到山里，从此绝离红尘。

很多人，读到仓央嘉措这首诗时，会自然地想起比兴的手法，这样的理解也有道理。可是，诗人，特别是像他这样纯真得像个孩子的诗人，一般不会刻意雕琢自己的感情。所以，我选择了一种新的解读方式。一样质朴的情感，一样至死不渝的信念，加上无怨无悔的决绝。我们索性让诗人痴情到底，不去找出口，在至真的境域里，只为一个情字绽放青春。

如果，人生真有轮回，我们愿意这样理解仓央嘉措的心情，再多的努力都是徒然。我们该怎样守护爱情，面对命运时，我们该怎样做才不算苛求，又该向谁言说？能够生生世世里有你，已经是种莫大的运气。

其 二

为着温柔美丽的情人,
踌躇着是否该进山修行。
人世间可有两全之策,
让我兼顾佛缘与情缘。

自古以来,凡虔心向佛之人必定了却凡人七情六欲,但我却是一个例外。我并非看破红尘而空遁佛门。我是转世灵童,这不是我自己的本意和选择。身披袈裟的我却有一颗凡尘之心,这颗心还没有看透人间悲欢离合,四大皆空只是佛经教义当中平凡的四个字,然而尚未涉及尘世的我又怎能深刻体会佛曰四大皆空的真谛?

前世之缘尘埃落定之时,有幸佛选择了我,于是我遁入佛门。我没有选择,上天为我安排了我的路途。只是,为何上天又让我遇见你,于是从此后,眼前是佛,心中是你。天明、日落,盼你念你,等你出现。于是从此后,我终日惶惶不安,徘徊在殿前,我不知道是在等你出现,还是我害怕左心房中萦绕着你银铃般的笑声会惊扰右心房修身的佛祖。佛殿中,多少双眼睛在注视我修行,我是他们心中的至尊;可我心里,多少次转向你顶礼膜拜,你是我心中的女神,我的主宰。

那日人群中,在不经意转身的清秀小巷,你的眼,你的脸,你的手,你的心,在我身边,在我眼角,在我眉间,从此管它月朗星稀,管它狂风骤雨,轻轻拥你在怀中,比翼双飞。想爱,想和你相偎相依,却害怕爱你的执着最终抵不过世间的指责,害怕最后还是不得已离去,留给你更大的伤害。以前,我在佛身边修身积德,盼轮回转世,想参经悟道;如今你在我左右,看你眉头微蹙,听你唇间低语。只羡鸳鸯不羡仙。我并非想成仙,只是人间有多少爱恋能够远离世人目光,我想擦掉前世佛缘,就像拭去佛堂上的微尘,可是却擦不掉这些年沉浮在心中的记忆。佛曾在我心中,在我眼中,我怎能了却此意,安心地随你而去?每当夜深人静,伫窗前,当空皓月仿佛在责难我,向佛的心怎能陷入凡尘,修身之志本应心无旁骛啊!但是我却将一颗心割裂成两个,一颗心里装着你,一颗心里念着佛;一颗渴望斩断命运的束缚,一颗渴望挣脱凡尘的枷锁。

也许我应该剪断佛缘,剪断了我便不需在菩提树下虚伪地打坐,便不需在万人面前强装顿悟,我将与心爱的姑娘双宿双栖,男耕女织,远离这喧闹的寂寞。也许,我本不该与你相识,那样我的心还是完整的吧?它完全地,至少在很多人看来,完全地伴随在佛的左右。可是,佛猜得出开始却猜不出结局,佛选择了我的前世今生,却忽略了你是我的宿命。我的心里,早建成一个佛堂,而你就像一颗种子,不知何时悄悄落在我的心田,等心的土壤变得温存,这颗种子便生了根,发了芽,渐成参天之势。只可惜你不是荫蔽佛堂的菩提而是一颗罂粟,而我沉醉在罂粟花香之中,目送佛堂的香烟随着轻风越飘越远。多少个难眠的未央之夜,我徘徊在修行和爱情之间。我的心怎能安于佛堂?我的心又怎能深埋在温柔之乡?我的心不能只是一颗心,向佛不忠诚,爱你有欠缺,我怎么能够不妄断前世佛缘、众人期盼,又不枉费姑娘一片冰心?

在布达拉宫的金殿之上端坐,仓央嘉措注定无法成为一个平凡的少年,而这代价却是要受到心灵的痛苦煎熬。身披佛衣怎么追求纯美的真爱,在这矛盾中,心头情事却变成愁事。

其 三

我对你日思夜想，
你却趁夜偷会情郎。
鬓发间的松石知晓一切秘密，
可它口不能言只能缄默。

一切都是令人烦躁的原因，枯燥的经文，没日没夜转动的经筒。太阳沉下了山，暗暗的天色渐渐压向了大地。从这里看去，山下微弱的灯光透出股疲惫的模样。那里曾是我流连的地方，可今夜我却为何如此不忍看它。

我手中握着你头髻上的松石，整整一天。我始终不愿相信，那样美好的你，竟会背叛我的信赖。昨日的耳鬓厮磨是假？昨日的千般恩爱是假？昨日的万般缠绵是假？昨日的铮铮誓言，也是假？

沿着回旋的走廊前行，我漫无目的。那日篝火边的快意言欢还生生在我眼前，今日在这幽暗空荡的佛堂里，我一人独自百结愁肠……这竟是，梦一场？我抬头望向佛。你大慈悲，你遣我来爱这世人，却为何容不得我爱一个女子？每一次，每一次，每一次我走向的真实人生莫不都是你刻意的捉弄。这人世还有什么值得我付出真心去信赖？

下雪了吧，每次下雪总在不经意的时候，这雪不知下了多久，这人世的一切，不论美丑，都被它淹没了，只是淹没不了我心中的火。佛说放下得大自在，可我放不下，这手中的松石已被我焐得火热，那便是我的火，对你剪不断的相思。

也许我只是多想？也许你只是琐事缠身不得空？也许你只是思念故乡暂时返家？也许，也许你遇到了恶人……也许只是这场雪阻了你的前程？

我始终不愿相信,那样美好的你会背叛我的信赖。

可谁又能保证?

时间可以磨掉最精美的壁画,时间可以拆毁最坚固的堡垒,时间自然也可能消灭你和我的爱情!是的,就算你背叛了我,现在在他人的怀里,那又如何,这手中的松石也不过是寂寂不会出声的东西,不会告诉我实情。

我低头看看掌间的松石,被雪光衬得发亮,像你看我时的眼睛。

仓央嘉措困在布达拉宫里。布达拉里出过英雄,住过首领,可这里也有爱情。不是吗?当年松赞干布为迎娶文成公主,在山上修建了九层宫殿,足有千间。这里曾经是松赞干布与文成公主相爱相守的家,如今他们被供奉在这里,俯瞰众生。后来,历代达赖在它原有的基础上进行了扩修,终成今日之势。这座宫殿历史悠久,结构华丽,它收藏了无数的瑰宝,集合了无数人的智慧,可它从一开始就不是寺院,一直就不是,但它却以佛的名义困住了仓央嘉措,困住了他澎湃的情感和热烈的人生。他的人生悲怆,住在这金顶的牢中,看着莲花祖师面目慈悲——你有两个妻子,可为什么我却注定失去爱人?

布达拉的金顶静静地伫立,见证这里时光磨砺下的人世变幻,不论是情痴情苦,它都默然不语,等着某一天你的蓦然领悟。

其 四

曼妙的佳人笑意盈盈，
美丽的眼眸四处扫。
座上少年个个俊俏，
她只望着我红了脸蛋。

那天我在人群里见着他。少年才俊原是这样的风采。他轻轻地说话，淡淡地笑，没有了佛坛上的肃穆，多了几分人间的清逸。我看他在与旁人说笑，饮酒高歌好不潇洒。他的目光流转之处，总是引得姑娘们含羞带笑。只怪我太过平凡，看那些明眸皓齿的姑娘多么艳丽，只怪我太过平凡。我只管偷偷看他，也不伤大雅，但他似乎在看向这里，我却急急低头，不知我那偷偷抬起的眼角，有没有泄露我满满的情意。

那天我在人群里见着她。年轻的姑娘总是这样的可爱。她纵情地笑，尽情地闹，少了姑娘的矜持，却多了难得的开朗。我在与旁人说笑，饮酒高歌不忘瞧瞧四周那些迷人的姑娘。她们美丽的脸庞如此刻的月亮。她坐在人群中，篝火跃动的光影映在她的脸上有些别样的味道。我知道她正偷偷看我，那眼波流转如那木错的碧波荡漾。她察觉我的眼光，急忙低头，总算是露出了娇羞的女儿样子，可她那偷偷抬起的眼角泄露了她的秘密，因里头满满都是情人的味道。

情人初遇，淡淡一点情意眼波流转，如那空谷幽兰清丽，如那天籁绕梁余音动人。情人的一举一动都是心念的挂牵。绕着篝火，我们载歌载舞，那彼此间的倾慕如那喷薄的朝阳冲破最后一缕云雾，光明乍现。

那年的龙王潭，我在满座宾客中遇见你。你的嗓音甜美如天山的雪莲，性情温柔如最美的哈达。天下无价宝易得，知己者难求,而我与你定然是有那前世的缘分。只有我懂你的快乐,只有你解我的风情。

龙王潭位于布达拉山后,因扩建布达拉宫在此大量取土,后积水成潭。仓央嘉措遣人对这里进行了整治,并在岛中修建了一座阁楼供奉神明。仓央嘉措还经常在这里宴客,与宾客射箭饮酒,嬉戏歌舞。正是在这里,他结识了最后令他心碎的姑娘——来自琼结的达瓦卓玛。仓央嘉措爱她胜过爱诸天神佛。他日日请她到龙王潭来,夜夜出宫跑去寻她,只有达瓦卓玛才知他,懂他。他欢喜得不得了,认为那是神明的恩赐。

可最后,他还是心碎了。就是那样一个眼睛如黑葡萄酿出的美酒一样醉人的姑娘,渐渐地,再也没有出现在他的龙王潭。他放不下,终究还是跑去寻她。可那紧锁的大门看起来如此冷酷无情。

她跟着父母回了琼结。

从此,别再提琼结。别再提琼结,我知道那里有条河可以和雅鲁藏布江相汇;我知道那里有青稞籽总是累累;我知道那里是无数圣贤智者最后的归地;我还知道那里的姑娘总是很美,那里有个姑娘曾让我日日心醉。

其 五

身处壮阔的布达拉,
我是雪域威赫至尊。
游荡在繁华的拉萨,
我是潇洒汉子宕桑。

布达拉宫的金顶在高原阳光的照耀下熠熠生辉,我独自倚着窗棂,沿着云蒸霞蔚的高天努力净空我的思绪。偌大的宫殿在阳光的强烈照射下,像是一个辉煌的舞台,只是这个舞台属于政治,没有任何一个角落能容得下人间烟火。思绪从佛床边飘出窗檐,慢慢升到了云的那一端,夕阳余晖下,暮色渐渐四合,提醒着我布达拉宫这一天即将结束,而我的人间生命才刚刚开始。想来黑夜与白昼未必只有色彩数上的差别,白昼充满阳光,每个人都把最光彩照人的一面显现出来,白昼里好像只有向上的希望,所有人都在白昼里忙碌,忙着打谷种稻、吟诗作对,怀抱希望,忙碌着也期盼着未来的美好生活。而黑夜总是带给人们太多的麻烦,大人们要费力地点起油灯,才能继续白天未完成的生活,小孩子最怕黑夜,因为妖魔鬼怪都是昼伏夜出的。说起来,人真的很奇怪,小的时候因为害怕而难以入睡,长大了以后因为思念而更觉长夜漫漫。而对于我来说,黑夜再漫长总比白昼来得好,白昼虽然光鲜但却不真实,而黑夜恰恰给我们一个释放真我欲望的机会,试想复仇的、杀人的、放火的这一类事情都会在黑夜发生吧!所谓的见不得光。可谁说见不得光就是错误的呢!有的时候只是身上的枷锁太沉重了,所以才要偷偷摸摸,并非是不敢光明正大,仅此而已。最后的一缕阳光照在布达拉宫的最顶上,云霞折射着光晕一圈一圈在头顶扩散开去,透过这一片云霞,眼前的一切都变得模糊起来,像沙漠里的海市蜃楼一般。海市蜃楼,我想它也只能在白天才会看得到吧，这样说来，还真希望白天的一切都是虚幻的，一触就会消失的泡泡，而黑夜的一切才是真实的生活。

在布达拉宫的圣殿上，我坐在宝座上，眼前一阵虚幻。几年了，权杖不曾触摸过，大事不曾商议过，我明白，我只是一张牌，那金碧辉煌的宫殿也不过是海市蜃楼罢了。连这幻象何时会消失，我也无法掌控，它来时我便只管欣赏，它走时我也只管承受。潜心修行的佛法，到底有什么价值呢？我不曾在大殿里为任何人解释心中的烦恼疑虑，也许是因为布达拉宫能给我的一切都是虚幻的泡影，而只有那些真正生活在人间的饮食男女才会生出诸多烦恼吧！

在雪域高原，蓝天高远，草原辽阔，白雪皑皑。我在圣殿里，终日对着金光四壁，东宫墙、西宫墙，蜿蜒曲折筑起了心灵帷幔，千百所宫殿，我的青春却无处安放。我本是雪域高原的至尊，可是为何白雪茫茫却掩不住我的忧伤。

暮色下，从侧门转身而出，循着酒馆里的歌声，我仿佛看到了美丽的心上人在那里等待着我的到来。如水的肌肤，如花的笑靥，黄鹂鸟一样清亮的歌喉，时刻撩拨着我少年的心弦。达瓦卓玛，年轻的姑娘，你的手似天山雪莲的花瓣，纯洁温婉，抚慰着我初恋的创伤，年少的心注满了爱的能量。可是这一天，欢唱的人群中却怎么也寻不见达瓦卓玛的倩影，好心的阿妈告诉我，我的达瓦卓玛已经被她父亲带回了琼结——她的故乡。我像被钉在桌旁，半晌没有说话，我心爱的姑娘未曾留下只言片语，却即将成为别人的新娘。为何命运这般残忍，要在一颗心上留下两道相同的疤痕，如果能够选择，我真希望，从不曾见过布达拉宫的高墙，也不曾受过上师的规诫。唉，我心爱的姑娘，只是从来缘分浅如水，奈何情意深似海！那高原上星罗棋布的圣湖想必便是哪位痴心浪子单恋着心上的姑娘，直把眼泪积蓄成了一片片湛蓝的湖水！

起身出门，再一次混入拥挤的拉萨街头，转经筒在夜风里为圣地的人们祈祷，而我只听见达瓦卓玛如黄鹂般的鸣唱像旧日一样萦绕如丝，伴着我的愁肠百结。

　　年轻的仓央嘉措本应该过着简单的日子，从不曾想过自己会走过这样百转千回的人生轨迹。刚刚住进布达拉宫，年少的他被震撼过，也许也想过潜心修行，不愧于命运的安排，但等华贵的新鲜外衣被时间剥落的时候，他才发现，原来这是命运的一次作弄。原来在他身后并不是一条潜心向佛便能修成正果的金光大道，而是一个无法企及、无法掌握的旋涡。权杖不曾触摸，这个幻影终究是要消失的。但没想到的是爱情在他的生命里也随着他身份的转变成为一个巨大的泡沫，一触即破，余温尚存却又浪迹到天涯海角去了。在这首诗里，身处布达拉宫的至尊地位看似高贵却深陷矛盾的泥沼不可自拔，本应该，本想成为一个英雄，有所作为，却得不到；而想做一个普通人，追求青春、追求爱情却也屡次因为这身份而不得。这个身份越高贵，他失去的就越多，仓央嘉措只能用流转的情歌唱着内心无尽的哀愁。

其 六

情到深处探问情人的誓言：
我们今生能否永远相伴？
心爱的人儿坚定：
只有死亡才能将我们分离。

秋天来了。

一季的雨洗出了纯蓝的天空。青稞黄熟，绵延直到视线看不到的地方。这黄是大地血脉的颜色，染透了远处的云杉，在天的边际勾出一道金色弧线。还是格桑花最美，红的热烈，粉的娇艳，漫漫一片，像海，漫过田野，漫过山坡，漫过河滩，漫过你家门前。你来自月亮的方向，踏着那花的海浪向我走来，发上的珍珠、耳边的绿松石都不及你夺目。阳光斜斜打在秋天的草原上，我和你在格桑花铺成的道路上缓缓走过，一切都变得缓缓的……风缓缓地吹，花儿缓缓地摆，牦牛儿缓缓地走，天上的苍鹰缓缓地掠过，你开始缓缓地唱歌……歌声也是缓缓的，像柳枝抚过水面，在我心底漾起涟漪，悄悄荡开去，与那花的海一起，在天幕下澎湃。

我轻轻抚摸你的秀发，看着你黑葡萄一样的眼睛，想问你那句一直想问的话，可心中总是忐忑，不知你的答案是否如我的期待。我说："苍鹰与天空永不相离，你可愿与我永远相守？"可你却不说话，望着远方的山默默不知在想些什么。我不禁黯然，美丽的姑娘是否总是无情？

这时你说，听说汉人有一首歌，说的是一个女孩爱她的情人爱得像那木错的湖水一样深。有一天，她对上天起誓："上天啊，我愿和我的爱人相知相伴，这种情谊永远不会断绝，除非你让山磨光棱角，让江水干涸，让雷声在冬天响起，让雪花在夏天落下。若非天地相合,我便与他永不分离。"我望着你,你的样子从来没有这样美丽,如天山的雪莲开在我的心里。你说:"我与你,宁死别,不生离。"

宁死别,不生离。宁死别,不生离。宁死别,不生离。宁死别,不生离……世间的一切声音都从我的耳边消失了,只有这一句像酥油的清香,久久不散。我要将这句话印上经幡,让草原的风为我将它吟唱,直到地老天荒。

这首诗一问一答间流露了人世间最浓的爱,问世间情为何物,直教人生死相许。这首诗体现了藏族同胞在表达自身感情时的直率,问答的形式类似于藏族青年男女表达爱意的山歌。

山歌在藏语里称"拉伊",俗话说"拉伊是媒人"。你我在草原相遇,隔河相对,一唱一和,只有即兴的词句方可表达最真的情感。我们的心乘着悠扬的曲调穿过羊群,越过河,慢慢贴近,爱情的火花就在这歌声中迸发。

仓央嘉措,那位说着"宁死别,不生离"的姑娘是否真的至死才与你分开?你走向青海湖,莫不是为了她?青海湖底有没有一个宫殿,里面住着你的公主?你来世的轮回选择了理塘,是不是那里有位姑娘前世与你有一同的盼望?有人说你其实远走他方,为的是与她自由相爱。若真是这样,那格桑花的开处是不是你们走过的天涯?不论你去了哪里,你的"拉伊"至今都流传在苍鹰飞过的每个角落,诉说着你的凄美爱情。

其 七

偶遇梦中情人，
如同拾到了白璁宝石。
情人的芬芳让我陶醉，
祈祷上天万万不要收回这段情缘。

人与人的相遇是最美丽的平凡，却有人愿意为这平凡沉醉，哪怕是花费一辈子的时间。我常想，如果没有这样美丽的相遇，此生岂不是在走苍白的过场。我不是耽于旅行的人，曾经认为心能到达双脚所不能到达的地方。再美再美的风景，也抵不过一颗美丽心灵闪着智慧的思考。然而，你可知道，那次意外的旅行让我收获了意外的人生，从此，我离经叛道背离了我的初心，因为旅途中你装饰了我所有的梦。

那天的情形历历在目，一个平常得不能再平常的日子，却酝酿了没有人会拒绝的精彩。你以天使的模样坠入人间，扰乱我平静的心海。春风撩人醉，我没有缘由地在那个不起眼的路口逗留，无所事事倒也兴致不减，拾一片叶子把玩岁月的印记，昭示的奇遇在叶子的脉络里，却没有被慧眼识破。现在想来，如果当初能看到下文的故事，我是否还愿意在那里等待，我不想去追问值不值得，也不会感慨着悔不当初。

有时候，人与人之间的缘分是一系列很美妙的偶然的组合。我们迈出了相同的步子，走上同一条路，我先是闻到你的衣衫兜来的香味，是春天的味道吗？我疑惑着往你来的方向望去，不迟也不早，你也把目光透了过来，四目相遇的一刻，我从你眼中看到了欣喜。你那会说话的眼睛泄露了你的心灵，在慌张躲开对方的目光后，我丢弃了表情的雕饰，纯真地面对着这相遇的美好，心里也是惴惴不安，不知是我单方的多情还是你也感恩上天这样的安排。

从此,我再无法忘记你衣袖间的香味,那是最醉人的迷魂香,我的魂魄从此追随这种味道无法停息。我多想留住这样的美好,把你请进心里来,让我也住进你的心房。我愿用在佛的面前焚香数千年,来换取这样的相遇,不用多久,一生一世就足够。

世界上走得最快的往往是最美丽的风景,我敏感的心灵捕捉到了这一讯息,苦苦的哀怜不会让时间停下脚步,反而会白白浪费享受和你静待的时光。我的担心多了些许悲观的味道,面对心仪的人,我的不安让一切涂抹上感伤的色彩。日子煎熬,相思难耐时,我于是问佛,为什么安排这一幕美好后又要破坏它?佛说,美好无处不在,不美好则来自贪欲。缘起缘灭终究是一种宿命,来时是那么的真实,走时又让人备感伤感。

思绪在我的心里兜来转去,也无法躲开命运翻云覆雨的手,再看你时你依然笑容嫣然,平静中透出雅致,多么安静美好的女子,超出了世人颂赞的一切。我痴痴地看着你,用一颗不掺任何杂质的心灵,膜拜着我心中的女神,试图让一切现在变成永恒。

仓央嘉措有一个多情而敏感的心灵,从最细微的动作里找到诗意,把美好定格在诗句里传达给同样追求美好的人。这首诗,就一次偶遇敏锐地捕捉到灵感,简单的故事里包含了浓浓的情意。偶遇的欣喜和对美好可能擦肩而过的担心,通过珍贵宝石的比喻让朦胧的情感得以触摸。远方在遥不可及的地方,却提前增加了他的感伤。得到和失去就这样在诗人的心里纠缠,有始无终。

其 八

谁说渡口是个无情的地方,
看那船中的木马都知回顾离开的方向[①]。
只有我昔日的爱人,
远走他乡也不肯回头张望。

世上最远的距离,不是我在你身边你却不知道我爱你,而是,你明明知道我对你的爱却故意置之不理。自古痴心人和负心人总是出现在同一剧场里,演绎着人间的爱恨离愁,纠纠缠缠也没有参透缘来缘散是种幸运还是幸运中的不幸。于是,历经了世世代代后,往昔的一幕幕仍旧继续重演,多情却依旧被无情恼,无情人也继续着伤害。

自从沉落在有你的梦里,我们之间也拉开了这场战局,我从此和宿命纠缠不清。你的眼睛告诉了我你的心不在这里,在远处,遥遥到无所能见的远处。我不知道那里是一番什么样的风景,是否有着你年轻心灵的归宿,是否承载着你的青春梦,还是那里有你飞黄腾达的界石;我知道凝望远处已经在你的生命里定格成了一种姿态。我告诉自己不要介意,并决心让你一直遥望远处的目光多一些温存。可是我怎么也没想到,自信被你一层层剥落,却迎来了这样一次分离。

那一年、那一天,是我们认识多年后我面对的最不能释怀的分离,至今让我不堪回首。那时你依旧对我不远不近,所以心里有再多的不舍我都保持着沉默,紧紧跟在你的身后,送你到无情的渡口。在染满落霞的渡口旁边,艳红的霞光像是我哭诉的双眼,泣出血来。没有分别,已经焦急地想询问你的归期。可是,只见你,并没有太多的伤感,一脸的无牵无挂,心平气和地等待着划开船桨,我这么多年地守候在你拂袖间,却被你拂出记忆。

我有太多太多的幽怨,却一压再压,不敢追问为何你不让我的船儿驶入你的心海。

人们说,世上最难熬的是等待,我愿意承受这煎熬,直到铁石开花。这么多年来,从第一次见到你后我拒绝了所有的花季,任它满园春色凋谢殆尽,只为一个你。你的心不是铁石,怎么也迟迟不打开心门。如今,我才发现等待使人老,心事终难成。

都道渡口是无情的,却也承载了多少人的离别哀愁;都说船上的木马是没有心肠的,却在最后的时刻,尚且对我回头告别。而你渐渐远走,却不肯回头,哪怕是冷淡的道别都没有。看着你渐行渐远,我的心像是掏空了似的,守着空荡荡的渡口,魂魄四散。谁能说得清这样的付出会不会让你多年后回头眷顾,谁能告诉我这样的一转身彼此会不会将是陌路?

仓央嘉措这首诗,乍一看不过交代了一个离别的场面,被送的人没有流连地荡开了船,留情人于渡口独自张望。爱若去,情难留,为何我要一直承受着撕痛的失去。相思的哀愁,再添一层也不说心里有多难受。有人说没有得到就谈不上失去,可谁知道有时候得不到真的也是种失去。面对着心仪的无情人,情难收,心已去,算不算是一种失去。读到这首诗,读出这些,不免让人感到心里有一丝丝的疼痛。岁月如斯,人生如斯,一切似水漂流,割不断的情思欲罢难休。

注释:

① 古代藏族渡船刻木为马,马头朝后。

其 九

拉萨街头结识卖货的姑娘,
海誓山盟说永不相忘。
谁知这誓言如此不牢,
如花蛇盘的结儿不碰就开。

爱情,在某些时候,是个让人疼痛的字眼。它像人的脉搏,活着的人永远无法捂住自己的心脏让它不跳,每跳一次就是一次揪心的疼。从相识到相知,也许就那么一瞬间的事,所有的美好便慢慢地扩散,可是,从相爱到别离也就会在一瞬间成为定局。世间形形色色的摆设让人眼花缭乱,你却在繁杂中把视线锁定在一个彼此是对方的过客身上。明明是简单而美好的相遇,因着世事的阴差阳错,随风飘落,如一江烟花。

你我的相遇定格在记忆里,在那人来人往的拉萨的十字街头,一个平常的日子从此为我生命涂上了挥之不去的银灰色调。那是改变我生命行程的一个初夏,空气中还有春天残留的香味,日子转换,你我本是陌路,却于闹市里找到彼此孤独心灵的去处,没有太多的语言,也没有太多的人际交流。我们就那样站在一条街的两头,由一种莫名的东西牵引着,向街中靠近,直到触摸到彼此的心理暗流。没有意外的欢喜,也没有初次相遇时的矜持,我们自然地契合,静静地感激。

也许,我们不该拿幸福打扰命运,他会艳羡,甚至会嫉妒。幸福到被命运嫉妒是一种幸运,但是我们却忘记了,一旦被幸福嫉妒,所谓的幸福将成为一切不幸的来源。只可惜,回首时一切都已太迟。心在左右,身早已四处漂流。那天,情到浓时,绑个同心结,把心系在一起,是我们纯纯的表白。可是,就在一转身的时间里,我们彼此的认可成了传说里苍凉的远方。我不能理解世事的瞬息万变，以为只要有颗真心就能改天换地。不是有人说有爱就有明天吗，为什么阴差阳错的命运之河让我们的山盟海誓成了云烟？

就这样，生命的游戏停歇了它的手脚。我感到自己被欺骗和耍弄，再不愿微笑着和命运握手言和，人生就这么一遭，却被它夺去了所有的美好。可是，它对我的情绪视而不见，照旧大摇大摆地走进别人的生活，进行一番折腾后，若无其事地离开。落花不解心里事，一成不变地开开谢谢。人来人去，怎么也找不见红尘轮回中谁在宿命中徘徊。

仓央嘉措从不搞复杂情绪的纠缠，解不开的心结也被他以简单普通的方式呈现。人与人的相遇、相知到相离，都被他轻描淡写到让人心疼。那么纯真难得的情感，他却像个老者在若干年后回忆时用看透的语气传达，没有情绪的宣泄，更谈不上歇斯底里。对于命运，他也是一种淡然的心态。

他像是走过了人生无数个春秋后对命运进行宽容，我能感知到那青春年少里的心跳，却无法感知这种面对自己心事时的细数擦拭，这是没有经过沧桑的人，永远也无法到达的人生境界。可是，作为一个痴情重情的诗人，仓央嘉措在二十几岁时，已经把心情叠藏得让人心生怜惜。

其 十

工布少年生起了爱恋，
就像蜜蜂扑入了蛛网。
可与情人不过三日的缠绵，
佛法又会进驻心上。

我曾认识一个少年，他来自工布。那里的湖水幽深，那里的高山巍峨，那里有雄壮的峡谷和豪迈的箭歌。我与少年初遇那天是草原比赛射箭的日子。那时的天啊，纯净得不带一丝云彩。人们在比赛场上聚集，欢腾的人声像风吹过松林。那天我穿着节日的盛装。及踝的长袍是我亲自到八廓街选的布料，用的是花缎，让最好的师傅为我量身定做；我头上戴的巴珠是人群中最耀眼的宝石[①]。它们从发上垂到我的两肩，正好衬托我朝霞样的脸庞；胸前是银制的佛盒，在阳光下熠熠生辉；左手的银镯，右手的白海螺，每一件都那么华贵，灿烂夺目。

矫健的箭手来到场中，我们用歌舞为他们助兴，和着箭歌跳着箭舞，我是人群里面最美的姑娘，而他是最帅的小伙。只见他端弓执箭，端的是沉稳老练，黝黑的面孔散发着黑土地般的亮泽，坚毅的目光此刻散发着猎豹的光芒。箭如风掠向箭靶，红心应声而落，而场内的喝彩声久久不落。我向他献上白色的哈达，他冲我笑着，说："你是我最美的礼物。"

这少年啊，他来自工布。他说他家乡的湖碧如翡翠；他说他家乡的高山能通向蓝天；他说他家乡的冰川是最美的精灵……他说他对我的依恋就像湖水一样深沉；他说他对我的情谊就像高山一样坚定；他说他对我的爱慕就像冰川一样纯净……

我曾认识一个少年，他来自工布。他的心困在爱的网里，深陷却不愿自拔。他说他本要去山上的寺院里听梵唱，用修行换来福祉，可自从遇见了我，他觉得我就是他福祉来处。

我曾认识一个少年，他来自工布。他说他爱我所以放弃修佛。第一日，他将自己的靴带系在了我的靴上，捆住了我的灵魂；第二日，他来到我的窗前，唱着悠扬的歌，只为见我一面；第三日，他送来一朵雪莲，静静看我默默无言。

我曾认识一个少年，他来自工布。他说他纯洁爱情如山高水深，可为什么，渐渐地，他的忧愁那么明显，说他想念梵音的美妙与佛灯的照耀。

我曾认识一个少年，他来自工布。他像陷入蛛网的蜂儿恋上了我。第四天，蜂儿挣脱了纠缠，走向了心灵的清净处。

什么是永久的爱情，仓央嘉措在这首诗里似乎并没有提到，他只告诉我们一个短暂眷恋的故事，但正是这极致的短催发了我们对永恒的思考。什么是永久的爱情，从这首诗里其实你可以看到。仓央嘉措心中没有修起佛坛，爱情是他寻获真实自我的圣殿。可当圣殿面临崩塌时，有什么可以拯救孤独的灵魂？

注释：

① 巴珠：用珊瑚、绿松石做成的头饰。

其十一

这个月无声隐迹,
下个月还会再来。
天顶吉祥的满月,
总是这样来了又去,去了又来。

有一种爱,叫做相依相守,万千繁华过后,你我依然能够在一起看日落,看日出。心爱的姑娘啊,我知道相聚的苦短,也知道思念的漫长,在我心上,你就是圣洁的月亮女神,我愿做唐古拉雪山山脉中的一泓湖水,愿你永远倒映在我的心上。雪山环抱当中,我的心湖上波光粼粼,月光的照耀下一片亘古幽蓝,明清如镜。我向着雪山低唱,怯怯地对着高原昵语,向着明月高歌,歌声辗转唱着对你的思念。

下弦月夜,月色下的布达拉宫晶光闪耀,我在其中深藏着难解的思念。一个月太长,看着月影的变换,数着相见的日子,想念像颗磁石,吸引着我爱你的一片铁血丹心;一个月太长,我该向谁抱怨,思念飞过喜马拉雅山巅,唱给月亮身边的那朵纤云,不知它能否传递我绵长悠远的想念。下弦月慢慢变幻,上弦月即将遥挂天际,只是相见越近,思念偏偏又更加急切。圣洁的月亮女神啊,我想飞上天边汲取一缕月光,就好像你一直陪在我身旁。雪山明亮全来自你的光芒,浮云洁白全来自你的恩泽,你在高原的头顶,雪山怎抵得过,你在长天之上,白云怎能遮蔽?雪山为谁屹立,白云为谁飘舞,而你呢,月亮女神你又为谁而照耀?

我在宫殿的一角仰望你美丽的脸庞,遥想相聚之时你可爱的模样。你的光照耀在我的心里,天地为蚌,你是一颗汲取了天地之精华的珍珠,高贵、圣洁、明亮,我把你放在心里悉心地珍藏。你的光芒为我抚慰心中的寂寥,你可看见那一朵流云,那是我用相思织成的洁白哈达,献给你,我的月亮女神,感谢你给我的生命带来了光辉,感谢你在苦思的长夜里听我倾吐衷肠。寂寞的深夜里你一直醒着陪我看世纪沧桑,六道轮回的路上你照亮了我的方向。匆匆生命里我只是个过客,朝圣的青石板上我经不起芸芸众生的等身长头,经不起他们祈祷的天荒地老、山高水长。

　　长夜里的经殿上,我闭目诵经,香雾缭绕之中,心在高耸入云的雪山之巅和湛蓝如宝石般的湖水之间徘徊辗转,寻着月色的香气编织出的一片片思念浮云,追随着你的变幻踪迹。夜空中,高山大川之间,雅鲁藏布江奔腾不息地拍打着雄壮的节奏;山涧林荫之中,小溪山泉吟唱着优美的旋律,而你正随着这和谐的自然之音轻歌曼舞。夜风中,白云做的衣裳轻轻地飘荡在湖面上,惹起一阵阵欢喜的涟漪。多想追问你何时才能再次相见,却迟迟不敢开口,几次话到嘴边却又无奈地咽下,生怕惊乱你的舞步,只能看你舞动着白纱离我越来越远……夜空中的星星向我眨眼,仿佛在轻轻告诉我,不要心急,等到下月上旬,月亮女神就会来到我的窗前。

　　藏族同胞心中最美的图腾便是日月同辉,在他们心中太阳和月亮一样重要,而仓央嘉措期待月亮正像期待着与心爱的姑娘相聚一样,这样说来,把心爱的姑娘与月亮相比,期待神圣的月亮就像期待心爱的姑娘,就不难理解了。这一月和下一月明明是紧密相连的,但是正因为思念的缘故,这原本紧密相连的时间也变得如此的难熬,而当夜幕降临之时,对心爱姑娘的想念就越发衬托出长夜漫漫了。

其十二

印章黑色的印记，
不会倾诉衷肠。
但我依然要在信上盖个，
当是把我的相思印在你的心上。

世上有很多种感情，面对尘世太多的烦琐，谁也无法说清爱以什么样的形式存在才算是爱得精彩。有的人指天为证，以为上天是最恒久的存在，以为天的恒久能延长爱情的保质期；有的人用婚姻来捆绑着别人也捆绑着自己，以为身在左右，心也就在左右。然而，身随物移，心随事牵，当初的信誓旦旦都被现实的洪水猛兽摧毁，面目全非的爱免不了被散落一地。转身间，世事沧海，爱已销蚀，不复存在。

用情太深，心里就会担心失去，不知道是对对方无法确定还是对自己没有把握，我们努力地靠近，却被太近的距离刺伤，反而心越发孤独。很多情人间的心灵相惜，纵然无法跨越世俗的门槛，捧一颗如玉的心交给对方也无法交出一个确定的未来。曾经的美好会在一念之间轰然倒塌，太过脆弱的心经不起感情的揉搓。

你我的会意，本是洗尽了俗世的烟尘，在那高高的山巅有白云和苍鹰见证。可是，一切的纯粹在我们渴望靠近的时候变得无法掌控，为了爱，温润无瑕的你已经卷入了太多的俗世之争。你沉默不语，用眼神告诉了我你的无怨无悔，也无法掩饰你内心的疲惫。圣洁的雪莲花在努力地拒绝烦扰，尘世却不会呈现慈悲。

时间如风，呼啸在耳边；爱恋如云，被风驱赶；世事浮浮沉沉，我们已回不到从前。那些，曾经的风轻云淡，在眼前飘过，不能爱，也无法恨。尘世遭遇的纠缠，已无法停止。就在时间的边缘,我们一起看到了尘世里那最平凡的幸福,看着别人的幸福,我们终究无法不去羡慕,以为爱把他们带到了极乐的世界。静静地看着身旁的你因别人的幸福而兴奋的神情,我的心里有酸涩升起,感到了深深的歉意。

直到今天,我终于明白了你当时的良苦用心。看到别人的幸福你流露出的兴奋神情,你当时脑海里浮现的其实是我们幸福的场景,满溢的爱,让人情不自禁。因为,你从没有提过任何要求,你只是把掌心交给我,和我十指相扣,让我们的爱在指尖流转,你在告诉我只要我们在一起,只要我们携手不分开,就没有达不到的岸。

如今,在这里,我写下你那时的心情、你的理解,还有你对爱的守候。你说,爱,不在于形式;你说,两情相悦,关键在于你知我知;你说,那黑色的小印,它不会倾吐衷肠;你说,你不在乎世事的烦扰;你说我们要把诚心,印在彼此的心上。

仓央嘉措的爱情遭受了太多的干扰,爱,至于他,是万事无法超越的美好,亦是让他思绪打结的根本。这首诗像是第一人称的表白,也像是人称不明的回忆,回忆当初和心爱的人在内心相互承诺、相互支撑的经历。不用现实的形式来要求对方,而自己却呈上一片真心让他感受。这种微妙的心理活动是那个年代里,那个纯真的女子,最最真诚的表达。

其十三

初三那日的月亮,
光芒若隐若现。
希望你对我爱情的回应,
能如十五的圆月和美吉祥。

初三的新月像黑色天幕里的一只珍珠贝壳,深远、清亮,纤云朵朵宛如洁白的水莲花在深色的高原湖水中随着夜风摇曳生姿,而这弯新月也像莲花池水中的倒影渐渐朦胧、温婉。其实,她不属于莲花池,她属于广袤的银河天际,在繁星的簇拥下,雪莲般洁白的浮云组成了一只锦簇的花环,她是尊贵的女神,高高地端坐在中央。其实高高地悬挂着的,不只是那弯新月,还有我的心,它也高高地悬挂着,在你的只言片语间。

记得那天,我在树下冥想,忽然一阵清新的歌声绕过高耸的院墙飘然而至,嘹亮悠远,仿佛来自雪域高原之巅,又仿佛来自高山蓝天之间遥远的地平线,像一阵清风拂过一池莲花,吹散香气,叫人沉醉不已。见到你的那一刻时间静止了,风停歇了,我的血液也凝固了。轻纱白衣的你,真是人间的女子吗?恍惚间,我好像重温了旧日的一个梦境,刹那间,我竟然分不清楚这是黑夜还是白昼,这是现实还是梦境。我说不出话来,哪怕是梦里的呓语也全都毫无保留地吞了下去。眼前的你好似天山峭壁悬崖上傲然盛开的白雪莲,清新、素雅;而你的眼神又像月亮上孤独的嫦娥,寂寞、忧伤,你轻启朱唇,杏眼含笑,悠扬的旋律带着淡淡的伤感和寂寞,萦绕在我的身旁。高山流水,琴瑟难奏,这首曲子本应神明所享吧!

一曲终了,我奔向广阔的草原,朗朗诵经声抛在身后,天边隆隆雷声不顾。彼时彼刻,任何言语都无从表述,只有抵得住高原阳光，也耐得住雪域风寒的格桑花才配得上你的美丽无瑕。你就像格桑花一样美丽而不娇艳，柔弱又不失挺拔，清洌醇香却又风姿绰约。农舍旁、小溪边、树林下，格桑花随处可见，但是象征幸福的八瓣格桑花却一朵难寻，就像世间女子千千万，但如你般清新脱俗的却实在是凤毛麟角。

于是，我为你翻山越岭，踏遍草原的每一寸土地，只为找到那八瓣格桑花，为了给你带来幸福，也为了向你表达我深深的爱意。我心上的人儿啊，这八瓣格桑花才能配得上你的美，献给你美丽的格桑花，也献上我赤诚的一片心，只静静等待你的回音。我心上的人儿啊，多希望你的心意也和我一样，只要你轻轻一点头，我的世界就会银光闪耀，堪比那十五的月亮高悬在天幕之上。只要你淡淡地微笑，我们就在真爱的旅程中即刻起程，比十五的月亮更加圆满。

不管诗歌里的时空如何转换，季节怎样变更，仓央嘉措的心里始终保留着对完美爱情的向往和不舍的追求。虽然15岁之后的他被安排在布达拉宫成为格鲁派的领袖人物，但是这之前在藏南的家乡，他一直过着无忧无虑的生活。在藏南的门隅地区，人们所信奉的宁玛派中僧侣是可以保留世俗生活的，他们可以结婚生子，但不影响他们虔心修行，这样的信仰和民风在仓央嘉措小小的心灵里打下了深刻的烙印，所以，即使身处世俗禁忌十分严格的格鲁派之中，对爱情、对美好世俗生活的追求依然在他心中难以磨灭。

其十四

生死本无常,
人应多思量。
不观生命本真,
智者也同愚人一样。

人生不如意十之八九,人生本就有许多不尽如人意的地方,可是不如意未必是坏,如意也未必是好。人生本无常,世事太难料。人命在几许?或说在旦夕,或说在食间,实则人生就在呼吸之间,总无法料到下一个路口,也无法计算应该在什么时候转弯才会遇上更美丽的风景。没人知道什么是福什么是祸,也许这次的小福是以后大祸的导火线,也许这次的小祸会是下次大福的引路者。我的命运也在福与祸之间演绎着人生的无常吧!

当桑结嘉措莅临门隅我的家乡,捅破了这个惊天秘密的时候,我无法想象父母心里的感受。这个毛头小子能担当如此重任吗?这个在无禁忌中生活了十几年的男孩刚刚初绽的爱情蓓蕾要怎么收场呢?也许父母并不知道逃离命运的安排,因为他们不知道前往圣地拉萨端坐在布达拉宫到底意味着什么,是尊贵、权威,还是无奈、悲伤?他们,包括我都不知道这一切是福是祸。

于是我带着一点期许、一丝不安和满眼的牵挂离开了我的家乡,我期盼着传说中的布达拉宫高耸在我眼前时那激荡心灵的震撼,期待着我能够名副其实地承担起命运给我安排的使命,也害怕年少的肩膀不能承受这沉重的枷锁。当家乡漫山遍野的鲜花都已经凋零的时候,我带着满心的不舍远离了藏南的草原,幻想着在百顷金宫之内众人的顶礼膜拜。可是我算得出这开始,却算不出这结局,这各种变迁,不由人意。从不曾想,这巍峨的宫殿竟然成为我的金色囚笼,也不曾想追求纯真的爱恋竟成为我永恒的禁忌，更想不到我最初的爱恋会在我转身离开后灰飞烟灭。

谁也不知道晓峰晨雾里，草尖上的浓霜何时会消失，地上的树影何时会被太阳带到远方？花开了又谢，草青了又黄，从雅鲁藏布江的波涛到唐古拉山的奇峰，再到青海湖上万顷碧波，谁知道自然怎样安排这起起落落，朝朝夕夕。大自然也不知道，就像我们不了解人生的无常。

佛语有云：人既生亦死。千人千般苦，苦苦不相同。每个人都会在无垠宇宙中化为一粒尘埃，可见人生无常，所以人有一死，但不知死何时到来。如果不曾思量也就不曾领悟吧，苦苦算计和设想了再多，到头来却抵不过命运两个字。就像我，原来设想着认真地聆听梵音就能够触摸到佛法的权杖，可音符刚刚开始便画上了休止符；本想远离莲花座去寻找旷世纯真的爱情，却不曾想至尊的坐标使我迷失在追寻的道路上，只得伤痕累累，慢慢折回。人生的路上谁也不知道下一站的风景，是喜是悲，是福是祸。若参透了这无常的人生，还有什么不能淡然面对的。或者这迷途、这伤痛便是人生必经的路途。

佛法禅宗之于仓央嘉措，自幼就不陌生，即使难免世俗之心，参悟佛法教义也并非难事。这首诗中对困扰仓央嘉措的人生问题，诸如爱人的离去、空有虚名的至尊身份只字未提，但却表达了他对人生诸事的态度，因为他深知人生之无常。也许在为失去某些美好的事物或者诸多艰难抱怨的时候，却忽略了草原上的格桑花早已开得漫山遍野，那烈日高阳、茫茫雪山、深幽古寺依然静立身旁，从不曾离去。

其十五

高僧大德为我引路,
引向大彻大悟的佛法正途。
可我那颗迷乱的心,
偏偏将我引到情人身边。

我回到寝宫,镜中的自己容颜沉静,一副大德模样,佛在心底,可心底依然空空。我问那镜中的大德,何处是我心的去路?

我举起手中的经筒,心中默念着佛的智慧。我吟诵着经文,寻着佛祖的脸面,却为何迟迟无法显现,倒是那年的门隅,那年向日葵地里迎着日光的你的脸,胀疼了我的心。

那年,我还是副俗人的模样。我转过弯在那片格桑花海里撞见你。那时你仰起头迎着太阳,乌色的发辫酥油一样亮,眼波是圣洁雪山的光芒。你浅浅笑着,问我的去路。我只说我去寻喇嘛的宫殿,可现在,我只想住进你的心里。

我住进了喇嘛的宫殿,我住进了你的心里,可这宫殿沉沉的夜色黯淡了你明亮的眼,佛前长明的酥油灯再也无法胜过你那浅浅一笑的光明。

佛必在我心底,而你便是佛的样子。我再不见神台上佛的慈悲,却只看见你日日等待的无奈与凄凄的哀伤。我可以走出这高高的殿墙,与你在俗世的烟火中穿行;我定然要走出这高高的殿墙,与你在俗世的嘈杂中相伴。

你便是我心中的宫殿,你是我佛心的去处。

手中的经筒不知何时停下,我睁开眼,低垂。我抬头见镜中的自己,容颜沉静,一副大德模样。夜色降下,那镜中的喇嘛只剩隐隐的轮廓,而窗外圣洁的、亮亮的雪山刺伤了我的眼。

据说这情诗是仓央嘉措的悲愤之作。那年仓央嘉措夜出与情人会面，却不巧被一宫中喇嘛发现，于是布达拉宫便派人处死了他的情人，还将他禁锢。从此以后，仓央嘉措心中的佛便被他深埋入心底，悲愤之下写就此诗。

仓央嘉措被认定为五世喇嘛的转世灵童，天资聪颖，才情卓越。师从名门的他成为一代圣贤智者本非难事，然而许多年后，人们关于他的记忆关键字更多的是"才"与"情"。作为修持佛法之人，仓央嘉措的情诗却能比任何红尘俗世的抒情更加打动人心。他的诗就如同藏族同胞的性格质朴深沉，情感纯粹直白。也许正是这种最质朴的直白，才能使每个人都产生心底的共鸣。

这首情诗用最简练的词语写就了他对情人最深切的思恋。相传这位情人是仓央嘉措在15岁以前在家乡与其热恋的女子。仓央嘉措的家乡门隅本就是个情歌之乡，男欢女爱对儿时的他而言早已不是那样神秘。带着年少澎湃的热恋进入单调枯燥的寺院，对一个血气方刚的少年而言实是一件残忍之事。这也许正是他的诗能打动人心的另一层原因。他总是以一个"人"的身份在表达自己的情感，而不是一个"佛"，因此，哪怕作为藏传佛教密宗的至尊，他也可以如此毫不犹豫，如此无畏地告诉全世界："哪怕我时时修炼的是佛法，哪怕我的情人从未被我放在口中吟诵，但时时在心底的却是情人，不是佛。"这就是仓央嘉措，他"凡"，却既凡又圣，超脱名利追求心灵的最高诚实。

"凡人"方为我所爱，因我亦是凡人。

其十六

与情人肌肤相亲,
也摸不透她的真心。
还不如天上的星星,
用观星术就能算出数目。

最难忘的也许就是爱情最开始的模样,你第一次微笑的那张脸庞,我的心啊全然不顾佛法、教义、人生的方向,只想一直静静看你,一直到老。你说把爱渐渐放下一点,我们就不会有太多苛责和抱怨,也许是年少的我还不能把握爱的速度。只想把这两颗心揉捏成一个,你也会将真心赠予我吗?我心上的人儿啊,如果说爱只是在怀中缱绻,只有肌肤相亲相拥,那么又有何意义?

人有悲欢离合,月有阴晴圆缺,在宇宙沉浮中、浩瀚星海中见证过喜怒哀乐的月亮,是不是也见过我这个为了相思而日渐消瘦的人,她能不能把我从迷途带向光明的方向?如果月亮能够,是不是也能告诉我,在她心里我到底是独一无二的雪莲花,还是难以下咽的糌粑?

高天上散落下大颗大颗的雨滴,但却不像是一场雨,倒像是顽皮的孩子从天上撒下几颗珠子,掉落以后却又匆忙地收起,划过云际却也不忘涂鸦一片,直到彩虹在云端出现。银河两端的牛郎织女,每到七夕便有喜鹊为他们搭建一座仙桥,让他们人儿相见,心儿相会。而眼前这座彩虹桥是不是为我的痴心搭建,也能让我飘渡过去,到你的心里瞧一瞧,体会一下你心里的我是否也如此重要!

或者不想你,就算得上放下;或者放得下,就可以得到。佛教我怎样顿悟,上师也曾令我醍醐灌顶,只是对你,为何总有千般万般猜不透,想不到。浩瀚星海一如你调皮地向我眨着眼,笑着对我说好久不见。真的好久不见，我的心萦绕着常青藤一样的想念，裹得我无法呼吸，没有你的空气。爱像浓烈的青稞酒，对饮一杯便沉醉一世。醉梦里也好，宛如摒弃了多少烦恼，不必花心思去猜测。其实我多希望化作一滴血，流进你的心脏，就算肉体会消失，那又何妨，至少我能看见你的心的模样，看它是不是也像我一样为爱痴狂。

因为太想拥有，因为爱得太用力，因为付出太多，因为惹来太多忧伤，因为太渴望爱的纯净，爱的刻骨，爱的毫无保留，爱的执着，爱的一往无前，爱如空气一般不可失去，爱到无法呼吸。假如这样的心换不得你的真心真意，那么倒不如真的放下，坐在佛床前诵经书、读教义，或者倚靠窗棂，极目远眺，在夜空上一颗两颗数着星星，只要认真地记录，相信总有个数目。可是你的心呢，我要怎么去了解它的定数？

年少的仓央嘉措好像旷野的鸟儿被关进了牢笼，神圣的光环没有带给他想象中的威严和权势，反而带给了他初恋破灭的伤痛，一直到偶然间伤痕未愈的仓央嘉措在少女达瓦卓玛的眼中再一次找到了可以自由翱翔的天空。像所有年少的人一样，爱情的美好给了他重新站起来的力量，但是爱情刚开始时候的那些朦胧却让仓央嘉措的心里深感不安。有的感情需要收藏，而有的感情需要的是释放，但爱情刚刚开始的时候也许没有人知道该怎么去把握，是张是弛，是收是放。这首诗歌表达了一个纯真少年在爱情里所遇到的烦恼、希望、淡淡的无奈和忧伤。

其十七

寒风吹过田野,
秋草挂了白霜。
这冷酷的严寒横扫世界,
使蜂儿与花朵不能永相守望。

  世上的爱情最后的结果无非两种,要么相守一起,要么天涯陌路,当然,现在社会无法避免的两地恋情,自然也属于第一种。心若不在一起,或是经常出现貌合神离,两个人哪怕天天厮守,也不过是打发寂寞的无意义手段。空间的距离是很容易跨越的,寂寞是种缺失,心若在一起,就是一种完整。
  很多的爱情是由完整走向缺失的,原本非常相爱却被时空消去了最初的热情,不再有相思的缠绵之苦,也不再盼望着相会的甜蜜心跳,渐渐地,彼此之间开始忘却,在各自的世界里寻找新的精神安慰。这种渐行渐远的爱情,可以说是输给了自己,到最后即使再留恋,也不过是对曾经美好的留恋,留恋的是那种爱情的感觉,已经无关当初的爱恋对象。
  还有这样一种爱情,却是由外力和时间带来分离的痛苦。就像蜂儿恋着花朵,热恋的味道还没有散去,就要面对季节的更替。芨芨草上的白霜宣布了他们相爱的时间界限,寒风的使者也是无情的杀手,只管按部就班地履行自己的职责,面对着时间的催逼和外力的压迫,除了从此香魂两地分离,他们还能选择什么。
  如果说,相爱不是一种世俗的相守;如果说,真爱是不受任何限制的心与心的交流;如果说,灵魂的拥抱本不会被外力干扰,自然也会跨越生死。可是,在心间,不在眼前,怎舍得让对方也咀嚼无尽的相思苦。其实,很多时候,世俗之人真的很想超越一切为爱活一次,可是我们也真的害怕被时间和外力阻隔,因为,没有谁真的知道另一世界在哪里;也没有人知道,在那里我们是否就能无所顾忌地相爱,我们无法实现的情缘是否就能被成全。所以说,我们害怕一旦松开相爱的手,在未知的时空里就再也没有机会相遇。不是说在佛前苦苦求得五百年才换来一次擦肩吗?我们真的很害怕错过了今生,就再无法把握来世。

外面总是寒风再起,风霜历历,毫无商量的余地。对被拆散的境况,很多时候,我们不想指责,我们的心不过是渴望成全,哪怕仅仅是催逼的脚步再慢些,让我们有时间记住相爱的人的味道,记住爱的味道。

仓央嘉措经历着这样的境遇,一个人踽踽独行,不自觉地想到了情人以及与之相关的事情上,其中的思念随之被分开,不但没有淡去,反而愈加浓烈了。他就是这样一个痴情的人,在看透人间纠葛后,依然保留着内心最深处的坚持。

仓央嘉措面对爱情时总是纯真的,就连面对被拆散也是如此,没有过激的言辞的指责,也没有对所谓不公的指正。他只是含着埋怨独自品尝悲伤,不过是在某个时候秋风再起,花瓣飘落时借他物来表一下心绪,也是适可而止。他也许清楚地认识到,再多的同情对于蜂儿和花朵也是无所谓的。

其十八

> 修行佛法要放下，
> 心中偏偏放不下。
> 若能忘却情人的脸，
> 即刻成佛也不难。

我静修止动修观，但这本尊菩萨却迟迟不显，反是那情人之貌日日浮现。我已成佛，只是这修得的正果是你。我是万般的无奈。我念念不忘的心总得有个去处，眼前即有一个，那便是入定修观，可偏偏就是这样的修持也无法将我从思念里拯救。此时的我更愿意真正成为灵台上那双目低垂无生无灭的佛，也许只有这样，我才能穿得过那思念的网。我若未遇见你，只管我那日复一日年复一年的修行，那我也便洒脱，肉身成佛，可偏偏我又遇着你。

这首诗与前诗其实是一首诗分之为二。仓央嘉措的这几行诗似是印证了那句古话："不俗即仙骨，多情乃佛心。"

不论你信与不信藏传佛教传奇的僧侣轮回之说，你都可以将仓央嘉措视作大德之佛的化身。他的不俗除了指他的才情外，更在于他竟能不受名利所累，看透世间名利纷扰，追求心灵之至上乐境。他的多情之苦练就了他的佛心，而佛成正果又何尝不是经历了世间肉身之苦而终入大乘之境？这相思之苦，最是无奈纠结。

我们读着仓央嘉措的诗，有时不得不想，他也许真是那个普度众生的菩萨，以情爱之身，普情爱之说，度万千情爱之人，于是，仓央嘉措的情爱便超越了小儿女的痴情，功德无量了。

但或许我们还是想得太多。他的确只是个修佛的凡人。他爱上了一个人，就如同我们爱上了一个人一样，会日日思念，时时牵挂。他所表达的感情其实是如此生活化。有哪个人爱着一个人却思之不得的时候不会辗转反侧呢？这样的境况下，你难道没有烦恼的时候，恨恨想着："我就是要忘记你，再也不想！"或者："要是我用这想你的心工作，不知能干出什么大事业来呢！"但你不是要真的忘记，就好像仓央嘉措并不是真的在意用念念不忘的心修炼是否能得成正果一样，只是这万般的无奈化成的情苦教人如何释怀？还不如当初没有遇见你，就算遇见你还不如跟你只是淡淡来淡淡往，不熟最好，这样也不会害得我如今这般相思萦绕。

藏族同胞们常说："莫怪活佛仓央嘉措风流浪荡。他想要的，和凡人没什么两样。"是啊，他转山转水转佛塔，转了一世又一世，仅仅是为了那个梦里的姑娘，佛只是我思念的依托，如那万千藏族信众叩出的一路长头为的是平安和乐一样。但既是如此，命运又为什么给我这样的安排，让我成为一个活佛？既然那家乡美丽的格桑花海，母亲温柔的抚摸，还有那情人明媚的笑都注定非我所有，命运又为什么给我这样的安排，让我体会这俗世多彩？佛爱世人却容不得我爱一个凡女……情缘佛缘，我明明有取舍，却为什么挣不开，解不脱，这般纠缠？"世间安得双全法，不负如来不负卿"，恐怕只有将这些诗句放在一起，我们才能更加深切地体悟仓央嘉措的无奈与无助。

仓央嘉措是凡人也好，菩萨也罢，传奇人物的命运自有传奇的解释。口耳相传的诗句在这里只为我们开启一扇探究的窗口，窗外景致如何随你的心，无论怎样，得见了便是风景。

其十九

为你写下的情信,
雨水淋过就洇黑一片。
我对你的思念,
即使涂抹也不能损伤一点。

更杯换盏,几度春秋,在人生深处,无语凝眸。西天外,暮色苍茫,梦中人儿,回首来时的方向。也曾捎去锦书,笔墨在岁月里模糊,心中的记忆却永刻心间。

在没有触及爱情时,爱情被想象成情书的往来,眉目深情的流转,满满的甜蜜说也说不完。也听说,指尖的温柔像是天空闪了电,惶惑的神儿让人愿意放弃所有来换取一个天长地久。彼时的爱情像挂在天边的月亮,是一个用来仰视的珍品,圣洁、光亮。

后来,在我毫无准备的情况下,你渗入到我的心里,那是一个渐变的过程。对你,我的心像是在饮了一口慢性的毒酒,欲醉欲仙时,却彻底地沦陷。此时,我已不再想象爱情的味道,它像熟透的庄稼的气息,自然地从内到外散发,裹着太阳的味道。只敢在那低垂的头颅里,让人舒心。

可是,随着年龄的增长,我们的责任和义务也在增长,我们无法停留在原处享受耳鬓厮磨。周围的人,都在说着现实的问题,吃喝住行都需要人的努力才可以得到满足。虽然有千般不甘万般不舍,我们也得面对这一现实,这也是让我们的爱在现实里沉淀的最好方式。于是,我们不得不放弃你侬我侬的相依相偎,你必须做出行动,也就是暂时远离,去打造一片我们的天地。更重要的是,你说世事的烦扰必须处理好,才可以给彼此带来安宁。

虽然这一切的到来有了很长时间的酝酿，但那一天的这个决定，还是让空气突然地凝固，人感到了两地相隔的疼痛。"多情自古伤离别"，还没有张开口道别，泪水早已涟涟，饯别的宴席沉重得让人无法呼吸。

从此，鸳鸯两地栖，蝶儿独自飞。万水千山，千山万水，只为一个目标——相聚日里永相伴。从此，锦书频传，相思密递，阅读对方的来信成了生活里唯一的乐趣。看着你书写得深情的小字，心儿稍稍平静了一会儿，可是，泪水却把字迹模糊，真怕它冲去了对你的思念，赶紧地去擦拭，才发现模糊的字迹，无法模糊的记忆。你的面庞隔着泪光更加清晰，早已成了永久的记忆，已不可能抹去。

有时候，誓言是不需说出来的，说出来的誓言不过证明了说者的不确定，对未来不确定时他才努力地来确认自己。没有说出的誓言倒是一种深入到骨子里的坚定，是绝对的一诺千金。

仓央嘉措的情总是淡淡里带着坚定，虽然，出自青春的年纪，却是有着深厚的体会才能达到的完美境界。对于爱，他已经学会了回到本真里，回到琐碎里，回到和谐里。就像他能在自然里找到本真一样，他在爱情的领域里永远向往着本真，没有喧哗，也没有雕饰，只有心底最初的感觉。

其二十

十五的圆月化作清瘦的弦月，
宛若失恋姑娘忧伤的脸庞。
月宫玉兔般美丽的姑娘啊，
忧伤地想使生命当下衰亡。

在不经意间抬起头，看到天边挂一弯月牙，我总以为是哪个美人在天幕上扣下的印记，记载了她当时的忧伤。时间可以抚平忧伤，却无法让伤口痊愈，结痂永远在那里炫耀它的威力，所以，弯月在时间的长河里总是时隐时现。打开人们的心灵，你会发现，自古以来，最伤莫过于情伤，它婉约凄清，缠缠绵绵，有始无终。谁一生若躲过了情伤，他的一生也就无所谓具有心灵的苦痛，也没了最复杂的心情。

月望月朔，盈亏有序，那是所有人公认的规律，可我也见到了这样一个让满月无法圆满的姑娘。她也许正在经历着最复杂的情绪，也许，只是又一次想起了过往。万物在她的心里都是无关乎己的实体，却牵扯到她的情绪，风起了她就好像捧出了心任它在风里颤抖，天下起雨了她就陪着天一起哭泣，就连那四季的正常流转也被她涂抹上了浓郁的忧伤，以至于当头一轮明月在她眼里也幻化成了清瘦的弦月，映照着她失恋的脸庞。我看到了她眼里闪着的泪光，像是流了几千里，身前身后都是她无法抑制的情殇。

望着月光，总让人想起嫦娥，仙子轻盈的脚步还是踏碎了天上那池盈盈的忧伤。望着月光，总让人浮想起月宫里的玉兔，洁白里透着缥缈，似梦非梦，美丽得非同寻常；如今，虽有玉兔的相伴，托出的月亮总是不比以前的亮堂，心里的灰色凋谢了如花的娇颜。眼前的这位姑娘，怎么也如这月光一样消瘦凄清，好像被忧伤折磨得瞬间衰亡。

　　永远也没有一剂治疗失恋的良药能拯救美丽的人儿走出无止境的忧伤，也许这就是现实的残酷。这是从过去到现在，有情人永远逃脱不了的宿命。有人说，"情到多处情转薄，而今真个悔多情"，可是，倘若是真的后悔了，真的要做个薄情人了，怎么可能说出这么深情的话来。不过是，情到浓时的无奈罢了。

　　人常说，由最爱的人带给自己的失恋是最狠毒的惩罚，它会让天地顿时失去光泽，整个人像是被掏空，心被揉搓，无力抗拒。可是，又是谁舍弃了这样一个美丽的姑娘，独自浪迹在天涯，不管身后的美人，她早已元气大伤。

　　仓央嘉措这首诗歌里满溢着凄清，从诗歌的意向来看是美丽的玉兔和姑娘，色调却是冷冷的白色，情感和失恋、衰亡紧扣，在无声的夜里，有着姑娘最深处的哭泣。依旧的朴实，却透出了不一样的味道。仓央嘉措很多诗歌，不过是诉说相遇的惊喜和别后的思念，这里却是无法着色的凄清，有一种寒气渗入肌肤。到底是姑娘失恋的忧伤引起了诗人的联想，还是诗人自己忧伤借着姑娘的意向表达出来；诗人怜惜的心是指向失恋的姑娘，还是一种自我怜惜，我们无从准确地得知。只是，在尘世里，诗人和多情的姑娘谁也逃脱不了情感的纠葛，来自于外界，或者来自内心。

其二十一

> 姑娘一定不是胎生肉长,
> 恐怕是桃树枝上长成。
> 枝上桃花易落已是无情,
> 即使这样的花朵都比姑娘有情。

美妙的爱情在唇边悬挂了很多年,却怎么也无法给它一个确切的定义,启齿闭口间,总是欲说还休。世上最折磨人的也是这个让人羞怯的字眼,进退左右总也把握不了分寸,惹恼了她青稞芒针似的心。

初次遇见爱情,她神秘得让我欢天喜地又觉得手足无措,紧紧跟随她的脚步不敢有丝毫的怠慢。那时,所有的心情都用来思忖引起她注意的方法,还会痴痴地制造些偶遇,让我们的故事带上缘分的色彩。相思难耐时,再用眼泪写首动情的小诗,或是无怨无悔地为她做件轰轰烈烈的大事,那是只有在青春年纪里才做的事。这为爱做出的努力,讲述时足以感动村头不识字的老妈妈,因为,每次她见到我时总笑得像山上灿烂的花,还会说些鼓励的话,叫我像个丈夫一样坚持。

后来,爱情的石头真的被我的热情融化,她说不上欢天喜地,却也将装满心事的门打开让我看到了里面的精彩。我终于看到了它纤纤而神秘,裹藏着她所有的善良,里面所有的曲曲折折都是娇羞的心路,这一切在那时主宰了我的心情。在牵手后,我把爱情理解成了简单的事情,在简单的生活里扮演着主角,未来被我想象成平坦而阳光的大道,通向爱的美好的未知。珍惜是不必说的,感恩也是主要的心情,我告诉自己在生活里好好地阐释爱情。

可是,你可知道在冰封的冬季过后,三月的桃花出脱得粉嫩而不娇媚，一尘不染里透着坚贞，却经不起些许风雨，当细雨沥沥时就远离了枝头，被流水漂浮。我心爱的姑娘情如这桃花，欺骗了我，给我一个美好的开始后便再也捉摸不定。就在一秒前还看到她的笑容，怎么这会儿又哭得梨花带雨，她的情绪是无法预测的天气，任凭我费尽心思，彼此的距离也是山山水水又一重。

我隔着时光寻找先人的记忆，在他们的经历里，却原来也是在分分合合聚聚散散里"执手相看泪眼"，抑或是"不是爱风尘，似被前缘误"的幽怨，我默念着"而今才道当时错，心绪凄迷"时又心绪凄迷起来。到最后才发现任他光阴似流水，我不悔今生为君生。只是，面对心爱的姑娘，我还是不知道"东边日出西边雨"是怎样的心情。

这首诗里，流淌着稚嫩的孩子气，一个青春美少年的形象跃然纸上，这是他初次相遇爱情，面对姑娘多变的心思时显出的手足无措，让人觉得可爱。女孩的心思到底难猜，是是非非都揪着他的心绪，旁观的人倒羡慕他这样的幸福，因为，它只出现在我们的青涩年华里，一辈子，就一次。

仓央嘉措的语言带着色彩，桃花的粉嫩映衬着主人公的年龄，还有在那个年龄里独有的微妙情感。似恼非恼、似怨非怨，那别样的情里有着最宝贵的青春。也许，许多年后再回首时，这将成为难割难舍的记忆。

其二十二

心中默想真佛修炼，
怎么也记不起佛陀的容颜。
没有思忆爱人的笑靥，
她微笑的面容却在心底浮现。

人世间情与爱总有迹可循，愁与苦却往往无计可施。既然命运让你我相遇，却又偏偏为何让我身居佛院高墙之内？在日复一日的诵读中期盼也成了奢望，在年复一年的修行中相聚也成了惘然。不是曾经指苍天盟誓，许下永恒的诺言；不是曾经对大海许诺，立下不变的情话，不是曾经在岩石上刻下我们共同的名字？总以为我们的爱会抵过海枯石烂、沧海桑田，可是却忘记了，晴天雨天、风霜雨雪都无法阻碍时间的消磨；千里万里，天涯海角恋人最怕的就是距离的远隔。

世界上最远的距离不是我是飞鸟，你是鱼，我们只能共享顷刻的欢愉，而是我在你面前，纠结着却说不出我爱你。世界上最遥远的距离不是我纠结着说不出我爱你，而是我说出了爱，却触摸不到你。世界上最远的距离不是我触摸不到你，而是我能够牵起你的手，却因为心中有太多太多的犹豫，最终只能假装你的纤纤玉手从我手心滑落。世界上最遥远的距离不是我假装把你的手滑落，而是脑海中只有你的倩影却还在骗自己只是不经意把你想起而已。世界上最遥远的距离不是我骗自己不经意想起你的模样，而是我在众人前，你在众人间。世界上最遥远的距离原来就是一个字的距离。

天晴、花开、微风抚慰，鸟语、虫鸣，阳光跳跃，我在经殿，众多喇嘛在我身边，我看着他们的嘴唇一张一合，学着他们的节奏抑扬顿挫，绛红衣裳，金色帽冠，诵经拜佛，一日终了。高高佛院墙,缦缦青纱帐,喇嘛心上,万丈彩虹抵不过一瞬佛光,而我心里却只有莫名的惆怅,惆怅得不到的,惆怅已失去的,惆怅心里、眼里的那个你。

传说那遥远纯净的天山之巅,是痴情香妃的永远故乡;听说那明如镜般的青海湖畔,住着笑靥如花的姑娘。人生如此漫长,我甘愿一生一世和身边喇嘛一个模样。四面高墙,诵经烧香。稀朗星空洗去了白昼铅华,却掩饰不住我内心的冥想,新月上的绰约身影不是嫦娥在凭栏远望,那是你的脸庞深深倒映在我心上;点点繁星不是仙后座的星宿,不是指引迷途之人的北极星光,我能看见,那是你的杏眼,仿佛对我说话。原来有一种感情不需要日日夜夜地修行,只惊鸿一瞥,心意乱,斩不断,只身、人群,眼里心里神龛之前多了一个你!

喇嘛是佛的化身,我是佛的转世,而为何喇嘛口中的教义却像诵经殿的佛香一样随着清风在佛殿上空慢慢晕开,散去,又聚集,绘成了你的模样?

依然是仓央嘉措惯用的表现手法,用两句话突出了矛盾的核心,喇嘛常常在身边,可他却不知道他们长得什么样,心中的玛吉阿米已经多日不曾相见,她水莲花一般的笑却终日在脑海中挥之不去。墙角的蜘蛛好像也明白他的心事,用丝线编织她的名字;天边的流云也了解他的心思,片片汇集仿佛她的笑靥。喇嘛在身边,但是玛吉阿米却在心上。

其二十三

纯白的睡莲轻轻绽放,
映满世界吉祥的光芒。
格萨尔莲花果实将熟,
飘逸满园甜蜜的芳香。
在寂静美好的日子你独自忧伤,
只有鹦鹉哥哥我悄悄地来到你身旁。

有一种美丽,无论处于何种位置都会纤尘不染,不入世俗,它也从不讨好献媚,毅然决然地保持着纯真。它在每一个日升日落里明明灭灭,像四季的轮回那样不经雕琢地自然存在,不去苦争春,也不为群芳妒。这是一种宁静的生活姿态,它会在人们最需要的时候为他们拂去尘世的烦烦扰扰,让孤单裸露的灵魂有了驻足的空间,让人找到内心深处的和谐。

这样的美丽常常让人想起莲花,它进入到很多多愁善感、生性高洁的人的灵魂深处,在古诗雅词里幽幽地散发着淡淡清香,沁人心脾、绵延流长。这种美,身处喧闹时容易被我们忽视,因为那种情况下姹紫嫣红的视觉刺激让我们的心性表现出向外性,让我们在追求中陷入浮躁;然而,莲花的魅力在于,当我们回归内心时它给予我们对自身的反省。

又是荷花香飘的季节,白色的睡莲润洁的光泽映着如玉的月光照彻了整个荷塘,在那片世界里,太多的嘈杂成了让人生厌的打扰。带有灵性的格萨尔莲花的果实渐渐饱满起来,有心的鹦鹉悄悄来到荷塘边守候。也许,它在白色睡莲的光辉里看到了圣洁的美丽,不忍搅碎月光,选择了默默欣赏。

我有幸遇到了一位荷花一样的女子,她"冰心玉色正含愁",一身飘逸如出凡尘,在最美丽的年龄里沉醉。她的目光总是静静地仰望远方,像是等待着前世修来的相遇。我不知道上天是怎样的安排,不知道谁和谁才是为续前缘而生,也无法明晰自己又是期待着什么,就这样,她站在远处看风景,我在远处看着她。

曾想托清风给她送去问好的讯息,或者是让明月照彻她的心扉,好让君心似我心。也曾想琵琶弦上说相思,又怕用心反被女孩误,道我轻佻难解释,负了我的相思意。如今,我在心里将知心的话告诉了她,也担心人去梦成空,姻缘终有命注定。这样的女子,也许只有这样的方式,才能得到欣赏的权力,亵玩的心思会让圣洁变得龌龊。只是,天长日久的牵肠挂肚,诉向谁边?

仓央嘉措的诗歌很多都是简朴直白的,总有点元曲的味道。而这一首,却在保留了那份真纯之外增添了脱俗的感觉。诗歌中的意象是洁白的,白色睡莲还有睡莲下面的水都透露着洁净。既然是照亮了整个世界,也交代了这是在月光如水的晚上。诗人小心翼翼地来到这个安静的荷塘,诗人心中所想的事、眼中的景和意中的人都是圣洁的,和他"悄悄地来"成为一体,荷塘里的水汽氤氲成他的情绪,倾泻成诗。

现实尘世里行色匆匆的人无法读懂这样的诗,心怀利益的人也无法真正体会"鹦鹉哥哥"的情,他们像是从遥远的记忆里走来,俨然一股文人雅士的风气,带着些许似曾相识,被怀有逸兴壮思的心灵捕捉。

其二十四

空行母酿的酒浆非比寻常，
收集党参上的露珠和雪水，
加上甘露发酵方才飘香。
念诵着神圣的誓言饮下此酒，
远离邪魔鬼畜身受吉祥。

  青草和野花的气味混合着酥油的香甜气息，被吹过原野的风裹挟着穿过空空的宫门来到我的身边。这是世俗的味道，是你的味道，多么令人眷恋……修一世佛，这心还是恋着世人。不论是普罗大众还是那个我无法念出名字的女子，我都愿你吉祥。

  还记得那间街角的酒店，夜里亮着的灯，比那天上的繁星耀眼。我走进店里，见你亲自卖酒，那朝霞般的脸庞就像草原上的鲜花一样娇艳。

  你捧着酒杯，而这杯中的酒必不是人间所有，定是那天上的玉液琼浆，用洁净的圣山最纯洁的雪水、党参叶尖的露珠、甘露，酿成的最香冽的美酒。那一刹那，我仿佛看见吉祥天女，款款移步向我走来。我心怀着纯洁的誓言，饮下你赐予的佳酿，于是我在美酒中沉醉，远离一切怨，远离苦。我日日在佛前祈求，也不及你这一杯甘露解我万般嗔痴。

  我看着你的脸，那么温柔，像极了温润的玉石，可我的心底涌起的悲切如那雅鲁藏布江的洪峰，淹没了我的心。我只能与你在月亮下面的酒店里相见，不能牵着你的手走在阳光灿烂的花海里；我只能这样静静看你，眼角流着温情，不能站在高山之巅向着天空说出我的眷恋。我恨我语言的无力，无法形容你的温柔与贤淑。你一定能明白我的情谊，我来看你，不带金银，不带宝石，我只带着一份满满的情谊，给最珍贵的人。

仓央嘉措出身于农民家庭，入布达拉宫以前他积累了大量的平民生活经验，因此他的诗句总是质朴如民歌，贴近最普通民众的表达方式，同时门隅情歌之乡的氛围也与他率真的行文风格的成型密不可分。但仓央嘉措毕竟是修习最高佛法、师从大德高僧的，所以在他诗文中所透露出的雅致更显意韵独特。以上二者恰到好处地结合，构成了仓央嘉措诗文的独特风格，质朴直白而不失风韵。

民歌以人民的生活为基本出发点，往往从人们生活场景中提取常见事物作为情感表达的意象。本诗前三句的意象均为生活中常见之物。"露珠""雪水""甘露"，这些平凡的事物经了情人的手便化为玉液琼浆，正如那质朴的文字经了仓央嘉措之手便带了淡淡的风雅韵味，如西子初妆，如月上柳梢，清水芙蓉，恰到好处。仓央嘉措自小便受到深刻的佛教思想观教育。他的父亲是一位修行有成就的密宗师，加之他自十五岁成为至尊起，便受到西藏高僧严格的宗教教育，因此，他深入骨髓的佛教世界观便自然而然地浸润于他的诗歌中。这样的表达使得他的诗歌有了不同于他人的精妙意境，而他诗歌中所流露出的淡淡伤感与无奈就像那雪山的云雾，绕不开，散不去。

其二十五

纵使相遇也不能言语,
擦肩而过只得叹息。
幸亏有你多情的眼睛传递讯息,
我才知道你真实的心意。

花灯高悬,众人欢腾,双双对对,人群中心手相连,羡煞许多人。街市中太拥挤,我们才能有秘密。如果你也感叹这一次的擦肩而过是前世的修行,如果你也想要没有伤害、没有遗憾,那就不要轻易留下来,只要相视一笑,便不枉相识一场,就不负真心一片。只在低头一刹那,只在莞尔一笑,不问开始,不问结束,秋波相送,千里咫尺,眼波之间唯有永恒质感。相遇一瞬的颤抖让岁月把它酿成永恒的记忆,分别后的难受让夜风把它吹散在无尽的沙漠,不必问来处也不必问去处,不必说留恋也不必说再见,不必猜想纯白雪莲会在黑夜里初绽还是会在夜里凋零。也许到最后越是渴望见面越发现你我中间隔了许多年,岁月雕刻过的时间,就算在身边又如何?不知你我怎么改变,若是再无力颤抖,谁还记得曾经拥有过相遇的美丽瞬间?朝朝暮暮催疲老,何不做织女牛郎?我做金风,你扮玉露,纵使相逢相知,又岂盼晨钟暮鼓?不管雅鲁藏布江翻涌过多少时间,我们依然是初识的懵懂少年。

只记得那一年我们心手相牵,以为只要有爱就能改变一切,只要有爱就能创造未来,只要有爱就能战胜人间困苦,只要有爱就能历经万世磨难,只要有爱,踏浪逐沙,翻山越岭,万苦千辛尝遍,我们依然能相依相偎。谁不曾有这初恋的真心、坚定、决绝?这首诗只简单的两句,却道尽了初恋少年的勇敢无畏,一心追求轰轰烈烈的爱的心境。在爱情刚开始的时候,我们都一样认为一个会心的微笑,一个多情的眼神就是爱的信号,我们都一样只想着爱情的甜蜜纯真,一往情深,不去想在这条路上,爱情也许终有转身的那一刻。不经意的凄美转身打翻了盛满希望的酒杯,却换了一杯满溢的愁。最初的那一刻,爱意在你我的眼中,犹如一泓清泉汩汩流出,不管烟波浩渺、惊涛拍岸将会卷走写满爱语的漂流瓶;不管风浪狂沙过后会是一弯多姿的彩虹,还是一片瓦砾废墟。

前世过往,浮屠塔断层,好梦渐冷,荆棘一根一根,年轮一圈一圈,谁能等?只恨入空门,谁也不能认,折煞世间多少梦幻!情债几本再不翻阅!一杯清酒身寂寞,一盏孤灯心头烧。箫声悠悠,笙歌未停,转身随风,半生逍遥。繁华易逝,烟花易冷,雨纷纷,望庭深,只剩我一人,莫停顿,歌舞升平。

作为佛教中人的仓央嘉措,用修行悟道来看待人之初的深爱,看花开花落一番情,观云卷云舒几重天。不苛求,不奢望,只用心去领会情感触发的时刻。

其二十六

开弓没有回头箭,
直飞红尘不可寻。
今日相见旧情人,
心随伊去不得回。

爱情不像脑筋急转弯需要费尽心思,到最后只为一个目的,它往往是在一瞬间定格,没有思考,也不需要思考,它的结果也不是那个爱的答案,而是爱的过程。一个朋友说,不要去追求爱,只需去爱,爱不是追来的,它是自己内心的感觉,无关乎外界的任何人和任何事。有些人生来就是被爱的,会有很多很多的爱慕者为他献上真心;有些人生来是爱人的,他把自己的真心捧给所爱的人。无论是被爱还是爱人,都是一种独有的福分,因为这样的幸福永远不可以被重复,被复制,被沿袭,它只存在于它本身。

或许,我就是为了爱她而生的,在我还不知何为爱情的年龄里,我对她的爱已经悄悄萌生。那时的我们是天真的孩子,毫无杂质的情意在彼此间流传,但是有一种不舍不知什么时候在我心里被种下。天亮时,我们就相会在清新的旷野里,一整天地欢笑着,等到太阳落山时还舍不得回各自的家。那时,我们周围都有很多玩伴,却选择了对方,也许,那时就有一种无法言传的默契预先上演,掀开了我们故事的帷幕。

后来,由于某种天降的变换,我被带到了一个遥远的地方。在那里,我再看不到她的欢笑,在每一个日升和日落,独剩我一个人痴痴怀念。分开的那天,我好像看到了她在身后奔跑着追了很远,当视线模糊时她消失在背后。那时,我已知道有一种东西叫做爱情,她那天的泪水让我感到了心疼。于是,我转山转水转佛塔，只为了给她祈福，渴望有一天我们能再相见。

有一种别离不能用时间来计算，生与死还有见面的那一天，而我们的重逢却无法预知。我曾以为，人生的美好到此就要告终，强迫自己让心平静下来，去梦里寻找最真的温暖。没想到，那一刻我升起的风马，却守候到了我们的重逢。不敢相信，我仍旧以为相逢在梦中，你却默默无语，转过身去，偷拭腮边泪，心绪难宁。没有人知道，我们虽留有再会的去处，我的心也早已随她而去，从此再无归期。

这首诗歌，最大的特点莫过于形象的语言修辞，他把自己对情人的爱恋比喻成没有回头的开弓箭，这是诗人毫无保留的爱，是不留回头路的爱。没有对爱这样坚定的信念，他也不会一见到往日的情人心就跟随她去，也不会那么魂不守舍。

仓央嘉措永远是这样丝毫不掩饰自己对爱情的坚贞，他认为美好的东西，就不会为了世俗的权势利益而丢弃最初的自己，哪怕要他付出悲惨的代价。他永远是用心感知世界的人，他触摸到了生命的本真，在这个世界里他比很多人要走得远，走得深。有一种没法用时间衡量的生命，它的长短是用精神来宣告的。仓央嘉措的名字在今天越来越让人感到温暖，可以说，他的生命长出了时间，在生命的更深处继续存活着。

其二十七

鸟雀爱柳翠青青,
柳爱鸟身轻盈。
我俩心意两相映,
何惧鹞鹰坏此情。

爱情的坚守是两个人的对望,一起面对外界的风风雨雨是让两颗心永远相惜的方式。自古以来,好事多磨是亘古不变的真理。太多的一帆风顺会让人心里不踏实,总担心美好的梦境会在某个时候突然醒来,不知道怎样去面对现实的破碎。

在爱情的世界里,没有磕磕绊绊会让人误以为幸福就是美好到不掺杂质,直到有一天才发现,彼此虽是相爱但由于没有一起经历一起承担,留下的记忆也不过是浮光掠影的平淡的日子,甚至是一片空白。实践出真知,磨炼也出真爱。经不起磨炼的爱,早晚都会在时间的长河里被波涛冲走。只有两个人一起承担一起经历生活的酸甜苦辣,爱才会被沉淀,才会显得真实,也会更长久。所以,我心爱的姑娘,请不要担心风风雨雨会疲惫我们的心,让我们的爱去经受时间的考验吧。

你是否还记得那天,我们肩并肩坐在小河边,附近柳树上有只小鸟一直在那里跳来跳去,你说小鸟爱上柳树才不舍得离开,那是它们相爱的表达。我奇怪于你的奇想妙思,仔细地观察它们,发现真如你说的,小鸟和柳树之间有一种天然的和谐,它们之间的语言都充满了爱意。每一次想你时我也会想起那天的柳树和小鸟,每一次心里都会有暖暖的感觉。后来,我终于明白了它们相爱的方式,坚守也让它们不再孤独,相互的保护也是一种真实的幸福。柳树为小鸟提供了温暖的家,小鸟却为柳树赶走了鹞鹰,它们的同心协力让一切变得具有了爱意。

人类的爱情也需要这样的心心相印，在外界的干扰来临时为爱情搭一个窝，把外界的伤害驱除开。我不知道在以后的路上我们会遇到什么样的意外，但我知道我们的爱情会遇到很多难以想象的阻隔，或许是空间上的，或许是时间上的。但是，亲爱的，无论怎样都请记住我们的爱，在过去、现在和未来，哪怕有一天一个人提前离开。只要，我们两个手牵着手，心靠着心，就没什么能打扰我们相爱。

仓央嘉措一生都为情活着，无论命运之途如何改变，他坚贞的心始终没有改变，他的爱亦没有改变。在一片苍茫的西藏，他生存的地方却是苍茫中带有诗意，柔婉得像是另外一个世界，这样的环境让这个男子也有了相应的品格。他无所畏惧，被卷入权势的争夺里却勇敢地经受着折磨；他又温柔如湖水，在自己的爱里缠绵，显出他真正的自己。

我们没有听到太多他对命运的控诉，他只是对命运不理会，依旧特立独行寻找自己的心，无论外界怎样变换都不能让他放弃这一坚持。面对自己时他这样，而对所爱的人则给予鼓励和安慰。他给她希望，说只要两个人一起努力，就能坚守好他们的爱。我们姑且不管他们在尘世里最终的结局是什么样子，但我们无法否定他的爱是多么的炽热和无私。一个人，一辈子，一生情，无怨无悔。

其二十八

在这短促的今生,
有你的真爱我已无憾无求。
不知在遥远的来世,
你能否记起我今日的面容。

爱情不需要苛责,无论时间长短、无论能否走到最后,一生真真切切地爱一次就足够。生命是繁华的风景,过了季节就会谢幕。爱情是那风景的主色调,谢幕后只是一个传说,在后世里逐渐变形。走过生命,曾经相爱过,再多的不舍都无法改变命运的初衷。

在遇见你之前,我的生命里有一段长长的等待,那段日子已无从记忆,大段大段的空白无从填补,时光在玩耍中流逝。玩耍是不必用心体会的经历,它只是一个孩子好玩的秉性,是在热闹和好动间裸露的童真。我不能说我对那段带有童真浪费的时光后悔,那是人生中适时季节里的美好,我只是感到自从我们相遇时光便开始飞逝,如果一如从前的缓慢该有多好。

有人说,爱情是用残缺来成就完美的,说一切爱情的开始都带着超凡的力量,而这种伟大的力量在生活的琐碎里会慢慢耗掉,太长的相爱将导致永久的不爱。这种带着淡淡伤感的话,让人觉得一定是由没有得到完美爱情的人说的,他们认为长久让爱消失。可是,我怎么也不敢苟同这样的观点,它存在着这样的悖论,长久让爱消失,而相爱的人都希望天长地久,难道相爱的人追求的只是最后的不爱?这样的结论恐怕真正相爱的人不会认同,因为他们知道爱情不是干柴烈火的需要和被需要,不然点燃的永远是激情,燃尽成灰的也永远是激情,他们知道相爱更是一种心灵深处的精神的需要。在精神的需要里,我们找到自己的另一半时也将自己给予另一半,这样,两个人都达到了完满。

是你给了我这样的完满,让我在现实和精神里都得到了最大范围的实现。说实在的,我应当感谢命运这样的恩赐,它给了我最珍贵的东西。只是,我的感谢还未说出口,生命已到了冬季,我们相守的日子变得很短暂,当计算相爱的日子时,我的平静越来越多是来自刻意。我怕太多的情绪让我们无法微笑面对命运的周折,尘世里的恩爱再真诚纯真,在我们身上都不被允许。没有谁能阻止真爱,哪怕是被夺走生命。能在这短短的今生享有你这样的呵护,足以让我的灵魂回忆万年。如果能约定来生该有多好,只是不知道在来生里我们还能否踏上彼此故事的开始……

这首诗歌里的言辞虽然是淡淡的,但是却夹杂着很浓重的伤感。聚散两依依,爱与恨都要道别离。今生的爱太浓太真怎舍得分离,只是现实里太多的残忍让我们无法相守到永久,使得今后再无法预知明天。明知道安慰是无用的,但为了让愁绪淡一些该说些什么安慰的话才好,你这样待我,我还有何求,只怕来生不能再见面。

仓央嘉措有太多的遗憾无法诉说,留恋也只能在胸口缠绵,是设身处地设想对方的心情还是对自己心绪追述,我们无从得知。只有静静地陪着这颗痴情的心,为了那一世的深情,让宿命的味道模糊视线。

其二十九

门隅的杜鹃飞到身边,
仿若春神降临世间。
这来自故乡的问候使我无限欢喜,
仿若情人来到与我把酒言欢。

东风袭来,子规轻啼,春天的脚步近了。我看见第一缕阳光在布达拉宫的金色屋顶上升起,我听到第一声子规的悲啼。"不如归去,不如归去!"未曾见你我怎能就此归去?"不如归去"在我心里这不是悲啼,右手转经,左手数珠,神色匆匆,在色彩斑杂的庙宇前,耳边不闻人声嘈杂,不闻木鱼咚咚。杜鹃声声,只念道:"不能归去,不能归去!"若非雪峰消融,山河倒转,江水永竭,怎能就此归去?晨风吹开思念的花苞,想到那一日你的羞怯,只怕你迟迟犹豫不肯赴约,怕你娇弱纤体不经乍暖还寒,又怕你粗心大意遗忘佳期;杜鹃翩跹而至,犹见你步履曼妙,如蜻蜓点水般,缓缓向我走来,眼波流转,脉脉含情,深情如此怎能延误佳期。怕你不来心存一分担忧,可见到你的机会有一分,我又满心欢喜。匍匐、跪拜、站立,修行的时候我的身体有不同的姿势,而此时当春风跋山涉水来到这里,我的心只有一个姿势,那就是等待。

自古以来杜鹃啼血的典故无疑给"杜鹃"身上打下了牢牢的悲伤烙印。唐代李商隐有诗句曾言"庄生晓梦迷蝴蝶,望帝春心托杜鹃",南宋秦少游也作"可堪孤馆闭春寒,杜鹃声里斜阳暮",可见杜鹃在春天啼血悲鸣往往会引起诗人怀古比今、伤春悲愁。可是这首诗中,我们却看不到作者的悲伤,取而代之的却是等待心爱姑娘到来的欣喜。

仓央嘉措和其他转世灵童有很大区别,十五岁之前他的身份一直是一个不为人知的秘密,他一直生活在藏南的门隅地区。门隅人口不多,门巴族人和藏族人杂居在一起,可以自由通婚。仓央嘉措的父亲是藏族人,母亲是门巴族人,他们都是虔诚的宁玛派教徒。而在藏传佛教当中,除了格鲁派以外,其他任何教派都保留着原始的生殖崇拜,是不禁止僧侣参与世俗生活,结婚生子的,也就是说在仓央嘉措的家乡门隅地区,信仰和爱情、潜心修行和谈情说爱从来就不是一对尖锐的矛盾,而是完全可以并行共存的。

可是,当局势需要他跋山涉水来到圣城拉萨,端坐在布达拉宫的佛床上时,他的身份改变了。他不再是田野山川之间到处奔跑的顽童,也不再是高山蓝天之上自由翱翔的雏鹰,他是藏传佛教格鲁派中的头号人物,格鲁派的至尊。可是他骨子里毕竟还是一个在自由晨风中追逐人间欢乐的孩子,而不愿做威严华丽的宫殿中端坐的佛像,他毕竟还是一个情窦初开的花季少年,而不是六根清净的圣人先知。

对他来说,布达拉宫与其说是一座金色大殿,不如说更像一个金碧辉煌的囚笼,而他却从出生就注定了要成为这里的精神囚徒。所以,当杜鹃啼叫着,从南方,从他家乡的方向衔着春天的气息而来的时候,他仿佛嗅到了家乡田野上盛开的花香,家乡的酥油香,家乡的自由气息,他仿佛看到了家乡山冈上思念他的心爱姑娘,她正在低低地哼唱,歌声悠远嘹亮,好似清冽的水仙散发沁人心脾的芳香。那么此时的他又怎会有什么惆怅呢?他在等待,等待她心爱的姑娘,也等待盼望已久的自由自在。他只有坚毅地等待,也许漫长,但却满心欢喜。

其三十

野马再难驯服,
一根绳索就可以拢住。
情人若是变心,
神力也拉她不住。

仓央嘉措面对情人的变心,也只是一句"神力也拉她不住"。其实只这一句便够了,那无奈无助只这一句也便够了,说得再多也无益。言及此处,我们又得提到纳兰容若。

若纳兰容若来说这情变之苦,他也许会低低叹那一句:"人生若只如初见。"这一句里有太多太多的回忆,这回忆又牵起太多太多的情愫。这千般滋味绕在心头,你说不得道不得,这便是"人生若只如初见"的意境。这位情圣在爱情上定是与仓央嘉措分享了同一个灵魂,只是仓央嘉措的诗更显质朴直白,读起来总是有种情感抒发后的快意。

情人的变心让仓央嘉措手足无措。但也许正是人心易变,于是便有了山盟海誓,旦旦誓言,所以页页诗经走出执子之手与子偕老的多情;曲曲乐府咏出山无棱天地合乃敢与君绝的女子;句句唐诗吟出一个心比金坚天上地下愿与你比翼飞的唐明皇……可还有一句话说得好:正是情感易变,我们才需要誓言。多情总被无情恼,先爱的人总是输,守着誓言的人总是傻,但即便这样,芸芸众生却还是往情爱里去,爱别离的苦即使受了再多也无怨,但仓央嘉措也是这样吗?

其三十一

如果今生未曾相见,我们就不会心生爱恋。
如果今生未曾相知,我们就不会彼此相思。

如果那一天没有见到你,你笑靥生姿,我便不会坠入爱的网,不管世间风吹雨打,只管此刻与你相恋。

如果那一夜没有与你举杯畅饮、促膝长谈,我便不会日日夜夜独枕相思。

如果那时没有和你朝夕相伴,你永远是我的公主,我依然是你的王子,在爱的神坛,你我就是对方完美的另一半,渴望被了解被呵护,渴望被彻彻底底的爱包围,永远心存小心翼翼,永远能够宽容一时的糊涂,永远不会计较是谁给谁的爱更多,不会计较谁欠了谁一个关怀、一个拥抱。

抑或是,在我的记忆里永远没有相识中的惺惺相惜,你曾经为爱伤多深,我也曾为爱走天涯,我心疼你的痴心,你崇拜我的执着,同是天涯沦落人!你我才甘愿疼惜,甘愿再真心地爱一次。如果,如果没有这些记忆,我们该是多么轻松!

如果那一次我们没有说出爱这个字眼,没有紧紧地拥抱在一起,那么就不会有谁抛弃谁,谁欠了谁,谁对不起谁。在爱的世界里没有什么公平,如果无法承受好的或坏的一切可能,那么不如从来没有开始这份爱。

如果没有爱过,那么就没有一日日的朝夕相对,没有一次次的花前月下暂相会,月亮不会看见我们双双对对,杜鹃花不会听见我们的窃窃私语。那么不如从来没有爱过,没有相处,就没有回忆,回忆里也就没有为了误会的争吵、辩白、拂袖而去……没有怨怼,没有辜负。

那动情时候的山盟海誓,指天许地也罢了!没有这真真假假的誓言，谁也不用勉强着自己和对方再多一点期许，才可以继续这个日月可鉴的爱情。

既然勉强，不如不要靠在彼此的肩头，就像两只刺猬为了靠在一起而受伤，靠越近伤越痛！

那么莫不如不再相遇，即使再见伪装着笑脸，不知有什么话题可以聊天，那么不如不见。

只是这苦短的人生哪有如此多的如果和假设。我们相见相知，舍得与你诀别？除非生死两茫茫，相隔阴阳空断肠。

十句禁忌，并非与情意断绝，反倒用这样一种方式诉说了别样的真情。有些幽怨，又有些无奈；有些犹豫，又有些无悔的坚贞。不要相见相知相伴相惜、相爱相对相误相许，更不要相依相遇，那么便不会有诀别的悲伤，其实我不是不想相见相知相伴相惜、相爱相对相误相许、相依相遇，我只是怕最后总是要分别，一来叫我如何和你诀别，二来叫我们如何承受诀别之后的相思之苦？所以说如果要经历生离死别的相思，莫不如从来不曾相遇过。可是，如果从来不曾相遇过又何来这铭心刻骨的爱。

其三十二

> 名门望族的女儿姿态翩翩,
> 只有我最合她的眼缘。
> 枝头的果子红润美丽,
> 也比不过她娇艳甜美的容颜。

当一个人情到浓时,心上人在眼前时她成了一切,目之所及心之所想都会带着她的影子,当她不在视线内时,她便氤氲成情绪,在心间萦绕不散。但是,倘若情不是淡如白开水也没有浓烈到化不开,远远地欣赏,温暖如慢慢泡开的茶,味道便会从内到外散发,蕴藉而深远。

我对你的情不知道是浓烈还是淡然,没有谁能说得清这种感情,远远地望着你,出自名门的娇女,一种风姿天韵让人魂牵梦绕,可是我清楚地知道相遇已是一种恩赐,我不敢再苛求其他。也许,上天安排的相遇自有它的用意,也许是它心血来潮时的随心所欲,然而,对于我却是一个无法逃脱也不想逃脱的经历。可这一切情绪的辗转,你却一无所知。狠心的人啊,你怎么不停下来看看为你倾倒的人,他被你牵着情绪,一会儿知足地傻笑,一会儿又陷入了深深的思念,疼痛难忍。

走在人生的青春里,我自然会遇到很多拥有倾城容貌的女子,她们花枝招展地行走在春天里,也许会有一个多情的回头一笑百媚生,也许清水芙蓉无胭脂味,但是,我始终没有看到一个像你这样内外兼修的人儿。有人说,为了一棵树愿意放弃整片森林不值得,但观尽园林我却没有发现哪一棵生得像你这般别致,姣好的面容像挂在高高枝头的果子,莫非你就是那棵我愿意为之放弃整片森林独一无二的树?可是走近你,除了能温暖我外,我能给你带来什么福祉呢,我没有发现,所以,我羞于靠近你。

我知道，有一种美好在距离适当的时候才会恒久，所以，我选择了远远观望，站在一个适当的距离看着你，从没有得到，也不会有所失去。我也知道，这是一种永远得到的唯一的办法，当真情落于琐碎，一切都会变得不纯粹，我为我的选择苦笑，其实，只要能看到你，就该知足了。你不是凡间的女子，想换取你的真情，必然也是不凡的人。可是，我衣衫褴褛，无法捧给你美丽的皇冠，也不能让你避开粗糙的生活。仰望，也许是最明智的选择。

当一个人不苛求的时候，就会变得平和。在金色的阳光里，他会淡然地欣赏世间的美好，也会甘心地仰视，仰视着他的信仰。你就是我的信仰，像那高高的桃树尖上熟透的果实一样诱人，但是，我知道信仰只能用来仰视，把玩在手里是对它的一种玷污。就这样，我向后退，退到一个合适的位置，不问你这朵花儿为谁红，你永远地成了我心中那道亮丽的风景，无人知晓，独留欢喜在我心里，带着淡淡的莫名的忧伤。

这是仓央嘉措情歌里较直白的一首，欢喜和称赞的情绪在字里行间里，然而，这种欢喜其实来自自身的后退，自身的不苛求。他像欣赏着高高枝头上的果实那样，欣赏那个不知名的美妙女子，不再走近，更不去占有。

这是一种面对命运时的求和，明智的求和。也许他用这种方式除去了苦恋的酸涩，给那淡淡的喜欢留了一条生路，让彼此的感情，在距离恰当的位置上维持得更久。

其三十三

离别的时刻多么落寞,
你为我戴正帽子,带着淡淡的愁。
我为你整好发辫,怀着淡淡的忧。
彼此叮咛,一路小心慢走。
彼此关照,不要难过悲伤。
离别日短相思长,
我们很快会再聚首。

纵是那金风玉露一相逢,便胜却人间无数,却也终有分别之际。恨别离,如同剑抵在喉,多少次想说挽留,却害怕这即刻的分别让彼此更加难受,想说再见也是惘然,一句话止于舌尖,却不敢过多言语,真不知哪一句便是催泪烟幕弹,更不知哪个字便是情花的种子,只怕你我中了毒,却得不到解药。

不知道这人间命理谁能掌控,不知道念你的黑发是否要等到苍老,红尘一醉难再醒,也怕这一别,尘缘已逝难再续。那么,就不必为这未来变数而烦恼了,只存一份希望,再次相逢,你我依然心归一处,爱属一方。待相见之时,一江秋月之上,两盏孤灯相伴,三生有幸聚首,四面楚歌不管,一对一泛舟江湖,遨游人间。

冠冕依然留有我的体温,瀑布般的长发荡漾着,悠悠诉说你的愁肠百结,不经意地转过身,只想偷偷地把你的情影定格在我的脑海中,只想再拾起笔的时候饱蘸香墨描绘你嘴角的弧度。转过身才发现,你的美丽脱俗照映出了我的孤独。拭去你脸上的泪水,抚平你心中的忧伤,心疼你空垂泪惹断肠。这一别正是下一次相聚的预告,真情真意并非只在这一朝一夕。

想起李商隐的那句"相见时难别亦难,东风无力百花残"。

那离别时的惆怅仿佛春风也耗尽了所有气力，再也无法吹绿江南两岸的树木，再也无法吹开待放的花蕾；仿佛百花依然身处寒冬，残败凋零。分别时恋人的心何尝不是严冬一样的寒冷，百花凋残一样的凄清。而这首诗却以民歌的方式演绎了恋人分别时的心境，"我""你"这样的人称读起来简单、亲近，分别的愁绪中添加了几分轻快、调皮。诗歌里没有写分别时这对爱侣的抱头痛哭，缠绵拥抱，而是用几个动作表达出两人之间的浓浓爱意：我匆忙地戴上帽子，你帮我将帽子扶正，衣装整平，你整理凌乱的长发，我帮你梳起鬓角的散发。举手投足之间，勾勒出一幅温馨的图画。

对于所有爱侣来说，相见永远是甜蜜的、令人期待的，而分别永远是让双方心力交瘁的。万水千山，天涯海角，爱纵有万般精巧也要历经一些磨难，除了时间与空间的考验，身为转世灵童的仓央嘉措还要摒弃信仰的束缚，踏过荆棘才能体验、获得人世间最美丽也最难得的爱情。在爱情里他和平凡人一样恨别离盼相见，相聚的时间总是转瞬即逝，而分别的时间却像失眠的长夜一样漫无边际。别离时分没有折柳相送，也没有歇斯底里的恸哭，却互相劝慰着"山和山不会相逢，人与人总会相见"，也泪中含笑地将下一次相会的情景讲给对方听，也许只有这样说心里才会好过一些吧！然而这何尝不是一种宽慰，一种希望，更是一种期盼呢！也正因为有期盼，有希望，用相互抚慰代替号啕大哭才最合情理。恋爱中，总有离别时的难分难舍，也有再聚首的热切期盼。盼那得不到的，盼那已失去的，也盼那难相见的。

其三十四

> 姑娘香肌如雪让人陶醉,
> 媚态可人惹人爱怜。
> 谁能分辨这情意绵绵的姑娘,
> 不是在编织捞取钱财的罗网?

突然得到的浓烈柔情像是一场梦境,梦里梦外都让人窃喜,但是也让人心存担忧,害怕这美好如花季一样短暂易逝。人,有时是很容易知足的,特别是在爱情没有得到的时候,设想着在人群里仅仅有那么一个人能让自己心跳加速就知足了。

人毕竟是怕孤独的动物,空旷的地域,稀少的人烟,让同类之间会产生想拥抱的感觉。于是,爱情便铺展开去,在需要的时候温暖着孤独,在孤独里肯定着自己的需要。这对从内地向边界走的人是极其恰切的,但是,对从小就生在那里、长在那里,对那里的每一条河流和每一座高山都熟悉的人来说,这样的关于爱情的阐释就显得表面化了。

这里产生的一切都像是从自己身上抽出的芽,是自己生命的一部分,从一开始就在那里,不可割舍。这是它真实的存在,渗入到生命里的每一个细节,爱情在这里更是刻骨铭心的记忆。爱着的心情,也会显得更加急切。但是,对于生活在万物造化间的人们来说,外界的不稳定因素和世事的无常是无法忽视的存在,安全感是人们内心不可或缺的状态。不安全就会带来惶惑,惶惑不可终日时,对外就会惹是生非,对内也就会苦恼万分。这样看来,你们就会明白少年的疑问是多么自然的人心映照,是一种普遍的心态。

在享有着软香细玉时,惴惴不安的心情终难平息。有些幸福不是来得太早就是来得太迟,姑娘再美的身姿也承载不了我的真情,它不仅仅停留在被底的缠绵拥抱里。我理解的真情需要两个人的缠绵来表达,却远远胜过于此。人生的相遇本就让人欢天喜地了,从相遇走到相知让我感到这是无以回报的恩赐,我决定怀着感恩的心来对待这份真情。因此,我的呵护将在我们未来的每一天里。我不奢求你现在过多的给予,只要一个真心就足够。得到的太多会让我手足无措,不真实的感觉会像幻境在心里无数遍地重复。心爱的姑娘,请你理解一下少年的心情,他渴望的不是一朝的缠绵,而是今生今世的真情相拥。

　　仓央嘉措总是这样可爱至极,在没有得到时辗转难眠,得到的时候又惶惑不安。在这首诗歌里,他用质朴的语言描述了一个少年在得到心爱姑娘的拥抱后又心生疑惑的故事。场景简单,而人的情绪却是不平静的,欢喜里带着不安,心生的疑惑自然而然从眉宇间露出。谁若遇到这样的少年,怎么说也是种福分,他对爱情的想象没有止于表面的卿卿我我,却是反观自己,在无法给你保证幸福时,他的心情是无法欣然自得的。这是一种责任心,如果你遇到这样的男子,你敢天长,他一定敢地久。

其三十五

洁白的圆月出东山,
缓上天顶多明亮。
我被月光照亮的心房,
映现出玛吉阿米的模样。

有人说相见不如怀念,曾几何时不懂得怎么会有人舍得放弃朝夕相对、耳鬓厮磨而去追求穿越时空阻隔、岁月阻挡的幻影呢!也许是那时候的我并不懂得想念爱人的滋味,遇到你以后我才明白想念的滋味好像一条小溪,曲折蜿蜒,涤荡过一路的鹅卵石,涓涓细流注入心底,甘甜滋味在心中腾升而起,顿时便能够忘却所有烦忧,甚至不记得相见时候的争吵,不计较谁对谁更在乎一点儿,不抱怨谁比谁更洒脱一些,心中只是浮现爱人的笑脸、爱人的媚眼,记起的只是爱人依偎在身边的温暖和安全感。那么我亲爱的姑娘啊,从那一朝邂逅,我心中就再也无法间断对你的思念。

万籁俱寂的夜,静听穿梭在林中的风,低低吟唱着爱的絮语,眺望雪域高原珠峰之巅,圣洁的月亮犹如银盆一般冉冉升起,布达拉宫的高墙紧锁着我旖旎的梦想,深深的庭院隔断了我与玛吉阿米相聚的路。流光溢彩的明灯把月光下的金殿映衬得更加巍峨庄严,千年文化万古流传,而眼前的我却是如此的混乱不堪。怎能舍得忘记美丽姑娘的模样,又怎能远离这樊笼带着你消失在这烦乱的红尘人间。倘若真像佛经里说的,如果这里真的有香格里拉,我愿舍弃一切人间纠葛,带着你奔向这永恒的天堂。从此以后静居雪山中央的莲瓣,被雪山环抱,闲时从白雪皑皑的山顶漫步到山脚下的森林,我为你采撷鲜花,你为我采集药草。这里的湖泊星罗棋布,像宝石般明鉴如镜;这里青草翠绿茂盛,到处都可作为修行圣地。在富丽堂皇的迦罗波王宫殿，王室拥有众多的军队，无数的狮子、大象、骏马可供乘骑。然而，我们不需要豪华壮丽的宫殿，也不要锦衣玉食，更不要百千车乘。我们只要在山脚下用土石砌筑一座碉房，冬天用牦牛毛织成的帐篷抵御雪雨风霜，就这样诵经、转经、祈祷、祝福，为我们纯美的爱情，也为世界上美好的一切。

想着想着，这样的夜辗转难眠，这样的夜更加漫长，于是起身凭栏远望，黑色的天幕前，东方那座山峰耸入云霄，云雾缭绕之间，圣洁、皓白的月亮越升越高，它闪着光，好像你白皙的脸庞，周围的云雾缥缥缈缈，好似微风拂过你的长发。我心上的人儿啊，你也一样有过这样被思念笼罩的不眠之夜吗？你也会在月光下对着星空想起爱人的脸庞吗？

感悟仓央嘉措的诗，每一首都没有奇词异句，平淡之中只要把心放在遥远的西藏，一切就会变得特别。想那座平日里不易见到的山，那是西藏的山，巍峨庄严，静默无语，却有超强的气场，直抵内心深处。想那月也不是普通的月，那是站在"世界屋脊"上才能看见的月，它比平日里我们头顶的月亮更加洁白、圆润，由此也平添了几分神圣。而那些云也不是我们上空漂浮而去的流云，它像是水粉画里调出的纯纯的白色，层层叠叠，充满质感。这一切的一切足以令人唏嘘、感叹。有一段爱情，在此情此景的渲染之下，注定了这是一段浪漫至极、感人至极的爱情，让人纠结万分却又难以抗拒。

其三十六

我问佛:为何不给世间女子绝世容颜?
佛言:玉貌娇容不过是昙花一现。
心美乃大美,女子皆有,被尘世蒙灰光彩不现。

我问佛:为何世间诸多遗憾?
佛言:婆娑世界烦恼多多,所得再多也得不到圆满。

我问佛:为何世人总困于孤单?
佛言:人心生就缺残,唯有寻得另一半才能得享温暖。若错过、失落,一生只得落寞度过。

我问佛:若与想爱却不能爱的人相遇,爱或不爱?
佛言:浮世嬗变,生命如云烟过眼,有爱尽享,不问后事才是乐事。

我问佛:如何添智涨慧如佛一般?
佛言:佛是人做的,人可做得佛。
世间十界:佛,菩萨,声闻,缘觉,天,阿修罗,人,畜生,饿鬼,地狱。
众生六道:天,阿修罗,人,畜生,饿鬼,地狱。
人生八苦:生,老,病,死,爱别离,怨长久,求不得,放不下。
因果报应,生命轮回,不悟命运真相,何得大智大慧。
世间之象皆虚幻,万事万物皆化生。心动意动万物动,心静意静万物静。生己之相,造己之命。
缘来缘去缘如是,受果受报有前因。佛心在,有自在,一琢一磨有前缘，苦乐悲酸皆自然。

一切如法，如露如电，缘落缘起，寂灭瞬间。

堪破瞬息的情缘，却莫遗落每一份偶然。为有情人间，添真情一片。

人，越痴缠，越枉然。放下，才可得自在。

我问佛：为何我悲伤，这世界就白雪翩然？
佛言：冬日将完，为记忆留下片语只言。

我问佛：为何雪总落在我不经意的夜晚？
佛言：漠视使我们错过无数美好的昨天。

我问佛：今年是否还会落雪？
佛言：把眼光放远，今冬的错过才有珍视的明年。

日日夜夜处于佛的身边，读着《妙色王求法偈》："一切恩爱会，无常难得久。生世多畏惧，生命危于晨露。由爱故生忧，由爱故生怖，若离于爱者，无忧亦无怖。"千丝万缕的情绪慢慢舒展开来，只是，我的心里还有很多的疑惑，佛有一切法，该能度一切心吧。

为什么不是所有的女子都拥有悦目的容颜？前世红尘里佛怎会不知容貌会成为区分女人命运的因素。佛说，昙花一现只是用来蒙蔽世俗的眼睛，它会让庸俗的人沉沦视觉远离佛，也会让脱俗的心灵凸显，找到最终的归宿。美丽是心灵的描述词，视觉的漂亮和心灵的纯净仁爱是不能相提并论的，佛在这个层次里给予了绝对的公平，而凡尘里却有人装扮脸蛋时却不曾装扮心灵。人们睁着眼睛却看不到世界，佛闭着眼睛就已将人看透。

人世间，为何无故多遗憾？世界太婆娑，婆娑是由遗憾填满的。且行且遗憾，幸福才会被捕捉。在我们的世界里过于圆满，心里必埋藏着未知,未知即无常,无常让人心不安。

如何让心摒弃了孤单?佛说:每一颗心生而残缺,生生世世已经习惯,因为,当它有缘和自己的另一半擦肩时,不是疏忽了错过了,就是它已经附属于别的残缺。

人生终于遇到了适合爱的人,我又无法把握住彼此的明天,该怎么办?佛说:缘来缘散,原来如云烟。既然有情在心间,就快乐地享受这五百年前修炼的果实,不要询问是劫是缘,看过万事变迁,浮生也该释然。

如何才能赶上佛的睿智?佛说:佛是过来的人,人是未来的佛。在经历中参悟,在参悟中经历,这是人生的大财富。因果轮回,生死体验,生命的真谛会慢慢浮出,荡漾在心间。

佛说:人生有八苦,一半是源自于命,一半源自于心,而内心的清净除生死外都可以影响到命。而人的心里总是盘根错节,八苦也自然不由己定。

佛说:命相由心生,形形色色,浮光掠影,心静万物静,心变世界变。若想避无常,首先避心魔。

佛说:世间万法皆由缘牵,邂逅时的回眸锁住了两个人的一生。却不知缘起缘灭,早已成空。徒留多少痴男怨女,泪眼婆娑,也将红尘看破。

佛说:需经由勘破、放下、自在才能在无限里接近佛。

的确,一个人需要放下,才能自在,只是回忆怎样放下才能永远地不再拾起?付出的爱如那东逝的水,该怎样才能收回?

我问佛,为何我的悲伤总伴着雪?

佛说:季节在轮转,不过是一时的记忆。悲伤也是一季的色调,明天不知是什么季节。下雪的夜晚被我不经意地错过,像是无意间错过的美丽。未来的美丽如这季节,要把目光放远,表象只是像,日子才是实质。

全诗弥漫着浓浓的禅意,让人分不清佛和人,或许在某种程度上他们已融为一体。参悟透人生,一草一木也皆有了佛缘,对生命也表现出宽容，任随万物变换，心则不动。人最终的归宿在哪里？滚滚红尘里如何取舍，经历过勘破、放下才能真正自在。只是，佛界是一种风景，凡尘也是一种风景，而一个人只能在一个高度欣赏风景，是风景那边独好，还是宁愿在自己的境遇里承受，不同的人自然会有不同的选择。

这是一首充满禅趣和哲理的诗，每一个字里都渗透着对生命和人生的思考，并且这种思考是在意识形态的高度进行的，经典到让人不敢解读，生怕误读了诗人的心思。如果说文学是一种经历，误读就是无法避免的，也只有希望没有偏离诗的本意太远，留有悟性的人在新的思想领域里延展。

仓央嘉措有一种大境界，他超出了一个人的存在，心系着众生。达到这种境界的人像是站在山巅上，像一尊佛俯视着众生，眼里满含着慈悲。他和佛交流，内容全是关于众生。他提出的问题也都是众生在心里发出的疑问。

其三十七

祈福的幡幢刚刚竖起,
少年我就时来运转。
美丽的姑娘热情邀请,
请我去赴丰盛的宴席。

这一席盛宴啊,看那鲜果,看那琼浆,那飞舞的长袖,那耀眼的宝石,却是对面的姑娘最让我眼怜。你看她那空山明月般的脸庞多么美丽,红扑扑的脸庞衬着乌黑的眼睛,那么赏心悦目。你看她又双目含情望向我这里。我年少风流,在这多彩的人世,我只想融化在她多情的眼里,才不愿守着那长明灯伴着古老的佛陀。可我不能不承认佛法无边,如果不是昨天那个微妙的时刻……

夕阳的下面,牦牛悠悠然地吃着草。风中母亲的呼唤伴着袅袅的烟一起飘散在天空里。珠穆朗玛的雪山千万年屹立,雪山圣女今夜是不是有人相伴?我站在与夕阳一样高的地方,看着大地的轮廓。僧侣们列队走向佛堂做最后的功课,我也应该去了,把这份寂寞带进佛堂。

今天是经幡换新的日子,那五彩的颜色让我想起你襟上的花纹。我向佛祖许下这样的愿,祈求他能让我见一眼繁华的人世,再看一眼你,美丽的姑娘。果然,今天他便将她带到了我的面前,襟边的装饰如那猎猎随风的经幡,荡进我的眼里。她请我到她家中做客,说要用最美味的食物招待我。当下我的心便虔诚地向着佛祖,感谢您的慈悲。

仓央嘉措诗中总是透着淡淡的孤独感。想他十来岁的孩子被夺了生活的乐趣,进了那枯燥的寺院,总归是有些残忍的。他的诗充满了对生活乐趣的向往,而表达了对僧侣生活的淡漠。尽管那笔调有时是欢快的,但这欢快的背后藏着一颗寂寞无奈的心,俗世法王竖起经幡祈求的,只是再平凡不过的人间欢乐,因此那欢愉便有了悲切的味道了。

仓央嘉措17岁那年,觉得纷乱的世事令他矛盾万分,觉得学习也无益处,终于,他在20岁那一年退还了僧衣,穿起俗人的衣服,只保留俗世之权。从此以后,他便放弃了戒行。

对藏族同胞而言,信仰是生命的一切意义和理由,活佛在藏族同胞的心中有着无上的尊荣,因此上师大德在俗世也拥有无法比拟的号召力。作为宗教领袖,仓央嘉措不可谓不尊。他所居住的布达拉宫巍然屹立千年不变,与那转动的经轮、招展的经幡一起垂目俯视着流年似水,地老天荒。一张张虔诚的脸和一路长头的风尘深深刻进它头顶的天空,那是藏族同胞们梦的天堂,而那蔚蓝的天空与红墙上斑驳的岁月光影,是信仰的皈依,是藏传佛教格鲁派的权力中心。

其三十八

天鹅恋上澄澈的小湖,
想长长久久地居住。
可惜湖面结满了寒冰,
让天鹅心灰意冷。

爱,是人们前世酿下的美酒,今生只需一口就可以迷醉千年。迷醉的情,剪不断的忧伤,在心头缠绕。

还记得你我初次相遇时,你步履轻盈、语笑嫣然,秋波微转,像一个石子抖落于我的心湖,从此,我的心再无安宁之日,我也自甘沉沦,那句"平生只有两行泪,半为江山半美人",成了我心头为你诉说的低语。雾失楼台,情迷与君,人间便多了一份真情的期盼。多少次,我躲在你每次必经的路口,守候着这份爱慕,却慢慢迷失了自己。林间传来那首"倘若我也不是我,你也不是你,该有多幸福",引起我的共鸣。内心的胆怯让我退而求其次地选择守候,不敢争向神明要求"气质美如兰,才华馥比仙"的你。可是,我渐渐发现很多优秀的男子都在暗中爱慕你,才发现守候并不能让我对你的情长久,我无法想象当另一个男子站在你身边时,我该以怎样的姿态收回我的心。糊涂了很久的我,总算是聪明了一次,我做了一个贸然的行动。

我握起用情做成的软笔,在精美的手绢上用泪水一字一字地为你写下那首小诗,把它丢在了你必经的那个路口。当你经过的时候,先是被手绢的精美吸引,捡起细看时,我看到了你羞涩的神情染红了脸颊,也许,敏感的你心里早已知道我对你的情愫。读完我为你写的诗后,你装作若无其事朝我蹲守的方向瞥了一眼,目光相遇又匆匆离开,会意的柔情幸福到惊慌失措,眩晕的感觉让我慢慢侵蚀我的心,时时刻刻眼里都是你的倩影。

如果不曾遇见你，我相信我从没见过世上最美的风景，在相知的交流里，我的人生算是真的开始具有了存在的意义。我高兴得像个孩子，在层叠的山谷间高唱着情歌，唯恐有人不知道我们的幸福。被幸福冲昏头的我，当时觉得你并没有拒绝我，没有拒绝让高山和山顶的白云分享我们的甜情蜜意。可是，你的微笑怎么渐渐冷却，我像是骑在马上担心着暗藏的冰，想找你倾诉衷肠，却发现你亦嗔亦怒，柔情化作了心上的冰，让我的心坠落，不知该往哪儿去。

　　善解人意的女子啊，你不是看到我的真心了吗？怎么忍心让我一会儿幸福得到了天堂，一会儿又痛苦得如下了地狱。多情的白天鹅频频回首流连着那池沼，可是湖面的冰层拒绝了他的痴心，我爱慕的姑娘，你怎么也忍心让我陷入了困境，你可知道，再大的困境也抵不了这相思的苦。

　　莫非你是那天山的雪莲仙子，有着纤柔的腰肢，内心却一尘不染刚强到了极致；莫非你是因着我的狂喜，发现我也逃不过终生的俗气心里不悦了。我明白了，只有脱俗的情才能配得上脱俗的你，可是，不管怎样，请你允许我用一朵云霞来抚慰你的不悦，不要让我幸福的心再次孤独无助。

　　仓央嘉措把心情随手谱写，简单却曲折，单纯得像个孩子，真诚得成了个诗人。他把中国古代诗艺里的比兴运用到不露痕迹，洗尽铅华见真纯。永远的痴情，没有纠缠的故事，却难以掩饰难解的情绪。世上最变幻的莫过于女人的心，海水和火焰，涌动时，一明一暗，局中人怎么能懂。多情美丽的女子，怎么忍心让这样的有情人痴痴傻傻，癫狂无措。

其三十九

去年把青苗栽满田地,
今年收获的是干枯的禾束。
曾经青春年少的躯体,
如今弯曲得像藏南的弓弩。

世上有很多爱情输给了时间,曾经的心有灵犀在时间里蹉跎,慢慢地消去了最初的本真和耐心,然后彼此的步履不再同步,就各自走开,把自己的过去否定,以为下一站的幸福才是心里最美的期待。时间让人敬畏,又让人感到压抑,它不动声色地让一切事物改变了原貌,还沾沾自喜地送来挑衅的目光,被它捏在掌心的人们永远不知道方寸之间得与失只是时间的把戏。

无法和时间较真,我选择了沉默面对,以一种静态昭示我的人生。就像人们说进攻是最好的防守,防守是最好的进攻。我选择了最好的进攻,让心里的念想在思想的深处成为无法超越的追求。人生是一个说不出谜底的谜,整个的混沌状态却披着世俗的衣裳,以所谓的人生目标的形式呈现。于是,放眼望去,芸芸众生熙熙攘攘皆为利来皆为利往,用物质实体来确认自身的价值。这是人类的悲哀,是冥冥之中无法拒绝的安排。然而,我相信,人生的长度不能简单地用时间来计量,在思想的纵深里我们的灵魂相互温暖。总有一个例外,来拒绝一成不变。你的心,纵使决意关闭千年,也总有个时间的界定。

在过去的季节里,为了呈现相识的记忆,我悄悄种下的青苗,如今已经长成禾束。对伊的爱恋也如这青苗收割了一茬又一茬,茬茬复茬茬,年年如斯无休止。我打心底相信,会有海水干涸、坚石风化的一天,你对我的拒绝也抵不过这样的奇迹,世界换了容貌,人心怎不丢弃固执。

守候重复着守候，遥遥无期无怨言，然而，思君使人老，心绪成灾君不知。等待中的相思抽空了我青年的身躯，它在反反复复中渐渐衰老，已远胜过那南弓的弯曲。而你，让我的等待再度成空，熬煞了这岁月。

　　多想把我的思绪全部说给你体会，把我的心情说给你听。你却偏偏把相守推开，让相思也拉长，除了我还会有谁和你能将灵魂紧紧拥抱，彼此都能感知？我的疑问在唇边被风吹散，展出的笑容总有挥之不去的幽怨。我不想让一切因缘聚，让一切再因缘散。

　　仓央嘉措这首诗婉转而深藏情结，没有刻痕，由眼前物想到心中事，就无法不涉及心中人。事物的生长是再正常不过的自然现象，却被诗人涂抹上忧伤，爱也罢，怨也罢，都让人感到伤感。平常的字眼，巧妙的组合，把痴情都包裹在其中。总也不明白，为什么有情人总遇到无情的人，或许其本非无情，不过也源于另一个无情的人。一旦牵涉到感情，世事就成了理不清的逻辑，理性和非理性的斗争也便蔓延开去。世事也总喜欢这样的纠缠，让人们在阴差阳错间徒增遗憾。

　　这一切，让人忍不住想去假设，假设没有这些情绪的缠绵，我们拥抱的爱情是不是就会成为我们追求的完美，还是我们在受挫中得来的不完美也表白着弥足珍贵？孰是孰非，终究无法定论，不如，就享受这命运的安排，哪怕是弯了身躯，年华老去也不改当初的选择。所谓的抱怨，也不过是一种无法述说的爱恋。

其四十

上天让我们从人群中相遇，
缘分让我们结成亲密的爱侣。
这奇妙的缘分就如同潜身大海，
随手就捞起了龙王的宝珠。

自古以来，爱情是无法解释的情缘，不同的人对爱的定义有着各自的理解。我向来认为，所谓的不在乎天长地久只在乎曾经拥有，要么是没有心去争取在一起，要么是软弱面对现实时的一种托词。从日思慕想的爱恋到天天相对的婚姻，它的距离不在于一个仪式，仪式是最无聊的游戏，"赌书消得泼茶香，当时只道是寻常"的生活是多么弥足珍贵，需要用心的人才能体会得到。

对于爱，我不苛责，却始终如一地用心面对。那一年、那一天、那一时……在所有拥有你的时空里，我的回忆充满了幸福的味道，我无法接受也不会软弱妥协，让一切美好的记忆戛然而止。可是，爱慕你那么多天，却始终是我一个人的独角戏，我明明在你眼中看到幸福的光芒闪烁着，你却若即若离地出没在我的世界，飘然离去毫无牵挂。都说女孩的心是猜不透的谜，变幻无常，猜测的人永远跟不上它的节拍。

我心中爱慕的那个姑娘，你若感觉到了我的情意，请别再若即若离好不好，这青涩的年华里躲躲闪闪的爱恋，总要有个明了的归宿，温柔多情的你真的愿意看到我神魂颠倒，真的能做到置身事外？我相信，那天四目相对时你留下的深情绝对不掺杂质。人们说每个女儿心中也都有一个关于爱情的美好想象，让我把这美好想象呈现给你，绝不会让你受一点点伤。

大海里藏有的奇珍异宝，它们在海的深处沉默等待，等有缘人把它们发掘。当机缘来临，珍宝问世，寻宝人一辈子的幸福全都在里面裹藏，那是用尽生命的力气祈福得来的，也会用尽生命的力气去呵护。在人生的大海里，你就是我要寻找的宝贝，我也会用尽生命的力量呵护你，你若给我这样的欣喜，我的爱，便有了实在的意义。我愿从此与红尘相隔，只守候一个你。

在夜深人静的时候，唱一首情歌给你听，月亮听见了从云朵后面探出脸来，你听见了在窗后独自徘徊。不要再掩饰你的心思了，你可知道，我的爱是无法复制的，在你若近若远的态度里，它感到了无法承受的煎熬，在瞬间产生的抱怨却又在瞬间消失。爱也不容易，恨也不容易。"死生契阔，与子成说"，如若我们能一起来经历"执子之手，与子偕老"的圆满，于你于我都是天赐的恩惠，也许你还像那含苞待放的花苞，没明白自己的心思，一味地羞怯着拒绝我的良苦用心。

捧一颗珍贵的心交给你发落，你若也感到内心缠绵，就把你的心也交给我保管。如果，你愿陪我天长地久，我绝对视你胜过海里的珍宝。

仓央嘉措这首诗与其他情歌相比语言显得更加直白些，感情也更加热烈。你和我不需要太多的矫饰，只要你愿意给彼此幸福的机会，我就敢为你撑起一片天空。用海里的珍宝来解说心中人在自己心中的位置，让真情触手可及。白头偕老不是一个经过严密思考后的承诺，而是浓烈感情的直接迸发。

其四十一

心中的秘密不告诉双亲，
字字句句都倾诉给了情人。
可这情人的"牡鹿"真是多啊，
传来传去都被我的仇敌听了去。

这风是否吹过家乡？我坐在寝宫的门槛上，想起错那的湖，像美丽忧愁的精灵。我喝着它的水长大，而今它是否一如阿妈的怀抱，宽广博大？还没有住进这深深的宫殿时，我就认识你了呀，美丽的姑娘。那时在故乡，你可以唱出最美的情歌，我每每沉醉于你动听的歌声中。那时与你日日逍遥，走遍了每一条路，看过每一朵花，那时不识忧愁的滋味，多半是因为你的陪伴，我忘记了什么是烦恼。可香甜的青稞有时也会酿出苦味的酒。那日家里来了几个喇嘛，硬生生地将我从阿妈身边带走。

上天总是待我不薄，你仿佛乘着家乡的风来，明亮了我灰暗的天空。我的指尖又能触及你如玉的脸庞。你比以前更加美丽，如盛放的雪莲。我有多少话想对你说，你可知道？那思乡的愁绪，无尽如雅鲁藏布江的江水；那日日学经的沉闷连最温驯的绵羊都不能忍受；那尔虞我诈的争斗像一场场噩梦将我死死困住。这些我能向谁去诉说？我的天空从此挂上灰的云，从没有想到我还可以再见到你。你就像那道阳光，在我梦中的天堂照耀我。

你是落入我心海的石子，敲开我柔软的心房，一时澎湃。我将心底最隐秘的地方向你展开，只以为你能解除我心中的挂牵。夜夜相守，我仿佛又回到了那年的错那，粼粼的湖水映着你纯洁的脸，你婉转的歌声在我的梦中萦绕。

一切看起来都那样美好，可时光怎会真的为我倒流？我忘记了你是个美丽的女子，我忘记了牡鹿总是有占有的欲望。你身边的追逐者多得已不是我能想象。你是那样一个美丽的女子，带给我一场纯洁的梦幻。

这真是一场人世的闹剧啊。我是最俗的凡人，追求同世人一样的理想，同时也陷入芸芸众生的茫然，看不透这浮世一场只是镜中花，水中月，那脆弱的爱情也不过是虚幻无常。

仓央嘉措笔下这位幼年结识的情侣正是他还未正式进入布达拉宫时，在家乡门隅所热恋的姑娘。

仓央嘉措的家乡在拉萨南部的门隅那错县。门隅地区一向被藏族同胞视作"白隅吉莫郡"，意为"隐藏的乐园"，乃神秘之境。门隅是著名的情歌之乡，那里的人们喜歌善舞，"萨玛"酒歌和"加鲁"情歌最是曲调优美，奔放动人。仓央嘉措日后多情品性与卓越才情的形成，与这个美丽的地方是分不开的。

仓央嘉措的父亲是宁玛派僧人。宁玛派的教义采取家庭传承方式，故而宁玛派允许他的僧侣娶妻生子。被宁玛派奉为上师的莲花生便是一位身有两位美妻的僧人。仓央嘉措身在家乡时，无拘无束的他自是对儿女情长心怀梦想。那年他在家乡爱上了一位美丽的姑娘，可浓情总是在最化不开时被冲散。仓央嘉措身不由己，他不得不离开家乡，离开心上人儿去远方的布达拉。格鲁派的教义强调清心戒欲，加之他总是被推向当时政教斗争的风口浪尖，心生厌倦的他住在布达拉里无异于苍鹰被困进了牢房。

于是所有的放浪与风流便有了答案。我们美丽的情郎写下了一首首美丽的诗篇，然而只有岁月真正理解，这样的仓央嘉措经历了多少人世的悲欢。

其四十二

思念让我烦躁不安,
夜半时分也无法入眠。
白日里没能追到看中的姑娘,
我的心儿如浸寒潭。

青春年华里,青涩心绪里的追逐是很美妙的事情,明明是善解人意,偏偏此时故作糊涂,从此,一个是暗里藏情,一个是若痴若狂。倒是有些民族的求爱方式来得直接些,不那么百折千回,在歌声里便定了情。可是,现实里,谁也不会羡慕别人的美好,因为每个人的经历都是这个世界里的唯一。时代的不同也许会带来不同的追求方式,地域的差异也是很明显的界定。在那苍茫空旷的白云边上,小伙子们的情感也就显得直白而粗犷,火辣辣的太阳也比不上他们火辣辣的心情,是那里的大地和天空给了他们毫不矫饰的情感。

可是,无论哪里的女子到底都是水做的人儿,柔顺的外表下和柔顺的心里,却有着至刚的情怀。任那有情的人神魂颠倒,紧紧追逐,在没有确定对方是自己喜欢的人之前,说什么也不流露出自己的情绪。痴心的小伙子早已是意马心猿,心神无法安定,期待着心仪之人带来重生的希望。那颗着了魔似的心怎么也不肯安歇,就在白天追逐后的夜里也无法安然入睡,睁眼闭眼间都是她姣好的面容。可是,在黑夜后的白天,迎接的可能又是一个无所收获的白日。就这样,他眼睁睁地看着她,只怪自己无能为力。

白日接着黑夜,黑夜又连着白日,昼夜更替无穷无尽,可是,痴心的人却年华有期,怎舍得让今生的相遇成了生生的遗憾,在来生里弥补。

感情就是那样让人魂牵梦绕、偏偏又折磨人的东西。她在层层叠叠的情绪里掩饰着真面目，不懂的人只有跟着她团团转，着实折腾人。每个人都有那最初的情感萌动，每个人也都会有那最初的心情永记心间，无论你是什么身份，什么性别，或是什么样的态度对待，我们都无法否定最初情绪辗转的美好。诗歌里的主角轻声地埋怨，不过是源于太急切的心情。太多的渴望也会让心情躁乱，一会儿斗志昂扬，一会儿便精气全无，反反复复的都是那最美的爱恋。

仓央嘉措在用心写诗，大胆而热烈，无法告知的心情让人在诗歌里一览无余。世上最美不过的景致，是那最初的心动却不被人知，曲径通幽处自然有种天真的神韵。这首诗的语言带着热烈的色彩，一波三折后虽说是心灰意懒，却拉开了新征程的序幕。感情基调也让人看到了单纯里的可爱，可爱里透出淡淡的忧伤，这忧伤是暂时的，短暂得只需伊人的一个眼神就可以驱之到九霄云外。

读这样的诗，我们不会有太多的担心，安静地看着年轻人慢慢走近爱情，再慢慢地领会爱的含义。我们也不会牵扯太多的情绪，只是那灵动的情感路里也有我们的青春，我们心领神会时又会品出自己的人生。纯真的东西毋庸太多言语的点缀，就让它自然地存在吧，在我们的灵魂深处指向着归家的路。

其四十三

南门巴的密林深处,
是我与情人约会的秘密之处。
口舌灵巧的鹦鹉窥到了我们的秘密,
请不要飞到路口四处散布。

晨钟咚咚,像打着闷雷,唤醒了沉睡中的布达拉宫,也推开了我的梦魇。远处的山峦绵延起伏与白云一起缠绵着走向天边,刚刚苏醒的布达拉宫在晨光中睁开眼,继续俯视脚下匍匐朝圣的信徒。喜马拉雅山环抱着珍珠般明亮的圣湖,好像威武勇猛的藏族汉子保护着心爱的姑娘;绿草守护着苍茫的草原和阡陌交错的田野,好像慈爱的父母看护着自己心爱的孩子。

我披上红色的僧袍,手握念珠,一遍一遍唤着你的名字,分不清是清晨的诵读还是夜晚的呓语,不知是不是刚刚的一阵细雨润泽了我干涸的思念,只盼着时间倒转到相见的时刻,或者将冗长的白天换作一瞬,或者将相见的片刻尘封成永恒的标本。到时候我便可以换上俗衣便装前往南门巴,奔向早已相约的密林深处,奔向你,相会你的万种柔情。

记得那个初夏的黄昏,暮鼓刚刚敲过,我轻手轻脚换了衣装,侧门而出,疾步向密林走去,浓郁的森林像一座迷宫,但我总会找到那棵被爱意滋润的树,因为树下有你的气息蔓延开来,指引着我的方向。哪知喜爱你的不止我一个,还有那路口树上聪慧的鹦鹉,它机敏的眼神告诉我它已经发现了这个秘密,它在我身后学着我,用尖尖的嗓音叫道"哦,我心爱的姑娘",它不断重复着。我心里又气又恼又觉得有点好笑,难道它也懂得我的心思我的想念?我的想念不敢向你倾诉,相见恨短,我不敢枉然占去美妙的一分一秒,深恐我所担忧的爱的苦果成为你的纷纷扰扰。

我心上的爱人儿啊,你看起来是那么单纯美好、无忧无虑,你的双眼纯净得如同青海圣湖的湖水,碧波不染微尘,宁静不堪喧嚷;你的心清亮得如同盛夏的草原,蓝的天,白的云,碧绿的草,宛如清新淡雅的一幅山水画。疾步如飞的我,思绪也跟着飞跑起来,那只调皮的鹦鹉会不会曾经飞到我的窗前听过我的心事?会不会多事地飞到你身边,也这样咿咿呀呀地向你学舌呢?这一次你会不会已经知道了我的爱恋,我的无奈与不堪?我的心生出一株藤蔓缠绕的参天大树,慧根纵深、翁翁郁郁,只希望那只多事的鹦鹉不会把这些话当作口头禅,飞到哪里都不忘讲上几句。

对仓央嘉措来说,从桑结嘉措将那神圣的光环戴在他头上的那一刻起,爱的苦恼历程就开始了,仿佛这是一座炼狱,其中热与冷,苦与甜错综交杂。也许这就是人生,没有冷就永远体会不到热的炽烈,没有苦也永远体会不到爱的甘甜。他追求自由和爱的心灵从此被深深地束缚。诗歌里面所讲述的偷偷的爱恋,那是仓央嘉措的反叛,他的疾驰、他的急切,不仅仅是来自对心上姑娘的想念,更是对自由向往的急切,对挣脱枷锁的急切。那街头巷陌的流言蜚语也许他早就听说过,也许那巧嘴的鹦鹉可不止一个,他听到过那些或者赞同或者诋毁的话吧!他不想遮掩,只是想给纯真一个私密的空间,因为爱情本来就是自私的吧!

其四十四

守门的老黄狗请听我言,
不要把我的秘密说与人听。
不要说我趁夜走出宫殿,
也不要说我天明才重又出现。

雪山遮掩了大地的威严,可是谁来埋葬我的寂寞和失落。

为什么总是在这里徘徊,为什么总是在这里皱眉,从前的生活梦一般轻盈,时光一般白驹掠过。

黄昏戴月时分,拉萨街头传来了你的歌声,梦绕魂牵攫住了我的心,飞奔的我生怕这一次爱的错过,怕你我的心灵尚未水乳交融便擦肩而过。再一次出现在你面前,看着你桃花一般的脸,一抹红霞飞过,我就知道,这一刻我痛彻心扉地沦陷了。这一刻,等待了多久我已经不记得了,我好像穿越了岁月的光年;这一幕好像无数次出现在午夜的梦幻里。

于是,那天起,布达拉宫的侧门,变成了我的时光隧道,进去之后我是活佛仓央嘉措,出来以后我是浪子宕桑旺波,在街头吟诗歌唱,和年轻的朋友们一起欢唱。只有在浪子宕桑旺波的身上,我的心才能够得到彻底的释放,我的朋友们,他们不知道白天的我是布达拉宫里面的活佛,只把我当做酒馆里、巷陌中的浪子、歌者。在他们眼里这个宕桑旺波冷峻而忧郁,这个宕桑旺波只要一瞬间的灵感便能迸发出热情激荡的情歌,这个宕桑旺波是一个昼伏夜出的年轻人,这个宕桑旺波有一个美丽的爱人——达瓦卓玛。但是没有人知道,白天的我坐在布达拉宫的最高殿,白天的我是一个被囚禁的孤魂。这个灵魂只能在夜色中、在诗歌里、在酒杯里、在爱人的怀抱里才能得到释放。

白天的我是个孤魂,被囚禁的孤魂,没有人可以倾听我灵魂的叹息,只有那只守着侧门的老黄狗才是仓央嘉措和宕桑旺波共同的朋友,也只有这只老黄狗知道仓央嘉措和宕桑旺波之间的秘密。每一天,我都在静静的沉默中等待乘着夜色飞出牢笼的那一刻,那时候,夜晚静谧无声,白云也乘着夜色飘然而过,月亮静静看着一个灵魂的蜕变,雪山脚下的微凉气息氤氲着我欢喜的身体,月光笼罩下,这是神圣的时刻,我带着庄严、欣喜还有匆忙,完成了这灵魂的洗礼。

老黄狗啊,请你千万不要说话,别说我夜晚出宫,也别说我天亮才回宫!我的老黄狗,它聪颖无比,似乎听懂了我的心意。也许它和我一样向往着高墙外的世界、深宫外的天空,向往着真正的生活;也许只有它和我一样,孤独着,寂寞着。

可怜仓央嘉措年轻的心被牢牢地禁锢在深深庭院、高耸围墙的布达拉宫之中,宫里冷漠而沉闷的空气扼杀了他少年的心,也冰冻了他的梦想。他深藏在布达拉宫,独自吞噬着寂寞的惆怅和初恋的忧伤,直到有一天他的心灵再一次有了归属,从此以后他开始偷偷地引渡自己的灵魂,他常常在晚上溜出宫去和情人相会,和朋友相聚。这首诗表达的就是这段时间的事情和仓央嘉措的心情,可以看出他的心中有一丝狂喜,也有一点担忧,所以在诗里他再三地叮嘱机灵的老黄狗千万不要说出他的秘密。也许仓央嘉措怕的不是事情败露后他将要接受怎样严重的惩罚,而是他再也见不到他的朋友、他的情人,再也做不成宕桑旺波,那他的灵魂将会被永远地压制,而这样的他与死亡又有什么区别!

其四十五

夜里与情人相会，
天明落了纷飞大雪。
雪地清晰的脚印，
让我的秘密暴露人前。

那一次，拉萨街头邂逅，注定了今世的姻缘；那一次，你启齿嫣然一笑，我的心被彻底俘获，在爱的国度，像飞蛾扑向蛛丝，从此断不了相思，从此我的快乐和忧伤在你那里慢慢溶解。

再见你时便有了那般电光石火的碰撞，曾经我的悲伤静止了时间，现在的你静止了我的时间。从此以后形影相随，我的世界在快乐和思念之间拉扯。从此在我眼里世界变得多彩，那蓝的天空，白的云彩，火红的僧袍，湛蓝的湖水，大片大片纯色在别人眼里彰显着神秘的宗教气息，而在我眼中这却是世间生活的多姿。于是有了以后的朝思暮想，也有了以后的夜晚相会。相会的时间总是那么短暂，庆幸在夜晚我又做回了本来的我，吟唱情歌，追逐欢乐，不去想那些冗长的教义和规诫。

可是这样一来，黑夜短暂，白昼却显得漫长。白天在佛堂打坐，或者在佛床冥想，有时候也会数着时间的步伐，心里想着小酒馆的热闹。暮色四合下，蕴藏着我们的秘密，宫门口机灵的老黄狗早就成了我的好朋友，它深藏的秘密永远不会说出去。

笙歌渐渐远去，最难是别离，本来是说好的，除非死去，永不分别。可是现实的生活中却要常常泪洒衣襟，挥手作别。东方即白，天将破晓，站起身来窗外大雪飞扬，卷着初春的寒意扑面而来。心中不免有些担忧，雪地上行走必定要比往日慢了许多，要赶在小喇嘛起床开启宫门之前回到宫中恐怕有些困难，匆匆分别后，快步赶回宫殿，换衣、安坐。再一次远望窗外归来时的路，这个初雪的早晨，白色的雪花纷纷落下，无声无息滋润着雪域高原的万众生灵，夹杂寒意的朔风又好像珠峰的仙女在低诉这个冬天的寂寞难耐。霎时间苍茫天地，变成了一片白雪的海洋。高原的雪峰静默着，仿佛还没有从寒冬的沉睡当中苏醒过来；大地沉默着，仿佛在细细品味这初雪的味道；拉萨的阡陌田畴沉睡着，仿佛在孕育着全新的生命；街头的小酒馆仿佛也依然沉睡着，安慰着昨夜躁动不安的灵魂。这晶莹的雪花，在空中翩翩起舞，世间像是被覆盖上了一层浓浓的晨雾，可是却没有覆盖我归来时候的脚印，原来幸福就像雪花，伸手触及它就会融化。

早晚是要有个结束的，田野小巷间人们的笑声背后，有赞许有嘲讽，赞许也罢，嘲讽又能怎样？爱就是要纯净、刻骨、毫无保留、执着忍任、一往无前，即使全世界都说我是反叛者，那又如何，你肌肤的温热，终究会温暖我的心。纵使离经叛道，只是为了爱便可称作是值得！

仓央嘉措的感情从他身份改变的那一刻便悄悄地发生了变化，初恋情人成了别人的新嫁娘，初识的情人刚刚抚慰了他的心灵创伤，这段恋情却站在了风口浪尖上。对于经历过爱情伤痕的他来说，也许这个时刻他对佛理中的人生无常有了更深的理解。这一次，为了追求他的爱，他甘愿站在风口浪尖上。任凭惊涛拍岸，不动声色；他甘愿站在高山悬崖上，寒风凛冽，也不要躲藏和退缩；他甘愿反叛全世界，因为如果没有了爱，那么赢得全世界又会如何！

其四十六

就是豺狼虎豹,
喂熟了也会和你亲近。
只有家中的母老虎,
越熟悉对你越凶恶。

当母亲带给我这个绝望的消息,我整个人像是被钉在了原地,石像一般无法动弹,也无法思考。记得在藏南家乡,无边的草原上,对着天空和大地我们曾经许下共同的誓言,今生今世,非卿不娶,非君不嫁,难道这些都已经随着草原的风而飘去了吗?茫茫苍天不曾改变,朗朗誓言犹在耳畔,如今的消息却是你已经披上了别人的新嫁衣。还记得当时年纪小,你我在初春的草地上谈天说笑,那时的我们觉得天永远会这样蓝,云永远会这样白,无忧无虑、自由自在的日子也会永远,不会改变。只是春天来了,却又离开了;格桑花开了,却又谢了;四季交替中变换了草原上的风向,草原上的春风吹开了初恋的情窦。我以为我们会永远守着誓言,对着太阳的方向不断祈祷,祝福这美好的日子、这纯真的感情能够像蓝天白云、高山玉湖一样永恒。以为这永恒能够越过山水的阻隔,能够跨过时空的边际,把你我的心连在一起。

可是,我却没有想到,桑结嘉措的双手将光环赐予我的同时,也剪断了你我的半生情缘。现在,拉萨的朔风吹来了你的消息,那是你的婚期,我的心顿时铸成了铁一般坚硬的容器,里面装满了伤心的泪滴。曾以为,如果我是高原上绵延的山脉,你便会是偎依在我环抱里的一面湖水,恬静悠然;如果我是高天上的流云,你便是飞翔的小鸟,唱着动听的歌,与我常相伴;如果我是草原上来去自由的风,你便是风中的尘沙,永远跟随我的步伐。只是现在我知道了,也许湖泊看到山脉已经走向了遥远的天际,仍然不肯停歇;觉得流云追寻着月亮的光辉好像飘得越来越远;而草原的风啊也吹向了不知名的远方,在那里尘沙闻不到故乡的空气中那醉人的芳香。也许是前生我修行不多,所以今生一定要去圣地拉萨追悔我前生的亏欠,所以便一定要我用青春、爱,甚至生命来作为代价。

我心爱的姑娘,想你也是不得已才这样选择。也许你我都一样,面对人生的无常,没有选择的权力,也没有追究和抱怨的空隙。世上的痛苦有的可以逃脱,但有的却躲避不得。在原始森林里偶遇凶恶的豺狼虎豹,只要割下一块肉,满足了,它们便会离去。可是心爱的姑娘啊,你给的伤痛,这失去的痛苦像苍天的鹰隼啄食着我心上的血肉,不知何时才能终止。夜阑人静之时,回忆慢慢浮现,我仿佛又回到了家乡的草原,只是梦里的你越是温柔可人,醒来的我心就越疼。我甚至不敢回想梦里的风,它阵阵追着我吹来,仿佛一句一句数落我的离开,又好像一把锋利的藏刀,一寸一寸割着我的肌肤。

仓央嘉措的情歌里好像总是在不动声色地叙述着常见的情景和故事,但字里行间却饱含着他的情感故事。明明我付出了款款深情,却为何遭到你的伤害。爱本来如此,爱得越深伤得越重,最深爱的人往往伤人却最深!

其四十七

我心头的姑娘难道是被人拐走了?
我求签问卜求寻她的去处。
姑娘天真烂漫的笑容,
如今只依稀浮现在梦中。

梦仿佛是这样一个地方,你日日盼望的事求之不得时,你可在梦里一时实现;你日日思念的人不得见时,你便可以向梦中寻找。我求神问卜都问不来你的去处,若失了梦,叫我怎堪忍受这无尽相思。

这想见不得见的愁苦多少人在梦里有了慰藉,哪怕梦里一见那相思会更入骨髓,甚于往常。连豪放派的苏轼都柔情万种地将这思念寄给了梦:"十年生死两茫茫。不思量,自难忘。千里孤坟,无处话凄凉。纵使相逢应不识,尘满面,鬓如霜。夜来幽梦忽还乡,小轩窗,正梳妆。相顾无言,唯有泪千行。料得年年肠断处,明月夜,短松岗。"

仓央嘉措不是豪放派,他只是个温柔的情郎,反倒是他,表达起思念来,从不曲折。他白日里打卦求签,想问明白这姑娘的去处,于是夜有所梦,这短短几句话,直直道出了无尽的思念。他总是这样直白,就这样将一个活佛世俗的心摆在所有人面前,不遮掩,不避讳。

这梦是相思之处,是相思之慰。哪怕我知道那梦中的你是罂粟花的化身,我醒来以后,那梦里的你会嗜我的血,纵使有时梦境成虚,令人平添愁苦,我也要见你,哪怕一眼。

其四十八

> 大家都在说我的闲话,
> 不过这闲话说得没错。
> 我确实迈着轻快的步子,
> 去了街头卖酒的人家。

对于爱情,我不想说得太多,太多的言辞会让它变得复杂而不真实,就这样用心地爱着、体会着已经足够。但是,各种层次、各样风格的人都有,爱说闲话的人是屡见不鲜。自己的事自己还没有弄明白,已被他们顺风传了出去。特别是和爱情有关的事,他们的演说能力是绝对一流。只是,我的爱情自有我来经历,任你诌来诌去也无法诌出我的心情来。

曾经我也把这些闲言碎语当成真实的故事来听,那只是儿时的事情,现在已经知道爱就是两个人心灵的交汇,可以没有故事、没有语言,甚至只是一次擦肩而过的那个眼神。有时候,爱就是种空白,聋人爱上盲人也可以在无声无息里演出人生的至爱,这是那些只会捕风捉影、宣扬自己演说才能的人永远也无法明白的事实,对他们来说可以说是不可思议。

不过,有些人生性就有颗慧心,在天地之间能捕捉灵性,让花花草草也都跟着灵动起来。他们的心超越了世界的边界,也可以说没有了明确的边界,在无限里延伸,去接近生命的真实。我的爱就是碰到了这样一位脱身于自然的女子,她的出现让我的生活变得缤纷起来,让我在心神安宁的境界里悠闲地呼吸。自从相识的那一天,我就感到了这种爱的无限,在每一个冥思静想的时刻,我都忍不住想在自然里找一种最美丽的事物、语言、声音,或者是超于世外的抽象感觉来对应她的美好和真实,但我发现在我脑海里出现的任何一种事物、语言、声音,或是抽象的感觉都无法和她相提并论。她是从天上坠落的不可言说的美丽，在生命的无限里布施。

可是，我们的相爱让上天都嫉妒了，坠入人间的仙子也无法摆脱尘世的闲话。我为我没有保护好她而抱歉，她会说话的眼睛看穿了我的心思，微笑着不说话，转过身去，望着远方，告诉我：我们在那里也在这里，不要让我退出这里。我明白了她的意思，她说我们在心灵的深处相遇，也在俗世里相处，她接受了心与心的相知，也要和我一起承担俗世里的琐碎。我为有这样的知己欣慰，再多的纷纷扰扰也不回避，因为我们的心在一起，出生入死我们的心永不相弃。

让一切淡淡地来，让一切自然地去，我不再害怕，不再抱怨也不再苛求。让真的永远纯真，让假的等着风化，只要我们的心灵相会，让一切闲言碎语自生自息。

仓央嘉措在爱情里永远是无畏的，他明白自己的需求不是世俗的功名利禄，也不是故装纯真哗众取宠，他知道内心的安宁只有和心爱的人在一起才能得到，所以，无论身在何方他都选择了与相爱的人不离不弃，相伴相依。

当被推上至尊的位子后，他比谁都清楚他的选择会带来怎样的结果，但是，他没有顾忌，也从不因为戒律清规怀疑自己的坚持。这一切，让我们对他青睐的女子产生很大的好奇，究竟怎样的蕙质兰心、超凡脱俗为她赢得了仓央嘉措永世的爱，也许她偏离一切揣测之外，她只是她自己，无法言说的美让有心的男子甘愿驻足。只是，那一世，他遇见了她。

其四十九

> 林中巧嘴的小鹦哥,
> 请你暂停活泼的鸣叫。
> 柳树枝头的画眉阿姐,
> 正要为我唱首悦耳的歌。

拥有一颗闲适的心是一种宝贵的人生财富,而闲适往往来自于纯真,来自于生命最初的呼喊。现在的生活节奏越来越快,能拥有闲适的人也越来越少了,这是一种生命的反常现象。曾经,我们以为创造的物质财富够我们生存了,就可以停下来看看路边的风景,如今,社会越来越富裕了,我们的闲适反而被富裕排挤掉。人类行走的路径是圆形的,走得太快时就会回归到当初我们竭力摆脱的落后状态。

现在还有多少人会在心里唱一首朴实的民歌,唱给那林间的鹦鹉和画眉,而就在那时曾有一个诗人将这样的幸福满溢在他的语言里。无论外界的风云怎样变幻,他在内心都有个自己的林子,在林子里有他的诗篇。也许诗歌里的那个鹦鹉代表了扰乱他幸福的因素,在他的一生里,幸福被打扰成了不被允许的戒律。他从幸福的天堂突然间坠入痛苦的地狱,其中的落差只有他自己最清楚,在噩梦复制着噩梦的日子里,纯真的他留下的诗篇却依旧落尽繁华。

没有人问过他的梦在哪里,他的生命被别人拼接,其实,信仰是人们心灵得以安放的地方,在他身上却成了刑具。他的信仰不在这里,在路边的小草和小溪里,在巍峨的山和蓝天的云朵里。他以孩童的纯真判定是非标准,他认为画眉比鹦鹉漂亮、歌喉也比鹦鹉的动听,他就告诉鹦鹉消停一会儿,让画眉唱歌。他其实不讨厌任何一个存在,他和它们都是亲密的伙伴。

等到他的纯真被人无视并侵犯的时候，他却也用当初的办法来告诉现实里让人讨厌的"鹦鹉"，不让自己被剥夺欣赏美好的权利。我为他保留的这份纯真感动，倘若时光倒流，真想和这个至真的诗人做一世的朋友。只可惜，他的呼声没有人能听得进去，他们只会死守着僵硬的条条框框任年华老去，虚度自己生命的同时也破坏了别人的幸福。

现在读来，这样的语言仍让人莫名地感动，无法言说的美在唇角画出美丽的弧线，不知该为这个世界庆贺曾有一位有心人曾经来过，还是该为这样最本真东西的缺失遗憾。关于诗人最终的消失成了一个谜，无论别人怎么言传，我都愿意相信，消失后他和心爱的姑娘找到了安身之处，他继续着他的纯真，不过，已没了和政治的纠葛，他换用了另一种方式来阐释。

应该感激的是，历经岁月的变迁，历史的河流把他美好的心智冲刷得更加璀璨夺目。他的诗篇不知拨动了多少温情的心，在未来又不知会被多少人解读、阐释，但有一个主题是永恒不变的，那就是他对纯真生命的坚持和对爱的忠贞无悔。我相信，每一个曾被他温暖过的人都会记得他的名字：仓央嘉措！

其五十

即使妖龙冲我张牙舞爪，
我也不会惊慌逃跑。
不管后事如何，
先把面前香甜的苹果摘下再说。

读到这首小诗时让人禁不住想起狄金森的那首有着同样纯真的《篱笆那边》，在这两首诗里都跳跃着一颗单纯童稚的心，那心跳是源于对香甜苹果的渴望。当幼小的心里有了这样明晰的渴望时，生活和梦都变得具体了。那想象中的甜蜜已足够甜到孩子的梦里，只是，这样的渴望得以实现似乎也是一个艰难的事实，不然怎么也需要爬过篱墙、战胜凶恶"妖龙"。

每个人在生活中都会有些小小的愿望，这些愿望点缀着他们的路途，小时候的一个玩具、一个鲜美可口的食物或是一句用心的称赞，都足以让我们快乐无比；慢慢地长大后，我们的眼光看到了别处，在经过的陌生处寻找不到当初的记忆，那儿时的愿望或是感觉就成了我们身边的小火炉，在感到冰冷的时候拿出来取暖。

只是，那种美好已在现实里找寻不到，那篱笆的阻隔和凶恶"妖龙"的阻止会让我们耽于行动，但是，对于诗人则是无须考虑的因素。他们能在自己的灵魂里超越现实的阻隔，把一切抛在脑后。狄金森把行动与否的问题抛给了上帝，而我们的仓央嘉措却把困难留给了自己。他不去管"妖龙"具有多大的权力，他也不去问行动后会给自己带来什么样的灾难，他只知道自己理所应当的需要，他决意抛开一切束缚，保持着那份纯真，按自己的本性自主行事，去追求心目中美好的东西。

从一开始仓央嘉措就没有失去自己，无论面对什么样的境遇，他都有自己的坚持。早年在乡村生活的时光，给了他浓郁的柔情，至柔也是志刚的真谛被他演绎得十分透彻。当满腔的柔情被糟蹋不顾时，他的刚性就抬起头来，捍卫自己的生存法则。

仓央嘉措有一个纯真执着的灵魂，从他的人生拉开序幕开始就没有更改过。当遭遇命运的变幻莫测时，他把郁闷和相思留在心里，退到自我的范围内思考人生；当和心爱的姑娘再度相见后，他原本无法沉睡的心更显得火热，不追逐名利，只为一个她，在和"妖龙"的斗争里出生入死。他从没有退缩过，哪怕是在最危险的时候，他也决心摘到那香甜可口的"苹果"，也决心为自己的渴望奔赴生命的挑战。

我们不去评价那有形和无形的枷锁，因为，我们知道，对于一颗自由纯真的灵魂来说，生命不止，自由不息。只是，我们无法理解他们为什么不能接受那么美好的东西和追求，哪怕只是用来为自己积德，成全别人的幸福也是值得做的善事。也许，他们有他们的生存法则，也许他们的生存法则里没有追求幸福这一条，也许他们根本不懂什么是一个人最起码的幸福，他们不过是麻木的利欲熏心的一群小丑，在历史的瞬间挡了有心人的道。

时过境迁，我们从未听到仓央嘉措追问这些，我们也应尊重他的选择，给他留出时空来安静地享受幸福，那是人类至上的纯真。

其五十一

美丽的仙女意抄拉姆,
本是猎人我捕获的猎物。
暴横的君王却夺人所爱,
将我的爱人从身边抢走。

有一个传说,有一位仙女名叫意抄拉姆,她的笑甚至能夺走勇士的心魄。可我是比勇士还要英勇的猎手,就是我把那位美丽的仙女捕获。这仙女啊,来自乾达婆天,身体轻盈如天边的云彩,体香阵阵不是人间的芬芳,就连她走过的地方也会开出美丽的格桑花。这位美丽的仙女要同我一起度过人间的岁月变幻。可上天总是容不下美好的姻缘,可恶的君王看中了我的仙女,竟将她从我身边夺去。

此时的仓央嘉措想必是失了心爱之人。他借用了藏族民间流传广泛的戏剧《诺桑王子》的情节,来表达自己苦闷的心境。

《诺桑王子》源自《甘珠尔》。它的流传同青藏高原的雪一样古老。仓央嘉措诗里提到,美丽的仙女是被抢去的,而在《诺桑王子》里,故事的情节并非如此,它讲述的是一个动人的爱情传说:

很久以前,一位叫南国日登巴的国王为了振兴自己的国势便派人到北国额登巴的莲花神湖去拘捕神龙。北国的神龙知道以后,便向住在莲花神湖边的猎人邦列金巴求救。英勇的猎人帮助了神龙,帮它赶走了敌人。神龙为了报答他,便送他一件名叫"桑木派"的神物。

一日,猎人在乌日楚山后的仙湖中遇见了乾达婆天界的七仙女,便想用"桑木派"抓住其中为首的仙女意抄拉姆。这时,一个居住在乌日楚山洞的隐士告诉猎人,说要抓住意抄拉姆须用龙宫的捆仙索。于是，猎人重回莲花神湖，用"桑木派"换得了捆仙索，抓住了她。原本他想迎娶这位美丽的仙女，让他成为自己的妻子。可是那位隐士劝他，说猎人是不能与仙女成婚的，还不如把这位美丽仙女送给北国那位英俊贤明的王子诺桑。猎人听从了隐士的话，带着意抄拉姆来到了诺桑王子的宫殿，将她献给了王子。

故事并没有讲完，可我们知道，那位击退敌人、帮助了神龙的英勇猎人其实是自愿将仙女送给诺桑王子的。仓央嘉措借用了这个故事，但他却用自己的遭遇改变了故事的情节。有人横刀夺爱，仓央嘉措的内心必定承受了极大的煎熬。身为世俗至尊的他竟无法保住自己的爱人，就好像一个可以击败巫师、捕获仙女的猎人，却斗不过一个有权势的凡人一样，那是一种怎样的无奈与愤懑？

我们继续讲那个美丽的爱情故事。

英勇的王子见到了美丽的仙女，与意抄拉姆形影不离。他们的恩爱引起了其他妃嫔的嫉妒，她们便想办法骗诺桑王子离开了王宫，想要挖出意抄拉姆的心肝。危急的时候，美丽的意抄拉姆飞回了乾达婆天。诺桑王子回来后不顾一切地寻找他的爱人。他历经了千难万险，踏遍了万水千山，闯过了层层考验，没有什么能阻挡他的脚步。终于，他到达了乾达婆天，接回了美丽的仙女。

这本是个美丽的故事，可仓央嘉措却用它表达了求之不得的痛苦。爱情至苦之处莫过于此。

其五十二

姑娘你在此当垆,
我日日沉醉于杯中美酒。
今生没有别的希望,
只愿与你和酒浆长伴醉乡。

仓央嘉措这首诗,道尽了他的精神寄托。佛法虚无,何处才能握住实实在在的人生?那拉萨的酒肆里有醉人的美酒,有心爱的姑娘,这才是人世,这才是风流少年生命的向往之处。我是白日佛堂里的尊者,可更愿意入那酒肆做浪荡的宕桑旺波。这样的仓央嘉措难免让人想起柳永。

他曾追名逐利,是大宋景祐进士,官屯田员外郎;他的家族世代为官,最终他厌倦了官场;他为人放荡不羁,死后是青楼女子捐钱葬身,终生潦倒;他才情卓越,词工绝佳,世人常说,"凡有井水处,皆可歌柳词"。他厌了这浮世,于是他说:"烟花巷陌,依约丹青屏障。幸有意中人,堪寻访。且恁偎红翠,风流事,平生畅。青春都一饷。忍把浮名,换了浅斟低唱。"

他们都有相似的矛盾,一个在情与佛之间,一个在情与名之间。仓央嘉措问:"世间安得双全法,不负如来不负卿?"柳永安慰自己:"浮名利,拟拼休。是非莫挂心头。"如生得同时同地,不知这样的两人相遇会擦出怎样的火花?

但是柳永与仓央嘉措还是不同的。仓央嘉措少时浸染了太多俗世人情,被生生推上至尊的高位,自是有些不惯,加之生性使然,时运所济,抛洒浮名乐意为之。

其五十三

暴风夹杂着沙石,
使苍鹰的羽毛纷乱不堪。
姑娘虚情假意的话语,
让我心烦意躁。

仓央嘉措的内心此刻一定遭受了极大的创痛,如同被暴风狂沙摧折了鹰羽。多情的他却遇到了虚情的姑娘,这样的欺骗实是人间最伤人的刀。

仓央嘉措的这首诗可以用这样一句诗做注脚,那便是:"多情自古空余恨。"怪只怪仓央嘉措太多情,都说爱情里先爱上对方的人定然是输的,这便是多情的恨。恨归恨,哪怕此恨绵绵无绝期,仓央嘉措却是为这骗她的姑娘动了真心,否则何来心烦意躁一言?恐怕仓央嘉措这心烦意躁不是一日两日便能过去的。他的身上流着多情的血,和世上千千万万多情的人一样,怕就怕他为情人憔悴成了瘾,不管那人是不是真的值得他这样做。

真正爱上一个人你才会知道,为了情人忧思憔悴也是爱情的一种风景,正所谓"一日不思量,也攒眉千度"。这样的情绪给了爱情一点凄美,于是爱情便在每个情人的精心浇灌下开得更加艳丽。如果对方是个对你真情实意之人,也不枉你憔悴一场,可仓央嘉措此时并没有那么幸运。也许这人世多情就是应了无情而生,于是情花便开出了毒。情花之毒无药可解。这毒会让人上瘾,即使致命也至死方休。

其五十四

印度之东有妙姿孔雀,
工布之谷有丽音鹦鹉。
所生之地遥隔千里,
它们却会聚于拉萨城中。

有些人一出场就在相互靠近,在命运的棋盘里,谁也无法自己决定下一站身处何方。有一种缘分是山山水水隔不开的,双方多年的努力无形中好像都是为了一个目的。这冥冥之中的安排,结局或许在戏剧没有上演的时候就已经写好,分分合合都是不容改编的。其实,只要经历过人生艰难旅程的人,都相信这种不算科学的解释。当我们面对命运的翻云覆雨无力抗拒时,也许只有这样的解释才能让人的心稍稍平静一点。

我始终相信是老天让我们相遇,这种感觉在你出现前就已经很浓烈了。我始终有种预感,就是和一个唯一能让我的内心安宁的人会在这里相遇,不知道是哪一天,也不知道以什么样的形式,甚至也不知道她的样子,就知道这种只在我们之间存在的感觉。在我们相遇之前,一切都是平常的过场,都是在为了那一天做铺垫。

换一种说法,也许更能让这样的缘分变得具体可感。你可知道印度的孔雀和工布之谷的鹦鹉,尽管出生地不同,为什么能在拉萨相见?这是它们的前世相约,在今生里继续。人与人之间也是如此,前生的缘分未了,会在今生里再续前缘。如果,彼此间的情意太深,这种缘分就会一直不散。我不知道你是否也相信这样的神话,不知道你的心里是怎样感知爱情,我知道始终都有一盏穿越千年的灯火,在远处给予我温暖,我的今生就为了与她相见。

你不知道也好,也省得想起前世红尘里的记忆,只需在今生里坦然地绽放自己的青春。在那不见首尾的历史长河里,一石激起的千层浪也是引不起瞩目的平常,它滔滔地流走,冲刷出各种自然的迥异和人生的变迁。如今回望处也已经变了景色,我们姑且忘记历史,在现实的情况下,感受今生的酸甜苦辣。

只是面对现实复杂的情况,我最原始的梦境被打破时,我随便无关痛痒地牢骚几句。你们口口声声使用着佛的权力,把一切行为归为佛的用意,怎么没有看到我难舍的情缘也是佛的安排,他让我今生里学会了爱人,才得以具备修佛的资格。你们的阻隔是违背了命运旨意的,我的心还是要追随我心爱的姑娘,我知道这和信仰是不冲突的完美。当人与人的相见成了一种宿命,任谁也无法改变宿命时,我愿意接受这种宿命以及由它带来的各种后果,让我的前世相约不再落为遗憾。

仓央嘉措不是一个没有信仰的人,他在内心深处相信一切的美好,不被现实利用的纯粹美好始终是他念念不忘的追寻。他用这样的方式告诉了拆散自己幸福的人,一切是命运使然,人们应该自然地接受。

无须太多的言辞,也不用太多的迟疑,我们由陌生走到熟悉,是缘分让我们一步步地靠近。无论世事怎样无常,我们坚持着的这份情缘已经嵌入生命里,早已删除不去。

其五十五

洁白的鹤啊请听我言,
我想借你的翅膀,用用就还。
我想去的地方并不遥远,
那美丽的理塘,去看看就回还。

这首情歌从遥远的山间传来,初次听到时捕捉到的是种痛彻心扉后的无力抗拒。若心也插上翅膀,跟随乐曲飞翔,太深太深的眷恋在蓝天白云里回响。眼中的万物,安静而深沉,崇高的姿态让人感到了渺小,从深宫里起飞,飞过苍山,飞过纳木湖畔,飞过一世的情缘,来到让人心疼的理塘。这里,有位姑娘,她曾为我,用百灵鸟般的歌喉,将美丽的理塘草原歌唱。只是这歌声穿越了时空,歌声里的故事感动了无数的后人,却永远飞不出诗人的伤感。

我现在还记得那段最美最美的时光,美丽的达瓦卓玛,我们一起放牧,在那青草无边的草原上,洁白的羊群像天上柔软的云朵,累了就停下来用各自的形式为对方驱走疲劳,充满诗意的草原上从没有着上悲伤。像一对幸福的鸟儿,我们却慢慢住进了彼此的心房,从此生命开始了新的旅程。

然而,命运的无常阻断了我们的幸福,就在那幸福的地方,我被不幸带走,徒留我心爱的姑娘在身后奔跑、呼喊,视线却越拉越长,终于被风尘掩盖。一别之后,两地相思,怎堪忍受?我在深深禁宫里,面对幽幽酥油、沉沉的佛经书,却无法看到佛的尊容,达瓦卓玛的脸庞却印在脑海里,抚慰我的忧伤。我知道,天涯相隔,她也难舍深情,在遥遥的南山将美丽收藏。

我曾以为,命运的残忍莫过于此了,它把人类最在意的美好摧毁,还把它捻在手心里嘲笑众生的迂腐;甚至,在精疲力尽的时候,怀疑美好也是残忍的代名词,乔装改扮将善良的人类欺骗。没想到的是,那时看到命运的残忍不过是不值一提的小把戏,到后来才发现,没有反反复复的折磨,直到你彻底地放弃抗拒,它绝不会善罢甘休。在命运的手掌里,我们之间的缘分又被它再一次把玩。

就在那美丽的纳木湖畔,夜色突然显得分外地温柔,它又将意外的幸福赐给了我,我和我美丽的姑娘在很久很久的别离后再次相遇。那时,纳木湖东山顶上皎洁的月亮正清辉四泻,慷慨地洒向人间,袭一身的清逸,超然世外,重新携手的心情,全部都在月光里,安静而欣喜。然而,我和我的爱人不允许公开交往,所以,我只有悄悄地去八角街和她见面,我和我的幸福还是有着距离。倘若,一直这样,我也会非常非常地知足,也会在心底真诚地感谢命运的恩赐。幸福总是来得太迟,却又去得太急。我对命运的理解终被彻底地否定,我的姑娘不知去向了。

面对着这不堪忍受的伤害,我的情绪一片凌乱,无从拾掇的心瓣散落一地。我该怎样再次与她相逢,恐怕一切只有在来世才能期待了,因为我已经看到我们的今生已被魔掌毫无商量地画上了句号。在以后的日子里,我不会再有任何的希冀,生命被扼住了咽喉。来不及反抗,已经命归黄泉。

在情绪找不到出口时,我只有为我的心声借一双洁白的翅膀,飞过高山、雪域,去我心上人的故乡安居,哪怕又将迎来命运不怀好意的玩弄,我也毫不迟疑,我知道,在那里,我们会再次相遇。也许只有在有你的气息的地方,我才能感觉到自己的存在。

人们说这是在仓央嘉措遗物中发现的他生前写下的最后一首诗,诗歌里带着淡淡的忧伤,有着那种看透后的安静,安静里自然有一份执着,告诉了人们他的心曾经是怎样地热烈过。仓央嘉措终生念念不忘的地方,实则是他一直以来没有能够抵达的梦想。我们无法知道,这对有心人最终会在哪里相遇,他们的灵魂是否在一切凡世的纠缠停歇后相伴在彼此的左右,那时他们会延续着原来的幸福,还是在人生的轮回里选择了停留,只为那一生的那一次爱恋,放弃了前行路上的所有。

其五十六

阴曹地府的阎罗王,
在堂上高悬着"业镜"。
人世间说不清的情仇,
用镜子一照就恩怨立现。

  人们总说是距离产生了美,让我们和万物间保留一份距离,这样才会欣赏到它们的美丽,而不去计较其中的瑕疵。其实,我对生活中的事并不是很苛求,并不是无法接受一点点不满意的地方,我知道就像人各有所长、各有所短一样,不完美也是一种完美。只是,随着年龄的增长,最初的认识和生活越来越大的偏差成了内心无法接受的负担。
  小时候,会把很多人和很多事当做自己的榜样,认为他们是一种绝对的权威,只要和他们一致的都是正确无误、值得学习的,而一旦和他们有少许不同,就会被舍弃、被厌恶,就成了不可原谅的。那最初的认识是最深的记忆,就像黑色和白色那样分明。那时,我像是住在天地相连的一边,而远处就是天地相连的另一边,其中错落安置的景物被印在心里,它们随四季的变化也有相应的变化,但每一个轮回都是出奇地相似,辨不出太多的差异。在生活里也是如此,长者教给我们的也是最直接的东西,美与丑、善与恶都是泾渭分明的,那时我们的世界没有这么多左摇右摆。人与人之间最单纯的东西,在不被强调的时候呈现。
  等到命运突然被改写时,我对周围的人和事开始感到了陌生,本是在同一片土地上成长起来的人,却有着太大的差别,真真假假让人难以分辨。人与人总是隔着一座山,山的两侧是不同的景致。孤独和忧郁纠缠着我,人间的光明越来越淡,在脚下消失。我最真实的追求被他们涂上污浊的颜色,给抛弃在闲言碎语的争斗之间,对于他们而言,勾心斗角成了一种习惯,目的是他们唯一注视的东西。

真的让人费解,不是说在阴曹地府里阎王还有一个区分善恶的镜子吗,在最缺乏温暖的地方还有一把尺子来抚慰人们的心,而我们宣扬的美好的人间却是非不分。所谓的尺度,成为某些人谋私的工具,善与恶的界限变得模糊不清,还不如那镜子说一不二。

仓央嘉措这样直接控诉现实的诗歌不是很多,让人能明显地感觉到,他以前贯之以情的书写是他真情的自然流露,也是他避开杂乱现实的一种方式。也许,在能够避开时他都选择了避开,沉醉在情的诉说里,任随风云变幻也和自己不相干。他原本想守着那份真情,留住些美好,只是上天啊太过于刻薄,夺走了他最后坚持守护的东西。这样的时候,生又如何?死又如何?

这首诗歌采用了对照的手法,让是与非、善与恶在不同的境遇里伸张,只是,诗人坚持的美好让人失望了,他看到了在这样的人间里,纯真的美好已不复存在。从一个天堂般的村子里,被拉到布达拉宫,这个过程给了他天地的悬殊。日子已无从倒流,也不允许他有新的开始,高高的宫墙禁闭了未来。当生命的意义被亵渎时,他终于鸣出了自己的不平。

其五十七

十地法界的具誓护法金刚，
神通广大法力非凡。
请大展神通威仪显现，
把邪魔外道统统驱赶。

仓央嘉措的这首诗是赞佛之语。他眼中佛教的敌人在此诗中并未点明，但我们大可不必纠结于此，仓央嘉措的佛法修为自是高深，他的诗中出现了"具誓护法金刚"，此金刚又称"具誓金刚"、"善金刚居士"，藏名单坚。具誓金刚是藏传佛教格鲁派密院的主要护法，也是宁玛派"三根本"护法之一。藏传佛教对于"三根本"重视非常。所谓"三根本"即指上师、本尊、护法。具誓护法有360个兄弟眷属，因此，后来念诵的护法祈祷文中有"三百六十化身无穷众"的偈赞。

具誓金刚单坚当年曾阻挠莲花生大师来西藏。据说具誓金刚单坚听说莲花生大师要前往拉萨会见图伯赞普，心中十分妒恨，根本不把大师放在眼里。他想试探一下大师到底有多大的本领，于是便在莲花生大师途经西藏吾尤西仓宗格拉山时，率领他的360眷属前往阻拦。莲花生大师是神通大师，具誓金刚根本无法阻拦，反被莲花生大师施展神通死死地定住，丝毫动弹不得。莲花生大师遂逼其献出命咒，将之收为佛教护法。

具誓金刚的法相众多，大多数时候他以骑狮或骑羊相出现。他的骑狮相为一面二臂，三目怒睁，面色紫红，面相恐怖，骑乘一只绿鬃白狮，身着蓝法衣，头戴白沿毡帽，右手挥舞金刚杵，左手托持滴血魔心送至嘴边；具誓护法另一个重要化相骑羊相则为骑乘一只山羊，通体漆黑，头戴一种称为"太虚"的特殊帽子，右手持铜冒火锤，左手托吹火皮囊，面貌较为温和。由于这一化相是铁匠装束，因此誓具护法也被西藏的铁匠视为他们的护法神。

仓央嘉措在诗中提到了另一佛教名词"十地"，当指佛教圣人的十个得道等级而言。大地能生长万物，故佛典中常以"地"来形容能生长功德的菩萨行。"十地"即指十个菩萨行的重要阶位。

这首诗表达了仓央嘉措对佛法的敬重，他风流但并不代表他不敬佛。

也许他只是在那场有些残酷的斗争中，对佛法产生了迷茫。也许曾被推向斗争前沿的仓央嘉措不知那样玄而又玄的佛法是否能度得苍生，于是他便想抓住一些实实在在的生活，所以他选择了俗世，而又有什么是比这俗世更实在的呢？